CATALOGUE

MÉTHODIQUE

DE LA

BIBLIOTHÈQUE COMMUNALE

DE LA

VILLE D'AMIENS.

HISTOIRE.

PREMIÈRE PARTIE.

AMIENS.

Imprimerie de **DUVAL** et **HERMENT**, place Périgord, 3

—

1856.

CATALOGUE

MÉTHODIQUE

DE LA

BIBLIOTHÈQUE COMMUNALE

DE LA

VILLE D'AMIENS.

❖

HISTOIRE.

PREMIÈRE PARTIE.

CATALOGUE

MÉTHODIQUE

DE LA

BIBLIOTHÈQUE COMMUNALE

DE LA

VILLE D'AMIENS.

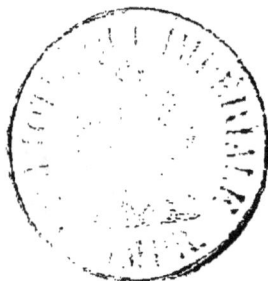

HISTOIRE.

PREMIÈRE PARTIE.

AMIENS.

IMPRIMERIE DE DUVAL ET HERMENT, PLACE PÉRIGORD, N° 3.

1856.

CATALOGUE

DE LA

BIBLIOTHÈQUE COMMUNALE

D'AMIENS.

HISTOIRE.

PROLÉGOMÈNES.

Critique des historiens.

1. — *Gerardi Ioannis* Vossii de historicis græcis libri IV.
 Lugduni-Bat. 1651. J. Maire. 1 vol. in-4.º

2. — *Gerardi Ioannis* Vossii de historicis latinis libri III.
 Lugduni-Bat. 1651. J. Maire. 1 vol. in-4º.

3. — Bibliothèque universelle des historiens, contenant leurs vies, l'abrégé, la chronologie, la geographie, et la critique de leurs histoires; un jugement sur leur style, et leur caractère; et le dénombrement des différentes éditions de leurs œuvres. Avec des tables chronologiques et geographiques. (Par *Ellies* Dupin).
 Paris 1707. Giffart. 2 vol. in-8º.

4. — Méthode pour étudier l'histoire, avec un catalogue des principaux historiens, et des remarques sur la bonté de leurs ouvrages, et sur le choix des meilleures éditions. Par M. l'*Abbé* Lenglet du Fresnoy. Nouvelle édition.
 Paris 1727-1729. Gandouin. 4 vol. in-4º. Le 1.ᵉʳ manque.

Traités de la manière de lire, d'écrire, d'étudier et d'enseigner l'histoire. — Philosophie de l'histoire.

** — ΛΟΥΚΙΑΝΟΣ. Πῶς δεῖ ἱστοριαν συγγράφειν.

> Vide LUCIANI Opera.

5. — Artis historicæ penus octodecim scriptorum tam veterum quàm recentiorum monumentis et inter eos *Io.* præcipuè BODINI libris Methodi historicæ sex instructa.

> **Basileæ 1579. Pet. Perna. 1 vol. in-8°.**

> Ce volume comprend : 1.° J. BODINI methodus historica. — 2.° *Fr.* PATRITII dialogi x de historia.—3.° J. PONTANUS de historia.—4.° *Fr.* BALDUINUS de Historia universa, et ejus cum Jurisprudentia conjunctione libri II. — 5.° *Seb. Foxij* MORZILLI de historica institutione.— 6.° J. A. VIPERANUS de scribenda historia. — 7.° *Fr.* ROBERTELLUS de historia. — 8.° DIONYSIUS *Halicarnasseus* de Thucydidis historia judicium, cum DUDITII præfatione.

6. — *Ioannis* BODINI methodus ad facilem historiarum cognitionem ; accurate denuo recusa : subjecto rerum indice.

> **(Genevæ) 1575. Jac. Stoer. 1 vol. in-8°.**

7. — De lectione historiarum recte instituenda. Et, historicorum ferè omnium series, et argumenta, breviter, et perspicuè exposita, à *Davide* CHYTRÆO.

> **Argentinæ 1563. Apud Chry. Mylium. 1 vol. in-8°.**

8. — *Pauli* BENII *Eugubini* de historia libri quatuor.

> **Venetiis 1611. Apud Jac. Vincentium. 1 vol. in-4°.**

9. — *Gulielmi* SOSSI de numine historiæ, liber.

> **Parisiis 1632. Apud Mat. Guillemot. 1 vol. in-12.**

10. — *Gerardi Joannis* VOSSII ars historica, sive, de historiæ, et historices naturâ, historiæque scribendæ præceptis, commentatio. 2.ª editio.

> **Lugduni-Bat. 1653. Maire. 1 vol. in-4°.**

11. — Méthode que l'on doit suivre cn la lecture de l'histoire. (Par P*ierre* DROIT DE GAILLARD).

> **Paris 1579. Cavellat. 1 vol. in-8°. (Sans titre).**

** — Discours de l'Histoire. Par LA MOTHE LE VAYER. — *OEuvres* I.

12. — Introduction générale à l'histoire, contenant ses véritables caractères, et son parfait usage. Avec un ordre succinct des noms et familles de tous les monarques et potentats du monde, vivans. Par *Jean-Bapt.* DE ROCOLES.

Paris 1664. Den. Bechet. 2 vol. in-12.

13. — La science de l'Histoire avec le jugement des principaux Historiens tant anciens que modernes.

Paris 1668. Thom. Jolly. 1 vol. in-12.

14. — Méthode d'étudier et d'enseigner chrétiennement et solidement les Historiens profanes, par rapport à la Religion chrétienne, et aux Ecritures. Par le R.P. *Louis* THOMASSIN.

Paris 1693. Roulland. 2 vol. in-8°.

** — De l'usage de l'Histoire, par l'*Abbé* DE SAINT-RÉAL. — *OEuvres* I.

** — Réflexions sur l'Histoire, avec un jugement de tous les Historiens, par le P. RAPIN. — *OEuvres* II.   *Belles-Lettres.* 3236.

** — Réflexions sur l'étude des anciens Historiens et sur le degré de certitude de leurs preuves, par FRÉRET. — *OEuvres* I.

** — La philosophie de l'histoire, par VOLTAIRE. — *OEuvres* XV.

** — De l'étude de l'histoire, par CONDILLAC. — *OEuvres* XXI.

** — De l'étude de l'histoire et de la manière de l'écrire, par MABLY. — *OEuvres* XII.

** — Leçons d'histoire, par VOLNEY. — *OEuvres* VII.

15. — L'esprit de l'Histoire, ou lettres politiques et morales d'un père à son fils, sur la manière d'étudier l'Histoire en général et particulièrement l'Histoire de France. Par *Antoine* FERRAND. 3.ᵉ édition.

Paris 1804. V.ᵉ Nyon. 4 vol. in-8°.

16. — OEuvres choisies de VICO, contenant ses mémoires, écrits par lui-même, la Science nouvelle, les opuscules, lettres, etc. Précédées d'une introduction sur sa vie et ses ouvrages. Par M. MICHELET.

Paris 1835. Hachette. 2 vol. in-8°.

17. — Cours d'études historiques par P. C. F. DAUNOU.

Paris 1842-1849. F. Didot. 20 vol. in-8°.

18. — Dix ans d'études historiques, par *Aug*. Thierry. 2.ᵉ édit.
Paris 1836. J. Tessier. 1 vol. in-8º.

Atlas historiques et géographiques.

19. — Atlas historique, ou nouvelle introduction à l'Histoire, à la Chronologie et à la Geographie ancienne et moderne; représentée dans de nouvelles cartes etc., par M. C..... (Chatelain). Avec des Dissertations sur l'Histoire de chaque Etat, par M. Gueudeville, et un Supplément par M. H. P. de Limiers.
Amsterdam 1719-21. L'Honoré et Chatelain. 7 v. in-fol.

20. — Atlas méthodique et élémentaire de Géographie et d'Histoire dédié à M. le Président Hénault par M. Buy de Mornas.
Paris 1761. Desnos. 4 vol. in-fol.

21. — Atlas historique, généalogique, chronologique et géographique de A. Lesage (comte de Las Cases).
Paris 1827. Leclère. 1 vol. in-fol.

22. — Atlas historique universel, composé d'une suite de cartes géographiques et de tableaux chronologiques et généalogiques destinés à faciliter la lecture et l'intelligence de tous les ouvrages relatifs à l'histoire intérieure et extérieure des peuples anciens et modernes. Traduit de l'Atlas historique des états européens de *Chr.* et *Fr.* Kruse et complété par MM. *Ph.* Lebas et *Fél.* Ansart. 4.ᵉ édition.
Paris 1847. Hachette. 1 vol. in-fol.

Dictionnaires d'Histoire et de Géographie.

23. — Magnus Elucidarius omnes hystorias et poeticas fabulas continens, insuper montes, valles, amnes, fontes, lacus, urbes, et omnia in Poetarum monumentis loca famigerabilia: una cum Appendicibus apprime necessariis et marginariis annotatiunculis ne quid lector desyderet. (Auctore *Petro* Bouherio).
Parisiis 1513. J. Gourmont. 1 vol. in-4º.

24. — Dictionarium poeticum. Elucidarius carminum, vulgò ins-
criptum. (Auctore HERMANNO TORRENTINO).

Lugduni 1538. Apud Seb. Gryphium. 1 vol. in-8°.

25. — Dictionarium propriorum nominum virorum, mulierum,
populorum, idolorum, urbium, fluviorum, montium,
cæterorumque locorum quæ passim in libris prophanis leguntur. (Auctore *Roberto* STEPHANO).

Parisiis 1541. Rob. Stephanus. 1 vol. in-4°.

26. — Lexicon historicum, ac poeticum, recens per *Joannem*
CIBENIUM in gratiam studiosorum congestum.

Lugduni 1544. Apud God. Beringum. 1 vol. in-8°.

27. — Dictionarium historicum ac poeticum : omnia gentium, hominum, deorum, regionum, locorum, fluviorum, ac montium antiqua recentioraque, ad sacras et profanas historias,
poëtarumque fabulas intelligendas necessaria, vocabula,
optimo ordine complectens. (Authore *Carolo* STEPHANO).

Lutetiæ 1578. Apud J. Macæum. 1 vol. in-4°.

28. — Idem opus.

Genevæ 1638. J. Stoer. 1 vol. in-4°.

29. — Dictionaire theologique, historique, poëtique, cosmo-
graphique, et chronologique. Par D. DE JUIGNÉ BROIS-
SINIÈRE, sieur de *Mollires.* 8.ᵉ édition.

Paris 1672. Le Bé et Muguet. 1 vol. in-4°.

30. — Le grand dictionnaire historique, ou le mélange curieux
de l'histoire sacrée et profane, etc. Par M.ʳᵉ *Louis* MORÉRI.
Nouvelle édition, dans laquelle on a refondu les Supplémens de M. l'*Abbé* GOUJET. Le tout revu, corrigé et augmenté par M. DROUET.

Paris 1759. Libr. assoc. 10 vol. in-fol.

31. — Dictionnaire portatif, comprenant la Géographie et l'Histoire universelle, la Chronologie, la Mythologie, l'Astronomie, la Physique, l'Histoire naturelle et toutes ses parties, la Chimie, l'Anatomie, l'Hydrographie et la Marine.
(Par *Fr.* MORÉNAS).

Avignon 1760-1762. L. Chambeau. 8 vol. in-8°.

52. — Dictionnaire universel d'histoire et de géographie, contenant : 1.º l'Histoire proprement dite ; 2.º la Biographie universelle ; 3.º la Mythologie ; 4.º la Géographie ancienne et moderne. Par M. N. BOUILLET. 9.ᵉ édition, augmentée d'un Supplément.

>**Paris 1854. Hachette et C.ᵉ 1 vol. in-8º.**

PREMIÈRE PARTIE.

GÉOGRAPHIE.

Introduction à l'étude de la Géographie.

53. — Mercure geographique, ou le guide du curieux des cartes geographiques. Par le R. P. A. LUBIN.

>**Paris 1678. Ch. Remy. 1 vol. in-12.**

>Consultez, dans les Mémoires de l'Académie des Inscriptions et Belles-Lettres, les travaux sur les mesures géographiques publiés par DE LA BARRE, tom. XIV-XIX. — FRÉRET, tom. XIV-XXIV. — B. D'ANVILLE, tom. XXVI-XXVIII. — GIBERT, tom. XXVIII. — GOSSELIN, tom IX. — LETRONNE, tom. VI, etc.

** — Bulletin des sciences géographiques.

>Voyez *Bulletin universel* de FÉRUSSAC.

Dictionnaires géographiques.

54. — *Abrahami* ORTELII thesaurus geographicus recognitus et auctus.

>**Antuerpiæ 1596. Off. Plantiniana. 1 vol. in-fol.**

55. — Idem opus.

>**Hanoviæ 1611. Apud G. Antonium. 1 vol. in-4º.**

56. — Lexicon geographicum ; in quo universi orbis urbes, provinciæ, regna, maria et flumina recensentur. Illud primùm in lucem edidit *Philippus* FERRARIUS. Nunc *Mich. Ant.* BAUDRAND emendavit et dimidia parte auctiorem fecit.

>**Parisiis 1670. Apud F. Muguet. 2 vol. en 1, in-fol.**

37. — *Michaelis Antonii* BAUDRAND geographia ordine litterarum disposita.
Parisiis 1682. Apud Steph. Michalet. 2 v. in-fol. Port.

38. — Dictionaire géographique et historique contenant une description exacte de tous les états, royaumes, provinces, villes, bourgs, montagnes, caps, isles etc. de l'univers. Avec une table latine et françoise des noms anciens et modernes de lieu. Par *Michel-Antoine* BAUDRAND.
Paris 1705. De Bats. 2 vol. en 1. in-fol.

39. — L'A, B, C, du monde. Pour trouver sur les cartes géographiques, par le moien des degrès, tous les pays et les provinces; les rivières, les villes plus considérables, et toutes les autres places qui ont quelque prerogative ou quelque particularité. Par P. DU VAL. 2.ᵉ édition.
Paris 1659. Clousier. 1 vol. in-12.

40. — Le dictionnaire géographique, contenant la situation et l'étenduë des états, empires, royaumes, provinces, villes, fleuves, rivières, et des autres lieux les plus considérables du monde.
Rouen 1696. J. Besongne. 1 vol. in-12. Cart.

41. — Dictionnaire universel, géographique et historique, contenant la description des royaumes, empires, états, provinces, etc. Par M. CORNEILLE.
Paris 1708. Jean-Bapt. Coignard. 3 vol. in-fol. Port.

42. — Alphabet geographique des empires, royaumes, états, pays, isles, villes, caps, montagnes, mers, fleuves, golfes, etc.: que l'on trouve dans l'histoire ancienne, tant sainte que profane. Avec leurs noms modernes etc. Par M. DE LA FOREST DE BOURGON.
Paris 1710. Nyon. 1 vol. in-12.

43. — Le grand dictionnaire géographique et critique. Par M. BRUZEN LA MARTINIERE.
La Haye 1726-1739. P. Gosse. 9 vol. en 10 in-fol.

44. — Dictionnaire géographique portatif, ou description des royaumes, provinces, villes, patriarchats, évêchés, du-

chés, comtés, marquisats, villes impériales et anséatiques, ports, forteresses, citadelles, et autres lieux considérables des quatre parties du monde. Traduit de l'anglois sur la 13.e édition de *Laurent* Echard, avec des additions et des corrections considérables, par M. Vosgien, chanoine de Vaucouleurs. (Par l'*Abbé* J. B. Ladvocat). Nouv. édit.
Paris 1755. Didot. 1 vol. in-8°.

45. — Même ouvrage. Nouvelle édition, revue par l'*Abbé* Mann.
Bruxelles 1792. Le Francq. 2 vol. in-8°.

46. — Nouveau dictionnaire géographique, ou description de toutes les parties du monde, par Vosgien. Dernière édition, entièrement refondue et corrigée avec le plus grand soin d'après les derniers traités de paix et tous les changemens survenus jusqu'à cc jour et la seule qui contienne la tenue exacte des foires et marchés etc., enrichie de sept cartes géographiques. Par M. Beaumont.
Paris 1817. Ledentu. 1 vol. in-8°. Cart.

47. — Dictionnaire géographique universel de Vosgien, totalement refondu et mis au niveau de la science moderne, etc. Par V. Parisot. 2.e édition.
Paris 1830. Baudouin. 1 vol. in-8°. Cart.

48. — Vosgien. Dictionnaire géographique universel des cinq parties du monde. Revu avec soin et rectifié sur les meilleurs ouvrages de géographie récemment publiés, et particulièrement sur le savant ouvrage de M. *Balbi*, etc.; précédé d'un Précis de géographie ou aperçu de l'état physique du monde; par M. F. Lallement. Avec neuf cartes.
Paris 1839. Lebigre. 1 vol. in-8°. Cart.

49. — Supplément à tous les dictionnaires de *Vosgien*, contenant les tableaux coloriés des monnaies françaises et étrangères; des cocardes nationales; des pavillons de toutes les nations. Dessinés et gravés, d'après les documents officiels, par MM. Civeton et Coucné fils.
Paris 1829. Baudouin. 1 vol. in-8°.

** — Géographie ancienne, par MENTELLE. — Géographie moderne, (par MM. ROBERT et MASSON DE MORVILLERS). — Géographie physique, par le cit. DESMAREST, continuée par BORY DE SAINT-VINCENT, DOIN, FERRY et HUOT.

Paris 1782 à 1827. Panckoucke et v.e Agasse. 14 v. et Atl. in-4°.

Voyez *Encyclopédie méthodique.*

50. — Dictionnaire universel de la géographie commerçante. Par J. PEUCHET.

Paris an VII et VIII. Blanchon. 5 vol. in-4°.

51. — Nouveau dictionnaire universel de la géographie moderne. Par F. D. AYNÈS. Nouvelle édition.

Paris 1816. Saint Michel. 1 vol. in-8°. Cart.

52. — Dictionnaire universel et complet de géographie moderne, récemment publié par une société de savants, de géographes, d'ingénieurs, professeurs et gens de lettres, etc. Rédigé et mis en ordre par *Hy.* LANGLOIS.

Paris (1830). Langlois. 5 vol. in-8°.

53. — Dictionnaire universel de géographie physique, politique, historique et commerciale. Par J. MAC. CARTHY.

Paris 1835. Guyot et Scribe. 2 vol. in-8°. Cart.

Géographie ancienne.

Traités des Géographes anciens.

54. — Κλαυδίου ΠΤΟΛΕΜΑΙΟΥ Αλεξανδρεως φιλοσόφου εν τοῖσ μάλιστα πέπαιδευμένου, περί τῆς γεωγραφίας βιβλία οκτὼ μετὰ πάσησ ἀκριβείας ἐντυπωθέντα. — *Claudi* PTOLEMAEI Alexandrini philosophi cum primis eruditi, de Geographia libri octo, summa cum vigilantia excusi.

Basileæ 1533. Froben. 1 vol in-4°.

55. — *Claudii* PTOLEMÆI *Alexandrini* geographiæ libri octo græco latini, latinè primùm recogniti et emendati, cum tabulis geographicis ad mentem auctoris restitutis per *Gerardum* MERCATOREM : jam verò ad greca et latina exemplaria à *Petro* MONTANO iterum recogniti et castigati.

Amsterodammi 1606. N. et J. Hondii. 1 vol. in-fol. Cart.

56. — *Claudii* Ptolemæi geographiæ libri octo. Grece et latine ad codicum manu script. fidem edidit *Dr. F. G. Wilberg*.
Essendiæ 1838-45. Baedeker. 1 vol. in-4°. Inachevé.

57. — La geografia di *Claudio* Ptolemeo, con alcuni comenti et aggiunte fattevi da *Sebastiano* Munstero, con le tavole non solamente antiche et moderne solite di stamparsi, ma altre nuove aggiuntevi di Messer *Jacopo* Gastaldo, ridotta in volgare Italiano da M. *P. A.* Mattiolo.
Venetia 1548. Pedrezano. 1 vol. in-8°. Cart.

58. — Valentinus Curio lectori. En tibi lector studiose Strabonis geographicorum cōmētarios, olim, ut putatur, à Guarino *Veronense*, et Gregorio Trifernate latinitate donatos, jam vero denuo à Conrado *Heresbachio* ad fidem græci exemplaris, autorumque, qui huc facere videbantur, non æstimandis laboribus recognitos.
Basileæ 1523. V. Curio. 1 vol. in-fol.

59. — ΣΤΡΑΒΩΝΟΣ περὶ τῆς γεωγραφίας βίβλια ιζ´. — Strabonis de situ orbis libri xvii. Græcè et latinè simul iam, in eorum qui pariter et geographiæ et utriusque linguæ studiosi sunt, gratiam editi: olim quidem, ut putatur, à Guarino *Veronensi* et Gregorio Trifernate in latinum conversi: ac deinde Conradi *Heresbachii* opera ad ejus generis autorum fidem recogniti etc.
Basileæ 1549. Per Hen. Petri. 1 vol. in-fol.

60. — ΣΤΡΑΒΩΝΟΣ γεωγραφικῶν βίβλοι ιζ´. — Strabonis rerum geographicarum libri xvii. *Isaacus* Casaubonus recensuit, summoque studio et diligentia, ope etiam veterum codicum, emendavit, ac commentariis illustravit. Accessit et tabula orbis totius descriptionem complectens. Adjecta est etiam G. Xylandri latina versio, cum necessariis indicibus.
Atrebati 1587. Eust. Vignon. 1 vol. in-fol.

** — ΣΤΡΑΒΩΝΟΣ γεωγραφικα. — Strabonis geographica. Græce cum versione reficta. Accedit index variantis lectionis et tabula rerum nominumque locupletissima. Curantibus *C. Müllero* et *F. Dübnero*.
Parisiis 1853. Didot. 1 vol. in-8°.

Vide *Script. Græc. Bibl.*

61. — Géographie de STRABON, traduite du grec en français. (Par MM. DE LA PORTE DU THEIL, CORAY, LETRONNE, avec leurs notes et les observations générales de M. GOSSELIN).

Paris 1805-19. Impr. imp. et roy. 5 vol. in-4º.

** — APPIANOY περίπλουσ Εὐζείνου πόντου· τοῦ αὐτοῦ περίπλουσ τῆσ Ερυθρᾶσ θαλάσσησ.   Vide ARRIANI opera.

** — ΔΙΟΝΥΣΙΟΥ Αλεξανδρέωσ περιηγήσισ. — DIONYSII Alexandrini de situ orbis.   Voyez *Belles-Lettres*. 1098.

62. — *Lucæ* HOLSTENII notæ et castigationes postumæ in STEPHANI BYZANTII Εθνικά quæ vulgo Περὶ πολέων inscribuntur; post longam doctorum expectationem editæ a *Theod.* RYCKIO. Qui SCYMNI *Chii* fragmenta hactenus non edita : item dissertationem de primis Italiæ colonis et Æneæ adventu : et alia nonnulla addidit.

Lugd.-Batav. 1684. Apud J. Hackium. 1 vol. in-fol.

** — Mémoire sur les découvertes et les établissements faits le long de la côte d'Afrique par HANNON. Par M. DE BOUGAINVILLE.

Mém. de l'Acad. des Inscrip. XXVI-XXVIII.

63. — Voyage de NÉARQUE, des bouches de l'Indus jusqu'à l'Euphrate, ou Journal de l'expédition de la flotte d'Alexandre, rédigé sur le journal original de NÉARQUE conservé par ARRIEN, à l'aide des éclaircissemens puisés dans les écrits et relations des Auteurs, Géographes, ou Voyageurs, tant anciens que modernes; et contenant l'Histoire de la première navigation que les Européens aient tentée dans la Mer des Indes. Traduit de l'anglois de *William* VINCENT, par J. B. L. J. BILLECOCQ.

Paris an VIII. Imp. de la Républ. 1 vol. in-4º. Cart.

64. — Itinerarium provinciarum ANTONINI AUGUSTI.—VIBIUS SEQUESTER de fluminum, et aliarum rerum nominibus in ordinem elementorum digestis.--P. VICTOR de regionibus orbis Romæ.—DIONYSIUS *Afer* de situ orbis PRISCIANO interprete.

Lugduni. .... Hær. Vincentii. 1 vol. in-8º.

65. — Vetera Romanorum itineraria, sive ANTONINI AUGUSTI iti-

nerarium, cum integris *Jos.* SIMLERI, *Hieron.* SURITAE, et
And. SCHOTTI notis. Itinerarium Hierosolymitanum; et HIE-
ROCLIS *Grammatici* Synecdemus. Curante P. WESSELINGIO.
Amstelædami 1735. Apud J. Westenium. 1 vol. in-4°.

66. — POMPONII MELÆ de orbis situ libri tres, accuratissime
emēdati, unà cum commentariis *Joachimi* VADIANI *Helvetij*
castigatioribus, etc. Adjecta sunt præterea loca aliquot
ex VADIANI cōmentariis summatim repetita, ac obiter explicata: in quibus æstimandis censendisque doctissimo viro
Joanni CAMERTI ord. min. cum *Joachimo* VADIANO non admodum convenit. Rursum, epistola VADIANI, ab eo penè
adolescente ad Rudolphum Agricolam juniorem scripta.
Lutetiæ-Parisiorum 1530. 1 vol. in-fol.

67. — Idem opus.
Parisiis 1540. Apud J. Roigny. 1 vol. in-fol. Cart.

68. — POMPONII MELÆ de situ orbis libri tres, summa fide atq;
diligentia recogniti, unà cum annotationibus *Petri Joannis*
OLIVARII *Valentini*, viri in geographia eruditissimi.
Parisiis 1539. Off. Ch. Wecheli. 1 vol. in-8°.

69. — POMPONII MELÆ de situ orbis libri tres. *And.* SCHOTTUS *An-*
tuerpianus recensuit, et Spicilegio illustravit. Additæ *Her-*
molai BARBARI, et *Fredenandi* NONII castigationes.
Antuerpiæ 1582. Off. Plantini. 1 vol. in-4°. Cart.

Geographica et historica Herodoti, quæ latinè MELA ex-
scripsit, Παραλλήλωσ concinnata, ab *Andr.* SCHOTTO.
Antuerpiæ 1582. Off. Plantini. 1 vol. in-4°.

** — Géographie de POMPONIUS MELA traduite par M. *Louis* BAUDET.
Paris 1843. Panckoucke. 1 vol. in-8°.
Voyez *Bibl. lat. franç.*

70. — PLUTARCHI libellus de fluviorum et montium nominibus,
et quæ in iis reperiuntur. E græco in latinum conversus.
Parisiis 1556. Apud Car. Stephanum. in-vol. in-8°.

71. — SOLINUS de memorabilibus mundi diligenter annotatus et
indicio alphabetico prenotatus (à *J.* BADIO ASCENSIO).
Parrhisiis 1503. Jehan Petit. 1 vol. in-4°.

72. — *C. Julii* SOLINI Polyhisthor, rerum toto orbe memorabilium thesaurus locupletissimus. Huic ob argumenti similitudinem POMPONII MELAE de situ orbis libros tres, fide diligentiàque summà denuò jam recognitos, adjunximus. His accesserunt præter priora scholia et tabulas geographicas permultas, *Petri* quoq; OLIVARII *Valentini* annotationes.

Basileæ 1543. Apud M. Isingrinium. 1 vol. in-fol. Cart.

75. — *Cl.* SALMASII Plinianæ exercitationes in *Caii Julii* SOLINI Polyhistora. Item *Caii Julii* SOLINI Polyhistor ex veteribus libris emendatus.

Parisiis 1629. Apud C. Morellum. 2 vol. in-fol.

** — *Caius Julius* SOLIN. — Polyhistor traduit pour la première fois en français par M. A. AGNANT.

Paris 1847. Panckoucke. 1 vol. in-8°.

** — *Rufus Festus* AVIENUS. — Description de la terre. — Les régions maritimes, etc. Traduits par M. E. DESPOIS et *Ed.* SAVIOT.

** — Poésies de PRISCIEN. — La Périégèse. — Les poids et mesures, etc. traduits pour la première fois en français par E. F. CORPET.

** — Itinéraire de *Cl.* *Rutilius* NUMATIANUS, etc. Traduction nouvelle par M. E. DESPOIS.

** — Poésies diverses sur l'Astronomie et la Géographie, traduites par M. E. SAVIOT.

** — Cosmographie d'ETHICUS, traduite pour la première fois en français par M. *Louis* BAUDET.

** — VIBIUS SEQUESTER. — Nomenclature des fleuves, fontaines, lacs, forêts, marais, montagnes et peuples dont il est fait mention dans les poëtes, traduite pour la première fois par M. *Louis* BAUDET.

Paris 1843-1845. Panckoucke. in-8°.

Voyez *Bibl. lat. franç.*

** — RUTILII NUMATIANI itinerarium. — PRISCIANI periegesis. — *Ruf. Festi* AVIENI descriptio orbis terræ, ora maritima. — AUSONII et variorum auctorum carmina geographica.

Vide *Lemaire. Bibl. class. lat.* Poetæ min. IV-V.

74. — Anonymi Ravennatis (GUIDONIS) qui circa sæculum VII vixit de geographia libri quinque. Ex MS. codice bibliothecæ regiæ eruit et notis illustravit D. *Plac.* PORCHERON.

Parisiis 1688. Langronne. 1 vol. in-8°.

75. — Itinerarium *Beniamini* Tudelensis; in quo res memorabiles, quas ante quadringentos annos totum ferè terrarum orbem notatis itineribus dimensus vel ipse vidit vel à
fide dignis suæ ætatis hominibus accepit, breviter atque
dilucidè describuntur; ex hebraico latinum factum *Bened.*
Aria Montano interprete.

> Antuerpiæ 1575. Off. Plantini. 1 vol. in-8°.

Ecrits des Géographes modernes sur la géographie ancienne.

---

76. — Nomenclator Ptolemaicus; omnia locorum vocabula, quæ
in tota Ptolemæi geographica occurrunt, continens; ad
fidem græci codicis purgatus, et in ordinem non minùs
utilem quàm elegantem digestus. (Auctore *Abr.* Ortelio).

> Antuerpiæ 1591. Off. Plantiniana. 1 vol. in-fol.

77. — *Abrahami* Ortelii theatri orbis terrarum parergon; sive
veteris geographiæ tabulæ, commentariis geographicis et
historicis illustratæ. Editio noviss. tabulis aliquot aucta
et variè emendata cura et studio *Balth.* Moreti.

> Antuerpiæ 1692. Off. Plantini. 1 vol. in-fol.

** — *Raphaelis* Volaterrani geographia vetus.

> Vide *Raph.* Volaterrani *Comment. Urb.*

78. — Parallela geographiæ veteris et novæ. Auctore *Philippo*
Brietio Abbavillæo (1).

> Parisiis 1649. Seb. Cramoisy. 2 v. in-4°. Le 1.er manque.

79. — Alphabet des lieux remarquables en l'histoire des Assyriens, des Perses, des Grecs et des Romains. Avec leurs
noms modernes, leurs observations historiques, et le moyen
de les trouver sur la carte. Par P. Du Val.

> Paris 1660. G. Clousier. 1 vol. in-12.

80. — Notitia orbis antiqui, sive Geographia plenior, ab ortu
rerumpublicarum ad Constantinorum tempora Orbis ter-

---

(1) Briet (Philippe), né à Abbeville le 6 mars 1600, mourut à Paris le 9 décembre 1668.

rarum faciem declarans. *Christophorus* CELLARIUS ex vetustis probatisque monimentis collegit, et novis tabulis
geographicis illustravit.

Cantabrigiæ 1703. Joa. Owen. 2 vol. in-4°. Cart.

81. — Variæ orbis universi et ejus partium tabulæ xx geographicæ, ex antiquis geographis et historicis confectæ per
Petrum BERTIUM.

Lutetiæ 1628-1630. M. Tavernier. 1 vol. in-4°.

82. — Géographie ancienne abrégée, par M. D'ANVILLE. N.ᵉ éd.

Paris 1769. Merlin. 1 vol. in-fol.

83. — Recherches sur la géographie systématique et positive
des anciens; pour servir de base à l'histoire de la géographie ancienne. Par P. F. J. GOSSELIN.

Paris an VII Imp. de la Rép. 4 vol. in-4°. Cart.

** — Remarques sur quelques points de la géographie ancienne, par
LANAUZE. *Mém. de l'Acad. des Inscr.* XXVIII.

** — Notice d'un atlas catalan du XIV.ᵉ siècle, par MM. BUCHON et TASTU.

Extr. des Mss. XIV.

Géographie sacrée.

84. — Epitome trium terræ partium, Asiæ, Africæ et Europæ
compendiariam locorum descriptionem continens, præcipue autem quorum in Actis Lucas, passim autem Evan-
gelistæ et Apostoli meminere. Per *Joach.* VADIANUM.

Tiguri 1534. Chris. Frosch. 1 vol. in-fol.

85. — Terræ Sanctæ, quam Palæstinam nominant, Syriæ, Arabiæ, Ægypti et Schondiæ doctissima descriptio, unà cum
singulis tabulis earundem regionum topographicis, authore *Jacobo* ZIEGLERO. Holmiæ plane regiæ urbis calami-
tosissima clades ab eodem descripta.—Terræ Sanctæ altera
descriptio, juxta ordinem alphabeti, authore VUOLFFGANGO.

Argentorati 1536. Apud V. Rihelium. 1 v. in-fol. Cart.

86. — Totius terræ sanctæ urbiumque et quicquid in eis me-

moria dignum actum gestumve fuit : secundum bibliacos libros ac divum Hyeronimum , authore *Martino* Brionæo elaborata descriptio.

Parisiis 1540. Guil. de Bossozel. 1 vol. in-4°.

87. — Theatrum Terræ Sanctæ et biblicarum historiarum cum tabulis geographicis ære expressis. Auctore *Christiano* Adrichomio *Delpho.*

Coloniæ 1628. Birckmann. 1 vol. in-fol.

88. — La saincte geographie, c'est-à-dire, exacte description de la terre, et véritable démonstration du paradis terrestre, depuis la création du monde jusques à maintenant. Par *Jacques* d'Auzoles Lapeyre.

Paris 1629. Ant. Estienne. 1 vol. in-fol.

** — Onomasticon urbium et locorum sacræ scripturæ : seu liber de locis hebraicis ab Eusebio græcè primùm, deinde ab Hieronymo latine scriptus. In commodiorem ordinem redactus et variis additamentis auctus operâ *Jacobi* Bonfrerii.

Parisiis 1631. Seb. Cramoisy. 1 vol. in-fol.
Vide J. Bonfrerii *Josue, Judices et Ruth*

89. — Historica, theologica et moralis Terræ Sanctæ Elucidatio : in qua pleraque ad veterem et præsentem ejusdem Terræ statum spectantia accuratè explicantur, varij errores refelluntur, veritas fideliter exacteque discutitur ac comprobatur. Auctore *Fr.* Fr. Quaresmio.

Antuerpiæ 1639. Off. Plantiniana. 2 vol. in-fol. Cart.

90. — Geographia sacra, sive notitia antiqua episcopatuum ecclesiæ universæ. Ex Conciliis, Patribus, Historia ecclesiastica, et Geographis antiquis excerpta. Authore R. *Pat. Carolo* a Sancto Paulo (*Car.* Vialart).

Lutetiæ-Paris. 1641. Seb. Cramoisy. 1 vol. in-fol. Cart.

91. — *Lucæ* Holstenii annotationes in geographiam sacram *Caroli* à S. Paulo; Italiam antiquam Cluverii; et Thesaurum geographicum Ortelii : quibus accedit dissertatio duplex de sacramento confirmationis apud Græcos.

Romæ 1666. Dragondelli. 1 vol. in-8°.

92. — Tabulæ sacræ geographicæ sive notitia antiqua, medii temporis, et nova nominum utriusque Testamenti ad Geographiam pertinentium. Authore R. P. F. *August.* Lubin.
Parisiis 1670. Le Petit. 1 vol. in-4°.

93. — Idem opus.
Parisiis 1670. Le Petit. 1 vol. in-8°.

94. — La Terre Sainte en six cartes géographiques et les traitez sur icelles suivant ses principales divisions. Par *Philippe* de la Rue.
Paris 1651. Pierre Mariette. 1 vol. in-fol.

95. — La Terre Sainte, ou description topographique très-particulière des saints Lieux, et de la Terre de Promission. Avec un Traitté de quatorze nations de différente religion qui l'habitent, leurs mœurs, croyance, cérémonies, et police. Un discours des principaux points de l'Alcoran. L'Histoire de la vie et mort de l'émir Fechrredin, prince des Drus. Et une Relation véritable de Zaga-Christ, prince d'Ethyopie, qui mourut à Ruel prez Paris l'an 1638. Par F. *Eugène* Roger.
Paris 1664. A. Bertier. 1 vol. in-4°. fig.

96. — Geographia sacra ex veteri, et novo testamento desumpta, et in tabulas tres concinnata. Additæ sunt descriptio terræ Chanaan, Jesu-Christi et apostolorum Petri, et Pauli vitæ. Tum et in omnes eas tabulas, et descriptiones, animadversationes et index geographicus etc. Autore N. Sanson (1).
Lutetiæ 1665. Mariette. 1 vol. in-fol.

97. — *Samuelis* Bocharti geographia sacra, cujus pars prior Phaleg de dispersione gentium et terrarum divisione facta in ædificatione turris Babel; pars posterior Chanaan de coloniis et sermone Phœnicum. Addita tabula chorographica.
Francofurti ad Mœnum 1681. Zünner. 1 vol. in-4°.

---

(1) Sanson (Nicolas), né à Abbeville le 20 décembre 1600; mort à Paris le 7 juillet 1667.— Un autre Abbevillois, *Robert* Cordier, mort à Paris en 1660, a gravé la plupart des cartes de Sanson.

98. — Traitez geographiques et historiques pour faciliter l'intelligence de l'Ecriture Sainte, par divers Auteurs celèbres. (Par Bruzen de la Martinière).
La Haye 1730. Van der Poel. 2 vol. en 1. in-12.

99. — Les tableaux méthodiques de la géographie royalle, présentez au Roy très-chrestien Louis XIV. Par le P. *Philippe* Labbe.—Historiæ sacræ prodromus geographiæ ecclesiasticæ primam delineationem exhibens. Galliæ synodorum conciliorumque brevis et accurata historia : cum geographico indice conciliorum generalium ac particularium, quæcumque hactenus reperiri potuerunt. Sereniss. Principi Armando Borbonio offerebat P. *Phil.* Labbe.
Parisiis 1646. M. et J. Henault. 1 vol. in-fol.

100.—La géographie des légendes, ou table géographique des noms de provinces, villes et autres lieux qui se rencontrent dans les martyrologes, les légendes des saints, et à la tête des canons de conciles etc. (Par Jouannaux).
Paris 1737. Deshayes. 1 vol. in-12.

Géographie ancienne et moderne.—Traités généraux.

101.—Pii II (*Æneæ* Sylvii Piccolomini), Pont. max. Asiæ Europæque elegantissima descriptio, mira festivitate tum veterum, tum recentium res memoratu dignas complectens, maxime quæ sub Frederico III. Apud Europeos Christiani cum Turcis, Prutenis, Soldano, et cæteris hostibus fidei, tum etiam inter sese vario bellorum eventu commiserunt. Accessit *Henrici* Glareani compendiaria Asiæ, Africæ, Europæque descriptio.
Parisiis 1534. Apud Galeotum a prato. 1 vol. in-8°.

102.—La cosmographie universelle, contenant la situation de toutes les parties du monde, avec leurs proprietez et apartenances. Par *Sebast.* Monstere.
Basle 1568. Hy Pierre. 1 vol. in-fol. Pl.

103. — La cosmographie universelle de tout le monde. Auteur en partie MUNSTER, mais beaucoup plus augmentée, ornée et enrichie par *François* DE BELLE-FOREST.

Paris 1575. M. Sonnius. 3 vol. in-fol. Pl.

104. — GEMMA *Phrysius* de principiis astronomiæ et cosmographiæ : deque usu globi ab eodem editi. Item de orbis divisione, et insulis, rebusque nuper inventis. Ejusdem libellus de locorum describendorum ratione. Et de eorum distantiis inveniendis, nunquam antehac visus.

Parisiis 1547. Apud Thom. Richardum. 1 vol. in-8°.

105. — *Henrici* GLAREANI *Helvetii* de geographia liber unus, ab ipso authore jam tertio recognitus.

Apud Friburgum Brisgoiæ. 1533. Emmeus. 1 vol. in-4°.

106. — *Guillel.* POSTELLI de cosmographica disciplina, et signorum celestium vera configuratione libri II. Ex museo Joh. Balesdens.

Lugd.-Batav. 1636. Joh. Maire. 1 vol. in-16.

107. — L'isole piu famose del mondo descritte da *Thomaso* PORCACCHI e intagliate da *Girolamo* PORRO, con l'aggiunta di molte isole.

Venetia 1576. Sim. Galignani. 1 vol. in-fol.

108. — Orbis terræ partium succincta explicatio, seu simplex enumeratio, distributa in singularum partium regiones etc. Maria item, littora, marium sinus, penisulæ et insulæ etc. (Auctore *Michaele* NEANDRO).

Islebii 1583. Urb. Gubisius. 1 vol. in-8°.

109. — *Paulli G. F. P. N.* MERULÆ cosmographiæ generalis libri tres : Item geographiæ particularis libri quatuor. Cum tabulis geographicis æneis.

Antuerpiæ 1605. Off. Plantiniana. 1 vol. in-4°.

110. — Idem opus.

Amsterodami 1621. Apud H. Hondium. 1 vol. in-fol.

111. — Idem opus.

Amsterodami 1686. Apud G. Blaeu. 6 vol. in-12.

** — Rudimentorum cosmographicorum J. HONTERI libri III.

Voyez *Belles-Lettres.* 1503.

2.*

112. — Le relationi universali di *Giovanni* BOTERO *Benes* , divise in quattro parti.

Venetia 1602. N. Polo. 1 vol. in-4°.

113. — Descripcion de todas las provincias y reynos del mundo, sacada de las relaciones Toscanas de *Juan Botero Benes*. Por *Fr. Jayme* REBULLOSA de la orden de predicad.

Gerona 1622. Garrich. 1 vol. in-8°.

114. — Descriptionis Ptolemaicæ augmentum. Sive Occidentis notitia brevi commentario illustrata, et hac secunda editione magna sui parte aucta. *Cornelio* WYTFLIET auctore.

Lovanii 1598. Ger. Rivius. 1 vol. in-fol.

115. — Geographiae universae , tum veteris tum novae absolutissimum opus, duobus voluminibus distinctum, in quorum priore habentur *Cl.* PTOLEMAEI Pelusiensis Geographicæ enarrationis libri octo : quorum primus, qui præcepta ipsius facultatis omnia complectitur, commentariis uberrimis illustratus est à *Jo. Ant.* MAGINO *Patavino.* In secundo volumine insunt *Cl.* PTOLEMAEI, antiquæ orbis tabulæ XXVII , ad priscas historias intelligendas summè necessariæ. Et tabulæ XXXVII recentiores, quibus universi orbis pictura, ac facies, singularumque ejus partium , regionum ac provinciarum ob oculos patet nostro sæculo congruens. Unà cum ipsarum tabularum copiosissimis expositionibus, quibus singulæ orbis partes, etc. prout nostro tempore se habent, exactè describuntur. Auctore eodem *Jo. Ant.* MAGINO *Patavino.*

Col. Agripp. 1597. Pet. Keschedt. 1 vol. in-4°. Cart.

116. — *Joannis Antonii* MAGINI geographiæ , tum veteris, tum novæ, volumina duo , in quorum priore *Cl.* PTOL. geographicæ enarrationis libri octo: quorum primus commentariis uberrimis illustratur. In posteriore ejusdem PTOL; antiqui orbis tabulæ 27 quibus accedunt recentiores 37 , universum orbem et singularum ejus regionum faciem repræsentantes.

Arnhemii 1617. Joa. Janssonius. 1 vol. in-4°. Cart.

117. — *Philippi* Cluveri introductionis in universam geographiam, tam veterem quàm novam, libri VI.

Lugd.-Bat. 1624. Off. Elzeviriana. 1 vol in-4°.

118. — Idem opus.

Amstelodami 1637. Apud H. Hondium. 1 vol. in-24.

119. — Introduction à la géographie universelle, tant nouvelle, qu'ancienne. Traduitte du latin de *Philippe* de Cluvier. (Par *Jean* Tournet).

Rouen 1649. Jean Berthelin. 1 vol. in-8°.

120. — Les estats, empires, royaumes, et principautez du monde: representez par l'ordre et véritable description des pays, mœurs des peuples, forces, richesses, gouvernemens, religions, princes, magistrats et souverains etc. Par le Sieur D. T. V. Y. (Davity).

Paris 1627. P. Chevalier. 1 vol. in-fol. Pl.

121. — Nouveau theatre du monde, contenant les estats, empires, royaumes, et principautez, représentez par l'ordre et véritable description des pays, mœurs, etc. Par le Sieur D. T. V. Y. (Davity).

Paris 1655. Menard. 1 vol. in-fol. Pl.

122. — Le monde, ou description générale de ses quatre parties. Avec tous ses empires, royaumes, estats et républiques. Composé premièrement par *Pierre* Davity. Nouv. édit., rev. corr. et augm. tant pour les descriptions geographiques que pour l'histoire. Par J. B. de Rocoles.

Paris 1660. Béchet et Billaine. 6 vol. in-fol. Pl.

123. — Archontologia cosmica, sive imperiorum, regnorum, principatuum rerumquepublicarum omnium per totum orbem terrarum commentarii lucentissimi. Opera et studio *Jo. Ludovici* Gotofredi qui eos primo gallicè per D. T. V. Y. (Davity) conscriptos: nuper vero ex noviss. et auctiori exemplari Paris. in sermonem latinum convertit.

Francofurti 1638. Mat. Merian. 1 vol. in-fol. Pl.

** — La géographie du prince, par La Mothe le Vayer. — *OEuvres*. I.

124. — *Eberhardi* Schultesi synopsis geographiæ; ex optimis hujus seculi authoribus desumta, in tabulis antehac edita; jam verò revisa et plurimis in locis aucta.
Tubingæ 1654. Alex. Cellius. 1 vol. in-16.

125. — Tables de la géographie ancienne et nouvelle, ou méthode pour s'instruire avec facilité de la géographie, et connoitre les empires, les monarchies, royaumes, républiques, et leurs peuples, tant anciens que nouveaux de toutes les parties du monde etc. Par *Nicolas* Sanson.
Paris 1644. l'Auteur. 1 vol. in-fol.

126. — La France, l'Espagne, l'Italie, l'Allemagne et les Isles Britanniques, où sont l'Angleterre, l'Escosse et l'Irlande descrites en plusieurs Cartes, et différens Traittés de Geographie et d'Histoire, par N. Sanson,
Paris 1651. l'Autheur. 1 vol. in-fol.

127. — L'Europe, l'Asie, l'Afrique et l'Amérique, par N. Sanson.
Paris 1657-58. l'Autheur. 4 vol. in 4°.

128. — Traité de geographie qui donne la connoissance et l'usage du Globe et de la Carte avec les Figures nécessaires pour ce sujet, et des Tables pour connoistre dans les cartes, les pays, les provinces et les principales villes du monde. Par P. du Val (1).
Paris 1654. Langlois. 1 vol. in-12.

129. — La geographie universelle qui fait voir l'estat présent des 4 parties du monde, c'est-à-dire, les religions, les coutumes, et les richesses des peuples; les forces et les gouvernemens des Estats; etc. Par P. du Val.
Paris 1676. l'Autheur. 1 vol. in-12.

130. — Geographie historique, universelle et particulière. Avec un traité de la préséance du Roy de France contre celuy d'Espagne. Par feu M. de Refuge. Et mis en lumière par *Charles* Du Boisgamatz.
Paris 1645. Brunet. 1 vol. in-4°.

---

(1) Du Val (Pierre), né à Abbeville le 19 mai 1619, mort à Paris le 29 septembre 1683.

131. — La géographie royalle, présentée au très-chrestien roy de France et de Navarre Louis XIV. Par le R. P. *Philippe* LABBE. 2.e édition.
Paris 1652. Mat. Henault. 1 vol. in-8°.

132. — Même ouvrage.
Paris 1668. J. Henault. 1 vol. in-12.

133. — *Lucæ* DE LINDA descriptio orbis et omnium ejus rerumpublicarum. In quà præcipua omnium regnorum et rerumpublicarum ordine et methodice pertractantur.
Lugduni-Batav. 1655. Pet. Leffen. 1 vol. in-8°.

134. — Cosmographie et pelerinage du monde universel, dénombrement de toutes ses parties. (Par P. JOURDAIN).
Paris 1680. Ant. Warin. 1 vol. in-8°.

135. — La Cosmographie aisée, contenant la sphère, l'usage du globe terrestre, et la geographie. Le tout abregé methodiquement et succintement. En faveur de la Noblesse. Par G. D. L.
Parris (sic) 1681. Michallet. 1 vol. in-12.

136. — Cosmography in four books containing the chorography et history of the whole world, and all the principall kingdoms, provinces, seas, and isles thereof. By HEYLYN.
London 1682. Passenger. 1 vol. in-fol. Pl.

137. — A new description of the world or a compendious treatise of the empires, kingdoms, states, provinces, countries, islands, cities and towns of Europe, Asia, Africa and America. By S. CLARK. 2.^d édit.
London 1676. Rhodes. 1 vol. in-12.

138. — La parfaite geographie, contenant une briefve description de toutes les parties du monde, avec un traité de la sphère. Ensemble des remarques très-curieuses pour l'usage du globe et de la carte. (Par DE LA FONTAINE).
Paris 1671. Loyson. 1 vol. in-12.

139. — Abregé curieux de la geographie historique, heroïque et poëtique, où l'on peut apprendre facilement la description de la terre universelle, et plusieurs belles re-

marques sur l'Histoire, le Blason et la Fable. Par le Sieur *Joseph* Rey.

> **Lyon 1682. Barbier. 1 vol. in-12.**

140. — La geographie ancienne, moderne et historique. (Par D'Audiffret).

> **Paris 1689-1694. Coignard. 3 vol. in-4°. Cart.**

141. — Méthode pour apprendre facilement la geographie, dédiée à Monsieur le duc du Mayne. Par M. Robbe. 3.ᵉ édition.

> **Paris 1689. Dezallier. 2 vol. in-12. Cart.**

142. — Même ouvrage. 5.ᵉ édition.

> **Paris 1703. Dezallier. 2 vol. in-12. Cart.**

143. — Introduction à la géographie, avec une description historique sur touttes les parties de la terre. Par N. de Fer.

> **Paris 1717. Danet. 1 vol. in-8.° gravé. Cart.**

144. — Le parfait geographe, ou l'art d'apprendre aisément la geographie et l'histoire, par demandes et par réponses. Par M. Le Coq. 5.ᵉ édition.

> **Paris 1707. Imbert de Bats. 2 vol. in-12. Cart.**

145. — Méthode pour étudier la geographie, dans laquelle on donne une description exacte de l'univers, tirée des meilleurs auteurs, et formée sur les observations de Messieurs de l'Académie royale des Sciences. (Par M. l'*Abbé* Langlet du Fresnoy).

> **Paris 1716. Hochereau. 4 vol. in-12. Cart.**

146. — Même ouvrage.

> **Paris 1736. Rollin. 5 vol in-12. Cart.**

147. — Géographie des enfans, ou méthode abrégée de la géographie. Divisée par leçons, avec la liste des cartes nécessaires aux enfans. Par M. l'*Abbé* Langlet Dufresnoi.

> **Avignon 1765. Ant. Offray. 1 vol. in-12.**

148. — Géographie abrégée, par demandes et par réponses, divisée par leçons, pour l'instruction de la jeunesse; avec une idée de l'ancienne géographie et des systèmes du monde. Par M. l'*Abbé* Lenglet du Fresnoy. 7.ᵉ édit.

> **Paris 1766. Tilliard. 1 vol. in-12.**

149. — Même ouvrage. 8.° édition, rev., corr. et augm. d'un Abrégé de la sphère et du globe; par M. Drouet.
Paris 1774. V.° Tilliard. 1 vol. in-12. Cart.

150. — Nouvelle metode pour aprendre la geographie universelle, enrichie de cartes, armoiries, figures des nations, et de plusieurs tables cronologiques. Par le sieur de la Croix. 3.° édition.
Lyon 1717. Nic. Deville. 5 vol. in-12. Cart.

151. — Géographie universelle, exposée dans les diférentes métodes qui peuvent abréger l'étude et faciliter l'usage de cette science, avec le secours des vers artificiels. Par le P. Buffier. 4.° édition.
Paris 1729. Giffart. 1 vol. in-12.

152. — Même ouvrage. 9.° édition.
Bruxelles 1764. Frick. 1 vol. in-12. Cart.

153. — Abrégé de la vieille et nouvelle geographie, continué jusqu'au tems où nous sommes, et augmenté d'une introduction profitable à ceux qui commencent; comme aussi d'une ample préface et discours sur les meilleures cartes, par le S.ʳ *Jean* Hubner. Traduit de l'allemand (par Duvernois).
Amsterdam 1735. Ottens. 1 vol. in-8°.

154. — La géographie universelle, où l'on donne une idée abrégée des quatre parties du monde et des différens lieux qu'elles renferment, par *Jean* Hubner. Nouv. édition.
Basle 1757. Im-Hof. 6 vol. in-12.

155. — La géographie moderne, naturelle, historique et politique, dans une méthode nouvelle et aisée; par le S.ʳ *Abraham* du Bois.
La Haye 1736. Kieboom. 2 vol. in-4°. Cart.

156. — Géographie abrégée. Par *Joseph* Vallart.
Paris 1743. Robinot. 1 vol. in-12.

157. — Géographie historique, ecclesiastique et civile, ou description de toutes les parties du globe terrestre, enrichie de cartes géographiques. Par Dom *Joseph* Vaissete.
Paris 1755. Saillant. 12 vol. in-12. Cart.

158. — Méthode abrégée et facile pour apprendre la géographie, où l'on décrit la forme du gouvernement de chaque pays, ses qualités, les mœurs de ses habitans, et ce qu'il y a de plus remarquable. (Par l'*Abbé* Le François). N.ᵉ édit.

Paris 1758. Lib. assoc. 1 vol. in-12. Cart.

C'est la géographie dite de *Crozat*, du nom de la personne pour laquelle elle fut composée.

159. — Même ouvrage.

Paris 1781. Delaguette. 1 vol. in-12. Cart.

160. — Mémoires géographiques, physiques et historiques, sur l'Asie, l'Afrique et l'Amérique. Tirés des lettres édifiantes et des voyages des Missionnaires Jésuites. (Par de Surgy).

Paris 1767. Durand. 4 vol. in-12.

161. — Leçons physico-géographiques, à l'usage des jeunes gens curieux de joindre aux connoissances géographiques ordinaires, celles des points les plus intéressans de la physique du globe terrestre. Par M. l'*Abbé* B... (Billy).

Paris 1779. Berton. 1 vol. in-8°.

162. — Choix de lectures géographiques et historiques. Présentées dans l'ordre qui a paru le plus propre à faciliter l'étude de la géographie de l'Asie, de l'Afrique et de l'Amérique. Précédé d'un Abrégé de géographie, avec des cartes. Par M. Mentelle.

Paris 1783. l'Auteur. 6 vol. in-8°. Cart.

163. — Manuel géographique, chronologique et historique, par M... (Mentelle). Dédié à M.ˡˡᵉ de Fitz-James.

Paris 1761. Dufour. 1 vol. in-12.

164. — Le géographe manuel, contenant la description de tous les pays du monde, leurs qualités, leur climat, le caractère de leurs habitans, leurs villes capitales, avec leurs distances de Paris etc. Par M. l'*Abbé* Expilly.

Paris 1771. Bauche. 1 vol. in-16. Cart.

165. — Abrégé méthodique de la géographie ancienne et mo-

derne, avec des cartes de six pieds de hauteur, pour l'instruction publique de la jeunesse. Par M. Boutillier (1)
Paris 1779. Barbou. 1 vol. in-12.

166. — A new geographical, historical and commercial grammar; by *William* Guthrie.
London 1794. Dilly. 1 vol. in-8°, Sans titre.

167. — Nouvelle géographie universelle, descriptive, historique, industrielle et commerciale, des quatre parties du monde. Par *William* Guthrie. Ouvrage traduit de l'anglais, sur la 19.ᵉ et dernière édition, par *Fr.* Noel. Les parties astronomiques et cosmographiques ont été entièrement revues et corrigées par J. Lalande.
Paris 1802. Langlois. 6 vol. en 9. in-8°.

168. — Abrégé de la nouvelle géographie universelle physique, politique et historique, d'après le plan de *W.* Guthrie, depuis son origine (1800) jusqu'à ce jour par *Hy.* Langlois. 11.ᵉ édition.
Paris 183.. Langlois. 3 vol. in-8°.

169. — Le tour du monde, ou tableau géographique et historique de tous les peuples de la terre. Par M.ᵉ Dufrénoy.
Paris 1821. Eymery. 6 vol. in-8°. Cart. et fig.

170. — Géographie de l'*Abbé* Gaultier, entièrement refondue et considérablement augmentée par de Blignières, Demoyencourt, Ducros (*de Sixt*) et Le Clerc aîné. 2.ᵉ éd.
Paris 1829. J. Renouard. 1 vol. in-18.

171. — Précis de la géographie universelle, ou description de toutes les parties du monde, sur un plan nouveau, d'après les grandes divisions naturelles du globe; etc. par Malte-Brun. Nouv. éd. rev. et aug. par M. J.J.N. Huot.
Paris 1831-37. Aimé André. 12 vol. in-8°. Atlas in-fol.

172. — Même ouvrage. 4.ᵉ édition.
Paris 1836-37. V.ᶜ Lenormant. 12 v. in-8°. Atlas in-fol.

---

(1) Boutillier (l'*Abbé*), né à Dreuil, canton d'Hallencourt, arrondissement d'Abbeville, fut professeur de belles-lettres en l'Université de Paris.

173. — Abrégé de géographie, rédigé sur un nouveau plan, d'après les derniers traités de paix et les découvertes les plus récentes, par *Adrien* Balbi.
Paris 1833. Jules Renouard. 1 vol. in-8°.

174. — Cours méthodique de géographie à l'usage des établissements d'instruction et des gens du monde, avec un aperçu de l'histoire politique et littéraire des principales nations, par *H.* Chauchard et A. Müntz.
Paris 1839. Dubochet. 2 vol. in-8°. Pl.

Atlas généraux anciens et modernes.

175. — *Abrahami* Ortelii theatrum orbis terrarum. Opus nunc denuo ab auctore recognitum multisque locis castigatum et quam plurimis novis tabulis atque comment. auctum.
Antuerpiæ. 1573. Diesth. 1 vol. in-fol.

176. — Idem opus.
Antuerpiæ 1591. Off. Plantini. 1 vol. in-fol.
Il manque le titre, la préface et les trois premières planches. On trouve à la suite : Theatri orbis terrarum Parergon, édition antérieure à celle du n.° 77.

177. — Additamentum iii Theatri orbis terrarum *Abrah.* Ortelii.
Antuerpiæ Ambivaritorum 1584. 1 vol. in-fol.

178. — Théatre de l'univers, contenant les cartes de tout le monde. Avec une brieve declaration d'icelles. Par *Abraham* Ortelius.
Anvers 1587. 1 vol. in-fol.

179. — An epitome of Ortelius. His theatre of the world, wherein the principal regions of the earth are described in smalle mappes.
London. S. d. John Northon. 1 vol. in-8.° obl.

180. — *Danielis* Cellarii Speculum orbis terrarum.
(Antuerpiæ) 1578. 1 vol. in-fol.

181. — *Gerardi* Mercatoris atlas sive cosmographicæ meditationes de fabrica mundi et fabricati figura. Jam tandem

ad fidem perductus, quam plurimis æneis tabulis Hispaniæ, Africæ, Asiæ et Americæ auctus ac illustratus
a *Judoco* Hondio. Quibus etiam additæ (præter Mercatoris) dilucidæ et accuratæ omnium tabularum descriptiones novæ, studio et opera *Pet.* Montani. 2.ᵉ edit.

Amstelreodami 1607. Hondius. 1 vol. in-fol.

182. — Idem opus. 4.ᵃ edit.

Amsterodami 1613. Hondius. 1 vol. in-fol.

Les cartes de cet exemplaire sont enluminées.

183. — Atlas minor *Gerardi* Mercatoris à J. Hondio plurimis
æneis tabulis auctus atque illustratus.

Arnheimii 1621. Apud Joa. Janssonium. 1 vol. in-4°.

184. — Fasciculus geographicus complectens præcipuarum totius orbis regionum tabulas circiter centum, unà cum
earundem enarrationibus. Redactus per *Mat.* Quadum.

Coln am Rein 1608. Buxemaker. 1 vol. in-fol.

185. — Nouvel atlas, ou théatre du monde, comprenant les
tables et descriptions de toutes les régions du monde
universel. (Par *Jean* Jansson).

Amstelodami 1650-1657. Jansson. 7 vol. in-fol.

186. — Diverses cartes et tables, pour la géographie ancienne,
pour la chronologie, et pour les itinéraires et voyages
modernes. Par P. Du Val.

Paris 1677. l'Auteur. 1 vol. in-4°.

187. — Cartes de *Nicolas* et *Guillaume* Sanson, d'Abbeville.

Paris 1636 à 1667. Mariette et Tavernier. 1 vol. in-fol.

Ce volume est formé de la réunion des cartes suivantes:

Orbis vetus 1657. — Romani imperii oriens 1627. — Rom. imp.
occidens 1657. — Europa vetus 1650. — Asia vetus. — Africa
vetus. — Italia antiqua 1641. — Italia antiqua 1649. — Græcia antiqua 1656.—Gallia vetus 1649.—Galliæ antiquæ descriptio 1641.—
Britannicæ insulæ 1641.—Hispania antiqua.—Germania antiqua.—
Illyricum occidentis.— Illyricum orientis.— Baltia 1654. — Geographia synodica 1667. — Patriarchatus Romanus. — Antiochenus. —
Constantinopolitanus. — Alexandrinus 1640, ces six cartes sont de
Guillaume. — Europe 1650.— Asie. — Afrique.— Amérique, deux
cartes.— France 1662. — Evéchés de Beauvois et de Senlis 1657.—

De Soissons 1656—De Laon 1650.— De Troyes 1679. — Alsace, de *Guillaume*, 1666.—Italie 1645.—Italie 1658. — Etats de l'Eglise et de Toscane 1648. — Angleterre 1649. — Allemagne 1645.— Bavière 1655.— Haute-Saxe 1655.— Basse-Saxe 1657.—Poméranie 1654. — Pologne 1663.—Danemarck 1658.—Suisse 1648.—Espagne 1641. — Candie. — Empire des Turcqs 1655.—Etats des Turcqs en Asie.— Les trois Arabies 1654. — Chine 1656.

188. — Cartes de *Pierre* Du Val , d'Abbeville.
   Paris. 1653-1658. Mariette. 1 vol. in-fol.
      Ce Recueil contient:
      Italie et Isles adjacentes. 1658. — Alemagne. 1656. — Espagne. 1659. — Amérique , autrement Nouveau-Monde. 1655. — Isles Canaries. 1655. — Bohéme, Moravie, Silésie et Lusace, 16... — Lombardie. — Martinique. — Expeditionis Alexandri magni per Europam, Asiam et Africam tabula. 1654.

189. — Cartes par *Melchior* Tavernier.
   Paris 1638. l'Auteur. 1 vol. in-fol.
      Ce Recueil comprend:
      Carte générale de l'Italie, de l'Alemaigne, de la Grande-Bretaigne 1662. — D'Hespaigne.

190. — L'atlas curieux, ou le monde représenté dans des cartes générales et particulières du ciel et de la terre, divisé tant en ses quatre principales parties que par états et provinces, et orné par des plans et descriptions des villes capitales et principales, et des plus superbes édifices qui les embelissent, etc. Par N. De Fer.
   Paris 1705-1714. l'Auteur. 3 vol. in-fol. obl.

191. — Atlas nouveau, contenant toutes les parties du monde, où sont exactement remarquées les empires , monarchies, royaumes, états, républiques, etc. Par *G.* de l'Isle.
   Amsterdam 1733. Covens et Mortier. 1 vol. in-fol.

192. — Atlas général méthodique et élémentaire, pour l'étude de la géographie et de l'histoire moderne, dressé d'après les meilleures cartes françoises et étrangères, assujetti aux observations astronomiques de MM. de l'Acad. des Sc. et des S.rs Tchirikow et Delisle, par une société d'Ingénieurs géographes du Roi, avec des descriptions historiques et géographiques. Par M. Maclot. Mis au jour et exécuté par le S.ʳ Desnos.

Paris 1770. Desnos. 1 vol. in-fol.

193. — Atlas universel, par Robert géographe et par Robert de Vaugondy son fils, corrigé et augmenté de la carte de la République Française divisée en départemens par *Ch. Fr.* Delamarche.

Paris. Delamarche. 1 vol. in-fol.

194. — Atlas géographique, à l'usage des collèges et institutions, pour suivre les cours de géographie et d'histoire, par MM. Monin et Frémin.

Paris. 183.. H. Langlois. 1 vol. in-4º.

195. — Atlas universel de géographie physique, politique, ancienne et moderne, contenant les cartes générales et particulières de toutes les parties du monde; rédigé conformément aux progrès de la science, pour servir à l'intelligence de l'histoire, de la géographie et des voyages. 2.ᵉ édition, composée de 65 feuilles, par A. Brué.

Paris 1835. Picquet. 1 vol. in-fol.

196. — Mappemonde philosophique et politique, où sont tracés les voyages de Cook et de la Pérouse. Par L. Brion père.

Paris an VIII. l'Auteur. 1 feuille in-fol.

197. — Exposé des découvertes au Nord de la grande Mer, soit dans le N.-E. de l'Asie, soit dans le N.-O. de l'Amérique, entre le 160. degrés de longitude et le 287., depuis le 43. de latitude septentrionale jusqu'au 80. — Découvertes des Russes.—Découvertes des François.—Résultats de diverses recherches faites par feu Guillaume de Lisle et Philippe Buache. — Découvertes de l'amiral de Fonte.— Présenté au Roi le 2 septembre 1753, avec des considérations géographiques et physiques et les 6 cartes qui y sont relatives, par *Philippe* Buache.

Paris 1753. l'Auteur. 1 vol. in-fol.

Géographie maritime ou hydrographique.

198. — Le miroir de la navigation de la mer occidentale, contenant toutes les costes de France, Espaigne, et la principale partie d'Angleterre, le tout comprins en plusieurs
diverses cartes marines; ensemble l'usage d'icelles, présentement avecq son grand travail et diligence practicqué
et assemblé, par Lucas fils de *Jean* Chartier.—De nouveau, d'une Historiale description des proprietez et origine de chascune des provinces en particulier, augmenté
par *Richard* Slotboom.
Anvers 1590. Bellere. 1 vol. in-fol.

199. — Le routier des Indes orientales et occidentales; traitant
des saisons propres à y faire voyage; une description
des anchrages, profondeurs de plusieurs havres et ports
de mer. Avec 26 différentes navigations. Par S.ʳ le Dassié.
Paris 1677. De la Caille. 1 vol. in-4°.

200. — Le petit Atlas maritime, recueil de cartes et plans des
quatre parties du monde, en 5 volumes. Par le S.ʳ Bellin.
Paris 1764. Bellin. 5 vol. in-fol.

201. — Les costes de France sur l'Océan et sur la Mer Méditerranée, corrigées, augmentées et divisées en capitaineries
garde-costes, par De Fer.
Paris 1690. De Fer. 1 vol. in-4°.

202. — Descriptions nautiques des iles Britanniques, des côtes de
Hollande, du Jutland, de Norwège et d'une partie de
la côte de France, sur la mer du Nord, publiées par le
dépôt général de la marine, d'après les ordres du vice-
amiral Decrès, ministre de la marine et des colonies.
Paris (1803-1804). Imp. Rép. et Imp. 1 vol. in-4°.
Contenant :

1. — Description nautique des côtes orientales de la Grande-Bretagne, et
des côtes de Hollande, du Jutland et de Norwège; extraite et traduite de l'anglois (de Duncan et Mitchell), par P. Levêque.

2. — Description nautique des côtes méridionales d'Angleterre, traduite
de l'anglois (du capitaine J. Stephenson, par *Ch.* Romme).

3. — Description nautique de la côte de la mer du Nord, depuis Calais jusqu'à Ostende, par M. Beautemps-Beaupré.

4. — Description nautique des côtes occidentales de la Grande-Bretagne; traduite de l'anglois (de Murdoch-Mackenzie, par E. de Rossel).

5. — Suite de la description nautique des côtes occidentales de la Grande-Bretagne; et description des côtes des Orcades; traduite de l'anglois (de Murdoch Mackenzie, par Ed. de Rossel).

6. — Description nautique des côtes d'Irlande; traduite de l'anglois (de Murdoch Mackenzie, par Ed. de Rossel).

7. — Mémoire pour servir d'instruction à la navigation des côtes depuis Calais jusqu'à la baie de Cancale; par Lacouldre la Bretonière.

8. — Table générale des noms des lieux contenus dans les descriptions.

203. — Recueil de cartes hydrographiques publiées au dépôt général de la marine.

Paris 1775-1831. Dépôt de la marine. 1 vol. in-fol.

Voici les numéros des cartes que comprend cette collection :
1-2-3-4-13-14-15-19-21-22-23-24-29-75-75^{16}-75^{22}-75^{31}-86-105-106-106bis-108-109-110-116-120-127-132-134-135-141-142-173-174-176-179-187-198-198bis-199-200-203-203^{11}-204-216-275^2-288.

204. — Mémoire sur les courants de la Manche, de la mer d'Allemagne et du canal de Saint-George, suivi de quelques documents sur la navigation dans la déroute et le raz Blanchart, et sur les courants particuliers à ces deux passages, publié sous le ministère de l'amiral Duperré, par P. Monnier.

Paris 1835. Impr. royale. 1 vol. in-8°. Cart.

205. — Essai d'un dictionnaire des principaux ports et mouillages du monde connu, indiquant, pour chaque lieu, les bancs ou dangers à éviter, les saisons d'hivernage, les vents ordinaires, les courants etc. Avec un Appendice dans lequel sont décrites les routes suivies ordinairement dans les voyages de long-cours; à l'usage des compagnies d'assurances maritimes, des armateurs, des négociants etc. Par A. Cuvillier jeune et Ad. Bouin.

Paris 1845. Lib. du Commerce. 1 vol. in-8°.

1.re, 2.e, 3.e, 4.e et 5.e parties comprenant toutes les côtes d'Europe et d'Afrique, et les iles d'Afrique.

206. — Méthodes pour la levée et la construction des cartes et plans hydrographiques, publiées en 1808, sous le titre d'*Appendice*, à la suite de la Relation du voyage du contre-amiral *Bruny Dentrecasteaux;* par C.F.BEAUTEMPS-BEAUPRÉ, et réimprimées par ordre de Son Excellence le comte Decrès.

Paris 1811. Impr. impériale. 1 vol. in-4°. Cart.

VOYAGES.

Introduction.

✶✶ — De l'utilité des voyages, par GROS DE BESPLAS.

Voyez *Belles-Lettres* 1005-2.

207. — De l'utilité des voyages, et de l'avantage que la recherche des antiquitez procure aux sçavans. Par M. BAUDELOT DE DAIRVAL.

Rouen 1727. Ferrand. 2 vol. in-12. Pl.

Collections générales de Voyages.

208. — Novus orbis regionum ac insularum veteribus incognitarum una cum tabula cosmographica, et aliquot aliis consimilis argumenti libellis, nunc novis navigationibus auctus. (Collectore *Simone* GRYNÆO).

Basileæ 1555. Apud J. Hervagium. 1 vol. in-fol.

Cette collection comprend les voyages dont les auteurs sont: *Seb.* MUNSTER, ALOYS CADAMOSTO, *Arch.* MADRIGNANO, *Ch.* COLOMB, *P.* ALONSO, PINZON, *Albéric* VESPUCE, *P.* ALIARIS, JOSEPH, *Améric* VESPUCE, EMMANUEL, roi de Portugal, LUDOVICUS, *Fr.* BROCARD, *Marc* PAUL, HAITHON, *Mathias* DE MICHOU, *Paul* JOVE, *Pierre* MARTYR, *Erasme* STELLA, MAXIMILIEN, *Fer.* CORTÈS, HERBORN.

209. — Recueil de divers voyages faits en Afrique et en l'Amérique, qui n'ont point esté encore publiez: contenant l'origine, les mœurs, les coutumes et le commerce des habitans de ces deux parties du monde. (Publiés par les soins de H. Justel).

> **Paris 1674. L. Billaine. 1 vol. in-4º. Cart.**

> Ce recueil renferme : Histoire de l'île des Barbades, par *Ric.* Ligon. (1647-1650).—Relation de la rivière du Nil, traduit d'un jésuite Portugais par P. Wiscœ. — Extrait de l'histoire d'Ethiopie, écrite en portugais, par le P. *Balth.* Tellez. — Relation des Caraïbes, par De la Borde. — Relation de la Guyane. — Description de l'île de la Jamaïque et de celles que possèdent les Anglais en Amérique, par Thomas. — Description de l'empire du Prête-Jean, tirée d'*Ant.* Almeide et d'*Alph.* Mendez. — Relation d'un voyage fait sur les côtes d'Afrique en 1670 et 1671, par un navire commandé par le chev. d'Hailly.

210. — Les voyageurs modernes, ou abrégé de plusieurs voyages faits en Europe, Asie et Afrique, traduit de l'anglois. (Par P. F. de Puisieux).

> **Paris 1760. Nyon. 4 vol. in-12.**

> On y trouve l'Abrégé des voyages de Pococke, Shaw, *Rob.* Wood, *F. L.* Norden, Maundrel, Hanway, *Al.* Drummond, Russel, et l'histoire naturelle de la Norwège de E. Pontopidan.

211. — Abrégé chronologique, ou histoire des découvertes faites par les Européens dans les différentes parties du monde, extrait des relations les plus exactes et des voyageurs les plus véridiques, par M. *Jean* Barrow. Traduit de l'anglois par M. Targe.

> **Paris 1766. Saillant. 12 vol. in-12.**

> Cette collection contient les voyages suivants : Colomb, Gama, Cabral, *F.* Cortes, Pizarre, *F.* de Soto, Magellan, Barbosa, Drake, Raleigh, Cavendish, Van Noort, Spilbergen, Schouten et Lemaire, Rowe, Fenning et Collyer, Monck, James, Nieuboff, Tasman, Baldæus, Dampier, Wafer, Gemelli, Rogers et Courtney, *A.* Selkirk, *G.* Juan et *Ant.* Ulloa, Anson, Ellis et Martin.

212. — Le voyageur françois, ou la connoissance de l'ancien et du nouveau monde. (Par l'*Abbé* Delaporte, l'*Abbé* de Fontenay et Domairon).

> **Paris 1765-95. Vincent et Moutard. 42 v. in-12. Atl. in-8º.**

> Les tomes 29 et 30 manquent.

3.

215. — Abrégé de l'histoire générale des voyages, contenant ce qu'il y a de plus remarquable, de plus utile et de mieux avéré dans les pays où les voyageurs ont pénétré ; les mœurs des habitans, la religion, les usages, arts et sciences, commerce, manufactures ; enrichies de cartes géographiques et de figures. Par M. DE LA HARPE.
    Paris 1780 à 1801. Moutardier. 32 v. in-8°. Atlas in-4°.

214. — Même ouvrage. Nouvelle édition.
    Paris 1820. Et. Ledoux. 24 v. in-8°. Atl. in-fol. et in-8°.

215. — Encyclopédie des voyages, contenant l'abrégé historique des mœurs, usages, habitudes domestiques, religions, fêtes, supplices, funérailles, sciences, arts et commerce de tous les peuples : Et la collection complette de leurs habillemens civils, militaires, religieux et dignitaires, dessinés d'après nature, gravés avec soin et coloriés à l'aquarelle. Par J. GRASSET S. SAUVEUR.
    Paris 1796. Deroy. 5 vol. in-4°.

216. — Abrégé des voyages modernes, de 1780 jusqu'à nos jours, contenant ce qu'il y a de plus remarquable, de plus utile et de mieux avéré dans les pays où les voyageurs ont pénétré ; les mœurs des habitans, la religion, les usages, arts et sciences, commerce et manufactures. Par M. EYRIÈS.
    Paris 1822-1824. Et. Ledoux. 14 vol. in-8°. Pl.
    Cet ouvrage peut être considéré comme une suite du n.° 214.

217. — Choix de voyages dans les quatre parties du monde, ou précis des voyages les plus intéressans, par terre et par mer, entrepris depuis l'année 1806 jusqu'à ce jour ; par J. MAC CARTHY.
    Paris 1823. V.e Dabo. 15 vol. in-12. Pl.

218. — Histoire générale des voyages, ou nouvelle collection de relations de voyages par mer et par terre, mise en ordre et complétée jusqu'à nos jours, par C. A. WALCKENAER.
    Paris 1826-1831. Lefèvre. 21 vol. in-8°.
    Cette histoire à la rédaction de laquelle DEPPING et EYRIES ont contribué pour les 4 derniers volumes, ne renferme que des voyages en Afrique.

219. — Histoire des voyages modernes effectués par mer ou par terre dans les cinq parties du monde (Afrique, Asie, Amérique, Océanie et Europe), depuis 1800 jusqu'à nos jours, par M. *Albert* MONTÉMONT, faisant suite à l'*Histoire générale des Voyages de La Harpe.*

Paris 1838. Soc. reproduct. des bons livres. 25. vol. in-8°
Cette collection est divisée ainsi qu'il suit : Voyages autour du monde.
I. PORTER, PAULDING.—II. KRUSENSTERN, KOTZEBUE.—III. BAUDIN, FREYCINET, DUPERREY, DUMONT D'URVILLE, DILLON, TROMELIN, BOUGAINVILLE fils, LAPLACE. — IV. BEECHEY. — V. MORRELL. — VI. *B.* HALL, WEDDELL, KING, BELLINGSHAUSEN, FANNING, BISCOE.=Voyages en Afrique. — VII. BURCHELL. — VIII. DENHAM et CLAPPERTON. — IX. LAING, CLAPPERTON, GRAY et DOCHARD, HUTTON, BOWDICH, MOLLIEN.— X. THOMPSON, COWPER ROSE, CAMPBELL, CAILLIÉ.—XI. RICHARD et *John* LANDER.=Voyages en Asie.— XII. BURCKHARDT, BUCKINGHAM. — XIII. TIMKOWSKI, AMHERST, MACARTNEY. — XIV. FINLAYSON, COX.— XV. FRASER. — XVI. HEBER, SKINNER.—XVII. BURNES.=Voyages en Amérique.—XVIII. *B.* HALL.— XIX. ROSS, PARRY, FRANKLIN.—XX. BULLOCK, WATTERTON, HEAD, *B.* HALL.— XXI. MAW, WALSH, MOLLIEN. = Voyages en Océanie. — XXII. CUNNINGHAM, STURT. = Voyages en Europe. — XXIII. WALSH, QUIN, LYALL. — XXIV. CAPELL BROOKE, INGLIS, KLAPROTH et GAMBA. = Voyages en Europe, anciens et modernes.

** — Voyages.
Paris 1785. Hôtel de Thou. 25 vol. in-18 et 2 vol. atlas.
Voyez *Biblioth. univ. des Dames.*

Voyages autour du Monde.

** — Dissertation sur les voyages des Phéniciens autour du monde, par COURT DE GEBELIN.
Voyez *Monde primit.* VIII.   *Belles-Lettres.* 9.

220. — Voyages de *Benjamin* TUDELLE, autour du monde, commencé l'an 1173. De *Jean* DU PLAN CARPIN, en Tartarie. Du Frère ASCELIN et de ses compagnons vers la Tartarie. De *Guillaume* DE RUBRUQUIN, en Tartarie et en Chine, en 1253. Suivis des additions de *Vincent* DE BEAUVAIS, et de l'histoire de *Guillaume* DE NANGIS, pour l'éclaircissement des précédents voyages.

Paris 1830. Aux frais du Gouvernement. 1 vol. in-8°.

221. — Voyage curieux, faict autour du monde, par *François* DRACH, admiral d'Angleterre. (Traduit de l'anglois par *Fr.* DE LOUVENCOURT, S.ʳ *de Vauchelles*) (1). 1577-1580.

Paris 1641. Ant. Robinot. 1 vol. in-8°.

222. — Nouveau voyage autour du monde. Par *Guil.* DAMPIER.

Rouen 1715. Machuel. 5 vol. in-12. Cart.

On y a joint le voyage de *Lionel* WAFER ; le voyage de WOOD à travers le détroit de Magellan ; le journal de l'expédition de SHARP ; le voyage autour du monde de COWLEY, et le voyage du Levant de M. ROBERT. (1669-1699).

223. — Voyage du tour du monde, traduit de l'italien de *Gemelli* CARERI, par M. L. N. (*Eustache* LE NOBLE). (1695-1698).

Paris 1719. Ganeau. 6 vol. in-12. Fig.

224. — Même ouvrage. Nouvelle édition.

Paris 1727. Ganeau. 6 vol. in-12. fig.

225. — Voyage autour du monde, commencé en 1708 et fini en 1711. Par le capitaine WOODES ROGERS. Traduit de l'anglois. Où l'on a joint quelques pièces curieuses touchant la rivière des Amazones et la Guiane.

Amsterdam 1716. V.ᶜ P. Marret. 2 vol. in-12. Fig.

Ces pièces sont : Supplément ou description des côtes depuis Acapulco jusqu'à l'ile de Chiloé. — Relation de la rivière des Amazones, traduite de l'espagnol de *Chr.* D'ACUGNA par DE GOMBERVILLE. — Journal des PP. GRILLET et BECHAMEL, en Guyane, en 1674. — Relation de la Guyane et du commerce qu'on y peut faire.

226. — Nouveau voyage autour du monde, par M. LE GENTIL. Enrichi de plusieurs plans, vues et perspectives des principales villes et ports du Pérou, Chily, Brésil et de la Chine, etc. (1714-1718).

Paris 1725. Flahaut. 1 vol. in-12. Tome 1ᵉʳ.

(1) *François* DE LOUVENCOURT, Sieur *de Vauchelles*, naquit à Amiens en 1569 ; il fut maire en 1625 et 1624 et mourut le 4 août 1638.

227. — Voyage autour du monde, par la frégate du Roi la *Boudeuse* et la flute *l'Etoile*, en 1766, 1767, 1768 et 1769. (Par L. A. DE BOUGAINVILLE). Nouv. édit.

Neuchatel 1773. Soo. Thypograph. 2 vol. en 1. in-12.

228. — Relation des voyages entrepris par ordre de Sa Majesté Britannique, et successivement exécutés par le Commodore *Byron*, le Capitaine *Carteret*, le Capitaine *Wallis* et le Capitaine *Cook*, dans les vaisseaux le *Dauphin*, le *Swallow* et l'*Endeavour*; traduite de l'anglois (de J. HAWKESWORTH, par SUARD et DEMEUNIER). (1764-1771).

Paris 1774. Saillant et Nyon. 8 vol. in-8.° Atlas in-4°.

229. — Même ouvrage.

Paris 1709. Nyon et Mérigot. 8 vol. in-8°. Atlas in-4°.

230. — Voyage dans l'hémisphère austral et autour du monde, fait sur les vaisseaux du Roi l'*Aventure* et la *Résolution*, en 1772, 1773, 1774 et 1775, écrit par *Jacques* COOK, commandant de la *Résolution*; dans lequel on a inséré la Relation du capitaine FURNEAUX, et celle de MM. FORSTER. Traduit de l'anglois (par SUARD). Ouvrage enrichi de plans, de cartes, de planches, de portraits et de vues de pays, dessinés pendant l'expédition, par M. HODGES.

Paris 1778. Hôtel de Thou. 6 vol. in-8°.

231. — Même ouvrage, sous le titre de Voyage au Pole austral etc.

Paris 1792. Mérigot. 6 vol. in-8.° et Atlas in-4°.

232. — Troisième voyage de COOK, ou voyage à l'Océan-Pacifique, ordonné par le roi d'Angleterre, pour faire des découvertes dans l'hémisphère nord, et pour déterminer la position et l'étendue de la Côte ouest de l'Amérique septentrionale, sa distance de l'Asie, et résoudre la question du passage au nord. Exécuté sous la direction des capitaines *Cook*, *Clerke* et *Gore*, sur les vaisseaux la *Résolution* et la *Découverte*, en 1776, 1777, 1778,

1779 et 1780; traduit de l'anglois (de Cook et King), par M. D... (Demeunier).

Paris 1785. Hôtel de Thou. 4 vol. in-8°.

253. — Même ouvrage.

Paris 1785. Hôtel de Thou. 8 vol. in-8°. Atlas in-4°.

234. — Voyage de La Pérouse autour du monde, publié conformément au décret du 22 avril 1791, et rédigé par M. L. A. Milet-Mureau. (1785-1788).

Paris 1797. Impr. de la Rép. 4 vol. in-4°. Atlas in-4°.

Le premier volume contient la traduction de l'espagnol d'un voyage de Don F. A. Maurelle au Mexique en 1780 et 1781.

235. — Relation abrégé du voyage de *La Pérouse*, pendant les années 1785, 1786, 1787 *et* 1788; pour faire suite à *l'Abrégé de l'histoire générale des voyages*, par *La Harpe*. (Par C. F. D. de Villers).

Leipsick 1799. 1 vol. in-8°. Port.

236. — Voyage de Dentrecasteaux envoyé à la recherche de La Pérouse. Publié par ordre de Sa Majesté l'Empereur et Roi. Rédigé par M. de Rossel. (1791-1793).

Paris 1808. Imp. royale. 2 vol. in-4°. Atlas in-fol.

237. — Voyage autour du monde, pendant les années 1790, 1791 et 1792, par *Etienne* Marchand, précédé d'une introduction historique, auquel on a joint des recherches sur les terres australes de Drake, et un examen critique du voyage de *Roggeween*. Par C. P. Claret Fleurieu.

Paris an VI. Impr. de la Rép. 5 vol. in-8°. Atlas in-4°.

238. — Voyage de découvertes à l'Océan Pacifique du nord, et autour du monde; dans lequel la côte nord-ouest de l'Amérique a été soigneusement reconnue et relevée; ordonné par le roi d'Angleterre et exécuté en 1790, 1791, 1792, 1793, 1794 et 1795, par le capitaine *George* Vancouver. Traduit de l'anglais (par Morellet et Demeunier).

Paris an VIII. Imp. de la Rép. 3 vol. in-4°. Atlas in-fol.

239. — Voyage autour du monde, exécuté sur les corvettes l'*U*-

ranie et la *Physicienne*, pendant les années 1817, 1818, 1819 et 1820, par M. *Louis* FREYCINET.

Paris 1826. Pillet aîné. 2 vol. in 4.º Atlas in-fol.

Ces deux volumes comprennent, l'un la navigation, l'autre l'hydrographie.

240. — Promenade autour du monde par M. J. ARAGO. Avec Atlas de 26 pl. in-4.º, dessinées par l'Auteur.   (1817-1820).

Paris 1840. A. Ledoux. 2 vol. in-8º. L'atlas manque.

241. — Voyage autour du monde, exécuté par ordre du Roi, sur la corvette de Sa Majesté la *Coquille*, pendant les années 1822, 1823, 1824 et 1825, par M. L. J. DUPERREY.

Paris 1829. A. Bertrand. 5 vol. in-4º. Atlas in-fol.

Cet ouvrage inachevé se compose de 1.º Partie historique (incomplète) 1 vol. et pl.—2.º Zoologie, par MM. LESSON et GARNOT. 2 vol. et pl. — 3.º Botanique, par MM. DUMONT D'URVILLE, BORY SAINT-VINCENT et *Ad.* BRONGNIART. 2 vol. et pl.

242. — Journal de la navigation autour du globe de la frégate la *Thétis* et de la corvette l'*Espérance*, pendant les années 1824, 1825 et 1826, publié par ordre du Roi, par M. le Baron DE BOUGAINVILLE, capitaine de vaisseau.

Paris 1837. Arth. Bertrand. 2 vol. in-4º. Atlas in-fol.

243. — Voyage autour du monde par les mers de l'Inde et de la Chine, exécuté sur la corvette de l'Etat la *Favorite*, pendant les années 1830, 1831 et 1832, sous le commandement de M. LAPLACE.

Paris 1833-1835. Imp. roy. 4 vol. in-8º.

244. — Campagne de circumnavigation de la frégate l'*Artémise*, pendant les années 1837, 1838, 1839 et 1840, sous le commandement de M. LAPLACE, publié par ordre du Roi.

Paris 1841. Art. Bertrand. 3 vol. in-8º. Pl.

245. — Voyage au Pole sud et dans l'Océanie sur les corvettes l'*Astrolabe* et la *Zélée*, exécuté par ordre du Roi, pendant les années 1837, 1838, 1839 et 1840, sous le commandement de M. J. DUMONT D'URVILLE, capitaine de vaisseau, publié sous les auspices du dépôt de la marine et

sous la direction supérieure de M. *Jacquinot*, capitaine de vaisseau, commandant la *Zélée*.

Paris 1841-1854. Gide. 23 vol. in-8.º et 7 Atlas in-fol.

Voici la division de cet ouvrage : 1.º Histoire du voyage par Du-
MONT D'URVILLE. 10 vol. et 2 vol. in-fol. de 200 pl. dont 9 cartes dressées par VINCENDON-DUMOULIN. — 2.º Zoologie, par MM. HOMBRON
et JACQUINOT. 5 vol. et 1 vol. atlas de 140 pl. — 3.º Botanique, par
MM. HOMBRON et JACQUINOT. 2 vol. et atlas de 66 pl. — 4.º An-
thropologie et physiologie humaine, par M. DUMOUTIER. 1 vol. et
atlas de 50 pl. — 5.º Géologie, minéralogie et géographie physique,
par M. J. GRANGE. 2 vol. et atlas de 13 pl.—6.º Physique, par MM.
VINCENDON-DUMOULIN et COUPVENT-DESBOIS. 1 vol. — 7.º Hydrographie, par M. VINCENDON-DUMOULIN. 2 vol. et atlas de 57 cartes.

Voyages dans les deux Continents.

246. — Les voyages fameux du sieur *Vincent* LE BLANC, Marseillois, qu'il a faits depuis l'aage de douze ans jusques à
soixante, aux quatres parties du monde; rédigez fidelle-
ment sur ses mémoires, par P. BERGERON. Et nouvellement rev., corr. et aug. par le S.ʳ COULON. (1567-1631).
Paris 1658. G. Clousier. 1 vol. in-4º.

247. — Le voyageur curieux qui fait le tour du monde. Avec ses
matières d'entretien qui composent l'histoire curieuse.
Par le Sieur le B.
Paris 1664. Fr. Clousier. 1 vol. in-4º.

248. — Relations véritables et curieuses de l'isle de Madagascar
et du Bresil. Avec l'histoire de la dernière guerre faite
au Bresil, entre les Portugais et les Hollandois. Trois relations d'Egypte et une du royaume de Perse. (Publiées
par MORISÒT). (1598-1648).
Paris 1651. A. Courbé. I vol. in-4º.

Cette collection comprend les voyages de *Fr.* CAUCHE ; de ROULOX-
BARO, traduits du hollandois par P. MOREAU; de P. MOREAU; de
César LAMBERT ; de J. ALBERT ; de SANTO SEGUEZZI, et d'un gentil-
homme à la suite de *Scierley*, ambassadeur d'Angleterre.

249. — Voyages en Afrique , Asie , Indes Orientales et Occiden-
dentales, faits par *Jean* MOCQUET. (1601-1615).
Paris 1830. Impr. aux frais du Gouvernement. 1 v. in-8°.

250. — Relation de divers voyages faits dans l'Afrique, dans
l'Amérique, et aux Indes Occidentales. La description du
royaume de Juda, et quelques particularitez touchant la
vie du Roy regnant. Par le S.ʳ DRALSÉ DE GRAND PIERRE.
Paris 1718. Jombert. 1 vol. in-12.

251. — Voyages du capitaine *Robert* LADE en différentes parties
de l'Afrique, de l'Asie et de l'Amérique : contenant l'histoire de sa fortune , et ses observations sur les colonies
et le commerce des Espagnols, des Anglois etc. Ouvrage
traduit de l'anglois. (Par l'*Abbé* PRÉVOST). (1722.....).
Paris 1744. Didot. 2 vol. in-12.

252. — A relation of ten years travells in Europe, Asia, Affrique,
and America. All by way of letters occasionnally written
to divers noble personages, from place to place ; and con-
tinued to this present year , by *Richard* FLECKNO.
London (1755). 1 vol. in-8°.

253. — Voyage dans les cinq parties du monde, où l'on décrit
les principales contrées de la terre , les curiosités naturelles , industrielles, etc. Par M. *Albert* MONTÉMONT.
Paris 1828. Selligue. 6 vol. in-8°.

254. — Le voyageur moderne , ou extrait des voyages les plus
récens dans les quatre parties du monde, publiés en
plusieurs langues jusqu'en 1821. Par M.ᵉ *Elis.* DE BON.
Paris 1821-1822. Eymery. 6 vol. in-8°. Fig.

Voyages en Europe , Asie et Afrique.

255. — Les voyages avantureux du capitaine *Jean* ALFONCE.
Paris 1559. Marnef. 1 vol. in-4°.

256. — A relation of a journey begun an. domi. 1610. Foure boo-
kes. Containing a description of the Turkish empire, of

Egypt, of the Holy land, of the remote parts of Italy,
and Ilands adjoining (by *Georges* Sandys). 3.ᵈ edit.
London 1627. Rob. Allot. 1 vol. in-fol.

257. — Voyages de M. de Monconys. (1628-1664).
Paris 1695. Delaulne. 4 vol. in-12. Fig.
On trouve à la suite un traité pour connaître le poids des liqueurs;
un traité d'algèbre; un recueil des poésies et des lettres du même
auteur.

258. — Les voyages et observations du Sieur de la Boullaye le
Gouz, où sont décrites les religions, gouvernemens, et
situations des estats et royaumes d'Italie, Grèce, Natolie,
Syrie, Palestine, Karamenie, Kaldée, Assyrie, grand
Mogol, Bijapour, Indes orientales des Portugais, Arabie,
Egypte, Hollande, grande Bretagne, Irlande, Dane-
mark, Pologne, Isles et autres lieux d'Europe, Asie et
Afrique, où il a séjourné. (1643-1650).
Paris 1653. F. Clousier. 1 vol. in-4°. Fig.

259. — Même ouvrage.
Paris 1657. G. Clousier. 1 vol. in-4°. Fig.

260. — Voyages du Sieur A. de La Motraye en Europe, Asie et
Afrique. Où l'on trouve une grande variété de recherches
géographiques, historiques et politiques sur l'Italie, la
Grèce, la Turquie, la Tartarie, Crimée et Nogaye, la
Circassie, la Suède, la Laponie, etc. (1696-1725).
La Haye 1727. Johnson et Van Duren. 2 vol. in-fol. Pl.
On trouve à la suite de cette édition que l'auteur n'a point ap-
prouvée, une dissertation du docteur Timon sur l'inoculation de la
petite vérole; des lettres de Fabrice; un projet sur le rétablissement
du crédit, par Goerts; et un extrait du procès criminel de Goerts.

** — Letters of Lady M. Wortley Montague. (1716-1718).
Voyez *Belles-Lettres* n.° 2971.

261. — Lettres de Milady *Marie* Wortley Montagüe, écrites pendant ses voyages en Europe, en Asie et en Afrique, à plusieurs personnes de distinction, gens de lettres etc. en
différens pays. Traduit de l'anglois. (Par le P. J. Burnet).
Rotterdam 1764. Henry Beman. 2 vol. en 1. in-12.
Lettres de Milady Wortley Montague, écrites pendant son voyage

en diverses parties du monde; traduites de l'anglois (par SUARD). Troisième partie pour servir de supplément aux deux premières.—On y a joint une réponse à la critique que le Journal encyclopédique (le Baron de TOTT) a faite des deux premières parties de ces lettres. Par M. G.... (GUYS) de Marseille.

Rotterdam 1768. H. Beman.

262. — Nouveau voyage de Grèce, d'Egypte, de Palestine, d'I-talie, de Suisse, d'Alsace et des Pais-Bas, fait en 1721, 1722 et 1723. (Par *Ch.* SAINTE-MAURE).

La Haye 1724. Gosse. 1 vol. in-12.

263. — Voyages en Europe, en Asie et en Afrique, contenant la description des mœurs, coutumes, loix, productions, manufactures de ces contrées, et l'état actuel des possessions angloises dans l'Inde; commencés en 1777, et finis en 1781, par M. MAKINTOSH. Suivis des voyages du colonel CAPPER dans les Indes en 1779. (Traduits de l'anglois par J. P. BRISSOT).

Paris 1786. Regnaut. 2 vol. in-8º. Cart.

264. — Voyage dans l'empire Othoman, l'Egypte et la Perse, fait par ordre du Gouvernement, pendant les six premières années de la République; par G. A. OLIVIER.

Paris an IX. H. Agasse. 6 vol. in-8º. Atlas in-fol.

Voyages en Europe et en Asie.

265. — Relation du voyage d'*Adam* OLEARIUS en Moscovie, Tartarie, et Perse, augm. en cette nouvelle édition de plus d'un tiers, et particulierement d'une seconde partie contenant le voyage de *Jean-Albert* DE MANDELSLO aux Indes orientales. Traduit de l'allemand par A. DE WICQUEFORT. (1633-1638; 1639-1640).

Paris 1666. Jean Dupuis. 2 vol. in-4º. Cart.

266. — Voyages très-curieux et très-renommez faits en Moscovie, Tartarie et Perse, par le S.ᵣ *Adam* OLEARIUS. Traduits de l'original et augmentez par A. DE WICQUEFORT.

Amsterdam 1727. Le Cène. 1 vol. in-fol. Pl.

267. — Les voyages de *Jean* Struys en Moscovie, en Tartarie, en Perse, aux Indes, et en plusieurs autres païs étrangers. A quoi l'on a ajouté comme chose digne d'être suë, la relation d'un naufrage, dont les suites ont produit des effets extraordinaires. Par M. Glanius. (1647-1673).
Amsterdam 1681. De Meurs. 1 vol. in-4°. Pl.

268. — Même ouvrage.
Rouen 1724. Machuel. 3 vol. in-12. Pl.

269. — Voyage en divers états d'Europe et d'Asie, entrepris pour découvrir un nouveau chemin à la Chine. Contenant plusieurs remarques curieuses de Physique, de Geographie, d'Hydrographie et d'Histoire. (Par le P. *Phil.* Avril). (1685-1691).
Paris 1692. Barbin. 1 vol. in-4°. Fig.

270. — Le voyage d'Italie et du Levant, par MM. Fermanel, Favvel, Baudouin de Launay, et de Stochove. Contenant la description des royaumes, gouvernemens, provinces, villes, bourgs, villages, eglises, palais, mosquées, édifices anciens et modernes; vies, mœurs, etc. (1630).
Rouen 1670. Viret. 1 vol. in-12.

271. — Observations curieuses sur le voyage du Levant, fait par MM. Fermanel, Fauvel, Baudouin, Stochove. Où l'on void ce que nos Géographes, tant anciens que modernes, ont écrit de plus curieux des royaumes de Corse, de Sardaigne, de la Sicile, et d'autres isles considerables de la Méditerranée, et de l'Archipélague.
Rouen 1703. Besongne. 1 vol. in-4°. Pl.

272. — Voyage d'Italie, de Dalmatie, de Grece, et du Levant, fait aux années 1675 et 1676, par *Jacob* Spon et *Georges* Wheler.
Lyon 1678. Cellier. 3 vol. in-12. Fig.

273. — Même ouvrage.
La Haye 1724. Alberts. 2 vol. in-12. Fig.

274. — Voyage de Dalmatie, de Grece et du Levant. Par M. *Georges* Wheler. Enrichi de médailles et de figures des principales antiquités qui se trouvent dans ces lieux, avec la description des coutumes des villes, bourgs, etc. Traduit de l'anglois.   (1675-1776).

La Haye 1723. Alberts. 2 vol. in-12.

275. — Voyages de M. P. S. PALLAS, en différentes provinces de l'empire de Russie, et dans l'Asie septentrionale; traduits de l'allemand, par M. GAUTHIER DE LA PEYRONIE. (1768-1774).

Paris 1788. Lagrange. 5 vol. in-4.º et Atlas in-fol.

276. — Voyage archéologique en Grèce et en Asie-Mineure, fait par ordre du Gouvernement français pendant les années 1843 et 1844, et publié sous les auspices du Ministère de l'instruction publique, par *Philippe* LE BAS, avec la coopération d'*Eugène* LANDRON, architecte.

Paris 1847. Didot. 11 vol. in-4º. Atl. in-fol. En publication.

277. — Voyage en Turquie et en Perse, exécuté par ordre du Gouvernement français pendant les années 1846, 1847 et 1848, par *Xavier* HOMMAIRE DE HELL. Cet ouvrage est accompagné de Cartes. d'Inscriptions, etc., et d'un Album de 180 planches dessinées d'après nature par *Jules* LAURENS, imprimées par *Lemercier*.

Paris 1853. P. Bertrand. 4 v. in-8º. Atlas in-fol. En pub.ᵒⁿ

Voyages en différentes parties de l'Europe.

278. — Journal du voyage de *Michel* DE MONTAIGNE en Italie, par la Suisse et l'Allemagne en 1580 et 1581. Avec des notes par M. DE QUERLON.

Rome-Paris 1774. Le Jay. 2 vol. in-12. Port.

279. — *Pauli* HENTZNERI Itinerarium Germaniæ, Angliæ, Galliæ, Italiæ: cum indice locorum, rerum atque verborum commemorabilium. Huic libro accessere novâ hac editione. I. Monita peregrinatoria duorum doctissimorum virorum: itemq; II. incerti auctoris epitome præcognitorum historicorum, antehac non edita.   (1596-1600).

Noribergæ 1629. Ab. Wagenmannus. 1 vol. in-8º.

280. — *Abrahami* Golnitzi *Dantisc.* Ulysses Belgico-Gallicus, fidus tibi dux et Achates, per Belgium. Hispaniam. Regnum Galliæ. Ducat. Sabaudiæ. Turinum usque Pedemonti metropolin. (1630).
Amstelodami 1655. Off. Elzeviriana. 1 vol. in-18.

281. — *Ludovici Henrici* Lomenii, *Briennæ* comitis, itinerarium. Editio altera auctior et emendatior. Curante *Car. Patin* D. M. (*Cum indice geographico* N. *Sanson*). (1652-1655).
Parisiis 1662. Apud Cl. Cramoisy. 1 vol. in-8°.

282. — Le voyageur d'Europe, où sont les voyages de France, d'Italie et de Malthe, d'Espagne et de Portugal, des Pays-Bas, d'Allemagne et de Pologne, d'Angleterre, de Danemark et de Suède. Par M. A. Jouvin.
Paris 1672. Barbin. 7 vol. in-12. Cart.

283. — Relation de plusieurs voyages, faits en Hongrie, Servie, Bulgarie, Macedoine, Thesalie, Styrie, Austriche, Carinthie, Carniole, et Friuli, enrichie de plusieurs observations sur les mines d'or, d'argent, de cuivre etc. qui sont dans ces païs. Traduit de l'Anglois du S.ʳ *E.* Brown (par M. L. V.) (1668-1669).
Paris 1674. Ger. Clouzier. 1 vol in-4°. Fig.

284. — Relations historiques et curieuses de voyages en Allemagne, Angleterre, Hollande, Boheme, Suisse, etc., par *Charles* Patin. 2.ᵉ édition. (1669-1671-1675).
Lyon 1676. Cl. Muguet. 1 vol. in-12.

285. — Some letters containing, an account of what seemed most remarkable in Switzerland, Italy etc. Written by G. Burnett. (1685-1686).
Rotterdam 1686. Abr. Acher. 1 vol. in-8°.

286. — Lettres curieuses de voyages écrites d'Angleterre, d'Italie, de Hongrie, d'Allemagne, de Suisse, de Bohème, d'Hollande, de Flandres, d'Espagne, et autres lieux. Qui contiennent tout ce qu'il y a de plus rare et de plus remarquable dans tous ces royaumes etc. (1691).
Paris 1691. Loyson. 1 vol. in-12.

287. — Voyages de M. Du Mont, en France, en Italie, en Allemagne, à Malthe et en Turquie. Contenant les recherches
et observations curieuses qu'il a faites en tous ces païs:
tant sur les mœurs, les coutumes des peuples, leurs differens gouvernemens et leurs religions; que sur l'histoire ancienne et moderne, la philosophie et les monumens antiques. (1689-1692).
La Haye 1699. L'Honoré. 4 vol. in-12.

288. — Voyages du P. Labat en Espagne et en Italie. (1705-1716).
Paris 1730. Delespine. 8 vol. in-12.

289. — Voyage en France, en Italie et aux isles de l'Archipel,
ou lettres écrites de plusieurs endroits de l'Europe et du
Levant en 1750, etc. Ouvrage traduit de l'anglois (de
Maihows par P. F. de Puisieux).
Paris 1763. Charpentier. 4 vol. in-12.

290. — Voyage d'Italie et de Hollande, par M. l'*Abbé* Coyer.
(1763-1764-1769).
Paris 1775. V.ᶜ Duchesne. 2 vol. in-12.

291. — Voyages dans la partie septentrionale de l'Europe, par
M. *Joseph* Marshall, pendant les années 1768, 1769 et
1770, dans lesquels on trouve les plus grands détails sur
la Hollande, la Flandre, l'Allemagne, le Danemarck, la
Suède, la Laponie, la Russie, l'Ukranie et la Pologne, etc.
Traduit de l'anglois sur la 2.ᵉ édit. par M. Pingeron.
Paris 1776. Dorez. 1 vol. in-8º.

292. — Voyage en Pologne, Russie, Suède, Danemarck, etc., par
William Coxe: traduit de l'anglois, enrichi de notes et
des éclaircissemens nécessaires, et augmenté d'un voyage
en Norwège, par M. P. H. Mallet. (1755-1778-1779).
Genève 1787. Barde. 4 vol. in-8º. Cart.

293. — L'Italie, la Sicile, Malte, la Grèce, l'Archipel, les iles
Ioniennes et la Turquie. Souvenirs de voyage historiques
et anecdotiques; par M. J. Giraudeau. (1835).
Paris 1835. Delaunay. 1 vol. in-8º. Fig.

4.

294. — Les jeunes voyageurs en Europe, ou description raisonnée des divers pays compris dans cette partie du monde. Par P. C. BRIAND. 2.ᵉ édit.

Paris 1827. Thiériot. 5 vol. in-12. Pl.

295. — Beautés naturelles, historiques, artistiques et monumentales de l'Europe, par M. DE RHÉVILLE.

Paris 1837. Béchet. 1 vol. in-12. Fig.

Voyages en Asie.

296. — Les jeunes voyageurs en Asie, ou description raisonnée des divers pays compris dans cette belle partie du monde. Par P. C. BRIAND.

Paris 1829. Hivert. 8 vol. in-18. Pl.

297. — Beautés naturelles, historiques, artistiques et monumentales de l'Asie, par M. DE RHÉVILLE.

Paris 1837. Béchet. 1 vol. in-12. Gr.

298. — Dissertation sur les découvertes des anciens dans l'Asie ; traduite de l'anglais (de H. MURRAY) par M. BOULARD.

Paris 1820. Maradan. 1 vol. in-8º.

Voyages en Orient.

299. — Les observations de plusieurs singularitez et choses mémorables, trouvées en Grece, Asie, Iudée, Egypte, Arabie, et autres pays estranges, rédigées en trois livres, par *Pierre* BELON du Mans. (1546-1549)

Paris 1555. Guil. Cavellat. 1 vol. in-4º.

300. — Ambassades et voyages en Turquie et Amasie de M.ᵣ BUSBEQUIUS. Nouvellement traduites en françois par S. G. (S. GAUDON). (1554-1562).

Paris 1646. P. David. 1 vol. in-8º.

301. Voyage du mont Liban, traduit de l'italien du R. P. *Jerosme* DANDINI. Où il est traité tant de la créance et des coûtumes des Maronites, que de plusieurs particularitez touchant les Turcs, et de quelques lieux considerables de l'Orient; etc. par R. S. P. (*Richard* Simon, *Prêtre*). Nouv. édit. (1599-1600).

Paris 1685. R. Pepie. 1 vol. in-12.

302. — Relation journalière du voyage du Levant, faict et descrit par Messire *Henri* DE BEAUVAU. (1604-1605).

Toul 1608. F. Dubois. 1 vol. in-8°.

303. — Relation des voyages de M. DE BREVES faits en Hierusalem, Terre Saincte, Constantinople, Egypte, Affrique, Barbarie, qu'aux royaume de Tunis, et Arger, qu'autres lieux. Ensemble un Traicté faict entre le Roi Henry le Grand et l'Empereur des Turcs, en l'an 1604. Et trois discours des moyens et advis pour aneantir l'Empire des Turcs. Le tout recueilly par J. D. C. (*Jacques* Du CASTEL). (1605-1606).

Paris 1630. Rocollet. 1 vol. in-4°.

304. — Itinerarium Orientale R. P. F. PHILIPPI à S.ma TRINITATE, Carmelitæ, ab ipso conscriptum. In quo varii successus itineris, plures Orientis regiones, earum montes, maria et flumina, series principum, qui in eis dominati sunt, incolæ tam christiani quam infideles populi. Etc.

Lugduni 1649. Jullieron. 1 vol. in-8°.

305. — Voyage d'Orient du R. P. PHILIPPE DE LA TRES SAINCTE-TRINITÉ, carme deschaussé, où il descrit les divers succez de son voyage; plusieurs régions d'Orient, leurs montagnes, leurs mers et leurs fleuves, la Chronologie des princes qui y ont dominé, leurs habitans tant chrestiens qu'infideles. Composé reveu et augm. par lui mesme et traduit du latin par un religieux du même ordre (*Pierre* DE SAINT-ANDRÉ). (1629-1641).

Lyon 1652. Jullieron. 1 vol. in-8°.

306. — Les voyages du Sieur DU LOIR, ensemble de ce qui se passa à la mort du feu Sultan Mourat dans le serrail, les ceremonies de ses funerailles; et celles de l'avenement à

4.

l'empire de Sultan Hibraïm son frere, qui luy succeda.
Avec la Relation du siege de Babylone (texte turc en re-
gard) fait en 1659 par Sultan Mourat.   (1659-1641).
Paris 1663. F. Clouzier. 1 vol. in-4°.

307. — Mémoires du chevalier D'ARVIEUX, envoyé extraordinaire
du Roy à la Porte, contenant ses Voyages à Constantinople, dans l'Asie, la Syrie, la Palestine, l'Egypte et la
Barbarie, la description de ces païs, les religions, les
mœurs etc., recüeillis de ses memoires originaux, et mis
en ordre avec des reflexions. Par le R. P. *J. B.* LABAT.
(1655-1686).
Paris 1735. Delespine. 6 vol. in-12.

308. — Journal du voyage de M.ʳ COLLIER pour Messieurs les
Etats generaux des provinces unies. Traduit du flament
(par *Vincent* MINUTOLI).   (1668).
Paris 1672. G. Clouzier. 1 vol. in-8°.

309. — Voyage fait par ordre du Roy Louis XIV, dans la Palestine, vers le Grand Emir, chef des princes Arabes du
désert, connus sous le nom de Bedoüins, ou d'Arabes
Scenites. Par M. D. L. R. (DE LA ROQUE).   (1688).
Paris 1717. And. Cailleau. 1 vol. in-12. Fig.

310. — Voyage de Syrie et du Mont-Liban : contenant la description de tout le pays compris sous le nom de Liban et
d'Anti-Liban, Kesroan, etc., ce qui concerne la créance,
l'origine et les mœurs des peuples qui habitent ce pays
etc. Par M. DE LA ROQUE.   (1688-1690?).
Paris 1722. Cailleau. 2 vol. in-12. Fig.

311. — Relation d'un voyage fait au Levant. Dans laquelle il est
curieusement traité des Estats sujets au Grand Seigneur,
des mœurs, religions, forces, gouvernemens des habitans de ce grand empire. Par M. DE THEVENOT.
Paris 1665. Billaine. 1 vol. in-4°.

312. — Suite du voyage de Levant; dans laquelle après plusieurs remarques très singulières sur des particularitez

de l'Egypte , de la Syrie , de la Mésopotanie, de l'Eu-
phrate et du Tygre , il est traité de la Perse et autres
Estats sujets au Roy de Perse etc. Par M. DE THEVENOT.
Paris 1674. C. Angot. 1 vol. in-4°. Pl.

C'est la seconde partie du voyage de THEVENOT , lequel doit se
composer de trois volumes.

313. — Voyages de M. DE THEVENOT en Europe, Asie, et Afrique,
divisez en trois parties. 3.ᵉ éd. (1655-1659 ; 1665-1667).
Amsterdam 1727. Le Céne. 5 vol. in-12. Fig.

314. — Voyage au Levant, c'est-à-dire dans les principaux en-
droits de l'Asie-Mineure, dans les isles de Chio, Rhodes,
Chypre, etc., de même que dans les plus considérables
villes d'Egypte, Syrie, et Terre-Sainte. Par *Corneille*
LE BRUYN. (1674-1693 ; 1701-1708).
Paris 1725. Bauche. 5 vol. in-4°. Fig.

Les deux premiers volumes contiennent le voyage au Levant ; les
trois autres les voyages par la Moscovie, en Perse et aux Indes-
Orientales ; la route qu'a suivie M. ISBRANDTS, quelques remarques
contre MM. *Chardin* et *Kempfer*, et l'extrait d'un voyage de M.
DES MOUCEAUX.

315. — Voyage du Sieur *Paul* LUCAS au Levant. Contenant la
description de la Haute-Egypte, suivant le cours du Nil,
depuis le Caire jusqu'aux Cataractes ; avec une carte
exacte de ce fleuve, que personne n'avait donnée ; la
description de la Perse, avec une relation des troubles
arrivez dans l'empire Othoman en 1703. Nouv. édit.
(Rédigé par BEAUDELOT DAIRVAL). (1699-1703).
Paris 1714. Simart. 2 vol. en 1 in-12. Fig.

316. — Voyage du Sieur *Paul* LUCAS, fait par ordre du Roi dans
la Grèce, l'Asie-Mineure, la Macédoine et l'Afrique. (Rédigé par FOURMONT). (1704-1708).
Paris 1712. Simart. 2 vol. in-12.

317. — Troisième voyage du Sieur *Paul* LUCAS, fait en 1714 par
ordre de Louis XIV , dans la Turquie, l'Asie, la Sourie,
la Palestine, la Haute et la Basse Egypte etc. (Rédigé
par l'*Abbé* BANIER). (1714-1717).
Rouen 1719. R. Machuel. 3 vol. in-12. Pl. Tome 2.ᵉ

518. — Relation d'un voyage du Levant , fait par ordre du Roy. Contenant l'histoire ancienne et moderne de plusieurs isles de l'Archipel , de Constantinople , des côtes de la mer Noire, de l'Arménie, de la Georgie, des frontières de Perse et de l'Asie-Mineure. Par M. PITTON DE TOURNEFORT.

Lyon 1717. Anisson et Posuel. 3 vol. in-8°. Fig.

519. — Même ouvrage. (1700-1702).

Amsterdam 1718. La Compagnie. 2 vol. en 1. in-4°. Pl.

520. — Voyages de M. SHAW, dans plusieurs provinces de la Barbarie et du Levant : contenant des observations geographiques , physiques , philologiques et mêlées sur les royaumes d'Alger et de Tunis , sur la Syrie, l'Egypte et l'Arabie Petrée. (1720-1732).

La Haye 1743. J. Neaulme. 2 vol. in-4°. Pl.

521. — Voyages en Orient, entrepris par ordre du Gouvernement français, de 1830 à 1833, par V. FONTANIER. — Deuxième voyage en Anatolie.

Paris 1834. Dumont. 1 vol. in-8°.

522. — Correspondance d'Orient, 1830-1831, par M. MICHAUD et M. POUJOULAT.

Paris 1833. Ducollet. 7 vol. in-8°.

523. — Souvenirs, impressions, pensées et paysages, pendant un voyage en Orient (1832-1833), ou Notes d'un voyageur, par M. *Alphonse* DE LAMARTINE.

Paris 1835. Gosselin. 4 vol. in-8°.

524. — Description de l'Asie-Mineure faite par ordre du Gouvernement français, de 1833 à 1837, et publiée par le Ministre de l'Instruction publique ; par M. *Ch.* TEXIER.

Paris 1839-1849. Didot. 6 vol. in-fol. Texte et Pl.

525. — L'Orient par *Eugène* FLANDIN.

Paris 1853-185..Gide et Baudry.1 v. in-fol. En publication.

Voyages dans la Terre-Sainte.

326. — Des sainctes peregrinations de Iherusalem et des auirons et des lieux prochains. Du mont de Synay et la glorieuse

Katherine. Cest ouuraige et petit liure contenãt du tout
la description ainsi que dieu a voulu le dōner à cō-
gnoistre (par Frère *Nicole* LE HUEN). (1481-1482).

Lyon 1488, Michelet de Pymont et Heremberck. 1 v. in-f.

327. — Même ouvrage.

> M. BRUNET a décrit dans son Manuel du libraire I. 459. ce beau
> volume dont les gravures sont un des remarquables produits de l'art
> à cette époque. Notre n.º 327 diffère du précédent en ce que l'initiale
> T de la dédicace à la reine Marguerite, au lieu d'être imprimée, est
> manuscrite, et que les pages sont encadrées d'un filet tracé à l'encre
> rouge. *Nicole* LE HUEN a tiré ce voyage du latin de *Bernard* DE
> BREYDENBACH.

328. — Il devotissimo viaggio di Gerusalemme, fatto et descritto
in sei libri dal Signor *Giovanni* ZUALLARDO. (1586).

> **Romæ 1587. Zanetti. 1 vol. in-4º.**

329. — Le tres devot voyage de Ierusalem, avec les figures des
lieux-saincts, et plusieurs autres, tirees au naturel. Faict
et descript par *Jean* ZVALLART.

> **Anvers 1626. Van Toncheren. 1 vol. in-4º.**

330. — Le pelerin veritable de la Terre Saincte, auquel soubs
le discours figuré de la Ierusalem antique et moderne de
la Palestine est enseigné le chemin de la Celeste. (1612).

> **Paris 1615. Feburiez. 1 vol. in-4º. Fig.**

331. — Le voyage de Hierusalem et autres lieux de la Terre
Sainte, faict par le Sieur BÉNARD, *Parisien.* Ensemble
son retour par l'Italie, Suisse, Allemagne, Hollande et
Flandre en la tres fleurissante et peuplée ville de Paris.
(1616).

> **Paris 1621. Den. Moreau. 1 vol. in-8º.**

332. — Le bouquet sacré, composé des plus belles fleurs de la
Terre Saincte. Par le P. BOUCHER. (1612).

> **Paris 1626. Est. Socié. 1 vol. in-8".**

333. — Le pieux pelerin ou voyage de Ierusalem, divisé en trois
livres.—Joinct un discours de l'Alcoran, et un traicté de
la cité de Ierusalem, et de tous les Saincts Lieux de la
Palestine. Le tout recueilli par le R. P. *Bern.* SURIUS.
(1644-1647).

> **Brusselles 1666. Foppens. 1 vol. in-4?. Pl.**

334. — Le voyage de la Terre-Sainte. Contenant une veritable description des lieux plus considérables que Nostre Seigneur a sanctifiés de sa présence, prédications, miracles et souffrances. Par M. J. Doubdan. 3.ᵉ éd. (1651-1652).
Paris 1666. Bien-Fait. 1 vol. in-4°. Pl.

335. — Le voyage de Galilée (par *Savinien* d'Alquié). (1669).
Paris 1670. Le Petit. 1 vol. in-12.

336. — Conférences spirituelles, ou l'Eloge et la Relation du voyage de Ierusalem fait en l'an 1660, à l'âge de 80 ans par la deffunte pieuse et heroïque *Helene* Cheron, veuve de *Nicolas* Bergeron. Par le S.ʳ *Ch.* de St.-Germain.
Paris 1671. Aug. Besogne. 1 vol. in-12.

337. — Relation nouvelle et très fidelle du voyage de la Terre Sainte; dans laquelle se voit tout ce qu'il y a de remarquable, tant par mer que par terre, depuis le départ de Marseille jusqu'au retour de ce saint voyage. Par P. *Félix* de Baugrand R. de S. F.
Paris 1700-1701. Ant. Warin. 2 vol. en 1. in-12.

338. — Nouveau voyage de la Terre Sainte, enrichi de plusieurs remarques particulières qui servent à l'intelligence de la Sainte Ecriture etc. Par le R. P. Nau. (1674).
Paris 1744. Barbou. 1 vol. in-12.

339. — Voyage d'Alep à Jérusalem, à Pâques en l'année 1697. Par *Henri* Maundrell. Traduit de l'anglois.
Paris 1706. Ribou. 1 vol. in-12. Pl.

340. — Itinéraire de Paris à Jérusalem et de Jérusalem à Paris, en allant par la Grèce, et revenant par l'Egypte, la Barbarie et l'Espagne, par F. A. de Chateaubriand. 5.ᵉ éd.
Paris 1812. Le Normant. 3 vol. in-8°.

341. — Même ouvrage. (1806-1807).
Paris 1829. Lefèvre. 3 vol. in-8°.

342. — Voyage autour de la mer Morte et dans les terres bibliques, exécuté de décembre 1850 à avril 1851, par F. De Saulcy.
Paris 1852-1853. Gide et Baudry. 2 v. in-8.° Atlas in-4°.

Voyages en Perse.

343. — Relation du voyage de Perse, faict par le R. P. Pacifique de *Provins*. Ou vous verrez les remarques particulieres de la Terre Saincte, et des lieux ou se sont operez plusieurs miracles depuis la creation du monde, iusques à la mort et passion de nostre Seigneur Jesus-Christ. Aussi le commandement du grand seigneur Sultan Murat, pour establir des couvents de Capucins par tous les lieux de son empire. Ensemble le bon traitement que le Roy de Perse fit au R. P. Pacifique; et finalement la lettre et present qu'il lui donna pour apporter au Roy de France Louis XIII. Avec le testament de Mahomet. (1622; 1626-1629).

Paris 1631. R. et J. de la Coste. 1 vol. in-4°.

344. — L'Ambassade de D. *Garcias* de Silva Figueroa en Perse, contenant la politique de ce grand empire, les mœurs du Roy Schach Abbas, et une relation exacte de tous les lieux de Perse et des Indes, où cet Ambassadeur a esté l'espace de huit années qu'il y a demeuré. Traduite de l'espagnol par M. Wicquefort. (1617-1624).

Paris 1667. G. du Puis. 1 vol. in-4.°

345. — Journal du voyage du *Chevalier* Chardin en Perse, et aux Indes Orientales, par la Mer Noire et par la Colchide, qui contient le voyage de Paris à Hispahan.

Lyon 1687. Amaulry. 2 vol. in-12. Fig.

346. — Voyages de M. le *Chevalier* Chardin en Perse et autres lieux de l'Orient. (1671-1677).

Amsterdam 1711. L. De l'Orme. 2 vol. in-4°. Pl.

347. — Même ouvrage.

Paris 1723. Cailleau. 10 vol. in-12. Fig.

348. — Voyage en Perse de MM. *Eugène* Flandin, peintre, et *Pascal* Coste, architecte, attachés à l'ambassade de France en Perse pendant les années 1840 et 1841, entrepris par ordre de M. le Ministres des affaires étrangères, publié sous les auspices de M. le Ministre de l'intérieur et sous la direction d'une commission composée de MM. *Eug. Burnouf, H. Le Bas* et *A. Leclère.*

Paris 1845-1854. Gide et Baudry. 2 v. in-f. et 4 v. in-8°.

Voyages aux Indes par le nord de l'Asie ou le grand Désert.

549. — Anciennes relations des Indes et de la Chine, de deux voyageurs Mahométans, qui y allèrent dans le neuvième siècle; traduites d'arabe : avec des remarques sur les principaux endroits de ces relations. (Par RENAUDOT).

Paris 1718. Coignard. 1 vol. in-8°.

550. — Voyages faits principalement en Asie dans les XII.ᵉ, XIII.ᵉ, XIV.ᵉ et XV.ᵉ siècles, par *Benj.* DE TUDELE, *Jean* DU PLAN-CARPIN, *N.* ASCELIN, *Guil.* DE RUBRUQUIS, *Marc* PAUL Vénitien, HAITON, *Jean* DE MANDEVILLE et *Ambroise* CONTARINI; accompagnés de l'Histoire des Sarrasins et des Tartares, et précédez d'une introduction concernant les voyages et les nouvelles découvertes des principaux voyageurs, par *Pierre* BERGERON.   (1173-1477).

La Haye 1735. Neaulme. 2 vol. in-4°. Pl.

551. — Relations des voyages en Tartarie de Fr. *Guillaume* DE RUBRUQUIS, Fr. *Jean* DU PLAN CARPIN, Fr. ASCELIN et autres religieux de S. François et de S. Dominique, qui y furent envoyés par le pape Innocent IV et le roi St.-Louys. Plus un traicté des Tartares, de leur origine, mœurs, religions, conquestes, empire, chams, hordes diverses, et changemens jusqu'aujourd'hui. Avec un Abrégé de l'histoire des Sarasins et Mahométans; de leurs pays, peuples, religions, guerres etc. Le tout recueilly par *Pierre* BERGERON, *Parisien.*   (1246-1255).

Paris 1634. Georges. 1 vol. in-8°.

352. — De' viaggi di *Pietro* DELLA VALLE il pellegrino descritti da lui medesimo in lettere familiari, all' erudito suo amico Mario Schipano. (Divisi in tre parti, cioè la Turchia, la Persia et l'India). (1614-1626).

Roma 1650. Mascardi. 4 v. in-4°. Les tom. 3 et 4 manquent.

353. — Même ouvrage.

Venetia 1664. Baglioni. 4 vol. in-12.

354. — Relation du voyage de Perse et des Indes Orientales. Traduite de l'anglois de *Thomas* HERBERT. Avec les révolutions arrivées au royaume de Siam l'an 1647. Traduites du flamand de *Iérémie* VAN VLIET. (Par WICQUEFORT. (1626-1627).

Paris 1643. J. Du Puis. 1 vol. in-4°.

355. — Les six voyages de *Jean-Baptiste* TAVERNIER qu'il a fait en Turquie, en Perse et aux Indes, pendant l'espace de quarante ans, et par toutes les routes que l'on peut tenir; accompagnés d'observations générales sur la qualité, la religion, le gouvernement, les coutumes et le commerce de chaque pays, avec les figures, le poids et la valeur des monnoyes qui y ont cours. (1630-1669).

Paris 1677-1680. Gerv. Clouzier. 3 vol. in-4°. Fig.

Le 3.ᵉ volume a pour titre: Suite des voyages de M. TAVERNIER, ou Recueil de plusieurs relations et traitez singuliers et curieux qui n'ont point esté mis dans les six premiers voyages; divisé en cinq parties. — I. Une relation du Japon et de la cause de la persecution des Chrestiens dans ses isles. — II. Relation de ce qui s'est passé dans la négociation des deputez qui ont esté en Perse et aux Indes, tant de la part du Roy, que de la Compagnie françoise, pour l'establissement du commerce. — III. Observation sur le commerce des Indes Orientales.—IV. Relation nouvelle et singuliere du Royaume de Tunquin. — V. Histoire de la conduite des Hollandois en Asie.

356. — Même ouvrage.

Rouen 1724. Machuel. 6 vol. in-12.

Le 5.ᵉ volume a pour titre: Recueil de plusieurs relations etc. comme au tome 3.ᵉ de la précédente.— Le 6.ᵉ, Nouvelle relation de l'intérieur du serrail du grand Seigneur.

Ces voyages ont été rédigés par S. CHAPUZEAU et LA CHAPELLE; la relation de Tunquin, par *Daniel* TAVERNIER.

557. — Voyages de *François* BERNIER, contenant la description des états du Grand Mogol, de l'Indoustan, du royaume de Cachemire etc., où il est traité des richesses, des forces, de la justice et des causes principales de la décadence des états de l'Asie etc. (1658-1670).

Amsterdam 1699. P. Marret. 2 vol. en 1 in-12. Grav.

558. — Même ouvrage.

Paris 1830. Aux frais du Gouvernement. 2 vol. in-8°.

559. — Relation de l'ambassade anglaise, envoyée en 1795 dans le royaume d'Ava, ou l'empire des Birmans; par le Major *Michel* SYMES. Suivie d'un voyage fait en 1798, à Colombo, dans l'ile de Ceylan, à la baie de Da Lagoa, sur la côte orientale de l'Afrique (par WHITE); de la description de l'ile de Carnicobar (par G. HAMILTON), et des ruines de Mavalipouram (par W. CHAMBERS, 1784). Traduits de l'anglais avec des notes, par J. CASTÉRA.

Paris 1800. 3 vol. in-8.° et Atlas in-fol.

La description des plantes par *Joseph* BANKS, a été traduite par VENTENAT; l'alphabet sanscrit a été donné par *Ch.* WILKINS.

560. — Voyage d'Orenbourg à Boukhara, fait en 1820, à travers les steppes qui s'étendent à l'est de la mer d'Aral et au-delà de l'ancien Jaxartes; rédigé par M. le Baron *Georges* DE MEYENDORFF, et revu par M. le *Chev.* JAUBERT.

Paris 1826. Dondey-Dupré. 1 vol. in-8°. Grav.

Navigations aux Indes Orientales.

561. — Les voyages advantureux de *Fernand* MENDEZ PINTO, fidelement traduicts de portugais en françois par le Sieur *Bernard* FIGUIER. (1537-1558).

Paris 1628. Math. Hénault. 1 vol. in-4°.

On y trouve la vie de St.-François Xavier.

562. — Même ouvrage.

Paris 1830. Aux frais du Gouvernement. 3 vol. in-8°.

563. — Histoire de la navigation de *Jean Hugues* DE LINSCHOT : aux Indes Orientales. Contenant diverses descriptions des lieux jusques à présent descouverts par les Portugais : Observations des coustumes et singularitez de delà, et autres declarations. Avec annotation de B. PALUDANUS. 3.ᵉ édit. (1579-1583 ; 1583-1592).

Amsterdam 1638. Cloppenburgh. 1 vol. in-fol.

On trouve à la suite : Description de la Guinée, Congo, Angola et autres pays d'Afrique. On y a joint les deux autres ouvrages de LINSCHOT ayant pour titre : 1.º Grand Routier de mer, contenant une instruction des routes en la navigation des Indes Orientales et au voyage de la côte du Bresil, Antilles et cap de Lopo Gonsalves, recueilli des mémoires et observations des Espagnols et Portugais et traduit du flament en françois. *Amsterdam* 1638. — 2.º Description de l'Amérique et des parties d'icelle : Item de l'estendue et distance des lieux, de la fertilité, religion, coutumes, etc. *Amsterdam* 1638.

564. — Recueil des voyages qui ont servi à l'établissement et aux progrez de la Compagnie des Indes Orientales, formée dans les Provinces-unies des Païs-Bas. (Par CONSTANTIN)

Rouen 1725. Cailloué. 10 vol. in-12. Fig.

565. — Même ouvrage. 2.ᵉ édit.

Amsterdam 1725. F. Bernard. 7 en 12. vol. in-12. Fig.

566. — Les voyages du Sieur de VILLAMONT, divisez en trois livres. Plus un Abregé de la description de toute la France.

Paris 1598. De Montroeil. 1 vol. in-8º.

567. — Même ouvrage. Dernière édit. augmentée en la fin de chacun livre, d'un guide des divers chemins par lesquels l'on va en Hierusalem, Rome, Venise, Naples, Lorrette et Ægypte, et de plusieurs choses belles et rares, qui s'y voyent. (1588-1591).

Arras 1606. Guill. De la Rivière. 1 vol. in-8º.

568. — Voyage de *François* PYRARD de Laval, contenant sa navigation aux Indes Orientales, Maldives, Moluques, et au Brésil : et les divers accidens qui luy sont arrivez en ce voyage pendant son séjour de dix ans dans ces païs. Nouv. édit. Avec des observations géographiques. Par le Sieur DU VAL. (1601-1611).

Paris 1679. Billaine. 1 vol. in-4º. Cart.

369. — Divers voyages et missions du P. *Alexandre* DE RHODES en la Chine, et autres royaumes de l'Orient, avec son retour en Europe par la Perse et l'Armenie. (1618-1652).
Paris 1653. Seb. Cramoisy. 1 vol. in-4°.

370. — Relation d'un voyage aux Indes Orientales, par un gentilhomme François arrivé depuis trois ans. Avec une hydrographie pour l'intelligence dudit voyage. (1630-1636).
Paris 1645. Guignart. 1 vol. in-8°.

371. — Voyages de *Nicolas* DE GRAAF aux Indes Orientales, et en d'autres lieux de l'Asie. Avec une relation curieuse de la ville de Batavia, et des mœurs et du commerce des Hollandois établis dans les Indes. (1639-1687).
Amsterdam 1719. Bernard. 1 vol. in-12. Cart.

372. — Voyage de *Gautier* SCHOUTEN aux Indes Orientales, commencé l'an 1658 et fini l'an 1665. Traduit du hollandois. Nouv. édit.
Rouen 1725. Cailloué. 2 vol. in-12. Fig.
Ces deux volumes se joignent au recueil n.° 364 pour le compléter.

373. — Même ouvrage.
Rouen 1735. Machuel. 2 vol. in-12. Fig.

374. — Voyages de M. DELLON, avec sa relation de l'inquisition de Goa, augmentée de diverses pièces curieuses ; et l'histoire des Dieux qu'adorent les Gentils des Indes. (1568-1677).
Cologne 1702. P. Marteau. 1 vol. in-12. Tome 1.er

375. — Voyage des Indes Orientales, mêlé de plusieurs histoires curieuses. Par M. CARRÉ. (1666-1671).
Paris 1699. Barbin. 2 vol. en 1. in-12.

376. — Journal d'un voyage fait aux Indes Orientales, par une escadre de six vaisseaux commandez par M. DU QUESNE, depuis le 24 février 1690, jusqu'au 20 août 1691, par ordre de la Compagnie des Indes Orientales. (Par R. DE CHASLES).
La Haye 1721. 3 vol. in-12.

377. — Voyages et avantures de *François* LEGUAT, et de ses Compagnons, en deux isles desertes des Indes Orientales. Avec la relation des choses les plus remarquables qu'ils ont observées dans l'isle Maurice, à Batavia, au Cap de Bonne-Espérance, dans l'isle St.-Hélène, et en d'autres endroits de leur route. (1600-1698).

Amsterdam 1708. De Lorme. 2 vol. in-12. Fig.

578. — Voyage du Sieur LUILLIER aux Grandes Indes, avec une instruction pour le commerce des Indes Orientales. (1702-1703).

Paris 1705. Cl. Cellier. 1 vol. in-12.

579. — Voyage aux Indes Orientales et à la Chine. Fait par ordre du Roi, depuis 1774 jusqu'en 1781. Par M. SONNERAT.

Paris 1782. Nyon. 3 vol. in-8°. Pl.

Voyages dans l'Inde.

580. — Voyage d'*Innigo* DE BIERVILLAS, Portugais, à la côte de Malabar, Goa, Batavia, et autres lieux des Indes Orientales. Contenant une description des mœurs, coutumes et religions des Indiens; les différens établissemens de plusieurs nations de l'Europe, et un détail exact du commerce de Batavia etc. (Rédigé par l'*Abbé* SAUNIER). (1717-1719).

Paris 1736. Dupuis. 2 vol. en 1. in-12.

581. — Voyage dans l'Indostan par M. PERRIN. (1777-1786?).

Paris 1807. Le Normant. 2 vol. in-8°.

On trouve dans le second volume une grammaire tamoul.

582. — Correspondance de *Victor* JACQUEMONT avec sa famille et plusieurs de ses amis, pendant son voyage dans l'Inde. (1828-1832). 2.ᵉ édition.

Paris 1835. Fournier. 2 vol. in-8°. Port.

583. — Voyage dans l'Inde, par *Victor* JACQUEMONT, pendant les années 1828 à 1832. Publié sous les auspices de M. GUIZOT, Ministre de l'Instruction publique.

Paris 1841-44. F. Didot Fr. 6 vol. in-4.° dont 3 de Pl.

La description des collections a été faite par MM. *Isidore* GEOFFROY-SAINT-HILAIRE, — MILNE-EDWARDS, — *Emile* BLANCHARD, — VALENCIENNES, — CAMBESSÈDES, — *J.* DECAISNE.

584. — Voyages à Bokhara et sur l'Indus en 1831, 1832 et 1833, comprenant des détails sur Caboul, la Tartarie et la Perse, et sur le cours de l'Indus jusqu'à Lahore ; par A. BURNES. Traduits de l'anglais par M. *Albert* MONTÉMONT.

Paris 1835. Ar. Aubrée. 1 vol. in-8°.

Voyages dans la Chine et le Japon, et à Siam

585. — L'ambassade de la Compagnie Orientale des Provinces-unies vers l'empereur de la Chine, ou grand cam de Tartarie, faite par les Srs *Pierre de Goyer*, et *Jacob de Keyser*, illustrée d'une tres exacte description des villes, bourgs, villages, ports de mers, et autres lieux les plus considerables de la Chine. Le tout recueilli par le Mr *Jean* NIEUHOFF ; mis en françois, orné et assorti de mille belles particularitez tant morales que politiques, par *Jean* LE CARPENTIER. (1655-1657).

Leyde 1665. J. de Meurs. 1 vol. in-fol. Pl.

586. — Ambassades mémorables de la compagnie des Indes Orientales des Provinces-unies, vers les empereurs du Japon. Contenant plusieurs choses remarquables arrivées pendant le voyage des ambassadeurs ; et de plus, la description des villes, bourgs, châteaux, forteresses, temples et autres bâtimens : des animaux, des plantes, montagnes, rivières, etc. (Traduit du flamand d'*Arnold* MONTANUS). (1649-1650 ; 1656-1657 ; 1658-1659).

Amsterdam 1680. J. de Meurs. 1 vol. in-fol. Pl.

587. — Voyage de Siam, des peres Jesuites, envoyez par le Roy aux Indes et à la Chine. Avec leurs observations astronomiques, et leurs remarques de physique, de géographie, d'hydrographie et d'histoire. (Par le P. TACHARD). (1681).

Paris 1686. A. Seneuze. 1 vol. in-4°. Pl.

588. — Même ouvrage.

Amsterdam 1688. P. Mortier 1 vol in-8°. Pl.

589. — Second voyage du P. Tachard et des Jesuites envoyez par le Roy au royaume de Siam. Contenant diverses remarques d'histoire, de physique, de géographie et d'astronomie.

Paris 1689. Hortemels. 1 vol. in-4º. Pl.

590. — Journal ou suite du voyage de Siam. En forme des lettres familières. Fait en MDCLXXXV et MDCLXXXVI par M. L. D. C. (l'*Abbé* DE Choisy).

Amsterdam 1687. P. Mortier. 1 v. in-8º.—Voyez n.º 388.

591. — Journal du voyage de Siam fait en MDCLXXXV et MDCLXXXVI par M. L. D. C. (l'*Abbé* DE Choisy).

Paris 1687. S. Mabre Cramoisy. 1 vol. in-4º. Grav.

592. — Journal du voyage de Siam, fait par M. l'*Abbé* DE Choisy.

Trevoux 1741. La Compagnie. 1 vol. in-12.

593. — Relation du voyage fait à la Chine sur le vaisseau l'*Amphitrite*, en l'année 1698. Par le Sieur *Gio* Ghirardini.

Paris 1700. N. Pepie. 1 vol. in-12.

594. — Voyage dans l'intérieur de la Chine, et en Tartarie, fait dans les années 1792, 1793 et 1794, par lord Macartney; rédigé sur les papiers de lord *Macartney*, sur ceux du commodore *Erasme Gower* et des autres personnes attachées à l'ambassade; par sir *Georges* Staunton: traduit de l'anglais, avec des notes, par J. Castéra. 3.ᵉ édit. rev., corr. et augm. d'un Précis de l'histoire de la Chine, par le traducteur, et du voyage en Chine et en Tartarie de J. C. Huttner, traduit de l'allemand par le même traducteur.

Paris 1804. Buisson. 5 vol. in-8º. et Atlas in-4º.

595. — Souvenirs d'un voyage dans la Tartarie, le Thibet et la Chine pendant les années 1844, 1845 et 1846, par M. Huc.

Paris 1850. A. Le Clere. 2 vol. in-8º. Cart.

596. — Voyages et découvertes faites par les Russes le long des côtes de la mer glaciale et sur l'océan oriental, tant vers le Japon que vers l'Amérique. On y a joint l'his-

·toire du fleuve Amur et des pays adjacens, depuis la conquête des Russes, etc. Ouvrages traduits de l'allemand de M. G. P. Muller, par C. G. F. Dumas. (1735-1749).

Amsterdam 1766. Michel Rey. 2 vol. in-12. Cart.

Voyages en retour de l'Inde.

597. — Voyage en retour de l'Inde, par terre, et par une route en partie inconnue jusqu'ici, par *Thomas* Howel; suivi d'observations sur le passage dans l'Inde par l'Egypte et le grand Désert, par *James* Capper. Traduit de l'anglais par *Théophile* Mandar. (1787-1788; 1778-1779).

Paris an V. Imp. de la Rép. 1 vol. in-4°.

On trouve à la fin: Itinéraire de l'Arabie déserte, ou lettres sur un voyage de Bassora à Alep par le grand et le petit Désert; publié en 1750 par MM. Plaisted et Eliot.

Voyages en Afrique.

** — *Joannis* Leonis *Africani* Africæ descriptio IX lib. absoluta. (Ex translatione J. Florii. (1454-1527).

Lugd.-Batav. 1632. Apud Elzevir. 1 vol. in-24.

598. — De l'Afrique, contenant la description de ce pays, par Leon l'*Africain*. Et la navigation des anciens capitaines portugais aux Indes orientales et occidentales. Traduction de *Jean* Temporal.

Paris 1830. Aux frais du Gouvernement. 4 vol. in-8°.

Voyages en Egypte.

599. — Nouvelle relation en forme de journal, d'un voyage fait en Egypte. Par le P. Vansleb R. D., en 1672 et 1675.

Paris 1677. Michallet. 1 vol. in-12.

400. — Relation du voyage en Egypte, par le Sieur Granger, en l'année 1730. Où l'on voit ce qu'il y a de plus remarquable, particulièrement sur l'histoire naturelle.

Paris 1745. J. Vincent 1 vol. in-12.

401. — Voyage d'Egypte et de Nubie, par *Frédéric-Louis* NORDEN. Nouv. édit., soigneusement conférée sur l'originale, avec des notes et des additions tirées des auteurs anciens et modernes, et des géographes arabes, par L. LANGLÈS. (Traduit par DES ROCHES DE PARTHENAY). (1737-1738).

Paris 1795-1798. Didot. 6 vol. in-fol. dont 3 vol. de Pl.

402. — Voyage en Syrie et en Egypte, pendant les années 1783, 1784, et 1785, avec deux cartes géographiques, et deux planches gravées, représentant les ruines du temple du Soleil à Balbek, et celles de la ville de Palmyre dans le Désert de Syrie. Par M. C. F. VOLNEY.

Paris 1697. Volland et Desenne. 2 vol. in-8°.

403. — Voyage à l'Oasis de Thèbes et dans les déserts situés à l'orient et à l'occident de la Thébaïde, fait pendant les années 1815, 1816, 1817 et 1818, par M. *Frédéric* CAIL-LIAUD (de Nantes). Rédigé et publié par M. JOMARD, contenant, 1.° le voyage à l'Oasis du Dakel, par M. le chevalier DROVETTI ; 2.° le Journal du premier voyage de M. CAILLIAUD en Nubie ; 3.° des Recherches sur les Oasis, sur les mines d'émeraude, et sur l'ancienne route du commerce entre le Nil et la mer Rouge.

Paris 1821. Impr. royale. 2 vol. in-fol. texte et pl.

404. — Voyage à l'Oasis de Syouah, rédigé et publié par M. JOMARD d'après les matériaux recueillis par M. le chev.ᵣ DROVETTI et par M. *Fréd.* CALLIAUD de Nantes, pendant leurs voyages dans cette oasis en 1819 et 1820.

Paris 1823. Rignoux. 1 vol. in-fol. Inachevé

405. — Voyage au Soudan oriental et dans l'Afrique septentrio-nale, pendant les années 1847 et 1848, comprenant une exploration dans l'Algérie, la régence de Tunis, l'Egypte, la Nubie, les Déserts, l'île de Méroé, le Sennar, le Fa-Zoglio, et dans des contrées inconnues de la Nigritie ; avec un atlas contenant des vues pittoresques, des pa-noramas, des scènes de mœurs, des dessins d'objets eth-

5.*

nographiques et scientifiques, des types de végétation très remarquables, des cartes géographiques, et un parallèle des édifices antiques et modernes du continent africain; par *Pierre* TRÉMAUX.

Paris 1854. Borrani et Droz. 1 vol. in-fol. En publication.

Voyages en Barbarie.

406. — Voyages d'Afrique faicts par le commandement du Roy. Où sont contenues les navigations des François, entreprises en 1629 et 1630, soubs la conduite de M. le commandeur *de Razilly* ès costes occidentales de Fez et de Marroc; le traicté de paix faict avec les habitans de Sallé et la delivrance de plusieurs esclaves François. Le tout illustré de curieuses observations par *Jean* ARMAND.

Paris 1631. Nicolas Traboulliet. 1 vol. in-8°.

407. — Les victoires de la charité, ou relation des voyages de Barbarie faits en Alger par le R. P. *Lucien* HERAULT, pour le rachapt des François esclaves aux années 1643 et 1645, ensemble ce qui s'est passé en sa captivité, emprisonnement et mort arrivée audit Alger le 28 janvier 1646. Par les religieux de la Saincte-Trinité.

Paris 1646. Boulanger. 1 vol. in-8°.

408. — Le miroir de la charité chrestienne. Ou relation du voyage que les religieux de l'ordre de Nôtre-Dame de la Mercy ont fait l'année derniere 1662 en la ville d'Alger, d'où ils ont ramené environ une centaine de chrétiens esclaves. Ouvrage composé par l'un des Pères Redempteurs du du mesme ordre.

Aix 1663. Les Frères Roize. 1 vol. in-8°.

409. — Relation de la captivité et liberté du Sieur *Emanuel* D'ARANDA, jadis esclave à Alger. Où se trouvent plusieurs particularitez de l'Affrique, dignes de remarque. Nouv. édit. (1640-1642).

Paris 1665. La Compagnie des libr. 1 vol. in-12. Pl.

410. — Relation nouvelle et particulière du voyage des RR. PP. de la Mercy aux royaumes de Fez et de Maroc pour la rédemption des captifs chrétiens, négociée en l'année 1681, avec Moule-Ismael, roy de Fez et de Maroc. Par L. DESMAY.
Paris 1682. Clousier. 1 vol. in-12.

411. — L'esclave religieux et ses avantures.
Paris 1690. Hortemels. 1 vol. in-12.

412. — Relation de ce qui s'est passé dans les trois voyages que les religieux de l'ordre de Nostre-Dame de la Mercy ont faits dans les états du roy de Maroc pour la rédemption des captifs en 1704, 1708 et 1712. Par un des Pères deputez. (J. B. DE LA FAYE).
Paris 1724. Urb. Coustelier. 1 vol. in-12.

413. — Voyages pour la rédemption des captifs, aux royaumes d'Alger et de Tunis. Fait en 1720. Par les PP. *François* COMELIN, *Philémon* DE LA MOTTE, et *Joseph* BERNARD de l'ordre de la Sainte-Trinité, dits Mathurins. (Publié par le P. J. B. DE LA FAYE).
Paris 1721. Sevestre et Giffart. 1 vol. in-12. Grav.

414. — Même ouvrage. 2.ᵉ édit.
Rouen 1731. P. Machuel. 1 vol. in-12. Grav.
On trouve à la suite la liste des esclaves rachetés, et l'ouvrage ayant pour titre: La tradition de l'église dans le soulagement ou le rachat des esclaves.

415. — Relation en forme de journal, du voiage pour la rédemption des captifs, aux roiaumes de Maroc et d'Alger. Pendant les années 1723, 1724 et 1725. Par les Pères *Jean* DE LA FAYE, D. MACKAR, *Aug.* D'ARCISAS, et H. LE ROY.
Paris 1726. Sevestre et Giffart. 1 vol. in-12.

416. — Relation d'un voyage dans la Marmarique, la Cyrénaïque et les oasis d'Audjelah et de Maradèh, accompagnée de cartes géographiques et topographiques, et de planches représentant les monuments de ces contrées. Par M. J. R. PACHO. (1824-1825).
Paris 1827. Didot. 1 vol. in-4.º et Atlas in-fol.
On y trouve un vocabulaire d'Audjelah par M. *Fred.* MULLER, revu par M. AGOUB.

417. — Voyage dans la régence d'Alger, ou description du pays occupé par l'armée française en Afrique ; contenant des observations sur la géographie physique, la géologie, la météorologie, l'histoire naturelle etc. ; par M. Rozet. (1830-1831).

Paris 1833. Art. Bertrand. 3 vol. in-8°. Atlas in-4°.

Voyages en Abyssinie.

418. — Voyage historique d'Abissinie, du R. P. *Jérome* Lobo. Traduit du portugais, continué et augmenté de plusieurs dissertations, lettres et mémoires. Par M. le Grand. (1621 ; 1622-1634).

Amsterdam 1728. La Compagnie. 2 vol. in-12. Fig.

419. — Voyage en Abyssinie, dans le pays des Galla, de Choa et d'Ifat ; précédé d'une excursion dans l'Arabie-heureuse. Par M. *Ed.* Combes et M. Tamisier. (1835-1837).

Paris 1838. Désessart. 4 vol en 2. in-8°. Cart.

420. — Voyage en Abyssinie dans les provinces du Tigré, du Samen et de l'Amhara, par MM. Ferret et Galinier. Publié par ordre du Gouvernement. (1839-1844).

Paris 1847. Paulin. 3 vol. in-8°. Atlas in-fol.

Voyages dans l'intérieur de l'Afrique.

421. — Voyage de Lybie ou royaume de Senega, le long du Niger, avec la description des habitans qui sont le long de ce fleuve, leurs coûtumes et façons de vivre : les particularités les plus remarquables de ces pays. Faict et composé par *Cl.* Jannequin de Rochefort. (1637-1639).

Paris 1643. Cl. Rouillard. 1 vol. in-8°.

422. — Voyage de M. Le Vaillant dans l'intérieur de l'Afrique, par le Cap de Bonne-Espérance. Dans les années 1780, 81, 82, 83, 84 et 85. (Rédigé par *Casimir* Varon).

Bruxelles 1791. Le Francq. 2 vol. in-8°. Fig.

423. — Second voyage dans l'intérieur de l'Afrique, par le cap de Bonne-Espérance, dans les années 1783, 84 et 85 ; par F. Levaillant. (Rédigé par *Casimir* Varon, terminé et publié par Le Grand d'Aussy). (1).

> **Bruxelles 1797. Le Francq. 3 vol. in-8°. Fig.**

424. — Voyage dans l'intérieur de l'Afrique, aux sources du Sénégal et de la Gambie, fait en 1818, par ordre du Gouvernement français ; par G. Mollien.

> **Paris 1820. V.ᵉ Courcier. 2 vol. in-8°. Fig.**
>
> On trouve à la suite un vocabulaire yolof, poul et serrere ; un examen du fer forgé par les Nègres, par Berthier ; des observations géographiques par Eyriès.

425. — Journal d'un voyage à Temboctou et à Jenné, dans l'Afrique centrale, précédé d'observations faites chez les Maures Braknas, les Nalous et d'autres peuples ; pendant les années 1824, 1825, 1826, 1827 et 1828 : par *René* Caillié. Avec une carte et des remarques par M. Jomard.

> **Paris 1830. Imp. royale. 3 v. in-8°. Port. et Atlas in-4°.**

426. — Relation curieuse et nouvelle d'un voyage de Congo. Fait ès années 1666 et 1667. Par les RR. PP. *Michel-Ange* de Gattine et *Denys* de Carli de Plaisance, capucins.

> **Lyon 1680. Th. Amaulry. 1 vol. in-12.**

427. — Relation des costes d'Afrique, appellées Guinée ; avec la description du pays, mœurs et façons de vivre des habitans, des productions de la terre, et des marchandises qu'on en apporte, avec les remarques historiques sur ces costes. Le tout remarqué par le Sieur Villault, sieur de Bellefond, dans le voyage qu'il y a fait en 1666 et 1667.

> **Paris 1669. D. Thierry. 1 vol. in-12.**

428. — Voyage au Cap de Bonne-Espérance, fait pendant les années 1796 et 1801 ; contenant l'histoire de cette colonie, depuis sa fondation jusqu'en 1795, que les troupes

---

(1) Le Grand d'Aussy (Pierre-Jean-Baptiste), né à Amiens le 13 janvier 1737, mort à Paris le 5 décembre 1800.

britanniques s'en emparèrent, etc. Par *Robert* PERCIVAL.
Traduit de l'anglais par P. F. HENRY.

Paris 1806. Dentu. 1 vol. in-8°.

429. — Nouvelle relation de l'Afrique occidentale : contenant une
description exacte du Sénégal et des païs situés entre le
Cap-Blanc et la rivière de Serrelionne, jusqu'à plus de 500
lieuës en avant dans les terres. L'histoire naturelle de ces
païs, les différentes nations qui y sont répandües, leurs
religions et leurs mœurs. Par le Père *Jean - Baptiste*
LABAT. (1698-1705).

Paris 1728. Giffart. 5 vol. in-12. Fig.

Le tome 3.e contient le voyage de BRÜE au Galam en 1688 ; le tome
4.e son voyage en Gambie en 1700, et celui de COMPAGNON au pays
de Bambouc ; le tome 5.e le voyage de BRÜE à Cachaux, aux Açores
et en Portugal en 1702 et 1705.

430. — Voyage du Chevalier DES MARCHAIS en Guinée, Isles voisines et à Cayenne, fait en 1725, 1726 et 1727. Contenant une description très exacte et très étendue de ces
païs, et du commerce qui s'y fait. Par le R. P. LABAT.

Paris 1730. Osmont. 4 vol. in-12. Fig.

431. — Voyage à la côte occidentale d'Afrique, fait dans les
années 1786 et 1787 ; suivi d'un voyage fait au cap de
Bonne-Espérance, contenant la description militaire de
cette colonie. Par L. DEGRANDPRÉ.

Paris 1801. Dentu. 2 vol. in-8°. Pl.

432. — Voyage dans l'Afrique occidentale, pendant les années
1818, 1819, 1820 et 1821, depuis la rivière Gambie
jusqu'au Niger, en traversant les états de Woulli, Bon-
doo, Galam, Kasson, Kaarta et Foulidou ; par le major
William GRAY, et feu DOCHARD. Traduit de l'anglais par
M.me *Charlotte* HUGUET.

Paris 1826. Avril de Gastel. 1 vol. in-8°. Pl.

Voyages aux îles d'Afrique.

433. — Voyage de Madagascar, connu aussi sous le nom de l'isle

de St.-Laurent. Par M. DE V. (CARPEAU DU SAUSSAY),
commissaire provincial de l'artillerie de France. (1662).
Paris 1722. Nyon. 1 vol. in-12.

434. — Relation du voyage du Cap-Verd, par le R. P. *Alexis* DE
S. Lo, capucin (et *Bernardin* DE RENOUARD). (1635-1636).
Paris 1637. F. Targa. 1 vol. in-8°.

435. — Voyage du Sieur LE MAIRE aux isles Canaries, Cap Verd,
Senegal et Gambie. Sous M. Dancourt. (Publié par SA-
VIARD). (1682-1683).
Paris 1695. Collombat. 1 vol. in-12.

On trouve à la suite : Relation des isles et environs des rivières de
Bresalme, Gambie, Zamenée, S. Domingue, Gève et autres, etc.
Par un Anonyme.

436. — Relation du premier voyage de la Compagnie des Indes
Orientales en l'isle de Madagascar ou Dauphine. Par M.
SOUCHU DE RENEFORT. (1665-1667).
Paris 1668. J. De la Tourette. 1 vol. in-12.

** — Voyage à l'île de France par *Bernardin* DE ST.-PIERRE. (1768-1771).
Voyez *OEuvres.* I.-II.

Voyages en Amérique.

437. — Histoire generale des voyages et conquestes des Castil-
lans, dans les isles et terre-ferme des Indes Occidentales.
Traduite de l'espagnol d'*Antoine* HERRERA. Par N. DE LA
COSTE. (1492-1526).
Paris 1660-1671. N. et V.e de la Coste. 3 vol. in-4°.

438. — OEuvres littéraires de M. le Vicomte DE CHATEAUBRIAND.
Voyage en Amérique. (1791-1792).
Paris 1828. Ladvocat. 2 vol. in-18.

On y trouve un Mémoire de MALTE-BRUN sur l'origine et l'époque
des monuments de l'Ohio, et une description de ces monuments traduite de l'anglais de M. CALEB-ATWATER.

Voyages dans l'Amérique septentrionale.

439. — Recueil de voiages au Nord, contenant divers mémoires
très utiles au commerce et à la navigation. (Par BERNARD.
Traduit du hollandais par JANIÇON). (1242 ; 1576-1630).
Amsterdam 1715-1727. Fred. Bernard. 8 v. in-12. Fig.

440. — Relation du Groenland (par La Peyrere).
> **Paris 1647. Aug. Courbé. 1 vol. in-8°. Fig.**

441. — La vie, les avantures, et le voyage de Groenland du R. P. Cordelier *Pierre* de Mesange. Avec une relation bien circonstanciée de l'origine, de l'histoire, des mœurs, et du paradis des habitans du pole Arctique. (Par Tyssot de Patot.
> **Amsterdam 1720. Est. Roger. 2 vol. in-12. Fig.**

442. — Voyages du Baron de Lahontan dans l'Amérique septentrionale, qui contiennent une relation des différens peuples qui y habitent, la nature de leur gouvernement, leur commerce, leurs coutumes, etc. 2e éd. (1685-1694).
> **Amsterdam 1741. L'Honoré. 3 vol. en 1 in-12. Fig.**

> Le 3.e volume a pour titre : Mémoires de l'Amérique septentrionale, ou la suite des voyages de M. le Baron de Lahontan, qui contiennent la description d'une grande étenduë de païs de ce continent, l'interet des François et des Anglois, leur commerce, etc. Avec un petit Dictionnaire de la langue du païs.

443. — Les voyages de la nouvelle France occidentale, dicte Canada, faits par le S.r de Champlain, et toutes les descouvertes qu'il a faites en ce païs depuis l'an 1603 jusques en l'an 1629.
> **Paris 1632. Pierre Le Mur. 1 vol. in-4°.**

> On trouve à la fin la Relation du voyage du capitaine Daniel, de Dieppe, à la nouvelle France, en 1629 ; et, avec une nouvelle pagination : 1.° Traitte de la marine et du devoir d'un bon marinier par le Sieur de Champlain. — 2.° Doctrine chrestienne du R. P. Ledesme, traduicte en langage canadois, autre que celuy des montagnars, pour la conversion des habitans du dit païs. Par le R. P. Breboeuf. — 3.° L'oraison dominicale, traduite en langage des montagnars de Canada, par le R. P. Massé.

> Ces trois pièces ne se trouvent point dans l'édition suivante.

444. — Voyages du Sieur de Champlain, ou journal ès découvertes de la nouvelle France.
> **Paris 1830. Aux frais du Gouvernement. 2 vol. in-8°.**

445. — Cinq années de séjour au Canada, par *Edward Allen* Talbot, traduit de l'anglais, par M. (Dubergier). Suivies d'un extrait du voyage de M. J. Duncan en 1818 et 1819. Traduit de l'anglais par M. Eyriès. (1818-1823).

Paris 1825. Boulland. 3 vol. in-8.º et Atlas.

446. — Veritable relation de tout ce qui s'est fait et passé au voyage que M. de Bretigny fit à l'Amérique occidentale. Avec une description des mœurs, et des provinces de tous les sauvages de cette grande partie du Cap de nord : un dictionnaire de la langue, etc. Le tout fait sur les lieux, par *Paul* Boyer.

Paris 1654. Rocolet. 1 vol. in-8º.

447. — Voyage ou nouvelle découverte d'un très grand pays, dans l'Amérique, entre le nouveau Mexique et la mer Glaciale. Par le R. P. *Louis* Hennepin, avec toutes les particularitez de ce païs, et de celui connu sous le nom de la Louisiane. Avec un voyage qui contient une relation exacte de l'origine, mœurs, coûtumes, religion, guerres et voyages des Caraibes. Faite par le Sieur de la Borde. (1676-1682).

Amsterdam 1712. Desbordes. 1 vol. in-12. Grav.

448. — Voyage à l'ouest des monts Alléghanys, dans les états de l'Ohio, du Kentucky et du Tennessée, et retour à Charleston par les Hautes-Carolines, etc., entrepris pendant l'an X-1802. Par F. A. Michaux.

Paris 1804. Crapelet. 1 vol. in-8º.

449. — Journal historique du dernier voyage que feu M. de la Sale fit dans le golfe de Mexique, pour trouver l'embouchure, et le cours de la rivière de Missicipi, nommée à présent la rivière de St.-Loüis, qui traverse la Louisiane. Où l'on voit l'histoire tragique de sa mort, et plusieurs choses curieuses du nouveau monde. Par M. Joutel, rédigé et mis en ordre par M. de Michel. (1684-1688).

Paris 1713. Robinot. 1 vol. in-12.

450. — Nouveau voyage aux isles de l'Amérique, contenant l'histoire naturelle de ces pays, l'origine, les mœurs, la re-

ligion, et le gouvernement des habitans anciens et modernes, etc. Par le R. P. LABAT. (1693-1705).
Paris 1722. Cavelier. 6 vol. in-12. Grav.

451. — Voyage à la baye de Hudson, fait en 1746 et 1747 pour la découverte d'un passage au Nord-Ouest; avec une description exacte de la côte, un abrégé de l'histoire naturelle du pays, etc., par M. *Henri* ELLIS. Traduit de l'anglois (par SELLIUS)
Leide 1750. Luzac. 1 vol. in-8°.

Voyages dans l'Amérique méridionale.

452. — Voyage de la France équinoxiale en l'isle de Cayenne, entrepris par les François en l'année MDCLII. Divisé en trois livres. Avec un dictionnaire de la langue du mesme païs. Par M.ᵉ *Antoine* BIET.
Paris 1664. F. Clouzier. 1 vol in-4°.

453 — Histoire d'un voyage fait en la terre du Brésil, autrement dite Amérique. Contenant la navigation, et choses remarquables vues sur mer par l'aucteur; le comportement de Villegagnon, en ce pays-là etc. Le tout recueilli sur les lieux par *Jean* DE LERY. (1556-1558).
La Rochelle 1578. Ant. Chuppin. 1 vol. in-8°. Pl.

454. — Relation abrégée d'un voyage fait dans l'intérieur de l'Amérique méridionale, depuis la côte de la mer du Sud, jusqu'aux côtes du Brésil et de la Guiane, en descendant la rivière des Amazones. Par M. DE LA CONDAMINE. Avec une carte du Maragnon, ou de la rivière des Amazones, levée par le même. (1743-1745).
Paris 1745. V.ᵉ Pissot. 1 vol. in-8°.

455. — Histoire d'un voyage aux isles Malouines, fait en 1763 et 1764; avec des observations sur le détroit de Magellan, et sur les Patagons, par Dom PERNETTY. Nouv. édit.
Paris 1770. Saillant et Nyon. 2 vol. in-8°. Pl.

Le second volume de ce voyage dont *Is. Delisle de Sales* fut l'éditeur, contient, dans ses observations : Le second voyage de la frégate l'*Aigle*, commandée par DE BOUGAINVILLE. 1764-1765.—Extrait du journal de voyage de DUCLOS-GUYOT (au détroit de Magellan. 1766). — Extrait du journal de voyage de LA GYRAUDAIS. (1766).— Recette de quelques remèdes. — Dictionnaire des termes de marine employés dans l'ouvrage.

456. — Voyage au Brésil, dans les années 1815, 1816 et 1817, par S. A. S. *Maximilien* prince de WIED-NEUWIED; traduit de l'allemand par J. B. B. EYRIÈS.

Paris 1821. Arth. Bertrand. 3 vol. in-8°. Atlas in-fol.

On y trouve des vocabulaires des peuples indigènes du Brésil, Botocoudys, Machacali, Patacho, Malali, Maconi, Camacans-Meniengs et Camacans-Mongoyos.

457. — Souvenirs de voyages (résidence de 20 ans dans l'Amérique du Sud), par M. *Alfred* DE THEILLE. (1804-1824).

Paris 1839. Corbet. 3 vol. in-8°.

458. — Voyage aux sources du Rio de S. Francisco et dans la province de Goyaz, par M. *Auguste* DE SAINT-HILAIRE.

Paris 1847. Arth. Bertrand. 2 vol. in-8°.

459. — Expédition dans les parties centrales de l'Amérique du Sud, de Rio de Janeiro à Lima, et de Lima à Para; exécutée par ordre du Gouvernement français pendant les années 1843 à 1847, sous la direction de *Francis* DE CASTELNEAU.

Paris 1850-51. P. Bertrand. 6 v. in-8°. 4 v. Atlas in-fol.

460. — Voyage dans l'Amérique méridionale (le Brésil, la république orientale de l'Uraguay, la république Argentine, la Patagonie, la république du Chili, la république de Bolivia, la république du Pérou), exécuté pendant les années 1826, 1827, 1828, 1829, 1830, 1831, 1852 et 1833, par *Alcide* D'ORBIGNY.

Paris 1835-1847. Pitois Levrault. 9 vol. in-4°. Pl.

M. D'ORBIGNY est presque seul l'auteur de ce grand ouvrage; il a eu pour collaborateur M. *Paul* GERVAIS dans la description des mammifères; M. BIBRON dans celle des reptiles; M. VALENCIENNES a décrit les poissons; MM. MILNE EDWARDS et H. LUCAS ont décrit les crustacés; MM. E. BLANCHARD et *Aug.* BRULLÉ, les insectes; la description des cryptogames est de M. *Camille* MONTAGNE; celle des palmiers, de *Car. Fr. Ph.* DE MARTIUS.

Voyages dans la Mer du Sud.

461. — Histoire des navigations aux terres Australes. Contenant ce que l'on sçait des mœurs et des productions des contrées découvertes jusqu'à ce jour, etc. (Par M. le Président DE BROSSES. (1501-1748).

> **Paris 1756. Durand. 2 vol. in-4°.**
>
> Cet ouvrage contient les voyages de MAGELLAN, 1520 ; F. GRIJALVA et ALVARADO, 1537-1538 ; A. MANDANA DE NEYRA, 1568 ; J. FERNANDEZ, 1576 ; MANDANA, 1595 ; *Th.* GERARDS, 1599 ; QUIROS 1606 ; LEMAIRE et SCHOUTEN, 1615-1616 ; A. TASMAN, 1642-1643 ; ROGGEWEIN, 1722.

462. — Voyages dans la mer du Sud, par les Espagnols et les Hollandois. Ouvrage traduit de l'anglois de M. DALRIMPLE par M. DE FRÉVILLE.

> **Paris 1774. Saillant et Nyon. 1 vol. in-8°. Cart.**

463. — Histoire de l'expédition de trois vaisseaux, envoyés par la compagnie des Indes Occidentales des Provinces-unies, aux terres Australes en MDCCXXI, par M. DE B. (BEHRENS).

> **La Haye 1739. La Compagnie. 2 vol. in-8°.**

464. — Histoire des nouvelles découvertes faites dans la mer du Sud en 1767, 1768, 1769 et 1770. Rédigée d'après les dernières relations par M. DE FRÉVILLE. Accompagnée d'une carte dressée par M. DE VAUGONDY.

> **Paris 1774. De Hansy le jeune. 2 vol. in-8°.**

465. — Relation des iles Pelew, situées dans la partie occidentale de l'océan Pacifique ; composée sur les journaux et les communications du capitaine *Henri* WILSON, et de quelques-uns de ses officiers, qui, en août 1783, y ont fait naufrage sur l'*Antelope*. Traduit de l'anglois de *George* KEATE (par le C.te DE MIRABEAU).

> **Paris 1788. Lejay et Maradan. 2 vol. in-8°. Pl.**
>
> On trouve à la fin un vocabulaire de la langue pelew.

466. — Voyage de découvertes aux terres Australes, fait par les ordres du Gouvernement, sur les corvettes le *Géographe,* le *Naturaliste*, et la goëlette le *Casuarina*, pendant les années 1800, 1801, 1802, 1803 et 1804. Rédigé par Péron et continué par M. *Louis* de Freycinet. 2.e édit.

Paris 1824. Arth. Bertrand. 4 vol. in-8.° et Atlas in-fol.

467. — Voyage aux îles de la mer du Sud, en 1827 et 1828, et relation de la découverte du sort de *La Pérouse*, par le capitaine *Peter* Dillon. (Rédigé par V. Parisot).

Paris 1838. Pillet aîné. 2 vol. in-8°. Pl.

Histoire des Naufrages.

468. — Histoire des naufrages; ou recueil de relations les plus intéressantes de naufrages, hivernemens, délaissemens, incendies, et autres évènemens funestes arrivés depuis le xv.e siècle jusqu'à nos jours; par Deperthes. Nouv. édit. refondue, corrig. et augm. par J. B. B. Eyriès.

Paris 1815. Ledoux et Tenré. 3 vol. in-8°. Pl.

469. — Histoire complète des naufrages, évènemens et aventures de mer.

Paris 1836. Baudouin. 2 vol. in-12. Grav.

470. — Relation du naufrage d'un vaisseau hollandois, nommé *Ter Schelling*, vers la côte de Bengala; où l'on voit des effets extraordinaires de la faim, et plusieurs autres choses remarquables, arrivées à ceux qui montèrent ce batiment. (Par M. Glanius). (1661).

Amsterdam 1681. J. Meurs. 1 vol. in-4°. Voyez n.° 267.

471. — Relation du naufrage d'un vaisseau hollandois, sur la coste de l'isle de Quelpaerts: avec la description du royaume de Coré: traduite du flamand, par M. Minutoli. (1653).

Paris 1670. Billaine. 1 vol. in-12.

Les voyages spéciaux, qui ont pour seul but des recherches littéraires ou scientifiques, sont portés dans la classe à laquelle ils appartiennent; les voyages dans un seul état, France, Espagne, etc., se trouveront dans l'histoire de ces états, avec les traités particuliers de géographie.

SECONDE PARTIE.

HISTOIRE.

INTRODUCTION. — CHRONOLOGIE.

Comput des temps. Traités de l'année, des mois, des jours et du calendrier.

472. — Introduction à la chronologie: ou methode tres-facile pour arriver à la connoissance des temps par celle des cycles. Avec l'usage ordinaire des mesmes cycles.

Paris 1667. Josse. 1 vol. in-8°.

473. — Histoire et explication du calendrier des Hébreux, des Romains et des François. (Par Le Coq Madeleine).

Paris 1727. P. Simon. 1 vol. in-12.

** ** — L. G. Gyraldi de annis et mensibus cœterisque temporum partibus.

Vide *L. G. Gyraldi* opera II.

474. — *Ioannis* de Sacro Busto libellus, de anni ratione: seu, ut vocatur vulgo, computus ecclesiasticus.

Antuerpiæ 1551. Apud J. Richardum. 1 vol. in-8°.

475. — Libellus *Joannis* de Sacro Bosco, de anni ratione, seu ut vocatur vulgò, computus ecclesiasticus. Cum præfatione *Philippi* Melanchthonis.

Parisiis 1551. Apud G. Cavellat. 1 vol. in-8°.

476. — Exterarum ferè omnium et præcipuarum gentium anni ratio, et cum Romano collatio : rara et exquisita rerum scitu dignissimarum cognitione, ac diversi generis auctorum explicatione referta. *Joanne* Lalamantio auctore.

1571. 1 vol. in-8.°

477. — Kalendarium hebraicum, opera *Sebastiani* Munsteri ex Hebræorum penetralibus iam recēs in lucem æditum : quod nō tam Hebraice studiosis quàm Historiographis et Astronomiæ peritis subservire poterit.

Basileæ 1527. Apud J. Froben. 1 vol. in-4°.

478. — Histoire du calendrier romain qui contient son origine et les divers changemens qui luy sont arrivez. Par F. BLONDEL.
Paris 1682. N. Langlois. 1 vol. in-4°.

479. — Kalendarium Gregorianum perpetuum. Cum privilegio Summi Pontificis, et aliorum Principum.
Romæ 1582. D. Basa. 1 vol. in-8°.

480. — Romani calendarii A. Gregorio XIII. P. M. restituti explicatio S. D. N. Clementis VIII. P. M. jussu edita. Auctore *Christopkoro* CLAVIO soc. Jes.
Romæ 1603. Apud A. Zannettum. 1 vol. in-fol.

481. — Brevis in Gregoriani calendarii reformationem tractatus. Adversus hæreticorum et schismaticorum calumnias evidentissimè demonstrans, eiusmodi reformationem omnium Conciliorum, Nicæni præsertim decretis conformem esse. Authore R. P. ROMANO *Sambriocensi* Capucino.
Parisiis 1648. Apud Dionisium Thierry. 1 vol. in-4°.

482. — Romanum calendarium compendiosè expositum. Accessit corollarium de Romano Martyrologio. Authore *Petro* GASSENDO.
Parisiis 1654. Math. Dupuis. 1 vol. in-4°.

483. — Calendarium romanum vetus formà julianà, auctum cyclis solis et lunæ et methodo Paschali Dionysianis; necnon ortu et occasu siderum ex accuratissimis observationibus *Tychonianis.* Accessit succincta enarratio de *Periodi Julianæ* origine et usu: ratioq; nova et expedita annos Chaldæorum et Ægyptiorum astronomicos cum annis Romanis connectendi.—Postremò diatriba de methodo Paschali in anno vetere reformandâ. (Auctore DES MULIERS).
S. l. n. d. 1 vol. in-4°.

484. — Lettre de M. PETIT, touchant le iour auquel on doit celebrer la feste de Pasques. Avec une dissertation de M. LEVERA Romain sur le mesme suiet.
Paris 1666. Jean Cusson. 1 vol. in-4°.

485. — Observations iustes et curieuses sur le kalendrier romain, specialement sur la celebration de la Pasques. En forme

6.

de lettre. Avec la Reponse à la Lettre de M. *Petit* écrite sur le mesme sujet contre M. *Levera* Romain. Par le P. C. D. A. P. C. (CLÉMENT d'Amiens, père Capucin) (1).
Paris 1667. J. Couterot. 1 vol. in-12.

486. — Observations critiques et curieuses sur les réflexions de M. *Ferrand*, avocat au Parlement, au sujet de la Pâque. (Par I. L. D. P. C. et A. D. L. D. T.)
Toulouse 1692. Guil. Louis Colomyez. 1 vol. in-12.

487. — De kalendario et cyclo Cæsaris, ac de paschali canone S. Hippolyti, dissertationes duæ *Francisci* BLANCHINI. Accessit enarratio de nummo et gnomone Clementino.
Romæ 1783. A. et F. de Comitibus. 1 v. in-fol. Sans titre.

488. — Preuves de la juste et légale célébration de la fête de Paques dans l'église romaine, le dimanche 3 avril 1825; conformément au décret du concile de Nicée, nonobstant la coïncidence de la Paque des juifs avec celle des chrétiens au même jour, en réponse à quelques journaux des Pays-Bas, mentionnés dans le Journal de Paris, janvier et février 1825; par M. l'*Abbé* HALMA.
Paris 1825. Eberhart. 1 vol. in-4°.

489. — Abregé des instructions du calendrier universel et perpétuel. Par *Michel* TOURAINE.
Paris 1690. N. Langlois. 1 vol. in-12.

** — Table paschale du moine ISAAC D'ARGYRE.—Mémoires de M. IDELER sur le cycle de Méton, sur l'ère persique, sur les mois macédoniens et sur le calendrier judaïque. Traduit par l'*Abbé* HALMA.
Voyez *OEuvres de* PTOLÉMÉE, trad. par HALMA.

** — Ephemerides Græcorum et Moscorum, horum figuratæ, istorum metricæ, latinæ redditæ et observationibus variis illustratæ.
Vide *Boll. Acta sanct.* Maii I.

** — RHABANI Mauri de computo liber.
Vide BALUZII Miscellanea. I.

** — BEDÆ opuscula varia de computo et temporum ratione.
Vide BEDÆ opera. I-II.

---

(1) Nous n'avons trouvé aucun document qui nous permît de rattacher cet écrivain à la famille CLÉMENT, qui figure à Amiens dès 1446.

** — L. G. GYRALDI de annis et mensibus, cæterisque temporum partibus, difficili hactenus et impedita materia, dissertatio facilis et expedita. Una cum calendario Romano et Græco.

Vide L. G. GYRALDI opera.

** — Histoire civile, religieuse et mythologique du calendrier, ou origine de l'almanach. Par COURT DE GEBELIN.

Voyez Bell.-Lett. 28-IV.

** — Voyez aussi, dans les Mémoires de l'Académie des Inscriptions et Belles-Lettres, les travaux de BOIVIN, tom. 1, 2 ;— FRÉRET, tom. 16, 18, 19, 23, 27 ; — GIBERT, tom. 23, 27, 31, 35 ; — LANAUZE, tom. 14, 16, 23, 26 ; — PINGRÉ, tom. 42.

Systêmes et Traités généraux de Chronologie.

490. — De ratione temporum, christianis rebus et cognoscendis et explicandis accommodata, liber unus: *Theodoro* BIBLIANDRO autore. Demonstrationum chronologicarum liber alius, eodem autore.

Basileæ 1551. Oporinus. 1 vol. in-8°.

491. — *Matth.* BEROALDI chronicum, scripturæ sacræ autoritate constitutum.

(Genevæ) 1575. Apud A. Chuppinum. 1 vol. in-fol.

492. — Liber de epochis seu æris temporum et imperiorum : omnium facultatum studiosis utilissimus. Autore *Paulo* CRUSIO *Coburgense*. Editus opera *Joan. Thomæ* FREIGII : unâ cum eiusdem præfatione

Basileæ 1578. Per S. Henricpetri. I vol. in-8°.

493. — La chronologie de J. DE FREGEVILLE de la maison *du Gaut*. Contenant la generale durée du monde, demonstrée par la parolle de Dieu.

Paris 1582. Abr. Dauvel. 1 vol. in-4°.

494. — *Josephi* SCALIGERI Juli Cæsaris F. opus de emendatione temporum : castigatius et multis partibus auctius, ut novum videri possit. Item veterum græcorum fragmenta selecta, quibus loci aliquot obscurissimi Chronologiæ sacræ et Bibliorum illustrantur, cum notis ejusd. SCALIGERI.

Lugd.-Bat. 1598. Off. Plantiniana. 1 vol. in-fol.

495. — Idem opus.

Genevæ 1629. Typis Roverianis. 1 vol. in-fol.

6.

496. — *Josephi* SCALIGERI elenchus utriusque orationis chrono-logicæ D. *Davidis* PAREI : quarum secunda operis calci addita : prior vero commentariis auctoris in Hoseam Hey-delbergæ excusis prostat.

Lugd.-Batav. 1607. Lud. ab Haestens. 1 vol. in-4°.

497. — Opus chronologicum, ex authoritate potissimum sacræ scripturæ et historicorum fide dignissimorum, ad motum luminarium cœlestium tempora et annos distinguentium, secundum characteres chronologicos contextum, trecentis ferè eclipsibus annotatis confirmatum, et deductum usque ad nostra tempora. Cui præmissa est Isagoge chronolo-gica etc. Studio et opera *Sethi* CALVISI. Edit. altera.

Francofurti ad Oderam 1620. Thymius. 1 vol. in-fol.

498. — Idem opus.

Francofurti 1630. Joan Thymius. 1 vol. in-4°.

499. — Isagoge chronologica, hoc est introductio ad cognitio-nem temporum et rerum, quæ extiterunt à mundo con-dito, ad usque annum salutis MDCXX. Per R. P. *Henricum* HARVILLÆUM, à GRANGIA PALATIOLÆA.

Parisiis 1624. Nicol. Buon. 1 vol. in-fol.

500. — *Dionysii* PETAVII opus de doctrina temporum.

Lutetiæ-Paris. 1627. Cramoisy. 2 vol. in-fol.

501. — Idem opus : auctius in hac nova editione notis et emen-dationibus quam plurimis, quas manu sua codici ad-scripserat *Dionysius* PETAVIUS. Cum præfatione et disser-tatione de LXX hebdomadibus *Johannis* HARDUINI.

Antuerpiæ 1705. G. Gallet. 3 vol. in-fol. Port.

502. — *Dionysii* PETAVII rationarium temporum in partes duas, libros tredecim tributum. In quo ætatum omnium sacra profanaque historia chronologicis probationibus munita summatim traditur.

Parisiis 1641. Seb. Cramoisy. 1 vol. in-8°.

503. — Idem opus.

Parisiis 1688. Pet. Delaulne. 1 vol. in-8°.

504. — Idem opus : in libros quatuordecim distributum.

Parisiis 1703. P. Delaulne. 3 vol. in-12.

505. — La pierre de touche chronologique, contenant la methode d'examiner la chronologie, et en reconnoistre les defauts, verifiée par pratique et exemple. Composée par le P. *Denis* PETAU.

Paris 1636. Seb. Cramoisy. 1 vol. in-8°.

506. — Le disciple des temps, ou libre et tres humble replique, touchant l'origine et genealogie de Job, contre le 20.ᵉ chapitre du livre 9 de la Doctrine des temps du R. P. *Denis Petau.* Avec cent remarques chronologiques contre ses Animadversions sur S. Epiphane. Et quelques eschantillons des deffauts de sa Chronologie. Par *Jaques* D'AU-ZOLES LAPEYRE.

Paris 1631. Alliot. 1 vol. in-8°.

507. — Le berger chronologique contre le pretendu geant de la science des temps. Ou defenses sans artifice pour la nuë verité, contre les deffis et les menaces inutilles du R. P. *Denis Petau,* insérées au premier livre de son *Rationarium temporum,* touchant les deffauts qu'il dit estre en la Saincte Chronologie du monde, divisées en 154 articles. Par *Jaques* D'AUZOLES LAPEYRE.

Paris 1633. Gerv. Alliot. 1 vol. in-8°.

508. — Le Mercure charitable, ou contre-touche et souverain remede pour des-empierrer le R. P. *Petau,* depuis peu metamorphosé en fausse Pierre-de-touche. Par *Jacques* D'AUZOLES LAPEYRE.

Paris 1638. Gerv. Alliot. 1 vol. in-fol.

509. — L'Atlas des temps, divisé en quatre livres : La periode de Louis-le-Grand ; la nouvelle methode chronologique ; la chronologie sacrée; et la chronologie nouvelle des années de grace. Par le R. P. Seigneur de La Motte.

Amiens 1683. Guillain Le Bel. 1 vol. in-fol.

510. — Même ouvrage. 2.ᵉ édit., par le R. P. Jᴇᴀɴ Lᴏᴜɪs d'A-
miens (1), prédicateur capucin.

> **Amiens-Paris 1685. N. et J. Le Gras. 1 vol. in-fol.**
>
> Ce n'est point une édition différente, mais le même tirage au-
> quel on a donné un autre titre.

** — Abrégé de la chronologie d'*Isaac* Nᴇᴡᴛᴏɴ, traduit de l'anglais.
par Fʀᴇ́ʀᴇᴛ.   Voyez *OEuvres* de Fʀᴇ́ʀᴇᴛ. ᴠɪɪ à xɪ.

** — Chronologie des douze siècles antérieurs au passage de Xerxès en
Grèce. — Chronologie d'Hérodote. Par Vᴏʟɴᴇʏ.

> Voyez *OEuvres* de Vᴏʟɴᴇʏ.

511. — Clavis temporum novi testamenti super acta, itinera et
data epistolarum Pauli et Petri, impudentiarum et men-
daciorum de Petri pontificatu Antiochio-Romano ipsam
abyssum cognoscere volentibus diu desideratam ex cer-
titudinis ipsa radice patefaciens chronologiam. Auctore
Gabriele Rᴇᴇʜᴀᴀɴ.

> **Wittebergæ 1623. J. Haken. 1 vol in-8°.**

512. — *Jacobi* Ussᴇʀɪɪ annales veteris et novi testamenti, à
prima mundi origine deducti usque ad extremum templi
et reipublicæ Judaicæ excidium. Cum duobus indicibus
quorum primus est historicus, secundus vero geographicus qui nunc primùm prodit in lucem. Cura et studio
A. *Lubin.* Accedunt eiusdem I. Ussᴇʀɪɪ tractatus duo.
I. Chronologia sacra veteris testamenti. II. Dissertatio
de Macedonum et Asianorum anno solari.

> **Lutetiæ 1673. Lud. Billaine. 1 vol. in-fol. Port.**
>
> Les deux index, qui ne sont point dans ce volume, forment le
> suivant.

513. — In annales *Jacobi* Ussᴇʀɪɪ tabulæ et observationes geographicæ, ad novam editionem Parisinam. Authore R. P.
F. *Augustino* Lᴜʙɪɴ *Augustiniano.*

> **Parisiis 1673. Billaine et J. Du Puis. 1 vol. in-fol.**

** — J. Hᴀʀᴅᴜɪɴɪ chronologia veteris testamenti.

> Vide J. Hᴀʀᴅᴜɪɴɪ opera selecta.

---

(1) Jᴇᴀɴ Lᴏᴜɪs est né à Amiens le 6 janvier 1617, ainsi qu'il le dit lui-même,
page 576; il vivait encore en 1680, époque où s'arrête son travail. Nous
n'avons trouvé aucun autre détail. Voyez Dᴀɪʀᴇ, *Hist. litt.* 236.

514. — Défense du texte hebreu et de la chronologie de la vulgate contre le livre de l'Antiquité des tems rétablie. Par le R. P. D. *Jean* Martianay.
Paris 1689. Roulland. 1 vol. in-12.

515. — Défense du texte hebreu et de la version vulgate; servant de réponse au livre intitulé : l'*Antiquité des temps* etc. Par le R. P. *Michel* Lequien.
Paris 1690. Auroy. 1 vol. in-12.

516. — Continuation de la défense du texte hebreu et de la vulgate, par les véritables traditions des églises chrétiennes et par toutes sortes d'anciens monumens, hebreux, grecs et latins. Contre *Isaac Vossius*, et contre les livres du P. *Pezron*. Par D. *Jean* Martianay.
Paris 1693. De Bats. 1 vol. in-12.

517. — L'antiquité des tems détruite, ou réponse à la défense de l'antiquité des tems. Par le R. P. *Michel* Lequien.
Paris 1693. Louis Guérin. 1 vol. in-12.
Consultez, pour la chronologie sacrée, les commentaires sur la Bible de D. Calmet, de Leightfoot, de Trinus, etc.; la Bible polyglotte de Walton, et le Cursus completus scripturæ sacræ de l'*Abbé* Migne. — Voyez aussi les histoires ecclésiastiques, qui sont, pour la plupart, précédées d'une chronologie sacrée.

** — Tables chronologiques des règnes de C. Ptolémée.
Voyez *OEuvres* de Ptolémée, trad. par l'*Abbé* Halma.

518. — Chronicon Alexandrinum idemque astronomicum et ecclesiasticum; (vulgo siculum, seu fasti siculi) ab *Sigonio*, *Panvinio*, aliisque passim laudatum, partimque græce editum; nunc integrum græce cum latina interpretatione vulgatum operâ et studio *Matthæi* Raderi.
Monachii 1615. An. Bergia. 1 vol. in-4°.

519. — *Ægidii* Bucherii *Atrebatis* de doctrina temporum commentarius in Victorium *Aquitanum* nunc primùm post mclxxvii annos in lucem editum, aliosq. antiquos canonum paschalium scriptores, chronologiæ ecclesiasticæ illustrandæ ac stabiliendæ utilissimus.
Antuerpiæ 1634. Off. Plantiniana. 1 vol. in-fol.

520. — Chronicus canon ægyptiacus, ebraicus, græcus, et disquisitiones D. *Johannis* MARSHAMI.
> **Londini 1672. Roycroft. 1 vol. in-fol.**

521. — Idem opus.
> **Lipsiæ 1676. Birckner. 1 vol in-4..**

522. — Dissertation chronologique et historique, touchant l'année de la naissance de Jesus-Christ. Par M. LE NOBLE.
> **Paris 1693. Mazuel. 1 vol. in-12.**

523. — Tractatus polemicus de anno jubilaei. Authore P. F. DOMINICO *à Sanctiss. Trinitate* Carmelita.
> **Romæ 1650. Off. Pet. Collignii. 1 vol. in-4º.**

PREMIÈRE DIVISION.

HISTOIRE UNIVERSELLE.

Introduction à l'Histoire universelle.

524. — Discours sur l'histoire universelle à Monseigneur le Dauphin : pour expliquer la suite de la Religion et les changemens des Empires. Par *Jacques Benigne* BOSSUET.
> **Paris 1681. Seb. Cramoisy. 1 vol. in-4º.**

525. — Discours sur l'histoire universelle, par J. B. BOSSUET.
> **Paris 1811. B. Pottier. 2 vol. in-8º. Port.**

526. — Suite de l'histoire universelle de M.ᵍʳ l'Evesque de Meaux. Depuis l'an 800 de Nôtre Seigneur, jusqu'à l'an 1700 inclusivement. 2.ᵉ partie. Nouv. édit. (Par J. DE LA BARRE).
> **Paris 1730. David. 1 vol. in-12.**

527. — Résumé de l'histoire générale, par VOLTAIRE.
> **Paris 1826. Lecointe et Durey. 1 vol. in-18.**

** — Les ruines ou méditations sur les révolutions des empires. Par C. F. VOLNEY. *Voyez OEuvres* de VOLNEY. I.

** — Essai historique, politique et moral, sur les révolutions anciennes et modernes, considérées dans leurs rapports avec la révolution française. Par M. DE CHATEAUBRIAND. *Voyez OEuvres.* I-II.

528. — Histoire dès transformations religieuses et morales dès peuples ; par J. F. A. *Auguste* BOULLAND.
Paris 1839. Debécourt. 1 vol. in-8°.

Chronologie historique, ou Histoire réduite en tables.

529. — En damus chronicon divinum plane opus eruditissimorum autorum, repetitum ab ipso mundi initio, ad annum usque salutis MDXII. *Eusebii* PAMPHILI *Cæsariensis*, D. HIERONYMO interprete. — D. HYERONYMI presbyteri. — PROSPERI *Aquitacini.* — M. AURELII CASSIODORI Patricii Rom. *Hermanni* CONTRACTI Comitis Veringen. — *Matthæi* PALMERII *Florentini.* — *Matthiæ* PALMERII *Pisani.* — Partim nunc a nobis (*Johanne* SICHARDO) inventum et editum, partim à mendis, quibus laborabat etc. repurgatum.
Basileæ 1529. Hen. Petrus. 1 vol. in-fol.

530. — EUSEBII *Cæsariensis* episcopi chronicon; quod HIERONYMUS presbyter divino ejus ingenio latinum facere curavit, et usque in Valētē Cæsarem Romano adjecit eloquio. Ad quem et *Prosper* et *Matthæus* PALMERIUS et *Matthias* PALMERIUS complura addidere. Quibus demum nonnulla ad hæc usq; tempora subsecuta : adiecta sunt.
(Parisiis) 1518. Henr. Stephanus. 1 vol. in-4°.

531. — Habes opt. lector chronicon opus felicissime renatum infinitis membris emendatis exactiusq; conformatis, et adiectis multis quibus antehac caruerat etc. annis, perfectum. Non autem duximus vulgares quosuis inserendos autores', sed eos duntaxat qui extra aleam iure eruditionis a doctis habentur , nempe : EUSEBIUM PAMPHILUM *Cæsariensem*, D. HIERONYMO interprete. — D. HIERONYMUM Presbyt. — PROSPERUM *Aquitanicum.* — M. AURELIUM CASSIODORUM Patr. Rom. — *Hermannum* CONTRACTUM comitem Veringen. — *Matthæum* PALMERIUM *Flor.* — *Matthiam* PALMERIUM *Pisanum.* — Eruditissimos et alios duos viros, qui res gestas ad tempora usque nostra extenderunt.
Basileæ 1536. Henricus Petrus. 1 vol. in-fol.

532. — Thesaurus temporum Eusebii Pamphili Cæsareæ Palæst. episcopi, chronicorum canonum omnimodæ historiæ libri duo, interprete Hieronymo: ex fide vetustissimorum codicum castigati. Item autores omnes derelicta ab *Eusebio* et *Hieronymo* continuantes. — Ejusdem Eusebii utriusque partis chronicorum canonum reliquiæ græcæ, quæ colligi potuerunt. Opera et studio *Josephi Justi* Scaligeri. Editio altera in quà ejusdem *Josephi* Scaligeri tertia fere parte auctiores notæ et castigationes in latinam *Hieronymi* interpretationem et græca *Eusebii*, suprema autoris cura emendatæ. — Ejusdem *Josephi* Scaligeri Isagogicorum Chronologiæ canonum libri tres etc.

Amstelodami 1658. Apud Joa. Janssonium. 1 vol. in-fol.

533. — Temporum à condito mundo usque ad ultimam ipsius ætatem supputatio, partitioque exactior. Quam scribebat *Theodorus* Bibliander.

Basileæ 1558. Per Joa. Oporinum. 1 vol. in-fol.

534. — *Davidis* Chytraei chronologia historiæ Herodoti et Thucydidis. Cui adjecta est series temporum mundi à prima conditione usque ad hunc annum MDLXXXV deducta.

Helmaestadii 1586. Lucius. 1 vol. in-4°.

On trouve à la suite : Calendarium vetus romanum. Ostendens, qui dies toto anno Romæ olim fasti, comitiales, senatorii, judiciales, nefasti etc. fuerint: eximiam lucem adferens lectioni scriptorum Ciceronis et totius romanæ antiquitatis.

535. — Rerum toto orbe gestarum chronica à Christo nato ad nostra usque tempora. Auctoribus Eusebio Cæsariensi episcopo, B. Hieronymo Presb., Sigeberto Gemb. Mon., Anselmo Gemblacensi abbat., *Auberto* Miræo *Bruxell.* aliisq. Omnia ad antiquos codices mss. partim comparata, partim nunc primùm in lucem edita. Operà ac studio ejusdem *Auberti* Miræi.

Antuerpiæ 1608. Apud H. Verdussium. 1 vol. in-4°.

536. — *Joannis Henrici* Alstedii thesaurus chronologiæ in quo universa temporum et historiarum series in omni vitæ

genere ita ponitur ob oculos, ut fundamenta chronologiæ ex S. literis et calculo astronomico eruantur etc.

Herbornæ Nassoviorum 1628. 1 vol. in-8°.

537. — *Thomæ* LYDIAT canones chronologici, necnon series summorum magistratuum et triumphorum romanorum. Opus
posthumum, ex autoris autographo fideliter editum.

Oxonii 1675. E theatro Scheldoniano. 1 vol. in-8°.

538. — La grande et petite methode pour apprendre la chronologie et l'histoire tant sacrée que profane. Dernière édit.
augm. des Archontes d'Athènes, des Consuls de Rome,
des Roys d'Angleterre etc. Par le R. P. *Philippe* LABBE.

Paris 1664. Meturas. 1 vol. in-12.

539. — *Philippi* LABBE, *Biturici*, concordia sacræ et profanæ chronologiæ annorum 5691 ab orbe condito ad hunc Christi
annum 1638. Per secula mundana, romana, christiana,
et septem mundi ætates. Cum canonibus, synopsi, auctuario etc.

Parisiis 1638. Camusat. 1 vol. in-12.

540. — Table chronologique, genealogique et historique, contenant les patriarches, prophetes, pontifes, monarques,
et autres personnes illustres, depuis le commencement du
monde, jusques à la presente année MDCXLVIII. Recueillie
par D. *Pierre* DE Ste-CATHERINE religieux fueillant.

Paris 1656. Boisseau. 1 vol. in-fol.

541. — Breviarium christianæ chronologiæ *Amedei* SALLYI.

Lugduni 1626. De la Bottiere. 1 feuille in-fol. (in-4°.)

542. — Historiæ universalis cum sacræ, tum prophanæ nu-
cleus multis locis auctior et emendatior. Autore R. P. F.
Gabriele BUCELINO.

Ulmæ 1659. Gerli. 1 vol. in-12.

543. — L'esprit chronologique de l'histoire sacrée et prophane,
depuis la création du monde jusques à present. Divisé en
deux parties. (Par *Théodore* DAGUINDEAU).

Paris 1773. G. Alliot. 2 vol. in-12.

544. — Tablettes chronologiques de l'histoire universelle, sacrée et prophane, ecclésiastique et civile, depuis la création du monde, jusqu'à l'an 1762; avec des Réflexions sur l'ordre qu'on doit tenir, et sur les ouvrages nécessaires pour l'étude de l'histoire. Par M. l'*Abbé* Lenglet Dufresnoy.

Paris 1763. De Bure. 2 vol. in-8.°

545. — L'art de vérifier les dates des faits historiques, des chartes, des chroniques, et autres anciens monumens, depuis la naissance de Notre Seigneur; par le moyen d'une table chronologique, etc. Par des religieux Bénédictins de la congrégation de S. Maur. (Par D. M. Fr. d'Antine, D. Clémencet et D. Durand).

Paris 1750. Guill. Desprez. 1 vol. in-4°.

On y a joint: — I. Lettre de M.. . à un ami de province. Sur le désir qu'il témoigne de voir une réponse à la lettre contre l'Art de vérifier les dates, et au journaliste de Trévoux. 18 novembre 1750.— II. Lettre de M..... à un ami de province. Sur une critique qui est venue en pensée au journaliste de Trévoux. 4 décembre 1750.

546. — Même ouvrage. Nouv. édit. rev., corr. et augm. par un religieux Bénédictin de la congrégation de S. Maur. (D. Fr. Clément).

Paris 1770. Guill. Desprez. I vol. in-fol.

547. — Même ouvrage, réimprimé avec des corrections et annotions, et continué jusqu'à nos jours (1770), par M. de Saint-Allais.

Paris 1818. Valade. 18 vol. in-8°.

548. — L'art de vérifier les dates des faits historiques, des inscriptions, des chroniques, et autres anciens monuments, avant l'ère chrétienne. Par un religieux de la congrégation de St.-Maur (D. Clément). Imprimé pour la première fois sur les manuscrits des Bénédictins, mis en ordre par M. de Saint-Allais.

Paris 1819. Moreau. 5 vol. in-8°.

549. — L'art de vérifier les dates, depuis l'année 1770 jusqu'à nos jours; formant la continuation, ou 5.° partie de l'ouvrage publié, sous ce nom, par les Religieux Bénédictins de la congrégation de St.-Maur. Cette partie, rédigée par une société de savants et hommes de lettres, est publiée par M. le chev. DE COURCELLES (et par M. le Marquis DE FORTIA).

Paris 1821-1842. Ar. Bertrand. 18 vol. in-8°.

Les rédacteurs de cette continuation furent: MM. LACRETELLE jeune, HASE, SAINT-MARTIN, *Abel* RÉMUSAT, WALCKENAER, EVRIÉS, DE MARCHANGY, DEPPING, H. DE LA PORTE, H. AUDIFFRET, DEZOS DE LA ROQUETTE, B. GUÉRARD, l'*Abbé* DE LA BOUDERIE, le d.ʳ B. WARDEN, BILLY, le Ch. DE COURCELLES, TRÉMISOT, MIELLE et CONSTANTIN. L'éditeur propriétaire était M. le Marquis *de Fortia d'Urban.*

L'Art de vérifier les dates n'occupe dans cet ouvrage que les huit premiers volumes; les neuf autres sont remplis par un tableau chronologique de l'histoire d'Amérique dû à M. DE WARDEN.

Le 18.ᵉ volume a pour titre: Table générale des noms propres contenus dans les volumes 9, 10, 11 et 12 de cette 3.ᵉ partie de l'Art de vérifier les dates.—*Paris* 1832. *Denain.*

550. — Annales du monde, ou tableaux chronologiques, qui présentent: 1.° la naissance, les progrès, les réunions, les révolutions et les démembrements des empires; la date du règne de tous les Souverains, dans les quatre parties du monde, depuis la dispersion des hommes jusqu'à l'an 1816; 2.° le temps où ont vécu les hommes les plus célèbres dans la guerre, la politique, les sciences et les arts; 3.° un précis des principaux faits qui appartiennent à l'église, et des événements relatifs à l'histoire des empires, depuis leur origine respective. Par M. ANOT. 2ᵉ éd.

Paris 1816. Egron. 1 vol. in-fol.

551. — Les fastes universels ou tableaux historiques, chronologiques et géographiques, contenant, siècle par siècle et dans des colonnes distinctes, depuis les temps les plus reculés jusqu'à nos jours: 1.° l'origine, les progrès, la gloire et la décadence de tous les peuples etc.; 2.° le précis des époques et des évènements politiques; 3.°

l'histoire générale des religions et de leurs différentes sectes ; 4.º celle de la philosophie et de la législation chez tous les peuples anciens et modernes; 5.º les découvertes et les progrès dans les sciences et dans les arts; 6.º et enfin une notice sur tous les hommes célèbres, rappelant leurs ouvrages ou leurs actions; précédés de trois grands tableaux synoptiques servant de sommaires à l'ouvrage, etc. Par M. Buret de Longchamps.

Paris 1821. Dondey-Dupré. 1 vol. in-fol.

552. — Album historique des gens du monde. Par M. de Saint-Allais.

Paris 1824. Michaud. 3 vol. in-18.

Chroniques et Histoires universelles.

Ces chroniques et ces histoires sont classées selon l'ordre des temps auxquelles elles s'arrêtent.

553. — Freculphi Episcopi Lexovicensis chronicorum libri duo : quorum prior ab initio mundi usque ad Octaviani Cæsaris tempora, et servatoris nostri Christi nativitatem. Posterior dehinc usque ad Francorum et Longobardorum regna, rerum gestarum historiam continet.

(Heidelbergæ) 1607. Apud Commelinum. 1 vol. in-8º.

554. — Historiæ miscellæ à Paulo Aquilegiensi diacono primum collectæ, post etiam à Landulpho Sagaci auctæ productæque ad imperium Leonis IV. id est, annum Christi dcccvi. Libri XXIV. In quibus præter, Suetonii, Eutropii, Flori, Victoris, Eusebii, Rufini, Orosii, Iornandis et aliorum historias, tota penè Anastasii Bibliothecarii historia ex Georgio, Theophane, aliisq; græcis scriptoribus collecta continetur. Nunc ex variis Mss illustrati et editi ab *Henrico* Canisio.

Ingolstadii 1603. Eder. 1 vol. in-8º.

555. — *Fl. Lucii* Dextri chronicon omnimodæ historiæ. Primum quidem *Hieronymo* dicatum, sed eo ad Superos translato,

multis locis locupletatum, *Paulo Orosio* iterum nuncu-
patum. Nunc demum opera et studio *Fr. Franc.* Bivarii
commentariis apodicticis illustratum, quibus universa
ecclesiastica historia, à Christo nato, per annos 430, etc.
adamussim expenditur.

Lugduni 1627. Cl. Landry. 1 vol. in-fol.

** — Chronicon D. Isidori *Hispalensis* emendatum scholiisque illustratum per Garciam de Loaisa.

Vide Isidori Hisp. opera.

556. — *Marci* Maximi Episcopi *Cæsaraugustani* continuatio chronici omnimodæ historiæ ab anno Christi 430 (ubi *Flav.*
L. Dexter desiit) usque ad 612 quo Maximus pervenit.
Unà cum additionibus S. Braulionis, Helecanis, Taionis,
et Valderedi Cæsaraugustanorum itidem Episcoporum,
accuratissimis opera et studio R. A. P. Fr. *Francisci*
Bivarii Hispani, apodicticis commentariis illustrata, quibus universa Historia ecclesiastica innumerabilium ferè
rerum scitu, admirationeq; dignissimarum, et quæ Scriptorum penè omnium notitiam aufugerant, seu aliter quam
evenerint à recentioribus referantur, tàm ad Italiam, Germaniam et Galliam spectantium, quam ad Hipaniam (de
qua bona ex parte disserit auctor) adamussim expenditur.
Accessit S. Joannes cognomento Panyagva ab oblivione
vindicatus.

Madriti 1651. Diaz de la Carrera. 1 vol. in-fol.

557. — Hugonis *Floriacensis* chronicon, quingentis ab hinc annis et quod excurrit, conscriptum. Hactenus à multis
desideratum, nunc tandem postliminiò ex membranis
antiquissimis erutum, ac publicis usibus transcriptum.
Ex musæo *Bernhardi* Rottendorffi, qui et subbreves
notas attexuit.

Monasterl Wesphaliæ 1638. B. Raesfeld. 1 vol. in-4°.

558. — Abrégé de l'histoire universelle, depuis le commencement du monde, jusques à l'empire de Charlemagne. Traduit du latin de M. *Jean* le Clerc.

Amsterdam 1730. P. Mortier. 1 vol. in-12.

559. — Analyse chronologique de l'histoire universelle, depuis le commencement du monde, jusqu'à l'empire de Charlemagne inclusivement. (Par Philippe de Pretot).

Paris 1752. Lambert. 1 vol. in-8°.

560. — Ottonis *Phrisinginsis* Episcopi, viri clarissimi, rerum ab origine mundi ad ipsius usq; tempora gestarum, libri octo. Eiusdem de gestis Friderici primi Aenobarbi Cæs. Aug. libri duo. Radevici *Phrisingen.* ecclesie canonici libri duo, prioribus additi, de eiusdē Friderici Imp. gestis.

Argentorati 1515. M. Schurer. 1 vol. in-fol.

561. — Ottonis Episcopi Frisingensis Leopoldi Pii marchionis Austriæ F. chronicon, sive rerum ab orbe condito ad sua usq; tempora gestarum, libri octo. Ejusdem de gestis Friderici I libri duo. Radevici *Frising.* canonici de ejusdem Frid. gestis lib. II prioribus additi. Guntheri poëtæ Ligurinus, sive de gestis Friderici, libri X. Addita sunt et alia, cum ad Friderici, tum ad posteriorum Imperatorum historiam pertinentia

Basileæ 1569. Perna. 1 vol. in-fol.

562. — Chronologia seriem temporum et historiam rerum in orbe gestarum continens ab ejus origine, usque ad annum à Christi ortu millesimum ducentesimum. Auctore anonymo, sed cœnobii S. Mariani apud Altissiodorum, regul. Præmonst. monacho. Adjecta est ad calcem Appendix ad annum usque mccxxiii. Nunc primum in lucem edita opera et studio *Nicolai* Camuzæi Tricassini.

Trecis 1608. Nat Moreau. 1 vol. in-4°.

Suivant une note manuscrite de Borée de St.-Aubert, qui fut Prieur de l'abbaye de St.-Marian d'Auxerre en 1633, l'original de ce livre se gardait alors sous 3 clefs au trésor littéral de l'abbaye.

563. — Chronicum Abbatis Urspergensis, continens historiam rerum memorabilium, à Nino Assyriorum rege ad tempora Friderici II Romanorum imperatoris, et Germanicorum imperatorum res præclarè ac fortiter pro salute publica gestas, complectens: diligenter per Eruditum quendam virum et historiarum peritissimum recognitum, et beneficio veterum manu scriptorum exemplariorum infinitis mendis repurgatum. — Paraleipomena rerum memorabilium, à Friderico II usque ad Carolum V Augustum, hoc est, ab anno Domini MCCXXX usque ad annum MDXXXVII ex probatioribus qui habentur scriptoribus in arctum coacta, et historiæ Abbatis Urspergensis per eundem studiosum annexa.

Argentorati 1538. Crato Mylius. 1 vol. in-fol.

564. — CONRADI A LIECHTENAW *Urspergensis* cœnobii, ordin. Præmonstrat. ad Mindulam, qui circa annum Christi MCCXXX floruit, chronicon : quo omnes fere veteres, potissimum vero rerum Germanicarum et Gallicarum historici succinctè continentur : et à Nino Assyriorum rege, usque ad Friderici II imper. German. tempora præcipuæ historiæ ac res gestæ enarrantur. Cui annexa sunt Paraleipomena rerum memorabilium, a Friderico II usque ad Carolum V Augustum, hoc est ab anno Domini 1230, usq; ad annum 1537, ex probatioribus scriptoribus, per Historiarum studiosum magnà diligentià et accuratione collecta. — Accesserunt huic editioni duorum antiquissimorum historicorum annales, RHEGINONIS abbatis Brumiensis : et LAMBERTI Schaffnaburgensis monachi.

Argentorati 1609. Zetzner. 1 vol. in-fol.

565. — Le premier volume de VINCENT miroir historial, nouuellement imprime a Paris. (Traduit par *Jean* DE VIGNAY).

Paris 1495. Ant. Verard. 1 vol. in-fol.

566. — Le premier et le second volume de VINCENT miroir hystorial (translate du latin en françois selon loppinion frere VINCENT qui en latin le compila, par J. DE VIGNAY).

Paris. .... J. Petit. 2 en 1 vol. in-fol.

Nous croyons y reconnaître l'édition de Nicolas Couteau de 1531.

567. — MARTINI POLONI, Archiepiscopi Consentini, chronicon expeditissimum, ad fidem veterum manuscriptorum codi-

cum emendatum et auctum : Opera Suffridi Petri Leouardiensis Frisii.

Antuerpiæ 1574. Off. Plantini. 1 vol. in-8°.

568. — Partes tres Historiarum Domini Antonini archipresulis Florētini in tribus tomis discretarum solertiorique studio recognitarū cū triplici eiusdem indice nunc luculentius edito: et a mendis q̄ plurimis expurgato.

(Lugduni) 1527. (J. Myt.) 1 vol. in-fol. goth. Incomplet.

569. — Chronica Antonini archipræsulis Florentini.

Lugduni 1543. Æ. et. I. Huguetan. 1 vol. in-fol.

570. — Divi Antonini archiepiscopi Florentini chronicorum opus, in tres partes divisum, in quarum prima res ab ipso mundi exordio, usque ad S. Sylvestrum Pont. Max. id est, ad annum Christi 510. In secunda à S. Sylvestro usque ad Innocentium III. id est, ad annum Christi 1515. In tertia ab Innocentio III usque ad Pium II. id est, ad annum Christi 1459 toto ferè terrarum orbe gestæ continentur. Opus omni eruditione ac pietate refertum etc. nunc emendatum et auctum, atque annotationibus illustratum etc., opera et studio *Petri* Maturi soc. Jes.

Lugduni 1586. Juntæ. 3 vol. in-fol.

571. — Fasciculus temporum. (Auctore *Wernero* Rolewinck Carthusiensi).

Lovanii 1476. Joh. Veldener. 1 vol. in-fol.

Voyez pour la description : Cat. de La Vallière.1ʳᵉ p. tom. iii. n.° 4553.

572. — Fasciculus temporum.—Chronica que dicit fasciculus tpm edita in alma universitate colonie agrippine sup renū a quodam devoto cartusiensi finit feliciter. Sepius quidem iam impressa. sed negligētia correctorum in diversis locis a vero originali minus iuste emēdata. Nunc vero non sine magno labore ad pstinū statū reducta. cū quibusdam additionibus per humilē virū frēm. *Heinric* Wirczburg de Vach monachū in prioratu rubeimōtis ord. cluniacen. sub lodovico gruerie comite magnifico Anno dñi. mccccLxxxj.

(Coloniæ-Agrippinæ) 1481. 1 vol. in-fol.

573. — Fasciculus tēporū omnes antiquorum cronicas complectēs.

S. l. n. d. 1 vol. in-fol.

Cette édition, composée de 5 feuillets non chiffrés, comprenant le titre avec figure en bois au revers et la table, et de xc feuillets chiffrés, s'étend jusqu'à l'année 1484. Les initiales et les rubriques sont peintes alternativement en rouge et en bleu. Le 8.ᵉ feuillet manque.

574. — Fasciculus temporum en françois. Cest le fardelet hystorial qtenant en brief quasi toutes les hystoires tant de lancien testament que du nouueau. Et generallement tous les merueilleux faitz digne de memoires q ont este de puys la creation jusques a cestuy an MCCCCLXXXXV.(Translate de latin en françois par *Pierre* FARGET).

Genesue 1495. 1 vol in-fol.

575. — Supplementum chronicarum (*Jacobo Philippo* FORESTI, Bergomensi, auctore).

Venetiis 1590. Bernardus Rizus de Novaria. 1 vol. in-fol.

Ce volume est incomplet.

576. — Supplementum chronicorum. Omnes fere historias quæ ab orbe condito hactenus gestæ sunt, iucunda admodum dicendi brevitate complectens. Opus primum quidem a ven. patre *Jacobo Philippo* Bergomate Eremit. conscriptum, deinde vero eruditorum quorundam diligentia, multis mendis, ac superfluis quibusdam rebus diligentissime repurgatum etc. Cui insuper addita est nostrorum temporum brevis quædam accessio, eorum annorum historias ac res tum privatas tum externas complectens quæ ab anno 1500 ad annum 1535 tum hic, tum etiam alibi gestæ sunt.

Parisiis 1535. Galiot du Pré. 1 vol. in-fol.

577. — Liber cronicarum cum figuris et ymagibus ab initio mundi. (Auctore *Hartman* SCHEDEL).

Nuremberge 1493. Koberger. 1 vol. in-fol.

578. — Idem opus.

Imper. urbe Augusta 1497. J. Schensperger. 1 v. in-fol.

On trouve à la fin la note suivante : Venditusq; Iacobo Bloquel presbitero cum precio xl sol. per Iacobum Le Caron librarium com-

memorantem in hac Ambiana civitate, teste Adam anno Dni m.·
cccc.° ɪ.° Postea venditus est Petro Bullot xx sol. per magistrum Stephanum Mathæi teste dno Anthonio Petit anno Dni m°cccccclxɪɪɪj°.

Ce volume appartenait en dernier lieu au couvent des Capucins.

579. — La mer des hystoires.

Paris 1488. P. Le Rouge. 2 vol. in-fol.

C'est la traduction par un chanoine de Mello en Beauvaisis des
Rudimenta novitiorum de *Jean* COLONNA, chronique que le traducteur a continuée jusqu'au règne de Louis XI.

580. — Mer des hystoires augmentee en la fin du dernier volume
de plusieurs belles hystoires. Et premierement des faitz
gestes et victoires du roy Charles VIII. Et daulcunes
vaillāces triūphantes conquestes et œuvres cheualereuses
faictes ou temps du roy Louys XII.

Lyon 1506. Claude Dauostals de Troye. 2 v. en 1. in-fol.

581. — D. *Johannis* NAUCLERI præpositi Tubingen. chronica,
succinctim cōpræhendentia res memorabiles sæculorū
omnium ac gentium, ab initio mundi usq; ad annum
Christi ᴍᴄᴄᴄᴄ. Cum Auctuario *Nicolai* BASELII ab anno
Domini ᴍᴅɪ in annum ᴍᴅxɪɪɪɪ.—Et appendice nova, cursim
memorante res interim gestas, ab anno videlicet ᴍᴅxv
usq; in annū præsentem, qui est post Christum natum
ᴍᴅxʟɪɪɪɪ. Rhapsodis partim D. *Cunrado* TIGEMANNO, partim *Bartholomæo* LAURENTE.

Coloniæ 1544. P. Quentel. 1 vol. in-fol.

582. — Tomus primus et secundus Chronicon D. *Johannis* NAU-
CLERI succinctim compræhendentia res memorabiles se-
culorum omnium ac gentium, ab initio mūdi usq; ad annum Christi nati ᴍᴄᴄᴄᴄ. Cum appendice nova rerum
interim gestarum, videlicet ab initio anni 1500 usque ad
septembrem præsentis 1564 ex optimis quibusque scriptoribus per *Laurentium* SURIUM Carthusianum congesta.

Coloniæ 1564. Hæredes I. Quentel. 2 vol. in-fol.

583. — Enneades *Marci Antonii* SABELLICI ab orbe condito ad inclinationem Romani imperii.

Venetiis 1498. Li Albanesoti. 1 vol. in-fol.

584. — Opera M. *Antonii Coccii* SABELLICI in duos digesta tomos. Rapsodiæ historicæ enneadum XI, quinque priores uno continet, altero sex reliquæ, cum C. *Casparis* HEDIONIS historica synopsi, qua huius Autoris institutum summa fide et diligentia ad annum MDXXXVIII persequitur. Accesserunt libri decem exemplorum etc.

Basileæ 1538. Off. Hervagiana. 2 vol. in-fol.

585. — Delle istorie del mondo di M. *Giovanni* TARCAGNOTA: lequali contengeno quanto dal principio del mondo è successo, sino all' anno 1513, cavate da piu degni, et piu gravi autori, e che abbino nella lingua greca, ò nella latina scritto. Con l'aggiunta di M. *Mambrino* ROSEO, et dal Rev. M. *Bartolomeo* DIONIGI DA FANO, sino all' anno 1582.

Venezia 1585. 2 vol. in-4°.

586. — La bibliotheque historiale de *Nicolas* VIGNIER. Contenant la disposition et concordance des temps, des histoires, et des historiographes, ensemble l'estat des principales et plus renommees monarchies selon leur ordre et succession.

Paris 1588. A. L'Angelier. 3 vol. in-fol.

587. — Même ouvrage.

Paris 1600. A. L'Angelier. 3 vol. in-fol.

588. — Habes candide lector Fratris LAZIARDI necnon *Huberti* VELLEII conserta epitomata a primeva mundi origine ad tempora nostra (quibus Franciscus Primus Francorum Rex christianissimus fœliciter imperat).

Parisiis 1521. Hemon le Feure. 1 vol. in-fol.

589. — *Jo.* CARIONIS chronicorum ab orbe condito ad hanc usque nostram ætatem libri III. primùm ab ipso authore conscripti: deinde multis accessionibus doctorum virorum aucti; postremò tandem ad annum D. 1560 et veteribus et recentibus historiis Pontificū Rom. atque Cæsarū regumque insignium Catalogis, et aliis nonnulis mirum in modum locupletati.

Parisiis 1563. Off. Puteana. 1 vol. in-16.

590. — *Joan.* Carionis mathematici chronicorum libri III. Appendix eorum, quæ à fine Carionis ad hæc usque tempora contigere. Catalogus Pontificum, Cæsarum, Regum et Ducum Venetorum, cum indice copiosissimo.
Lugduni 1560. Frellon. 1 vol. in-16.

591. — Tertia pars chronici Carionis, à Carolo Magno, ubi *Philippus*Melanthon desiit, usque ad Fridericum Secundum. Exposita et aucta a *Casparo* Peucero.
Lugduni 1564. (Frellon). 1 vol. in-16.

592. — Liber quintus chronici Carionis, a Friderico Secundo usque ad Carolum Quintum. Expositus et auctus a *Casparo* Peucero. Pertinet liber ad partem tertiam chronici.
(Lugduni) 1566. (Frellon). 1 vol. in-16.

593. — Chronicon Carionis, expositum et auctum, multis et veteribus, et recentibus historiis, in descriptionibns regnorum et gentium antiquarum, et narrationibus rerum Ecclesiasticarum et Politicarum, Græcarum, Romanarum, Germanicarum et aliarum, ab exordio Mundi, usque ad annum Salutis per Christum partæ 1612, nempe Rudolphi II excessum. A *Philippo* Melancthone, et *Casparo* Peucero.
Genevæ 1625. Crispinus. 1 vol. in-8°.

594. — Les chroniques de *Jean* Carion philosophe. Avec les faicts et gestes du Roy François, iusques au regne du Roy Henry deuxiesme de ce nom, à present regnant. Traduictes en françois par Maistre *J.* Le Blond.
Paris 1553. Groulleau. 1 vol. in-16.

595. — Histoire, ou chronique des choses plus memorables depuis la création du monde, iusques au regne du tres-chrestien Roy Henry III de ce nom, Roy de France et de Pologne. Recueillie par *Jean* Carion Philosophe, et traduicte par M. *Jean* Le Blond, et depuis reueue et augmentée.
Lyon 1577. Arnoullet. 1 vol. in-16.

596. — Epitome historiarum et chronicorum mundi. (Auctore *Ach. P.* Gassaro)
Lugduni 1538. S. Sapidus. 1 vol. in-8".

597. — Chronicorum multiplicis historiæ utriusque testamenti, *Christiano* Massæo Cameracenate authore, libri vigenti.

Antuerpiæ 1540. Joan. Grinitus. 1 vol. in-fol.

598. — Fasti et triumphi Rom. a Romulo rege usque ad Carolum V Cæs. Aug., sive epitome Regum, Consulum, Dictatorum, Magistror. equitum, Tribunorum militum consulari potestate, Censorum, Impp. et aliorum Magistratuum Roman. cum orientalium tum occidentalium, ex antiquitatum monumentis maxima cum fide ac diligentia desumpta. *Onuphrio* Panvinio authore. Additæ sunt suis locis Impp. et orientalium, et occidentalium verissimæ Icones, ex vetustissimis numismatis quàm fidelissimè delineatæ.

Venetiis 1557. Jac. Strada. 1 vol. in-fol. Fig.

599. — *Onuphrii* Panvinii Veronensis fastorum libri V a Romulo rege usque ad imp. cæsarem Carolum V Austrium, Augustum. Ejusdem in fastorum libros commentarii in quis infiniti variorum auctorum loci, præcipue vero Historicorum, partim exponuntur, partim emendantur. His accedit appendix in qua Imperatorum et Consulum ordinariorum fasti a Cæsare dictatore usque ad Iustinianum Augustum, ab *Onuphrio* concinnati. M. Verrii Flacci consularia et triumphalia fragmenta. M. Aurelii Cassiodori, Prosperi Aquitanici, incerti auctoris, Marcellini Comitis Chronica :

1588. In Officina Sanctandreana. 1 vol. in-fol.

600. — Chroniques et gestes admirables des Empereurs d'Occident, avec les effigies d'iceulx ; mis en françoys par *Guillaume* Gueroult.

Lyon 1552. Balth. Arnoullet. 1 vol. in-4°.

601. — XXIX livres d'histoire deduite depuis le deluge jusqu'au temps present. Par J. Sleidan. En laquelle est premierement compris l'estat des quatre Empires souverains : puis de la Religion et Republique, jusques à la mort de l'empereur Charles V.

Genève 1563. Jean Crespin. 1 vol. in-fol.

602. — Les œuvres de J. Sleidan qui concernent les histoires qu'il a escrites : assavoir, III. Livres de ses Commentaires des quatre principaux Empires du monde.—XXVI. Livres des histoires de la Religion et Republique de nostre temps. — II. Remonstrances pleines d'histoires, l'une aux Estats de l'Empire, l'autre à l'Empereur Charles V.—IIII. Volumes de Frossart historien, abbregez d'un singulier artifice par Sleidan : avec quelques prefaces sur l'histoire de *Ph. de Commines*. Le discours de l'estat du Royaume et des maisons illustres de France est adiousté sur la fin.
Geneve 1574. E. Vignon. 1 vol. in-fol.

603. — *Gilb.* Genebrardi chronographiæ libri quatuor. Priores duo sunt de rebus veteris populi, et præcipuis quatuor millium annorum gestis. Posteriores, è D. *Arnaldi* Pontaci Vasatensis episcopi Chronographia aucti, recentes historias reliquorum annorum complectuntur. Subiuncti sunt libri Hebræorum chronologici, eodem interprete.
Parisiis 1585. Vidua Martini. 1 vol. in-fol.

604. — Idem opus.
Lugduni 1599. Pillehotte. 1 vol. in-fol.

605. — Idem opus.
Lugduni 1609. Pillehotte. 1 vol. in-fol.

606. — Los treynta libros de la monarchia ecclesiastica, o historia universal del mundo, divididos in cinco tomos. Compuestos por Fray *Iuan* de Pineda.
Salamanca 1588. Iuan Fernandez. 5 vol. in-fol.

607. — Commentarii omnium à creato orbe historiarum. *Christophoro* Roffin auctore.
Lutetiæ 1571. Apud I. Benenatum. 1 vol. in-4°.

608. — Historiæ augustæ tomi septem, ab Imperio Julii Cæsaris ad annum 1606. Ex probatis historicis collectus. Huic accesserunt Breviaria, singulis historicis præfixa. Notæ perpetuæ ad marginem, morales et politicæ. Gnomologia historica. Chronologia augusta. Index rerum toto opere insignium. (Collectore *Simone* Goulart *Sylvanect.*)
Lugduni 1593-1609. Le Preux. 7 vol. en 8. in-8°.

609. — Brieve chronologie ou sommaire des temps, contenant la suite des anciens Peres, Monarques, Empereurs, Roys, Hommes illustres, leurs faicts et gestes plus insignes : ensemble les choses plus remarquables, advenuës au monde depuis sa creation : augmentez en ceste dernierè impression des Empereurs d'Orient, et de ce qui est arrivé en France iusques à present, 1610. Plus la chronique ecclesiastique ou brief estats de l'Eglise, avec l'ordre et argumens des principaux historiographes. Par P. D. GAILLARD.
Paris 1585. Houzé. 1 vol. in-18.

610. — Même ouvrage.
Paris 1610. Houzé. 1 vol. in-12.

611. — Opus chronographicum orbis universi à mundi exordio usque ad annum MDCXI. Continens historiam, icones, et elogia, summorum pontificum, imperatorum, regum ac virorum illustrium ; in duos tomos divisum. Prior auctore *Petro* OPMEERO Amstelrodamo, à condito orbe ad suam usq. ætatem bono publico a *Petro* fil. evulgatus. — Posterior auctore *Laurentio* BEYERLINCK Antuerpiano.
Antuerpiæ 1611. Verdussius. 1 vol. in-fol.

612. — Opus chronologicum, annorum seriem, regnorum mutationes, et rerum toto orbe gestarum memorabilium sedem annumque, à mundi exordio ad nostra usque tempora complectens. Auctore *Jacobo* GORDONO soc. Jesu.
Col. Agripp. 1614. Crithius. 1 vol. in-fol.

613. — Idem opus, a mundi exordio ad annum usq; Christi 1617.
Augustoriti Pictonum 1617. Mesnerius. 1 vol. in-fol.

614. — Le tableau historial du monde, depuis sa création jusques à l'an present 5590, et de nostre salut 1625. Le tout tiré des plus certains Historiographes. Par M. *Vincent* QUERVAU.
Rennes 1625. L'Oyselet. 1 vol. in-8°.

615. — *Johannis* CLUVERI historiarum totius mundi epitome, à prima rerum origine olim usque ad annum Christi

MDCXXX, e sexcentis amplius auctoribus sacris profanisque, deducta, et historia unaquæque ex sui sæculi scriptoribus, ubi haberi potuerunt, fideliter asserta.

Lugd.-Batav. 1637. Marci. 1 vol. in-4°.

616. — La saincte chronologie du monde, divisée en deux parties, et chacune dicelles en cinquante-neuf siècles, y compris le siècle auquel nous sommes. Par *Jacques* D'AUZOLES LAPEYRE.

Paris 1632. Gerv. Alliot. 1 vol. in-fol.

617. — *Horatii* TURSELLINI historiarum ab origine mundi usque ad annum 1598 epitome libri X. Accessit continuatio usque ad annum 1645.

Parisiis 1645. Libert. 1 vol. in-12.

618. — Idem opus. Accessit continuatio usque ad annum 1652.

Parisiis 1652. Libert. 1 vol. in-12.

619. — Histoire generale depuis la creation du monde jusques à l'année 1598, faicte par *Horace* TURSELIN et augmentée jusques à present par *Jean* TOURNET *Parisien.*

Paris 1622. Reg. Chaudiere. 1 vol. in-8°.

620. — Abregé de l'histoire universelle traduit du latin, de TURSELLIN, par M. l'*Abbé* LAGNEAU : avec des notes historiques et géographiques. Nouv. édit. rev. et augm. d'une suite de cette histoire, continuée jusqu'en 1700.

Paris 1757. Briasson. 2 vol. in-12.

621. — An easy and compendious introduction for reading all sorts of histories : contrived in a more facile way then heretefore hath been published, out of the papers of *Mathias* PRIDEAUX. The third edit. in wich is added a synopsis sf Councels by *John* PRIDEAUX.

Oxford 1655. Leon. Lichfield. 1 vol. in-4°.

622. — *Ioannis* IONSTONI historia civilis et ecclesiastica. Ab orbe condito ad annum 1635.

Amsterodami 1644. Apud Lud. Elzevirium. 1 vol. in-16.

623. — Abregé chronologique de l'histoire universelle sacrée et profane. Traduite du R. P. PETAU. Avec diverses augmen-

tations, depuis la création du monde, jusqu'à l'an 1632.
Et un Supplément jusqu'à l'an 1683. Par le S.ʳ COLLIN.

Paris 1682. Billaine. 3 vol. in-8°.

624. — Abrégé chronologique de l'histoire universelle, écrite en
latin par le R. P. PETAU, et traduite en françois (et continuée) par M. MAUCROIX.

Paris 1701. Delaulne. 2 vol. in-12.

625. — Abrégé chronologique de l'histoire universelle sacrée et
profane. Traduction nouvelle, suivant la dernière édition
latine du P. PETAU. Nouv. édit. continuée jusqu'à présent
(par MOREAU DE MAUTOUR et DUPIN),

Paris 1715. Nion. 5 vol. in-12.

Les deux derniers volumes ont pour titre : Table chronologique
de l'histoire universelle. Contenant tous les principaux faits et évènemens de l'une et de l'autre histoire, rapportez aux années où ils
sont arrivez. Depuis le commencement du monde, jusqu'à présent.

626. — Flosculi historiarum in areolas suas distributi per quos
designantur rerum eventus clarissimi, ab orbe condito,
ad annum hujus sæculi sexagesimum. Auctore *Joanne*
DE BUSSIERES. 6.ᵃ edit.

Lugduni 1662. G. Barbier. 1 vol. in-12.

627. — Abregé du tresor chronologique et historique du R. P.
Dom *Pierre* DE S. ROMUALD religieux fueillent.

Paris 1660. Clouzier. 3 vol. in-12.

628. — Annales mundi, sive chronicon universale secundum
optimas chronologorum epochas, ab orbe condito ad annum Christi 1660 perductum. Operâ et studio *Philippi*
BRIETII *Abbavillæi* soc. Jesu.

Parisiis 1662. Muguet. 7 vol. in-12.

629. — Abregé chronologique de l'histoire sacrée et profane de
tous les Ages et de tous les Siecles, du Monde, de Rome,
de Jesus-Christ, depuis Adam jusques à Louis XIV. Par
le P. *Phil.* LABBE.

Paris 1666. Lib. assoc. 5 vol. in-12.

630. — Theatrum historicum theoretico-practicum, in quo quatuor manarchiæ. Nempe prima, quæ est Babyloniorum et Assyriorum; secunda, Medorum et Persarum; tertia, Græcorum; quarta, Romanorum. Omnesque Reges et Imperatores, qui in illis regnarunt, nova et artificiosa methodo describuntur, omniaque ad usum œconomicum, politicum et ecclesiasticum accommodantur. Authore *Christiano* MATTHIÆ. Nunc primum accessit supplementum insigne earum rerum, quæ desiderari poterant usque ad annum Christi MDCLXVIII.

Amstelodami 1668. Apud D. Elzevirium. 1 vol. in-4°.

631. — L'histoire sainte et profane, divisées en trois livres. (Par *Ignace* POINDREUX).

Paris 1673. De la Tourette. 1 vol. in-fol.

Cet ouvrage a aussi pour titre : Chaine historique, ou l'histoire universelle, tant profane que sacrée, en abrégé, réduite en tables et divisée en trois livres.

632. — Cours d'histoire sacrée et profane, dédié aux jeunes personnes, comprenant l'histoire sainte, l'histoire ancienne, l'histoire romaine et l'histoire de France. (Par GUILLARD DE BEAURIEU).

Paris 1763. Panckoucke. 2 vol. in-12.

633. — Pratique de la mémoire artificielle, pour apprendre et pour retenir l'Histoire et la Chronologie universelle : et en particulier l'Histoire Sainte, l'Histoire Ecclésiastique et l'Histoire de France. Par le P. BUFFIER. Nouv. édit.

Paris 1740-1748. Giffart. 4 vol. in-12.

634. — Nouveaux élémens d'histoire et de géographie, à l'usage des Pensionaires du Colège de Louis-le-Grand. Par le Père BUFFIER.

Paris 1718. Nic. Le Clerc. 1 vol. in-12.

635. — L'histoire profane depuis son commencement jusqu'à présent. (Par L. *Ellies* DUPIN).

Paris 1714-1716. Vincent. 6 vol. in-12.

636. — Histoire du monde, par M. Chevreau.
Paris 1686. Martin et Boudot. 2 vol. in-4°.

637. — Même ouvrage. 3.ᵉ édit.
Paris 1717. Michel David. 8 vol. in-12.

638. — Histoire universelle, sacrée et profane, depuis le commencement du monde jusqu'à nos jours. Par le R. P. Dom *Augustin* Calmet.
Strasbourg 1735. J Renauld Doulssecker. 10 v. in-4°.

639. — Principes de l'histoire pour l'éducation de la jeunesse; par années et par leçons. Par l'*Abbé* Lenglet du Fresnoy.
Paris 1752. Debure aîné. 6 vol. in-12.

640. — La polychrographie, en six parties: 1.° l'astronomie; 2.° la géographie; 3.° l'hydrographie; 4.° l'histoire ecclésiastique; 5.° l'histoire romaine; 6.° la chronologie des Papes. Par M. l'*Abbé* Expilly.
Avignon 1756. J. Payen. 1 vol. in-8°.

641. — Abrégé d'histoire universelle, pour la direction des jeunes-gens qui commencent cette étude. Par M. V.
Neufchatel 1765. Samuel Fauche. 1 vol. in-12.

642. — Les élémens de l'histoire, ou ce qu'il faut savoir de chronologie, de geographie, de blazon, de l'histoire universelle, de l'église de l'ancien testament, des monarchies anciennes, de l'église du nouveau testament, et des monarchies nouvelles; avant que de lire l'histoire particulière. 3.ᵉ édit. augm. d'une suite de médailles impériales, depuis Jules César, jusqu'à Héraclius. Par M. l'*Abbé* de Vallemont.
Paris 1702. Anisson. 3 vol. in 12. Fig.

643. — Même ouvrage. (Nouv. édit. augm. par l'*Abbé* Le Clerc).
Paris 1758. Nyon. 5 vol. in-12.

644. — Histoire universelle, depuis le commencement du monde, jusqu'à présent; traduite de l'anglois d'une société de gens de lettres. (T. Salmon, G. Sale, J. Campbell, J.

SWINTON, A. BOWER ; par E. DE JONCOURT, J. G. DE CHAUF-
FEPIÉ , ROBINET , CASTILLON , les frères DE SACY).

Amsterdam , Leipzig et Paris 1742 - 1772. Arkstée et
Merkus et Mérigot. 45 vol. in-4°. Sans table.

** — Histoire universelle.
Paris 1791. Rue d'Anjou. 30 vol. in-18.
Voyez *Bibl. univ. des Dames.*

645. — Précis de l'histoire universelle , ou tableau historique
présentant les vicissitudes des nations , leur agrandis-
sement, leur décadence et leurs catastrophes , depuis le
le temps où elles ont commencé a être connues, jusqu'au
moment actuel ; par M. ANQUETIL. 4.ᵉ édit.

Paris 1811. Garnery. 12 vol. in-12.

646. — Même ouvrage. 5.ᵉ édit.

Paris 1818. Costes. 10 vol in-12.

647. — OEuvres de l'*Abbé* MILLOT, continuées par MM. MILLON,
DELISLE DE SALES etc.

Paris 1826-1819. Ledoux et Tenré. 12 vol. in-8°.

Cette édition comprend : Tom. I-III Histoire ancienne ; tom. IV-VII
Histoire moderne; tom. VIII-IX Histoire d'Angleterre; tom. X-XIᵉ
Histoire de France.

** — Histoire. (Par MM. DE JAUCOURT, GAILLARD, DE SACY, DE MONTIGNY,
TURPIN et GRUNSWALD.

Paris 1784-1804. Panckoucke et V.ᵉ Agasse. 6 vol. in-4°.
Voyez *Encyclop. méth.*

648. — Précis de l'histoire. Par M. le *Marquis* DE VILLENEUVE.

Paris 1821. Egron. 1 vol. in-8°.

649. — Précis de l'histoire universelle des peuples anciens et
modernes, depuis les temps les plus reculés jusqu'à nos
jours ; par le Baron *Alex.* DE THÉIS.

Paris (1829). Grimbert et Dorez. 2 vol. in-8°.

650. — Histoire universelle, par *César* CANTU, soigneusement
remaniée par l'auteur et traduite sous ses yeux, par
Eugène AROUX et *Piersilvestro* LEOPARDI.

Paris 1843-1849. Firmin Didot frères. 19 vol. in-8°.

651. — Collection des républiques elzéviriennes.

Amstelodami **I629-1648.** Off. Elzeviriana. **42** vol. in-**24.**

Cette collection comprend les ouvrages suivants :

1. — I. Sleidani de quatuor summis imperiis libri tres. 1631.
2. — *Joannis* Leonis *Africani* Africæ descriptio ix lib. absoluta. 1632.
3. — *Thomæ* Smithi *Angli* de republica Anglorum libri tres. Quibus accesserunt chorographica illius descriptio aliiq; politici tractatus. 1641.
4. — Belgii confœderati respublica, seu Gelriæ, Holland. Zeland. Traject. Fris. Transisal. Gronin, chorographica politicaque descriptio. (Auctore J. de Laet). 1630.
5. — Respublica Bohemiæ à M. *Paulo* Stranskii descripta. 1634.
6. — P. Gyllii de Bosporo Thracio libri iii. 1632.
7. — Regni Chinensis descriptio ex variis authoribus. (A P. *Nicolao* Trigautio). 1639.
8. — P. Gyllii de Constantinopoleos topographia libri iv. 1632.
9. — De regno Daniæ et Norwegiæ, insulisq; adjacentibus : juxta ac de Holsatia, ducatu Sleswicensi, et finitimis provinciis ,tractatus varii. (Opera *Rusgeri* Hermandiæ). 1629.
10. — Idem opus. Altera editio. 1629.
11. — *Petri* Cunæi de republica Hebræorum libri III. 1632.
12. — Idem opus. Altera editio. 1632.
13. — Gallia, sive de Francorum regis dominiis et opibus commentarius. (Auctore J. De Laet). 1629.
14. — Respublica et status imperii romano-germanici. 1634-1640. 2 vol.
15. — Græcorum respublicæ ab *Ubbone* Emmio descriptæ. 1633. 2 vol.
16. — Joh. Angelii Werdenhagen de rebuspublicis hanseaticis tractatus generalis. 1630-1631. 4 vol.
17. — Helvetiorum respublica. Diversorum autorum, quorum nonnulli nunc primum in lucem prodeunt. (Ex Fr. *Guillimanno, Oswaldo Molitore*, H. *Glareano,Josia Simlero,Daniele Eremita* et aliis). 1627.
18. — Hispania, sive de regis Hispaniæ regnis et opibus commentarius. (Auctore J. de Laet). 1629.
19. — Respublica et status regni Hungariæ. 1634.
20. — De principibus Italiæ, tractatus vary. Editio secunda. (Ex italico incerti auctoris in latinum versi à *Thoma* Sigetho). 1631.
21. — Descriptio regni Japoniæ cum quibusdam affinis materiæ, ex variis auctoribus collecta et in ordinem redacta per *Bernhardum* Varenium. 1649.
22. — De imperio magni Mogolis sive India vera commentarius. Ex variis auctoribus congestus. (A J. de Laet). 1631.

23. — Russia seu Moscovia itemque Tartaria commentario topographico atque politico illustratæ. 1630

24. — Persia seu regni Persici status. Variaque itinera in atque per Persiam : cum aliquot iconibus incolarum. (A J. DE LAET). 1632.

25. — Respublica , sive status regni Poloniæ , Lituaniæ, Prussiæ, Livoniæ, etc. diversorum autorum. (Collectore J. DE LAET). 1627.

26. — Idem opus. Editio altera. 1642.

27. — Respublica, sive status regni Scotiæ et Hiberniæ diversorum autorum (*Georg.* BUCHANANI, G. CAMDENI , H. BOËTHII). 1627.

28. — Suecia , sive de Suecorum regis dominiis et opibus. Commentarius politicus. (Authore *Henr.* SOTERO). 1631.

29. — Idem opus. 1633.

30. — Portugallia sive de regis Portugalliæ regnis et opibus commentarius. 1641.

31. — Sabaudiæ respublica e historia (A *Lamberto* VAN DER BURCH). 1634.

32. — F. SPRECHERI Rhetia , ubi eius verus situs, politia, bella , fœdera , et alia memorabilia accuratissime describuntur. 1633.

33. — Respublica ROMANA. Honori urbis æternæ P. SCRIVERIUS restituit. 1629.

34. — Turcici imperii status. Seu discursus varii de rebus Turcarum. 1630.

35. — *Iosiæ* SIMLERI Vallesiæ et Alpium descriptio. 1633.

36. — *Casparis* CONTARENI de republica Venetorum libri quinque. Item synopsis reip. Venetæ, et aliis de eadem discursus politici. Editio secunda auctior. 1628.

37. — *Donati* IANNOTII dialogi de repub. Venetorum, cum notis et lib. singulari de forma eiusdem reip. 1631.

Cette collection aurait pu s'augmenter de plusieurs autres ouvrages imprimés à Leyde, La Haye, Amsterdam, Utreck , Anvers et Strasbourg, dans le même format , et comme pour y faire suite ; nous avons cru devoir les laisser de côté, et ne donner que ceux qui ont été réellement publiés par les Elzevier. On pourra consulter à ce sujet le *Manuel du libraire* de M. BRUNET , tom. v, pag. 826, et les *Mémoires de littérature* de SALLENGRE , tom. II , pag. 149 et suiv. (*Belles-Lettres* n.º 3312).

652. — L'Univers. Histoire et description de tous les peuples.

Paris 1835-1853. F. Didot Fr. 63 vol. in-8°. Pl. et Cart.

Cette collection se compose de la série d'ouvrages suivants:

EUROPE.

1. — France. Par M. LE BAS. 1.ʳᵉ partie. Annales historiques. 2 vol. et 33 cartes dressées par M. *Dussieux.* 1843. — 2.ᵉ partie. Dictionnaire encyclopédique de la France. 12 vol. 1841-1847.

2. — Angleterre, Ecosse et Irlande, par MM. *Léon* GALIBERT et *Cl.* PELLÉ. 4 vol. 1842-1844.

3. — Espagne, par M. J. LAVALLÉE et M. *Ad.* GUÉROULT. — Iles Baléares et Pithyuses, par M. *Fr.* LACROIX. — Sardaigne, par M. le Prés. DE GRÉGORY. — Corse, par M. FRIESS DE COLONNA. 2 vol. 1844-1850.

4. — Portugal, par M. *Ferdinand* DENIS. 1 vol. 1846.

5. — Italie ancienne. 1.ʳᵉ partie. Annales. — 2.ᵉ partie. Institutions, mœurs et coutumes, par MM. DURUY, FILON, LACROIX et YANOSKI. 2 vol. 1850-51.

6. — Italie, par M. le Chev. ARTAUD. — Sicile, par M. DE LA SALLE. 1 vol. 1835.

7. — Grèce, par M. POUQUEVILLE. 1 vol. 1835.

8. — Iles de la Grèce, par M. *Louis* LACROIX. 1 vol. 1853.

9. — Belgique et Hollande, par M. VAN HASSELT. 1 vol. 1844.

10. — Danemarck, par M. J. B. EYRIÈS. 1 vol. 1846.

11. — Villes Anséatiques, par M. ROUX DE ROCHELLE. 1 vol. 1844.

12. — Allemagne, par M. *Ph.* LE BAS. 2 vol. 1838.

13. — Etats de la Confédération Germanique pour faire suite à l'histoire générale de l'Allemagne, par M. *Ph.* LE BAS. 1 vol. 1842.

14. — Histoire et description de la Suisse et du Tyrol, par M. *Ph.* DE GOLBÉRY. 1 vol. 1838.

15. — Pologne, par M. *Charles* FORSTER. 1 vol. 1840.

16. — Suède et Norwège, par M. *Ph.* LE BAS. 1 vol. 1838.

17. — Russie, par M. CHOPIN. — La Crimée, et les provinces Russes en Asie, Circassie et Géorgie, par M. *César* FAMIN. — Arménie, par M. BORÉ. 2 vol. 1838.

18. — Turquie, par M. J. M. JOUANNIN et par M. J. VAN GAVER. 1 v. 1853.

AFRIQUE.

19. — Egypte ancienne, par M. CHAMPOLLION-FIGEAC. 1 vol. 1839.

20. — Egypte, depuis la conquête des Arabes jusqu'à la domination française, par M. J. J. MARCEL. — Sous la domination française, par M. *Am.* RYME. — Sous la domination de Méhémet-Aly, par MM. P. et H. 1 vol. 1848.

21. — Afrique. Esquisse générale de l'Afrique et Afrique ancienne, par M. D'AVEZAC. — Carthage, par M. DUREAU DE LA MALLE et par M. J. YANOSKI. — Numidie et Mauritanie, par M. L. LACROIX. — L'Afrique chrétienne et domination des Vandales en Afrique, par M. J. YANOSKI. 1 vol. 1844.

22. — Algérie, par MM. Rozet et Carette. — Etats Tripolitains, par M. le d.ʳ F. Hœfer. — Tunis, par le d.ʳ L. Frank, revue et accompagnée d'un précis historique, par M. J. Marcel. 1 vol. 1850.

23. — Sénégambie et Guinée, par M. *Am.* Tardieu. — Nubie, par M. S. Chérubini. — Abyssinie, par M. *Noel* Desvergers. 1 vol. 1847.

24. — Afrique australe, Cap de Bonne-Espérance, Congo etc. — Afrique orientale, Mozambique, Monomotapa, Zanguebar, Gallas, Kordofan, etc. — Afrique centrale, Darfour, Soudan, Bornou, Tombouctou, grand désert de Sahra. — Empire de Maroc, par M. F. Hœfer. 1 vol. 1848.

25. — Iles de l'Afrique, par M. d'Avezac. Avec la collaboration de MM. de Froberville, *Fréd.* Lacroix, F. Hœfer, Mac Carthy, V. Charlier. 1 vol. 1848.

ASIE.

26. — La Perse, par M. *Louis* Dubeux. 1 vol. 1841.

27. — Inde, par M. Dubois de Jancigny et par M. X. Raymond. 1 v. 1845.

28. — Palestine. Description géographique, historique et archéologique par S. Munk. 1 vol. 1845.

29. — Arabie, par M. *Noel* Desvergers, avec une carte de l'Arabie et une note sur cette carte, par M. Jomard. 1 vol. 1847.

30. — Syrie ancienne et moderne, par M. J. Yanoski et par M. J. David. 1 vol. 1848.

31. — Tartarie, Beloutchistan, Boutan et Népal, par M. Dubeux et par M. V. Valmont. — Afghanistan, par M. X. Raymond. 1 vol. 1848.

32. — Chine ou description historique, géographique et littéraire de ce vaste empire, d'après des documents chinois. Première partie, comprenant un résumé de l'histoire et de la civilisation chinoises depuis les temps les plus anciens jusqu'à nos jours. Par M. G. Pauthier 1 vol. 1838.

33. — Chine moderne. Première partie, géographie, organisation politique et administrative de la Chine, langues, philosophie, par M. G. Pauthier. — Seconde partie, arts, littérature, mœurs, agriculture, histoire naturelle, industrie, etc. par M. Bazin. 1 vol. 1853.

34. — Japon, Indo-Chine, empire Birman (ou Ava), Siam, Annam (ou Cochinchine), Peninsule Malaise, etc. Ceylan, par M. Dubois de Jancigny. 1 vol. 1850.

35. — Chaldée, Assyrie, Médie, Babylonie, Mésopotamie, Phénicie, Palmyrène, par M. F. Hœfer. 1 vol. 1852.

AMÉRIQUE.

36. — Etats-Unis d'Amérique, par M. Roux de Rochelle. 1 vol. 1837.

37. — Histoire des Antilles et des colonies françaises, espagnoles, anglaises, danoises et suédoises. Saint-Domingue, Cuba et Porto-Rico, la Jamaïque, la Dominique, Antigua, la Trinité, la Grenade, Saint-Christophe, Tabago, Sainte-Lucie, Saint-Vincent, la Barbade, Saint-Thomas, Saint-Barthélemy, la Guadeloupe, la Martinique, Marie-Galande, la Désirade; par M. *Elias* REGNAULT. — Suite des Etats-Unis depuis 1812 jusqu'à nos jours; par MM. E. RÉGNAULT et J. LABAUME. — Possessions anglaises dans l'Amérique du Nord, Canada, nouveau Brunswick, nouvelle Ecosse, Acadie; par M. F. LACROIX. — Les Californies. L'Orégon, et les possessions russes en Amérique. Les Iles Noutká et de la Reine Charlotte; par M. F. DENYS. 1 vol. 1849.

38. — Mexique et Guatemala, par M. DE LARENAUDIÈRE. — Pérou, par M. LACROIX. 1 vol. 1847.

39. — Brésil, par M. F. DENIS. — Colombie et Guyanes, par M. C. FAMIN. 1 vol. 1837.

40. — Chili, Paraguay, Uruguay, Buenos-Ayres, par M. C. FAMIN. — Patagonie, Terre-du-Feu et Archipel des Malouïnes, par M. F. LACROIX. — Iles diverses des trois océans et régions circompolaires, par M. BORY DE SAINT-VINCENT et par M. F. LACROIX. 1 vol. 1840.

OCÉANIE.

41. — Océanie ou cinquième partie du monde. Revue géographique et ethnographique de la Malaisie, de la Micronésie, de la Polynésie et de la Mélanésie; offrant les résultats des voyages et des découvertes de l'auteur et de ses devanciers, ainsi que ses nouvelles classifications et divisions de ces contrées, par M. G. L. DOMENY DE RIENZI. 3 vol. 1836-1838.

** — Voyez aussi Mélanges tirés d'une grande bibliothèque, par PAULMY et CONTANT D'ORVILLE. Tom. XXXIII à LXVIII.

Traités particuliers relatifs à l'Histoire universelle.

653. — Orbis maritimi sive rerum in mari et littoribus gestarum generalis historia. Authore *Claudio Barth.* MORISOTO. **Divione 1643. P. Palliot. 1 vol. in-fol. Fig.**

654. — Histoire des conjurations, conspirations et révolutions célèbres, tant anciennes que modernes. Par M. DUPORT DU TERTRE (continuée par J. L. R. DÉSORMEAUX). **Paris 1754-1760. Duchesne. 10 vol. in-12.**

8.

655. — Abrégé de l'histoire des Empereurs qui ont régné en Europe depuis Jules-César jusqu'à Napoléon. 2.ᵉ édit., comprenant l'histoire des Empereurs Romains, Grecs et Allemands, et augmentée de celle des Empereurs Turcs et Russes. (Par M. D. F. Donnant).

Paris 1804. Pillot. 1 vol. in-12.

Éphémérides.

656. — Ephemerides ou journal chronologique et historique, contenant succinctement les choses plus remarquables qui sont advenuës de jour en jour, de mois en mois, et d'an en an, depuis le commencement des siècles, jusqu'à l'année 1661 de celuy-cy. Par le R. P. Dom *Pierre* de S. Romuald.

Paris 1662. Clousier. 2 vol. in-12.

657. — Galerie chronologique, ou mémorial historique, critique et littéraire, offrant, pour chaque jour de l'année, un ou plusieurs évènemens à date fixe, relatifs aux sciences, aux arts, aux mœurs et aux usages.

Paris 1810. Barba. 1 vol. in-12.

658. — Ephémérides politiques, littéraires et religieuses, présentant pour chacun des jours de l'année, un tableau des évènemens remarquables qui datent de ce même jour dans l'histoire de tous les siècles et de tous les pays, jusqu'au 1.ᵉʳ janvier 1812. (Par MM. Noel et Planche). 5.ᵉ édit.

Paris 1812. Le Normant. 6 vol. in-8°.

659. — Ephémérides universelles, ou tableau religieux, politique, littéraire, scientifique et anecdotique, présentant, pour chaque jour de l'année, un extrait des annales de toutes les nations et de tous les siècles, depuis les temps historiques jusqu'à nos jours. Par MM. A. V. Arnault, Aubert de Vitry, Boisseau, Bory de Saint-Vincent, P. de Chamrobert, Chatelain, A. et F. Descroizilles,

DULAURE, P. DUPORT, A. FÉE, GUIZOT, JOURDAN, KÉ-
RATRY, DE NORVINS, E. DE PLANARD, TENCÉ, L. THIESSÉ,
THORY, P. F. PARISOT et autres savans ou hommes de
lettres; mises en ordre et publiées par M. *Ed.* MONNAIS.

Paris 1828-1833. Corby. 13 vol. in-8°.

SECONDE DIVISION.

HISTOIRE ANCIENNE.

**Origine des nations, de la civilisation, des gou-
vernements.**

660. — Histoire véritable des tems fabuleux. Par M. GUÉRIN
DU ROCHER.

Paris 1776. P. Berton. 3 vol. in-8°.

661. — Histoire véritable des temps fabuleux, par l'*Abbé* GUÉRIN
DU ROCHER; accompagnée de l'Histoire véritable des
temps fabuleux, confirmée par les critiques qu'on en a
faites, par l'*Abbé* CHAPELLE, et de l'Hérodote historien
du peuple hébreu sans le savoir, par l'*Abbé* J. J. BONNAUD.

Paris 1824. Gauthier. 5 vol. in-8°.

662. — Réflexions critiques sur les histoires des anciens peuples,
Chaldéens, Hébreux, Phéniciens, Egyptiens, Grecs, etc.
jusqu'au tems de Cyrus. Par M. FOURMONT l'aîné.

Paris 1735. Musier. 2 vol. in-4°.

663. — Lettres sur l'origine des sciences, et sur celle des peuples
de l'Asie, adressées à M. de Voltaire par M. BAILLY, et
précédées de quelques lettres de M. DE VOLTAIRE à l'auteur.

Londres-Paris 1777. Debure. 1 vol. in-8°.

Lettres sur l'Atlantide de Platon et sur l'ancienne histoire
de l'Asie. Pour servir de suite aux Lettres sur l'origine
des sciences, adressées à M. de Voltaire. Par M. BAILLY.

Londres-Paris 1779. Debure. 1 vol. in-8°. Pl.

664. — Examen critique des observations sur l'Atlantide de Platon de M. Bailly, par M. l'*Abbé Crey....* (*Creyssent de la Moseille*). (Par l'*Abbé* BONNAUD).
    Lausanne-Paris 1779. Berton. 1 vol. in-8°.

** — L'Antiquité dévoilée, par BOULANGER.
                Voyez *OEuvres*. TOM. I-II.

** — Dissertation sur les origines fabuleuses des nations, par LEVESQUE DE BURIGNY.   *Mém. de l'Ac. des Insc. et Bel.-Let.* XXIX.

** — Mémoires sur les mœurs des siècles héroïques, par G. DE ROCHEFORT.
                Ibid. XXXVI.

665. — Analyse de l'histoire asiatique et de l'histoire grecque, par E. G. ARBANÈRE.
    Paris 1835. Imp. royale. 2 vol. in-8°.

666. — Histoire du commerce et de la navigation des anciens. Par M. HUET. 3.e édit.
    Paris 1727. A. V. Coustelier. 1 vol. in-8°.

667. — De la politique et du commerce des peuples de l'antiquité; par A. H. L. HEEREN. Traduit de l'allemand sur la 4.e et dernière édition, enrichie de cartes, de plans et de notes inédites de l'auteur, par W. SUCKAU.
    Paris 1830-1834. F. Didot Frères. 6 vol. in-8°.

Histoire ancienne générale ou de divers peuples.

668. — Fragmenta historicorum collecta ab *Antonio* AUGUSTINO, emendata à *Fulvio* URSINO.
    Antuerpiæ 1595. Off. Plantiniana. 1 vol. in-8°.

669. — Mellificium historicum, complectens historiam trium monarchiarum : Chaldaicæ sive Assyriacæ, Persicæ, Græcæ : imprimisque rerum omnium sub Persica monarchia à Græcis gestarum : et eorum, quæ mortem Alexandri Magni secuta sunt in regnis diversis, quæ sunt constituta à successoribus Alexandri M. Collecto flore et succo ex optimis et præstantissimis authoribus, HERODOTO, THUCYDIDE, XENOPHONTE, DIODORO *Siculo*, ARIANO, Q. CURTIO, JUSTINO, PLUTARCHO : in gymnasio scholæ Bre-

mensis, in explicatione Epitomes *Sleidani*, de summis orbis terrarum imperiis, propositum à *Christ.* Pezelio.
Marpurgi 1610. Egenolphus. 1 vol. in-4°.

** — Fragmenta historicorum græcorum collegit, disposuit, notis et prolegomenis illustravit, indicibus instruxit C. Müllerus.
Parisiis 1841-1851. F. Didot. 4 vol. in-8°.

Vide *Script. Græc. Bibl.*

670. — Berosi Sacerdotis Chaldaici, antiquitatum Italicæ ac totius orbis libri quinque, commentariis *Joannis* Annii *Viterbensis* illustrati, adiecto nunc primum indice locupletissimo, et reliquis eius argumenti authoribus. Ed. ult.
Antuerpiæ 1552. Steelsius. 1 vol. in 8°.

671. — ΔΙΟΔΩΡΟΥ τοῦ Σικελιώτου βιβλιοθήκης ἱστορικῆς βιβλία πέντε καί δέκα, ἐκ τῶν τεσσαράκοντα. — Diododi *Siculi* bibliothecæ historicæ libri XV, de XL. Quorum V priores Ægypti, Asiæ, Africæ, Græciæ, Insularum et Europæ, antiquitates continent. Reliqui X res à Persis, Græcis, Macedonibus, et cæteris orbis terrarum populis, ab expeditione Xerxis in Græciam, usque ad successorum Alexandri Magni in Phrygia prælium, et Antigoni cædem, gestas exponunt. His accesserunt Eclogæ seu fragmenta, ex libris quibusdam Auctoris, qui desiderantur. Omnia cum interpretatione latina. Cui adjecta chronologia duplex; Archontum Atticorum, et Magistratuum Rom. ad mundi, Olympiadum et urbis C annos succincta rerum quolibet anno gestarum indicatione, supputatorum. Index præterea tergeminus; et Phraseologia ex V libris mythologicis; ac notæ tandem in contextum græcum. Studio et labore *Laurentii* Rhodomani.
Hanoviæ 1604. Wechelius. 1 vol. in-fol.

** — ΔΙΩΛΟΡΟΥ τοῦ Σικελιώτου βιβλιοθήκης ἱστορικῆς τά λείψανα. — Diodori *Siculi* bibliothecæ historicæ quæ supersunt. Ex nova recentione *Ludovici* Dindorfii. Græce latine. Perditorum librorum excerpta et fragmenta ad integri operis seriem accommodare studuit, rerum indicem locupletiss. adjecit *Carolus* Müllerus.
Parisiis 1842-1844. F. Didot. 2 vol. in-8°.

Vide *Script. Græc. Bibl.*

672. — Diodori *Siculi* bibliothecæ historicæ, hoc est, rerum antiquarum, à Græcis, Romanis, Barbaris, præcipuèque Philippo et Alexandro Macedoniæ regibus gestarum libri XVII, summo studio partim longè emendatius quàm antea, partim nunc primùm in lucem editi. His adjecimus; Dictys *Cretensis*, et Daretis *Phrygii* de Troiano bello historiam, quo temporum ordo, ac series rerum, ut quæque sunt gestæ, conservaretur.

Basileæ 1548. Henr. Petri. 1 vol. in-fol.

673. — Histoire de Diodore *Sicilien*, traduite de grec en françois. Les premiers livres par M. *Robert* Macault. Et les autres sont traduits, par M. *Iacques* Amyot. Reveuë et enrichie de tables et annotations en marge, par M. *Loys* Le Roy, dit Regius.

Paris 1585. Mat. Guillemot. 1 vol. in-fol.

674. — Histoire universelle de Diodore de Sicile. Traduite en françois par M. *l'Abbé* Terrasson.

Paris 1737. De Bure. 4 vol. in-12.

675. — Bibliothèque historique de Diodore de Sicile, traduite du grec par A. F. Miot.

Paris 1834-38. Imp. royale. 7 vol. in-8°.

676. — Iustini ex *Trogo* Pompeio historia, diligentissime nunc quidem supra omneis omnium hactenus æditiones recognita, et ab innumeris mendis, vetusti exemplaris beneficio repurgata.

Basileæ 1539. Isingrinius. 1 vol. in-4°.

677. — Iustini ex *Trogi* Pompeii historiis externis libri XXXXIIII. His accessit ex *Sexto* Aurelio Victore de vita et moribus Romanorū Imperatorum Epitome. Omnia quam diligentissimè ex variorum exemplariorum collatione castigata.

Lugduni 1542. Apud S. Gryphium. 1 vol. in-8°.

678. — Iustini ex *Trogi* Pompeii historiis externis libri XXXXIIII. Item ex *Sex.* Aurelio Victore de vita et moribus Romanorum Imperatorum Epitome.

Lugduni 1551. Apud S. Gryphium. 1 vol. in-16.

679. — Iustini ex *Trogi* Pompeii historiis externis libri XXXXIIII.

Lugduni 1573. Apud A. Gryphium. 1 vol. in-8°.

On y trouve : S. Aurelii Victoris Epitome de vita et moribus imperatorum, à Cæsare Aug. usque ad Theodosium.— *Eliæ* Vineti in eam epitomem notæ et castigationes. — De vita et moribus reliquorum Imperatorum, usque ad Maximiliani II tempora compendium, ex variis, iisque probatissimis, authoribus collectum.

680. — Iustini historiarum ex *Trogo* Pompeio lib. XLIV. Cum notis.

Parisiis 1654. Apud S. Cramoisy. 1 vol. in-12.

681. — Iustini historiarum ex *Trogo* Pompeio libri XLIV. Ex recensione *Isaaci* Vossii.

Amstelodami 1658. Apud C. Thiboust. 1 vol. in-24.

682. — Justinus de historiis Philippicis, et totius mundi originibus, interpretatione et notis illustravit *Petrus Josephus* Cantel. Jussu christianissimi Regis, in usum serenissimi Delphini.

Parisiis 1677. Leonard. 1 vol. in-4.°.

683. — Justini historiarum ex *Trogo* Pompeio libri XLIV. Accuratissime editi.

Rotomagi 1713. Lallemand. 1 vol. in-16.

684. — Justini historiarum ex *Trogo* Pompeio libri XLIV. Cum prologis ab eruditissimo Abbate de Longuerue, emendatis. Edit. noviss.

Parisiis 1723. Barbou. 1 vol. in-16.

** — Justini historiarum Philippicarum ex *Trogo* Pompeio libri XLIV. Textum Wetzelianum, tabulas chronologicas, argumenta, prologos, notas, indices rerum, novis additamentis illustravit N. E. *Lemaire.*

Parisiis 1823. Didot. 1 vol. in-8°.

Vide *Lemaire. Bibl. class. lat.*

685. — Les histoires universelles de *Trogue* Pompee, abbregées par Justin historien. Translatées de latin en françois, par Messire *Claude* de Seyssel, evesque de Marseille. 1ʳᵉ edit.

Paris 1559. M. de Vascosan. 1 vol. in-fol.

686. — L'histoire universelle de *Trogue* Pompée réduite en abregé par Justin. Et traduitte en françois par le Sieur de Collomby-Cauvigny.

Paris 1616. Du Bray. 1 vol. in-8°.

687. — Même ouvrage. Nouv. édit.

Lyon 1690. De Ville. 1 vol. in-12.

** — Histoire universelle de Justin, extraite de *Trogue* Pompée, traduction nouvelle par *Jules* Pierrot et par E. Boitard.

Paris 1827-1829. Panckoucke. 2 vol. in-8°.

** — Le mémorial de *Lucius* Ampelius, traduction nouvelle par M. *Victor*
Verger.

Paris 1842. Panckoucke. 1 vol. in-8°.

Voyez *Bibl. lat. franç.*

688. — *Pauli* Orosii viri sane eruditi, historiarum liber, è te-
nebrarum faucibus in lucem æditus, una cum indicibus
tersissimis huic volumini, haud infrugaliter adjectis.

Parisiis 1524. Jeh. Petit. 1 vol. in-fol.

689. — *Pauli* Orosii *Presbyteri Hispani* adversus Paganos historiarum libri septem, vetustorum librorum auxilio à
mendis vindicati, et annotationibus ex utriusque linguæ
historicis illustrati, opera et studio *Franc.* Fabricii *Mar-
codurani.* Quibus nunc accessit ejusdem Orosii Apologeticus contra Pelagium, de arbitrij libertate.

Coloniæ 1582. Maternus Cholinus. 1 vol. in-8°.

690. — Annales ecclesiastici veteris testamenti. Quibus connexi
sunt annales imperii Assyriorum, Babyloniorum, Persarum, Græcorum, atque Romanorum, Autore *Jacobo*
Saliano *Avenionensi.*

Colon.-Agripp. 1620-1624. A. Hieratus. 6 v. en 3. in-fol.

691. — Annales ecclesiastici veteris testamenti. In quibus res gestæ
ab orbe condito ad Christi domini nativitatem, et mortem, per annos ferè singulos digeruntur, et explicantur.
Quibus connexi sunt Annales imperii Assyriorum, Babyloniorum, Persarum, Græcorum, atque Romanorum.
Quantum ex sacris, profanisque scriptoribus agnosci, atque ordinari potuerunt. Auctore *Jacobo* Saliano. Editio
tertia: utraque aliquanto auctior.

Lutetiæ-Paris. 1620-25. Apud Seb. Cramoisy. 6 v. in-fol.

692. — Annalium ecclesiasticorum veteris testamenti epitome, ab
ipsomet eorum auctore *Jacobo* Saliano fideliter accura-
tèque confecta. In qua, sicut et in ipsis annalibus, res
sacræ prophanæque quintuplicis imperii, ab orbe condito

ad Christi nativitatem, et receptum in cœlum, per annos ferè singulos digeruntur, et explicantur.

Rothomagi. 1655. Sump. J. et D. Berthelin. 1 vol. in-fol.

693. — Enchiridium chronologicum sacræ et prophanæ historiæ, à mundo condito ad Christi domini ascensionem; id est, Annalium, ipsiusque Epitomes medulla, ex annalibus P. *Jacobi* SALIANI, ab ipsomet autore deprompta. In memoriæ eruditorum subsidium, et Tyronum Chronologiæ primariam confirmationem.

Parisiis 1636. Soly. 1 vol. in-12.

694. — Annales sacri et profani, ab orbe condito, ad eundem Christi passione redemptum, cum sacrosanctæ scripturæ et ethnicorum collatis inter se ad veritatem temporibus vere ordinateque dispositi. Auctore *Augustino* TORNIELLO, *Novariensi*. Opus eximium illustr. cardinalis *Baronii* Annalibus prævium et connexum, intricatissimas tam veterum quam recentium Auctorum quæstiones dissolvens, nunc primum editum. Cum figuris æneis.

Francofurti 1611. Apud Schon Vetterum. 1 v. in-fol.

695. — Annales sacri, et ex profanis præcipui, ab orbe condito ad eumdem Christi passione redemptum: auctore *Augustino* TORNIELLO: ab eodem quarta hac editione recogniti, et sexcentis locis aucti et locupletati.

Antuerpiæ 1620. Off. Plantiniana. 2 vol. in-fol.

696. — *Ioan.* SLEIDANI de quatuor summis imperiis libri tres.

Lugd.-Bat. 1624. Off. Elzeviriana. 1 vol. in-16.

697. — *Iohannis* SLEIDANI de quatuor summis imperiis, Babylonico, Persico, Græco, et Romano. Libri III.

Hagæ-Comitis 1631. 1 vol. in-24.

698. — Idem opus.

Amsterodami 1656. Janssonius. 1 vol. in-24.

** — Trois livres des quatre empires souverains, assavoir, de Babylone, Perse, Grece, Rome. Par *Jean* SLEIDAN. (Traduit par *Robert* LE PRÉVOST).

Strasbourg 1658. 1 vol. in-8°.

A la suite de l'Histoire de l'Estat de la Religion etc. Hist. d'Allemagne.

699. — *Jo. Henrici* Boecleri historia universalis, à mundo condito usque ad Christi nativitatem. Præmittitur ejusdem historia principum schola, itemque dissertatio de utilitate ex historia universali capienda.

Argentorati 1680. Schmuck. 1 vol. in-12.

700. — Tresor chronologique et historique, contenant ce qui s'est passé, de plus remarquable et curieux dans l'Estat tant sacré que prophane, depuis le commencement du monde, jusques à la naissance de Jesus-Christ. Le tout divisé en cinq aages. Par le P. Dom *Pierre* de S. Romuald.

Paris 1642. De Sommaville. 1 vol. in-fol.

701. — Idée générale de l'histoire universelle. Contenant tout ce qui s'est passé depuis la création du monde, jusques à la prise de Troïe, arrivée l'an du monde deux mille huit cents vint. Par M. A. D. C. (*Charles* de Besançon).

Paris 1700. P. Emery. 1 vol. in-12.

702. — Abrégé de l'histoire Romaine et Greque, en partie traduit de Velleius Paterculus; et en partie tiré des meilleurs Auteurs de l'antiquité, pour suppléer ce qui s'est perdu de cet Auteur. Accompagné d'une Chronologie accommodée au sujet. Par M. Doujat.

Paris 1708. Musier. 2 vol. in-12.

703. — Abregé de l'histoire ancienne, ou des cinq grands Empires, qui ont précédé la naissance de J. C. Sçavoir: I. Celui des Babyloniens et des Assyriens. II. Celui des Chaldéens. III. Celui des Mèdes et des Perses. IV. Celui des Grecs. V. Celui des Romains. Par le P. Duchesne.

Paris 1743. Chaubert. 1 vol. in-12. Cart.

704. — Histoire ancienne des Egyptiens, des Carthaginois, des Assyriens, des Babyloniens, des Mèdes et des Perses, des Macédoniens, des Grecs. Par M. Rollin.

Paris 1730-1738. J. et V.e Estienne. 14 vol. in-12. Cart.

705. — Même ouvrage.

Paris 1740. V.e Estienne. 6 vol. in-4°. Cart. et Port.

706. — OEuvres complètes de Rollin. Nouvelle édition, accompagnée de notes et d'éclaircissements historiques, par M. Bousson de Mairet. Histoire ancienne.

Lons-le-Saulnier 1826. Escalle et Ce 16 vol. in-12.

707. — Précis de l'histoire ancienne, d'après *Rollin*; contenant l'histoire des Egyptiens, des Carthaginois, des Assyriens, des Mèdes, des Mèdes et Perses, des Perses, des Grecs, etc. jusqu'à la bataille d'Actium. Par *Jacques Corentin* Royou. 2.e édit.

Paris 1811. Volland. 4 vol. in-8°.

708. — Histoire des Empires et des Républiques, depuis le déluge jusqu'à Jésus-Christ. Où l'on voit dans celle d'Egipte et d'Asie la liaison de l'histoire sainte avec la profane; et dans celle de la Grèce, le raport de la Fable avec l'Histoire. (Par M. l'*Abbé* Guyon).

Paris 1733-1741. Simart. 12 vol. in-12.

709. — Histoire du monde sacrée et profane. Depuis la création du monde jusqu'à la destruction de l'empire des Assyriens à la mort de Sardanapale, et jusqu'à la décadence des royaumes de Juda et d'Israël sous les règnes d'Achaz et de Pekach, pour servir d'introduction à l'Histoire des Juifs, du docteur *Prideaux*. Par M. *Samuel* Shuckford. Traduit de l'anglois par J. P. Bernard, (J. G. de Chauffepié et F. V. Toussaint).

Leyde 1738. J. et H. Verbeek. 3 vol. in-12. Cart.

Le premier volume seul a été traduit par Bernard, le 2.e l'a été par Chauffepié; le 3.e imprimé à Paris, chez G. Cavelier en 1752, est de la traduction de Toussaint.

710. — Histoire universelle, imitée de l'anglois, par M. Turpin.

Paris 1772. Bleuet. 4 vol. in-12.

711. — Les leçons de l'histoire, ou lettres d'un père à son fils, sur les faits intéressans de l'histoire universelle. Par M. (l'*Abbé* Gérard).

Paris 1786. Moutard. 2 vol. in-12.

** — Observations générales sur l'histoire ancienne, par Fréret.

Voyez *OEuvres*. Tom. i à v.

** — Histoire ancienne, par Condillac.

Voyez *OEuvres*. Tom. ix à xiv.

** — Recherches nouvelles sur l'histoire ancienne, par Volney.

Voyez *OEuvres*. Tom. v à vi.

712. — Abrégé de l'histoire ancienne, en particulier de l'histoire grecque, suivi d'un Abrégé de la Fable, à l'usage des élèves de l'ancienne école militaire. (Par l'*Abbé* Batteux).

Paris 1829. Lecointe. 1 vol. in-12.

713. — Histoire ancienne des Egyptiens, des Babyloniens, des Assyriens, des Mèdes, des Perses, des Grecs, des Carthaginois, à l'usage de la jeunesse, avec Cartes. Par A. M. D. G.*** (Le P. J. N. Loriquet). 2.ᵉ édit. rev. et aug.

Lyon 1816. Rusand. 1 vol. in-16.

714. — Histoire universelle de l'antiquité, par F. C. Schlosser. Traduit de l'allemand par M. P. A. de Golbéry.

Paris 1828. Levrault. 3 vol. in-8°.

715. — Manuel de l'histoire ancienne considérée sous le rapport des constitutions, du commerce, et des colonies des divers états de l'antiquité. Traduit de l'allemand de A. H. L. Heeren. Par *Al.* Thurot. 2.ᵉ édit.

Paris 1827. F. Didot père et fils. 1 vol. in-8°.

HISTOIRES PARTICULIÈRES.

Histoire des Juifs.

716. — Φλαβίου ΙΩΣΗΠΟΥ Ἰουδαϊκῆς ἀρχαιολογίας λόγοι κ' — Ἰουδαϊκῆς ἁλώσεως λόγοι ζ' — Περὶ ἀρχαιότητος Ἰουδαίων κατὰ Ἀπίωνος λόγοι β' — Εἰς τοὺς Μακκαβαίους λόγος, ἢ περὶ αὐτοκράτορος λογισμοῦ. — *Flavii* Josephi opera (græcè ex recensione *Arnoldi Arlenii*).

Basileæ 1544. Froben. 1 vol. in-fol.

717. — Φλαβίου ΙΩΣΗΠΟΥ Ἰεροσολυμίτου ἱερέως τὰ εὑρισκόμενα. — *Flavii* Josephi Hierosolymitani sacerdotis opera quæ ex-

stant, nempe: Antiquitatum Judaicarum libri XX, *Sigismondo* Gelenio interprete.—De Bello Judaico libri VII (interprete ut vulgò creditum est, Rufino Aquileiensi).— Adversus Apionem libri II, ex interpretatione Rufini à Gelenio emendata. — De Machabæis, seu de imperio rationis liber I, cum paraphrasi Erasmi *Rot.*

Aureliæ Allobrog. 1611. P. de la Rouvière. 1 vol. in-fol.

718. — Idem opus.

Aureliæ Allobrog. 1634. Crispinus. 1 vol. in-fol.

** — Φλαϐίου ΙΩΣΗΠΟΥ τά ευρισκόμενα. — *Flavii* Josephi opera.— Græce et latine recognovit *Guillelmus* Dindorfius.

Parisiis 1845. F. Didot. 1 vol. in-8°.

Vide *Bibl. græc. lat.*

719. — Ruffini *Aquilensis* traductio in Josephum historiographū clarissimum de Bello Judaico libri VII.—Contra Appionem grammaticum. — Antiquitatis Judaice libri XX.

Venetiis 1481. Raynaldus de Novimagio. 1 vol. in-fol.

Les initiales sont peintes et manuscrites. Il manque deux feuillets contenant les chapitres V à XII des antiquités judaïques.

720. — *Flavii* Josephi antiquitatum judaicarum libri XX, ad vetera exemplaria diligenter recogniti. — De Bello Judaico libri VII, ex collatione græcorum codicum castigatiores quàm unquam ante redditi.—Contra Appionem libri II, pro corruptiss. antea iam ex græco itidem non solum emendati, sed etiam suppleti. — De imperio rationis sive de Machabæis liber unus à *Des.* Erasmo *Rot.* recognitus. (Ex translatione *Sigismundi* Gelenii).

Lutetiæ 1535. Apud J. Macæum. 1 vol. in-fol.

721. — Idem opus.

Basileæ 1540. Off. Frobeniana. 1 vol. in-fol.

722. — *Flavii* Josephi antiquitatum judaicarum libri XX. Adjecta in fine appendicis loco Vita Josephi per ipsum conscripta, à *Sigismundo* Gelenio conversi.— De Bello Judaico libri VII ex collatione græcorum codicum per *Sig.* Galenium castigati. —Contra Apionem libri II pro corruptissimis antea, iam ex græco itidem non solùm emendati, sed etiam suppleti, opera eiusdem GELENII.—De imperio rationis, sive de Machabæis liber unus, à *Des*. ERASMO recognitus.

Basileæ 1559. Froben. 1 vol. in-fol.

723. — *Flavii* JOSEPHI operum tomi tres. *Sig.* GELENIO interprete.

Lugduni 1557. Vincentius. 3 vol. in-18.

724. — Le grant almageste du tres noble et tres illustre historiographe JOSEPHE *Flavie* duc des Juifz, et grāt zelateur de la loy Mosaicque: et de grace cōtenāt les Annales et antiquitez iudaicques cōmēcāt depuis la creatiō du mōde iusques a la derniere destruction de Hierusalem : faicte par Vaspasien et Tytus son filz Empereurs Rommains: l'an de nostre Seigneur Jesuchrist LXXI. Et de la creation du monde cinq mille cent septante.

Paris 1533. De Barra. 1 vol. in-4°. Fig.

725. — Histoire de *Fl*. JOSEPHE, sacrificateur hebreu, mise en françois. Reveue sur le grec, et illustrée de chronologie, figures, annotations et tables, tant des chapitres que des principales matières. Par D. *Gilb*. GENEBRARD.

Paris 1639. Mat. Henault. 2 en 1 vol. in-fol. Fig.

726. — Même ouvrage. Dernière édition.

Paris 1663. Morand. 2 en 1 vol. in-fol. Fig.

727. — Histoire des Juifs, écrite par *Flavius* JOSEPH, sous le titre d'*Antiquitez judaïques*, traduite sur l'original grec reveu sur divers Manuscrits, par M. ARNAULD D'ANDILLY.

Bruxelles 1676. Fricx. 5 vol. in-12.

728. — Même ouvrage. Nouvelle édition.

Amsterdam 1681. V.° Schippers et Wetstein. 1 v. in-fol.

729. — Nouvelle traduction de l'historien JOSEPH, faite sur le grec : avec des notes critiques et historiques pour en corriger le texte dans les endroits où il paroit altéré ; l'expliquer dans ceux où il est obscur ; etc. Par le R.P. GILLET.

Paris 1756. Hérissant. 4 vol. in-4°.

** — OEuvres complètes de *Flavius* Jóseph, avec une notice biographique
par J. A. C. Buchon.
Paris 1836. Desrez. 1 vol. in-8°.
Voyez *Panthéon littéraire.*
Cette traduction est d'*Arnauld* d'Andilly.

750. — Giosefo *Flavio* historico, delle antichita et guerre giu-
daiche. Nuovamente racolte tutte insieme, et da molti er-
rori emendate, et con molta diligenza stampate. (Per
Francesco Baldelli).
Venetia 1574. Vidali. 1 vol. in-4°.

751. — Josippus de bello Judaico. Deinde decem Judæorum cap-
tivitates et Decalogus cum eleganti commentariolo Rabbi
Aben Esra. Hisce accesserunt collectanea aliquot, quæ
Sebastianus Lepusculus *Basiliensis* colligebat. Omnia he-
braico latina. (*Sebastiano* Munstero interprete).
Basileæ 1559. 1 vol. in-8°.

752. — Hegesippi historiographi inter Christianos antiquissimi et
verissimi Historia de bello Judaico, scæptri sublatione,
Judeorum dispersione, et Hierosolymitano excidio a divo
Ambrosio Mediolanensi antitiste e græca latina facta.
Cum eiusdem Anacephaleosi, et tabellis cōgruētiarū cū
Josephi libris.
Parisiis 1524. Badius Ascensius. 1 vol. in-fol.

753. — Hegesippi scriptoris gravissimi de bello Judaico, et urbis
Hierosolymitanæ excidio, libri quinque. — Accesserunt
annotationes per *Cornelium* Gualtherum *Gandavensem.*
Coloniæ 1559. Apud M. Cholinum. 1 vol. in-8°.

754. — Chronologia Hebræorum major, quæ Seder Olam Rabba
inscribitur. Interprete *Gilb.* Genebrardo.
Parisiis 1578. Martinus juv. 1 vol. in-8°.
** — Chronologia Hebraeorum maior, quæ Seder Olam Rabba inscribitur,
et minor quæ Seder Olam Zuta, de mundi origine et temporibus ab
orbe condito usque ad annum Dom. 1112, cum aliis opusculis ad
res synagogæ pertinentibus. Interprete *Gil.* Genebrardo.
Voyez n.°° 603-604-605.

755. — Histoire des Juifs et des peuples voisins. Depuis la décadence des Royaumes d'Israël et de Juda jusqu'à la mort

9.

de Jésus-Christ. Par M. Prideaux, traduite de l'anglois (par Brutel de la Rivière et *Moyse* du Soul, avec des dissertations du P. Tournemine).

Amsterdam 1722. H. du Sauzet. 5 vol. in-12. Fig.

736. — La monarchie des Hébreux. Par Son Excellence le Marquis de Saint-Philippe. Traduit de l'espagnol. (Par A. de Labarre de Beaumarchais).

La Haye 1727. Alberts. 4 vol. in-12.

737. — Histoire du peuple de Dieu, depuis son origine jusqu'à la naissance du Messie, tirée des seuls livres saints, ou le texte sacré des livres de l'ancien testament, réduit en un corps d'histoire. Par le P. *Isaac-Joseph* Berruyer.

Paris 1728. Knapen. 7 vol. in-4°.

738. — Même ouvrage. Nouv. édit.

Paris 1738. Bordelet. 10 vol. in-12.

739. — Même ouvrage. Nouv. édit.

Paris 1753. Bordelet. 10 vol. in-12.

740. — Histoire du peuple de Dieu, depuis la naissance du Messie, jusqu'à la fin de la Synagogue, tirée des seuls livres saints, ou le texte sacré des livres du nouveau testament, réduit en un corps d'histoire. Par le P. *Isaac-Joseph* Berruyer.

La Haye 1755. Néaulme. 4 vol. in-4°.

On a joint au premier volume le Bref de N. S. P. le Pape Benoist XIV, portant condamnation et prohibition de cet ouvrage.

741. — Même ouvrage. Histoire du peuple de Dieu. 2.ᵉ partie.

La Haye 1753. Néaulme. 8 vol. in-12.

742. — Histoire du peuple de Dieu, troisième partie; ou paraphrase littérale des Epitres des Apôtres, d'après le Commentaire latin du P. *Hardouin*, imprimé à Amsterdam, à la suite de son Commentaire sur les Evangiles et les Actes, en 1741. Par le P. I. J. Berruyer.

Amsterdam 1758. Néaulme. 5 vol. in-12.

743. — Défense de la seconde partie de l'histoire du peuple de Dieu, du P. *Berruyer*, jésuite; contre les calomnies d'un libelle intitulé: *Projet d'instruction pastorale* (par l'*Abbé Duhamel*), *adressée aux théologiens catholiques*. Nouv. édit. augm. d'une réponse au libelle intitulé: *Remarques théologiques et critiques sur l'histoire du peuple de Dieu, depuis la naissance du Messie* (de l'*Abbé Montignot*). (Par le P. I. J. Berruyer).

Avignon 1755. 1 vol. in-12.

744. — Abrégé chronologique de l'histoire des Juifs, jusqu'à la ruine de Jérusalem par Tite sous Vespasien. Avec des discours entre chaque époque. (Par Fr. N. Charbuy).

Paris 1759. Chaubert. 1 vol. in-8°.

745. — Résumé de l'histoire des Juifs anciens. Par M. L. Halevy.

Paris 1825. Lecointe et Durey. 1 vol. in-18.

746. — Histoire des Juifs, par M. le Comte De Ségur.

Paris 1827. Eymery. 1 vol. in-18. Cart.

747. — Histoire des Juifs, depuis Jésus-Christ jusqu'à présent. Contenant les dogmes des Juifs; leur confession de foi; leurs variations, et l'histoire de leur religion, depuis la ruine du Temple. Pour servir de continuation à l'histoire de Joseph. (Par Basnage de Beauval, rev. par L. E. Dupin).

Paris 1710. Roulland. 7 vol. in-12.

748. — Synagoga Judaica, hoc est, schola Judæorum, in qua nativitas, institutio, religio, vita, mors, sepulturaque ipsorum è libris eorundem à M. *Joanne* Buxdorfio graphice descripta est. Addita est mox per eundem Judæi cum Christiano disputatio de Messia nostro. Quæ utraque Germanica nunc latinè reddita sunt opera et studio M. *Hermanni* Germbergii. Accessit *Lud.* Carreti epistola de conversione ejus ad Christum, per eundem ex hebræo latinè conversa.

Hanoviæ 1614. Hæredes G. Antonii. 1 vol. in-12.

749. — *Caroli* Sigonii de republica Hebræorum libri VII.

Francofurti 1583. Hæredes A. Wecheli. 1 vol. in-8°.

750. — Idem opus.

Hanoviæ 1608. Typis Wechelianis. 1 vol. in-8°.

751. — *Petri* Cunei de republica Hebræorum libri III.
    Lugd.-Bat. 1617. Apud L. Elzevirium. 1 vol. in-8°.

752. — De republica Hebræorum libri octo. Auctore R. P. *Joan. Stephano* Menochio.
    Parisiis 1648. A. Bertier. 1 vol. in-fol.

753. — De politia judaica, tam civili quàm ecclesiastica, iã inde à suis primordiis, hoc est, ab orbe condito, repetita. Authore *Bonaventura Cornelio* Bertramo.
    (Parisiis) 1574. E. Vignon. 1 vol. in-8°.

754. — *Bonaventura Cornelius* Bertramus de republica ebræorum, recensitus commentarioque illustratus opera *Constant.* L'Empereur ab Oppijck.
    Lugd.-Bat. 1641. Joan. Maire. 1 vol. in-24.

755. — Antiquitez judaiques, ou remarques critiques sur la république des Hébreux (de P. Cuneus). Par M. Basnage.
    Amsterdam 1713. Chatelain. 2 vol. in-8°. Fig.

756. — Réflexions sur l'histoire des Juifs. I. Sur la ruine de leur république et sur le Messie. II. Sur l'incrédulité de ce peuple. III. Sur les incrédules en général. Pour servir de preuves à la vérité de la religion chrétienne. Avec un abrégé préliminaire de l'histoire des Juifs, depuis qu'ils tombèrent sous la domination des Romains, jusqu'à la ruine entière de leur République. Et une description abrégée de leur schisme, et de leurs sectes. Pour servir d'éclaircissemens à ces Réflexions. (Par *Jacq.* Plantier).
    Genéve 1721. Fabri et Barillot. 2 vol. in-12.

757. — Histoire des institutions de Moïse, et du peuple Hébreu. Par J. Salvador.
    Paris 1828. Ponthieu. 3 vol. in-8°.

758. — Jésus devant Caïphe et Pilate. Réfutation du chapitre de M. Salvador, intitulé : *Jugement et condamnation de Jésus*, par M. Dupin. 2.ᵉ édit.
    Paris 1840. Garnot. 1 vol. in-18.

** — Histoire de Samuel, par M. Volney. — Voyez *OEuvres.* Tom. vii.

759. — Les mœurs des Israélites. Par M. l'*Abbé* Fleury.
    Paris 1732. Emery. 1 vol. in-12.

760. — Les mœurs des Israélites et des Chrétiens. Par M. l'*Abbé* Fleury.

> **Paris 1720. Mariette. 1 vol. in-12.**

761. — Même ouvrage. Nouvelle édition.

> **Paris 1766. Hérissant. 1 vol. in-12.**

762. — Essais historiques et critiques sur les Juifs anciens et modernes : ou supplément aux mœurs des Israélites de M. l'*Abbé Fleury*. Ouvrage tiré des meilleurs commentateurs protestants, et accommodé à l'usage des catholiques.

> **Lyon 1771. Barret. 2 vol. in-12.**

** — Sur les erreurs historiques des écrivains profanes au sujet des Juifs, par l'Evesque de Burigny.   *Mém. de l'Acad. des Insc.* XXIX.

Histoire des Egyptiens.

763. — L'Egypte ancienne, ou mémoires historiques et critiques sur les objets les plus importans de l'histoire du grand empire des Egyptiens. Par M. d'Origny.

> **Paris 1762. Vincent. 2 vol. in-12.**

764. — Chronologie des rois du grand empire des Egyptiens, depuis l'époque de sa fondation par Ménès, jusqu'à celle de sa ruine par la conquête de Cambyse, fils de Cyrus. Par M. d'Origny.

> **Paris 1765. Vincent. 2 vol. in-12.**

765. — L'Egypte sous les Pharaons, ou recherches sur la géographie, la religion, la langue, les écritures et l'histoire de l'Egypte avant l'invasion de Cambyse ; par M. Champollion *le jeune*.

> **Paris 1814. Debure. 2 vol. in-8°.**

766. — Recherches pour servir à l'histoire de l'Egypte pendant la domination des Grecs et des Romains, tirées des inscriptions grecques et latines relatives à la chronologie, à l'état des arts, aux usages civils et religieux de ce pays ; par M. Letronne.

> **Paris 1823. Boulland Tardieu. 1 vol. in-8°.**

767. — Histoire du commerce et de la navigation des Egyptiens, sous le règne des Ptolemées; par M. AMEILHON.

Paris 1756. Saillant. 1 vol. in-8°.

** — Egypte ancienne, par M. CHAMPOLLION-FIGEAC.

Paris 1839. F. Didot. 1 vol. in-8°.

Voyez l'*Univers*, n.° 652-19.

Consultez pour l'Egypte ancienne, dans les Mémoires de l'Acad. des Inscr. et Bell.-Lett., les travaux de BANIER, t. III.—BARTHÉLEMY, t. XXXII. — BELLEY, t. XXVIII. — BOIVIN, t. III. — BONAMY, t. IX. — D'ANVILLE, t. XXVI. — DE GUIGNES, t. XL. — DUPUY, t. XXXI. — FRÉRET, t. XVI.—GIBERT, t. XIX, XXVIII, XLII. — LA NAUZE, t. XXVI, XXIX, XXXVI. — MONTFAUCON, t. VI.

Histoire des Perses et de quelques peuples anciens de l'Asie.

768. —XENOPHONTIS de Cyri minoris expeditione libri VII. *Romulus* AMASAEUS vertit.

Bononiæ 1533. J. Bap. Phaellus 1 vol. in-fol. N.° 672.

769. — La Cyropedie de XÉNOPHON, de la vie et institucion de Cyrus Roy des Perses. Traduite de grec par *Jaques* DES COMTES DE VINTEMILLE *Rhodien.*

Lyon 1555. Jan de Tournes. 1 vol. in-4°.

770. — La Cyropædie, ou l'histoire de Cyrus; traduite du grec de XENOPHON, par M. CHARPENTIER.

La Haye 1717. P. et I. Vaillant. 2 vol. in-12.

Voyez sur cet ouvrage, dans les Mémoires de l'Acad. des Insc., les dissertations de FRAGUIER, t. II. — LARCHER, t. XLVI. — SAINTE-CROIX, ibid. — FRÉRET, t. IV-VI.

Voyez aussi sur l'Histoire des Perses, dans le même recueil, les travaux de ANQUETIL DU PERRON, t. XL, XLV, L. — FRÉRET, t. XVI, XIX. — GÉDOYN, t. XIV. — FOURMONT, t. III. — GIBERT, t. XXIII, XXXI.

771. — Fragments d'une histoire des Arsacides, ouvrage posthume de M. J. SAINT-MARTIN (publié par M. F. *Lajard*).

Paris 1850. Imprimerie nationale. 2 vol. in-8°.

772. — Recherches sur l'histoire et la géographie de la Mésène et de la Characène, par M. J. SAINT-MARTIN , ouvrage posthume (publié par M. *Félix Lajard*).

Paris 1838. Imp. Royale. 1 vol. in-8°.

773. — Traité historique sur les Amazones ; où l'on trouve tout ce que les auteurs , tant anciens que modernes, ont écrit pour ou contre ces Heroïnes ; et où l'on apporte quantité de médailles et d'autres monuments anciens, pour prouver qu'elles ont existé. Par *Pierre* PETIT.
Leide 1718. Langerak. 1 vol. in-12. Fig.

774. — Histoire des Amazones anciennes et modernes , enrichie de médailles , par M. l'*Abbé* GUYON.
Paris 1740. J. Villette. 2 vol. in-12. Fig.

** — Observations sur l'histoire des Amazones, par FRÉRET.
Mém. de l'Ac. des Insc. XXI.

** — DARETIS *Phrygii* de bello trajano. — Voyez *Belles-Lettres* n.° 1541.

Histoire des Grecs.

a. — *Historiens anciens.*

775. — ΠΑΥΣΑΝΙΟΥ τῆς Ελλάδος περιήγησις. — Hoc est, PAUSANIÆ accurata Græciæ descriptio, qua lector ceu manu per eam regionem circumducitur : à *Guilielmo* XYLANDRO Augustano diligenter recognita, et ab innumeris mendis repurgata. Accesserunt annotationes quæ, à G. XYLANDRO paulo ante obitum inchoatæ, nunc vero à *Frid.* SYLB. continuatæ, magnaque accessione locupletatæ, non exiguam ad genuinam Pausaniæ lectionem momentum afferunt. Addita etiam doctissima *Romuli* AMASÆI versio.
Hanoviæ 1513. Typis Wechelianis. 1 vol. in-fol.

776. — Idem opus.
Francofurti 1583. Hæred. A. Wecheli. 1 vol. in-fol.

777. — PAUSANIÆ veteris Græciæ descriptio. *Romulus* AMASEUS vertit. Accessit rerum in hisce libris memorabilium locupletissimus index.
Florentiæ 1551. Torrentinus. 1 vol. in-fol.

** — ΠΑΥΣΑΝΙΟΥ Ελλάδος περιήγησις. — PAUSANIÆ descriptio Græciæ. Recognovit et præfatus est *Ludovicus* DINDORFIUS. Græcè et latinè.
Parisiis 1845. Fir. Didot. 1 vol. in-8°.
Vide *Script. Græc. Bibl.*

778. — Pausanias, ou voyage historique de la Grèce, traduit en françois, avec des remarques. Par M. l'*Abbé* Gedoyn.
Amsterdam 1733. La Compagnie. 4 vol. in-12.

779. — ΓΕΩΡΓΙΟΥ ΓΕΜΙΣΤΟΥ *τοῦ καὶ* ΠΛΗΘΩΝΟΣ, *ἐκ τῶν Διοδώρου, καὶ Πλουτάρχου, περὶ τὴν μετὰ τὴν ἐν Μαντινείᾳ μάχην, ἐν κεφαλαίοις διάληψις.* — ΗΡΟΔΙΑΝΟΥ *τῆς μετὰ Μάρκον Βασιλείας ἱστοριῶν βιβλία ὀκτά.* — *Σχόλια παλαιὰ καὶ ξυνοπτικὰ ἐς ὅλον τον Θουκιδίδην, ὧν χωρὶς οὐκ εὐξύνετος ὁ ξυγγραφεύς.* — Georgii Gemisti, qui et Pletho dicitur, ex *Diodori*, et *Plutarchi* historiis de iis, quæ post pugnam ad Mantineam gesta sunt, per capita tractatio. Herodiani à Marci principatu historiarum libri octo, quos *Angelus* Politianus elegantissime latinos fecit. Et narratiunculæ antiquæ, et perbreves in totum Thucydidem, sine quibus autor intellectu est quam difficillimus.
Venetiis 1503. Aldus. 1 vol. in-fol.

** — Choix des historiens grecs avec notices biographiques par J. A. C. Buchon. — Hérodote: Histoire; Vie d'Homère. — Ctésias: Histoire des Perses; Histoire de l'Inde. — Arrien: Expédition d'Alexandre. — Suivis de l'Essai sur la chronologie d'Hérodote et du cours chronologique de Larcher. — Avec une carte des expéditions d'Alexandre, servant à l'éclaircissement de la géographie de l'Asie.
Paris 1837. Desrez. 1 vol. in-8°.
Voyez Panthéon littéraire.
Les traductions sont celles de Larcher pour *Hérodote* et *Ctésias*, et de Chaussard pour *Arrien*.

780. — ΗΡΟΔΟΤΟΥ *Ἁλικαρνάσσης ἱστοριῶν λόγοι θ, ἐπιγραφόμενοι Μοῦσαι. Τοῦ αὐτοῦ ἐξήγησις περὶ τῆς Ὁμήρου βιοτῆς.* — Herodoti *Halicarnassei* historiarum libri IX. ix Musarum nominibus inscripti. Ejusdem narratio de vita Homeri. Cum Vallæ interp. latina historiarum Herodoti, ab *Henr.* Stephano recognita; et spicilegio *Frid.* Sylburgii. Item cum iconibus structurarum Babylonicarum ab Herodoto descriptarum. Excerpta è Ctesiæ libris de rebus Persicis et Indicis, et ex iisdem fragmenta auctiora. Editio adornata opera et studio *Gothofredi* Iungermani.
Genevæ 1618. Oliva P. Stephani. 1 vol. in-fol.

781. — HPOΔOTOY *τοῦ Ἀλικαρνασσέως ἱστορία ἡ, ἱστοριῶν λόγοι θ, ἐπιγραφόμενοι Μοῦσαι.* — HERODOTI *Halicarnassei* historia, sive, historiarum libri IX, qui inscribuntur Musæ, ex vetustis exemplaribus recogniti. CTESIÆ quædam.

> **Parisiis 1570. H. Stephanus.**
>
> A la suite :

HERODOTI *Halicarnassei* historiæ lib. IX, et de vita Homeri libellus. Illi ex interpretatione *Laur.* VALLÆ adscripta, hic ex interpret. *Conradi* HERESBACHII : utraque ab *Henr.* STEPHANO recognita. — Ex CTESIA excerptæ historiæ. Icones quarundā memorabiliū structurarū. Apologia *Henr.* STEPHANI pro Herodoto.

> **Parisiis 1566. Henr. Stephanus. 1 vol. in-fol.**

** — HPOΔOTOΣ. — HERODOTI historiarum libri IX. Recognovit et commentationem de dialecto Herodoti præmisit *Guilielmus* DINDORFIUS. CTESIÆ *Cnidii* et chronographorum, CASTORIS, ERATOSTHENIS etc. fragmenta dissertatione et notis illustrata à *Carolo* MÜLLERO. Græcè et latine cum indicibus.

> **Parisiis 1844. Fr. Didot. 4 vol. in-8º.**
>
> Vide *Script. Græc. Bibl.*

782. — HERODOTI *Halicarnassei Thurii* historiæ parentis memoratissimi novem Musæ à *Laurentio* VALLA tralatæ. Cum prenotamentis et additionibus non antea impressis.

> **Parisiis 1510. Jeh. Petit. 1 vol. in-4º.**

783. — Les histoires d'HERODOTE mises en françois par P. DU RYER.

> **Paris 1645. Sommaville. 1 vol. in-fol.**

784. — Les histoires d'HERODOTE, traduites en françois par M. DU RYER. Enrichies de tables geographiques, pour servir à l'intelligence de ces Histoires.

> **Paris 1677. Coignard. 3 vol. in-12.**

785. — Histoire d'HÉRODOTE, traduite du grec (par LARCHER), avec des Remarques historiques et critiques, un Essai sur la chronologie d'Hérodote, et une table géographique. Nouv. édit. rev., corr. et augm., à laquelle on a joint la vie d'Homère, attribuée à Hérodote, des Extraits de l'Histoire de Perse et de l'Inde de Ctésias, et le Traité de la malignité d'Hérodote : le tout accompagné de notes.

Paris 1802. Crapelet. 9 vol. in-8°.

** — Fragments d'une traduction d'Hérodote par P. L. Courier.

Voyez *OEuvres.* t. ii. — *Belles-Lettres* n.° 3108.

786. — ΘΟΥΚΥΔΙΔΗΣ μετὰ σχολίων παλαιῶν καὶ πάνυ ὠφελίμων, χωρὶς ὧν ὁ συγγραφεὺς πολὺ ἀνευχαρής ἐστι. — Thucydides cum scholiis et antiquis et utilibus sinè quibus auctor intellectu multum est difficillis. Accessit preterea diligentìa *Joach.* Camerarii, in castigando tum textu, tum commentariis unà cum annotationibus eius.

Basileæ 1540. Off. Hervagiana. 1 vol. in-fol.

787. — ΘΟΥΚΙΔΙΔΟΥ περὶ τοῦ Πελοποννησιακοῦ πολέμου βιϐλία ή. — Thucididis de bello Peloponnesiaco libri VIII. Iidem latinè, ex interpretatione *Laurentii* Vallæ, ab *Henrico* Stephano recognita. 2.ª edit.

Parisiis 1588. Henr. Stephanus. 1 vol. in-fol.

** — ΘΟΥΚΥΔΙΔΗΣ. — Thucydidis historia belli Peloponnesiaci cum nova translatione latina F. Hasii. Accedunt Marcellini vita, scholia græca emendatius expressa, et indices.

Parisiis 1840. Fr. Didot. 1 vol. in-8°.

Vide *Script. Grœc. Bibl.*

788. — ΘΟΥΚΥΔΙΔΟΥ τοῦ Ὀλόρου περὶ τοῦ Πελοποννησιακοῦ πολέμου βιϐλία ὀκτώ. — Histoire de la guerre du Péloponnèse, par Thucydide. Traduction française, par *Amb. Fir.* Didot. Avec des observations par MM. de Brussy et *A. F.* Didot.

Paris 1833. F. Didot Fr. 4 vol. in-8°.

789. — Thucydidis Atheniensis historiographi longe clarissimi de bello Peloponnesiaco libri octo : ab *Laurentio* Vallensi translati, et a doctissimis viris cum grecis collati : cū eiusdē vita et indice.

Parisiis 1528. Badius Ascensius et J. Petit. 1 vol. in-fol.

790. — L'histoire de Thucydide Athenien, de la guerre qui fut entre les Peloponnesiens et Atheniens, translatee de grec en françois par feu Messire *Claude* de Seyssel, reveue et corrigée sur l'exemplaire grec.

Paris 1559. Mich. de Vascosan. 1 vol. in-fol.

791. — L'histoire de Thucydide, de la guerre du Peloponnèse ; continuée par Xenophon. De la traduction de N. Perrot S.ʳ d'Ablancourt.

Paris 1662. Courbé. 1 vol. in-fol.

792. — L'histoire de Thucydide de la guerre du Peloponnèse. (Traduite par Perrot d'Ablancourt).

Paris 1671. Jolly. 2 vol. in-12.

** — OEuvres complètes de Thucydide et de Xénophon, avec notices biographiques. Par J. A. C. Buchon.

Paris 1836. Desrez. 1 vol. in-8°. Voyez *Panthéon littéraire.*

M. Buchon a donné pour *Thucydide* la traduction de L'Evesque, et, pour *Xénophon*, celles de Dacier, L'Evesque, Larcher, Dumont, La Luzerne, revues par Gail, et de P. L. Courrier, qui en ont traduit les diverses parties.

793. — ΞΕΝΟΦΩΝΤΟΣ ἅπαντα. — Xenophontis oratoris et historici, propter synceram et melle dulciorem Attici sermonis gratiam, veterum omnium judicio longè clarissimi, opera, quæ quide græcè extant, omnia, duobus tomis distincta, ac nunc primùm à *Seb.* Castalione recognita.

Basileæ 1553. Isingrinus. 1 vol. in-8°.

794. — ΞΕΝΟΦΩΝΤΟΣ ἅπαντα τὰ σωζόμενα βιβλία. — Xenophontis et imperatoris et philosophi clarissimi omnia, quæ exstant, opera, *Joan.* Levvenklaio interprete : additis interpretis adnotationibus, græce linguæ studiosis haud parùm utilitatis allaturis. 2.ᵃ edit.

Basileæ 1572. Thom. Guarinus. 1 vol. in-fol.

795. — ΞΕΝΟΦΩΝΤΟΣ τὰ εὑρισκόμενα. — Xenophontis quæ exstant opera, in duos tomos divisa : græce multo quam ante castigatius edita, adjecta etiam ad marginem scripturæ discrepantia : latine tertia nunc cura ita elucubrata, ut nova pene toga prodeant : nova insuper Adpendice sic illustrata, ut quam planissima deinceps eorum lectio sit futura : opera *Joannis* Levnclavii *Amelburni.* Accesserunt *Æmilii* Porti, F. Porti C. fil. notæ; et Index græcus verborum phrasiumque observatu dignarum.

Francofurti 1596. Wecheli Heredes. 1 vol. in-fol.

796. — Idem opus.

Parisiis 1625. Typis regiis (H. Stephanus). 1 vol. in-fol.

** — ΞΕΝΟΦΩΝΤΟΣ τὰ σωζόμενα. — Xenophontis scripta quæ super
sunt. Græcè et latinè. Cum indicibus nominum et rerum.
Parisiis 1838. F. Didot. 1 vol. in-8°.
Vide *Script. Græc. Bibl.*

797. — Xenophontis philosophi et historici clarissimi opera, partim græcorum exemplarium collatione recognita, partim à viris doctissimis (*Fr.* Philelpho, Bessarione, L. Aretino, Omnibono Leoniceno, R. Volaterrano, D. Erasmo; R. Amasæo) iam primum latinitate donata.
Basileæ 1534. Cratander. 1 vol. in-fol.

798. — Les œuvres de Xenophon, docte philosophe et valeureux capitaine Athenien. Nouvellement traduites en françois (par *Simon* Goulard *Senlisien*), recueillies toutes en un volume, et dédiées au Roy, par *Pyramus* de Candole.
Cologny 1613. P. Aubert. 1 vol. in-fol.

799. — La retraite des dix mille, de Xénophon, ou l'expédition de Cyrus contre Artaxerxes. De la traduction de *Nicolas* Perrot, *Sieur* d'Ablancourt.
Paris 1648. Jean Camusat. 1 vol. in-8.°

b. — *Historiens modernes.*

** — Jugement des anciens sur les principaux historiens grecs, par La Mothe le Vayer. Voyez *OEuvres.* i.

** — Examen ou étude des principaux historiens grecs, par Daunou.
Voyez *Cours d'études historiques*, n.° 17, t. viii à xii.

800. — *Nicolai* Gerbelii *Phorcensis*, pro declaratione picturæ sive descriptionis Græciæ *Sophiani*, libri septem.
Basileæ 1550. Oporinus. 1 vol. in-fol.

** — Græcorum respublicæ ab *Ubbone* Emmio descriptæ.
Lugd.-Batav. 1632. Off. Elzeviriana. 2 vol. in-24. N.° 651-15.

801. — Historicarum commemorationum rerum græcarum libri duo. In quibus tam Helladis quam Peloponnesi, quæ in lucem anteà non venerunt, explicantur. Authore *Wolffgango* Lazio.
Hanoviæ 1605. Typis Wechelianis. 1 vol. in-fol.

802. — *Nic.* Cragii *Ripensis* de republica Lacedæmoniorum libri IIII. Opus antiquitatum politicarum, ac præsertim græcarum, studiosis, lectu iocundum, nec inutile futurum.

1593. Apud Petrum Santandreanum. 1 vol. in-4°.

Dans le même volume :

1.° Heraclidæ *Pontici* de politiis libellus cum interpretatione latina, edente *Nicolao* Cragio.

2.° Ex Nicolai *Damasceni* universali historia seu de moribus gentium libris excerpta *Johannis* Stobæi collectanea, quæ *N.* Cragius latina fecit, et seorsum edidit.

803. — Voyage du jeune Anacharsis en Grèce, vers le milieu du quatrième siècle avant l'ère vulgaire; par *Jean-Jacq.* Barthélemy. 4.ᵉ édit.

Paris an VII. Didot jeune. 7 vol. in-8.° et Atlas in-4°.

804. — Voyage du jeune Anacharsis en Grèce; par l'*Abbé* Barthélemy. Nouv. édit.

Paris 1822. Et. Ledoux. 7 vol. in-8.° et Atlas in-4°.

805. — Voyages dans la Grèce, accompagnés de recherches archéologiques, et suivis d'un aperçu sur toutes les entreprises scientifiques qui ont eu lieu en Grèce depuis Pausanias jusqu'à nos jours; par P. O. Brondsted.

Paris 1826. F. Didot. 2 vol. in-4°. Pl. Inachevé.

806. — Voyages d'Antenor en Grèce et en Asie, avec des notions sur l'Egypte; manuscrit grec trouvé à Herculanum, traduit (composé) par M. de Lantier. 15.ᵉ édit.

Paris 1821. A. Bertrand. 3 vol. in-8°. Fig.

807. — Histoire de Grece, traduite de l'anglois de Temple Stanyan (par Diderot).

Paris 1743. Briasson. 3 vol. in-12. Cart.

808. — Elémens de l'histoire de la Grèce, pour servir de suite aux Elémens de l'histoire ancienne des Juifs, des Egyptiens, etc. ; d'après *Rollin, Cousin Despréaux*, et quelques autres auteurs. 2.ᵉ édit.

Paris 1833. Belin Le Prieur. 2 vol. in-12. Fig.

809. — Abrégé de l'histoire grecque, depuis les temps héroïques jusqu'à la réduction de la Grèce en province romaine. (Par ALLETZ). Nouv. édit.

> Paris 1795. Favard. 1 vol. in-8°.

810. — Histoire de la Grèce, depuis son origine jusqu'à la mort d'Alexandre; par le docteur GOLDSMITH. Traduite de l'anglais sur la onzième édition. (Par P. F. AUBIN).

> Paris 1802. Crapelet. 2 vol. in-8.° Cart.

811. — Beautés de l'histoire grecque, ou tableau des évènemens qui ont immortalisé les Grecs, actions et belles paroles de leurs grands hommes, avec une esquisse des mœurs, et un aperçu des arts et des sciences à différentes époques, depuis Homère jusqu'à la réduction de la Grèce en province romaine. Par R. J. DURDENT.

> Paris 1812. Eymery. 1 vol. in-12.
>
> Voyez, dans les Mémoires de l'Acad. des Inscript.: Vues générales sur les premiers temps de l'histoire de la Grèce par BOUGAINVILLE, t. XXIX. — Mémoires sur les Pélages, par DUPUIS, t. II-III. — Recherches sur l'origine des Pélages, par GEINOZ, t. XIV, XVI. — Sur la différence des Pélages et des Hellènes, par LA NAUZE, t. XXIII. etc.

** — Observations sur l'histoire des Grecs par MABLY.

> Voyez *OEuvres.* IV.

** — Grèce, par M. POUQUEVILLE.

> Paris 1836. Didot. 1 vol. in-8°. Pl.
>
> Voyez l'*Univers*, n.° 652-7.

** — Iles de la Grèce, par M. *Louis* LACROIX.

> Paris 1853. Didot. 1 vol. in-8°.
>
> Ibid. n.° 652-8.

** — Lettres athéniennes. — Voyez *Belles-Lettres*, n.° 2970.

---

c. — *Histoire particulière d'Alexandre et de la Macédoine.*

---

812. — Histoire de Philippe, roi de Macédoine, et père d'Alexandre-le-Grand. Par M. OLIVIER.

> Paris 1768. De Bure. 2 vol. in-12.

813. — ΑΠΠΙΑΝΟΥ περὶ ἀναϐασέων Ἀλεξάνδρου ἱστοριῶν βιϐλία ή. — ARRIANI (qui alter Xenophon vocatus fuit) de expedit. Alex. Magni, historiarum libri VIII. Ex *Bonarent.* VVLCANI *Brug.*

nova interpretatione. Ab eodem quamplurimi loci ope veteris exemplaris restituti. Alexandri vita, ex PLUT. Ejusdem libri II , de fortuna vel virtute Alexandri.

Parisiis 1575. H. Stephanus. 1 vol. in-fol.

814. — AΓΓIANOY Νικομηδεως αναβασεως Aλεξανδρου βιβλία επτα κ̀
Ινδικη. — ARRIANI *Nicomediensis* expeditionis Alexandri
libri septem et historia Indica. Ex *Bon*. VULCANII interpretatione latina post variam aliorum industriam ita lacunis
vel cognitis vel ignotis etiamnum et obscuris suppletis ,
ita Auctoris in græce linguæ nativo usu præstantia et fa-
cultate restituta ex plurium Mss. et præsertim unius optimi collatione, ut nunc demum prodire hic auctor videri
debeat , opera *Jacobi* GRONOVII.

Lugd.-Batavorum 1704. P. Vander Aa. 1 vol. in-fol.

** — ARRIANI Anabasis et Indica ex optimo codice parisino emendavit et
varietatem ejus libri retulit *Fr*. DUBNER. — Reliqua ARRIANI , et
scriptorum de rebus Alexandri M. fragmenta collegit, PSEUDO-
CALLISTHENIS historiam fabulosam ex tribus codicibus nunc primum
edidit , itinerarium Alexandri et indices adjecit , *Carolus* MÜLLER.

Parisiis 1846. F. Didot. 1 vol. in-8°.

Vide *Script. Græc. Bibl.*

815. — ARRIAN des guerres d'Alexandre. De la traduction de
Nicolas PERROT, Sieur D'ABLANCOURT. 2.ᵉ édit.

Paris 1652. De Villac. 1 vol. in-8°.

816. — Les guerres d'Alexandre par ARRIAN. De la traduction
de *Nicolas* PERROT , Sieur D'ABLANCOURT. Sa vie tirée du
grec de PLUTARQUE , et ses apophtegmes de la mesme
traduction.

Paris 1664. Billaine. 1 vol. in-12.

817. — *Matthaei* RADERI ad Q. CURTII RUFI, de Alexandro Magno
historiam, prolusiones , librorum synopses, capitum argumenta , commentarii , cum indice duplici , capitum et
argumentorum , itemque rerum memorabilium.

Col.-Agrip. 1528. Kinckius. 1 vol. in-fol.

818. — Q. CURTII historiographi luculentissimi de rebus gestis
Alexandri Magni regis Macedonum opus, ita demum

emendatum atque illustratum, ut posthac vix quicquam in eo desiderari possit. Accesserunt enim antehac nunquam visa, duorum in principio librorum, qui desiderantur, Supplementum compendiosum. Finis in quinto libro, atque fragmentorum in decimo restitutio. Omnia summa fide atque diligentia congesta per *Christophorum* Brunonem.

Basileæ 1545. Off. Frobeniana. 1 vol. in-fol.

819. — Q. Curtii Rufi de rebus gestis Alexandri Magni libri decem.

Parisiis 1757. Barbou. 1 vol. in-12.

** — *Q. Curtius Rufus* ad codices parisinos recensitus cum varietate lectionum, supplementis *Jo.* Freinshemii et selectis Schmiederi variorumque commentariis quibus notas, excursus, mappasque et indices addidit N. E. Lemaire.

Parisiis 1822. Didot. 3 vol. in-8°.

Voyez *Lemaire. Bibl. class. lat.*

820. — Quinte-Curce, de la vie et des actions d'Alexandre le Grand, de la traduction de M. de Vaugelas. Avec les supplémens de *Jean* Freinshemius sur Quinte-Curce, traduits par *Pierre* Du Ryer.

Paris 1653. Courbé. 1 vol. in-4°.

821. — Même ouvrage.

Paris 1655. Courbé. 1 vol. in-4°.

822. — Même ouvrage. Dernière édition.

Amsterdam 1665. De Ravestein. 1 vol. in-12.

823. — Même ouvrage. Dernière édition sur une copie de l'autheur, qui a esté trouvée depuis la première et la seconde impression.

Paris 1702. Brunet. 2 vol. in-12.

824. — Histoire d'Alexandre-le-Grand, par Quinte-Curce, traduite par M. Beauzée. 5.e édit., retouchée et augmentée des Supplémens de Freinshemius, nouvellement traduits.

Avignon 1805. Chambeau. 2 vol. in-12.

** — Histoire d'Alexandre-le-Grand par Quinte-Curce, traduction nouvelle par MM. *Aug.* et *Alp.* Trognon.

Paris 1828-29. Panckoucke. 3 vol. in-8°.

Voyez *Bibl. lat. fr.*

825. — The life and death of Alexander the Great, king of Macedon. In ten books, by Quintus Curtius Rufus. Done into english by the same hand that translated the last volume of the Holy court (*Robert* Codrington).

London 1673. S. Speed. 1 vol. in-8°.

** — Vie d'Alexandre, par Plutarque.

Voyez *OEuvres de Plutarque*.

** — Dissertation sur l'expédition d'Alexandre contre les Perses, par Secousse. *Mém. de l'Acad. des Inscr.* v.

** — Histoire d'Alexandre-le-Grand, par Boullanger.

Voyez *OEuvres*. t. vi.

826. — Examen critique des anciens historiens d'Alexandre-le-Grand, par M. Sainte-Croix. 2.ᵉ édit.

Paris 1810. Grand et Bachelier. 1 vol. in-4°. Pl.

827. — Histoire du siècle d'Alexandre, avec quelques réflexions sur ceux qui l'ont précédé. (Par Linguet).

Amsterdam (Paris) 1762. Cellot. 1 vol. in-12.

828. — Histoire de Pyrrhus, roi d'Epire (par J. B. Jourdan).

Amsterdam 1749. Mortier. 2 vol. in-12.

Histoire Romaine.

a. — Collections d'auteurs de l'histoire Romaine.

829. — Ἐκ τῶν ΚΤΗΣΙΟΥ, ΑΓΑΘΑΡΧΙΔΟΥ, ΜΕΜΝΟΝΟΣ, ἱστορικῶν ἐκλογαί. ΑΠΠΙΑΝΟΥ Ἰβηρικὴ καὶ Ἀννιβαϊκή. — Ex Ctesia, Agatharcide, Memnone excerptæ historiæ. Appiani Iberica. Item, de gestis Annibalis. Omnia nunc primum edita. Cum *Henrici* Stephani castigationibus.

Parisiis 1557. H. Stephanus. 1 vol. in-8°.

830. — Romanæ historiæ scriptores græci minores; qui partim ab urbe condita, partim ab Augusto imperio, res Romanas memoriæ prodiderunt: Fasti græci ac latini; Eutropius, cum græca Pæanii metaphrasi; Dionis Epitome per *Joann.* Xiphilinum facta; Herodianus; Zosimus; Juliani Cæsares; Olympiodori ἐκλογαί; è Suida excerptæ

10.

Cæsarum vitæ; Imperatorum Romanorum et Constantinopol. series chronologica duplex : pars novi nunc, pars
emendatiores in lucem exeuntes; addita græcis ex ad-
verso interpretatione latina ; adnotationibus item, et ge-
mino rerum verborumque indice, græco ac latino : opera
et studio *Friderici* Sylburgii *Veterensis.*

Francofurti 1590. Heredes A. Wecheli. 1 vol. in-fol.

** — Ouvrages historiques de Polybe, Hérodien et Zozime, avec notes
biographiques, par J. A. C. Buchon.

Paris 1836. Desrez. 1 vol. in-8.º

Voyez *Panthéon littéraire.*

La traduction d'*Hérodien* est celle de Mongault, celle de *Polybe*
est de Dom Thuillier, et celle de *Zozime,* du Président Cousin ; ces
deux dernières ont été remaniées par M. Buchon.

831. — Varii historiæ romanæ scriptores, partim Græci, partim
Latini, in unum velut corpus redacti, de rebus gestis
ab Vrbe condita, usque ad imperii Constantinopolin translati tempora.

Parisiis 1568. H. Stephanus. 1 vol. in-8º.

C'est le premier des 4 volumes qui composent cette collection ; il
contient C. *Sigonius* et *Velleius Paterculus.*

832. — Historiæ romanæ scriptores latini veteres, qui extant
omnes, Regum, Consulum, Cæsarum res gestas ab urbe
condita continentes: nunc primùm in unum corpus redacti.

Ebroduni 1621. Soc. Helv. Calderoniana. 2 vol. in-fol.

833. — Historiæ romanæ scriptores latini minores; qui altius
exorsi, augustæ historiæ aut viam straverunt, aut partem eius aliquam ab urbe condita usque ad sua tempora
brevi compendio deduxerunt: Fasti Capitolini, à *Carolo*
Sigonio suppleti, et commentario explanati: cum eiusdem
Sigonii libro de nominibus Romanorum: Messala Corvinus: L. Florus ; quem alii *Annæum* Senecam, alii
Iulium Florum nominant: Velleius Paterculus: *Sex.*
Aurelius Victor, de Rom. gentis origine: de viris illustribus: de Imperatoribus: cū eiusdē epitome: *Sex.*
Rufus, seu Festus Rufus : Eutropius : Cassiodori chro-

nicon : Iornandis lib. I : *Iulius* Exsuperantius. Addita
variantis scripturæ notatio, ex optimis quibusque editionibus, scriptorumque partim veterum, partim recentiorum monumentis collecta. Adiecta etiam Græcorum,
quæ citantur, interpretatio: opera *Friderici* Sylburgii.

Le second volume a pour titre:

Historiæ augustæ scriptores latini minores; qui Augustorum, necnon et Cæsarum Tyrannorumque in Romano
imperio vitas ad posteritatem litterarum monumentis pro-
pagarunt: Suetonius Tranquillus; *Ælius* Spartianus;
Julius Capitolinus: Vulcatius Gallicanus: *Ælius* Lampridius : Trebellius Pollio : *Flavius* Vopiscus : Ammianus
Marcellinus : Adiecti sunt et recentiores historiæ conti-
nuatores; Pomponius Lætus, *Joann. Baptista* Egnatius.
Item Ausonii *Burdeg.* epigrammata in Cæsares Romanos:
Imperatorum catalogus: Romanæ urbis descriptio. Additæ in eosdem adnotationes *Joan. Bapt.* Egnatii, et
Erasmi *Rot.*; cum *Henrici* Glareani et *Theodori* Pul-
mani adnotationibus in *Suetonium.* Ad hæc Græcorum,
quæ allegantur, interpretatio nova : et rerum verborumque notatu digniorum index : opera *Friderici* Sylburgii.

Francofurdi 1588. Heredes A. Wecheli. 2 vol. in-fol.

834. — Ex recognitione *Des.* Erasmi *Roterodami.* C. Suetonius
Tranquillus. Dion Cassius *Nicæus. Ælius* Spartianus.
Iulius Capitolinus. *Ælius* Lampridius. Vulcatius Gal-
licanus V. C. Trebellius Pollio. *Flavius* Vopiscus *Sy-
racusius.* Quibus adiuncti sunt. *Sex.* Aurelius Victor.
Eutropius. Paulus Diaconus. Ammianus Marcellinus.
Pomponius Lætus *Rom. Io. Bapt.* Egnatius *Venetus.*

Coloniæ 1527. Euch. Cervicornus. 1 vol. in-fol.

835. — Vitæ Cæsarum quarum scriptores hi C. Suetonius Tran-
quillus. *Ælius* Spartianus. *Ælius* Lampridius. Trebellius
Pollio. Herodianus. Pomponius Lætus. Dion Cassius.
Iulius Capitolinus. Vulcatius Gallicanus. *Flavius* Vo-

PISCUS. *Sex.* AURELIUS VICTOR. *Io. Baptista* EGNATIUS. EUTROPII libri X integritati pristinæ redditi. AMMIANUS MARCELLINUS longe alius quàm antehac unquam. Annotationes D. ERASMI. *Rot.* et *Baptistæ* EGNATII in vitas Cæss. Accesserunt in hac editione VELLEII PATERCULI libri II. Ab innumeris denuo vindicati erroribus, addito indice.

Basileæ 1546. Froben. 1 vol. in-fol.

856. — Historiæ augustæ scriptores sex. *Ælius* SPARTIANUS, *Iulius* CAPITOLINUS, *Ælius* LAMPRIDIUS, VULCATIUS GALLICANUS, TREBELLIUS POLLIO, et *Flavius* VOPISCUS. *Isaacus* CASAUBONUS ex vett. libris recensuit : idemque librum adiecit emendationum ac notarum.

Parisiis 1603. A. et H. Drouart. 1 vol. in-4°.

837. — Historiæ augustæ scriptores VI. *Ælius* SPARTIANUS, *Julius* CAPITOLINUS, *Ælius* LAMPRIDIUS, VULCATIUS GALLICANUS, TREBELLIUS POLLIO, *Flavius* VOPISCUS. *Claudius* SALMASIUS ex veteribus libris recensuit, et librum adjecit notarum ac emendationum. Quibus adiunctæ sunt notæ ac emendationes *Isaaci* CASAUBONI iam antea editæ.

Parisiis 1620. 1 vol. in-fol.

858. — Historiæ augustæ scriptores Latini minores, à Iulio fere Cæsare ad Carolum Magnum : L. ANNÆUS FLORUS. VELLEIUS PATERCULUS. C. SUETONIUS TRANQUILLUS. *Ælius* SPARTIANUS. *Iulius* CAPITOLINUS. VULCATIUS GALLICANUS. *Ælius* LAMPRIDIUS. TREBELLIUS POLLIO. *Flavius* VOPISCUS. AMMIANUS MARCELLINUS. *Aurelius* VICTOR. PAULLUS DIACONUS. LANDULPHUS SAGAX. IORNANDES etc. (MESSALA CORVINUS. IULIUS EXSUPERANTIUS. Auctores Historiæ vulgo dictæ Miscellæ. PAULLUS WARNEFRIDUS. SEXTUS RUFUS). Priores quidem, ex optimâ cuiusque editione, comparati confirmatique ad codices Mss. Bibliothecæ Palatinæ: posteriores vero mille locis emendati, suppleti, opera *Iani* GRUTERI; cuius etiam additæ notæ.

Hanoviæ 1611. Hered. Cl. Marnii. 2 vol. in-fol.

** — Ecrivains de l'histoire auguste.—Spartianus. Vies d'Adrien, d'Ælius Verus, de Didius Julianus; de Septime Sévère, de Pescennius Niger, de Caracalla et de Geta. — Vulcatius Gallicanus. Vie d'A-vidius Cassius. — Trebellius Pollion. Vies de Valérien le père, de Valérien le fils, des deux Gallien, des trente Tyrans, etc. Traduction nouvelle par M. *Fl.* Legay. — *Ælius* Lampridius. Vies de Commode, de Diadumène, d'Héliogabale, d'Alexandre Sévère. Traduction nouvelle par MM. Laass d'Aguen.—*Flavius* Vopiscus. Vies d'Aurélien, de Tacite, de Florien, de Probus, de Firmus, de Saturnin, de Proculus, de Bonose, de Carus, de Numérien, de Carin. Traduction nouvelle par MM. E. Taillefert et *Jules* Chenu. — *Julius* Capitolinus. Vies d'Antonin le Pieux, de Marc Antonin le Philosophe, de Verus, de Pertinax, d'Albin, de Macrin, des deux Maximin, des trois Gordien, de Maxime et de Balbin. Traduction nouvelle par M. Valton.

Paris 1844-1847. Panckoucke. 3 vol. in-8°.

Voyez *Bibl. lat. fr.*

---

b. — *Auteurs anciens.*

---

839. — ΔΙΟΝΥΣΙΟΥ τοῦ Ἁλικαρνάσσεως Ῥωμαϊκῆς ἀρχαιολογίας βιβλία δέκα. — Dionysii *Halicarnassei* antiquitatum Romanarum libri X. Ex Bibliotheca regia.

Lutetiæ 1546. R. Stephanus. 1 vol. in-fol.

A la suite:

ΔΙΟΝΥΣΙΟΥ τοῦ Ἁλικαρνάσσεως περὶ συνθέσεως ὀνομάτων, πρὸσ Ῥουφον.—Τοῦ αὐτοῦ τῆς ῥητορικῆς τέχνης κεφάλαιά τίνα, πρός Εχεκράτην. — Τοῦ αὐτοῦ περὶ τῶν Θουκιδίδου ἰδιωμάτων, πρὸς Αμμαῖον. — Dionysii *Halicarnassei* de compositione, seu orationis partium apta inter se collatione, ad Rufum. — Ejusdem artis Rhetoricæ capita quædam, ad Echecratem. Item quo genere dicendi sit usus Thucydides, ad Ammæum.

Lutetiæ 1547. Rob. Stephanus. in-fol.

840. — Dionysii *Halicarnassæi* Antiquitatum romanarum libri quotquot supersunt, græcè et latinè. Ex editione et cum annotationibus *Joannis* Hudsoni; quibus accessit *Henrici*

Dodwelli chronologia græco-romana pro hypothesibus Dionysii Halicarnassæi.

Oxoniæ 1704. E. theatro Sheldiano. 2 vol. in-fol.

841. — Dionysii Alexandri F. Halicarn. antiquitatum Rom. libri XI. Ab *Æmilio* Porto Fr. F. recens, et post aliorum interpretationes, latinè redditi, et notis illustrati. Quibus adiunximus H. Glareani chronologiam cum indice.

Parisiis 1588. E. Vignon et H. Stephanus. 1 vol. in-fol.

842. — Les antiquitez romaines de Denys d'Halicarnasse, traduites du grec par le P. *Gabriel-François* Le Jay. Avec des notes historiques, critiques et géographiques.

Paris 1722. Greg. Dupuis. 2 vol. in-4°.

843. — Titi Livii *Patavini* historici clarissimi, que extant decades cum Epitome L. Flori in omneis libros. Cum annotationibus M. *Antonii* Sabellici in eos qui extant. Cum indice alphabetico recentius ab Ascensio collecto. Et cum explanatione præfationis et prænotamentis eiusdem Ascensii in lectionem Livianam.

Parisiis 1510. Prelum Ascensianum. 1 vol. in-fol.

844. — Titus Livius *Patavinus* historicus duobus libris auctus: cum L. Flori Epitome. Addito indice copioso: et *Leonardo* Aretino de primo bello punico. Ac imaginibus res gestas exprimentibus.

Venetiis 1520. Mel. Sessa et P. de Ravanis. 1 v. in-f. Fig.

845. — Ex XIIII T. Livii decadibus prima, tertia, quarta, cuius tertio libro prima pars, quæ desiderabatur, et decimo quicquid ferè in calce non habebamus, additum est. Duplex epitome, quarum altera per singulos XIIII decadum libros summatim explicantur quæ in illis continebantur, atque eam ipsam putamus à T. Livio compositam esse, alteram ab L. Floro, qui omnem historiam ex T. Livio excerpsit, eamque per bella digessit. — Polybii libri V de rebus Romanis in latinum traducti à *Nicolao* Perotto, quos in locum secundæ decadis substituimus, quia multa

in illis leguntur, quæ secunda decade continebantur. Index copiosissimus.

Venetiis 1520-1521. In ædibus Aldi. 1 vol. in-fol.

846. — T. Livii *Patavini* quæ manifesto extant, librorum decades, cum nuper in Germania inventis quibusdam fragmentis, rursus diligenter repositæ. Cum indice non ad fastidium usque longo. — Cum Epitome L. Flori in omnes etiam non extantes libros. Cum M. *Antonii* Sabellici ad Livianæ historiæ veriorem lectionem adnotatis. Cum que *Iodoci* Badii Ascensii de historico decoro regulis, et vocabulorum non omnibus notorum interpretatione, et in primam præfationem facili expositione.

Parisiis 1533. Ascensius et J. Roigny. 1 vol. in-fol.

A la suite:

Caroli Sigonii scholia, quibus T. Livii *Patavini* historiæ, et earum epitomæ partim emendantur, partim etiam explanantur. Eiusdem in eosdem libros Chronologia, ipsorum et auctorum verbis confirmata. 2.ª edit.

Venetiis 1566. Apud P. Manutium. in-fol.

847. — Titi-Livii *Patavini*, romanæ historiæ principis, libri omnes, quotquot ad nostram ætatem pervenerunt, unà cum doctissimorum virorum in eos lucubrationibus, et artifiosis picturis præcipuas historias apte repræsentantibus.

Francof. ad Mœn. 1568. G. Corvinus. 1 vol. in-fol.

848. — Titi Livii *Patavini* historiæ romanæ ab urbe condita, libri XLV, quotquot ad nostram ætatem pervenerunt, cum commentariis omnium interpretum ad explicationem locorum difficilium, è regione insertis. His adjecimus, ultrà brevem Livii, L. etiam Flori, Epitomen : Sigonii chronologiam, Pomponii Læti de antiquitatibus Romanorum, et plæraque alia ad Romanam historiam pertinentia.

Lutetiæ-Paris. 1573. Apud Th. Brumennium. 1 v. in-fol.

449. — T. Livii *Patavini* historicorum Romanorum principis, libri omnes superstites recogniti pridem et emendati ad

manuscriptorum codicum Fuldensium Maguntinensium et Coloniensium fidem (à *Francisco* Modio): nunc vero etiam, ad membranas Bibliothecæ Palatinæ Electoralis à *Jano* Grutero. Accedunt in eundem Livium observationes emendationes, annotationes, denique variæ variorum.

Francofurti ad Mœnum 1608. J. Saurius. 1 vol. in-fol.

850. — Titi Livii Romanæ historiæ qui exstant quinque et triginta libri, una cum omnium ejusdem librorum, qui aliàs exstiterunt, epitomis, triplici opera insigniter hac editione illustrati, etc.

Lugduni 1621. Thom. Soubron. 1 vol. in-4°.

851. — Titi Livii historiarum libri ex recensione Heinsiana.

Lugd.-Batav. 1634. Off. Elzeviriana. 3 vol, in-12.

852. — Titi Livii historiarum quod exstat, cum integris *Johannis* Freinshemii supplementis emendatioribus et suis locis collatis, tabulis geographicis et copioso indice. Recensuit et notulis auxit *Joannes* Clericus.

Amstelodami 1710. Wetstenius. 10 vol. in-12. Cart.

853. — Titi Livii *Patavini* historiarum ab urbe condita libri qui supersunt XXXV. Cum supplementis librorum amissorum à J. Freinshemio concinnatis. Recensuit et notis illustravit J. B. L. Crevier.

Parisiis 1735. Quillau. 2 vol. in-4·.

** — Titus Livius *Patavinus* ad codices parisinos recensitus cum varietate lectionum et selectis commentariis: Item supplementa J. Freinshemii, curante N. E. *Lemaire*.

Parisiis 1822-1825. Lemaire. 12 vol. in-8°.

Vide *Lemaire. Bibl. clas. lat.*

854. — Les decades de Tytus Livius translatees en françoys (par *Pierre* Berchoire).

Paris 1486? 1 vol. in-fol. Tom. 1.er

855. — Le tiers volume des grans decades de Titus Livius (translatees de latin en françoys par *Pierre* Berchoire).

Paris 1530. Galliot du Pré. 1 vol. in-fol.

856. — Histoire romaine de Tite Live *Padovan*. Assavoir les trente-cinq livres restans de tout l'œuvre continué des

la fondation de Rome jusques au temps d'Auguste. Nouvellement traduits de latin en françois par *Antoine* DE LA FAYE.

> Geneve 1582. Stoer. 1 vol. in-fol.

857. — Les decades qui se trouvent de TITE-LIVE mises en langue françoise avec des annotations et figures pour l'intelligence de l'antiquité romaine. Plus une description particuliere des lieux et une chronologie generale des principaux potentas de la terre. Par B. DE VIGENERE.

> Paris 1606. Abel L'Angelier. 2 vol. in-fol.

858. — Même ouvrage. En ceste derniere edition est adiouste ce qui defailloit au troisiesme livre de la quatriesme decade trouve en un vieil livre de la bibliotheque du Chapitre de Bamberque, et traduit en françois par le Sieur DE MALHERBE.

> Paris 1617. V.ᵉ L'Angelier. 2 vol. in-fol.

859. — Les decades de TITE-LIVE, avec les Supplemens de I. FREINSHEMIUS, nouvellement augmentées d'un Abregé chronologique. Mises en françois par P. DU RYER.

> Lyon-Paris 1669. 14 v. in-12. Les tom. 7, 10 et 12 manquent.

860. — Histoire romaine de TITE-LIVE, traduction nouvelle par DUREAU DE LAMALLE; revue par M. NOËL.

> Paris 1810-1824. Michaud Fr. 17 vol. in-8°.
>
> Les suppléments de *Freinshemius* sont de la traduction de NOEL, et les tables de GALLAIS.

** — Histoire romaine de TITE-LIVE, traduction nouvelle par MM. A. A. J. LIEZ, N. A. DUBOIS, V. VERGER et CORPET.

> Paris 1830-35. Panckoucke. 17 vol. in-8°.
>
> Voyez *Bibl. lat. fr.*

861. — In TITUM LIVIUM annotationes per *Beatum* RHENANUM, et *Sigismundum* GELENIUM.

> Lugduni 1555. Apud S. Gryphium. 1 vol. in-8°.
>
> A la suite:

Henrici GLAREANI in Titum Livium annotationes, cum chronologia eiusdem: cui BADII accessit Elenchus. Ad hæc *Laur.* VALLÆ de quibusdam apud Livium locis judicium.

> Lugduni 1555. Apud S. Gryphium. in-8°.

862. — T. Livii *Patavini* conciones, cum argumentis et annotationibus *Joachimi* Perionii Benedictini.

> **Parisiis 1522. Apud S. Colinæum. 1 vol. in-8°.**

863. — Narrations choisies de Tite-Live, avec des réflexions, à l'usage des collèges.

> **Lyon 1776. Périsse Frères. 3 vol in-12.**

** — Discours sur la première décade de Tite-Live, par Machiavel.
> Voyez *OEuvres.* i.

864. — *Lucii Annæi* Flori, vel potius *Lucii Annæi* Senecae rerum Romanarum, ex Tito Livio, Epitoma, in quatuor libros distincta, ab *Elia* Vineto, jam tertium emendata.

> **Parisiis 1576. H. de Marnef. 1 vol. in-4°.**

865. — L. Iuli Flori rerum a Romanis gestarum libri IIII, à *Joanne* Stadio emendati. Editio altera aucta et correcta. Seorsum excusus *Ioannis* Stadi in L. Florum Commentarius, altera editione auctus et emendatus.

> **Antuerpiæ 1584. Plantinus. 1 vol. in-8°.**

** — *Lucii Annæi* Flori epitome rerum Romanarum: item *Lucii* Ampelii liber memorialis, quibus selectas variorum notas, indicem Freinshemianum, et novas passim interpretationes subjunxit N. E. Lemaire.
> **Parisiis 1827. Didot. 1 vol. in-8°.**
> Vide *Lemaire. Bibl. class. lat.*

** — Voyez Histoire Romaine de Coiffeteau n.° 977-978.

866. — L'histoire romaine sommairement comprise en quatre livres par *L. Iulius* Florus, depuis la fondation de Rome iusques à l'Empereur Auguste: et en dix livrets par Eutropius iusques au temps de l'Empereur Valens. Le tout traduit de latin en françois par L. Constant.

> **Paris 1580. Berjon. 1 vol. in-8°.**

** — Abrégé de l'histoire romaine de *L. Annæus* Florus traduit par F. Ragon, avec une Notice par M. Villemain.
> **Paris 1826. Panckoucke. 1 vol. in-8°.**
> Voyez *Bibl. lat. fr.*

867. — P. Velleii Paterculi historiæ romanæ duo volumina, ad M. Vinicium cos. progenerū Tiberii Cæsaris, per *Beatum* Rhenanum ab interitu utcunque vindicata.

> **Parisiis 1538. Off. M. Vascosani. 1 v. in-fol. Voy. n.° 888.**

** — C. Velleii Paterculi historiæ romanæ libri duo ; illustrati commentariis et variantibus lectionibus : in iis notæ C. *Claudii* Puteani, nunc primum in lucem prodeunt : cum fragmento Vellei.

Parisiis 1608. P. Chevalier. 1 vol. in-fol.   Voyez n.° 920.

** — C. Velleius Paterculus cum animadversionibus *Justi* Lipsi quas postremum auxit et emendavit.

Antuerpiæ 1607. Off. Plantiniana. 1 vol. in-fol. Voyez n.° 919.

** — Idem opus.

Antuerpiæ 1627. Off. Plantiniana. 1 vol. in-fol. Voy. n.° 923.

868. — M. Velleius Paterculus cum notis *Gerardi* Vossii G. F.

Lugd.-Bat 1639. Off. Elzeviriana. 1 vol. in-18.

869. — C. Velleius Paterculus cum selectis variorum notis, *Antonius* Thysius edidit, et accuratè recensuit.

Lud.-Bat. 1653. Hackius. 1 vol. in-8°.

870. — C. Velleii Paterculi historiæ romanæ ad M. Vinicium cos. libri duo. Interpretatione et notis illustravit *Robertus* Riguez. In usum Serenissimi Delphini.

Parisiis 1675. Fred. Leonard. 1 vol. in-4°.

** — *Caius* Velleius Paterculus qualem omni parte illustratum publicavit *David* Ruhnkenius, cui selectas variorum interpretum notas, Krausii excursus, cum duobus locupletissimis indicibus et novis adnotationibus subjunxit N. E. Lemaire.

Parisiis 1822. Didot. 1 vol. in-8°.

Voyez *Lemaire. Bibl. lat. fr.*

871. — *Caii* Velleii Paterculi historiæ romanæ libri duo, cum notis, ex emendatione et recensione *Justi* Lipsii.

Rotomagi 1720. N. Lallemant. 1 vol. in-18.

872. — L'histoire Romaine de C. Velleius Paterculus. A Marcus Vinicius consul. (Traduite par I. Baudoin).

Paris 1628. Richer. 1 vol. in-4°.

873. — Abrégé de l'histoire grecque et romaine, traduit du latin de Velleius Paterculus ; avec le texte corrigé ; des notes critiques et historiques ; une table géographique ; une liste des éditions ; et un Discours préliminaire. Par M. l'*Abbé* Paul.

Paris 1769. Barbou. 1 vol. in-12.

** — Histoire romaine de *Caius* Velleius Paterculus adressée à M. Vinicius, consul, traduite par M. Després.

> Paris 1825. Panckoucke. 1 vol. in-8°.
>
> Voyez *Bibl. lat. fr.*

874. — Eutropii de gestis Romanorum libri decem.

> Parisiis 1539. Off. Sim. Colinæi. 1 vol. in-8°.

875. — Eutropii V. C. breviarium historiæ Romanæ ab urbe condita ad annum eiusdem urbis mcix. Nunc demum integritati suæ post tot corruptissimas editiones restitutum.
Æliæ Vineti *Santonis* in idem breviarium castigationes
seu commentarius. Pauli Diaconi de gestis Romanorum
libri octo ad Eutropii historiam additi.

> Parisiis 1564. H. de Marnef. 1 vol. in-16.

876. — Eutropi V. C. historiæ Romanæ libri X. His additi Pauli
Diaconi libb. IIX.

> Lugd.-Batav. 1592. Apud Lud. Elzevirium. 1 vol. in-8°.

** — Eutropii epitome. — Voyez n.° 905.

877. — Brief sommaire de l'histoire romaine comprise en dix livrets par Eutropius personnage de l'ordre consulaire,
depuis la fondation de la ville de Rome, jusques au temps
de l'empereur Valens. (Traduit par L. Contant).

> 1580. 1 vol. in-8°.

878. — Abrégé de l'histoire Romaine par Eutrope, depuis la
fondation de Rome jusqu'à la mort de l'Empereur Jovien.
Avec des notes critiques, historiques et chronologiques,
précédées d'une Dissertation qui donne une idée générale
du genie des Romains et de leur empire, depuis sa fondation par Romulus, jusqu'à sa division par le grand
Théodose. Par M. l'*Abbé* Lezeau.

> Paris 1717. Barbou. 1 vol. in-12.

** — Eutrope. Abrégé de l'histoire romaine. Traduction nouvelle par M.
N. A. Dubois.

> Paris 1843. Panckoucke. 1 vol. in-8°.
>
> Voyez *Bibl. lat. fr.*

879. — Pauli Diaconi de gestis Romanorum libri octo ad Eu-
tropij historiam additi.

> Parisiis 1531. Apud S. Colinæum. 1 vol. in-8°.

880. — *Sex.* Aurelii Victoris historiæ Romanæ breviarium. Ex bibliotheca *Andreæ Schotti.* Ad usum collegii Patr. soc. J.

Parisiis 1692. Bernard. 1 vol. in-16.

** — *Sextus* Aurelius Victor.— Origine du peuple Romain. — Hommes illustres de la ville de Rome.— Histoire des Césars. — Vies des Empereurs Romains. — Traduction nouvelle par M. N. A. Dubois.

Paris 1846. Panckoucke. 1 vol. in-8°.

Voyez *Bibl. lat. fr.*

881. — Historia de vita et moribus Imperatorum Romanorum, excerpta ex libris *Sexti* Aurelii Victoris, à Cæsare Augusto usque ad Theodosium Imperatorem.

Parisiis 1531. Apud S. Colinæum. 1 vol. in-8°.

** — ΠΟΛΥΒΙΟΥ καὶ ΑΠΠΙΑΝΟΥ τὰ σωζόμενα. — Polybii et Appiani quæ supersunt. Græcè et latinè, cum indicibus.

Parisiis 1839. Fir. Didot. 2 vol. in-8°.

Vide *Script. Græc. Bibl.*

882. — ΠΟΛΥΒΙΟΥ Μεγαλοπολίτου ἱστοριῶν βιβλία ἑ, καὶ ἐπιτομαὶ ιβ'. — Polybii *Megalopolitani* historiarum libri priores quinque, *Nicolao* Perotto Episcopo Sipontino interprete. Item, Epitome sequentium librorum usque ad decimum septimum, *Vuolfgango* Musculo interprete.

Basileæ 1549. Hervagius. 1 vol. in-fol.

883. — ΠΟΛΥΒΙΟΥ τοῦ Λυκόρτα Μεγαλοπολίτου τὰ σωζόμενα. — Polybii Lycortæ F. Megalopolitani historiarum libri qui supersunt, interprete *Isaaco* Casaubono. *Iacobus* Gronovius recensuit, ac utriusque *Casauboni, Ful. Ursini, Henr. Valesii, Iac. Palmerii* et suas notas adjecit. — Accedit ΑΙΝΕΙΟΥ Τακτικόντε καὶ Πολιορκητικόν ὑπόμνημα, περὶ τοῦ πῶς χρὴ πολιορκούμενον ἀντέχειν. — Æneæ, vetustissimi tactici, commentarius de toleranda obsidione, cum interpretatione ac notis *Isaaci* Casauboni.

Amstelodami 1670. J. Jansson. à Waesberge. 3 v. in-8°.

** — Polybii historiarum libri quinque in latiam conversi linguam *Nicolao* Perotto interprete.

Venetiis 1521. Aldus. 1 vol. in-fol.   Voyez n.° 845.

884 — Polybii *Megalopolitani* historiarum libri priores quinque, *Nicolao* Perotto *Sipontino* interprete. Item epitome sequentium librorum, usque ad XVII. *Vuolfgango* Musculo interprete.

Lugduni 1554. S. Gryphius. 1 vol. in-8°.

885. — Les histoires de Polybe. Avec les fragmens ou extraits du mesme Autheur, contenant la pluspart, des ambassades. De la traduction de P. Du Ryer.

Paris 1655. A. Courbé. 1 vol. in-fol.

886. — Histoire de Polybe, nouvellement traduite du grec par Dom *Vincent* Thuillier. Avec un commentaire ou un corps de science militaire, enrichi de notes critiques et historiques, où toutes les grandes parties de la guerre, soit pour l'offensive, soit pour la défensive, sont expliquées, démontrées, et représentées en figures. Par M. de Folard.

Paris 1727-1730. Gandouin. 6 vol. in-4°. Pl.

887. — ΑΠΠΙΑΝΟΥ Ἀλεξανδρέως Ῥωμαϊκά. — Appiani *Alexandrini* Rom. historiarum, Punica, sive Carthaginensis, Parthica, Iberica, Syriaca, Mithridatica, Annibalica. Celticæ et Illiricæ fragmenta quædam. Item de bellis civilibus libri V. — *Henr.* Steph. annotationes in quasdam Appiani historias, et in conciones per totum opus sparsas.

Parisiis 1592. Henr. Steph. 1 vol. in-fol.

** — ΑΠΠΙΑΝΟΥ Ἀλεξανδρέως Ῥωμαϊκῶν ἱστοριῶν τὰ σωζόμενα. — Appiani *Alexandrini* Romanarum historiarum quæ supersunt, græcè et latinè, cum indicibus.

Parisiis 1840. Fir. Didot. 1 vol. in-8°.

Vide *Script. Græc. Bibl.*

888. — Appiani *Alexandrini* sophistæ, de civilibus Romanorum bellis historiarum libri quinque. Ejusdem libri sex : Illyricus, Celticus, Libycus, Syrius, Parthicus, Mithridaticus, et Romanæ historiæ procemium. — P. Velleii Paterculi historiæ Romanæ duo volumina.

Parisiis 1538. M. Vascosanus. 1 vol. in-fol.

889. — Appiani *Alexandrini* Romanarum historiarum, de bellis Punicis liber. — De bellis Syriacis liber. — De bellis Par-

thicis liber. — De bellis Mithridaticis liber. — De bellis
civilibus libri V. — De bellis Gallicis liber, seu potius
epitome. — Omnia per *Sigismundum* GELENIUM latinè
reddita. — De bellis Hispanicis liber, *Cælio Secundo* CU-
RIONE translatore. — De bellis Illyricis liber, P. CANDINO
interprete.

Basileæ 1554. Froben. 1 vol. in-fol.

890. — APPIAN *Alexandrin*, historien grec, des guerres des Rommains, livres XI. Assavoir, le Libyque. Le Syrien. Le
Parthique. Le Mithridatique. Le Illyrien. Le Celtique. Et
cinq des guerres Civiles. Plus le sixiesme desdictes guerres
Civiles, extraict de PLUTARQUE. Le tout traduict en françoys par feü M. *Claude* DE SEYSSEL.

Paris 1559. Jean Mace. 1 vol. in-8°.

891. — C. *Crispi* SALLUSTII de L. Sergii Catilinæ coniuratione,
et bello Jugurthino historiæ, cum reliquis orationibus.
His accesserunt *Philippi* MELANCHTHONIS doctæ simul ac
perbreves adnotationes. Præterea flosculorum Sallustia-
norum, ac rerum notatu dignarum indices duo.

Lugduni 1536. Apud S. Gryphium. 1 vol. in-8°.

892. — C. SALLUSTI *Crispi* operum, quæ exstant, nova editio.
Edente et recensente *Ludovico* CARRIONE.

Antuerpiæ 1579. Off. Plantini. 1 vol. in-8°.

In C. SALLUSTII *Crispi* Catilinam, et Jugurtham, *Joannis*
RIVII castigationum lib. II. *Ald.* MANUTII *Paulli* F. scho-
lia. *Cypriani* à POPMA emendationes. In historiarum lib.
VI à *Ludovico* CARRIONE collectos, auctos, et restitutos.
Eiusdem *Ludovici* CARRIONIS scholia.

Antuerpiæ 1579. Off. Plantini. in-8°.

893. — C. SALLUSTIUS *Crispus*, cum veterum historicorum fragmentis.

Lugd.-Batav. 1634. Off. Elzeviriana. 1 vol. in-16.

894. — C. SALLUSTII *Crispi* opera, quæ extant, omnia : cum selectissimis variorum observationibus. Et accurata recensione *Antonii* THYSII.

Lugd.-Batav. 1649. Hackius. 1 vol. in-8°.

895. — C. Sallusti Crispi quæ extant. In usum serenissimi Galliarum Delphini, diligenter recensuit, et notulas addidit *Daniel* Crispinus.

> Paris 1674. F. Leonard. 1 vol. in-4°.

** — *Caius Crispus* Sallustius ad codices Parisinos recensitus cum varietate lectionum et novis commentariis : item *Julius* Exsuperantius e codice nondum explorato emendatus, curante J. E. Burnouf.

> Parisiis 1821. Lemaire. 1 vol. in-8°.

> Vide *Lemaire. Bibl. class. lat.*

896. — La guerre Jugurthine (traduite de Salluste par *Hierosme* de Chomedey).

> Paris 1540. L'Angelier. 1 vol. in-4°.

897. — L'histoire de C. Crispe Saluste touchant la conspiration de L. Serge Catelin, avec la premiere harangue de M. *Tulle* Ciceron contre luy : ensemble la guerre Iugurthine et la harangue de *Portius* Latro contre Catelin : traduittes de latin en françois, par *Loys* Meigret *Lyonnois*.

> Paris 1547. Wechel. 1 vol. in-8°.

898. — L'histoire de la guerre des Romains contre Jugurtha, roy des Numides. Et l'histoire de la Conjuration de Catilina. Ouvrage de Salluste traduit en françois. (Par l'*Abbé* Cassagne). Nouv. édit.

> Paris 1713. David. 1 vol. in-12.

899. — Même ouvrage.

> Limoges 1719. Barbou. 1 vol. in-12.

900. — Salluste ou histoires de la conjuration de Catilina contre la république romaine, et de la guerre des Romains contre Jugurtha ; traduites en françois. On y a ajouté la traduction de tous les morceaux, qui se trouvent en entier dans les fragments de cet historien. Le tout, accompagné de dissertations, et de remarques critiques, historiques et geographiques. Par M. l'*Abbé* Thyvon.

> Paris 1730. Huart. 1 vol. in-12.

> Tome 2 de l'ouvrage, contenant la guerre contre Jugurtha.

901. — Les histoires de Salluste, traduites en françois ; avec le latin revu et corrigé, des notes critiques, et une table géographique : par M. Beauzée.

Paris 1770. Barbou. 1 vol. in-12. Cart.

902. — OEuvres de Salluste. Traduction nouvelle, par Dureau de la Malle.

Paris 1808. Michaud. 1 vol. in-8°.

** — OEuvres de Salluste, traduction nouvelle accompagnée d'une notice biographique et littéraire sur Salluste, par M. *Ch.* du Rozoir. **Paris 1829. Panckoucke. 2 vol. in-8°.**

Voyez *Bibl. lat. fr.*

903. — Discours historiques et politiques sur Salluste, par feu M.ʳ Gordon, traduits de l'anglois par un de ses amis. (*Pierre* Daudé).

1759. S. n. n. l. 2 vol. in-12.

904. — C. *Iulii* Cæsaris commentarii. (Cum Hircii supplementis et indice *Raymundi* Marliani).

Venetiis 1482. Octavianus Scotus. 1 vol. in-fol.

905. — C. *Iulii* Cæsaris rerum ab se gestarum commentarii. De bello Gallico libri VIII.—De bello civili Pompeiano libri III. — De bello Alexandrino liber I. — De bello Africo liber I. — De bello Hispaniensi liber I. — Ex vetustiss. scriptis codicibus emendatiores.— Pictura totius Galliæ, Pontis in Rheno, Avarici, Alexiæ, Vxelloduni, Massiliæ, per Jucundum *Veronensem*, ex descriptione Cæsaris. Veterum Galliæ locorum, populorum, urbium, montium, ac fluviorum brevis descriptio.

Lutetiæ 1544. Rob. Stephanus. 1 vol. in-8°.

A la suite :

Eutropii epitome belli gallici ex Suetonii Tranquilli monumentis quæ desiderantur. In C. Julii Cæsaris commentarios de bello gallico ac civili, *Henrici* Glareani poetæ laureati annotationes.

Lutetiæ 1544. Rob. Stephanus. in-8°.

906. — C. Julii Cæsaris rerum ab se gestarum commentarii.

Lugduni 1558. Frellon. 1 vol. in-8°.

907. — C. Julii Cæsaris quæ extant ex emendatione J. Scaligeri.
Amstelodami 1665. Janssonius. 1 vol. in-12. Cart.

908. — C. Julii Cæsaris quæ exstant opera; cum A. Hirtii sive Oppii commentariis de bellis Gall. Alexand. Afric. et Hispaniensi. Accesserunt ejusdem Cæsaris fragmenta, necnon et nomina populorum, oppidorum et fluviorum, quæ apud Cæsarem reperiuntur.
Parisiis 1755. J. Barbou. 2 vol. in-12.

** — *Caius Julius* Cæsar ad codices parisinos recensitus. Cum varietate lectionum, *Julii* Celsi commentariis, tabulis geographicis, et selectissimis eruditorum notis, quibus suas adjecerunt N. L. Achaintre et N. E. Lemaire.
Parisiis 1819-1822. Didot. 4 vol. in-8°.
Vide *Lemaire. Bibl. class. lat.*

909. — C. Julii Cæsaris quæ exstant, ex nuperâ viri docti accuratissima recognitione. Accedit nunc vetus interpres græcus librorum VII de bello gallico, ex bibliotheca P. *Petavii.* Præterea notæ, adnotationes, commentarii partim veteres, partim novi, in quibus notæ tum politicæ, tum criticæ *Io.* Brantii. Editio adornata opera et studio *Gothofredi* Iungermani.
Francofurti 1606. Apud C. Marnium. 1 vol. in-4°.

La seconde partie a pour titre :

In C. *Jul.* Cæsaris commentarios notæ, adnotationes, commentarii Ruellicani, Glareani, Glandorpii, Camerarii, Bruti, Manutii, Sambuci, Ursini, Ciacconii, Hotmani, Brantii. Nomenclator geographicus præterea duplex; e quibus alter R. Marliani.
Francofurti 1606. Apud C. Marnium.

910. — Les paralleles de Cesar et de Henry IIII par *Anthoine* de Bandole, avec les Commentaires de Cesar, et les Annotations de *Blaise* de Viginere, de nouveau illustrez de maximes politiques par ledit de Bandole (J. Baudoin).
Paris 1609. Richer. 1 vol. in-4°.

911. — Les commentaires de Jules Cesar et les annotations de *Blaise* de Vigenere. Avec les Paralleles de Cesar, et de

Henri IIII, de nouveau illustrez de maximes politiques. Par *Anthoine* DE BANDOLE.

> Paris 1625. Rebuffé. 1 vol. in-4°.

912. — Les commentaires de CESAR. 5.ᵉ édition. (Traduction de PERROT D'ABLANCOURT).

> Paris 1658. A. Courbé. 1 vol. in-4°. Cart.

913. — Même ouvrage. Edition nouvelle.

> Paris 1672. Jolly. 1 vol. in-12.

914. — Les commentaires de CÉSAR. (Traduction de PERROT D'ABLANCOURT, revue par LE MASCRIER et DE WAILLY). Nouv. édit. rev. corr. et aug. de notes historiques et géographiques. Et d'une carte de la Gaule et du plan d'Alise, par M. *Danville*.

> Amsterd. et Leipsig 1763. Arkstée et Merkus. 2 v. in-12.

915. — Les commentaires de CÉSAR, traduits par le Vicomte DE TOULONGEON. Nouv. edit. rev. et corrig. par M. *Amédée* POMMIER, et orné d'un portrait de César et d'une carte de la Gaule.

> Paris 1826. Verdière. 4 vol. in-12.

** — Mémoires de *Jules* CÉSAR, traduction nouvelle par M. ARTAUD.

> Paris 1828. Panckoucke. 3 vol. in-8°.

> Voyez *Bibl. lat. fr.*

916. — Commentarii di C. JULIO CESARE tradotti per *Agost.* URTICA DELLA PORTA *Genovese*, et postillati delli nomi moderni.

> Venetiis 1517. R. de Vitalibus. 1 vol. in-4°.

917. — Libro de los comentarios de *Gayo Julio* CESAR de las guerras de la Gallia, Africa, y España tambien de la civil traducido en Español. (Por *Diego* LOPEZ de Toledo).

> Paris 1549. Birckman. 1 vol. in-8°. Cart.

918. — C. *Cornelii* TACITI opera quæ exstant. Ad exemplar quod I. *Lipsius* quintum recensuit. Seorsim excusi commentarii eiusdem LIPSII meliores plenioresque cum curis secundis, et auctariolo non antè adiecto. *Guil.* BARCLAYUS præmetia quædam ex vitâ Agricolæ libavit.

> Parisiis 1599. Gesselin. 1 vol. in-8°.

11.*

919. — C. *Cornelii* Taciti opera quæ exstant. *Iustus* Lipsius postremùm recensuit. Additi commentarii aucti emendatique ab ultimâ manu. Accessit C. Velleius Paterculus cum ejusdem LipsI auctioribus notis.
Antuerpiæ 1607. Off. Plantiniana. 1 vol. in-fol.

920. — C. *Cornelii* Taciti et Velleii Paterculi scripta quæ exstant: recognita, emaculata: additique commentarii copiosissimi et notæ non anteà editæ.
Parisiis 1608. P. Chevalier. 1 vol. in-fol.

921. — C. *Cor.* Taciti quæ extant opera. Ex recensione I. Lipsii.
Lugd. Batav. 1621. Off. Elzeviriana. 1 vol. in-16.

922. — Novæ cogitationes in libros Annalium C. *Cornelii* Taciti qui extant. Ad christianiss. Regem Francorum et Navarrorum Ludovicum XIII. Auctore *Ludovico* Dorleans. Quibus addita sunt reliqua eiusdem Taciti opera.
Parisiis 1622. Th. Blasius. 1 vol. in-fol.

923. — C. *Cornelii* Taciti opera quæ exstant. *Iustus* Lipsius postremùm recensuit. Additi commentarii aucti emendatique ab ultimâ manu. Accèssit C. Velleius Paterculus cum ejusdem LipsI auctioribus notis.
Antuerpiæ 1627. Off. Plantiniana. 1 vol. in-fol.

924. — C. *Cornelii* Taciti opera. Nova editio, ad exemplar ejusdem authoris, editum ad usum Serenissimi Delphini, diligenter collata, et capitibus distincta.
Parisiis 1733. Barbou. 1 vol. in-16.

925. — C. *Cornelii* Taciti quæ exstant opera; juxta accuratissimam D. *Lallemant* editionem.
Parisiis 1779. Barbou. 1 vol. in-12.

926. — C. C. Taciti opera.
Parisiis 1826-1827. Panckoucke. 4 vol. in-fol.
Edition de luxe publiée par ordre du Ministre de l'intérieur et tirée seulement à 80 exemplaires. — Voyez la traduction de Tacite par Panckoucke, tom. vi, pag. 77.

** — *Caius Cornelius* Tacitus qualem omni parte illustratum postremo publicavit *Jer. Jac.* Oberlin. Cui postumas ejusdem annotationes et selecta variorum additamenta subjunxit *Jos.* Naudet.
Parisiis 1819-1820. Didot. 5 vol. in-8.° et Index.
Vide *Lemaire. Bibl. lat. fr.*

927. — Les œuvres de C. *Cornelius* Tacitus, Chevalier Romain. A scavoir, les Annales et Histoires des choses advenues en l'Empire de Rome depuis le trespas d'Auguste. L'assiete de Germanie, les mœurs et noms des anciens peuples de ce pays. La vie de Iules Agricola, où est traittée la conqueste et description du pays iadis appellé Bretaigne, et maintenant Angleterre et Escoce. Le tout nouvellement mis en françois (par *Et.* de la Planche et *Cl.* Fauchet).
Paris 1584. A. L'Angelier. 1 vol. in-8º.

928. — Les œuvres de C. *Corn.* Tacitus, Chevalier Romain ; de nouveau traduites en françois, et illustrées d'annotations ; où il est traicté generalement de la religion ; des magistrats, de la milice ; des monnoyes, et des bastimens des anciens Romains. Avec des Discours politiques, tirez des principales maximes de l'Autheur. Par I. Baudoin.
Paris 1628. Richer. 1 vol. in-4º.

A la suite :

Discours politiques sur les œuvres de C. Cornelius Tacitus. Tirez de l'italien de *Scipion* Amirato, par I. Baudoin.
Paris 1628. Richer. 1 vol. in-4º.

929. — Les œuvres de C. *Corneille* Tacite, traduites de latin en françois par le Sieur *Achilles* de Harlay.
Paris 1644. V.ᵉ Camusat. 1 vol. in-fol.

930. — Les œuvres de Tacite. De la traduction de *Nicolas* Perrot, Sieur d'Ablancourt.
Paris 1681. Osmont. 3 vol. in-12.

931. — Même ouvrage.
Paris 1688. Osmont. 3 vol. in-12.

932. — Tacite avec des notes politiques et historiques. (Par Amelot de la Houssaye).
Paris 1690. E. Martin. 1 vol. in-4º.

933. — Même ouvrage.
Paris 1724. Cailleau. 4 vol. in-12.

Il faut y joindre :

Tacite avec des notes politiques et historiques. Par Mr. L. C. d. G. (*François* Bruys).
La Haye 1731-1734. Scheurler. 6 vol. in-12.

934. — Traduction de quelques ouvrages de TACITE par M. l'*Abbé* DE LA BLETERIE.

Paris 1755. Duchesne. 2 vol. in-12.

Cette traduction comprend la Germanie et la vie d'Agricola.

935. — TACITE. Nouvelle traduction par M. J. B. J. R. DUREAU DE LAMALLE. 2.ᵉ édit.

Paris 1808. Nicolle. 5 vol. in-8°.

936. — TACITE, traduit par DUREAU DE LAMALLE, avec le texte latin en regard ; 4.ᵉ édit. rev. corr. et augm. des Suppléments de BROTIER, traduits pour la première fois par M. NOEL.

Paris 1827. Michaud. 6 vol. in-8°. Pl. et Cart.

** — OEuvres de C. C. TACITE, traduites par C. L. F. PANCKOUCKE.
Paris 1830-38. Panckoucke. 7 vol. in-8°.
Voyez *Bibl. lat. fr.*

** — Traduction du premier livre de l'histoire de TACITE, par J. J. ROUSSEAU.   Voyez *OEuvres de J. J. Rousseau.* VII.

937. — Annali e historie di C. C. TACITO, con le due operette de costumi de Germani et della vita d'Agricola, tradotte in volgar sanese da A. POLITI, e illustrate da *Gir.* CANINI.

Roma 1611. Buffinelli. 1 vol. in-4°. Sans titre.

938. — Excerpta è *Corn.* TACITO, ou les tableaux de la tyrannie sous Tibère et Néron, tirés des Annales de Tacite. Avec les principaux traits de ses histoires : le tout dans le texte propre de l'Auteur, avec des notes en latin. (Par ALLETZ).

Paris 1756. Aumont. 1 vol. in-12.

939. — Discours politiques et militaires sur Corneille Tacite, excellent historien, et grand homme d'Estat, contenant les fleurs des plus belles histoires du monde, et des notables advertissemens, concernans la conduitte des armées. Traduits, paraphrasez, et augmentez par *Laurens* MELLIET, Sieur de *Montessuy* en Bresse.

Rouen 1633. J. Cailloué. 1 vol. in-4°.

940. — Tibère, Discours politiques sur Tacite du Sieur DE LA MOTHE-JOSSEVAL, d'ARONSEL.

Amsterdam 1683. Dan. Elzevier. 1 vol. in-4°.

941. — Tibère. Discours politiques sur Tacite du Sieur A. N. AMELOT, Sieur DE LA HOUSSAIE.

Paris 1684. F. Leonard. 1 vol. in-4°.

942. — Discours historiques, critiques et politiques sur Tacite. Traduits de l'anglois de Mr. *Th.* GORDON. Par Mr. D. S. L. (*Pierre* DAUDÉ).

Amsterdam 1741. Changuion. 2 vol. in-12.

943. — C. SUETONII TRANQUILLI duodecim Cæsares, ex ERASMI recognitione.

Parisiis 1535. S. de Colines. 1 vol. in-8°.

944. — *Caii* SUETONII TRANQUILLI duodecim Cæsares, cum *Philippi* BEROALDI *Bononiensis*, *Marcique* item *Antonii* SABELLICI commentariis, et *Bapt.* ÆGNATII, aliorumque doctorum virorum annotationibus.

Lugduni 1548. J. Frellon. 1 vol. in-fol.

945. — C. SUETONIUS TRANQUILLUS de XII Cæsaribus et de illustribus Grammaticis et claris Rhetoribus libelli duo. Ex recentione et cum animadversionibus *Isaaci* CASAUBONI.

Lugduni 1605. Gamonetus. 1 vol. in-4°. Sans titre.

946. — C. SUETONII TRANQUILLI de XII Cæsaribus libri VIII. Eiusdem de illustribus Grammaticis et de claris Rhetoribus. *Isaacus* CASAUBONUS ex fide vetustissimorum librorum recensuit et libros adiecit animadversionum. Seorsim adiecti sunt doctorum virorum in eundem Suetonium commentarii aut aliæ lucubrationes.

Parisiis 1610. Drouart. 1 vol. in-fol.

947. — *Caius* SUETONIUS TRANQUILLUS. Cum annot. diversorum.

Amsterodami 1630. Blaeu. 1 vol. in-16.

948. — *Caii* SUETONI TRANQUILLI quæ extant. *Marcus* BOXHORNZVERIUS recensuit, et animadversionibus illustravit.

Lugd.-Batav. 1632. Maire. 1 vol. in-16.

949. — Idem opus.

Amsterodami 1650. Typis L. Elzevirii. 1 vol. in-16.

** — C. Suetonii Tranquilli duodecim Cæsares et minora quæ supersunt opera, Baumgartenii-Crusii commentario, excursibus Ernesti et annotationibus variorum novisque illustravit *Car. Ben.* Hase.

Parisiis 1828. Didot. 2 vol. in-8°.

Vide *Lemaire. Bibl. lat. fr.*

950. — C. Suetone Tranquille. De la vie des douze Cesars. Nouvellement traduit en françois, et illustré d'annotations. (Par I. Baudoin).

Paris 1611. Gesselin. 1 vol. in-4°. Fig.

951. — L'histoire des Empereurs Romains, avec leurs portraicts en taille douce : escrit en latin par Suetone, et nouvellement traduit. Par M. Du Teil.

Lyon 1661. Et. Loyson. 1 vol. in-4°. Fig.

952. — L'histoire des douze Cesars Empereurs Romains, avec leurs portraits : escrite en latin par Suetone, et nouvellement traduite par M. Du Teil.

Lyon 1684. Molin. 1 vol. in-12.

** — Les douze Césars traduits du latin de Suetone, avec des notes et réflexions par La Harpe. Voyez *OEuvres de La Harpe.* vi-vii.

** — Suetone. Traduction nouvelle par M. de Golbery.

Paris 1830-1833. Panckoucke. 3 vol. in-8°.

Voyez *Bibl. lat. fr.*

953. — Τῶν ΔΙΩΝΟΣ τοῦ ΚΑΣΣΙΟΥ τοῦ Κοκκηιανοῦ Ρωμαϊκῶν ἱστοριῶν τὰ εὑρισκόμενα. — Dionis Cassii *Cocceiani* historiæ Romanæ libri XLVI, partim integri, partim mutili, partim excerpti ; *Johannis* Levnclavii studio tam aucti quam expoliti. Fragmenta priorum XXXIV emissorum, et posteriorum XX librorum. Notæ Levnclavii, quibus Dionia plurima restituuntur. — Accedunt R. Stephani, G. Xylandri, F. Sylburgii, H. Stephani, F. Ursini notæ.

Hanoviæ 1606. Typis Wechelianis. 1 vol. in-fol.

954. — Ἐκ τῶν ΔΙΩΝΟΣ ἐκλογαὶ Ἰωαννου τοῦ ΞΙΦΙΛΙΝΟΥ. — E. Dione excerptæ historiæ ab *Ioanne* Xiphilino. Ex interpretatione *Guilielmi* Blanci, à *Guilielmo* Xylandro recognita. *Henrici* Stephani in *Ioannem* Xiphilinum post duos egregios messores spicilegium.

Parisiis 1592. Hen. Stephanus. 1 vol. in-fol.

Se trouve aussi à la suite du n.° 787.

955. — Dionis Cassii *Nicæi* Romanæ historiæ libri (tot enim hodie extant) XXV nimirum à XXXVI ad LXI. Quibus exponuntur res gestæ à bello Cretico usque ad mortem Claudij Cæsaris, quæ est historia annorum circiter CXX. Nunc primùm summa fide diligentîaque de græcis latini facti, *Guilielmo* Xylandro interprete. Additum est *Ioannis* Xiphilini è Dione compendium, *Guil.* Blanco *Albiensi* interprete : quæ versio ab eodem Xylandro diligenter est, ubi opportuit, castigata.

Basileæ 1558. J. Oporinus. 1 vol. in-fol.

956. — Dionis Cassii *Cocceiani* historiæ Romanæ libri XLVI, partim integri, partim mutili, partim excerpti : *Io.* Levnclavii studio tam aucti, quam expoliti. Fragmenta priorum XXXIV amissorum, et posteriorum XX librorum. Notæ Leunclavii, quibus Dionia plurima restituuntur.

Francofurti. And. Wecheli Heredes. 2 vol. in-8°.

957. — Dionis *Nicæi* rerum Romanarum à Pompeio Magno, ad Alexandrum Mamææ filium Epitome, *Joanne* Xiphilino authore, et *Guilielmo* Blanco *Albiensi* interprete.

Lutetiæ 1551. H. Stephanus. 1 vol. in-4..

958. — L'histoire de Dion Cassius de Nicæe : contenant les vies des 26 Empereurs, qui ont regné depuis Iulius Cæsar, jusques à Alexandre fils de Mammæe, abbregée par Xiphilin. Translatee de grec en françois par M. *A.* Canque.

Paris 1588. Lucas Breyel. 1 vol. in-8°.

959. — Histoire romaine de Dion Cassius, traduite en français, avec des notes critiques, historiques, etc., et le texte en regard, collationné sur les meilleures éditions et sur les manuscrits de Rome, Florence, Venise, Turin, Munich, Heidelberg, Paris, Tours, Besançon, par E. Gros.

Paris 1845-1850. Firmin Didot. 3. vol. in-8°.

960. — Histoire romaine écrite par Xiphilin, par Zonare, et par Zosime. Traduite sur les originaux grecs, par M. Cousin,

Paris 1678. P. Rocolet. 1 vol. in-4°.

** — ΙΟΥΛΙΑΝΟΥ αὐτοκράτορος Καίσαρες. — Juliani imperatoris Cæsares.   Vide *Juliani* opera.

961. — Les Cesars de l'Empereur Julien, traduits du grec (par le
Baron de Spanheim), avec des remarques et des preuves,
illustrées par les medailles, et autres anciens monumens.
Paris 1683. Thierry. 1 vol. in-4°.

962. — Les Cesars de l'Empereur Julien, traduits du grec. Par
feu M.ʳ le *Baron* de Spanhein, avec des remarques et
preuves, enrichies de plus de 300 médailles, et autres
anciens monumens. Gravés par *Bernard* Picart le Romain.
Amsterdam 1728. L'Honoré. 1 vol. in-4°.

963. — ΗΡΩΔΙΑΝΟΥ ἱστοριῶν βιϐλία η. — Herodiani à Commodo
Marci filio ad Maximum usque et Albinum imperatores,
historiarum libri VIII.
Basileæ. s. d. J. Valderus. 1 vol. in-16

964. — ΗΡΩΔΙΑΝΟΥ ἱστοριῶν βιϐλία η. — Herodiani de imperatorum romanorum præclarè gestis libri VIII. Græci et Latini. (Interprete *Angelo* Politiano).
Basileæ 1549. Per Henrichum Petri. 1 vol. in-8°.

965. — ΗΡΩΔΙΑΝΟΥ ἱστοριῶν βιϐλία η. — Herodiani hist. lib. VIII.
Cum *Angeli* Politiani interpretatione; et huius partim
supplemento, partim examine *Henrici* Stephani. — Adiecti sunt Zozimi Comitis historiarum Herodianicas sub-
sequentium libri duo, ab eodem H. Stephano græcè primùm editi.
Lugduni 1624. Ravaud. 1 vol. in-8°.

966. — L'histoire de Herodian autheur grecq des Empereurs Ro-
mains depuis Marcus, tournee de grecq en latin par *Ange*
Politian, et de latin en françoys par *Iehan* Collin.
Paris 1541. Vivant Gaultherot. 1 vol. in-8°.

967. — Histoire d'Hérodien, traduite du grec en françois, avec
des remarques sur la traduction. (Par l'*Abbé* Mongault).
Paris 1700. Barbin. 1 vol. in-12.

968. — Ammiani Marcellini rerum gestarum qui de XXXI supersunt libri XVIII. Ex Ms. codicibus emendati ab *Hen-*

rico VALESIO, et annotationibus illustrati. — Adjecta sunt excerpta de gestis Constantini nondum edita.

Parisiis 1636. Camusat. 1 vol. in-4°.

969. — AMMIANI MARCELLINI rerum gestarum qui de XXXI supersunt, libri XVIII. Ope Mss. codicum emendati ab *Henrico* VALESIO, et auctioribus adnotationibus illustrati. Necnon excerpta vetera de gestis Constantini et regum Italiæ. — Editio posterior, cui *Adrianus* VALESIUS, *Fr.* LINDENBROGII in eumdem historicum ampliores observationes, et collectanea variarum lectionum adjecit; etc. Præfixit et præfationem suam, ac vitam Ammiani à *Claudio* CHIFFLETIO compositam.

Parisiis 1681. A. Dezallier. 1 vol. in-fol.

970. — Romanæ historiæ compendium : ab interitu Gordiani Junioris usque ad Justinum tertium. Per POMPONIUM LÆTUM.

Parisiis 1501. Jehan Dupré. 1 vol. in-4°.

c. — *Auteurs modernes.*

971. — *Jacobi* HUGONIS *Insulensis* vera historia Romana seu origo Latii vel Italiæ ac Romanæ urbis è tenebris longæ vetustatis in lucem producta.

Romæ 1655. Fr. Moneta. 1 vol. in-4°.

972. — *Johannis* CUSPINIANI de Consulibus Romanorum commentarii, ex optimis vetustissimisque auctoribus collecti. Præfertur his commentariis, SEXTI RUFFI V. consul. rerum gestarum Pop. Rom. deque accessione Imperii Epitome, cum eiusdem CUSPINIANI. eruditiss. scholiis. Magni AURELII CASSIODORI senat. chronicon, sive de Consulibus Romanorum libellus, passim CUSPINIANI commentariis insertus. — *Nicolai* GERBELII in eosdem commentarios, præfatio.

Francofurti 1601. Typis Wechelianis. 1 vol. in-fol.

973. — *Stephani Vinandi* PIGHII annales Romanorum; qui commentarii vicem supplent in omnes veteres historiæ Ro-

manæ scriptores ; tribus tomis distincti : e quibus duo posteriores postumi, nunc primùm in lucem exeunt, recensiti, aucti, et illustrati operâ et studio *Andreæ* Schotti. Cum Fastis Capitolinis à Pighio suppletis, Fastis Siculis à Schotto emendatis, et indicibus.

Antuerpiæ 1615. Off. Plantiniana. 3 en 2 vol. in-fol.

974. — Histoire Romaine, continuee depuis le commencement de l'Empire de Diocletian et de Maximian, jusques à celui de Valentinian et de Valens. Avec les Epitomes de Messala Corvinus, Aurelius Victor, Sextus Rufus et autres. Comprenans ce qui s'est passe de plus memorable sous les gouvernemens des Roys, des Consuls, et des Cesars, depuis les regnes de Ianus et de Saturne en Italie, iusques à la fin de l'empire de Carus : Et encores depuis l'empire de Valentinian et de Valens, iusques à présent. Par M. de Marolles.

Paris 1630. T. Du Bray. 1 vol. in-fol.

975. — Augmentation de l'histoire romaine, tiree de divers au- autheurs anciens et modernes. De la traduction et de la composition de M. de Marolles.

Paris 1664. Guignard. 2 vol. in-8º.

976. — Histoire romaine, depuis la fondation de Rome. Par Messire *Scipion* Dupleix.

Paris 1638. Cl. Sonnius. 2 vol. in-fol.

977. — Histoire romaine, contenant tout ce qui s'est passé de plus memorable depuis le commencement de l'empire d'Auguste jusques à celui de Constantin le Grand. Avec l'Epitome de L. Florus depuis la fondation de la ville de Rome jusques à la fin de l'empire d'Auguste. Par R. P. F. N. Coeffeteau.

Paris 1631. N. Bessin. 1 vol. in-fol.

978. — Même ouvrage.

Paris 1646. R. Denain. 1 vol. in-fol.

979. — Même ouvrage.

Rouen 1659. A. Maurry. 3 vol. in-12.

980. — Histoire romaine , tome deuxiesme ou suitte du premier, par le R. P. N. Coeffeteau. Contenant ce qui sest passé de memorable dans les empires d'Occident , et d'Orient, depuis Constantin le Grand premier empereur chrestien, jusques à Charlemagne. — Histoire romaine, tome troisiesme, contenant etc. depuis le commencement du regne de Charlemagne, jusques à Ferdinand II. — Le tout recueilly des anciens monuments de l'histoire grecque et latine des autheurs contemporains qui ont fleury sous les Empereurs. Par C. M. (Malingre) S. dit de Saint-Lazare.
Paris 1630. Fouet. 2 vol. in-fol.

981. — Abregé chronologique de l'histoire romaine, divisée en huit tomes , ou l'on void tres exactement et metodiquement recueilly tout ce qui s'est passé depuis la fondation de Rome , sous les Roys , sous les Consuls, sous les Tribuns militaires, sous les Decemvirs, et sous les Empereurs tant d'Orient que d'Occident, jusques à l'Empereur d'aujourd'huy. Avec l'estat de l'Eglise dans les persecutions qu'elle a receuë , et les Heresies principales de chaque siecle. Par le S.r Du Verdier.
Paris 1670. Girard. 8 vol. in-12.

982. — Abregé de l'histoire romaine , en latin et en françois , tiré de plusieurs auteurs. Par L. C. D. L.
Paris 1687. Du Bois. 1 vol. in-12.

983. — Histoire romaine , depuis la fondation de Rome, jusqu'à la translation de l'Empire par Constantin. Traduite de l'anglois de *Laurent* Echard (par D. de Larroque , continuée par l'*Abbé* Guyon et le tout revu par l'*Abbé* Desfontaines).
Paris 1744. L. Guerin. 16 vol. in-12.

984. — Histoire des revolutions arrivées dans le gouvernement de la République Romaine. Par M. l'*Abbé* de Vertot.
Paris 1727. Barois. 3 vol. in-12.

985. — Histoire des révolutions arrivées dans le gouvernement de la République Romaine, par Vertot.
Paris 1828. V.e Dabo. 1 vol. in-12.

986. — Histoire romaine, depuis la fondation de Rome, avec des notes historiques, géographiques, et critiques; des gravures, des cartes geographiques, et plusieurs médailles authentiques. Par les RR. PP. Catrou et Rouillé (et *Bern.* Rothe).

Paris 1725-1748. Rollin. 21 vol. in-4°. Fig.

987. — Histoire de la fondation de Rome; l'établissement de la République, son origine, les progrès, les mœurs de ses premiers habitans, et son gouvernement politique et militaire. Par L. P. C. E. R. (les Pères Catrou et Rouillé). Augmentée de Remarques par M. de Beaumarchais.

Rouen 1740. La Comp. 2 vol. in-12. Cart.

988. — Histoire romaine depuis la fondation de Rome jusqu'à la bataille d'Actium, c'est-à-dire, jusqu'à la fin de la République. Commencée par M. Rollin, et continuée par M. Crevier.

Paris 1742-1749. V.e Estienne. 16 v. in-12. T. 9 manque.

989. — Même ouvrage.

Paris 1752. V.e Estienne. 8 vol. in-4°.

990. — Même ouvrage.

Paris 1820. Audot. 16 vol. in-12.

991. — Historiæ romanæ res memorabiles ex scriptoribus illustribus collectæ; *Livio* scilicet, *Floro, Sallustio* et *Paterculo*. Ab urbe condita, ad obitum usque Cæsaris Augusti. (Auctore P. A. Alletz).

Parisiis 1780. Colas. 1 vol. in-12.

992. — *Dr.* Goldsmith's roman history, abridged by himself, for the use of schools.

London 1796. Sotheby. 1 vol. in-12. Fig.

993. — Figures de l'histoire de la république Romaine, accompagnées d'un précis historique. Ouvrage exécuté par ordre du Gouvernement pour servir à l'instruction publique, d'après les dessins de S. D. Mirys.

Paris an VIII. Mirys. 1 vol. in-4°. Fig.

994. — Histoire romaine, depuis la fondation de Rome jusqu'au règne d'Auguste; par *Jacques Corentin* Royou.

Paris 1809. Le Normant. 4 vol. in-8°.

995. — Histoire romaine de M. B. G. Niebuhr, traduite de l'allemand sur la 3.ᵉ édition, par M. P. A de Golbéry.

Paris 1830-40. F. G. Levrault. 7 vol. in-8.° et Index.

** — Italie ancienne. Par MM. Duruy, Filon, Lacroix et Yanoski.

Paris 1850-1851. F. Didot. 2 vol. in-8°.

Voyez l'*Univers*. 652-5.

996. — Beautés de l'histoire romaine, ou traits les plus remarquables de cette histoire. Par M.ʳ J.*Ph.* (B.D.S.) (Blanchard).

Paris 1811. Blanchard. 1 vol. in-12. Fig.

997. — Résumé de l'histoire romaine, depuis Romulus jusqu'à Constantin; suivi d'un tableau de la décadence et de la chute de l'Empire romain, par A. Roche.

Paris 1826. Lecointe et Durey. 1 vol. in-18.

998. — Résumé de l'histoire romaine. Par M. de S.—République romaine.

Paris 1827. Lecointe et Durey. 1 vol. in-18.

999. — Instruction sur l'histoire romaine, depuis la fondation de Rome jusqu'à la translation du siège de l'empire à Byzance, par Constantin-le-Grand; par Ch. C. Le Tellier.

Paris 1833. C. Le Tellier. 1 vol. in-12. Fig.

1000.—L'histoire Auguste en 11 volumes, contenant les vies des Empereurs romains, depuis Jules Cæsar jusques à Rodolphe II lequel domine à present. Recueillie de divers autheurs anciens et modernes, par M. Esprinchard S.ʳ du Plom etc. 2.ᵉ édit.

Paris 1610. Samuel Crespin. 2 vol. in-8°.

1001.—Commentaires historiques, contenants en abrege les vies, eloges et censures des Empereurs, Imperatrices, Cæsars et tyrans de l'Empire romain, jusques à Pertinax, et diverses observations sur leurs noms de familles et naissances. Le tout illustre de l'exacte explication des revers enygmatiques de plusieurs centaines de medailles tant latines que grecques, frappées en leur honneur, comme aussi celle de la grande Agathe antique de la saincte chapelle de Paris, et du monument sepulchral de marbre de Jovinus. Le tout representé en dix-huit planches de tailles douces. Par I. TRISTAN Sieur DE SAINT-AMANT.

Paris 1635. P. Billaine. 1 vol. in-fol.

1002.—Commentaires historiques, contenant l'histoire generale des Empereurs, Imperatrices, Cæsars et tyrans de l'Empire romain, illustree, enrichie par les inscriptions et enigmes, de treize à quatorze cent medailles, tant grecques que latines, et autres tres rares et tres riches monumens de l'antiquité, expliquez. Par *Iean* TRISTAN Sieur DE SAINT-AMANT.

Paris 1657. Seb. Huré. 3 vol. in-fol.

1003.—Histoire des Empereurs et des autres Princes qui ont régné durant les six premiers siècles de l'église, de leurs guerres contre les Juifs, des écrivains profanes, et des personnes les plus illustres de leur temps. Justifiée par les citations des auteurs originaux. Avec des notes pour éclaircir les principales difficultés de l'histoire. Par M. LENAIN DE TILLEMONT. Nouv. édit.

Paris 1720. Robustel. 6 vol. in-4°.

1004.—Histoire des Empereurs romains, depuis Auguste jusqu'à Constantin, par M. CREVIER.

Paris 1750-1752. Desaint et Saillant. 6 vol. in-4°.

1005.—Même ouvrage.

Paris 1775. Desaint et Saillant. 12 vol. in-12.

1006.—Histoire des Empereurs Romains, depuis Auguste jusqu'à Constance-Chlore, père de Constantin; suivie d'une notice sur la vie des Impératrices romaines; par *Jacques Corentin* ROYOU.

Paris 1808. Le Normant. 4 vol. in-8°.

1007.—Résumé de l'histoire romaine. Par M. DE S. (Emp. Rom).

Paris 1827. Lecointe et Durey. 1 vol. in-18.

d. — *Histoire particulière de certaines époques.*

1008.—Histoire du tribunat de Rome, depuis sa création, l'an
261 de la fondation de Rome, jusqu'à la réunion de sa
puissance à celle de l'empereur Auguste, l'an 730 de la
fondation de Rome. Son influence sur la décadence et la
corruption des mœurs. (Par M. Séran de la Tour).
    Amsterdam-Paris 1774. Vincent. 2 en 1 vol. in-12.

** — Histoire de la conjuration des Gracques. — Affaire de Marius et de
Sylla. Par l'*Abbé* de Saint-Réal.   Voyez *OEuvres.* t. i.

1009.—Histoire des deux triumvirats, depuis la mort de Catilina,
jusqu'à celle de Cesar. Depuis celle de Cesar, jusqu'à celle
de Brutus. Depuis celle de Brutus, jusqu'à celle d'Antoine.
Nouvelle édition augmentée de l'histoire d'Auguste de
Larrey. (Par Citry de la Guette).
    Amsterdam 1715. Mortier. 4 vol. en 3. in-12.

1010.—Vie de Jules César, suivie du tableau de ses campagnes,
avec des observations critiques. Par M. *Alp.* de Beauchamp.
    Paris 1823. Villet. 1 vol. in-8°. Port.

1011.—Mémoires de la cour d'Auguste, tirés de l'anglois du docteur *Th.* Blackwell (et de *John* Mills, par J. Feutry).
    Paris 1759. Simon. 4 vol. in-12.

** — Le livre de Messala Corvinus à Octavien Auguste sur sa généalogie,
traduit en français pour la première fois par M. N. A. Dubois.
    Paris 1843. Panckoucke. 1 vol. in-8°.
        Voyez *Bibl. lat. franç.*

** — Essai sur les règnes de Claude et de Néron. Par Diderot.
        Voyez *OEuvres.* t. viii.

1012.—Histoire philosophique de Marc-Aurèle, avec les pensées
de ce prince, présentées dans un ordre nouveau, et en
rapport avec les actes de sa vie publique et privée; par
feu M. Ripault. 2.e édit.
    Paris 1830. Barba. 4 vol. in8°. Port.

1013.—Histoire de Constantin-le-Grand, premier empereur chré-
tien. Par le R. P. D. Bernard de Varenne.
    Paris 1728. J. Guérin. 1 vol. in-4°.

1014.—Vie de l'empereur Julien. (Par M. l'*Abbé* DE LA BLETERIE).
    Paris 173 . Prault. 1 vol. in-12.

1015.—Même ouvrage. Nouv. édit.
    Paris 1746. Desaint. 1 vol in-12. Cart.

1016.—Vie de l'empereur Jovien et traductions de quelques ouvrages de l'empereur Julien. Par M. l'*Abbé* DE LA BLETERIE.
    Amsterdam 1750. Du Sauzet. 2 vol. in-12.

1017.—Histoire de Théodose-le-Grand, pour Monseigneur le
Dauphin. Par M. FLÉCHIER.
    Paris 1679. Cramoisy. 1 vol. in-4°.

1018.—Même ouvrage. 5.e édit.
    Paris 1699. Du Puis. 1 vol. in-12.

1019.—Même ouvrage.
    Paris 1828. Méquignon-Havard. 1 vol. in-12.

1020.—L'histoire des Impératrices.
    Paris 1646. De Sercy. 1 vol. in-4°.

1021.—Les femmes des douze Césars, et les Impératrices Romaines, contenant les vies et les intrigues secrètes des
femmes des Empereurs Romains et des princesses de leur
sang. Où l'on voit les traits les plus intéressants de l'histoire romaine. Tirées des anciens autheurs grecs et latins,
avec des notes historiques et critiques. Par M. DE SER-
VIEZ. 2.e édit.
    Paris 1720-23. De Launay. 2 vol. in-12.

e. — *Mélanges d'histoire romaine*

** — OEuvres de *Sextus* RUFUS.—Des provinces et des victoires du peuple
Romain. — Des régions de la ville de Rome. Traduction nouvelle
par M. N. A. DUBOIS.
    Paris 1843. Panckoucke. 1 vol. in-8°.

** — Les prodiges de JULIUS OBSEQUENS. Traduction nouvelle par M.
Victor VERGER.
    Paris 1842. Panckoucke. 1 vol. in-8°.
        Voyez *Bibl. lat. franç.*

1022.—Commentariorum reipub. Romanæ illius, in exteris provinciis, bello acquisitis, constitutæ, libri duodecim. Autore *Wolfgango* Lazio *Viennensi.*

Basileæ 1551. Joa. Oporinus. 1 vol. in-fol. Fig.

1023.—*Onuphrii* Panvinii Reipublicæ Romanæ commentariorum libri tres recogniti, et indicibus aucti. Accesserunt in hac editione *Sex. Julii* Frontini commentarii de aquæductibus et coloniis : itemque alia veterum scriptorum.

Parisiis 1588. Apud E. et N. Gillios. 1 vol. in-8°.

Les traités dont il est ici question sont : M. Porcii Catonis originum lib. I. — Q. Fabii Pictoris de aureo seculo et origine urbis Romæ lib. II. — C. Sempronii de divisione Italiæ lib. I. — Myrsili *Lesbii* de origine Italiæ et Tyrrhenorum lib. II.

1024.—*Justi* Lipsii admiranda, sive de magnitudine Romana libri quattuor. 2.ª edit.

Antuerpiæ 1599. Off. Plantiniana. 1 vol. in-4.°

** — Respublica romana. Honori urbis æternæ P. Scriverius restituit.

Lugd.-Bat. 1629. Off. Elzeviriana. 1 v. in-24. — Voyez n.° 652-33.

** — Réflexions sur les divers génies du peuple Romain, dans les divers temps de la République. Par Saint-Evremond.

Voyez OEuvres. Belles-Lettres. 3075-1.

** — Histoire des premiers siècles de Rome. Par Palissot.

Voyez OEuvres. Belles-Lettres. 3103-iii.

1025.—La République Romaine, ou plan général de l'ancien gouvernement de Rome, où l'on dévelope les différens ressorts de ce gouvernement, l'influence qu'y avoit la religion; la souveraineté du peuple, et la manière dont il l'exerçoit; quelle étoit l'autorité du Sénat et celle des Magistrats, l'administration de la Justice, les prérogatives du citoyen Romain, et les différentes conditions des sujets de ce vaste Empire. Par M. de Beaufort.

La Haye 1766. Van Daalen. 2 vol. in-4°.

1026.—Même ouvrage.

Paris 1767. Desaint et Saillant. 6 vol. in-12.

1027.—Traité du Sénat romain, traduit de l'anglois de M. Middleton; avec des notes. Par M. D. (D'Orbessan).

Montauban-Paris 1753. Rollin. 1 vol. in-12.

1028.—Nuits romaines au tombeau des Scipions, traduites de l'italien (d'*Alessandro* VERRI) par L. F. LESTRADE. 5.ᵉ éd. rev. corr., contenant, outre la préface et la notice des éditions précédentes, un Essai littéraire sur les ouvrages du comte Alexandre Verri, avec de nouvelles notes historiques et critiques qui complètent le plan de l'ouvrage.
Paris 1826. Michaud. 2 vol. in-8°. Grav.

1029.—Pollion ou le siècle d'Auguste, par M. L. P. DE BUGNY.
Paris 1808. Garnery. 4 vol. in-8°.

1030.—Voyage de Polyclète, ou lettres romaines; par le Baron DE THÉIS.
Paris 1821. Maradan. 3 vol. in-8°.

1031.—Même ouvrage. 5.ᵉ édit.
Paris 1828. Grimbert. 2 vol. in-8°.

1032.—Rome au siècle d'Auguste ou voyage d'un Gaulois à Rome à l'époque du règne d'Auguste et pendant une partie du règne de Tibère, précédé d'une description de Rome aux époques d'Auguste et de Tibère, par *Ch.* DEZOBRY. Nouv. édit.
Paris 1846. Dezobry, Magdeleine et C.ᵉ 4 vol. in-8°. Pl.

1033.—Anecdotes de l'empire romain, depuis sa fondation jusqu'à la destruction de la République.
Paris 1778. Bastien. 1 vol. in-12.

1034.—Considérations sur les causes de la grandeur des Romains, et de leur décadence. Par M. le Président DE MONTESQUIEU. Nouvelle édition, à laquelle on a joint le dialogue de Sylla et d'Eucrate.
Paris 1771. Desaint. 1 vol. in-12.

1035.—Considérations sur l'origine et les révolutions du gouvernement des Romains. (Par M. l'*Abbé* DUBIGNON).
Paris 1778. Debure Fr. 2 vol. in-12.

1036.—Observations sur les Romains, par M. l'*Abbé* DE MABLY.
Genève 1751. La Compagnie. 2 vol. in-12.

TROISIÈME DIVISION.

HISTOIRE DU MOYEN-AGE.

Histoire générale.

1037.—Histoire générale du moyen-âge, par C. O. Des Michels.
Paris 1831-1835. Colas. 2 vol. in-8°.

1038.—Histoire de la décadence et de la chute de l'empire romain, traduite de l'anglois de M. Gibbon, par C. et D. M. Et revue par A. M. H. B. (MM. de Septchênes, Demeunier, Boulard, Cantwel de Mokarky et Marignié).
Paris 1789-1795. Moutard et Maradan. 18 vol. in-8°.

Les quatre premiers volumes publiés sous le nom de Le Clerc de Septchênes, sont l'œuvre de Louis XVI, alors Dauphin. C'est la meilleure partie de cette traduction.

1039.—Histoire de la décadence et de la chute de l'empire romain, traduite de l'anglais d'*Edouard* Gibbon. Nouvelle édition entièrement revue et corrigée, précédée d'une notice sur la vie et le caractère de Gibbon, et accompagnée de notes critiques et historiques relatives, pour la plupart, à l'histoire de la propagation du christianisme, par M. F. Guizot.
Paris 1828. Ledentu. 13 vol. in-8°.

C'est la traduction précédente, revue par Madame Guizot.

** — Histoire de la décadence et de la chute de l'empire romain, par *Edouard* Gibbon. Avec une notice par J. A. C. Buchon.
Paris 1837. Desrez. 2 vol. in-8°.

Voyez *Panthéon littéraire.*

M. Buchon a revu et remanié les deux traductions précédentes.

1040.—Etudes ou discours historiques sur la chute de l'empire romain, la naissance et les progrès du christianisme, et l'invasion des Barbares ; suivis d'une analyse raisonnée de l'histoire de France. Par M. le V.te de Chateaubriand.
Paris 1833. Lefèvre. 4 vol. in-8°.

1041.—Même ouvrage. Nouv. édit.
Paris 1834. Ledentu. 4 vol. in-18.

1042.—Histoire de la chute de l'empire romain et du déclin de la civilisation, de l'an 250 à l'an 1000 ; par J. C. L. SI-MONDE DE SISMONDI.

Paris 1835. Treuttel et Wurtz. 2 vol. in-8°.

1043.—Histoire générale du douzième siècle, comprenant toutes les monarchies d'Europe, d'Asie, et d'Afrique, les hé-résies, les conciles, les papes et les sçavans de ce siècle. Par M. A. (AUGIER) DE MARIGNY.

Paris 1750. Ganeau. 5 vol. in-12.

Histoire Byzantine ou de l'Empire d'Orient.

1044.—De Byzantinæ historiæ scriptoribus, sub felicissimis Ludovici XIV Francorum ac Navarræorum regis christianis-simi auspiciis publicam in lucem e Luparæa typographia emittendis : ad omnes per orbem eruditos Προτρεπτικόν. Proponente *Philippo* LABBE.

Parisiis 1648. Typographia regia. 1 vol. in-fol.

On trouve à la suite :

Εκλογαι περι πρεσϐειῶν. — Excerpta de legationibus, ex DEXIPPO *Atheniense.* EUNAPIO *Sardiano.* PETRO *Patr.* et *Magist.* PRISCO *Sophista.* MALCHO *Philadelph.* MENANDRO *Protect.* THEOPHYLACTO SIMOCATTA. Omnia e cod. Mss. a *Davide* HOESCHELIO edita. Interprete *Carolo* CANTOCLARO libellorum magistro : cum eiusdem notis. Accedunt notæ et animadversiones *Henrici* VALESII.

Parisiis 1648. Typ. regia. in-fol.

Eclogæ historicorum de rebus Byzantinis, quorum integra scripta, aut injuria temporum interciderunt, aut plura continent ad Constantinopolit. historiam minus spectantia (OLYMPIODORI, CANDIDI, THEOPHANIS, HESYCHII, SUIDÆ, MEURSII et LABBEI). Selegit, interpretationem recensuit, notisque brevibus illustravit P. *Phil.* LABBE.

Parisiis 1648. Typ. regia. in-fol.

ΘΕΟΦΥΛΑΚΤΟΥ ΣΙΜΟΚΑΤΤΟΥ *ἀπὸ ἐπάρχων καὶ ἀντιγραφέως ἱστοριῶν βιβλία ἠ.* — THEOPHYLACTI SIMOCATTÆ historiarum libri VIII. Interprete *Jacobo* PONTANO. Editio priore castigatior, et glossario græco-barbaro auctior. Studio et opera *Car. Ann.* FABROTI.

Parisiis 1647. Typ. regia. in-fol.

Τοῦ ἐν ἀγίοις πατρὸς ἡμῶν ΝΙΚΗΦΟΡΟΥ *πατριάρχου Κωνσταντινουπόλεως ἱστορία σύντομος ἀπὸ τῆς Μαυρικίου βασιλείας.* — Sancti NICEPHORI patriarchæ Constantinopolitani breviarium historicum, de rebus gestis ab obitu Mauricii ad Constantinum usque Copronymum. Interprete *Dionysio* PETAVIO, cum eiusdem notis.

Parisiis 1648. Typ. regia. 1 vol. in-fol.

1045. — ΠΡΟΚΟΠΙΟΥ Καισαρέως *τῶν κατά αὐτὸν ἱστοριῶν βιβλία ὀκτώ.* — PROCOPII *Cæsariensis* historiarum sui temporis libri VIII. Interprete *Claudio* MALTRETO *Aniciensi*: à quo supplementis aucti sunt Vaticanis, et in locis aliquot emendati. — Περὶ τῶν τοῦ δεσπότου Ιουστινιανοῦ κτισμάτων λόγοι ἕξ. De ædificiis Dn. Justiniani libri sex. Auctiores quam ante et emendatiores. Interprete *Cl.* MALTRETO. — Ανέκδοτα. Arcana historia. Qui est liber novus historiarum. Ex bibliotheca Vaticana *Nic.* ALEMANNUS protulit, latinè reddidit, notis illustravit. Recognovit, varias lectiones adjecit, et lacunas ferè omnes implevit *Cl.* MALTRETUS.

Parisiis 1662-1663. Typ. regia. 2 vol. in-fol.

A la suite :

ΝΙΚΗΦΟΡΟΥ Καίσαρος τοῦ ΒΡΥΕΝΝΙΟΥ *ὕλη ἱστορίας.* — NICEPHORI Cæsaris BRYENNII commentarii de rebus Byzantinis. Prodeunt nunc primum opera et studio *Petri* POSSINI.

Parisiis 1661. Typ. regia. in-fol.

1046. — ΑΓΑΘΙΟΥ σχολαστικου *περὶ τῆς Ιουστινιανου βασιλείας βίβλοι πέντε.* — AGATHIÆ scholastici de imperio et rebus gestis Justiniani imperatoris, libri quinque. Ex bibliotheca et interpretatione *Bonaventuræ* VULCANII, cum notis ejusdem. Accesserunt AGATHIÆ epigrammata, cum versione latina.

Parisiis 1660. Typ. regia. 1 vol. in-fol.

1047. — ΓΕΩΡΓΙΟΥ Μοναχου ϰαὶ ΣΥΓΚΕΛΛΟΥ γεγονότος τοῦ ἐν ἁγίοις πατρός ἡμῶν Ταρασίου πατριαρχου Κωνσταντινουπόλεως χρονογραφία απὸ Αδὰμ μέχρι Διοκλητιανοῦ. — GEORGII Monachi et S. P. N. Tarasii patriarchæ Cp. quondam Syncelli chronographia, ab Adamo ad Diocletianum. Et Nicephori patriarchæ Cp. breviarium chronographicum, ab Adamo ad Michaelis et eius F. Theophili tempora. Georgius Syncellus è bibl. regia nunc primùm, adiecta versione latina, editus. Nicephori breviarium ad varias editiones recensitum. His tabulæ chronologicæ et annotationes additæ. Cura et studio P. *Jacobi* Goar.

Parisiis 1652. Typ. regia. 1 vol. in-fol.

1048. — Τοῦ ἐν ἁγίοις πατρὸς ἡμῶν ΘΕΟΦΑΝΟΥΣ χρονογραφία. — S. P. N. Theophanis chronographia. Leonis *Grammatici* vitæ recentiorum impp. R. P. *Jacobus* Goar latinè reddidit, Theophanem notis illustravit, varias lectiones multiplici codd. collatione adiecit. R. P. *Franciscus* Combefis iterùm recensuit, notis posterioribus Theophanem; integris, Leonem Grammaticum strictim discussit, exque fide codd. auxit, emendavit.

Paris 1655. Typ. regia. 1 vol. in-fol.

1049. — Historiæ Byzantinæ scriptores post Theophanem, partim nunc primùm editi, partim recensiti, et nova versione adornati. Cura et studio τοῦ Μακαρίτου R. P. *Francisci* Combefisii.

Parisiis 1685. Typ. regia 1 vol. in-fol.

Cette collection comprend les ouvrages suivants :

Chronici a Leone Armenio usque ad Michaelem libri IV.— Constantinus *Porphyrogennetus* de Basilii imp. vita.— *Anonymus* continuator Theophanis, à Leone Sapiente usque ad Romanum. — Orthodoxorum invectiva apud Iconomachos. — Joannis *Ierosolymitani* narratio de Iconomachis.—Joannes *Cameniata*, et Demetrius *Cydonius*, de excidio Thessalonicæ.— Symeonis annales a Leone Armenio ad Nicephorum Phocam.—Georgii monachi vita recentiorum imperatorum a Leone Armenio ad Constantinum Porphyrogennetum.

1050.— ANASTASII bibliothecarii historia ecclèsiastica, sive chronographia tripartita. Ex Ms. codice bibliothecæ Vaticanæ collata ad Ms. exemplar Longobard. vetustiss. Casinens. biblioth. unde Rom. exemplar manavit. Nunc denuo ad fidem veterum librorum emendata. Accedunt notæ *Caroli Annibalis* FABROTI quibus obscura quæque Anastasii illustrantur. Item glossaria duo, quibus vocabula mixobarbara collata cum græco *Nicephori*, *Georgii Syncelli*, et *Theophanis* exponuntur.

Parisiis 1649. Typ. regia. 1 vol. in-fol.

1051.— ΓΕΩΡΓΙΟΥ τοῦ ΚΕΔΡΗΝΟΥ σύνοψις ἱστοριῶν. — GEORGII CEDRENI compendium historiarum. Ex versione *Guillelmi* XYLANDRI, cum ejusdem annotationibus. Accedunt huic editioni præter lacunas tres ingentes, et alias expletas, notæ in Cedrenum P. *Jac.* GOAR et *Car. Annib.* FABROTI. Item *Joannes* SCYLITZES Curopalates, excipiens ubi Cedrenus desinit, nunc primùm græcè editus, ex bibl. reg.

Parisiis 1647. Typ. regia. 2 vol. in-fol.

1052.— Τοῦ Κυροῦ Μιχαηλ ΓΛΥΚΑ Σικελιωτου βίβλος χρονική. — *Michaelis* GLYCÆ *Siculi*, annales, à mundi exordio usque ad obitum Alexii Comneni imper. quatuor in partes tributi. *Philippus* LABBE græcum textum, ex pluribus Mss. codicibus primus in lucem edidit: *Joannis* LEWNKLAVII interpretationem recensuit, atque emendavit: indicem ex Ms. Fontisebraldensi præmisit, latinèque reddidit: annotationes subjecit, in quibus, præter variantes lectiones et supplementa, interpretis atque aliorum plurimos errores correxit, tum præsertim *Joannis Meursii*, qui partem libri III Annalium *Glycæ*, *Theodoro Metochitæ* falsò attribuit, et historiam romanam inscripsit, quæ hîc integra repræsentatur, cum notis atque indicibus necessariis.

Parisiis 1660. Typ. regia. 1 vol. in-fol.

1053.— Ιωαννου τοῦ ασκητου τοῦ ΖΩΝΑΡΑ γεγονότος τοῦ μεγαλου δρουγγαριου της βιγλας, καὶ πρωτοασηκρητις χρονικον. — *Joannis*

ZONARÆ monachi magni antea vigilum præfecti et primi
a secretis annales. *Carolus* DUFRESNE, Dom. DU CANGE (1),
Wolfianam editionem cum scriptis codicibus contulit : latinam versionem recensuit, annales notis illustravit.

Parisiis 1686 Typ. regia. 2 vol. in-fol.

1054.—ΚΩΝΣΤΑΝΤΙΝΟΥ τοῦ ΜΑΝΑΣΣΗ, σύνοψις ἱστορική.— *Const.*
MANASSII breviarium historicum. Ex interpretatione *Joan.*
LEVNCLAVII, cum ejusdem, et *Joannis* MEURSII notis. Accedit variarum lectionum libellus, curâ *Leonis* ALLATII,
et *Caroli Annibalis* FABROTI. — Item glossarium græco-
barbar. studio eiusdem FABROTI.

Parisiis 1655. Typ. regia. 1 vol. in-fol.

A la suite :

Georgii CODINI et alterius Anonymi cujusdam excerpta de
antiquitatibus Constantinopolitanis, edita in lucem opera
et studio *Petri* LAMBECII *Hamburgensis* : cum latina versione, et animadversionibus necessariis.—Accedunt MA-
NUELIS CHRYSOLORÆ epistolæ tres de comparatione veteris
et novæ Romæ. et Imp. LEONIS cognomine Sapientis ora-
cula, cum figuris, atque antiqua græca paraphrasi. —
Addita est etiam explicatio officiorum sanctæ ac magnæ
ecclesiæ, juxta eorum ordinem, interprete *Bern.* MEDONIO.

Parisiis 1655. Typ. regia. in-fol.

1055.— ΑΝΝΗΣ τῆς ΚΟΜΝΗΝΗΣ Πορφυρογεννήτου Καισαρίσσης Ἀλεξιάς.
— ANNÆ COMNENÆ Porphyrogenitæ Cæsarissæ Alexias,
sive de rebus ab Alexio imperatore vel ejus tempore gestis,
libri quindecim. E bibliotheca Barberina nunc primùm
editi, et à *Petro* POSSINO latina interpretatione, glossario,
et notis illustrati, è quibus glossarium nunc datur : notæ
mox opportunius edentur, unà cum SINNAMO continuatore
Annæ, et aliis quibusdam ad Alexiadem spectantibus.

(1) *Charles* DU FRESNE, Sieur DU CANGE, né à Amiens le 18 décembre 1610,
mourut à Paris le 23 octobre 1688.

Accesserunt præfationes ac notæ *Davidis* Hoeschelii , ex editione anni MDCX.

Parisiis 1651. Typ. regia. 1 vol. in-fol.

1056.—Ἰωαννου ΚΙΝΝΑΜΟΥ βασιλικου γραμματικου ιστοριων λογοὶ ἑξ. —*Joannis* Cinnami imperatorii grammatici historiarum libri sex , seu de rebus gestis à Joanne et Manuale Comnenis impp. Cp. Accedunt *Caroli* Dufresne D. Du Cange, in *Nicephori Bryennii, Annæ Comnenæ*, et ejusdem *Joannis* Cinnami historiam Comnenicam notæ historicæ et philologicæ. — His adjiciuntur *Pauli* Silentiarii descriptio sanctæ Sophiæ, quæ nunc primùm prodit græcè et latinè.

Parisiis 1670. Typ. regia. 1 vol. in-fol.

1057.—ΝΙΚΗΤΟΥ ΑΚΩΜΙΝΑΤΟΥ χωνιατου ιστορία. — Nicetæ Acominati Choniatæ, magni logothetæ, historia. *Hieronymo* Wolfio *OEtingensi* interprete. Editio glossario græcobarbaro auctior, et ope Mss. Reg. emendatior, curâ et studio *Caroli Annibalis* Fabroti.

Parisiis 1647. Typ. regia. 1 vol. in-fol.

1058.—Γεωργιου του ΑΚΡΟΠΟΛΙΤΟΥ του μεγαλου λογοθετου χρονικη συγγραφή. — *Georgii* Acropolitæ magni logothetæ historia , Ioelis chronographia compendiaria, et *Joannis* Canani narratio de bello Cp. *Leone* Allatio interprete, cum ejusdem notis, et *Theod.* Douzæ observationibus. Accessit diatriba de Georgiorum scriptis.

Parisiis 1651. Typ. regia. 1 vol. in-fol.

A la suite :

Ducæ Michaelis Ducæ nepotis historia Byzantina res imperio Græcorum gestas complectens : à Joanne Palæologo I. ad Mehemetem II. Accessit chronicon breve, quo Græcorum, Venetorum et Turcorum aliquot gesta continentur. E bibl. regia nunc primùm in lucem edita , versione latina, et notis illustrata. Studio et opera *Ism.* Bullialdi.

Parisiis 1646. Typ. regia. 1 vol. in-fol.

1059.—ΝΙΚΗΦΟΡΟΥ του ΓΡΗΓΟΡΑ Ρωμαϊκή ιστορία. — Nicephori

GREGORÆ Byzantina historia. Tomus primus. Libri XI ab
Hier. WOLFIO jam pridem latini facti, et in lucem editi:
iidem nunc auctiores et castigatiores quam antea. Tomus
secundus. Libri XIII nunc primùm e codd. Mss. eruti,
et typis mandati. Ex his libros fere XI latine vertit *Joh.*
BOIVIN. Idem codices contulit, notas addidit, et alias appendices.

Parisiis 1702. Typ. regia. 2 vol. in-fol.

1060.— Ιωαννου του ΚΑΝΤΑΚΟΥΖΗΝΟΥ αποϐασιλέας ιστοριων βιϐλία ή.
— *Joannis* CANTACUZENI eximperatoris historiarum liber
IV. *Jacobus* PONTANUS latinè vertit, et notas suas cum
Jacobi GRETSERI adnotationibus addidit. Græcè nunc pri-
mum prodeunt ex codice Ms. Bibl. P. Seguieri.

Parisiis 1645. Typ. regia. 3 en 2 vol. in-fol.

1061.— Λαονίκου ΧΑΛΚΟΚΟΝΔΥΛΟΥ Αθηναιου απόδειξις ιστοριων δέκα.
— *Laonici* CHALCOCONDYLÆ historiarum libri decem. Interprete *Conrado* CLAUSERO *Tigurino*. Cum annalibus Sul-
tanorum, ex interpretatione *Joannis* LEVNCLAVII. Accessit
index glossarum Laonici Chalcocondylæ, studio et opera
Caroli Annibalis FABROTI.

Parisiis 1650. Typ. regia. 1 vol. in-fol.

1062.— *Georgius* CODINUS Curopalata, de officiis magnæ ecclesiæ et aulæ Constantinopolitanæ. Ex versione P. *Jacobi*
GRETSERI, cum eiusdem in Codinum commentarior. libris
tribus, et de imaginibus non manu factis opere. Adjun-
guntur recentiores Orientalium episcopatuum notitiæ,
voces honorariæ, appelationes dignitatum indices, quibus
postremis sæculis ecclesiastici vel aulici proceres saluta-
bantur. Cura et opera P. *Jacobi* GOAR.

Parisiis 1648. Typ. regia. 1 vol. in-fol.

1063.— Histoire de l'empire de Constantinople sous les Empereurs françois, divisée en deux parties, dont la premiere
contient l'histoire de la conquète de la ville de Constantinople par les Françoiset les Venitiens, ecrite par *Geoffroy*

DE VILLE-HARDOUIN maréchal de Champagne et de Romanie: rev. et corrig. Avec la suitte de cette histoire, jusques en l'an MCCXL, tirée de l'histoire de France Ms. de *Philippes* MOUSKES chanoine et evesque de Tournay. — La seconde contient une histoire generale de ce que les François et les Latins ont fait de plus memorable dans l'empire de Constantinople, depuis qu'ils s'en rendirent maitres, jusques à ce que les Turcs s'en sont emparez: justifiée par les Ecrivains du temps, et par plusieurs chroniques, chartes, et autres pièces non encore publiées.

Paris 1657. Imp. royale. 1 vol. in-fol.

Cette édition, la plus recherchée encore, a été donnée par Du CANGE.

1064. — Πασχαλιον seu chronicon paschale à mundo condito ad Heraclii imperatoris annum vicesimum. Opus hactenus Fastorum Siculorum nomine laudatum, deinde Chronicæ temporum epitomes, ac denique Chronici Alexandrini lemmate vulgatum. Nunc tandem auctius et emendatius prodit, cum nova latina versione et notis chronicis ac historicis, cura et studio *Caroli* DUFRESNE D. Du CANGE.

Parisiis 1688. Typ. regia. 1 vol. in-fol.

1065. — Chronicon orientale, latinitate donatum ab *Abrahamo* ECCHELLENSI Syro maronita. Accessit supplementum historiæ orientalis, ab eodem concinnatum.

Parisiis 1685. Typ. regia. 1 vol. in-fol.

1066. — Oriens christianus, in quatuor patriarchatus digestus; quo exhibentur ecclesiæ, patriarchæ, cæterique præsules totius orientis. Studio et opera R. P. F. *Michaelis* LE QUIEN. Opus posthumum.

Parisiis 1740. Typ. regia. 3 vol. in-fol.

Tous les ouvrages compris sous les numéros 1044 à 1066, à l'exception de 1063, sont sur grand papier ; ils font tous partie de la collection des historiens Byzantins publiés par ordre de Louis XIV et imprimés au Louvre.

1067. — Corpus historiæ Byzantinæ in quo non solum res à Græcis imperatoribus à tempore Constantini Magni, ad Cons-

tantinum postremum, et Constantinopolim à Turcis oc-
cupatam, sed et ab exordio mundi in variis orbis partibus hinc inde gestæ, continua serie, eruditè ac luculenter exponuntur à quatuor scriptoribus græcis, paucos
ante annos latinitate donatis, exquisito studio confectum, quorum : — I. *Joannes* ZONARAS, historia ab exordio
mundi deducta Imperatorum Constantinopol. res gestas
à Constantino Magno usque ad obitum Alexij Comneni
tribus tomis describit. — II. NICETAS ACOMINATUS Cho-
niates, LXXXVI annorum historiam, videlicet ab anno
restitutæ salutis circiter MCXVII in quo Zonaras desinit,
usque ad annum MCCIII libris XIX tractat. — III. *Nice-
phorus* GREGORAS Nicetæ paralipomena supplens, res per
annos CXLV à Theodoro Lascari priore, usque ad Andronici Palæologi obitum, ab imperatoribus Græcis gestas
libris XI persequitur. — IV. *Laonicus* CHALCONDYLES ab
Andronici junioris imperio, in quo Gregoras historiam
suam finiit, exorsus, Græcorum imperii inclinationem,
casum, atque interitum, cum commemoratione originis
atque progressus tyrannidis Turcicæ libris X exactè mi-
roque ordine exponit.

Francofurti ad Mœnum 1568. P. Fabricius. 1 vol. in-fol.

1068.— Historiæ Byzantinæ scriptores tres græco-latini, uno
tomo simul nunc editi.—I. *Nicephori* GREGORÆ, Romanæ,
hoc est Byzantinæ historiæ libri XI quibus res à Græcis
Imperatoribus per annos CXLV, à Theodoro Lascari priore,
usque ad Andronici Palæologi posterioris obitum gestæ,
describuntur, et Nicetæ Acominati Choniatæ παραλειπόμενα
supplentur.—II. *Laonici* CHALCOCONDYLÆ historia de origine ac rebus gestis Imperatorum Turcicorum, ab Ogusio-
rum primordio usque ad Mechemetis primi annum XIII in
qua Græcorum, Imperiique totius inclinatio atque inte-
ritus, ab Andronico juniore usque ad Constantinum ultimum eiusque filios breviter, sed exacto, ac miro ordine

exponitur, è tribus bibliothecæ Palatinæ manuscriptis
codicibus nunc primùm græcè edita et emendata. —
Gregorii *Logothetæ Acropolitæ* chronicon Constantinopo-
litanum, complectens captæ à Latinis Constantinopoleos,
et annorum circiter sexaginta historiam, à Balduino
Flandro Augusto ad Balduinum ultimum, ejus nepotem,
Byzantii imperatorem.

Genevæ 1615. P. de la Rovière. 1 vol. in-fol.

1069.—Imperium orientale sive antiquitates Constantinopolitanæ
in quatuor partes distributæ. Operâ et studio Domni *Anselmi* Banduri.

Parisiis 1711. J. B. Coignard. 2 vol. in-fol. Grav.

On y trouve les ouvrages suivants : — Constantini *Porphyro-
geniti* de thematibus Orientis et Occidentis libri II, græcè et latinè.
—Ejusdem de administrando imperio. — Hieroclis grammatici synecdemus. — Agapeti capita admonitoria ad Justinianum imp. —
Basilii imp. capita exhortationum ad Leonem filium. — Theophylacti institutio regia. — *Anonymi* Patria, sive origines urbis Constantinopolitanæ.—Catalogi varii cum editi tum inediti patriarcharum
Cp. — *Petri* Gyllii de Bosporo thracio libri III. — Ejusdem de topographia Constantinopoleos et ejus antiquitatibus. — Urbis Constantinopolitanæ qualis tempore Arcadii et Honorii fuit, descriptio,
incerto auctore : cum annotationibus *Guidi* Panciroli.

1070.—*Constantini* Manassis Annales, græcè ac latinè. *Joannes*
Meursius græcè nunquam hactenus editos primus nunc
vulgavit.

Lugd.-Bat. 1616. Joan. Patius. 1 vol. in-4°.

1071.—*Joannis* Zonaræ monachi, compendium historiarum, in
tres tomos distinctum : quorum primus agit de rebus Ju-
daicis, ab exordio mundi usque ad Hierosolymitanum
excidium. Secundus, historiam Romanam, ab urbe condita usque ad Constantinum Magnum, breviter complectitur. Tertius, Imperatorum res gestas, à Constantino
Magno usque ad obitum Alexij Comneni, tractat. Opus
præclarum, ac diu desideratum; nunc verò demum liberalitate D. *Antonii Fuggeri*, et labore *Hieronymi* Wolfii

græcè ac latinè, quinque codicibus inter se collatis, quàm emendatissimè fieri potuit, in lucem editum.

Basileæ 1557. J. Oporinus. 3 en 1 vol. in-fol.

On trouve à la suite :

Nicetæ Acominati *Choniatæ*, lxxxvi annorum historia, videlicet ab anno restitutæ salutis circiter mcxvii, in quo Zonaras desinit, usque ad annum mcciii, libris XIX descripta. Opus lectu jucundum et utile, nunc primùm liberalitate D. *Antonii Fuggeri* græcè et latinè editum. *Hieronymo* Wolfio interprete.

Basileæ 1557. Oporinus. 1 vol. in-fol.

1072.—Chroniques, ou Annales de *Iean* Zonare, esquelles sont discourues toutes histoires memorables advenues en ce monde, en la revolution de six mille six cens ans, et plus : disposees en trois parties. La premiere desquelles traitte l'estat des choses passées en Iudée, Perse, Egypte, et Grece, depuis la creation du monde, iusques à la subversion et miserable conflagration de Hierusalem. — La seconde contient l'histoire Romaine prinse à l'edification de la Ville, iusques à l'empire du Grand Constantin. — La tierce raconte les faicts et gestes des Empereurs depuis le susdict Constantin, iusques au trespas d'Alexie Comnene : lequel mourut environ l'an de salut, unze cens. Œuvre recommandable et longement desiré, traduit par I. Millet de S. Amour.

Lyon 1560. Macè Bonhome. I vol. in-fol.

1073.—Histoire secrete de Procope de Cesarée. Traduite par L. de M. (*Léonor* de Mauger).

Paris 1669. De Luyne. 1 vol. in-12.

1074.—Histoire de S. Nicephore patriarche de Constantinople, contenant les choses plus memorables advenuës depuis la mort de l'Empereur Maurice, jusques au temps de Constantin Copronyme, traduite de grec en françois, par *Bernardin* de Montereul.

Paris 1618. Seb. Cramoisy. 1 vol. in-8°.

1075.—Abregé de l'histoire Byzantine de S. Nicephore, patriarche de Constantinople, traduite du grec, par le Sieur Moret. Avec des remarques historiques.

Paris 1684. De la Caille. 1 vol. in-12.

1076.—ΓΕΩΡΓΙΟΥ τοῦ ΠΑΧΥΜΕΡΗ Μίχαηλ Παλαιολόγος.—Georgii Pachymeris Michael Palæologus sive historia rerum à Michaele Palæologo ante imperium, et in imperio gestarum. Nunc primum edita e bibliotheca Barberina, interprete *Petro* Possino. Accesserunt eiusdem observationum libri tres, et Appendix: Specimen sapientiæ Indorum veterum.

Romæ 1666. Typis Barberinis. 1 vol. in-fol.

1077.—ΓΕΩΡΓΙΟΥ τοῦ ΠΑΧΥΜΕΡΗ Ανδρόνικος Παλαιολόγος. — Georgii Pachymeris Andronicus Palæologus, sive historia rerum ab Andronico seniore in imperio gestarum usque ad annum ejus ætatis undequinquagesimum. E bibliotheca Barberina, interprete *Petro* Possino. Accesserunt eiusdem observationum libri tres.

Romæ 1669. Typis Barberinis. 1 vol. in-fol.

1078.—L'histoire de *Geoffroy* de Villehardouyn, de la conqueste de Constantinople par les Barons François associez aux Venitiens, l'an 1204, d'un costé en son vieil langage; et de l'autre en un plus moderne et intelligible; par *Blaise* de Vigenere.

Paris 1585. A. L'Angelier. 1 vol. in-4°.

1079.—De la conqueste de Constantinoble, par *Joffroy* de Villehardouin et *Henri* de Valenciennes. Edition faite sur des manuscrits nouvellement reconnus, et accompagnée de notes et commentaires, par M. *Paulin* Paris.

Paris 1838. Renouard. 1 vol. in-8°.

Ce volume fait partie des publications de la Société de l'histoire de France.

1080.—*Laonici* Chalcondylæ *Atheniensis*, de origine et rebus gestis Turcorum libri decem, nuper è græco in latinum conversi: *Conrado* Clausero interprete. Adjecimus *Theod.*

13.

GAZÆ, et aliorum quoque doctorum virorum , eiusdem argumenti, de rebus Turcorum adversus Christianos , et Christianorum contra illos hactenus ad nostra usque tempora gestis, diversa opuscula.

Basileæ 1556. Oporinus. 1 vol. in-fol.

1081.—L'histoire de la decadence de l'empire Grec et establissement de celuy des Turcs par CHALCONDILE, de la traduction de B. DE VIGENERE et illustree par luy de curieuse recherche trouvées depuis son deces. Avec la continuation de la mesme histoire depuis la ruine du Peloponese jusques à present et des considerations sur icelle.

Paris 1609. Guillemot. 1 vol. in-fol. Fig.

1082.—Même ouvrage. Avec la continuation de la mesme histoire depuis la ruine du Peloponese iusques à l'an 1612. Par *Thomas* ARTUS S.ʳ d'EMBRY. — Depuis l'an 1612 iusqu'à l'année presente 1649. Par F. E. DE MEZERAY.—Avec l'histoire du serrail par le S.ʳ BAUDIER. Les illustrations sur l'histoire de CHALCONDYLE par *Blaise* DE VIGENERE. Les descriptions et figures des habits des officiers et autres personnes de l'empire Turc. Et les tableaux prophetiques sur la ruine du mesme empire.

Paris 1650. C. Sonnius. 2 vol. in-fol.

1083.—Histoire generale des Turcs, contenant l'histoire de CHALCONDYLE, traduite par *Blaise* DE VIGENAIRE, avec les illustrations du mesme Autheur. Et continuée jusques en l'an MDCXII par *Thomas* ARTUS ; et en cette edition, par le Sieur DE MEZERAY, jusques en l'année 1661.—De plus, l'histoire du Serail par le Sieur BAUDIER.—Les figures et descriptions des principaux officiers et autres personnes de l'empire Turc, par NICOLAI. Les tableaux prophetiques sur la ruine du mesme empire. Et la traduction des Annales des Turcs , pièce tres necessaire, mise du latin en françois, par ledit Sieur DE MEZERAY.

Paris 1662. Aug. Courbé. 2 vol. in-fol.

1084.— *Petri* d'Outremanni *Valentianensis* Constantinopolis Belgica, sive de rebus gestis à Balduino et Henrico impp. Constantinopolitanis ortu Valentianensibus Belgis. Libri quinque. Accessit de excidio Græcorum liber singularis.
Tornaci 1642. Quinque. 1 vol. in-4°·

1085.— Historia Byzantina duplici commentario illustrata. Prior familias ac stemmata imperatorum Constantinopolitanorum, cum eorundem Augustorum nomismatibus, et aliquot iconibus; præterea familias Dalmaticas et Turcicas complectitur: alter descriptionem urbis Constantinopolitanæ, qualis extitit sub Imperatoribus christianis. Auctore *Carolo* Du Fresne Domino Du Cange.
Lutetiæ 1680. Billaine. 1 vol. in-fol.

1086.— Histoire de Constantinople, depuis le regne de l'ancien Justin, jusqu'à la fin de l'Empire. Traduite sur les originaux grecs par M. Cousin.
Paris 1672-1674. Rocolet. 8 vol. in-4°.

1087.— Histoire du Bas-Empire, en commençant à Constantin-le-Grand, par M. Le Beau; continuée par H. P. Ameilhon.
Paris 1758-1817. Saillant et autres. 30 vol. in-12.
Les deux derniers volumes ont pour titre :
Table alphabétique de l'histoire du Bas-Empire de MM. Le Beau et Ameilhon, enrichie de réflexions politiques, morales et critiques, et des faits les plus intéressants contenus dans cet ouvrage; par Ravier.
Paris 1817. Caille et Ravier. 2 vol. in-12.

1088.— Histoire du Bas-Empire, par Le Beau. Nouv. edit., revue, entièrement corrigée et augmentée d'après les historiens orientaux, par M. de Saint-Martin, et continuée par Brosset jeune.
Paris 1824-1836. F. Didot. 20 vol. in-8°

1089.— Histoire du Bas-Empire, depuis Constantin, jusqu'à la prise de Constantinople, en 1453; par *Jacques Corentin* Royou.
Paris 1803. Le Normant. 4 vol. in-8°.

13.*

1090.—Abrégé de l'histoire du Bas-Empire, extrait de Le Beau, à l'usage des institutions. 5.ᵉ édit.

Paris 1828. Langlois et C.ᵉ 2 vol. in-12.

1091.—Beautés de l'histoire du Bas-Empire, contenant les traits les plus curieux et les plus intéressans, depuis Constantin-le-Grand, jusques après la prise de Constantinople par Mahomet II. Rédigé par P. J. B. N. (Nougaret).

Paris 1811. Le Prieur. 1 vol. in-12.

** — Corippi *Africani* de laudibus Justini Augusti minoris, heroico carmine, libri IV.   Voyez *Belles-Lettres* n.º 1322.

1092.—Histoire de Jean de Brienne, Roy de Jérusalem et Empereur de Constantinople. (Par le P. J. F. La Fitau).

Paris 1727. Simon. 1 vol. in-12.

1093.—Histoire de l'Impératrice Irène (par *Ch.* Mignot).

Amsterdam 1662. 1 vol. in-12.

** — Lascaris ou les Grecs au xv.ᵉ siècle, par M. Villemain.

Voyez *Mélanges. Belles-Lettres* n.º 3111. Tom. ɪ.

1094.—Georgius Codinus Curopalata de officiis et officialibus magnæ ecclesiæ et aulæ Constantinopolitanæ. Nunc primùm studio *Jacobi* Gretseri fideliter latinè versus. Adjunctis tribus commentariorum, observationum et emendationum libris. Quibus non tantùm Codinus, sed et varia alia tam Græcorum, quàm Latinorum monumenta explicantur et illustrantur. Accessit dissertatio de imaginibus non manufactis.

Parisiis 1625. Cramoisy. 1 vol. in-fol.

1095.—*Jacobi* Gutherii de officiis domus augustæ publicæ et privatæ, libri tres.

Parisiis 1628. Seb. Cramoisy. 1 vol. in-4º.

On trouve à la suite, du même auteur:

Rupella rupta ad ill. rev. A. card. de Richelieu.

Parisiis 1628. S. Cramoisy. in-4º.

Tiresias, seu de cæcitatis et sapientiæ cognatione. Ad. ampl. et ill. N. Brulartium.

Parisiis 1628. S. Cramoisy. in-4º.

1096.—Notitia utraque cum Orientis tum Occidentis ultra Arcadii Honoriique Cæsarum tempora, illustre vetustatis monumentum, imò thesaurus prorsum incomparabilis.— Præcedit autem D. *Andreæ* ALCIATI libellus, de magistratib. civilibusque ac militaribus officiis, partim ex ipsa notitia, partim aliunde desumptus. — Cui succedit descriptio urbis Romæ, quæ sub titulo *Pub.* VICTORIS circumfertur: et altera urbis Constantinopolitanæ incerto autore, nunquam antehac typis excusa, imperialium videlicet ac primarum sedium utriusque reipublicæ. Subjungitur Notitiis vetustus liber de rebus Bellicis ad Theodesium Aug. et filios eius Arcadium atque Honorium, ut videtur, scriptus, incerto autore. Item ne quid de antiquo exemplari omitteretur, disputatio Adriani Aug. et Epicteti philosophi.

Basileæ 1552. Froben. 1 vol. in-fol.

Cet exemplaire enluminé porte la signature de P. Pithou et des notes de sa main.

1097.—Notitia utraque dignitatum cum Orientis, tum Occidentis ultra Arcadij, Honoriique tempora. Et in eam *Guidi* PANCIROLI commentarium. In quo civiles militaresque magistratus, ac palatinæ dignitates, cum omnium officiis explicantur : pluriumque iurium sensus, atque aliorum Auctorum loca illustrantur.—Item de magistratibus municipalibus eiusdem Auctoris liber.

Venetiis 1593. Fr. de Franciscis. 1 vol. in-fol.

** — *Petri* GYLLII de Bosphoro Thracio libri III.

Amstelodami 1632. Off. Elzeviriana. 1 vol. in-8°. — N.º 651-6.

Histoire des peuples d'Occident qui ont disparu ou se sont mêlés à d'autres peuples.

1098.—Justiniani Augusti historia, in qua Bellum Persicum, in Asia, Vandilicum, in Africa, Gothicum, in Europa, clarissimorum ducum, Belisarii præsertim Narsetisque, prudentia et fortitudine ductum atque feliciter absolutum; opera autem et studio Procopii *Cæsariensis*, Agathiæ *Myrrinaei*, Jornandis *Alani*, libri XIII luculenter descriptum, continetur. Quibus subjuncti sunt Procopii de Justiniani ædificiis libri VI, et Jornandis de regnorum et temporum successione liber. Nova editio.

Lugduni 1595. Le Preux. 1 vol. in-8°.

1099.—Procopii *Cæsariensis* de rebus Gothorum, Persarum ac Vandalorum libri VII, unà cum aliis mediorum temporum historicis.

Basileæ 1531. Hervagius. 1 vol. in-fol.

On trouve dans ce volume : — Agathiæ Scholastici de bello Gothorum et aliis peregrinis historiis libri V, *Chr.* Persona interprete. *Leonardi* Aretini de bello Italico contra Gothos, libri IV. — Iornandis liber de origine rebusque Gothorum. — Ejusdem de regnorum ac temporum successione liber, nunc primum æditus.— *Chuonradi* Peutingeri de gentium quarumdam emigrationibus brevis epitome.— C. Sollii Apollinaris Sidonii epistola, qua Theodoricum Vesegothorum regem eleganter describit. — Procopii liber de ædificiis Justiniani Augusti græcè, antehac unquam excusus.

1100.—Jornandes Episcopus Ravennas de Getarum, sive Gothorum origine et rebus gestis.—Isidori chronicon Gothorum, Vandalorum, Sueuorum, et Wisogothorum. — Procopii fragmentum, de priscis sedibus et migrationibus Gothorum, græcè et lat.—Accessit et Jornandes de regnorum et temporum successione. Omnia ex recognitione, et cum notis *Bon.* Vulcanii.

Lugd.-Batav. 1597. Off. Plantiniana. 1 vol. in-8°.

On trouve à la suite :

De literis et lingua Getarum, sive Gothorum. Item de notis Lombardicis. Quibus accesserunt specimina variarum linguarum. Editore *Bon.* Vulcanio.

Lugd.-Batav. 1597. Off. Plantiniana. in-8°.

1101.—Diversarum gentium historiæ antiquæ scriptores tres. Iornandes episcop. De regnorum ac temporum successionibus. Eiusdem historia de origine Gothorum. — Isidorus

Hispalens. De Gothis , Wandalis et Suevis. — Eiusdem chronicon regum Wisigothorum. — *Pauli* Warnefridi F. Diaconi de gestis Longobardorum libri VI. *Frid.* Lidenbrogius recensuit, et observationibus illustravit.

Hamburgi 1611. M. Heringius. 1 vol. in-4°,

1102.—Histoire generale des Goths , traduite du latin de Iornandès, archevêque de Ravennes (par J. B. Drouet , Sieur de *Maupertuis*).

Paris 1603. Barbin. 1 vol. in-12.

** — Jornandès. De la succession des royaumes et des temps et de l'origine et des actes des Goths. Traductions nouvelles par M. A. Savagner.

Paris 1842. Panckoucke. 1 vol. in-8°.

Voyez *Bibl. lat. franç.*

** — Isidori Hispalensis historia sive chronicon Gothorum , Vandalorum et Suevorum. Vide Isidori opera.

1103.— *Pauli* Warnefridi Langobardi filii, diaconi Foroiuliensis, de gestis Langobardorum libri VI.

Lugd.-Batav. 1595. Off. Plantiniana. 1 vol. in-8°.

** — Adonis *Viennensis* archiepiscopi, breviarium chronicorum ab origine mundi ad sua usque tempora, id est ad regnum Ludovici Francorum regis cognomento Simplicis, an. Domini dccclxxx.

Parisiis 1561. G. Morelius. 1 vol. in-8°.

Vide *Gregorii Turonensis historia.*

1104.—Sigeberti *Gemblacensis* chronicon ab anno 381 ad 1115 cum insertionibus ex historia Galfridi et additionibus Roberti abbatis Montis centū et tres sequētes ānos cōplectentibus promovēte egregio patre D. G. *Parvo* doctore theologo cōfessore regio : nunc primū in lucem emissum.

Parisiis 1513. H. Stephanus. 1 vol. in-4°.

1105.—Chronicon Sigeberti *Gemblacensis* monachi ad autographum , veteresque codices manuscriptos comparatum. Accessit Anselmi *Gemblacensis* Abbatis chronicon , cum Auctariis Gemblacensi, Affligemensi, Valcellensi, et Aquicinctino, primùm typis nunc editum. Studio *Auberti* Miræi.

Antuerpiæ 1608. Verdussen. 1 vol. in-4°.

On trouve à la suite le n.° 535.

1106.—Liutprandi *Ticinensis* ecclesiæ levitæ rerum gestarum per Europam ipsius præsertim temporibus libri sex.

Parisiis 1514. Jehan Petit. 1 vol. in-fol.

1107.—Histoire de l'empire d'Occident. De la traduction de M. Cousin.

Paris 1683. Barbin. 2 vol. in-8°.

Cette histoire comprend : Vie de Charlemagne par Eginard. — Les annales d'Eginard. — La vie de l'empereur Louis-le-Débonnaire, écrite par Tegan. — Une autre vie de l'empereur Louis-le-Débonnaire. — L'histoire de l'empire et des autres estats de l'Europe, écrite par Liutprand. — L'ambassade de Liutprand vers Nicephore Phocas, empereur de Constantinople.—L'histoire de Saxe, écrite par Vitiquind.

1108.—De gentium aliquot migrationibus, sedibus fixis, reliquiis, linguarumque initiis et immutationibus ac dialectis, libri XII. In quibus præter cæteros populos, Francorum, Alemannorum, Suevorum, Marcomanorum, Boiorum, Carnorum, Tauriscorum, Celtarumque atque Gallogræcorum tribus, primordia et posteritas singulorum etc., traduntur atque explicantur. Autore *Wolfgango* Lazio.

Francofurti 1600. Wecheli Heredes. 1 vol. in-fol. Fig.

A la suite du n.° 801.

1109.—Histoire générale des Huns, des Turcs, des Mogols, et des autres Tartares occidentaux, etc., avant et depuis Jésus-Christ jusqu'à présent; précédée d'une introduction contenant des tables chronologiques et historiques des Princes qui ont régné dans l'Asie. Ouvrage tiré des livres chinois, et des manuscrits orientaux de la bibliothèque du Roi. Par M. Deguignes.

Paris 1756-1758. Desaint et Saillant. 5 vol. in-4°.

1110.—Observations historiques et géographiques, sur les peuples barbares qui ont habité les bords du Danube et du Pont-Euxin. Par M. de Peyssonnel.

Paris 1765. Tilliard. 1 vol. in-4°. Cart.

1111.—Les origines, ou l'ancien gouvernement de la France,

de l'Allemagne, de l'Italie: ouvrage historique. (Par le
Cte DU BUAT-NANCAY).

La Haye 1757. 4 vol. in-12.

Histoire des Croisades.

1112.— Gesta dei per Francos, sive orientalium expeditionum,
et Regni Francorum Hierosolimitani historia, à variis,
sed illius ævi scriptoribus, litteris commendata.

Hanoviæ 1611. Typis Wechelianis. 2 en 1 vol. in-fol.

Le second volume a pour titre:

Liber secretorum fidelium crucis super Terræ Sanctæ re-
cuperatione et conservatione. Quo et Terræ Sanctæ historia ab origine. Et eiusdem vicinarumque provinciarum
geographica descriptio continetur. Cuius auctor MARINUS
SANUTUS dictus TORSELLUS.

1113.—Recueil des historiens des Croisades, publié par les soins
de l'Académie royale des Inscriptions et Belles-Lettres.

Paris 1841-1844. Imp. royale. 3 vol. in-fol.

Le premier volume a pour titre:

Historia rerum in partibus transmarinis gestarum a tempore successorum Mahumeth, usque ad annum domini
MCLXXXIV; edita a venerabili WILLERMO *Tyrensi* archiepiscopo. — L'Estoire de Eracles empereur et la conqueste
de la terre d'Outremer; c'est la translation de l'Estoire
GUILLAUME arcevesque de Sur.

Les deux autres, formant une seconde partie sous la rubrique
Lois, ont pour titre:

Assises de Jérusalem ou recueil des ouvrages de jurisprudence composés pendant le XIIIe siècle dans les royaumes
de Jérusalem et de Chypre. Publiées par M. le Comte
BEUGNOT.

1114.—Belli sacri historia, libris XXIII comprehensa, de Hierosolyma, ac terra Promissionis, adeòque universa penè
Syria per occidentales principes Christianos recuperata:

narrationis serie usque ad regnum Balduini IV, per annos
LXXXIIII continuata.—Opus... ante annos quidem circiter
quadringentos conscriptum, nuncque primùm D. V. *Phi-*
liberti POYSSENOTI opera in lucem editum. GULIELMO *Tyrio*
metropolitano quondam Archiepiscopo authore.

Basileæ 1549. Brylinger. 1 vol. in-fol.

A la suite :

De bello sacro continuatæ historiæ, libri VI commentariis rerum Syriacarum Guilhelmi Tyrensis archiepiscopi,
additi. In quibus, qua fortunæ varietate, qua temporum
vicissitudine, ab initiis Urbis et Regni, res Hierosolyma-
rum, ad nostra usque tempora, per ter mille atque quin-
gentos annos agitatæ, aut floruerint, aut bellis vastitate-
que afflictæ jacuerint, diligentissimè describitur. *Basilio*
Joanne HEROLD authore. — Adjecimus de expugnatione
urbis Ptolemaidos, *Monachi Florentini* archiepis. Acconen-
sis Rhythmum.—Insuper etiam de Sarracenis profligatis
ab Alphonso X Hispaniarum rege, rescriptum, cum epistola procerum eorum, quorum opera et industria Albi-
genses Hæretici et devicti et deleti fuerunt. Omnia ab
hinc tricentesimo ac paulo plus minusve quadragesimo
anno gesta et scripta. Nunc vero curà et diligentià *Phi-*
liberti POYSSENOTI in lucem tradita, ac cum enarratione
Historiæ ab ipso *Joanne* HEROLD illustrata.

Basileæ 1549. Brylinger. 1 vol. in-fol.

1115.—Historia belli sacri verissima, lectu et jucunda et uti-
lissima libris vigenti tribus ordine comprehensa. In qua
Hierosolyma ac terra populo Dei olim promissa et data,
unà cum tota ferè Syria, per Occidentis principes Christianos, anno reparatæ salutis millesimo nonagesimo nono,
magna pietate et fortitudine recuperata fuit. Certa narrationis serie per annos octogintaquatuor, ad regnum
Balduini quarti usque continuata et descripta, authore
olim VUILHELMO *Tyrio* Metropolitano archiepisc... Nunc

verò multò castigatior quàm antea in lucem edita. Unà cum continuatione totius de bello sacro Historiæ, quæ libris sex ad nostra tempora usque extenditur, et Hierosolymitani regni et urbis casus et varietates fortunæ ordine explicat. Cum præfatione *Henrici* Pantaleonis atque ipsius Authoris vita.

Basileæ 1564. Brylinger. 1 vol. in-fol. Grav.

On trouve à la suite, comme au numéro précédent:

De bello sacro continuatæ historiæ libri VI.

Basileæ 1560. Brylinger. in-fol.

1116.—Histoire de la guerre saincte, dite proprement, la Franciade orientale, contenant ce que les Françoys et autres Princes Occidentaux ont heureusement executé contre les Turcs, Sarrasins et infideles, tant pour le recouvrement et conqueste de la saincte Cité et Royaume de Ierusalem, que de la terre de Promission, et de toute la Syrie, par l'espace de quatre vingts quatre ans, que les Chrestiens ont tenu le païs d'Orient : iusques au regne de Baudouin quatriesmes du nom, et sixiesme Roy de Ierusalem du nombre des Latins, apres l'illustre et magnifique prince Godefroy, Duc de Bouillon et de Lorraine. Faicte latine par Guillaume Archevesque de Tyr : et traduite en françois, par *Gabriel* du Preau.

Paris 1573. Robert le Mangnier. 1 vol. in-fol.

1117.—*Jacobi* de Vitriaco libri duo, quorum prior Orientalis, sive Hierosolymitanæ : Alter, Occidentalis historiæ nomine inscribitur. Omnia nunc primùm studio et opera D. Fr. Moschi e tenebris et situ in lucem edita.

Duaci 1597. Bal. Beller. 1 vol. in-8°.

1118.—Bellum Christianorum principum, præcipue Gallorum, contra Saracenos, anno salutis mlxxxviii pro terra sancta gestum : autore *Roberto* Momacho. — *Carolus* Verardus de expugnatione regni Granatæ. — *Christophorus* Colom de prima insularum in mari indico sitarum lustratione, quæ sub rege Ferdinando Hispaniarum facta est. — De legatione regis Æthiopiæ ad Clementem Pont. VII ac regem Portugalliæ: Item de regno, hominibus, atque moribus eiusdem populi, qui Troglodita hodie esse putantur. — *Joan Bapt.* Egnatius de origine Turcarum. — Pomponius Lætus de exortu Maomethis.

Basileæ 1533. Henricus Petrus. 1 vol. in-fol.

** — Ekkehardi abbatis Uraugiensis libellus de expeditione Jerosolymitanà. — Chronicon terræ sanctæ auctore *Radulfo* Coggeshale. — Guillelmi arch. Tyriensis continuata belli sacri historia, ab antiquo auctore (*Hugone* Plagone) gallico idiomate ante annos cccc conscripta. Vide Martenne et Durand. *Ampliss. collect.* v.

** — Historia gestorum viæ Hierosolymitanæ auctore Gilone Parisiensi. — Gesta Tancredi auctore Radulfo Cadomensi.
Vide Martenne. *Thes. anecd. vet.* iii

** — Voyez dans la collection de mémoires relatifs à l'histoire de France, publié par M. Guizot : — Histoire des Croisades par Guibert de Nogent. ix-x. — Histoire des faits et gestes dans les régions d'outremer, par Guillaume *de Tyr*. xvi-xix; par Bernard le *Trésorier*. xix. — Histoire des Croisades, par Albert d'*Aix*. xx-xxi. — Histoire des Francs qui ont pris Jérusalem, par Raimond d'*Agiles*. xxi. — Histoire des Croisades, par Jacques de Vitry. xxii. — Histoire de Tancrède, par Raoul de *Caen*. xxiii. — Histoire de la première Croisade, par Robert le *Moine*. xxiii. — Histoire des Croisades, par Foulcher de *Chartes*. xxiv. — Histoire de la croisade de Louis VII, par Odon de *Deuil*. xxiv.

** — Bernardi Thesaurarici liber de acquisitione terræ sanctæ ab anno 1095 usque ad annum circiter 1230, gallicè scriptus, tum in latinam linguam conversus à F. Fr. Pipino *Bononiensi*.
Vide Muratori. *Rerum Ital. script.* vii.

** — Voyez aussi les collections de *Petitot* et de *Michaud* et *Poujoulat*, où se trouve l'histoire de Villehardouin. — Dom Bouquet. Rerum gall. script. xii. — Et dans la collection de documents relatifs à l'histoire de la Belgique, le *Chevalier au Cygne* ou *Godefroy de Bouillon*.

1119. — Histoire de la Guerre Saincte, faite par les François et autres Chrestiens, pour la delivrance de la Iudée et du S. Sepulcre. Composée en grec et en françois, par *Yves* Duchat.

Paris 1620. Petit Pas. 1 vol. in-8°.

1120.—Histoire des Croisades pour la delivrance de la Terre Sainte. Par le P. *Louis* Maimbourg.
Paris 1675. Cramoisy. 2 vol. in-4º.

1121.—Même ouvrage. 2.ᵉ édit.
Paris 1676. Cramoisy. 4 vol. in-12.

** — Histoire des Croisades par Voltaire.
Voyez *Essais sur les mœurs*, n.º 1129.

1122.—Histoire des Croisades, par M. Michaud. 4.ᵉ édit.
Paris 1825-1829. Ducollet. 6 vol. in-8.º Cart.

1123.—Bibliothèque des Croisades, par M. Michaud.
Paris 1829. A. J. Ducollet. 4 vol. in-8.º

** — Tableau historique des trois premières croisades, par Michaud.
Voyez *Mathilde*, par M.ᵉ Cottin. — *Belles-Lettres.* 2561.

1124.—Résumé de l'histoire des Croisades, par M. (Ch. R. E. de) Saint-Maurice. Nouv. édit.
Paris 1825. Lecointe et Durey. 1 vol. in-18.

1125.—Pierre l'Ermite et la première Croisade, par *Henri* Prat.
Paris 1840. Pommeret. 1 vol. in-8º.

1126.—Pierre l'Hermite et les Croisades ou la civilisation chrétienne au moyen-âge, par *Michel* Vion.
Amiens 1853. Lenoël-Hérouart. 1 vol. in-18.

** — Influence des croisades sur notre commerce et sur celui des Européens en général, par De Guignes.
Mém. de l'Acad. des Inscript. xxxvii.

** — Chroniques étrangères relatives aux expéditions françaises pendant le xiii.ᵉ siècle, publiées pour la première fois, élucidées et traduites par J. A. C. Buchon. — *Anonyme grec.* Chronique de la principauté française d'Achaïe. (Texte grec inédit). — Ramon Muntaner. Chronique d'Aragon, de Sicile et de Grèce. (Traduction nouvelle du catalan). — Bernat d'Esclot. Chronique de Pierre III et expédition française de 1285. (Texte catalan inédit).—*Anonyme sicilien.* Chronique de la conspiration de J. Prochyta. (Traduite du sicilien).
Paris 1840. Desrez. 1 vol. in-8º.
Voyez *Panthéon littéraire.*

1127.—Histoire des conquêtes et de l'établissement des Français dans les états de l'ancienne Grèce sous les Ville-Hardoin, à la suite de la quatrième croisade: par J. A. Buchon.
Paris 1846. Jules Renouard. 1 vol. in-8º. Tom. 1.ᵉʳ

1128.—Nouvelles recherches historiques sur la principauté française de Morée et ses hautes baronnies à la suite de la quatrième croisade, faisant suite aux éclaircissements historiques, généalogiques et numismatiques sur la principauté française de Morée; par Buchon.

  Paris 1843. Béthune et Plon. 2 v. in-8°. et Atlas in-fol.

QUATRIÈME DIVISION.

HISTOIRE MODERNE.

CHAPITRE I.

HISTOIRE MODERNE UNIVERSELLE.

Traités généraux.

1129.—Essay sur l'histoire générale, et sur les mœurs et l'esprit des nations, depuis Charlemagne jusqu'à nos jours. (Par Voltaire). Nouv. édit.

  (Genève) 1761-1763. 8 vol. in-8°.

1130.— Œuvres de M. de V. (Voltaire). Essais sur les mœurs et l'esprit des nations; et sur les principaux faits de l'histoire, depuis Charlemagne jusqu'à Louis XIII. Nouv. éd.

  Neuchatel 1773. 8 vol. in-12.

1131.—Abrégé de l'histoire universelle, depuis Charlemagne, jusques à Charles Quint. Par M. de Voltaire. Nouv. éd.

  Londres 1754. Nourse. 3 en 2 vol. in-12.

1132.—Abrégé de l'histoire générale des temps modernes, depuis la prise de Constantinople par les Turcs (1453), jusqu'à la mort de Louis XIV (1715); par F. Ragon. 2e éd.

  Paris 1829. Louis Colas. 2 vol. in-8.°

1133.—Précis de l'histoire moderne par M. Michelet. 6.° édit.

  Paris 1840. Hachette. 1 vol. in-8°.

1134.—Histoire moderne des Chinois, des Japonnois, des Indiens, des Persans, des Arabes, des Turcs, des Grecs, des

Africains, des Russiens et des Américains. Pour servir de suite à l'histoire ancienne de M. Rollin. Par M. l'*Abbé* DE MARSY. Continuée par M. RICHER depuis le VIIIe volume.
Paris 1775.-1776. V.e Desaint. 18 vol. in-12.

1135.—Même ouvrage. Nouv. édit.
Paris 1771-1778. Saillant et Nyon. 30 vol. in-12.

Histoires particulière de certaines époques.

1136.—Mélanges politiques et historiques relatifs aux évène-mens contemporains, par MM. DE PRADT, *Benjamin* CONS-TANT, GANILH et autres publicistes célèbres.
Paris 1829. Librairie américaine. 3 vol. in-8o.

** — Voyez aussi les œuvres de M. DE PRADT, passim.

1137.—Annuaire des deux mondes. Histoire générale des divers états. Années 1850-1854.
Paris 1851-54. Revue des Deux-Mondes. 4 vol. in-8o.

CHAPITRE II.
HISTOIRE MODERNE DE L'EUROPE.

Géographie et Statistique.

1138.—Sommaire description de la France, Allemagne, Italie, et Espagne. Avec le guide des chemins et postes, pour aller et venir par les provinces et aux villes plus renom-mées de ces quatre régions. Et un traicté des monnoyes et leurs valeurs esdits pays, provinces, et villes. (Par *Theodore* DE MAYERNE TURQUET).
Rouen 1629. Le Villain. 1 vol. in-12.

1139.—Portrait géographique et historique de l'Europe. Où l'on voit la description des païs, la religion, et l'établissement des monarchies. Avec un abrégé de l'histoire de France, de l'histoire romaine, et de l'histoire grecque; et des généalogies de la maison de Bourbon et de la maison d'Austriche.
Paris 1675. Girard. 3 vol. in-12.

1140.—L'Estat de la cour des princes souverains de l'Europe, par M. DE SAINCTE-MARTHE.
    Paris 1670. Guignard. 3 vol. in-12.

1141.—Jetztlebendes Europa oder neue historische und politische Erzehglun aller seiner stande wie solche gegen dem Ende dess Jahrs 1666 ihr mesen gehabt, biss zu Anfang des 1669. (L'Europe actuelle ou nouvelle relation historique et politique de tous ses états, tels qu'ils ont été, depuis le commencement de 1666, jusqu'au commencement de 1669).
    Franckfurt am Mayn 1670. G. Schiele. 2 en 1 vol. in-8°.

1142.—Algemeine Schau-Buhne der Welt, oder : Beschreibung der vornehmsten Welt-Beschichte des siebenzehenden Jahr-Hunderts zweyter Theil; in sich begreissend die Beschichte die sich in allen Theilen des Erdkreises sonderlich im Romischen Reich, von Jahr 1651 an biss zu dem vollzogenen Kriedens-schluss des 1650 Jahrs begeben und zugetragen. (Von *Hiob* LUDOLF). (Théâtre universel du monde, ou description des principales divisions du monde dans la seconde partie du dix-septième siècle.
    Franckfurt am Mayn 1701. Sunnern. 1 vol. in-fol.

1143.—Staatsverfassung der heutigen vornehmsten Europaischen Reiche und Volker im Grundrisse von *Gottfried* ACHENWALL. (Plan d'une statistique des principaux royaumes et peuples actuels de l'Europe).
    Gottingen 1668. Vanderhoek. 1 vol. in-8°.

Histoire générale de l'Europe.

1144.—Introduction à l'histoire des principaux Etats, tels qu'ils sont aujourd'huy dans l'Europe, traduite de l'original allemand de *Samuel* PUFENDORF. Par *Claude* ROUXEL.
    Amsterdam 1710. La Société. 4 vol. in-12. Port.

1145.—Introduction à l'histoire générale et politique de l'univers; où l'on voit l'origine, les révolutions, l'état présent, et les intérèts des souverains, par M. le Baron DE PUFENDORF. (Traduit par *Cl.* ROUXEL). Nouvelle édition plus ample et plus correcte que les précédentes. On (BRUZEN DE LA MARTINIÈRE) y a continué tous les chapitres jusqu'à présent, et ajouté un éloge historique de l'auteur.

Amsterdam 1732. Chatelain. 7 vol. in-12.

L'histoire de Suède, qui forme les trois derniers volumes, a été aussi traduite par ROUXEL; elle a été continuée jusqu'en 1750 par DESROCHES DE PARTHENAY.

1146.—Geschichte der heutigen vornehmsten Europaischen Staaten im Grundrisse von *Gottfried* ACHENWALL. (Plan d'une histoire des principaux états actuels de l'Europe).

Gottingen 1779. Vandenhoek. 1 vol. in-8°.

** — Histoire moderne par CONDILLAC.—Voyez *OEuvres.* XI, XII, XIII, XIV.

1147.—Histoire générale de l'Europe, depuis les dernières années du cinquième siècle jusque vers le milieu du dix-huitième. Par M. le Comte DE LACÉPÈDE. 2.° édit.

Paris 1833. Lebigre. 18 vol. in-8°.

1148.—Cours d'histoire des états Européens, depuis le bouleversement de l'empire romain d'Occident jusqu'en 1789; par M. S. F. SCHŒLL.

Paris 1830-1834. Gide. 47 vol. in-8°.

1149.—Abrégé de l'histoire moderne des principales nations de l'Europe, pour faire suite à l'histoire de France. A l'usage des pensionats dirigés par les Religieuses des Sacrés-Cœurs de Jésus et de Marie, dites de Louvencourt.

Amiens 1847. Duval et Herment. 1 vol. in-18.

1150.—Cours d'histoire moderne, par M. GUIZOT. (Histoire générale de la civilisation en Europe, depuis la chute de l'empire romain jusqu'à la révolution française).

Paris 1828. Didier. 1 vol. in-8°.

Histoire particulière de diverses périodes.

1151.—PAULI JOVII Novocomensis episcopi, historiarum sui temporis tomi duo.

Lutetiæ 1553. Michael Vascosanus. 2 vol. in-fol.

14.

1152.— Pauli Jovii Novocomensis opera quotquot extant omnia.

Basileæ 1578. Perna. 1 vol. in-fol.

On trouve à la suite :

Pauli Jovii regionum et insularum atque locorum descriptiones : videlicet Britanniæ, Scotiæ, Hyberniæ, Orchadum, item Moscoviæ et Larii lacus. Quibus (ut ejus omnia scripta hoc postremo volumine complecteremur) de piscibus romanis libellum vere aureum adjunximus.

Basileæ 1578. Perna. 1 vol. in-fol.

1153.— Histoires de Paolo Jovio sur les choses faictes et avenues de son temps en toutes les parties du monde, traduictes du latin en françois par *Denis* Sauvage.

Lyon 1558. G. Rouille. 2 vol. in-fol.

1154.— Même ouvrage.

Paris 1570. Dupuys. 2 en 1 vol. in-fol.

1155.— L'histoire universelle du Sieur d'Aubigné.

Maillé 1616. Moussat. 3 vol. in-fol.

1156.— Histoire universelle du Sieur d'Aubigné, comprise en trois tomes. Seconde édition, augmentée de notables histoires entières, et de plusieurs additions et corrections faites par le mesme auteur.

Amsterdam 1626. H. Commelin. 1 vol. in-fol.

1157.— Commentarius brevis rerum in orbe gestarum, ab anno salutis MD usque in annum MDLXXIIII ex optimis quibusque scriptoribus congestus, et nunc recens non parùm auctus et locupletatus, per F. *Laurentium* Surium.

Coloniæ 1574. Gervinus Calenius. 1 vol. in-8°.

1158.— Histoire, ou commentaire de toutes les choses memorables, advenues depuis LXX ans en ça par toutes les parties du monde, tant au faict seculier que ecclesiastic : composez premierement par *Laurens* Surius, et nouvellement mis en françois par *Jacq.* Estourneau *Xainctongeois.*

Paris 1573. Chaudiere. I vol. in-8°.

1159.— *Michaelis* Ritii *Neapolitani* de regibus Francorum lib. III. De regibus Hispaniæ lib. III. De regibus Hyerosolymo-

rum lib. I. De regibus Neapolis et Siciliæ lib. IIII. De
regibus Ungariæ lib. II.

Basileæ 1517. Joa. Froben. 1 vol. in-4º.

1160.—Illustris viri *Jacobi Augusti* Thuani historiarum sui temporis ab anno domini 1543 usque ad annum 1607, libri
CXXXVIII. Accedunt commentariorum de vita sua libri
sex hactenus inediti.

Aurelianæ 1626. Heredes P. de la Rouiere. 5 en 4 v. in-f.

1161.—Histoire de Monsieur de Thou, des choses arrivées de
son temps. Mise en françois par P. Du Ryer.

Paris 1659. Courbé. 3 vol. in-fol.

1162.—Histoire universelle de *Jacque-Auguste* de Thou, depuis
1543 jusqu'en 1607. Traduite sur l'édition latine de
Londres. (Par l'*Abbé* Prevost, l'*Abbé* Desfontaines,
l'*Abbé* Lemascrier, Adam, Lebeau, l'*Abbé* Le Duc, et le
P. Fabre. Avec une préface par Georgeon. La suite par
Nicolas Rigault, et les remarques de Casaubon, Du-
plessis-Mornay, G. Laurent, *Ch.* de l'Ecluse, Gui-
Patin, P. Bayle et J. le Duchat).

Londres 1734. 16 vol. in-4º.

1163.—In Jacobi Augusti Thuani historiarum libros notationes
lectoribus et utiles, et necessariæ. Auctore *Joanne Baptista* Gallo J. C. (*Joanne* de Machault).

Ingolstadii 1614. Typis Ederianis. 1 vol. in-4º.

Cet exemplaire porte la signature de l'auteur: J. Machault.

1164.—Nominum propriorum virorum, mulierum, populorum,
etc. quæ in viri illustris Jacobi Augusti Thuani historiis
leguntur index. (Auctore *Petro* Bessin).

Genevæ 1634. Pet. Aubertus. 1 vol. in-4º.

1165.—Tableau historique; representant l'estat tant ancien que
moderne de la France, de l'Allemagne, et de l'Espagne,
et les plus remarquables demelez que ces trois nations
ont eus ensemble, tant en paix qu'en guerre, depuis l'é-
tablissement du Christianisme jusqu'à nostre âge. Par le
S.ʳ de Nouvelon l'Heritier.

Paris 1669. Jolly. 1 vol. in-12.

1166.—Continuation de l'histoire de nostre temps, depuis l'an mil cinq cens cinquante, jusques à l'an mil cinq cens cinquante-six. Par M. *Guillaume* PARADIN.

Paris 1575. Mich. Sonnius. 1 vol. in-8°.

1167.—La vraye et entiere histoire des troubles et choses memorables, avenues tant en France qu'en Flandres, et pays circonvoisins, depuis l'an 1562. Comprinse en quatorze livres. Avec les considérations sur les guerres civiles des François. (Par DE LA POPELINIÈRE).

Basle 1572. Davantes. 1 vol. in-8°.

1168.—La vraye et entiere histoire des troubles et guerres civiles advenues de nostre temps, tant en France qu'en Flandres et pays circonvoisins, depuis l'an 1560, jusques à present. Recueillie de plusieurs discours françois et latins, et le tout mis en bon ordre, par M. *Jean* LE FRERE.

Paris 1584. De la Noue. 1 vol. in-8.°

C'est le second volume; il contient les livres 18 à 38 et les évènements arrivés du mois d'octobre 1570 au mois d'avril 1582.—Cette histoire n'est autre que la précédente; *Jean le Frère* l'a corrigée, augmentée et publiée sous son nom, sans même nommer *de la Popelinière* qui s'en plaint vivement dans la préface de son histoire de France.

1169.—*Julii Cæsaris* BULENGERI historiarum sui temporis libri tredecim. Quibus res toto orbe gestæ ab anno 1560 ad annum usque sexcentesimum XII continentur.

Lugduni 1617. Hæred. Gul. Rouillii. 1 vol. in-fol.

1170.—*Michaelis* AB ISSELT *Amorfortii* sui temporis historia, in qua res in toto orbe terrarum gestæ, tum præcipuè motuum Belgicorum sub Philippo II Hispaniarum rege, etc. concitatorum origo et successus usque ad annum MDLXXXVI perspicuè et accuratè describuntur.

Coloniæ 1602. Quentel. 1 vol. in-8°.

1171.—Commentarius brevis rerum in orbe gestarum, à capta Antwerpia, hoc est ab Augusto mense anni 1585 usque ad septembrim anni 1586 ex variis scriptis editisque libellis diligenter congestus. Per *Michaelem* AB ISSELT.

Coloniæ 1586. God. Kempensis. 1 vol. in-8°.

1172.—*Rodolphi* Botereii de rebus in Gallia, et penè toto orbe gestis, commentariorum libri XVIII. In tres tomos tributi.
Parisiis 1610. Chevalier. 2 en 1 vol. in-8°.

1173.—Mundus furiosus: sive narratio rerum a mense aprili, anni MDXCVI usque ad autumnum anni MDXCVII tota Europa gestarum, libris tribus comprehensa. Auctore P. A. Jansonio.
Coloniæ-Agrippinæ 1598. Ger. Greuenbruch. 1 v. in-8°.

1174.—V.ᵉ, VII.ᵉ, X.ᵉ, XIII.ᵉ et XVI.ᵉ tomes du Mercure François, ou suitte de l'histoire de notre temps, sous le regne du tres chrestien Roy de France et de Navarre Louis XIII. (Par *Jean* Richer).
Paris 1619-1633. Est. Richer. 5 vol. in-8°. Grav.

1175.—Histoire memorable de ce qui s'est passé tant en France, que aux païs estrangers. Commençant en l'an 1610 et finissant en l'an 1618. Soubz le regne de Louys-le-Juste, Roy de France et de Navarre. Par P. B. (*Pierre* Boitel) Sieur de Gaubertin.
Paris 1618. Jacq. Besogne. 1 vol. in-8°.

1176.—Histoire generale des guerres et mouvemens arrivés en divers etats du monde sous le regne auguste de Louis XIII Roy de France et de Navarre, depuis l'an 1610 jusques à l'année 1624. Par narrations historiques. Suivies de chronologies des années. (Par *Claude* Malingre).
Paris 1638. P. Billaine. 2 vol. in-8°.

1177.—Histoire de la rebellion excitée en France par les rebelles de la religion pretendue reformée. Depuis le restablissement de la foy catholique en Bearn, ou histoire de nostre temps. Ez années MDCXX-MDCXXVI. (Par *Cl.* Malingre).
Paris 1623-1626. Petit-Pas. 5 vol. in-8°.

1178.—Remarques d'histoire ou description chronologique des choses plus memorables passées, tant en France, qu'ès pays estrangers, depuis l'an 1610 jusques à present. Par le S.ʳ de Sainct-Lazare (*Claude* Malingre).
Paris 1638. Collet. 1 vol. in-8°.

1179.—Histoire universelle de ce qui s'est passé ès années 619 et 620 (1619-1620). Sçavoir depuis le départ de la Reine mere du Roy du chasteau de Blois jusques à present. (Par C. MALINGRE).

Paris 1621. Ant. Vitray. 1 vol. in-8°.

1180.—Europaeischer newer Teutz Florus zon allen denckwurd Kriegen Friedenshandl : v : notablen Geschichten de A: 1618 biss 1659 etc. (Le nouveau Florus allemand contenant toutes les guerres memorables et traités de paix notables advenus de 1619 à 1659). (Von *J. Aug.* PASTORIUS).

Franckfurt 1659. G. Fickwirtten. 1 vol. in-8°.

1181.—Histoire de ce siecle de fer, contenant les misères et calamités des derniers temps, avec leurs causes et pretextes, et tout ce qui est arrivé de plus memorable depuis le commencement de ce siecle jusques à l'année 1664. Par J. N. DE PARIVAL. 8.° édit.

Lyon 1683. J. et B. Riviere. 5 vol. in-12.

1182.—Histoire abregée du siecle courant, depuis l'an 1600 jusqu'à present. Avec un catalogue des historiens du même siecle. Par le S.ᵣ DE CH. (DE CHASAN).

Paris 1687. Coignard. 1 vol. in-12.

1183.—Il Mercurio overo historia de' correnti tempi di D. *Vittorio* SIRI.

Geneva-Cassale 1646-1655. 5 en 8 vol. in-4°.

1184.—Mémoires secrets, tirés des archives des souverains de l'Europe, depuis le règne de Henri IV. (Traduits de l'italien de V. SIRI par J. B. REQUIER).

Amsterdam 1765. 6 vol. in-12.

1185.—Histoire chronologique du dernier siècle, où l'on trouvera les dates de ce qui s'est fait de plus considérable dans les quatre parties du monde, depuis l'an 1600 jusqu'à présent. (Par le P. BUFFIER).

Paris 1715. Giffart. 1 vol. in-12.

1186.—Mémoires pour servir à l'histoire universelle de l'Europe.

Depuis 1600 jusqu'en 1716. Avec des réflexions et remarques critiques. (Par le P. d'Avrigny).

> **Paris 1725. Maziere et Garnier. 4 vol. in-12.**

1187.—Même ouvrage. Nouv. édit.

> **Paris 1757. Guérin et Delatour. 5 vol. in-12.**

1188.—Histoire des guerres et des négociations qui précédèrent
le traité de Westphalie, sous le règne de Louis XIII et
le ministère des cardinaux Richelieu et Mazarin. Composée sur les mémoires du Comte d'Avaux, ambassadeur.
Par le Père Bougeant.

> **Paris 1767. Musier fils. 3 vol. in-8°.**

** — Histoire de mon temps , par Frédéric II.— Voyez *OEuvres*. I-II-VI.

Histoire diplomatique, ou Traités de paix et d'alliance.

1189.—Recueil de traités de paix et d'alliance.

> 1 vol. in-4°. — Ce recueil contient :

1. — Articles de la paix accordée entre le tres auguste... Louis-le-Juste Roy
de France et de Navarre : et le Roy de Marroque, Empereur d'Afrique.
> Paris 1631. S. Cramoisy.

2. — Exemplum literarum ad serenissimum Daniæ et Norwegiæ regem a
Gallico per Germaniam legato scriptarum circa tractatus pacis. 1642.
> Literæ sive declaratio regis Hungariæ ad regem Daniæ super tractatu
> præliminarium Hamburgi concluso. 1642.
> Tractatus de præliminaribus pacis universalis. 1642.

3. — Articles extraits de deux traictez faits entre la France et l'Angleterre.
> Paris 1658. S. Cramoisy.

4. — Traitté de paix entre les couronnes de France et d'Espagne , conclu et
signé en l'isle des Faisans, le 7 novembre 1659.
> Paris 1660. Bureau d'adresse.

5. — Traité de Pise entre nostre tres-saint père le Pape Alexandre VII et
Louis XIV. 12 février 1664.
> Paris 1664. Les imprimeurs et libraires du Roy.

6. — Recueil de tous les actes, memoires et lettres qui ont servi pour la ne-
gotiation de la paix, avec les traitez qui ont esté conclus à Nimegue. (Par.
Pachau , Paraire et de Tourmont).
> Paris 1678. Leonard.

7. — Traitté de paix entre la France et l'Espagne. Conclu à Nimegue le 17 septembre 1678.

Paris 1678. Leonard.

8. — Remarques abregées sur le traité de la Barriere, fait entre Sa Majesté Britannique, et les états généraux, à La Haye le 29 octobre 1709.

9. — Extrait du traité de paix entre Sa Majesté le Roy très-chrétien, et les Etats-Généraux des Provinces-Unies. Signé le 11 d'avril 1713.

10. — Traité d'alliance défensive entre la France, l'Angleterre et la Hollande. Conclu à La Haye le 3 janvier 1717.

1190.—Recueil des traittez de paix, treves, et neutralité entre le couronnes d'Espagne et de France. 3.ᵉ édition. Augmentée par le dernier traitté de paix, fait en l'isle des Faisans, l'an MDCLIX. (1526-1659).

Anvers 1664. Moretus. 1 vol. in-12.

1191.—Memoire historique concernant la negociation de la paix traitée à Vervins l'an 1598, entre Henry IV, Roy de France et de Navarre : par MM. *de Bellievre* et *de Sillery* : Philippes II, Roy d'Espagne : par les Sieurs *Richardot*, *Taxis* et *Verreyken* : Et Charles Emmanuel duc de Savoye, par le S.ʳ Marquis *de Lullin*.

Paris 1667. De Sercy. 2 vol. in-12.

1192. — Recueil des traictés de confédération et d'alliance, entre la couronne de France, et les princes et estats estrangers, depuis l'an MDCXXI jusques à present. Avec quelques autres pieces appartenantes à l'histoire. (1621-1667).

Cologne 1672. Marteau. 1 vol. in-12.

1193.—Recueil des principaux traitez de paix, faits et conclus pendant le dix-septième siècle. (1648-1697).

Luxembourg 1703. And. Chevalier. 1 vol. in-12.

1194.—Lettres de Messieurs les Comtes D'AVAUX et SERVIEN ambassadeurs pour le Roy de France en Allemagne, en l'assemblée de Munster, pour la paix generale. Contenant leurs differents et les responses de part et d'autre, chacun pour sa justification.

1650. 1 vol. in-8°.

1195. — Negotiations de paix de Messieurs les Electeurs de Mayence et de Coloigne faites à Francfort par leurs altesses Electorales, entre M. le mareschal duc de Grandmont et M. de Lionne, ambassadeurs extraordinaires et plenipotentiaires de France, et M. le C.ᵗᵉ de Pegnaranda, ambass. extraord. et plenipotentiaire d'Espagne. En 1658.
Paris 1658. Cramoisy. 1 vol. in-4⁰.

1196. — Traitté de paix entre les couronnes de France et d'Espagne : avec le contract de mariage du Roy tres-chrestien et de la serenissime Infante fille aisnée du Roy catholique. Le 7 nov. 1659. Avec l'explication de l'article xlii du susdit traitté, concernant le Roussillon : du 31 mai 1660.
Paris 1660. Imprimeurs et libraires du Roy. 1 vol. in-4⁰.
A la suite :
Journal pour servir à l'histoire. Contenant ce qui s'est passé de plus memorable depuis la guerre declarée entre la France et l'Espagne, jusques à la conclusion de la paix et mariage de leurs Majestez.
Paris 1660. Leché. in-4⁰.

1197. — Histoire de la paix concluë sur la frontière de France et d'Espagne entre les deux couronnes, l'an mdclix. Avec un recueil de diverses matieres concernantes le S.ʳ duc de Lorraine. (Traduit de Galeazo-Priorato par H. Courtin).
Cologne 1667. De la Place. 1 vol. in-12.

1198. — Histoire des négociations, et du traité de paix des Pyrénées. (Par Denans de Courchetet).
Amsterdam-Paris 1750. Briasson. 2 vol. in-12.

1199. — Remarques sur le procedé de la France, touchant la negociation de la paix.
1668. 1 vol. in-18.

1200. — Recueil des preliminaires de la paix, avec les principaux traittez qui ont esté faits devant ou pendant le congrez à Nimmegue.
Cologne 1678. Van Dyck. 1 vol. in-12.

1201.—Histoire des negotiations de Nimegue. (Par DE SAINT-
DISDIER).

Paris 1680. De Luyne. 2 vol. in-12.

1202.—Actes et mémoires des negociations de la paix de Nimègue. 2.ᵉ édit. (Par MOETJENS).

Amsterdam 1680. Wolfgangk. 4 en 6 vol. in-12.

1203.—Mémoires politiques pour servir à la parfaite intelligence
de l'histoire de la paix de Ryswick. Par M. DU MONT.

La Haye 1699. L'Honoré. 4 vol. in-12.

1204.—Actes, mémoires, et autres pièces autentiques, concernant
la paix d'Utrecht. Depuis l'année 1706 jusqu'à présent.
(Par *Casimir* FRESCHOT).

Utrecht 1712. Vande Water. 2 vol. in-12.

1205.—Parallèle de la conduite du Roi avec celle du roi d'Angleterre, électeur d'Hanovre, relativement aux affaires
de l'Empire, et nommément à la rupture de la capitulation de Closter-Seven par les Hanovriens.

Paris 1758. Imp. Royale. 1 vol. in-12.

1206.—Mémoire historique sur la négociation de la France et de
l'Angleterre, depuis le 26 mars 1761 jusqu'au 20 septembre de la même année, avec les pièces justificatives.
(Par DE BASTIDE).

Paris 1761. Imp. royale. 1 vol. in-12.

1207.—Piéces officielles relatives aux préliminaires de Londres
et au traité d'Amiens.

Paris an XI. Imp. de la répub. 1 vol. in-4º.

Mélanges historiques.

1208.—*Johannis* TRITHEMII opera historica, quotquot hactenus
reperiri potuerunt, omnia: partim e vetustis fugienti-
busque editionibus revocata, et ad fidem archetyporum
castigata; partim ex manuscriptis nunc primùm edita.

Francofurti 1601. Typis Wechelianis. 1 vol. in-fol.

1209.—Chronicon chronicorum ecclesiastico-politicum, ex huius
superiorisque ætatis scriptoribus concinnatum; quo non

modò Pontificum, Cardinalium, Archiepiscorum, Abbatum, et Impp., Regum, Ducum, Principum, Marchionum, Comitum etc. sed et Nobilium, sed et Doctorum, armis literisque illustrium, dies natalis, dies nuptualis, dies emortualis, egregiaque eorum vel secus facinora toto orbe bello ac pace gesta breviter delineantur. Collectore *Johanne* GUALTERIO *Belga.*

Francofurti 1614. Off. Aubriana. 4 vol. in-8°.

1210. — Meslanges historiques ou recueil de plusieurs actes, traictez, lettres missives, et autres memoires qui peuvent servir à la deduction de l'histoire, depuis l'an 1390 jusques à l'an 1580. (Par *Nicolas* CAMUSAT). 3.ᵉ édit.

Troyes 1644. Febure. 1 vol. in-8°.

1211. — Recueil de quelques discours politiques, escrits sur diverses occurences des affaires et guerres estrangères depuis quinze ans en ça.

1632. 1 vol. in-4°.

1212. — Le Mercure postillon de l'un à l'autre monde. Traduit de l'italien en françois par un amateur de la vérité.

Liège. s. d. Guibert. 1 vol. in-18.

1213. — Les affaires qui sont aujourd'hui entre les maisons de France et d'Austriche.

(Cologne) 1648. (P. Marteau). 1 vol. in-12.

1214. — Recueil de diverses pieces curieuses pour servir à l'histoire.

Cologne 1664. Jean Du Castel. 1 vol. in-16.

Ce volume contient :

Response aux memoires du Comte de la Chastre pour M. de Brienne. Conjuration de la Baronne d'Alby sur la ville de Barcelone en faveur du Roy catholique en l'an 1645, 1646, 1647 et 1648. — Relation de la mort du Marquis de Monadelschi (à Fontainebleau le 6 nov. 1657). — Motifs de la France pour la guerre d'Allemagne. — Lettre au sujet de la paix entre la France et l'Espagne. 1661. — La conspiration de Walstein.

1215. — Même ouvrage.

Cologne 1655 (1665). J. Du Castel. 1 vol. in-16.

1216.— Recueil historique contenant diverses pieces curieuses de ce temps. (Par *Louis* Dumay).
Cologne 1666. Chris. van Dyck. 1 vol. in-12.

1217.—L'Europe esclave, si l'Angleterre ne rompt ses fers.
Cologne 1678. L'Ingenu, à la verité. 1 vol. in-12.

1218.—Recueil de diverses relations remarquables des principales cours de l'Europe. Ecrites pour la pluspart, par des ambassadeurs, qui ont residé à ces cours. Traduites en françois, d'un Manuscrit italien qui n'a point cy-devant été mis en lumiere.
Cologne 1681. P. du Marteau. 1 vol. in-12.

1219.—Affaires du temps. (Par De Visé).
Paris 1688-1689. Guerout. 10 vol. in-18.

1220.—Etat present des affaires de l'Europe.
Paris 1693. Michel Brunet. 1 vol. in-8°.

1221.—Nouveaux interets des princes de l'Europe. Revus corrigés et augmentés par l'Auteur (Sandraz de Courtilz), selon l'etat que les affaires sont aujourd'hui. 3.ᵉ édit.
Cologne 1688. P. Marteau. 1 vol. in-8.°

1222.—Nouvelles ou memoires historiques. Contenant ce qui s'est passé de plus remarquable dans l'Europe tant aux guerres, prises de places, et batailles sur terre et sur mer, qu'aux divers intérests des princes et souverains qui ont agy depuis 1672, jusqu'en 1679. Par Madame D. (D'Aulnoy).
Paris 1693. Barbin. 2 vol. in-12.

1223.—Mémoires de ce qui s'est passé dans la Chretienté, depuis le commencement de la guerre en 1672, jusqu'à la paix conclüe en 1679. Par M. le Chevalier Temple. Traduit de l'anglois. 2.ᵉ édit.
La Haye 1692. Moetjens. 1 vol. in-12.

1224.—Lettres de M. le Chevalier *Guillaume* Temple, et autres ministres d'état, tant en Angleterre que dans les païs étrangers. Contenant une relation de ce qui s'est passé de plus considérable dans la Chrétienté depuis l'année 1665 jusqu'à celle de 1672. Revue par le Chev. *Guill.* Temple et publiée par *Jonathan* Swift. Traduites de l'anglois (par P. A. Samson).

La Haye 1700. H. Bulderen. 2 vol. in-12.

1225.—Lettres d'un Suisse à un François où l'on voit les véritables intérêts des princes et des nations de l'Europe qui sont en guerre. Et divers mémoires et actes pour servir de preuves à ces lettres. (Par *Jean* de la Chapelle).

Basle 1704-1707. 7 vol. in-12. Les tom. 5 et 6 manquent.

1226.—1.ᵉʳ, 2.ᵉ et 3.ᵉ Entretien de M. Colbert, ministre et secrétaire d'estat, avec Bouin, fameux partisan, sur plusieurs affaires curieuses; entr'autres sur le partage de la succession d'Espagne, fait par le Roy d'Angleterre, et par les Hollandois. (Par Sandraz de Courtilz).

Cologne 1701. P. Marteau. 1 vol. in-12.

1227.—La guerre d'Espagne, de Bavière et de Flandre, ou Mémoires du Marquis d..... Contenant ce qui s'est passé de plus secret et de plus particulier depuis le commencement de cette guerre, jusqu'à présent. (Par Sandraz de Courtilz). Nouv. édit.

Paris 1712. P. Marteau. 2 en 1 vol. in-12.

1228.—La conduite des cours de la Grande-Bretagne et d'Espagne, ou relation succincte de ce qui s'est passé de plus considérable entre ces deux cours par rapport à la situation présente des affaires; où l'on démontre les motifs qui ont engagé Sa Majesté catholique a s'emparer de la Sardaigne et à entreprendre la conquête de la Sicile. Avec les raisons qui servent à justifier la conduite du chevalier George Bing dans la Méditerranée, sur les cotes de l'Italie, en faveur de l'Empereur etc. Trad. de l'anglois.

Amsterdam 1720. P. Brunel. 1 vol. in-12.

1229.—Lettres de M. Filtz-Moritz, sur les affaires du temps, traduites de l'anglois par M. Garnesay. (Composées par l'*Abbé* Margon, par ordre du duc d'Orléans, régent).

Roterdam 1718. Leers. 1 vol. in-12.

1230.—Mémoires du Comte de Vordac, général des armées de l'Empereur. Où l'on voit tout ce qui s'est passé de plus plus remarquable dans toute l'Europe, durant les mouvemens de la dernière guerre. (Par l'*Abbé* CAVARD).
    Paris 1710. G. Cavelier. 1 vol. in-12.

1231.—Même ouvrage. (Par l'*Abbé* CAVARD et l'*Abbé* OLIVIER).
    Paris 1723. D. Vatel. 2 vol. in-12.

1232.—Mémoires du Marquis de MAFFEI, lieutenant général des troupes de l'électeur de Bavière, contenant une description exacte de plusieurs des plus fameuses expéditions militaires de notre siècle, nouvellement traduits de l'italien (par J. F. SÉGUIER).
    Venise 1741. Paschali. 2 vol. in-12. Port.

1233.—Mémoires très fidèles et très exacts des expéditions militaires qui se sont faites en Allemagne, en Hollande et ailleurs depuis le traité d'Aix-la-Chapelle jusques à celui de Nimègue, ausquels on a joint la relation de la bataille de Senef par M. le Prince et quelques autres mémoires sur les principales actions qui se sont passées durant cette guerre. Par un Officier distingué.
    Paris 1734. Briasson. 2 vol. in-12.

1234.—Lettres et mémoires du Baron DE POLLNITZ, contenant les observations qu'il a faites dans ses voyages, et le caractère des personnes qui composent les principales cours de l'Europe. 3.e édit.
    Amsterdam 1737. Changuion. 5 vol. in-8º.

1235.—L'espion dans les cours des princes chrétiens, ou lettres et mémoires d'un Envoyé secret de la Porte dans les cours de l'Europe ; où l'on voit les découvertes qu'il a faites dans toutes les cours où il s'est trouvé, avec une dissertation curieuse de leurs forces, politique et religion. (Par J. P. MARANA et COTOLENDI). Nouv. édit.
    Cologne 1739. Kinkius. 7 vol. in-12. Fig.

1236.—Mémoires du Comte de Varack, contenant ce qui s'est passé de plus intéressant en Europe depuis 1700 jusqu'au dernier traité d'Aix-la-Chapelle du 18 octobre 1748. (Par DE CROISMARE). Nouv. édit.

Amsterdam 1751. La Compagnie. 2 vol. in-12.

1237.—Le siècle politique de Louis XIV, ou lettres du Vicomte BOLINGBROKE sur ce sujet. Avec les pièces qui forment l'histoire du siècle de M. F. *de Voltaire*, et de ses querelles avec Mrs. *de Maupertuis* et *la Beaumelle*, suivies de la disgrace de ce fameux poëte. (Publié par M. MAUBERT DE GOUVEST).

Sieclopolie 1753. La Compagnie. 1 vol. in-12.

1238.—Mémoire contenant le précis des faits, avec leurs pièces justificatives, pour servir de réponse aux *Observations* envoyées par les ministres d'Angleterre, dans les cours d'Europe. (Par MOREAU).

Paris 1756. Imp. royale. 1 vol. in-12.

1239.—Parallèle de la conduite des Carthaginois, à l'égard des Romains, dans la seconde guerre punique, avec la conduite de l'Angleterre, à l'égard de la France, dans la guerre déclarée par ces deux puissances, en 1756. (Par SÉRAN DE LA TOUR).

(Paris) 1757. 1 vol. in-12.

1240.—Le patriote anglois, ou réflexions sur les hostilités que la France reproche à l'Angleterre, et sur la réponse de nos ministres au dernier mémoire de Sa M. T. C. Ouvrage traduit de l'anglois de *John* TELL TRUTH, par un avocat au Parlement de Paris (l'*Abbé* LE BLANC).

Genève 1756. 1 vol. in-12.

1241.—Essais sur les principaux évènemens de l'histoire de l'Europe, contenant des considérations politiques et historiques sur le règne d'Elisabeth, reine d'Angleterre, et sur le règne de Philippe, second roi d'Espagne. (Par DE LUCHET).

Londres-Paris 1766. Grangé. 2 vol. in-12.

1242.—Mercure britannique, ou notices historiques et critiques sur les affaires du tems. Par J. MALLET DUPAN.

Londres 1799. Splisbury. 1 vol. in-8º.

Ce volume comprend les n.ᵒˢ 10, 11, 16, 17, 19, 20 et 21, du 10 janvier au 25 juin 1799.

1243.—Mémoires pour servir à l'histoire des évènemens de la fin du dix-huitième siècle, depuis 1760 jusqu'en 1806-1810, par un contemporain impartial, feu M. l'*Abbé* Georgel; publiés par M. Georgel, neveu et héritier de l'auteur, avec la gravure du fameux collier. 2.ᵉ édit.
Paris 1820. Eymery. 6 vol. in-8°.

1244.—Mémoires ou souvenirs et anecdotes, par M. le Comte de Ségur. 3.ᵉ édit.
Paris 1827. Eymery. 3 vol. in-8°. Port.

1245.—Congrès de Vérone. — Guerres d'Espagne. — Négociations: colonies espagnoles; par M. de Chateaubriand.
Paris 1838. Delloye. 2 vol. in-8°.

1246.—Anecdotes des républiques, auxquelles on a joint la Savoye, la Hongrie, et la Bohême. (Par De la Croix).
Paris 1771. Vincent. 2 vol. in-8°.

1247.—Mélanges historiques.
1 vol. in-4°. — Contenant:

1. — Vraie description du voyage et entreprinses de la puissante armée des provinces belgiques confederées: contre le royaume de Espaigne, et isles Canariennes. Dez le 25 de may, jusques au dixiesme de septembre, de l'an 1599.
Amsterdam 1599. H. Allan. Pl.

2. — Lettre de Monseigneur le Prince (Henry de Bourbon) à la Royne. 18 fevrier 1614.

3. — Relation veritable de tout ce qui s'est passé en l'affaire de Philipsbourg; avec la response aux obiections que l'on peut faire sur sa prise. (1634).

4. — Relation extraordinaire de la prise de Philipsbourg par l'armée du Roy, commandée par Mgr. le Dauphin; avec la prise de la ville et du chateau de Mayence, la nouvelle du siege de Mehem.

5. — L'entrée de l'armée françoise en Espagne, et la prise de leurs passages et vaisseaux, avec 250 pièces de canon, par le prince de Condé. 1638.

6. — Le baptesme et mort de Louis Amedée duc de Savoye, et le serment de fidelité presté au prince Charles Emanuël son successeur. — Avec la chasse donnée à la garnison espagnole de Saint-Omer, par celle d'Ardres et autres françoises voisines. 1638.

7. — La prise de la ville et chasteau de Fenestrange, par les troupes du Roy. — La sortie de la flotte françoise, pour Canada. — Et le sacre de l'abesse de Fontevrauld. 1639.

8. — La prise du general Maracini et de sa chancellerie, et autres avantages du mareschal Banier. — Et celle de la ville et passage de Saint-Claude, par le Comte de Guébriant. 1639.

9. — La prise de la ville de Bachas et de celle de Canet avec son chasteau, par le prince de Condé. 1639.

10. — La defaite des Espagnols près du pont St.-Nicolas, par le mareschal de la Meilleray. — La mort du patriarche d'Alexandrie. — Le départ des ambassadeurs d'Angleterre et de Holande. — Preparatifs pour la venue du grand Seigneur et autres affaires de Turquie.

11. — La prise des chasteaux de Sancy et de Fléville en Lorraine, par le sieur du Hallier. 1640.

12. — Relation succincte du siege et reddition d'Arras, envoyée d'Amiens. **Paris 1640. S. Cramoisy.**

13. — Les articles de la reduction d'Arras à l'obeissance du Roy. Avec quelques particularitez du siege obmises aux precedentes relations. 1640.

14. — La magnifique entrée de Madame de Savoye en la ville de Turin. 1640.

15. — La defense de 350 hommes de la garnison d'Aveines, par le Comte de Quinsé, gouverneur de Guize.

16. — Extraordinaire touchant les affaires de la Catalogne. 1641.

17. — Relation de ce qui s'est passé de plus memorable au changement de Roy n'agueres arrivé en Portugal. 1641.

18. — Declaration de Madame de Savoye contre le cardinal de Savoye et le prince Thomas; ensemble contre tous leurs complices et adherans. 1641.

19. — Raisons qui ont obligé le Roy à envoyer des troupes en Savoye. 1641.

20. — Le manifeste pour la justice des armes des princes de la paix. (Par *Louis* DE BOURBON, prince de Soissons). 1641.

21. — La prise de deux grands vaisseaux de guerre, deux barques, deux brigantins et la felouque de la capitane d'Espagne par l'armée du Roy.— Arrivée d'un ambassadeur du Roy de Perse. 1641.

22. — La harangue faite par le chevalier Deering dans le Parlement d'Angleterre, contre les defaux qu'il trouve en la religion protestante. — Et la requete presentée au Roy, par les Escossais, en faveur du Parlement d'Angleterre. 1642.

23. — La trahison faite contre les Suedois par les Imperiaux, descouverte.— Le nouveau manifeste des Irlandois, envoyé au Parlement d'Angleterre. 1642.

24. — La sorti de la Reine de la Grand'Bretagne hors d'Angleterre.— La defaite de trente cavaliers de la garnison espagnole de Bethunes, par celle de Hesdin. 1642.

40. — La prise de la ville de Dunkerque et du fort de Leon sur les Espagnols.

41. — Les devoirs funebres rendus à la memoire du defunt prince de Condé dans le college des Jesuites, à Paris. 1647.

42. — Reduction des villes de Lecce, Bitonto, Tolva, Patenza, Monopoli, Madera, Melfi, Stigliano, Ottaiano, Aquila, Bari, Pizo, Paganica et Balzano. 1648.

43. — Le manifeste ou declaration du Roy de la Grand'Bretagne sur le sujet de sa detention. — Progrez faits par le Roy de Portugal sur les Espagnols dans la Castille. 1648.

44. — La defaite de la garnison espagnole de Verceil en Italie, par les François. — L'execution des ordonnances du Roy sur le commerce d'entre la France et la Grand'Bretagne. — L'estat present des guerres du récif de la Bahie de tous les Saincts. 1648.

45. — Le pitoyable naufrage n'agueres arrivé pres de Sulli. — L'execution à mort du commissaire general des vivres de Naples, convaincu d'intelligence avec les Espagnols. 1648.

46. — Les courses et avantages remportez par les François autour de Crémone. — Les magnificences observées au jour de la nativité du Roy de Portugal.—La quatorziéme chapelle de Nostre-Dame-de-Lorette. 1648.

47. — La defaite de plus de cent volontaires de Saint-Omer, Aire et Douay.— Et la trahison de Gennaro Annese généralissime du peuple de Naples.

48. — Ce qui s'est passé en la mort du Roy Jacques VI. — La retraite du duc d'York en Holande. 1648.

49. — La prise et pillage de la ville d'Hildecone et ce qui s'est passé en Catalogne. — L'estrange embrazement causé par la foudre dans la ville de Savone. 1648.

50. — La prise de la ville de Furnes. 1648.

51. — Les progrez faits dans la Catalogne par l'armée du Roy, sous la charge du mareschal de Schonberg, depuis la prise de Tortose. 1648.

52. — L'accommodement des habitans de la ville de Bourdeaux avec le duc d'Epernon. — Les rejouissances faites à Bruxelles en faveur de l'archiduc Léopold.—La nouvelle remontrance de la noblesse et des bourgeois'de Londres aux Estats d'Angleterre sur la detention de Jean Lilebourn et ses compagnons.

53. — Discours d'estat ou veritable declaration des motifs qui obligeront Louis-le-Juste, Roy de France et de Navarre, à rompre la paix qui fut faicte en l'an 1596, entre Henri IIII, son tres-honoré pere, et Philippe II, Roy des Espagnes.

    Paris 1649. F. Noel.

54. — Propositions faites à leurs Majestés par le prince d'Espinoze. 1649.

15.*

55. — Manifeste du Roy de la Grand'Bretagne à ses sujets du royaume d'Angleterre.
Paris 1649. Preuveray.

56. — Memoire presenté au serenissime protecteur, par le Marquis de Leyde, et Dom Alonse de Cardenas, ambassadeurs du Roy catholique en Angleterre, le 25 mai 1655.
Paris 1658. S. Cramoisy.

57. — Manifeste du Roy de Pologne, pour servir de Response au manifeste publié par le Roy de Suede, touchant la guerre qu'il fait à la Pologne. 1656.

58. — Pompe funebre, ou relation de ce qui s'est fait de remarquable au service de feu Gaston de Bourbon, duc d'Orleans, dans l'église métropolitaine de Paris, le lundi 31 janvier 1661.
Paris 1661. M. Leché.

59. — Diverses pieces servans de réponse aux discours publiez par les Hollandois, sur ce qui s'est passé entre l'Angleterre et la Hollande. 1665.

60. — Remarques succinctes et deductions faites par les deputez des Estats generaux des provinces unies des Païs-Bas, sur le dernier memoire du S.ʳ Georges Downing, ambassadeur du Roy de la Grand'Bretagne. 1665.

61. — Le batéme de Mgr. le Dauphin. 1668.

62. — La pompe funebre de Madame Henriette Anne d'Agleterre, en l'eglise de Saint-Denys. 1670.

63. — Declaration de guerre du Roy de la Grande-Bretagne, contre les estats generaux des Provinces-Unies. 1672.

64. — Pouvoir donné par le Roy à la Reyne, pour commander en son absence dans le royaume. 3 mai 1672.
Paris 1672. Leonard.

65. — Relation veritable d'une lettre écrite, de ce qui s'est passé à la levée du siege de Maestrich. 1676.

66. — Harangue faite à Sa Majesté par les ambassadeurs du Roy de Siam, le 14 janvier 1687, à leur audience de congé.

67. — Memoire des raisons qui ont obligé le Roy à reprendre les armes.
Amiens 1668. Guillain Le Bel.

68. — Raisons qui ont obligé le Roy d'Angleterre à se retirer de Rochester.
Amiens 1668. G. Le Bel.

69. — Méme sujet.
Paris 1689. G. Martin.

70. — La Harangue que le Roy d'Angleterre a fait aux Milords dans le Parlement qu'il a convoqué en Irlande. 1689.

71. — Lettre du Roy, contenant les particularitez de la victoire remportée sur les flottes Angloise et Hollandoise par l'armée navale commandée par le Comte de Tourville. 1690.

72. — Relation du combat donné par l'armée navale commandée par le Comte de Tourville, contre les flotes d'Angleterre et de France, à huit lieues du cap de Bevézier. 1690.

73. — Seconde relation du combat de Fleurus. 1690.

74. — Relation de la victoire de Staffarde. 1690.

75. — Relation de la bataille gagnée par le marechal de Luxembourg sur le prince de Waldeck. 1690.

76. — Lettre de M. le marechal de Luxembourg au Roy sur le combat de Steenkerke. Août 1692.
    Lille 1692. Fievet.

77. — Autre édition. S. l. n. d.

78. — Copie d'une lettre d'un capitaine de cavalerie, écrite du camp de Landen, le 30 juillet 1693, au sujet de la victoire remportée par le marechal de Luxembourg.
    Amiens 1693. G. Le Bel.

79. — Mémoire pour répondre aux plaintes faites par MM. les ambassadeurs d'Espagne, d'Angleterre et d'Hollande contre la déclaration du Roy, du 22 juillet 1797.

80. — Mémoire et lettres présentés par M. le chevalier de Graville, envoyé du Roy auprès des Grizons. 1702-1707. — En françois et en allemand.

81. — Renonciations du Roy d'Espagne à la couronne de France, de Mgr. le duc de Berry et de Mgr. le duc d'Orléans à la couronne d'Espagne; avec les lettres-patentes du Roy du mois de décembre 1700.
    Paris 1713. F. Fournier.

82. — Déclaration de guerre du Roy d'Espagne contre la Grande-Bretagne.
    Rouen 1740. Besogne.

La plupart des articles de ce recueil sont des numéros détachés de la gazette de Renaudot et du Bureau d'adresse.

CHAPITRE III.

HISTOIRE MODERNE DIVISÉE PAR NATIONS.

Italie.

a. — *Géographie et Statistique.*

1248. — L'Italie, atlas contenant les cartes particulières de toutes les provinces et des isles et pays circonvoisins.
    1 vol. in-fol.
    Atlas formé de 36 cartes appartenant à diverses collections du XVII.

siècle. Nous indiquons à la suite de chacune le nom de l'auteur ou de l'éditeur.

1. Tabula d'Italiæ, Corsicæ, Sardiniæ et adjacentium regnorum. *Janssonius.* — 2. Estat de la Seigneurie de Venize. *Mariette.* — 3. Territorio di Verona. *Janssonius.* — 4. Territorio di Trento. *Janssonius.* — 5. Territorium Vicentium. *Hondius.* — 6. Territorio Padovano. *Hondius.* — 7. Polesino di Rovigo. *Hondius.* — 8. Patria del Friuli. *Janssonius.* — 9. Istria olim Japidia. *Janssonius.* — 10. Territorio di Cremona. *Hondius.* — 11. Mediolanum, ducatus. *Hondius.* — 12. Territorio di Pavia, Lodi, Novarra, Alessandria et altri vicini dello stato di Milano. *Janssonius.* — 13. Piedmont, Montferrat et territoire de Gennes. — 14. Signoria di Vercelli. *Janssonius.*. — Liguria o stato della republica di Genova. — 16. Insulæ Corsicæ nova descriptio. — 17. Insulæ Sardiniæ nova descriptio.— 18. Mantua, ducatus. *Blaeuw.* — 19. Ducato di Parma et di Placenza. *Hondius.* — 20. Ducato di Modena. *Janssonius.* — 21. Stato della republica di Lucca. *Janssonius.* — 22. Dominio Fiorentino. *Janssonius.* — 23. Territorio di Siena con il ducato di Castro. *Janssonius.* — 24. Territorio di Bologna. *Janssonius.* — 25. Nouvelle carte du duché de Milan. — 26. Marchia Anconitana olim Picenum. *Hondius.* — 26. Territorio Perugino. *Hondius.* — 27. Carte de l'Estat du Pape et du duche de Toscane. *Mariette.* — 28. Ducato di Ferrara. *Janssonius.* — 29. Ducatus Urbini. *Vrintius.* — 30. Roma gentium Domina. *Ph. Briet.* — 31. Campagna di Roma ; olim Latium : patrimonio di S. Pietro ; et Sabina. *Janssonius.* — 32. Neapolitanum regnum. *Van Lochon.* — 33. Sicilia regnum. *Janssonius.* — 34. Nouvelle description de l'isle de Malte et des isles Comin et Cominot avec l'isle et principauté de Goze. *Boisseau.* — 35. Carte et plan des isles de Malte. *De Beaulieu.* — 36. Candia. *G. B. Negroponti.*

1249.—*F. Leandri* Alberti *Bononiensis* descriptio totius Italiæ. Qua situs, origines, imperia civitatum et oppidorum cum nominibus antiquis et recentioribus, item mores populorum agrorumque conditiones edisseruntur, sed et præterea clari homines à quibus illustrata regio ipsa est, item montes, lacus, flumina, fontes, aquæ calidæ, metalla, cunctaque miracula atque opera naturæ quæ continet, dicuntur, ex italica lingua nunc primùm in latinam conversa. Interprete *Guil.* Kyriandro *Hoeningeno.*

Col.-Agripp. 1566. Graphæus. 1 vol. in-fol.

1250.—De Italicarum rerum varietate et elegantia, libri X. In quibus multa scitu digna recensentur de populorum vetustate, dominio, et mutatione : item de provinciarum proprietate, et Romanæ Ecclesiæ amplificatione; præcipuèque de Ticini urbis primordiis, ejusque agri qualitatibus, ac de Ticinensium rebus antiquitùs gestis. *Bernardo* Sacco authore. Ejusdem de Papiensis ecclesiæ dignitate, nulli metropolitano suppositæ, enarratio, pro civitate et ejus Rev. Epis. anno 1566 edita. Ad hæc de dignitate Gymnasii Ticinensis Henrici Farnesii Eburonis encomium, necnon et privilegia omnia a diversis summis pontificibus episcopis Ticinensibus per tempora concessa, adjecimus.

Ticini 1587. Apud H. Bartolum. 1 vol. in-4°.

1251.—*Philippi* Cluvveri Italia antiqua; opus post omnium curas elaboratissimum; tabulis geographicis ære expressis illustratum. Ejusdem Sicilia, Sardinia et Corsica.

Lugd.-Batav. 1619-1624. Off. Elzeviriana. 3 vol. in-fol.

1252.—Nova et accurata Italiæ hodiernæ descriptio in qua omnium ejus regionum, urbium, pagorum, dominiorum, castellorum, montium, fluviorum, fontium, lacuum, et portuum, historia exhibetur, geographicis tabulis et urbium præcipuarum iconibus illustrata a *Judoco* Hondio. Addita est Siciliæ, Sardiniæ, Corsicæ, et itinerariorum per Italiam brevis delineatio.

Lugd.-Bat. 1627. B. et Ab. Elzevirii. 1 vol. in-4°.

1253.—Histoire de l'Italie contenant la description de ses singularitez. Par M.ᵉˢ *François* Schottus et *André* Schottus. (Traduction de *Claude* Malingre).

Paris 1628. Cl. Collet. 1 vol. in-8°.

1254.—Itinerario d'Italia di *Francesco* Scotto in questa nuova edizione abbellito di rami, accresciuto, ordinato, ed emendato. Ove si descrivono tutte le principali citta d'Italia, e luoghi celebri, con le loro origini, antichità, e monumenti singolari, che nelle medesime si ammirano.

Roma 1747. F. Amidei. 1 vol. in-8°. Fig.

1255.—Les beautez de l'Italie, ou le recueil de toutes les choses les plus curieuses que l'on y void aujourd'huy dans toutes les provinces et villes, tant anciennes que modernes, etc. Et la relation du voyage fait à Rome par M. le duc de Boüillon. Par P. D. V. G. (*Pierre* DUVAL).

        Paris 1673. G. Clouzier. 1 vol. in-8°.

1256.—Les délices de l'Italie, contenant une description exacte du païs, des principales villes, de toutes les antiquitez, et de toutes les raretés qui s'y trouvent. (Par DE ROGISSART et l'*Abbé* HAVARD).

        Paris 1717. La Comp. 4 vol. in-12. Tom. 1 et 2 manquent.

    ** — De principatibus Italiæ, tractatus vary. Editio secunda. (Ex italico incerti auctoris in latinum versi à *Thoma* SIGETHO).

        Lugd.-Batav. Off. Elzeviriana. 1 vol. in-24. — Voyez n.° 651-20.

1257.—Princes souverains de l'Italie, ou traicté succinct de leurs estats, grandeurs, forces, familles, gouvernemens, et revenus; de leurs interests, et diverses autres considerations. Par N. SANSON d'Abbeville.

        Paris 1643. L'Autheur. 1 vol. in-8°.

1258.—The present state of the princes and republicks of Italy, with observations on them. Written originally by J. GAILHARD.

        London 1671. John Starkey. 1 vol. in-12.

1259.—Etat ancien et moderne des duchés de Florence, Modène, Mantoue, et Parme. Avec l'histoire anecdote des intrigues des cours de leurs derniers princes. On y a ajouté une semblable relation de la ville et légation de Bologne. (Par *Casimir* FRESCHOT).

        Utrecht 1711. G. Van Poolsum. 1 vol. in-12.

b. — *Voyages en Italie et dans les Iles italiennes.*

1260.—Les lettres de *François* RABELAIS escrites pendant son voyage d'Italie, nouvellement mises en lumière. Avec des observations historiques par Mrs. de SAINTE-MARTHE, et un abrégé de la vie de l'Autheur. Nouv. édit.

        Brusselle 1710. Foppens. 1 vol. in-8°.

1261.—Voyage d'Italie, curieux et nouveau, enrichie de deux listes, l'une de tous les curieux, et de toutes les principales curiositez de Rome, et l'autre de la pluspart des sçavans, curieux, et ouvriers excellens de toute l'Italie à present vivans. (Par Huguetan).

Lyon 1681. Amaulry. 1 vol. in-12.

1262.—Le voyage d'Italie, tant par mer, que par terre. Le premier par mer, fait par M.ʳˢ les cardinaux de Vendosme et de Rets, contient ce qui s'est passé à Rome à la mort d'Alexandre VII, et à la création de Clement IX. Et le second par terre, contient la description des villes, et autres particularitez. Par le Sieur Barbier, de Mercurol.

Paris 1671. J. Du Bray. 1 vol. in-12.

1263.—Nouveau voyage d'Italie, avec un mémoire contenant des avis utiles à ceux qui voudront faire le mesme voyage. (Par *Maximilien* Misson). 3.ᵉ édit.

La Haye 1698. H. Van Bulderen. 3 vol. in-12. Fig.

1264.—Même ouvrage. 5.ᵉ édit.

La Haye 1717. H. Van Bulderen. 3 vol. in-12. Fig.

1265.—Remarques sur divers endroits d'Italie, par M. Addisson, pour servir au voyage de M. Misson.

Paris 1722. And. Cailleau. 1 vol. in-12. Fig.

Ces remarques forment le tome iv du voyage de Misson.

1266.—Diarium Italicum, sive monumentorum veterum, bibliothecarum, musæorum, etc. notitiæ singulares in itinerario Italico collectæ. Additis schematibus ac figuris. A. R. P. D. *Bernardo* de Montfaucon.

Parisiis 1702. Jo. Anisson. 1 vol. in-4°.

1267.—Nouveaux mémoires de M. Nodot; ou observations qu'il a faites pendant son voyage d'Italie, sur les monumens de l'ancienne et de la nouvelle Rome, avec les descriptions exactes des uns et des autres, qui font connaître comment l'église romaine a triomphé du paganisme.

Amsterdam 1706. Chastelain. 2 vol. in-12. Fig.

1268.—Voyage historique d'Italie: contenant des recherches exactes sur le gouvernement, les mœurs, les fêtes, les spectacles, et les singularités des villes où l'auteur a passé, etc. (Par GUYOT DE MERVILLE).
La Haye 1729. G. De Merville. 2 vol. in-12.

1269.—Voyage d'un François en Italie, fait dans les années 1765 et 1766. Contenant l'histoire et les anecdotes les plus singulières de l'Italie, et sa description. (Par J. DE LALANDE).
Venise-Paris 1769. Desaint. 8 vol. in-8°.

** — Voyage en Italie, par DUCLOS. — Voyez OEuvres. IV.

** — Fragments d'un voyage littéraire en Italie, par BARTHÉLEMY.
Voyez OEuvres diverses. II.

1270.—Lettres sur l'Italie, par feu M. DUPATY.
Paris an III. Desenne. 2 vol. in-18.

1271.—Lettres sur l'Italie par DUPATY. Nouv. édit.
Paris 1824. Boiste fils. 1 vol. in-8°.

1272.—Souvenirs d'un voyage en Livonie, à Rome et à Naples, faisant suite aux souvenirs de Paris. Par *Aug.* KOTZEBUE. Traduits de l'allemand (par GUILBERT DE PIXERÉCOURT).
Paris 1806. Barba. 4 vol. in-12.

1273.—Voyage aux Alpes et en Italie, contenant la description de ces contrées, etc. Par M. *Albert* MONTÉMONT. 2.e édit.
Paris 1827. Ch. Béchet. 3 vol. in-8°. Grav.

1274.—OEuvres littéraires de M. le V.te DE CHATEAUBRIANT. — Voyage en Italie.
Paris 1828. Ladvocat. 1 vol. in-12.

1275.—Voyages historiques, littéraires et artistiques en Italie, guide raisonné et complet du voyageur et de l'artiste. Par M. VALERY. 2.e édit.
Paris 1838. André. 3 vol. in-8°.

1276.—Voyage en Savoye, en Piémont, à Nice, et à Gênes. Par A. L. MILLIN.
Paris 1816. C. Wassermann. 2 vol. in-8°.

1277.—Voyage dans le Milanais, à Plaisance, Parme, Modène, Mantoue, Crémone, et dans plusieurs autres villes de l'ancienne Lombardie. Par A. L. MILLIN.
Paris 1817. Wassermann. 2 vol. in-8°.

1278.—Voyage en Sicile et à Malthe, traduit de l'anglois de M. Brydone F. R. S. par M. Demeunier.
Paris 1775. Panckoucke. 2 vol. in-8°.

1279.—Un tour en Sicile, 1833. Par le Baron *Gonzalve* de Nervo.
Paris-Blois 1835. Jahyer. 2 en 1 vol. in-8°. Fig.

1280.—Voyage en Sardaigne, de 1819 à 1825, ou description statistique, physique et politique de cette ile, avec des recherches sur ses productions naturelles et ses antiquités; par le Chevalier *Albert* de la Marmora.
Paris 1826-40. A. Bertrand. 2 vol. in-8°. Atlas in-fol.

1281.—Voyages en Corse, à l'ile d'Elbe, et en Sardaigne; par M. Valery.
Paris 1837. Bourgeois-Maze. 2 vol. in-8°.

c. — *Histoire générale et Mélanges.*

1282.—Rerum Italicarum scriptores ab anno æræ Christianæ quingentesimo ad millesimum quingentesimum, quorum potissima pars nunc primum in lucem prodit ex Ambrosianæ, Estensis aliarumque insignium bibliothecarum codicibus. *Ludovicus Antonius* Muratorius collegit, ordinavit, et præfationibus auxit, nonnullos ipse, alios vero Mediolanenses Palatini socii ad mstorum codicum fidem exactos, summoque labore, ac diligentia castigatos, variis lectionibus, et notis tam editis veterum Eruditorum, quàm novissimis auxere.
Mediolani 1723-1751. Typ. soc. Palatinæ. 28 v. in-f. Fig.

1283.—Historiarum *Hieronymi* Rubei libri X, Gothorum, atque Longobardorum res gestas, variamque multarum provinciarum, et diversorum eventuum, Ravennatem præcipue, et recentium bellorum in Italia, et Gallia gestorum historiam complectentes.
Venetiis 1572. 1 vol. in-fol.

1284.—*Eryci* Puteani historiæ Insubricæ, ab origine gentis ad Othonem Magnum imp. libri VI. Qui irruptiones Barba-

rorum in Italiam continent, plenis commentariis illustrati. Fax barbarici temporis.

Lovanii 1630. Phil. Dormalius. 1 vol. in-fol.

1285.—Histoire de la guerre des Gots en Italie, composée en
latin par *Leonard* Aretin. Et traduit en françois par L.
M. (*Leonor* de Mauger).

Paris 1667. De Luynes. 1 vol. in-12.

1286.—La historia universale de suoi tempi di M. *Lionardo* Aretino. Nella qual si contengono tutte le guerre fatte tra
Principi in Italia, et spetialmente da Fiorentini in diversi tempi fino al mcccciiii. Con la giunta delle cose
fatte da quel tempo fino all' anno mdlx. Et con l'annota-
tioni poste in margine a suoi luoghi. Riveduta, ampliata,
et corretta per *Francisco* Sansovino.

Venetia 1561. F. Sansovino. 1 vol. in-4°.

1287.— *Caroli* Sigonii historiarum de regno Italiæ libri quindecim. Qui libri omnibus in partibus ex reconditis scriptorum monumentis adaucti, eos, qui scripti sunt de imperio occidentali, excipiunt, ac narrationem ab anno dlxv
usque ad mcc perducunt.

Bononiæ 1580. Soc. Typog. 1 vol. in-fol.

On trouve à la suite les cinq livres suivants, sous le titre :

Caroli Sigonii historiarum de regno Italiæ quinque reliqui libri. Qui libri nunc primum editi, quindecim de
eodem regno antea vulgatos sequuntur, et narrationem
ab anno 1200 usque ad 1286 perficiunt, quo jura ipsius
regni sublata sunt, et libertas Italiæ redempta.

Venetiis 1591. Apud F. Franciscium. in-fol.

1288.—Abrégé chronologique de l'histoire générale d'Italie, depuis la chùte de l'empire romain en Occident, c'est-à-
dire depuis l'an 476 de l'ère chrétiène, jusqu'au traité
d'Aix-la-Chapelle en 1748. Par M. de Saint-Marc.

Paris 1761. Hérissant. 1 vol. in-8°. Tom. 1.

1289.—Histoire d'Italie jusqu'à nos jours, par le docteur *Henri*
Leo; traduite de l'allemand par M. Dochez.

Paris 1837-1839. Parent-Desbarres. 3 vol. in-8°.

1290.—Histoire des républiques italiennes du moyen-âge, par J. C. L. SIMONDE DE SISMONDI. Nouv. édit.

Paris 1826. Treuttel et Würtz. 16 vol. in-8°.

1291.—Beautés de l'histoire d'Italie, ou abrégé des annales italiennes, avec le tableau des mœurs, des sciences, des lettres et des arts; depuis l'invasion des Barbares, jusqu'à nos jours. Par GIRAUD. 3.e édit.

Paris 1825. Eymery. 2 vol. in-12. Fig.

1292.—La historia d'Italia di M. *Francesco* GUICCIARDINI, divisa in venti libri. Riscontrata con tutti gli altri Historici, et Autori, che dell' istesse cose habbiano scritto, per *Thomaso* PORCACCHI.—Aggiuntavi la vita dell' autore scritta da M. *Remigio* FIORENTINO.

Venetia 1590. P. Ugolino. 1 vol. in-4°.

A la suite:

Dell' historia d'Italia, di M. *Francesco* GUICCIARDINI gli ultimi quattro libri.

Venetia 1590. G. B. Uscio. in-4°.

1293.—La medesima historia.

Venetia 1623. A. Pasini. 1 vol. in-4°.

1294.—L'histoire d'Italie, de Messire *Franç.* GUICCIARDIN. Translatée d'italien en françois, et presentée à Katherine de Medicis, Royne de France: par *Hierosme* CHOMEDEY.

Paris 1568. Jacq. Kerver. 1 vol. in-fol.

1295.—Histoire des guerres d'Italie, composée par M. *François* GUICHARDIN, et traduite d'italien en françois, par *Hierosme* CHOMEDEY. Nouv. édit., à laquelle ont esté adjoustées les observations politiques, militaires et morales du Sieur DE LA NOUE.

Paris 1593. Vignon. 2 vol. in-8°.

** — Histoire d'Italie, de l'année 1492 à l'année 1532, par *Francesco* GUICCIARDINI. Avec notice biographique par J. A. C. BUCHON.

Paris 1836. Desrez. 1 vol in-8°.

Voyez *Panthéon littéraire.*

Traduction de FAVRE, revue par GEORGEON, et depuis par M. BUCHON.

1296.—Considerationi civili, sopra l'historie di M. *Francesco* GUICCIARDINI, e d'altri historici. Trattate per modo di discorso da M. *Remigio* FIORENTINO.

Venetia 1582. Zenaro. 1 vol. in-4°.

1297.—Dell' historia di *Pietro Giovanni* CAPRIATA libri dodici. Ne' quali si contengono tutti i movimenti d'arme successi in Italia dal MDCXIII fino al MDCXXXIV.

Genova 1638. Calenzano. 1 vol. in-4°.

** — Epistres des Princes, par H. RUSCELLI.

Voyez *Belles-Lettres*. 2959.

d. — *Histoires particulières.* — *Etats de l'Eglise.*

** — PUBLIUS VICTOR. — Des régions de la ville de Rome, traduites pour la première fois en français par M. *Louis* BAUDET.

Paris 1843. Panckoucke. 1 vol. in-8°.

Voyez *Bibl. lat. franç.*

1298.—Prospetto di alma citta di Roma visto dal monte Gianicolo et sotto gli auspicj della sac. maestà cattolica di Carlo III re delle Spagne, disegnato et inciso e dedicato alla maestà sua da *Giuseppe* VASI, nell' anno MDCCLXV.

Carte collée sur toile. 3ᵐ,6 sur 1ᵐ,5.

1299.—Mirabilia Rome. Opusculum de mirabilibus nove et veteris urbis Rome editum a *Francesco* ALBERTINO *Florentino*.

Lugduni 1520. J. Marion. 1 vol. in-4°.

1300.—BLONDI *Flavii Forliviensis* de Roma triumphante libri X priscorum scriptorum lectoribus utilissimi, ad totiusque Romanæ antiquitatis cognitionem pernecessarii.—Romæ instauratæ libri III. — De origine ac gestis Venetorum liber.—Italia illustrata, sive lustrata (nam uterque titulus doctis placet) in regiones seu provincias divisa XVIII. — Historiarum ab inclinato Ro. imperio, decades III.

Basileæ 1559. Froben. 1 vol. in-fol.

1301.—Le antichita della citta di Roma raccolte sotto brevita da diversi antichi et moderni scrittori, per M. *Bernardo* GAMUCCI da San Gimignano. 2.ª edit.

Vinegia 1580. Gio. Varisco. 1 vol. in-8°. Fig.

1302.—Ritratto di Roma antica nel quale sono figurati i principali tempii, teatri, anfiteatri, cerchi, naumachie, archi
trionfali, curie, basiliche, colonne, ordine del trionfo, di-
gnità militari, e civili, riti, ceremonie, et altre cose notabili. Con l'esplicatione istoriche di B. MARLIANI e de piu
celebri antiquarii. (Da *Philippo* DE' ROSSI).
Roma 1645. Moneta. 1 vol. in-8º. Fig.

1303.— Ritratto di Roma moderna, nel quale sono effigiati chiese,
monasterii, hospedali, compagnie de secolari, collegii,
seminarii, palazzi, architetture, librarie, musei, pitture,
scolture, giardini, e ville si dentro Roma, come fuori.
(Da *Philippo* DE' ROSSI).
Roma 1645. F. Moneta. 1 vol. in-8º. Fig.

1304.—Les curiositez de l'une et l'autre Rome, ou traité des
plus augustes temples et autres principaux lieux saints
de Rome chrestienne: et des plus notables monuments et
vestiges d'antiquité et magnificence de Rome payenne.
Divisé en deux livres et enrichy de figures. Par le Père
Nicolas de BRALION.
Paris 1655. Couterot. 3 en 1 vol. in-8º. Fig.

1305.—Les curiositez de l'une et l'autre Rome, ou traité des
plus augustes temples et autres principaux lieux saints
de Rome chrestienne. Par le Pere *Nicolas* DE BRALION.
Paris 1669. Couterot. 2 vol. in-8º. Fig.

1306.—L'ancienne Rome sanctifiée depuis la prédication de l'E-
vangile. Cet ouvrage comprend ce qui reste de remarquable de l'ancienne Rome, avec les cartes qui le re-
presentent: et la maniere de laquelle tous ces vestiges
d'antiquité ont esté sanctifiés, à la gloire de Dieu et pour
l'exaltation de la Foy Catholique. Par le P. SATURNIN de
tous les saints, Carme déchaussé.
Lyon 1665. Gregoire. 1 vol. in-8º.

1307.—Villa benedetta descritta da *Matteo* MAYER. E dal medesimo dedicata al serenissimo principe Ludovico Land-
gravio d'Hassia. (Villa del Sig. Elp. Benedetti).
Roma 1677. Per Mascardi. 1 vol. in-4º.

1308.— Breve descrizzione della basilica Vaticana fatta da D. Ep. G. B. Gizzi.

Romæ 1721. Bernabò. 1 vol. in-12.

1309.— Les monumens de Rome, ou descriptions des plus beaux ouvrages de peinture, de sculpture, et d'architecture, qui se voyent à Rome, et aux environs. (Par l'*Abbé* Raguenet). 2.e édit.

Paris 1702. Jean Villette. 1 vol. in-12.

1310.— Promenades dans Rome, par M. de Stendhal (*Henri* Beyle).

Paris 1829. Delaunay. 2 vol. in-8°.

1311.— Tractatus apologeticus pro statu Romanæ urbis, et curiæ. Auctore Fratre *Paulo* Ciera.

Senis 1608. Apud S. Marchettum. 1 vol. in-4°.

1312.— Le gouvernement de Rome, où il est traité de la religion, de la justice, et de la police. Par M. *Michel* de Saint-Martin.

Caen 1652. Adam Cavelier. 1 vol. in-8°.

1313.— Conjuration de Nicolas Gabrini, dit de Rienzi, tyran de Rome en 1347. Ouvrage posthume du R. P. Du Cerceau.

Paris 1733. V.e Etienne. 1 vol. in-12.

On trouve à la suite: *Les incommoditez de la grandeur*, comédie héroïque, et quelques poésies du même auteur.

1314.— Même ouvrage. Nouv. édit.

Paris 1748. V.e Etienne. 1 vol. in-12.

1315.— Negociations ou lettres d'affaires ecclesiastiques et politiques. Escrittes au Pape Pie IV et au Cardinal Borromée, depuis canonizé saint. Par *Hypolyte* d'Est, cardinal de Ferrare, legat en France au commencement des guerres civiles. Traduction du manuscrit italien (par I. Baudoin) où dans les principales annotations se voit la grande conformité de ses memoires, avec ceux de l'histoire de H. C. *Davila*.

Paris 1658. S. Piget. 1 vol. in-4°.

1316.— Relatione della corte di Roma e de'riti da osservarsi in

essa, et de' suoi magistrati, et offitii ; con la loro distinta giuridittione. Del Signor Cavalier *Girolamo* Lunadoro.
Bracciano 1641. Andrea Fei. 1 vol. in-16.

1517.—Relation de la cour de Rome, faite l'an 1661 au conseil du Pregadi, par l'excellentissime Seigneur *Angelo* Corraro, ambassadeur de la republique de Venise auprès du Pape Alexandre VII. (Par *Charles* de Ferrare du Tot).
Leide 1663. A. Lorens. 1 vol. in-16.

1518.—Relation de Rome. Tirée d'un des plus curieux cabinets de Rome.
Paris 1662. Billaine. 1 vol. in-12.

1519.—Mémoires des intrigues de la cour de Rome, depuis l'année 1669, jusques en 1676. (Par l'*Abbé* Pageaux).
Paris 1677. Michallet. 1 vol. in-12.

1520.—Intrigues de la cour de Rome, ou l'idée du conclave de mdclxxxix. Par un Abbé Romain (l'*Abbé* Pageaux).
Sur la copie imprimée à Rome. 1689. 1 vol. in-12.

1521.—Relation de la cour de Rome, où l'on voit le vray caractère de cette cour, et de quelle manière on s'y conduit pour parvenir au souverains honneurs. Ce qui concerne le Pape, et sa parenté. Ce qui s'observe à sa mort. Ce que c'est que le Conclave, etc. Ensemble les visites des anciens monumens de Rome etc., et deux cartes représentant l'ancienne et la nouvelle Rome. Par M. Nodot.
Paris 1601. Cusson. 2 vol. in-12.

1522.—Il nepotismo di Roma. O vero relatione delle raggioni che muovono i Pontefici, all' aggrandimento de' nipoti. Del bene, e male che hanno portato alla Chiesa doppo Sisto IV sino al presente. (Da *Gregorio* Leti).
S. l. n. n. (Amsterdam) 1667. 2 vol. in-18.

1523.—Même ouvrage. Autre édition.
S. l. n. n. 1667. 2 en 1 vol. in-18.

1524.—Le nepotisme de Rome, ou relation des raisons qui portent les Papes à aggrandir leurs Neveus. Du bien et du mal qu'ils ont causé à l'Eglise depuis Sixte IV jusqu'à maintenant. Traduction de l'italien (de *Gregorio* Leti).
(Cologne) 1669. A la Sphére. 2 en 1 vol. in-18.

16.

1325. — Il divortio celeste, cagionato dalle dissolutezze della sposa Romana. Et consecrato alla simplicità de' scropolosi Christiani. (Da *Ferrante* PALLAVICINI).

    Villafranca 1643. 1 vol. in-18.

1326. — Histoire anecdote de la cour de Rome. La part qu'elle a eû dans l'affaire de la succession d'Espagne. La situation des autres cours d'Italie, et beaucoup de particularités de la dernière et de la présente guerre de ce Païs là. (Par *Casimir* FRESCHOT).

    Cologne 1706. Le Jeune. 1 vol. in-12.

1327. — L'état du siège de Rome dès le commencement du siècle passé jusqu'à présent. Ses Papes, leurs familles, leurs inclinations, et ce qui leur est arrivé de remarquable, tant dans la conduite spirituelle de l'église romaine, qu'au temporel de l'état ecclésiastique qui leur est soumis. Avec une idée du Gouvernement, des manières et des maximes politiques de la cour de Rome. (Par *Casimir* FRESCHOT).

    Cologne 1707. Marteau. 3 en 1 vol. in-12.

1328. — Il corriere sualigiato publicato da *Ginifaccio* SPIRONCINI.

    Villafranca 1644. G. Gibaldo. 1 vol. in-18.

    A la suite:

Baccinata o vero battarella per le Api Barberine. In occasione della mossa delle armi di N. S. Papa Urbano ottavo contro Parma.

    1644. Nella stamparia·di Pasquino. in-18.

---

e. — *Naples et Sicile.*

** — Roberti Viscardi Calabriæ ducis, et Rogerii eius fratris Calabriæ, et Siciliæ ducis principum Normannorum, et eorum fratrum rerum in Campania, Apulia, Bruttiis, Calabris, et in Sicilia gestarum libri IV. Auctore *Gaufredo* MALATERRA Rogerii ipsius hortatu. — Rogerii Siciliæ regis rerum gestarum, quibus Siciliæ regnum in Campania, Calabris, Bruttiis et Apulia usque ad ecclesiasticæ ditionis fines constituit: libri IV. Auctore ALEXANDRO. — Genealogia Rob. Viscardi, et eorum principum, qui Siciliæ regnum adepti sunt: ex PTOLEMAEI *Lucensis* chronicis decerpta.

    Cæsaraugustæ 1578. Da Portonariis. — Vide n.º 1477.

1329.—Historie di Messer *Marco* Guazzo ove se contengono la venuta, et partita d'Italia di Carlo ottavo Re di Franza, et come acquistò, et lasciò il regno di Napoli, et tutte le cose in quei tempi in mare, et in terra successe, con le ragioni qual dicono Francesi haver la corona di Franza nel regno di Napoli, et nel ducato di Milano.

    Venetia 1547. Comin da Trino. 1 vol. in-8°.

    A la suite:

Historie di M. *Marco* Guazzo di tutte le cose degne di memoria nel mondo per terra et per acqua successe, qual hanno principio l'anno MDIX.

    Venetia 1548. Comin da Trino. in-8°.

1330.—Histoire de Naples et de Sicile. Contenant ce qui s'est passé de plus memorable en Italie pendant quatre cens trente-deux ans, à sçavoir depuis Roger Guischard premier conquerant de Naples en l'année MCXXVII jusques en l'année MDLIX soubs Henri II. Par Messire *Matthieu* Turpin, sieur DE Lonchamp.

    Paris 1630. A. Joallin. 1 vol. in-fol.

1331.—Les conquestes et les trophées des Norman-François, aux royaumes de Naples et de Sicile, aux duchez de Calabre, d'Antioche, de Galilée, et autres principautez d'Italie et d'Orient. Par Messire *Gabriel* DU Moulin.

    Rouen 1658. Du Petit-Val. 1 vol. in-fol.

1332.—Histoire de l'origine du royaume de Sicile et de Naples. Contenant les avantures et les conquestes des princes Normands qui l'ont établi. (Par le P. *Cl.* Buffier).

    Paris 1701. Anisson. 2 en 1 vol. in-12.

1333.—Histoire des rois des deux Siciles de la maison de France, contenant ce qu'il y a de plus intéressant dans l'histoire de Naples, depuis la fondation de la monarchie jusqu'à présent. Par M. (Ch. P. De Monthenault) D'Egly.

    Paris 1741. Nyon. 4 vol. in-12.

1334.—Résumé de l'histoire de Naples et de Sicile. Par S. D.

    Paris 1826. Lecointe et Durey. 1 vol. in-18.

                                     16.*

1335.—Histoire des rois de Sicile et de Naples, des maisons d'Anjou. (Par N. Pétrineau Des Noulis).

Paris 1707. Aug. Le Mercier. 1 vol. in-4°. Port.

1336.—La vie de Don Pedro Giron, duc d'Ossone, vice-roi de Sicile et de Naples, lequel a été un prodige de bon gouvernement. Traduite de l'italien de Mr. Leti.

Amsterdam 1700. G. Gallet. 3 vol. in-12.

1337.—Le rivolutioni di Napoli descritte dal Signor *Alessandro* Giraffi. Con pienissimo ragguaglio d'ogni successo, e trattati secreti, e palesi.

Napoli 1647. 1 vol. in-4°.

1338.—Histoire des révolutions et mouvemens de Naples, arrivées pendant les années mil six cens quarante-sept, et mil six cens quarante-huit. Traduite de l'italien du Comte *Galeazzo* Gualdo Priorato.

Paris 1654. S. Piget. 1 v. in-4°. Aussi à la suite du n.° 1078.

1339.—Histoire des révolutions de la ville et du royaume de Naples, contenant les actions les plus secrettes et les plus mémorables de tout ce qui s'y passa jusqu'à la mort du prince de Massa. Composée par le Cte de Modène (*Esprit* de Raymond de Mormoiron).

Paris 1668. Guignard. 3 vol. in-12.

1340.—L'état de la république de Naples sous le gouvernement de Monsieur le duc de Guise. Traduit de l'italien (du P. Capère) par *Marie* Turge-Lorédan (*Marguer.* Léonard).

Paris 1679. Léonard. 1 vol. in-12.

1341.—Les mémoires de feu Monsieur le Duc de Guise. (Publiés par de Sainctyon).

Paris 1668. E. Martin. 1 vol. in-4°.

1342.—Les mémoires d'*Henri* de Lorraine Duc de Guise. N.^e éd.

Paris 1681. E. Martin. 1 vol. in-12.

1343.—Le memorie del fu Signor Duca di Guisa.

Colonia 1675. P. della Piazza. 2 vol. in-12.

1344.—Suite des mémoires d'*Henry* de Lorraine Duc de Guise.

Paris 1687. M. David. 1 vol. in-12.

1345.—Histoire de la dernière conjuration de Naples, en 1701. (Traduite du latin par le S.ᵣ Du Perier).
Paris 1706. Giffart. 1 vol. in-12.

** — Précis historique des révolutions de Naples et de Sicile par Chamfort.
Voyez OEuvres. ii.

1346.— *Cæsaris* Cardinalis Baronii tractatus de monarchia Siciliæ. Accessit A*scanii* Cardinalis Columnæ de eodem tractatu Judicium. Cum ejusdem Cardinalis Baronii respoⁿsione apologetica adversus Cardinalem Columnam, et epistola ad Philippum III Regem Hispaniæ.
Parisiis 1609. Beys. 1 vol. in-8º.

1347.—Défense de la monarchie de Sicile. Contenant l'histoire abrégée de l'état de la Sicile quand elle fut conquise par le Comte Roger. (Par L. *Ellies* Dupin).
Sans titre. 1 vol. in-4º.

1348.—Même ouvrage.
Amsterdam 1716. Lucas. 1 vol. in-12. (Sans titre).

1349.—Lettera critico morale contro alcuni Napoletani, et altri sudditi della corona di Spagna, che ad onta de' buoni vogliono perseverare nell' esser disubbidienti à Filippo V, et contro quelli d'altri Paesi indifferenti, che gli adirascono. Scritta da un Religioso ad un' altro suo Nipote.
S. l. n. n. n. d. 1 vol. in-4º.

1350.—Description de l'isle de Sicile, par P. de Callejo y Angolo. Avec un mémoire sur l'état politique de cette isle par le Baron Agatin-Apary.
Amsterdam 1734. P. Bernard. 1 vol. in-8º. Cart.

f. — *Toscane.*

1351.—Ristretto delle cose piu notabili della cita di Firenze. Seconda impressione. Con aggiunta della seconda parte contenente i luoghi suburbani. (Da *Jacopo* Carlieri).
Firenze 1698. J. Carlieri. 1 vol. in-12.

1352.—Histoire de Florence de *Nicolas* Machiavel. Nouvellement traduicte d'italien en françois par le Sr. de Brinon.
Paris 1615. D. Guillemot. 1 vol. in-8º.

** — Histoire de France de N. Machiavel. (Traduction de T. Guiraudet, revue par M. Buchon).

Voyez OEuvres de Machiavel dans le Panthéon littéraire.

1353.—*Joannis Michaelis* Bruti Florentinæ historiæ libri octo priores.

Lugduni 1562. Juntæ. 1 vol. in-4°.

1354.—La Toscane françoise, contenant les eloges historiques et genealogiques des princes, seigneurs, et grands capitaines de la Toscane, lesquels ont esté affectionnez à la couronne de France. Par Messire *Jean-Baptiste* l'Hermite de Soliers, dit Tristan.

Paris 1661 Piot. 1 vol. in-4°. Grav.

1355.—Histoire des révolutions de Florence, sous les Médicis. Ouvrage traduit du Toscan de *Benedetto* Varchi. Par M. Requier.

Paris 1765. Musier fils. 3 vol. in-12.

1356.—Les anecdotes de Florence, ou l'histoire secrete de la maison de Medicis. Par le Sieur de Varillas.

La Haye 1687. Arn. Leers. 1 vol. in-12.

1357.—Vie de Laurent de Médicis, surnommé le Magnifique; traduite de l'anglois de *William* Roscoe sur la 2.ᵉ édit. Par *François* Thurot.

Paris an VIII. Baudouin. 2 vol. in-8°.

1358.—Lettre inédite de la seigneurie de Florence au Pape Pie IV. 21 juillet 1478. (Publié par Lord *Francis* Egerton.

Paris 1814. Didot. 1 vol. in-4°.

g. — *Milanais.*

1359—*Pauli* Jovii *Novocomensis* vitæ duodecim vice comitum Mediolani principum.

Lutetiæ 1549. Rob. Stephanus. 1 vol. in-4°. Grav.

1360.—Abbregé de l'histoire des vicontes et ducz de Milan, le droict desquels appartient à la couronne de France: Extraict en partie, du livre de *Paulus* Jovius. Avec les

pourtraicts d'aucuns desdits vicontes et ducz, representez
apres le naturel. (Par *Charles* ESTIENNE).

Paris 1552. Charles Estienne. 1 vol. in-4°.

1361.—L'historia di Milano volgarmente scritta dall' eccellen-
tissimo oratore M. *Bernardino* CORIO. Nella quale non
solamente si veggono l'origine, i fatti, e le fortune di
essa città ; ma gli accidenti, e le revolutioni di quasi tutta
l'Italia, et di molte provincie, et regni del mondo ancora.

Padoa 1646. Frambotto. 1 vol. in-4°.

On trouve à la suite :

Le vite degl' imperatori, incominciando da Giulio Cesare
fino à Federico Barbarossa, scritte da *Bernardin* CORIO.

Padoa 1646. P. Frambotto, in-4°.

1362.—Investiture du duché de Milan et autres lieux, donnée
par l'empereur Léopold à Charles II, roy d'Espagne.

Cologne 1701. Marteau. 1 vol. in-12.

1363.—Résumé de l'histoire d'Italie. 1.re partie. Lombardie.

Paris 1825. Lecointe et Durey. 1 vol. in-18.

1364.—Della felicità di Padova di *Angelo* PORTENARI *Padovano*
libri nove, nelli quali, mentre con nuovo ordine historico si prova ritrovarsi nella città di Padova le conditioni
alla felicità civile pertinenti.

Padova 1623. P. Tozzi. 1 vol. in-fol.

h. — *Venise.*

1365.—Venetia citta nobilissima et singolare, descritta in XIIII
libri da M. *Francesco* SANSOVINO.

Venetia 1581. Sansovino. 1 vol. in-4°.

1366.—Le cose notabili, et maravigliose della citta di Venetia,
di *Nicolo* DOGLIONI.

Venetia 1671. G. B. Cestati. 1 vol. in-12.

1367.—M. *Antonii* SABELLICI rerum Venetarum ab urbe condita
decades quatuor.

Venetiis 1487. Andreas de Toresanis de Asula. 1 v. in-fol

1368.—M. *Antonl Coccii* Sabellici historiæ rerum Venetarum ab urbe condita libri XXXIII. In iv decades distributi.

Basileæ 1670. Konig. 1 vol. in-4°.

1369.—*Petri* Justiniani patricii Veneti Aloysii F. rerum Venetarum ab urbe condita historia.

Venetiis 1560. Cominus de Tridino. 1 vol. in-fol.

1370.—*Petri* Bembi patricii Veneti quæcunque usquam prodierunt opera in unum corpus collecta, et nunc demum ab C. *Augustino* Curione, cum optimis exemplaribus collata, et diligentissime castigata. His accesserunt hac editione singulorum historiæ librorum epitoma, cum tabula locorum prisca et nova nomina explicante.

Basileæ 1567. Guarinus. 1 vol. in-8°.

C'est le premier volume des œuvres de Bembo, lequel contient: Historiæ Venetæ libri XII. — De Guido Ubaldo et Elisabetha ducibus Urbini.

1371.—Histoire de la republique de Venise. Par *Bapt.* Nani. (Traduction de l'*Abbé* Tallemant).

Cologne 1682. Marteau. 4 en 2 vol. in-12. Port.

1372.—Histoire de la république de Venise. Par P. Daru. 5.° éd.

Paris 1826. Didot. 8 vol. in-18.

1373.—Résumé de l'histoire de la république de Venise, par A. de Carrion-Nisas.

Paris 1826. Lecointe et Durey. 1 vol. in-18.

** — *Gaspari* Contareni patricii veneti de republica Venetorum libri quinque. Item synopsis reip. Venetæ, et alii de eadem discursus politici. Editio secunda.

Lugd.-Batav. 1628. Off. Elzeviriana. 1 vol. in-24.

** — *Donati* Jannotii *Florentini* dialogi de Repub. Venetorum cum notis et lib. singulari de forma ejusdem Reip.

Lugd.-Batav. 1631. Off. Elzeviriana. 1 vol. in-24.

1374.—Histoire du gouvernement de Venise. (Par Amelot de la Houssaie).

Paris 1685. Fed. Leonard. 2 vol. in-8°.

1375.—The history of the government of Venice. Written in the year 1675, by the Sieur Amelott de la Houssaie.

London 1677. Starkey. 1 vol. in-8°.

1376. — La ville et la republique de Venise. (Par DE ST.-DIDIER).
Paris 1680. L. Billaine. 1 vol. in-12.

1377. — Histoire de la guerre qui c'est passée entre les Venitiens et la saincte ligue, contre les Turcs pour l'isle de Cypre, ès années 1570, 1571, et 1572. Faicte en latin par *Pierre* BIZARE, et mise en françoys par F. DE BELLE-FOREST.
Paris 1573. Seb. Nivelle. 1 vol. in-8°.

1378. — Historia particolare delle cose passate tra'l sommo Pontefice Paolo V e la serenissima Republica di Venetia. Gl'anni MDV, MDVI, MDVII. Divisa in sette libri. (Da *Paolo* SARPI).
Geneva 1624. 1 vol. in-4°.

1379. — Histoire des differens entre le pape Paul V et la republique de Venise. Es années 1605, 1606 et 1607. Traduite d'italien en françois (de P. *Paolo* SARPI, par *Jean* DE CORDES).
S. n. n. l. 1625. 1 vol. in-8°.

1380. — Pieces (15) du memorable proces esmeu l'an MDCVI entre le pape Paul V et les seigneurs de Venise. Touchant l'excommunication du Papa publiée contre iceux Venitiens. Recueillies et fidelement traduites de latin et d'Italien en françois, sur les exemplaires imprimez à Rome et à Venise.
St.-Vincent 1607. Paul Marceau. 1 vol. in-8°.

1381. — L'examen de P. PAUL, docteur en theologie à Venise, religieux de l'ordre de' Servi. Contenant la response aux censures de nostre S. Pere le Pape Paul V contre la serenissime Republique de Venise. Traduit d'italien en françois.
1606. 1 vol. in 8°.

1382. — Responce du Cardinal BELLARMIN, au traicté des sept theologiens de Venise, sur l'Interdict de N. S. Pere le Pape Paul V. Et aux Oppositions de F. *Paul* Servite, contre la premiere Escriture du mesme Cardinal. Avec la responce du mesme Autheur, à la defence des huict propositions de *Jean Marsille* Napolitain.
1607. 1 vol. in-8°.

1383. — Conjuration des Espagnols contre la Republique de Venise en l'année MDCXVIII. (Par M. l'*Abbé* DE ST.-REAL).
Paris 1674. Cl. Barbin. 1 vol. in-12.

1584. — Histoire de la ligue faite à Cambray, entre Jules II, Pape, Maximilien 1.ᵉʳ, Empereur, Louis XII, Roi de France, Ferdinand V, Roi d'Arragon, et tous les Princes d'Italie. Contre la Republique de Venise. (Par l'*Abbé* DUBOS).

La Haye 1710. Moetjens. 2 en 1 vol. in-12.

1585. — Examen de la liberté originaire de Venise. Traduit de l'italien (d'*Alfonse* DE LA QUEVA où plutot de *Marc* VELSER, par AMELOT DE LA HOUSSAIE). Avec une harangue de *Loüis* HÉLIAN ambassadeur de France contre les Venitiens, traduite du latin. Et des remarques historiques (par AMELOT DE LA HOUSSAIE).

Ratisbonne 1677. Aubri. 1 vol. in-12.

1586. — Même ouvrage.

Ratisbonne 1684. J. Aubri. 1 vol. in-8°.

1587. — Ducalis regiæ lararium, sive serenissimæ reipublicæ Venetæ principum omnium icones usque ad serenisimum Joannem Pisaurum. Elogia P. D. *Leonis* MATINÆ.

Patavii 1615. Herzius. 1 vol. in-fol.. Fig.

1588. — Histoire des Uscoques. (Par MINUCIO MINUCI, archevèque de Zara, continuée par F. *Paolo* SARPI). De la traduction du Sieur AMELOT DE LA HOUSSAIE.

Paris 1682. Cl. Barbin. 1 vol. in-12.

i. — *Savoie et Piémont.*

1589. — Cronique de Savoye. Par Maistre *Guillaume* PARADIN.

Lyon 1552. De Tournes. 1 vol. in-4°.

1590. — Chronique de Savoye, extraicte pour la pluspart de l'histoire de M. *Guillaume* PARADIN. 5.ᵉ édition, enrichie et augmentée en divers endroits, et continuée jusques à la paix de l'an 1601. (Par J. DE TOURNES).

Lyon 1602. De Tournes. 1 vol. in-fol. Fig.

1591. — Sabaudorum ducum principum historiæ gentilitiæ libri duo, *Lamberto* VAN DER BURCHIO auctore.

Antuerpiæ 1599. Off. Plantiniana. 1 vol. in-4.°

** — Sabaudiæ respublica et historia. (Autorc *Lamb.* Van der Burchio).
Lugd.-Batav. 1634. Off. Elzeviriana. 1 vol. in-24.

1392.—Abregé de l'histoire de la royale maison de Savoye. Contenant tout ce qui s'est passé de plus remarquable depuis
son origine jusques à Amé VIII, premier duc de Savoye;
par le Sieur *Thomas* Blanc. 2.e édit.
Lyon 1677. Girin. 2 vol. in-12.

1393.—Méthode facile pour apprendre l'histoire de Savoye, depuis son origine jusqu'à présent; avec une description
historique de cet état. Et une nouvelle recherche sur
l'origine de cette royale maison. 2.e édit. (Par *Michel*
Chilliat).
Paris 1698. Martin. 1 vol. in-12.

1394.—Résumé de l'histoire de Gènes, du Piémont et de la Sardaigne; par A. Chambolle.
Paris 1825. Lecointe et Durey. 1 vol. in-18.

1395.—Histoire généalogique de la royale maison de Savoye,
avec les preuves. Par *Samuel* Guichenon.
Lyon 1660. G. Barbier. 2 vol. in-fol. Tom. 2.

1396.—De vita Emmanuelis Philiberti Allobrogum Ducis et Sub-
alpinorum principis, libri duo *Joannis* Tonsi.
Augustæ-Taurinorum 1596. D. Tarinus. 1 vol. in-fol.

1397.—Amedeus Pacificus, seu de Eugenii IV et Amedei Sabaudiæ ducis in sua obedientia Felicis Papæ V nuncupati
controversiis commentarius, jussu serenissimi Ducis ab
ejus historiographo digestus. (Autore J. Monod).
Paris 1626. Seb. Cramoisy. 1 vol. in-8º.

1398.—Doctoris *Antonii* Possevini *Junioris* Gonzaga. Calci operis
addita genealogia totius familiæ.
Mantuæ 1628. Apud Osannas fr. 1 vol. in-fol.

1399.—Doct. *Antonii* Possevini *Junioris* belli Monferratensis historia, ab anno salutis mdcxii usque ad annum mdcxviii.
Genevæ 1637. Pet. Albertus. 1 vol. in-fol.

1400.—De Montisferrati ducatu contra ser. ducem Mantuæ, pro
serenissimo duce Sabaudiæ consultatio *Ant.* Fabri.
Lugduni 1617. Jac. Roussin. 1 vol. in-4º.

1401.—Mémoires du Sieur *François* DE BOYVIN, Baron du VIL-
LARS etc. sur les guerres demeslées tant en Piedmont,
qu'au Montferrat et duché de Milan, par feu Messire
Charles de Cossé, comte de Brissac, mareschal de France
et lieutenant general pour le roi Henry II, commençans
en l'année 1550 et finissans en 1559, avec ce qui se passa
les années ensuivantes sur l'execution de la paix. 2.° éd.
Lyon 1610. P. Rigaud. 1 vol. in-8°.

j. — *Gênes.*

1402.—Castigatissimi annali con la loro copiosa tavola della ec-
celsa et illustrissima republica di Genoa, da fideli et ap-
provati scrittori, per el R. Monsig. *Agostino* GIUSTINIANO
Vescovo di Nebio accuramente racolti.
Genova 1537. Lomellino. 1 vol. in-fol.

1403.—La conjuration du comte Jean-Louis de Fiesque. (Traduit
de l'italien d'*Agostino* MASCARDI par DE FONTENAI SAINTE-
GENEVIÈVE).
Paris 1665. Cl. Barbin. 1 vol. in-12.

1404.—Journal de ce qui s'est passé à Gênes, et dans son territoire, depuis l'irruption que l'armée autrichienne et
piémontoise a faite dans les vallées de Polcevera et de
Bisagno jusqu'à sa retraite.
S. l. n. n. 1747. 1 vol. in-4°. Pl.

1405.—Lettre d'un Génois à son correspondant à Amsterdam.
Avec des remarques. (Par le Chevalier DE MOUHY).
Gênes 1747. 1 vol. in-12.

1406.—Histoire de la dernière révolution de Gênes, avec une
carte de la ville et de ses environs.
Genéve 1758. Les frères Cramer. 2 vol in-12.

k. — *Ferrare.*

1407.—Epitome de l'origine et succession de la duché de Ferrare,
composé en langue toscane par le Sieur *Gabriel* SYMEON,

et traduict en françois par luy mesme. Avec certaines Epistres à divers personnages, et aucuns Epigrammes sur la propriété de la lune par les douze signes du ciel.
Paris 1553. Gil. Corrozet. 1 vol. in-8°. Port.

l. — *Bologne.*

1408.—Della historia di Bologna parte prima del R. P. M. *Cherubino* GHIRARDACCI Bolognese. — Con un catalogo de' sommi Pontefici, Imperatori Romani, et Regi di Toscana, per dilucidatione di detta historia.
Bologna 1596. Giov. Rossi. I vol. in-fol.

Espagne et Portugal.

1409.—Histoire d'Espagne et de Portugal, depuis les temps les plus reculés jusqu'à nos jours. D'après *Aschbach, Lembké, Dunham, Bossi, Ferreras, Schœfer*, etc. Par M. PAQUIS.
Paris 1836. Parent Desbarres. 2 vol. in-8°.

1410.—Coup-d'œil sur Lisbonne et Madrid, en 1814, suivi d'un mémoire politique concernant la constitution promulguée par les Cortez à Cadix, et d'une notice sur l'état moderne des sciences mathématiques et physiques en Espagne. Par Ch. V. DE HAUTEFORT.
Paris 1820. Delaunay. 1 vol. in-8°.

1411.—Anecdotes espagnoles et portugaises, depuis l'origine de la nation jusqu'à nos jours. (Par l'*Abbé* BERTOUX).
Paris 1773. Vincent. 2 vol. in-12.

Espagne.

a. — *Géographie.*

1412.—L'Espagne. Atlas contenant les cartes de ses provinces particulières.
1 vol. in-fol. Contenant:
1.° Hispania vetus. *Janssonius.*—2.° Novæ Hispaniæ descriptio. 1640. *Janssonius.* — 3.° Utriusque Castiliæ nova descriptio. —

4.º Archiepiscopatus Caragocæ olim Cæsaris Augusti. — 5.º Catalogne et Arragon. 1641. — 6.º Nouvelle description du royaume de Navarre. 1642. *Boisseau.* — 7.º Biscaia et Guipuscoa Cantabriæ veteris pars. — 8.º Legionis regnum et Asturiarum principatus. — 9.º Gallæcia regnum descripta à F. *Fer.* OJEA.— 10.º Portugallia et Algarbia quæ olim Lusitania auctore *Vernando Alvero* SECCO. — 11.º Andaluzia continens Sevillam et Cordubam. — 12.º Granata et Murcia regna. — 13.º Valentia regnum. Contestani *Ptol.* Edentani *Plin.* — 14.º Catalonia. — 15.º Insulæ Balearides et Pytiusæ. — 16.º Carte de la baye de Gibraltar et de ses environs, du 7 avril 1727.—17.º Aragon de *Joan Baptista* LAVANA. 3 f.—18.º Valentia Edetanorum vulgo del Cid delineata à Dre *Thoma Vincentio* TOSCA. Valentiæ 1705. 4 f.

1413.—Topographia del real sitio de Aranjuez por Don *Domingo* DE AGUIRRE.
Anno de MDCCLXXV. Collé sur toile. 4ᵐ sur 3ᵐ.

1414.—Descripcion del real monasterio de San Lorenzo del Escorial; su magnifico templo, panteon, y palacio : compendiada de la descripcion antigua, y exornada con nuevas vistosas laminas de su planta y montéa. Por el R. P. Fr. *Andres* XIMENEZ.
Madrid 1764. Marin. 1 vol. in-fol. Pl.

b. — *Voyages.*

1415.—Voyage d'Espagne, curieux, historique et politique. Fait en l'année 1655. (Par AARSENS DE SOMMERDYCK, publié par *Ch.* DE SERCY).
Paris 1665. Ch. de Sercy. 1 vol. in-4º.

1416.—Relation d'un voyage d'Espagne, où est exactement decrit l'estat de la cour de ce royaume, et de son gouvernement. (Par l'*Abbé* BERTAUT).
Paris 1664. Barbin. 1 vol. in-12.

1417.—Journal du voyage d'Espagne; contenant une description fort exacte, de ses royaumes, et de ses principales villes; avec l'etat du gouvernement, et plusieurs traités curieux, touchant les regences, les assemblées des Estats, l'ordre de la noblesse, la dignité de grand d'Espagne, les commanderies, les benefices et les conseils. (Par l'*Abbé* BERTAUT).

> **Paris 1682. Guignard. 1 vol. in-4°.**

1418. — Relation d'un voyage d'Espagne. Contenant une description exacte du païs, des meurs, des coutumes, des habitans, privilegies, inquisition, faite des taureaux, fontaines, montagne de sel, habillement des Espagnols et des Espagnolles, Philippe IV, Roi d'Espagne ce qui lui arrive à l'égard d'une dame qu'il aimoit, et plusieurs autres particularités, etc. (Par M.ᵉ D'AULNOY).

> **La Haye 1715. Ellinkhuysen. 3 en 1 vol. in-12.**

1419. — Voyage de Figaro, en Espagne. (Par *J. Ch.* FLEURIAU, Marquis DE LANGLE).

> **St.-Malo 1764. 1 vol. in-12.**
>
> Ce livre fut brulé en 1786 par arrét du Parlement de Paris.

1420. — Dénonciation au public, du voyage d'un soi-disant Figaro en Espagne, par le véritable Figaro (CARON DE BEAUMARCHAIS).

> **Paris. Londres 1785. Fournier le jeune. 1 vol. in-12.**

1421. — Voyage pittoresque et historique de l'Espagne, par *Alexandre* DE LA BORDE et une société de gens de lettres et d'artistes de Madrid.

> **Paris 1806-1820. P. Didot. 4 vol. in-fol. Pl.**

1422. — Les petits voyageurs en Espagne, ou description de cette célèbre péninsule. Par P. C. BRIAND.

> **Paris 1835. Thiériot. 1 vol. in-12. Grav.**

---

c. — *Histoire générale.*

1423. — Hispaniæ illustratæ, seu rerum urbiumque Hispaniæ, Lusitaniæ, Æthiopæ et Indiæ scriptores varii, partim editi nunc primum, partim aucti atque emendati. Opera et studio doctorum hominum (*And.* SCHOTTI, *Fr.* SCHOTTI, PISTORII. Edidit *Andreas* SCHOTTUS).

> **Francofurti 1603-1608. Cl. Marnius. 4 vol. in-fol.**

1424.—*Joannis* MARIANÆ historiæ de rebus Hispaniæ libri XXX.

> Moguntiæ 1605. And. Wechelius. 1 vol. in-4°.

A la suite :

P. *Joan* MARIANÆ summarium ad historiam Hispaniæ eorum quæ acciderunt annis sequentibus.

> Moguntiæ 1629. Dan. et Dav. Aubrii. in-4°.

1425.—Histoire générale d'Espagne, du P. *Jean* DE MARIANA. Traduite en françois, avec des notes et des cartes. Par le P. *Joseph-Nicolas* CHARENTON.

> Paris 1725. Le Mercier. 6 vol. in-4°.

A la suite :

Dissertation historique sur les monnoyes antiques d'Espagne. Par M. MAHUDEL.

> Paris 1725. Le Mercier. in-4°.

1426.—Histoire generale d'Espagne, comprise en XXXVI livres. Par *Loys* DE MAYERNE TURQUET.

> Paris 1635. S. Thiboust. 2 vol. in-fol.

1427.—Abregé de l'histoire d'Espagne: contenant l'origine des Espagnols; leurs guerres contre les Romains, les Carthaginois, et autres nations; l'invasion des Maures; la resource des Chrestiens, etc. Par le S.ʳ DU VERDIER.

> Paris 1659. Pepingué. 2 vol. in-12.

1428.—Histoire générale d'Espagne, traduite de l'espagnol de *Jean* DE FERRERAS; enrichie de Notes historiques et critiques, de vignettes en taille-douce, et de cartes géographiques. Par M. D'HERMILLY.

> Paris 1742-1751. Osmont. 10 vol. in-4°.

1429.—Abrégé chronologique de l'histoire d'Espagne, par M. DESORMEAUX. Depuis sa fondation jusqu'au présent règne.

> Paris 1758. Duchesne. 5 vol. in-12.

1430.—Histoire d'Espagne, depuis la découverte qui en a été faite par les Phéniciens, jusqu'à la mort de Charles III; traduit de l'anglais d'ADAM, sur la 2.ᵉ éd. par P. C. BRIAND.

> Paris 1808. Collin. 4 vol. in-8°.

1451.—Histoire générale de l'Espagne, depuis les temps les plus reculés jusqu'au règne des Rois maures. Par G.B. DEPPING.
Paris 1814. Dabo. 2 vol. in-8°. Cart.

1452.—Histoire d'Espagne, depuis les premiers temps jusqu'à nos jours, par *Ch.* ROMEY.
Paris 1839-1850. Furne. 9 vol. in-8°. En publication.

** — Espagne par M. *Joseph* LAVALLÉE et M. *Adolphe* GUÉROULT.—Iles Baléares et Pithyuses par M. *Fred.* LACROIX.—Sardaigne par M. DE GRÉGORY. — Corse par M. FRIESS DE COLONNA.
Paris 1844-1850. F. Didot fr. 2 vol. 8°. — Voyez *Univers pitt.* 652.

1453.—Résumé de l'histoire d'Espagne, depuis la conquête des Romains jusqu'à la révolution de l'ile de Léon ; par *Alp.* RABBE. Avec un introduction par *Félix* BODIN. 3.ᵉ édit.
Paris 1824. Lecointe et Durey. 1 vol. in-18.

1454.—Beautés de l'histoire des Espagnes, ou grandes époques de cette histoire, depuis mille ans avant J. C. jusqu'en septembre 1814. Par M. D. (DURDENT).
Paris 1815. Eymery. 1 vol· in-12. Fig.

1455.—Histoire des révolutions d'Espagne. Où l'on voit la décadence de l'empire romain , l'établissement de la domination des Goths, des Vandales, des Suèves, des Alains, des Silinges, des Maures, des François, et la division des états, tels qu'ils ont été depuis le commencement du cinquième siècle jusqu'à présent. (Par *Cl. Ell.* DUPIN, terminée et publiée par l'*Abbé* DE VAYRAC).
Amsterdam 1730. Humbert. 5 en 10 vol. in-12.

1456.—Histoire des révolutions d'Espagne, depuis la destruction de l'empire des Goths, jusqu'à l'entière et parfaite réunion des royaumes de Castille et d'Arragon en une seule monarchie. Par le P. *Joseph* D'ORLÉANS, revue et publiée par les RR. PP. ROUILLÉ et BRUMOY.
Paris 1734. Rollin fils. 3 vol. in-4°.

d. — *Histoire d'Espagne sous les Maures.*

1457.—Historia de los Vandos, de los Zegris, y Abencerrages cavalleros moros de Granada. Y las civiles guerras que huuo en ella, hastaque el Rey D. Fernando el Quinto la ganò. Traducida (d'un libro aravigo de moro ABEN HAMIN) en castellano por *Gines* PEREZ DE HITA).

Madrid 1652. M. Sanchez. 1 vol. in-8°.

1438.—L'histoire des guerres civiles de Grenade. Traduite d'espagnol en françois (de *Ginez* PEREZ DE HITA).

Paris 1608. Du Bray. 1 vol. in-8°.

1439.—Histoire de la conqueste d'Espagne par les Mores, composé en arabe par ABULCACIM TARIFF ABENTARIQ. Traduite (composée) en espagnol par *Michel* DE LUNA. Avec une dissertation de celuy qui l'a mise en françois sur la verité de cette histoire. (Par P. LE ROUX).

Paris 1680. Billaine. 2 en 1 vol. in-12.

1440.—Relation historique et galante de l'invasion de l'Espagne par les Maures. Tirée des plus célèbres auteurs de l'histoire d'Espagne. (Attribuée à BREMOND, JOUVENEL et BAUDOT DE JULLY).

Paris 1722. P. Witte. 4 en 2 vol. in-12. Fig.

1441.—Beautés de l'histoire de la domination des Arabes et des Maures en Espagne et en Portugal; ou abrégé chronologique de l'histoire de ces peuples jusqu'à leur expulsion de la péninsule; par M. LACROIX-DE-MARLÈS.

Paris 1824. Eymery. 1 vol. 12.

1442.—Histoire de Consalve de Cordoue, surnommé le grand Capitaine, par le R. P. DUPONCET.

Paris 1714. J. Mariette. 2 vol. in-12.

———

e. — *Histoire particulière de certaines époques.*

———

1443.—La politique de Ferdinand le Catholique, roy d'Espagne, par M. VARILLAS.

Amsterdam 1688. Brunel. 2 en 1 vol. in-12.

1444.—Histoire de l'administration du Cardinal Ximenes, grand ministre d'estat en Espagne. Où se voyent les effects d'une prudente et courageuse conduite, avec une excellente probité. Par le Sieur *Michel* BAUDIER.

Paris 1635. Seb. Cramoisy. 1 vol. in-4°. Port.

1445.—Histoire du cardinal Ximenés. Par Messire E. Fléchier.
Paris 1693. Anisson. 1 vol. in-4°. Port.

1446.—Histoire du ministère du cardinal Ximenés, archevesque de Tolède, et régent d'Espagne. Par M. de Marsolier.
Paris 1739. Dupuis. 2 vol. in-12.

** — *Petri* Martyris et *Ferdinandi* de Pulgar epistolarum opus.
Voyez *Belles-Lettres* n.° 2947.

1447.—La vie de l'empereur Charles V. Traduite de l'italien de M. Leti. (Par M.lles Leti, ses filles).
Brusselles 1715. Josse de Grieck. 4 vol. in-12. Fig.

1448.—L'histoire du règne de l'empereur Charles-Quint, pré-cédée d'un tableau des progrès de la société en Europe, depuis la destruction de l'empire romain jusqu'au com-mencement du seizième siècle. Par M. Robertson. Ouvrage traduit de l'anglois (par Suard, Roger et Letourneur).
Paris 1771. Saillant. 6 vol. in-12.

1449.—La pratique de l'éducation de Charles-Quint, par M. Varillas.
Paris 1685. C. Barbin. 2 vol. in-12.

1450.—Mémoires pour servir à l'histoire du cardinal de Gran-velle, premier ministre de Philippe II, roy d'Espagne. Par un religieux bénédictin de la congrégation de saint Vanne. (Dom Lévêque).
Paris 1753. Desprez. 2 vol. in-12.

** — Papiers d'Etat du cardinal Granvelle, publiés par M. Weiss.
Voyez *Collect. des doc. inéd. relatifs à l'histoire de France.*

1451.—La disgratia del Comte d'Olivarez. (Da *Camillo* Guidi).
S. l. n. n. 1643. 1 vol. in-16. — Voyez n.° 1328.

1452.—Relation de ce qui s'est passé en Espagne à la disgrace du Comte duc d'Olivares. Traduite d'italien en françois (de *Camillo* Guidi par *André* Félibien).
Paris 1658. Aug. Courbé. 1 vol. in-8°.

1453.—Il ritratto del privato politico christiano, estratto dall' originale d'alcune attioni del conte duca di S. Lucar, e scritto alla cattolica Maestà di Philippo IIII il Grande. Dal marchese *Virgilio* Malvezzi.
Milano 1636. Ghisolfi. 1 vol. in-16.

17.*

1454.—Anecdotes du ministère du Comte duc d'Olivares. Tirées et traduites de l'italien du Mercurio Siry par M. de Valdory.
Paris 1722. J. Musier. 1 vol. in-12.

** — La feliz campana por *Gab.* de la Vega.—Voyez *Bell.-Lettr.* 1580.

1455.—Relation des differents arrivez en Espagne entre D. Jean d'Austriche et le cardinal Nitard. (Traduit de l'espagnol par le chev. de Sainte-Colombe et La Touche Paquerais; avec une préface de *Nic.* Thoynard).
Cologne 1655. P. Marteau. 2 en 1 vol. in-16.

1456.—Mémoires de la cour d'Espagne, depuis l'année 1679 jusqu'en 1681. Où l'on verra les ministères de Dom Juan et du duc de Medina Celi. Et diverses choses concernant la monarchie espagnole. (Par M.ᵉ d'Aulnoy).
Paris 1733. Josse. 1 vol. in-12.

1457.—Testament et codicille de Charles II, roy d'Espagne, fait le 2 octobre 1700. Avec plusieurs pièces curieuses concernant ledit testament; le traité secret de partage du royaume d'Espagne : le Mémoire de l'ambassadeur d'Hollande, et la Reponse audit ambassadeur.
La Haye 1701. Henry. 1 vol. in-12.

1458.—Mémoires pour servir à l'histoire d'Espagne, sous le règne de Philippe V. Par D. *Vincent* Bacallar y Sanna, Marquis de Saint-Philippe. Traduits de l'espagnol (par de Maudave).
Amsterdam 1756. Chatelain. 4 vol. in-12. Cart.

1459.—Histoire publique et secrette de la cour de Madrid, dès l'avènement du Roy Philippe V à la couronne, avec des considerations sur l'état présent de la monarchie espagnole. (Par J. Rousset).
Cologne 1719. P. le Sincere. 1 vol. in-12.

1460.—Lettres de Monsieur Filtz-Moritz, sur les affaires du temps et principalement sur celles d'Espagne sous Philippe V, et les intrigues de la princesse des Ursins. Traduites de l'anglois par M. de Garnesai. 2.ᵉ édit. augm. d'une Reponse à ces lettres.
Amsterdam 1718. Du Villard. 1 vol. in-12.

1461.—Histoire du cardinal Alberoni, depuis sa naissance jusqu'au commencement de l'année 1719. Par M. J. R. (*Jean* Rousset). Traduit de l'Espagnol.

La Haye 1719. A. Moetjens. 1 vol. in-12.

1462.—Testament politique du cardinal Jules Albéroni, recueilli de divers mémoires, lettres et entretiens de son Eminence, par Monsignor A. M. Traduit de l'italien par le C. de R. B. M. (Composé par Durey de Morsan, revu et publié par Maubert de Gouvest).

Lausannne 1754. Bousquet. 2 en 1 vol. in-12.

1463.—Manifeste contenant les droits de Charles III, roy d'Espagne, et les justes motifs de son expédition.

La Haye 1704. Et. Foulque. 1 vol. in-8°.

A la suite:

Réponse au manifeste de l'archiduc d'Autriche (se disant roi d'Espagne).

Basle 1704. in-8°.

Manifeste des droits de l'auguste maison d'Autriche sur la monarchie d'Espagne.

Réponse aux libelles répandus dans le public au sujet de la succession de la monarchie d'Espagne.

Manifeste de l'électeur de Bavière.

S. l. n. n. 1704. in-8°.

1464.—Etat présent d'Espagne, l'origine des grands (par le duc de Luynes); avec un voyage d'Angleterre (par Deslandes). (Publié par Dubois de Saint-Gelais).

Villefranche 1717. Le Vray. 1 vol. in-12.

1465.—Histoire de la guerre d'Espagne; ou étrennes à nos braves, par P. C. Résumé de la campagne de la Péninsule, en 1823; de la conduite politique et militaire de tous les personnages célèbres qui y ont joué un grand rôle.

Paris 1824. Locard. 1 vol. in-12. Pl.

✶✶ — Voyez œuvres de M. de Pradt, passim.

f. — *Mélanges.*

** — Hispania, sive de regis Hispaniæ regnis et opibus commentarius.
(Auctore J. DE LAET).
Lugd.-Batav. 1629. Off. Elzeviriana. 1 vol. in-24.—N.° 651-18.

1466.—Hispanicæ dominationis arcana per I. L. W. (I. L. WEID).
Lugd.-Bat. 1643. Commelinus. 1 vol. in-16.

1467.—Vindiciæ Hispanicæ, in quibus arcana regia, politica,
genealogica, publico pacis bono luce donantur. Auctore
Joanne Jacobo CHIFLETIO.
Antuerpiæ 1645. Off. Plantiniana. 1 vol. in-4°.

1468.—Vindiciæ Hispanicæ; in quibus arcana regia, publico pacis bono, luce donantur. Editio altera; cui accessere lu-
mina nova genealogica, salica, prærogativa; sive res-
ponsa ad Francorum objectiones. Auctore *Jac.* CHIFLETIO.
Antuerpiæ 1647. Off. Plantiniana. 1 vol. in-fol.

1469.—Assertor Gallicus, contra vindicias Hispanicas *Joannis
Jacobi Chiffletii*: seu historica disceptatio qua arcana regia, politica, genealogica hispanica confutantur, francica
stabiliuntur. Opus M. *Antonii* DOMINICY.
Parisiis 1646. Typ. regia. 1 vol. in-4°.

1470.—Antipatia de los Franceses y Españoles. Obra apacible y
curiosa conpuesta en Castellano por el doctor *Carlos*
GARCIA. — Antipathie des François et des Espagnols.
Œuvre curieuse et agreable composée en espagnol par le
docteur *Charles* GARCIA, et mis en françois par R. D. B.
Rouen 1630. Cailloué. 1 vol. in-12.

1471.—Pierre de touched ou satyres du temps, contre l'ambition
des Espagnols. (Traduit de *Traj.* BOCCALINI par L. GIRY).
Paris 1635. Villery. 1 vol. in-8°.

1472.—Les veritables causes des malheurs presens de l'Espagne;
tirées de l'espagnol du P. *Jean* EUSEBE de Neuremberg.
Lyon 1644. Jean Champion. 1 vol. in-8°.

1473.—Memoires curieux envoyez de Madrid. Sur les festes ou
combats de taureaux. Sur le serment de fidélité qu'on
preste solemnellement aux successeurs de la couronne

d'Espagne. Sur le mariage des Infantes. Sur les prover-
bes, les mœurs, les maximes, et le génie de la nation
espagnolle.
Paris 1670. Leonard. 1 vol. in-12.

1474.—Mémoire touchant la succession à la couronne d'Espagne.
Traduit de l'espagnol. Réflexions sur la lettre à Mylord,
sur la nécessité et la justice de l'entière restitution de la
monarchie d'Espagne. Extraits de divers auteurs, servant de preuves à ce mémoire. (Par J. Le Grand).
S. l. n. n. 1711. 1 vol. in-8°.

1475.—Mémoires et négociations secretes de Ferdinand Bona-
venture comte d'Harrach, ambassadeur plénipotentiaire
de S. M. I. à la cour de Madrid, depuis la paix de Ris-
wick. Par M. DE LA TORRE.
La Haye 1720. P. Husson. 2 vol. in-12.

** — Négociations relatives à la succession d'Espagne sous Louis XIV.
Par M. MIGNET.

** — Mémoires militaires relatifs à la succession d'Espagne sous Louis
XIV. Publiés par le général PELET.
Voyez *Collect. des doc. inéd. relatifs à l'histoire de France.*

1476.—La vie du duc de Ripperda, Seigneur de Poelgeest, grand
d'Espagne etc. Par M.ʳ P. M. B. (*Pierre* MASSUET).
Amsterdam 1739. J. Ryckhoff fils. 2 vol. in-8°.

1477.—Mémoires du Prince de la Paix, Dom *Manuel* GODOY, tra-
duits en français d'après le manuscrit espagnol, par J.
G. D'ESMÉNARD.
Paris 1836. Ladvocat. 2 vol. in-8.°

1478.—Des droits directs et éventuels des Bourbons d'Espagne,
de Naples et de Parme. (Par M. *Victor* DE CARRIÈRE).
Paris 1840. Dentu. 1 vol. in-8.°

1479.—L'Espagne en 1843 et 1844. Lettres sur les mœurs politiques et sur la dernière révolution de ce pays par J. TANSKI.
Paris 1844. René et C.ᵉ 1 vol. in-8°.

g. — *Histoire des différents royaumes.*

1480.—Indices rerum ab Aragoniæ regibus gestarum ab initiis

regni ad annum MCDX. A *Hieronymo* SURITA tribus libris parati et expositi. — *Rob.* VISCARDI Calabriæ ducis et Rogerii ejus fratris Calabriæ et Siciliæ ducis principum Normannorum, et eorum fratrum rerum gestarum libri IV auctore *Gaufredo* MALATERRA. — Rogerii Siciliæ regis rerum gestarum libri IV, auctore ALEXANDRO. — Genealogia Roberti Viscardi et eorum principum qui Siciliæ regnum adepti sunt: ex PTOLEMAEI *Lucensis* chronicis decerpta.

Cæsaraugustæ 1578. D. à Portonariis. 1 vol. in-fol.

1481. — Anales de la corona de Aragon compuestos por *Geronymo* CURITA.

Çaragoça 1610-1621. L. de Robles. 7 vol. in-fol. Index.

1482. — Historias ecclesiasticas, y seculares de Aragon en que se continuan los annales de Çurita, y tiempos de Carlos V con historias ecclesiasticas antiguas, y modernas, que hasta aora no han visto luz, ni estampa. Por el dotor *Vincencio* BLASCO DE LANUZA.

Çaragoça 1622. De Lanaia. 1 vol. in-fol.

1483. — Marca hispanica, sive limes Hispanicus, hoc est, geographica et historica descriptio Cataloniæ, Ruscinonis, et circumjacentium populorum. Auctore illustriss. viro *Petro* DE MARCA. — Accessere 1.º Gesta veterum comitum Barcinonensium et Regum Aragonensium scripta circa annum MCCXC a quodam monacho Rivipullensi. — 2.º *Nicolai* SPECIALIS libri VIII rerum Sicularum, in quibus continetur historia bellorum inter reges Siciliæ et Aragoniæ gestorum ab anno MCCLXXXII usque ad annum MCCCXXXVII. — 3.º Chronicon Barcinonense ab anno MCXXXVI ad MCCCX. — 4.º Chronicon Vlianense ab anno MCXIII usque ad annum MCCCCIX. — 5.º Appendix actorum veterum ab anno DCCCXIX usque ad annum MDXVII.

Parisiis 1688. Fr. Muguet. 1 vol. in-fol. Cartes.

1484. — *Antonii* PANORMITÆ de dictis et factis Alphonsi regis Aragonum libri quatuor. Commentarium in eosdem *Æneæ*

Sylvii, quo capitatim cum Alphonsinis contendit. Adjecta sunt singulis libris scholia per *Jacobum* Spiegelium.
Basileæ 1538. Hervagius. 1 vol. in-4°.

1485.—*C. Laurentii* Vallensis historiarum Ferdinandi, regis Aragoniæ: libri treis.
Parisiis 1521. S. de Colines. 1 vol. in-4°.

1486.—Histoire de Don Jean deuxiesme, roy de Castille. Recueillie de divers autheurs. Par le S.ʳ du Chaitreau.
Paris 1640. Robinot. 1 vol. in-8°.

1487.—La deffence des Catalans. Où l'on void le juste sujet qu'ils ont eu de se retirer de la domination du Roy d'Espagne. Avec les droicts du Roy sur la Catalogne et le Roussillon. (Par *Charles* Sorel).
Paris 1642. De Sercy. 1 vol. in-8°.

1488.—Catalania Galliæ vindicata, adversus Hispaniensium scriptorum imposturas: sive dissertatio historica de legitimo regum Francorum in eam provinciam imperio. Auctore *Ludovico* Mesplede.
Parisiis 1643. Huré. 1 vol. in-8°

1489.—Histoire de la dernière revolte des Catalans, et du siège de Barcelonne, dédiée à Monseigneur le maréchal duc de Berwich. (Par l'*Abbé* Tricaud de Belmont).
Lyon 1714. Th. Amaulry. 1 vol. in-12.

1490.—Discours veritable du grand et espouvantable deluge arrivé en Espagne au comté de Barcelone. Presenté au Roy. Traduit en françois, par le Sieur de Salazar.
Paris 1618. Du Brueil. 1 vol. in-8°.

1491.—Discursos historicos de la mui noble i mui leal ciudad de Murcia por el licenciado *Francisco* Cascales.
Murcia 1621. Node. 1 vol. in-fol.

Portugal.

a. — *Histoire générale.*

** — Portugallia, sive de regis Portugalliæ regnis et opibus commentarius. (Auctore *L. And.* Resendio).
Lugd.-Batav. 1641. Off. Elzeviriana. 1 vol. in-24. N.° 651-30.

1492.—Histoire générale de Portugal. Par M. DE LA CLEDE.
Paris 1735. F. Giffart. 2 vol. in-4°.

1493.—Même ouvrage.
Paris 1735. Giffart. 8 vol. in-12.

1494.—Histoire de Portugal, contenant les entreprises, navigations, et gestes mémorables des Portugallois, tant en la
conquête des Indes orientales par eux descouvertes, qu'és
guerres d'Afrique et autres exploits, depuis l'an 1496,
sous Emmanuel I, Jean III et Sébastian I. Comprinse en
XX livres, dont les XII premiers sont traduits du latin
de *Ierosme* OSORIUS, les huit suivans prins de *Lopez* DE
CASTAGNEDE et d'autres historiens. Nouvellement mise en
françois par S. G. S. (*Simon* GOULART *Senlisien*).
Paris 1581. François Estienne. 1 vol. in-fol.

1495.—Même ouvrage.
Paris 1581. R. Le Mangnier. 1 vol. in-8.°

** — Portugal par M. *Ferdinand* DENIS.
Paris 1846. F. Didot fr. 1 vol. in-8°. Pl. — Voyez *Univers pitt.* 652.

1496.—Résumé de l'histoire de Portugal, depuis les premiers
temps de la monarchie jusqu'en 1823. Par *Alph.* RABBE.
Avec une introduction par R. T. CHATELAIN.
Paris 1824. Lecointe et Durey. 1 vol. in-18.

1497.—Beautés de l'histoire de Portugal, ou abrégé de l'histoire
de ce pays, depuis l'antiquité jusqu'à nos jours; rédigé
par J. R. DURDENT. 2.e édition, revue, corrigée et augmentée du Précis de la révolution de 1820 et de 1821,
par A. P. J. B. NOUGARET.
Paris 1821. Eymery. 1 vol. in-12.

---

b. — *Mélanges.*

1498.—L'union du royaume de Portugal à la couronne de Castille. Contenans les dernières guerres des Portugais contre
les Maures d'Afrique, la fin de la maison de Portugal, et
changement de son empire. Prise de l'italien du S.r *Hié-*

rome DE FRANCHI CONTESTAGGIO, gentilhomme Genevois. (*Jean* DE SYLVA, comte de PORTALÉGRE). Par M. *Th.* NARDIN. D. es D. C. DE B. G. B.

Arras 1600. Bauduyn. 1 vol. in-8°.

1499.—Histoire de la reünion du royaume de Portugal à la couronne de Castille. Traduite de l'italien de *Ierosme* CONESTAGE, gentilhomme Genois.

Paris 1680. Barbin. 2 vol. in-8°.

1500.—Histoire de la conjuration de Portugal. (Par l'*Abbé* DE VERTOT).

Paris 1689. V.e Martin. 1 vol. in-12.

1501.—*Hieronymi* OSORII de rebus Emmanuelis Regis Lusitaniæ invictissimi virtute et auspicio, annis sex, ac viginti, domi forisque gestis; libri duodecim. Quibus potissimùm ea quæ in Africa et India bella confecit, explicantur.

Coloniæ-Agripp. 1574. A. Birckmann. 1 vol. in-8°.

1502.—Briefve et sommaire description de la vie et mort de Dom Antoine, premier du nom, et dix-huictiesme Roy de Portugal. Avec plusieurs lettres servantes à l'histoire du temps. (Par Dom CHRISTOVAM, prince de Portugal).

Paris 1629. Gerv. Alliot. 1 vol. in-8°.

1503.—Histoire secrete de Dom Antoine, roy de Portugal, tirée des memoires de Dom GOMES VASCONCELLOS DE FIGUEREDO. (Par M.e *Louise-Généviève* GILLOT DE SAINCTONGE).

Paris 1696. Guignard. 1 vol. in-12.

1504.—Philippus Prudens Caroli V Imp. filius, Lusitaniæ, Algarbiæ, Indiæ, Brasiliæ legitimus rex demonstratus a D. *Joanne* CARAMUEL LOBKOWITZ.

Antuerpiæ 1639. Off. Plantiniana. 1 vol. in-fol.

1505.—Lusitania liberata ab injusto Castellanorum dominio; restituta legitimo principi serenissimo Joanni IV, Lusitaniæ, Algarbiorum, Africæ, Arabiæ, Persiæ, Indiæ, Brasiliæ, etc. regi potentissimo demonstrata. Per D. *Ant.* DE SOUSA DE MACEDO.

Londini 1645. R. Heron. 1 vol. in-fol. Port.

1506.—Histoire du détronement d'Alfonse VI, roi de Portugal, contenue dans les lettres de M. *Robert* SOUTHWEL, alors ambassadeur à la cour de Lisbonne. Et précédée d'un abrégé de l'histoire de ce royaume (par *Thomas* CARTE). Traduit de l'anglois (par l'*Abbé* DESFONTAINES).
Paris 1742. David. 2 vol. in-12.

1507.—Relation des troubles arrivez dans la cour de Portugal en l'année 1667 et en l'année 1668. Où l'on voit la renonciation d'Alphonse VI à la couronne; la dissolution de son mariage avec la princesse Marie Françoise Isabelle de Savoye; et le mariage de la mesme princesse avec le prince D. Pedro Regent de ce royaume. (Par BLOUIN DE LA PIQUETIERRE).
Paris 1674. Clousier. 1 vol. in-12.

1508.—Mémoires de M. d'ABLANCOURT, envoyé de Sa Majesté Louis XIV en Portugal; contenant l'histoire de Portugal depuis le traité des Pyrénées de 1659 jusqu'à 1668. Avec les révolutions arrivées pendant ce tems-là à la cour de Lisbonne, etc.
Amsterdam 1701 De Lorme. 1 vol. in-12.

1509.—Propugnaculum Lusitano-Gallicum contra calumnias Hispano-Belgicas. In quo ferme omnia utriusque regni tum domi tum foris præclare gesta continentur. Autore P. Fr. à S. *Augustino* MACEDO.
Parisiis. S. d. n. n. 1 vol. in-fol.

1510.—Raisons d'estat, et reflexions politiques, sur l'histoire, et vies des roys de Portugal. Par M. DE GALARDI.
Liege 1670. P. Du Champs. 1 vol. in-12.

1511.—Réflexions sur le désastre de Lisbonne, et sur les autres phenomenes qui ont accompagné ou suivi ce désastre. (Par *L. Et.* RONDET).
En Europe. 1756. Aux dépens de la Comp. 1 vol. in-12.
A la suite:
Supplément aux réflexions sur le désastre de Lisbonne. Avec un journal des phenomenes, etc. depuis le 1.er nov.

1755 et des Remarques sur la plaie des sauterelles annon-
cée par S. Jean. (Par le même).
1757. S. n. n. l. in-12.

Grèce moderne.

a. — *Géographie et Voyages.*

1512.—Voyage littéraire de la Grèce, ou lettres sur les Grecs
anciens et modernes, avec un parallèle de leurs mœurs.
Par M. Guys.
Paris 1771. V.ᵉ Duchesne. 2 vol. in-12.

1513.—Voyage pittoresque de la Grèce. (Par M. le C.ᵗᵉ DE CHOI-
SEUL-GOUFFIER).
Paris 1782-1822. J. J. Blaise. 3 vol. in-fol. Pl.

1514.—Voyage de la Grèce, par F. C. H. L. POUQUEVILLE. 2.ᵉ éd.
Paris 1826. F. Didot. 6 vol. in-8º. Pl.

1515.—La Grèce, ou description topographique de la Livadie,
de la Morée et de l'Archipel, contenant des détails curieux sur les mœurs et usages des habitans de ces contrées. Par G. B. DEPPING.
Paris 1823. Ferra. 4 vol. in-18. Pl.

1516.—Expédition scientifique de la Morée, ordonnée par le gouvernement français.
Cet ouvrage comprend deux parties :
1.º Travaux de la section des sciences physiques. Ouvrage publié par MM. BORY DE SAINT-VINCENT, PEYTIER,
PUILLON BOBLAYE, SERVIER, A. BRULLÉ, T. VIRLET,
GEOFFROY SAINT-HILAIRE père et fils, A BRONGNIART,
BIBRON, DESHAYES, GUERIN, CHAUBARD et FAUCHÉ.
Paris 1831-1835. Levrault. 6 en 4 v. in-4º. Atlas in-fol.
2.º Architecture, sculptures, inscriptions et vues du Pé-
loponèse, des Cyclades et de l'Attique, mesurées, dessinées, recueillies et publiées par *Abel* BLOUET, *Amable*
RAVOISIÉ et *Achille* POIROT, architectes; *Félix* TREZEL,
peintre, et *Frédéric* DE GOURNAY, littérateur.
Paris 1831-1838. F. Didot. 3 vol. in-fol. Pl.

1517. — Lacedemone ancienne et nouvelle, où l'on voit les mœurs et les coûtumes des Grecs modernes, des Mahometans, et des Juifs du pays. Et quelques particularitez du seiour que le Sultan Mahomet IV a fait dans la Thessalie. Avec le plan de la ville de Lacedemone. Par le Sieur DE LA GUILLETIERE.

Paris 1676. Ribou. 2 vol. in-12. Fig.

1518. — Athenes ancienne et nouvelle, et l'estat present de l'empire des Turcs, contenant la vie du Sultan Mahomet IV. Le ministère de Coprogli Achmet Pacha, grand vizir, et son campement devant Candie. Avec le plan de la ville d'Athenes. Par le S.ʳ DE LA GUILLETIERE. 3.ᵉ édit.

Paris 1676. Michallet. 1 vol. in-12. Fig.

b. — *Histoire.*

** — Voyez les n.ᵒˢ 1127 et 1128.

1519. — Résumé de l'histoire des Grecs modernes, depuis l'envahissement de la Grèce par les Turcs jusqu'aux derniers évènemens de la révolution actuelle; par *Armand* CARREL.

Paris 1825. Lecointe et Durey. 1 vol. in-18.

1520. — De vita, moribus ac rebus præcipue adversus Turcas, gestis, Georgii Castrioti, clarissimi Epirotarum principis, qui propter celeberrima facinora, Scanderbegus, hoc est, Alexander magnus, cognominatus fuit, libri tredecim, per *Marinum* BARLETIUM *Scodrensem* conscripti, ac nunc primum in Germania castigatissime æditi.

Argentorati 1637. Mylius. 1 vol. in-fol.

1521. — Histoire de Georges Castriot, surnommé Scanderbeg, roy d'Albanie. Contenant ses illustres faicts d'armes, et memorables victoires à l'encontre des Turcs, pour la Foy de Jesus-Christ. Recueillie, dressée, et poursuivie jusques à la mort de Mahomet II par *Jacques* DE LAVARDIN Seigneur de Plessis-Bourrot. Dernière édit. augmentée d'une chronologie turquesque, où sont sommairement representées les choses plus remarquables advenuës depuis Mahomet II jusques à Otthoman II, à present regnant.

Paris 1621. Jean Fouet. 1 vol. in-4º.

1522.—Histoire de Scanderbeg, roi d'Albanie. Par le R. P. Du-PONCET.

Paris 1709. Mariette. 1 vol. in-12.

** — Essai sur l'état des Grecs depuis la conquête musulmane. Par M. VILLEMAIN. Voyez *Mélanges.* II. — *Belles-Lettres* n.º 5111.

1523.—Histoires de la régénération de la Grèce, comprenant le précis des évènements depuis 1740 jusqu'en 1824. Par F. C. H. L. POUQUEVILLE. 2.ᵉ édit.

Paris 1825. F. Didot. 4 vol. in-8º. Fig.

1524.—Mémoires sur la Grèce et l'Albanie pendant le gouvernement d'Ali Pacha; par IBRAHIM-MANZOUR-EFFENDI, ouvrage pouvant servir de complément à celui de M. de Pouqueville. 2.ᵉ édit.

Paris 1828. Barba. 1 vol. in-8º. Port.

1525.—Mémoires sur la Grèce, pour servir à l'histoire de la guerre de l'indépendance, accompagnés de plans topographiques, par *Maxime* RAYBAUD; avec une introduction historique, par *Alph.* RABBE.

Paris 1824-1825. Tournachon-Molin. 2 vol. in-8º.

1526.—Beautés de l'histoire de la Grèce moderne, ou récit des faits mémorables des Hellènes, depuis 1770 jusqu'à ce jour. Par M.ᵉ DUFRÉNOY.

Paris 1825. Eymery. 2 vol. in-12. Fig.

Empire Ottoman.

a. — *Voyages et Géographie.*

1527.—Voyage en Morée, à Constantinople, en Albanie, et dans plusieurs autres parties de l'empire othoman, pendant les années 1798, 1799, 1800 et 1801. Par F. C. H. L. POUQUEVILLE.

Paris 1805. Gabon. 3 vol. in-8º. Fig.

1528.—Constantinople et la Turquie en 1828, par *Charles* Mac-Farlane; traduit de l'anglais par MM. Nettement; voyage orné d'une vue nouvelle de Constantinople et de lithographies; faisant suite à l'ouvrage de Walsh.

Paris 1829-30. Moutardier. 3 vol. in-8°. Fig.

** — Voyez n.ᵒˢ 300, 303, 306, 308, 311 et 315.

b. — *Histoire générale.*

** — Histoire générale des Turcs par Chalcondyle.

Voyez n.ᵒˢ 1081, 1082 et 1083.

** — Histoire de la conquête de Constantinople par Villehardouin.

Voyez n.ᵒˢ 1079 et 1079.

1529.—Turcicarum rerum commentarius Pauli Jovii episcopi Nucerini ad Carolum V imp. aug. ex italico latinus factus, *Francisco* Nigro *Bassianate* interprete.—Origo Turcici imperii.—Vitæ omnium Turcicorum imperatorum.—Ordo ac disciplina Turcicæ militiæ exactissimè conscripta, eodem Paulo Jovio authore.

Parisiis 1539. Rob. Stephanus. 1 vol. in-8°.

1530.—Commentaire de Paulus Jovius evesque de Nucere, des gestes des Turcz, à Charles cinquiesmé, empereur auguste, translate de italien en latin par *François* Noire *Bacianat*, et de latin en françoys par le poligraphe N. V. (*Nicole* Volkyr de Serouille).

Paris 1540. Wechel. 1 vol. in-4°.

1531.—De Turcorum origine, religione, ac immanissima eorum in Christianos tyrannide deque viis per quas Christiani principes Turcos profligare et invadere facilè possent. *Joanne* Cuspiniano autore.

Antuerpiæ 1541. J. Steelsius. 1 vol. in-8°.

1532.—De la republique des Turcs, et là ou l'occasion s'offrera, des meurs et loy de tous Muhamedistes, par *Guillaume* Postel Cosmopolite.

Poitiers 1559. De Marnef. 1 vol. in-4°.

Cet ouvrage se divise en 3 parties, la 2.ᵉ et la 3.ᵉ ont pour titre:

Histoire et consideration de l'origine, loy, et coustume

des Tartares, Persiens, Arabes, Turcs, et tous autres Ismaelites ou Muhamediques, dits par nous Mahometains,
ou Sarrazins. (Par *Guillaume* Postel).

Poitiers 1560. De Marnef. 1 vol. in-4°.

La tierce partie des orientales histoires, ou est exposée
la condition, puissance et revenu de l'empire turquesque:
avec toutes les provinces et païs generalement depuis 950
ans en ça par tous Ismaelites conquis. Par *Guillaume*
Postel Cosmopolite.

Poitiers 1560. De Marnef. 1 vol. in 4°.

1533.—Chronicorum Turcicorum, in quibus Turcorum origo,
principes, imperatores, bella, prælia, cædes, victoriæ,
reique militaris ratio, et cætera huc pertinentia, exponuntur. — Omnia nunc primum bona fide collecta, ser-
moneque latino exposita a R. D. *Philippo* Lonicero.

Francof. ad Mœn. 1578. S. Feyrabend. 3 en 1 v. in-fol.

1534.—Historia Constantinopolitana post avulsum à Carolo Magno
Occidentem, ad nostra usque tempora deducta : et ex variorum historicorum collatione, ac ipsorum verbis for-
malibus repræsentata; per *Christophorum* Besoldum J. C.

Argentorati 1634. Zetzner. 2 vol. in-12.

1535.—Inventaire de l'histoire generalle des Turcz, où sont descriptes les guerres des Turcs, leurs conquestes, seditions,
et choses remarquables,... depuis l'an 1500, jusques en
l'année 1631. Avec la mort, et belles actions de plusieurs
Chevaliers de Malte, et autres Gentilhommes et Seigneurs
françois. Par le Sr *Michel* Baudier. 3.e édit.

Paris 1631. Le Gras. 1 vol. in-4°.

1536.—Même ouvrage. 4.e édit.

Rouen 1642. Berthelin. 1 vol. in 4°.

1537.—L'Othoman ou l'abregé des vies des Empereurs turcs,
depuis Othoman I jusques à Mahomet IV à present regnant. Par *Vincent* de Stochove, Sieur *de S. Catharine*.

Cologne 1667. Jean Le Clercq. 1 vol. in-8°.

18.

1538.—Abbregé de l'histoire des Turcs, contenant tout ce qui s'est passé de plus remarquable sous le regne de vingt-trois empereurs. Recueilly tres soigneusement par le S.ʳ Du Verdier. Rev. corr. et augm. par J. P.
Lyon 1682. J. Bruyset. 3 vol. in-12.

1539.—Abregé nouveau de l'histoire generale des Turcs. Où sont décrits les évenemens et les révolutions arrivées dans cette vaste monarchie, depuis son établissement jusqu'à present. Par M. Vanel.
Paris 1689. Osmont. 4 vol. in-12. Fig.

1540.—Histoire de l'empire Ottoman traduite de l'italien de Sagredo. Par M. Laurent.
Paris 1724. Barois. 5 vol. in-12.

1541.—Histoire de l'empire Ottoman depuis son origine jusqu'à nos jours, par J. de Hammer. Traduit de l'allemand sur les notes et sous la direction de l'auteur par J. J. Hellert.
Paris 1835-1843. Bellizard. 18 vol. in-8°. Atlas in-fol.

** — La Turquie, par M. J. M. Jouannin et par M. *Jules* Van Gaver.
Paris 1853. F. Didot. fr. 1 vol. in-8°. Pl. — *Univers pitt.* 652.

1542.—Beautés de l'histoire de Turquie, comprenant les faits les plus remarquables de l'histoire musulmane, depuis Mahomet, les califes, ses successeurs, et les souverains de l'empire Ottoman jusqu'à nos jours; par J. R. Durdent.
Paris 1825. Eymery. 1 vol. in-12. Grav.

c. — *Histoire de certaines époques.*

1543.—Histoire du regne de Mahomet II empereur des Turcs. Par le Sieur Guillet.
Paris 1681. Denys Thierry. 2 vol. in-12.

1544.—La mort du sultan Osman, ou le retablissement de Mustapha sur le throsne. Traduit d'un manuscrit turc, de la bibliothèque du Roy. Par *Antoine* Galland. (1).
Paris 1678. Cl. Barbin. 1 vol. in-12.

---

(1) Galland (Antoine), né à Rollot en 1646, mourut à Paris le 17 février 1715.

1545.—Histoire des grands vizirs Mahomet Coprogli Pacha et Ahcmet Coprogli Pacha; celle des trois derniers grands seigneurs; de leurs sultanes, et principales favorites; avec les plus secrettes intrigues du serrail; et plusieurs autres particularitez des guerres de Dalmatie, Transilvanie, Hongrie, Candie, et Pologne : avec le plan de la bataille de Cotzchin. (Par M. DE CHASSEPOL).
Amsterdam 1676. Wolfgank. 1 vol. in-12.

1546.—Même ouvrage. Avec l'histoire du grand Sobieski, roy de Pologne.
Paris 1679. G. Quinet. 3 vol. in-12.

1547.—Histoire de l'empire Ottoman. Traduit de l'anglois de M. le Chevalier RICAUT. (Par P. BRIOT).
La Haye 1709. T. Johnson. 3 vol. in-12.

Cet ouvrage a été publié d'abord, et plus exactement, sous le titre de : Histoire des trois derniers Empereurs turcs, depuis 1623 jusqu'en 1677.

A la suite :

Tableau de l'empire ottoman, ou l'on trouve les mœurs et coûtumes des Turcs, leurs loix, leur religion, leurs differentes sectes, l'état de leurs forces par mer et par terre; et généralement tout ce qui concerne leur gouvernement, civil, militaire et ecclésiastique. Traduit de l'anglois du chevalier RICAUT. (Par P. BRIOT).
La Haye 1709. T. Johnson. in-12.

1548.—Relation des deux rebellions arrivées à Constantinople en MDCCXXX et XXXI, dans la déposition d'Achmet III, et l'élévation au trône de Mahomet V.
La Haye-Paris 1737. J. Clousier. 1 vol. in-8°.

** — Considérations sur la guerre actuelle des Turcs, par VOLNEY.
Voyez *OEuvres*. II.

d. — *Mélanges.*

** — Voyez les n.ᵒˢ 306, 315 et 1069.

1549.—De Turcarum moribus epitome, *Bartholomeo* GEORGIEVIZ PEREGRINO autore.
Parisiis 1658. H. de Marnef. 1 vol. in-32.

18.*

** — Turcici imperii status, seu discursus varii de rebus Turcarum. (A J. De Laet collecti).

Lugd.-Bat. 1630. Off. Elzeviriana. 1 vol. in-24. — N.° 651-34.

1550.—Aulæ Turcicæ, Othomannicique imperii, descriptio, quæ Turcarum palatina officia, mores: sectæ item Mahometicæ, imperiorumque ex ea prodeuntium status, luculenter enarrantur: primùm ab *Antonio* Geufræo gallicè edita: recens in latinam linguam conversa, per *Wilhelmum* Godelevaeum. His accesserunt belli Cyprii inter Venetos, et Zelymum Turcarum imp. novissimè gesti, libri III. Item bellum Pannonicum, contra D. Maximilianum II. Rom. imp. à Solymanno Turc. imp. motum. Unà cum epitome insigniorum, atque recentiorum Europæ historiarum, hinc inde gestarum, ab anno MDLXIIII usque in præsentem LXXIII deducta. Authore *Pet.* Bizaro.

Basileæ 1673. Henricpetri. 1 vol. in-8°.

1551.—Histoire generale de la religion des Turcs. Avec la naissance, la vie, et la mort de leur prophete Mahomet; et les actions des quatre premiers Caliphes qui l'ont suivy. Par le Sieur *Michel* Baudier.

Rouen 1612. Berthelin. 1 vol. in-8°.

1552.—Histoire generalle du serrail, et de la cour du grand seigneur empereur des Turcs. Où se void l'image de la grandeur otthomane, le tableau des passions humaines, et les exemples des inconstantes prosperitez de la cour. Ensemble l'histoire de la cour du Roy de la Chine. Par le S.ʳ *Michel* Baudier. 2.ᵉ édit.

Paris 1621. C. Cramoisy. 1 vol. in-4°.

1553.—Même ouvrage.

Paris 1633. Guignard. 1 vol. in-8.°

1554.—Nouvelle relation de l'intérieur du serrail du grand Seigneur, contenant plusieurs singularitez qui jusqu'icy n'ont point esté mises en lumiere. Par J. B. Tavernier.

Paris 1675. Clouzier. 1 vol. in-4°.

1555.—Même ouvrage.

Paris 1680. Clouzier. 1 vol. in-12.

1556.—Histoire de l'état present de l'empire Ottoman : contenant les maximes politiques des Turcs, les principaux points de la religion mahometane, ses sectes, ses heré- sies, et ses diverses sortes de religieux ; leur discipline militaire, avec une supputation exacte de leurs forces par mer et par terre et du revenu de l'Etat. Traduite de l'anglois de M. RICAUT. Par M. BRIOT. 2.ᵉ édit.

Paris 1670. S. Mabre Cramoisy. 1 vol. in-12. Fig.

1557.—L'etat present de l'empire Ottoman : où sont compris les mœurs, les maximes, et la politique des Turcs ; leurs manières de gouverner ; leur discipline militaire ; leur religion ; leurs mariages ; leurs forces par mer et par terre etc. De la traduction du Sieur BESPIER, sur l'ori- ginal anglois du Sieur RICAUT.

Rouen 1677. J. Lucas. 2 vol. in-12. Fig.

1558.—L'état présent de la Turquie. Où il est traité des vies, mœurs et coûtumes des Ottomans, et autres peuples de leur empire, divisé par 14 nations qui l'habitent, toutes opposées à la puissance qui les gouverne, et les unes aux autres ; sept desquelles sont infidelles, et sept chrétiennes. Par le S.ʳ *Michel* FEBVRE. C. M. A.

Paris 1675. Couterot. 1 vol. in-12.

1559.—L'état présent de la puissance Ottomane, avec les causes de son accroissement, et celles de sa décadence. Par le S.ʳ DU VIGNAU.

Paris 1687. Hortemels. 1 vol. in-12.

1560.—Memoires du Sieur DE LA CROIX. Contenans diverses re- lations tres-curieuses de l'empire Othoman.

Paris 1684. A. Cellier. 2 vol. in-12.

1561.—Tableau de l'empire Ottoman ; où l'on trouve tout ce qui concerne la religion, la milice, le gouvernement civil des Turcs, et les grandes charges de l'empire. (Par l'*Abbé* J. DE LAPORTE).

Francfort 1757. Bassompierre. 1 vol. in-12.

1562.—Même ouvrage, sous le titre: Almanach turc, ou Tableau. etc. Pour l'année 1761.
Paris 1761. Duchesne. 1 vol. in-12.

1563.—Observations sur la religion, les loix, le gouvernement et les mœurs des Turcs. Traduites de l'anglois, de M. PORTER (par M. BERGIER). Nouvelle édition considérablement augmentée de notes faites par un voyageur qui a fait un séjour en Turquie.
Neuchatel 1770. Soc. typograph. 2 vol. in-12.

1564.—Mémoires du Baron DE TOTT, sur les Turcs et les Tartares.
Amsterdam 1785. 4 parties en 1 vol. in-8°.

1565.—La Turquie, mœurs et usages des Orientaux au dix-neuvième siècle, scènes de la vie intérieure et publique, harem, bazars, cafés, bains, danses et musique, coutumes lévantines, etc. dessinées d'après nature par *Camille* ROGIER, avec une introduction par *Théophile* GAUTHIER et un texte descriptif.
Paris 1848. Sartorius. 1 vol. in-fol.

e. — *Moldavie.*

1566.—Histoire sommaire des choses plus memorables advenues aux derniers troubles de Moldavie. Où sont descrites plusieurs batailles gaignées tant par les princes Polonois, que par les Turcs et Tartares: ensemble l'evasion admirable du prince Correcky des tours noires du grand Turc, par l'invention et assistance d'un Parisien. Composée par M. I. B. A. en P. (I. BARRET avocat en Parlement) sur les memoires de *Charles de Joppecourt.*
Paris 1620. T. Du Bray. 1 vol. in-8°.

f. — *Iles de l'Archipel.*

1567.—Description exacte des isles de l'Archipel, et de quelques autres adjacentes; dont les principales sont Chypre, Rhodes, Candie, Samos, Chio, Negrepont, Lemnos,

Paros, Delos, Patmos, avec un grand nombre d'autres. Traduite du flamand d'O. DAPPER.

Amsterdam 1703. G. Chastelain. 1 vol. in-fol. Pl.

1568. — Histoire nouvelle des anciens ducs et autres souverains de l'Archipel : avec la description des principales isles, et des choses les plus remarquables qui s'y voient encore aujourd'hy. (Par le P. *Robert* SAULGER, revue et publiée par le P. TARILLON).

Paris 1699. J. Anisson. 1 vol. in-12.

** — Iles de la Grèce, par M. *Louis* LACROIX.

Paris 1853. F. Didot. 1 vol. in-8°. Pl. — Voyez *Univers pitt.* 652.

1569. — Description et histoire de l'isle de Scios, ou Chios. Par *Ierosme* JUSTINIAN.

S. l. n. n. 1506. 1 vol. in-4°.

1570. — Description de toute l'isle de Cypre, et des Roys, Princes et Seigneurs, tant payens que chrestiens, qui ont commandé en icelle : contenant l'histoire entiere de tout ce qui s'y est passé depuis le deluge universel, l'an 142 et du monde, 1798, jusques en l'an de l'incarnation et nativité de Iesus-Christ, mil cinq cens soixante et douze. Par le R. P. F. *Estienne* DE LUSIGNAN. Composée premierement en italien, et maintenant augmentée et traduite en françois.

Paris 1580. G. Chaudiére. 1 vol. in-4°.

1571. — Histoire contenant une sommaire description des genealogies, alliances et gestes de tous les princes et grans seigneurs, dont la pluspart estoient françois, qui ont iadis commandé aux royaumes de Hierusalem, Cypre, Armenie, et lieux circonvoisins. Composé par R. P. F. *Estienne* DE LUSIGNAN.

Paris 1579. Chaudiere. 1 vol. in-4°.

1572. — Histoire de la guerre de Chypre, ecrite en latin par *Antoine Marin* GRATIANI. Et traduite en françois par M. LE PELLETIER.

Paris 1685. Pralard. 1 vol. in-4°.

1573. — Histoire des rois de Chypre de la maison de Lusignan.

Et les différentes guerres qu'ils ont eu contre les Sarra-
zins et les Genois. Traduit de l'italien du Chev. *Henri*
GIBLET *Cypriot* (J. F. LOREDANO).
Paris 1732. Cailleau. 2 vol. in-12.

Suisse.

a. — *Géographie et Voyages.*

** — Josiæ SIMLERI Vallesiæ et Alpium descriptio.
Lugd.-Batav. 1633. Off. Elzeviriana. 1 vol. in-24. — N.º 651-35.

1574.—Etat et délices de la Suisse. Ou description historique et
géographique des treize cantons Suisses et de leurs alliées. Nouv. édit. (Tiré de A. RUCHAT, de P. STANYAN et
de divers mémoires, par ALTMANN).
Neuchatel 1778. S. Fauche. 1 vol. in-4º. Pl.

1575.—Les voyageurs en Suisse. Par M. DE LANTIER. Nouv. éd.
Paris 1817. A. Bertrand. 3 vol. in-8º. Port.

1576.—Lettres sur la Suisse, écrites en 1819, 1820 et 1821, par
M. *Raoul* ROCHETTE. 2.e édit.
Paris 1823. Nepveu. 2 vol. in-8º. Fig.

1577.—La Suisse pittoresques et ses environs. Tableau général,
descriptif, historique et statistique des 22 cantons, de la
Savoie, d'une partie du Piémont et du pays de Bade;
par *Alexandre* MARTIN.
Paris 1835. Souverain. 1 vol. in-8º. Pl.

1578.—Alpes pittoresques. Description de la Suisse par MM. le
M.ᶦˢ DE CHATEAUVIEUX, DUBOCHET, FRANSCINI, le Présid.
MONNARD, MEYER DE KNONAU, N. DE RUTTIMANN, SCHNELL
j.ⁿᵉ, STRAUMEIER, le C.ᵉˡ DE TSCHARNER, H. ZSCHOKKE etc.
Publiée sous la direction de M. le V.ᵗᵉ *Alcide* DE FORESTIER.
Paris 1837. Delloye. 2 vol. in-8º. Pl.

b. — *Histoire générale.*

1579.—*Ægidii* TSCHUDI *Claronensis*, de prisca ac vera Alpina
Rhætia, cum cætero Alpinarum gentium tractu, nobilis

ac erudita ex optimis quibusque ac probatissimis auto-
ribus descriptio.

Basileæ 1538. Mich. Isingrinius. 1 vol. in-4º.

1580.—*Josiæ* SIMLERI *Tigurini* de Helvetiorum republica, pagis,
fœderatis, stipendiariis oppidis, præfecturis, fœderibus
tum domesticis, eorumque origine ac legibus, tum externis, pagorumque singulorum privata Reipublicæ ratione, libri duo.

Parisiis 1577. J. Du Puys. 1 vol. in-8º.

1581.—La republique des Suisses, comprinse en deux livres,
contenans le gouvernement de Suisse, l'estat public des
treize Cantons, et de leurs Confederez, en general et en
particulier, leurs bailliages et juridictions, l'origine et
les conditions de toutes leurs alliances, leurs batailles,
victoires, conquestes, et autres gestes memorables, depuis l'empereur Raoul de Habspourg, jusqu'à Charles V.
Descrite en latin par *Josias* SIMLER, et nouvellement mise
en françois (par *Innocent* GENTILLET).

Paris 1579. Du Puys. 1 vol. in-8º.

1582.—*Francisci* GUILLIMANNI de rebus Helvetiorum, sive antiquitatum lib. V. Ex variis scriptis, tabulis, monumentis,
lapidibus, optimis plurium linguarum auctoribus.

Friburgi 1598. Wilhelm Mæss. 1 vol. in-4º.

** — Helvetiorum respublica. Diversorum autorum quorum nonnulli
nunc primùm in lucem prodeunt.

Lugd.-Batav. 1627. Off. Elzeviriana. 1 vol. in-24.—N.º 651-17.

** — F. SPRECHERI Rhetia, ubi ejus verus situs, politia, bella, fœdera, et
alia memorabilia accuratissimè describuntur.

Lugd.-Batav. 1633. Off. Elzeviriana. 1 vol. in-24.—N.º 651-32.

1583.—Histoire des Suisses ou Helvétiens, depuis les temps les
plus reculés, jusqu'à nos jours. Par P. H. MALLET.

Paris 1803. Bossange. 4 vol. in-8º.

** — Histoire et description de la Suisse et du Tyrol, par M. *Ph.* DE
GOLBÉRY.

Paris 1838. F. Didot. 1 vol. in-8º. Pl. — Voyez *Univers pitt.* **652.**

1584.—Résumé de l'histoire des Suisses, par *Philaréte* CHASLES.

Paris 1824. Lecointe et Durey. 1 vol. in-18.

1585.—Beautés de l'histoire de la Suisse, depuis l'époque de la confédération jusqu'à nos jours. Par M. le Ch. DE PROPIAC.
Paris 1825. Eymery. 1 vol. in-12. Fig.

c. — *Mélanges.*

1586.— Le Mercure Suisse. (Par *Frédéric* SPANHEIM le père).
Geneve 1634. Pierre Albert. 1 vol. in-8°.

1587.—Essai historique sur la destruction de la ligue et de la liberté Helvétique. Par J. MALLET DU PAN.
Londres 1798. Spilsbury. 1 vol. in-8°.

d. — *Histoire des Villes.*

1588.—Ristretto delle historie Genovesi di *Paolo* INTERIANO.
Lucca 1551. J. Busdrago. 1 vol. in-4°.

1589.—Histoire de Genève, par M. SPON. Rectifiée et considérablement augmentée par d'amples notes. Avec les actes et autres pièces servant de preuves à cette histoire.
Genève 1730. Fabri. 4 vol. in-12. Fig.

1590.—Chronologie historique des Comtes de Genèvois, contenant celle des Evêques-Princes, et les faits relatifs à la constitution politique et au gouvernement de la ville impériale de Genève, depuis son origine jusqu'à l'établissement de la Réformation en l'année 1535. Par M. LÉVRIER.
Orléans 1787. Couret de Villeneuve. 2 vol. in-8°.

1591.—Le citadin de Geneve. Ou response au cavalier de Savoye. (Par *Jean* SARRAZIN).
Paris 1606. Le Bret. 1 vol. in-8°.

Allemagne.

a. — *Géographie.*

1592.—L'Allemagne et toutes ses cartes. Atlas.
1 vol. in-fol. Contenant :
1.° Germaniæ veteris typus ab *Ab.* ORTELIO.—2.° Nova Germaniæ

descriptio. 1632. — 3.° Utriusque Alsatiæ superioris ac inferioris nova tabula. — 4.° Wirtenberg ducatus. Per G. Mercatorem. — 5.° Palatinatus ad Rhenum. — 6.° Archiepiscopatus Trevirensis descriptio nova. — 7.° Coloniensis archiepiscopatus.— 8.° De Hertochdommen Gulick Cleve Berghe en de Graeffchappen vander Marck en Rabensberg. 1610. — 9.° Juliacensis et Montensis ducatus. — 10.° Franconia vulgo Franckenlandt.—11.° Thuringia Landgraviatus ab H. Hondio.—12.° Hassia Landgraviatus ab H. Hondio.—13.° Nassovia comitatus. — 14.° Territorium Francofurtense.— 15.° Alpinæ seu fœderatæ Rhætiæ subditarumque ei terrarum nova descriptio. Auctoribus F. Sprechero et *Ph.* Cluverio. — 16.° Totius Sueviæ novissima tabula. — 17.° Bavariæ olim Vindeliciæ tabula, auctore *Ph.* Apiano. 1632. — 18.° Saltzburg archiepiscopatus cum ducatu Carinthiæ. — 19.° Forum Julium, Karstia, Carniola, Histria et Windorum marchia. Per G. Mercatorem.—20.° Stiria. Steyrmarck. —21.° Argentoratensis agri descriptio, ex tabula *Dan.* Spekel. — Palatinatus Bavariæ descriptio, *Erhardo* Reych auctore. — 22.° Austria archiducatus auctore W. Lazio. — 23.° Regni Bohemiæ descriptio. — 24.° Marchionatus Moraviæ auctore I. Comenio.— 25.° Saxonia superior ab H. Hondio.—26.° Brandeburgum marchionatus, cum ducatibus Pomeraniæ et Meklenburgi. — 27.° Ducatus Holsatiæ editus a N. J. Piscatore. 1630. — 28.° Ducatus Brunsvicensis fereque Lunæburgensis descriptio geographica *Cas.* Dauthendeii. — 29.° Episcopatus Hildesiensis descriptio novissima, authore J. Gigante. — 30.° Tabula Prussiæ per C. Henneberch. 1633. — 31.° Hungaria regnum. *Mariette.*— 32.° Novissima et emendata delineatio Ungariæ una cum adjacentibus et finitimis regionibus. Excidebat G. de Hollander. 1664.—33.° Territorium seculare episcopatus Monasterii Munster Germanis dicti, ubi una cum episcopatu Osnabr. simul integri comitatus Bentheim, Steinfurt, Teklenburg, Lingen, Diepholz, Gemen conspiciuntur. Ab J. B. Homanno. 1757. — 34.° Juliacensis ducatus. — 35.° S. R. I. Principatus Fuldensis in Buchonia cum adjacentibus quibusdam regionibus adumbrata a J. B. Homanno. — 36.° S. R. I. Comitatus Hanau proprie sic dictus, cum singulis suis præfecturis, ut et comitatus Solms, Budingen et Nidda cum reliqua Wetteravia et vicinis regionibus per *Fr.* Zollmannum. 1728. — 37.° Circuli Franconiæ pars orientalis et potior novissime delineata a J. B. Homanno.—38.° Landgraviatus Hessiæ inferioris nova tabula, in qua præcipuè ditiones Hasso-Casselenses et comitatus Waldeck cum insertis et vicinis aliorum statuum præfecturis exhibentur a J. B. Homanno.—39.° Principatus

et comitatus superioris Ysenburgensis, ac Hanoviensis, nova et accurata tabula, cum regionibus adjacentibus delineata à W. C. Buna.
— 40.º Regni Bohemiæ, duc. Silesiæ, Marchionatuum Moraviæ
et Lusatiæ tabula generalis à *Tob.* Majero deprompta et delineata.
1737. — 41.º Circulus Saxoniæ inferioris in omnes suos status et
principatus accurate divisus ex conatibus J. B. Homanni. — 42.º
Saxoniæ inferioris circulus juxta princip. et stat. suos accurate delineata cura et stilo *Matth.* Seutter.—43.º Fluviorum Rheni, Mosæ
ac Mosellæ novissima exhibitio quà sacri tres electoratus et archiepiscopatus Moguntinus, Coloniensis et Trevirensis, Palatinatus
Rheni, Alsatia et Lotharingia cum finitimis Belgii regii et Bata-
vorum provinciis ostenduntur à J. B. Homan; (sive) Theatrum belli
Rhenani.—44.º Circuli sup. Saxoniæ pars merid. sive ducatus, electoratus et principatus ducum Saxoniæ ex Zolmannianis et Zurnerianis
subsidiis designata et edita per Homannianos heredes. 1757.

Les cartes dont nous n'avons pas indiqué les auteurs, sont em-
pruntées aux Atlas de Blaeu et de Jansson.

1593.—Delineatio geographica generalis comprehendens vi foliis
singulos principatus, comitatus, ditiones, dynastias omnes
quotquot imperio serenissimi principis Langrafii Hasso-
Darmstadiensis subsunt, ex subsidiis *Christ.* Pronneri.
Gottingæ 1751. Homman. 6 f. coll. sur toile. Etui in-8º.

1594.—Cartes generales des royaumes et provinces de la Haute
et Basse Allemagne. Rev. corrig. augm. par le S.ʳ Tassin.
Paris 1633. Mart. Gobert. 1 vol. in-4º.

1595.—Théâtre général de la guerre en Europe, contenant l'Allemagne, la Franconie, le cercle d'Autriche, la Lorraine,
l'Alsace, la Souabe, la Bavière, la haute et basse Autriche, la Bohême, la Moravie, la Silésie, la Hongrie,
la Flandre, le Luxembourg, le duché de Bergue et Juliers, la Savoie, la Lombardie. Par G. Le Rouge.
Paris 1743. 1 vol. in-4º. Cart.

1596.—P. Bertii commentariorum rerum Germanicarum libri
tres. Primus est Germaniæ veteris. Secundus, Germaniæ
posterioris, à Karolo Magno ad nostra usque tempora,
cum Principum genealogiis. Tertius est præcipuarum Germaniæ urbium cum earum iconismis et descriptionibus.
Amstelodami 1616. Janssonius. 1 vol. in-4º.

1597. — Nouvelle description de l'Allemagne dans laquelle on voit la description de l'empire, provinces, pays, villes, rivières, etc.; leurs origines, leurs situations etc.

    Bruxelles 1724. De Wainne. 2 vol. in-8°.

---

b. — *Voyages.*

** — Iter Germanicum (anno 1683 à J. Mabillon et M. Germain confectum).   Vide *Veter. anal.,* tom. iv.

1598. — Voyage fait à Munster en Westphalie, et autres lieux voisins, en 1646 et 1647. Par M. Joly. Avec quelques lettres de M. Ogier.

    Paris 1670. P. Promé. 1 vol. in-12.

1599. — Memoires du Chevalier de Beaujeu, contenant ses divers voyages tant en Pologne, en Allemagne, qu'en Hongrie, avec des relations particulières des guerres et des affaires de ces Païs-là, depuis l'année 1679.

    Paris 1698. Barbin. 1 vol. in-12.

1600. — Voyage pittoresque en Autriche, par le Comte *Alexandre* de la Borde.

    Paris 1821-1822. P. Didot. 3 vol. in-fol.

    Le troisième volume a pour titre : Précis historique de la guerre entre la France et l'Autriche en 1809. — Il pourrait être considéré comme un ouvrage tout à fait distinct.

---

c. — *Mœurs et Institutions.*

** — C. Cornelii Taciti Germania. — Vide *Taciti* opera. N.º 918-936.

1601. — *Andreae* Althameri *Brenzii* Scholia in Corneliū Tacitū Rom. historicū de situ, moribus, populisque Germaniæ.

    Norimbergæ 1529. Peypus. 1 vol. in-4°.

1602. — *Beati* Rhenani *Selestadiensis* rerum Germanicarum libri tres. Adjecta est in calce epistola ad D. Philippū Puchaimerū, de locis Plinii per St. Aquæum attactis, ubi mendæ quædam eiusdem autoris emaculantur, antehac non à quoquam animadversæ.

    Basileæ 1531. Froben. 1 vol. in-fol.

1603.—*Beati* RHENANI *Selestadiensis* rerum Germanicarum libri tres, ab ipso autore diligenter revisi et emendati, addito memorabilium rerum indice. Quibus præmissa est vita Beati Rhenani, à *Joanne* STURMIO eleganter conscripta.

Basileæ 1551. Froben. 1 vol. in-fol.

1604.—*Philippi* CLUVERI Germaniæ antiquæ libri tres. Opus post omnium curas elaboratissimum, tabulis geographicis, et imaginibus, priscum Germanorum cultum moresque referentibus, exornatum. Adjectæ sunt Vindelicia et Noricum, ejusdem auctoris.

Lugd.-Batav. 1616. L. Elzevirius. 1 vol. in-fol. Pl.

** — Respublica et status imperii Romano-Germanici.

Lugd.-Bat. 1634-1640. Off. Elzeviriana. 2 vol. in-24. — N.º 651.

1605.—De Sacr. Rom. imp. septemviratu commentarius a *Christophoro* GEWOLDO an. MDCXVI editus : nunc recognitus ab eodem, et auctus.

Ingolstadii 1621. Eder. 1 vol. in-4º.

1606.—Tractatus de constitutione imperii Romano-Germanici, auctore *Jacobo* LAMPADIO J. C.

Lugd.-Batav. 1634. J. Maire. 1 vol. in-24.

1607.—Idem opus.

Lugd.-Bat. 1642. J. Maire. 1 vol. in-24.

1608.—*Nicolai* MYLERI de principibus et statibus imperii Rom. Germ. eorumvè præcipuis juribus succincta delineatio. Editio secunda et auctior.

Stuttgardiæ 1658. Typis Rosslini. 1 vol. in-12.

1609.—*Nicolai* MYLERI ab Ehrenbach de principibus et statibus imperii Rom-German. succincta tractio.

Stutgardiæ 1669. Typis Rosslinianis. 1 vol. in-8º.

1610.—L'estat de l'empire et des princes souverains d'Allemagne. Où l'on voit les rangs et dignitez des Electeurs, l'ordre qu'on tient à l'élection des Empereurs, les ceremonies de leur sacre etc. Ensemble un abregé de l'histoire d'Hongrie. Par le S.ᵣ *Louis* DU MAY.

Paris 1668. Loyson. 2 vol. in-12.

1611.—L'estat de l'empire d'Allemagne de Monzambane, traduit par le Sieur F. S. d'Alquié.
Amsterdam 1669. Schipper. 1 vol. in-16.

1612.—De l'Allemagne, par M.ᵉ la baronne de Stael Holstein.
Paris 1814. Nicolle. 3 vol. in-8°.

1613.— De translatione imperii Romani ad Germanos. Item de
Electione Episcoporum, quòd æquè ad plebem perti-
neat. *Matthia* Flaccio autore.—Accessit ejusdem argumenti liber *Lupoldi* Babembergensis de juribus imperii
et regni Rom.
Basileæ 1566. Perna. 1 vol. in-8°.

1614.— Essai critique sur l'établissement et la translation de
l'empire d'Occident, ou d'Allemagne. Les causes singulières pour lesquelles les François l'ont perdu. Par M.
l'*Abbé* Guyon.
Paris 1752. Desaint. 1 vol. in-8°.

1615.—Histoire de l'élection et couronnement du Roy des Romains. Réduite en forme de discours sur la Bulle dorée
de l'empereur Charles IIII. Tiré de l'italien du S. *Hier.*
Canini. Par I. Le Secq.
Paris 1613. I. de Sanlecques. 1 vol. in-8°.
La seconde partie a pour titre : Abregé de la bulle dorée de l'empereur Charles IIII. Avec la description des Cercles et des Estats de
l'Empire, de la chambre de Spire et des dietes, ausquelles inter-
viennent l'Eleu et les Electeurs, luy comme chef, et eux comme les
membres principaux.

1616.—Tractatus succinctus et exactus de electione regis sive
imperatoris Romanorum, ejusque requisitis, et solem-
nitatibus, ad aureæ bullæ Caroli IV Romani imperatoris
legem imperii fundamentalem, methodicè conscriptus ab
Augusto Vischero J. C.
Parisiis 1633. D. Moreau. 1 vol. in-4°.

1617.—Discours historique de l'election de l'empereur et des
electeurs de l'empire. Par le Resident de Brandebourg
(*Abraham* de Wicquefort).
Paris 1658. Aug. Courbé. 1 vol. in-4°.

1618.—Discours historique de l'élection de l'Empereur, et de l'origine des Electeurs de l'empire, avec la bulle d'or de Charles IV et la capitulation de Joseph I, empereur dernier mort. (Par *Ab.* DE WICQUEFORT).

S. l. n. n. 1711. 1 vol. in-8°.

---

d. — *Collections d'Historiens.*

1619.—Germanicarum rerum quatuor celebriores vetustioresque chronographi, earum descriptionem ab orbe condito usque ad tempora Henrici IIII imperatoris, patriæ imperiique vindicis et propugnatoris acerrimi, quasi continua successione deducentes. Quorum nomina sunt.—*Johannes* TURPINUS de vita Caroli Magni et Rolandi. — RHEGINO abbas *Prumiensis.* — SIGEBERTUS *Gemblacensis* ejusque continuator ROBERTUS DE MONTE.— LAMBERTUS *Schaffnaburgensis,* alias *Hirsfeldensis* dictus. (Cura S. SCHARDII).

Francofurti ad Mœnum 1566. G. Corvinus. 1 vol. in-fol.

1620.—Idem opus.

Lutetiæ 1566. Du Puys. 1 vol. in-fol.

1621.—Historicum opus in quatuor tomos divisum, Germanicarum non solum rerum, sed et universis historiæ ac antiquitatis studiosis, ut plurimum profuturum a viro quodam erudito (*Simone* SCHARDIO) magno labore et studio collectum.

Basileæ 1574. Henricpetri. 3 vol. in-fol.

1622.—Germaniæ historicorum illustrium, quorum plerique ab Henrico IIII imperatore usque ad annum Christi MCCCC, et ex iis quidem septem nunquam antea editi. Tomus unus *Christiani* URSTISII *Basiliensis* fide et studio editus.

Francofurti 1585. Hered. A. Wecheli. 2 en 1 vol. in-fol.

1623.—Germanicorum scriptorum, qui rerum à Germanis per multas ætates gestarum historias vel annales posteris reliquerunt, tomi duo. Ex bibliotheca *Joannis* PISTORII.

Francofurti 1583. Hæred. And. Wecheli. 2 vol. in-fol.

1624. — Rerum Germanicarum veteres jam primum publicati scriptores VI. In quibus præter reliquos, Wippo de Conradi Salici imp. vita et tres antiquitatum Fuldensium, diu desiderati libri, inveniuntur. Ex D. *Joannis* Pistorii bibliotheca eruti et vindicati.

Francofurti 1607. Marnius. 1 vol. in-fol.

1625. — Germanicarum rerum scriptores aliquot insignes, hactenus incogniti. Tomi tres nunc primum editi ex bibliotheca *Marquardi* Freheri.

Francofurti 1600-1611. Hered. Wecheli. 3 en 2 v. in-f.
A la suite :

Scriptores rerum Germanicarum septentrionalium, vicinorumque populorum diversi. Omnia ad fidem vett. codd. emendata et aucta : studio atque opera *Erp.* Lindenbrogi.

Francofurti 1609. Becker. in-fol.

1626. — Veterum scriptorum, qui Cæsarum et imperatorum Germanicorum res per aliquot secula gestas, literis mandarunt, tomus unus. Ex bibliotheca *Justi* Reuberi J. C.

Francofurti 1584. Hæred. And. Wecheli. 1 vol. in-fol.

1627. — Rerum Alamannicarum scriptores aliquot vetusti (et recentiores), à quibus Alamannorum qui nunc partim Suevis, partim Helvetiis cessere, historiæ tam sæculares quam ecclesiasticæ traditæ sunt. Tribus tomis divisi, cum glossis. Ex bibliotheca *Melch. Haiminsf.* Goldasti.

Francofurti 1661. Porssius. 3 en 1 vol. in-fol.

e. — *Histoire générale.*

1628. — Germanie ancienne et moderne ou tableau historique, géographique et statistique de l'Allemagne depuis les temps les plus reculés jusqu'à nos jours (1828). Dressé à l'instar du Cours du temps du profess. *Strass*, d'après les meilleures sources, par H. Somerhausen, et publié par N. Lamiraux.

Paris 1820. Ray. 1 feuille in-fol.

1629.—Abrégé de l'histoire des empereurs d'Occident depuis Charlemagne jusqu'à François Etienne de Lorraine à présent régnant. Enrichis de leurs portraits et de ceux des impératrices. Par Basset.

Paris (1715). Basset. 1 vol. in-fol.

1630.—Germaniæ exegeseos volumina duodecim à *Francisco* Irenico exarata. — Ejusdem oratio protreptica, in amorem Germaniæ, cum præsentis operis excusatione. — Urbis Norinbergæ descriptio, *Conrado* Celte enarratore.

Norinbergæ 1518. Joan. Kobergius. 1 vol. in-fol. Pl.

1631.—Quisquis es gloriæ Germanicæ et majorum studiosus, hoc utare ceu magistro libello. (Historiæ Germanorum à *Chaspare* Churrero editæ).

Tubingæ 1525. Morhardus. 1 vol. in-8°.

1632.—Germanorum res præclare olim gestæ. Itemque rerum aliarum fere memoratu dignissimarum perbrevis et admodum jucunda quædam annotatio, ab exordio mundi Lamberto *Schafnaburgensi* authore.

Tubingæ 1533. Morhardius. 1 vol. in-8°.

1633.—Germania topo-chrono-stemmato-graphica sacra et profana, in qua brevi compendio regnorum et provinciarum ejusdem amplitudo, situs et qualitas designantur. Opera et studio R. P. F. *Gabrielis* Bucelini

Augusta-Vindelicorum 1655. Prætorius. 1 vol. in-fol.

1634.—Histoire d'Allemagne par M. (J. Le Royer) de Prade.

Paris 1677. Seb. Cramoisy. 1 vol. in-4°.

1635.—Histoire de l'empire, contenant son origine; son progrès; ses révolutions; la forme de son gouvernement; sa politique; ses alliances; ses négotiations; et les nouveaux règlements faits par les traitez de Westphalie. Par le Sieur Heiss.

Paris 1684. Barbin. 2 vol. in-4°.

1636.—Instruction sur l'histoire des empereurs d'Occident, depuis Charlemagne, jusqu'à Léopold I aujourd'hui regnant.

Amsterdam 1698. P. Marret. 1 vol. in-16. Port.

1637.—Abrégé de l'histoire de l'empire, depuis l'an MCCLXXII, précédé d'un discours préliminaire sur l'état de l'empire, qui commence avec l'année 1255. Par M. l'*Abé* L. (LAMBERT).

Londres 1757. Aux dépens de l'Editeur. 1 vol. in-12.

1638.—Histoire générale d'Allemagne, par le P. BARRE.

Paris 1748. Delespine. 10 en 11 vol. in-4°. Fig.

** — Annales de l'empire, depuis Charlemagne, par VOLTAIRE.

Voyez *OEuvres de* VOLTAIRE, tom. XXV.

1639.—Histoire d'Allemagne, depuis les temps les plus reculés jusqu'à nos jours, d'après les sources, avec deux cartes ethnographiques; par J. C. PFISTER; traduite de l'allemand par M. PAQUIS.

Paris 1837-1838. Beauvais. 11 vol. in-8°.

1640.—Résumé de l'histoire de l'empire Germanique; par *Arnold* SCHEFFER.

Paris 1824. Lecointe et Durey. 1 vol. in-18.

** — Allemagne, par M. *Ph.* LE BAS.

Paris 1838. F. Didot. 2 vol. in-8°. Pl. — Voyez *Univers pitt.* 652.

** — Etats de la confédération germanique pour faire suite à l'histoire générale de l'Allemagne, par M. *Ph.* LE BAS.

Paris 1842. F. Didot. 1 vol. in-8°. Pl. — Voyez *Univers pitt.* 652.

1641.—Beautés de l'histoire de l'empire Germanique, ou époques et faits mémorables de l'histoire des royaumes d'Autriche, de Hongrie, de Bohême, de Prusse, de Bavière, de Saxe, de Wurtemberg, et autres états compris dans la confédération germanique, depuis la chute de l'empire romain jusqu'à nos jours; par M. G.

Paris 1817. Eymery. 2 vol. in-12. Fig.

1642.—Histoire de la décadence de l'empire après Charlemagne, et des differends des Empereurs avec les Papes au sujet des investitures, et de l'indépendance. Par le P. *Louis* MAIMBOURG.

Paris 1679. S. Mabre Cramoisy. 1 vol. in-4°.

1643.—Même ouvrage.

Paris 1680. S. Mabre Cramoisy. 2 vol. in-12.

f. — Histoire particulière de certaines époques.

1644.—Chronici Ditmari episc. Mersepurgii, libri VII nunc primùm in lucem editi. Accessere de vita et familia Ditmari,
tam paternæ quam maternæ stirpis, item de veteribus
Mysniæ marchionibus, usque ad Conradum, Timonis F.
ex historia Ditmari contextæ expositiones: Auctore *Rei-*
nero Reineccio.
    Francofurti ad Mœnum 1580. A. Wechelus. 1 vol. in-fol.
** — Historia de vita imp. Cæs. Henrici IIII Aug. et Hiltebrandi Pon-
    tificis Rom. cognomento Gregorii VI, circa ea tempora, quibus
    uterque vixit, scripta. (Auctore Cardinali Bennone. Editore *Reinero*
    Reineccio).
    Francofurti 1581. A. Wechelus. 1 vol. in-fol. — Voyez n.° 1092.

1645.—Histoire de Frideric second. Dédiée à la Reyne de la
Grand'Bretagne, par le Sieur.
    Paris 1689. P. De Launay. 1 vol. in-12.
** — Pour le règne de Charles-Quint voyez n.° 1447 à 1449.

1646.—*Petri* Winsemi historiarum ab excessu Caroli V Cæsaris;
sive rerum sub Philippo II per Frisiam gestarum libri
III et IV.
    Franekeræ 1733. Uld. Balck. 1 vol. in-4°.

1647.—*Lamberti* Hortensii Monfortii historici, de bello Germanico libri septem: in quibus, et brevitate et elegantia
singulari, non pauca, à Sleidano et aliis hujus historiæ
scriptoribus vel prætermissa, vel non paulo aliter com-
memorata hactenus, diligens lector inveniet.
    Basileæ 1560. 1 vol. in-4°.

1648.—Status particularis regiminis S.C.Majestatis Ferdinandi II.
    Lugd.-Batav. 1637. Off. Elzeviriana? 1 vol. in-24.

1649.—Acta publica inter invictissimos gloriosissimosque etc.
Matthiam, felicissimæ recordationis, et Ferdinandum II
Romanorum imperatores, atque Fredericum, ejus nominis
V. S. Rom. imp. electorem, aliosque ejusdem imperii or-
dinis, exterosque reges, ac principes atque respublicas,
ab initio Austrio-Bohemo-Germanicorum motuum, bel-

lorum, eorumdem caussarum, progressuum, et compo-
sitionum, tam in publicis comitiis quam privatis con-
ventibus super ardua statum ecclesiastico - politicum
concernentia negotia huc usque ventilata. Nunc primum
in unum corpus redacta. Curante *Mich. Gasp.* LUNDORPIO.
Mœno-Francfurti 1621. Weiss. 1 vol. in-4º.

1650.—Buquoy quadrimestre iter progressusque, quo favente
numine, ac auspice Ferdinando II Rom. imp. Austria
est conservata, Bohemia subjugata, Moravia acquisita,
eâdemque operâ Silesia solicitata, Hungariaque terre-
facta. Authore *Constantio* PEREGRINO.
Viennæ 1621, Gelbhaar. 1 vol. in-8º.

** — Geschichte des dressigjahrigen Krieges von SCHILLER. (Histoire de
la guerre de trente ans par SCHILLER).
Voyez *Schiller's* Werke, IX.

1651.—Florus Germanicus, sive *Everhardi* WASSENBERGII *Em-
bricensis*, commentariorum de bello, inter invictissimos
imperatores Ferdinandos II et III et eorum hostes, præsertim Fredericum Palatinum, Gabrielem Bethlenum, et
Daniæ, Sueciæ, Franciæ reges gesto, liber singularis, ad
ad annum 1641 absolutus et continuatus.
Hamburgi 1641. B. Balduinus. 1 vol. in-16.

1652.—Relation de la cour imperiale faite au Doge de Venise.
Par le Sieur SACREDO, apres son retour d'Allemagne à
Venise.
Paris 1670. Cottin. 1 vol. in-12.

1653.—Relation de ce qui s'est passé en Allemagne, entre les
armées de France et de l'Empire, es années 1675, 1676
et 1677.
Lyon 1677. Amaulry. 2 en 1 vol. in-12. Pl.

1654.—Illustrissimi principis DD. Guillelmi Egonis Landgravii
Furstembergii seren. archiep. electoris Coloniensis legati
violenta abductio, et injusta detentio. (Auctore *Michaele*
GOURDIN). Cum Wolfangici libelli censura.
Antuerpiæ 1674. Josset. 1 vol. in-12.

1655.—Detention de Guillaume prince de Furstenberg, necessaire pour maintenir l'authorité de l'empereur, la tranquillité de l'empire, et pour procurer une paix juste,
utile, et nécessaire. Traduit du latin (de *Ch.* Wolfang).
S. l. n. n. 1675. 1 vol. in-12.

1656.—Histoire de l'empereur Charles VI, et des révolutions
arrivées dans l'empire sous le règne des princes de l'auguste maison d'Autriche, depuis Rodolphe comte de
Habsbourg, jusqu'à présent. Par M. L. D. M. (Massuet).
Avec le différend survenu entre la reine de Hongrie et
le roi de Prusse, au sujet de la Silésie.
Amsterdam 1747. L'Honoré. 2 vol. in-12.

1657.—La vie du prince Eugène de Savoye, maréchal de camp général des armées de l'Empereur, en Italie. (Par Massuet).
La Haye 1703. Moetjens. 1 vol. in-12.

1658.—Histoire du prince François-Eugéne de Savoye, généra-
lissime des armées de l'Empereur et de l'Empire. (Par
El. Mauvillon).
Vienne 1741. Briffaut. 5 vol. in-12. Port. Cart.

1659.—Histoire militaire du prince Eugène de Savoye, du prince
et duc de Malborough, et du prince de Nassau-Frise. Où
l'on trouve un détail des principales actions de la dernière guerre, et des batailles et sièges commandez par ces
trois généraux. Par M. Dumont, augmentée d'un suppli-
ment (sic), par M. Rousset.
La Haye 1729. Van der Kloot. 2 vol. in-fol.

1660.—Informazione di *Luigi Ferdinando* Marsilii sopra quanto
gli e accaduto nell' affare della resa di Brisacco. (1705).
S. l. n. n. n. d. 1 vol. in-4°. Cartes.

1661.—Théâtre de la guerre en Allemagne, contenant toutes les
opérations militaires des campagnes de 1753, 54 et 55,
les plans des sièges et des camps. Par le S.^r Le Rouge.
Paris 1742. Le Rouge. 1 vol. in-4.° oblong.

** — Histoire de la guerre de sept ans par Frédéric II.
Voyez *OEuvres.* T. iii-iv.

** — Mémoires depuis la paix de Hubertsbourg 1763, jusqu'à la fin du partage de la Pologne en 1775. Par *le même.*   *Ibid.* **T. v.**

1662.—Annales du règne de Marie-Thérèse, impératrice douairière, reine de Hongrie et de Bohême, archiduchesse d'Autriche, etc. Par M. FROMAGEOT.

> **Paris 1775. Tutot. 1 vol. in-12.**

1663.—Lettre historique à Madame la Comtesse de *** sur la mort de Sa Majesté l'Impératrice Reine de Hongrie. (Par *L. Ant.* DE CARACCIOLI).

> **Paris 1781. V.ᵉ Desaint. 1 vol. in-8°.**

1664.—*Hermanni* CONRINGII de pace civili inter imperii ordines religione dissidentes perpetuo conservanda libri duo. Quorum posteriore jura et pax Imperii ab Innocentii X Papæ criminationibus vindicantur. 2.ᵃ edit.

> **Helmestadii 1577. Muller. 1 vol. in-4°.**

** — LEIBNITII opera historica. — Vide Opera. Tom. IV.

1665.—Recueil de pièces.

> **1 vol. in-8°. Contenant:**

1. — Articles de la paix d'Hongrie, convenus et accordez entre l'archiduc Matthias, de la part de l'Empereur, et les depûtez du seigneur Botz-Kai, et les autres seigneurs d'Hongrie. Ensemble les articles et les conditions de la trefve faicte avec l'Empereur et les Turcs. Le tout traduict d'alleman en françois.
> **Paris 1607. Jouxte la coppie imprimée à Roüan.**

2. — Advis d'Allemaigne, Boheme, et Hongrie, par lettres du 24 oct. 1619.
> **Imprimé l'an de grace 1619.**

3. — Apologie de l'Empereur, contenant l'histoire de la rebellion des Bohemes. Et tout le subiect de la guerre d'Allemaigne.
> **Paris 1620. S. Moreau.**

4. — Manifeste de l'empereur Ferdinand, envoyé aux Princes de la Chrestienté, touchant la guerre de Boëme.
> **Paris 1620. Fleury Bourriquant.**

5. — Declaration de l'Empereur Ferdinand II, par laquelle l'Electeur Palatin est sõmé de poser les armes, quitter et abandonner le royaume de Boheme, et les provinces incorporées, dans un mois pour tous delais du iour et datte des presentes: sur peine d'encourir la rigueur des loix et ordonnances du sainct empire. Traduict d'alleman en françois.
> **Paris 1620. A. Vitré.**

6. — Articles de l'accord faict et passé entre les Princes et Estats unis, tant Catholiques, qu'Evangelistes à Ulm, le III juillet 1620, style nouveau. Traduict d'allemand en françois.

Paris 1620. A. Vitré.

7. — Les articles accordez aux catholiques Grisons: par ceux de la religion pretendue. En faveur de l'Empereur et Sa Majesté catholique.

Paris 1620. Jouxte la coppie imprimée à Milan.

8. — La grande et memorable victoire obtenue sur le princè Palatin, par les duc de Baviere et comte de Bucquoy lieutenant de l'Empereur dans le champ de bataille. La prise du jeune prince d'Anhalt, d'où s'est ensuivie la reduction de la ville de Prague, en l'obeyssance de Sa Majesté Imperialle, le nombre des morts. Aussi tout ce qui s'est fait par le marquis de Spinola au palatinat du Rhin en ce present mois de novembre.

Paris 1620. P. Rocollet.

9. — Traitté de la paix faite en Allemagne et Hongrie. Par l'entremise de Sa Majesté tres-chrestienne. La réduction de la ville de Pilsen, et de tous les princes protestans en l'obeissance de l'Empereur.

Paris 1621. N. Alexandre.

10. — Les estranges changemens, faicts en Allemaigne contre les ennemis de l'Empereur. Par commandement de Sa Majesté Imperialle, avec plusieurs autres nouvelles.

Paris 1620. P. Rocollet.

11. — Relation veritable du combat entre le roi de Suede, et le duc de Friedlant, general de l'armée de l'Empereur à Altemberg, en Franconie, entre les villes de Nuremberg, et de Winsheim, le 3 septembre l'an 1632.

Paris 1632. J. Martin.

12. — Ad nobilis cuiusdam Germani litteras, super Germanorum auxiliaribus copiis nuper fusis et cæsis, clarissimi viri responsio.

Parisiis 1588. G. Bichonius.

13. — Turbatus imperii Romani status, eiusque origo et causa. Hoc est. Informatio circa præsentes imperii discordias, earumque Authores.

1614. Juxta exemplar Gallicum Biturig. editum. 1 vol. in-8°.

g. — Autriche.

1666. — Austria Joannis Cuspiniani cum omnibus ejusdem marchionibus, ducibus, archiducibus, ac rebus præclarè ad hæc usque tempora ab iisdem gestis. — Ejusdem J. Cus-

PINIANI oratio protreptica ad S. Ro. Imperii principes et proceres, ut bellum suscipiant contra Turcum.—Accessit chronicon magistri ALBERTI *Argentinensis*, incipiens à Rudolpho primo Habspurgensi, usque ad sua tempora. Cum *Gasparis* BRUSCHII præfatione, quæ carmine elegiaco scripta, encomion eiusdem Austriæ continet.

Basileæ 1553. Oporinus. 1 vol. in-fol.

1667.—*Francisci* GUILLIMANNI Habsburgiaca, sive de antiqua, et vera origine domus Austriæ, vita et rebus gestis comitum Vindonissensium sive Altenburgiensium in primis Habsburgiorum libri septem.

Mediolani 1605. Pandulphi. 1 vol. in-4º.

1668.—Histoire généalogique des maisons souveraines de l'Europe, depuis leur origine jusqu'à présent. (Maison d'Autriche). Par M. V.*** (VITON DE SAINT-ALAIS).

Paris 1811-1812. P. Didot. 2 vol. in-8º.

1669.—L'histoire et la politique de l'auguste maison d'Austriche. Où se voit ses établissemens sur les trônes de l'empire de Boheme et d'Hongrie etc. Par le S.ʳ DU BOSC DE MONTANDRÉ.

Paris 1663. Loyson. 1 vol. in-4º.

1670.—La politique de la maison d'Autriche. Par M. VARILLAS.

La Haye 1689. De Hondt. 1 vol. in-12.

1671.—Solemnia electionis et inaugurationis Leopoldi Romanor: imperatoris augusti, etc. seu descriptio et repræsentatio eorum omnium, quæ anno 1658 ante, in et post electionem regio-imperatoriam apud Mœno-Francofurtanos spectatu, notatu atque relatu digna evenerunt. (En françois et en latin).

Francofurti ad Mœnum 1660. C. Merianus. 1 vol. in-fol.

A l'exception de trois, deux portraits d'électeurs et l'aigle, toutes les planches, qui sont gravées par Gaspar de Merian, manquent.

1672.—*Joannis* LUCII de regno Dalmatiæ et Croatiæ libri sex.

Amstelodami 1668. Joa. Blaeu. 1 vol. in-fol. Cart.

1673.—Annali, overo chroniche di Trento, cioè historie contenenti le prodezze de Duci Trentini. L'origine della città

di Trento. La venuta in Italia de' Francesi Senoni. Il nome, et il passaggio delle Alpi. Gli confini dell' Italia. Le vite de vescovi di Trento, et in ispeciale l'heroiche attioni, le segnalate virtù, l'amore incomparabile verso la patria, gli accrescimenti, fatti à prò di quella del Cardinale Bernardo Clesio. Composte da *Giano Pirro* Pincio.
Trento 1648. C. Zanetti. 1 vol. in-fol.

h. — *Baviére.*

1674.—*Marci* Velseri rerum Boicarum libri quinque. Historiam à gentis origine, ad Carolum M. complexi.
Augustæ-Vindelicorum 1602. 1 vol. in-4°.

1675.—*Jo.* Aventini annalium Boiorum libri VII. Ex autenticis manuscriptis codicibus per *Nic.* Cisnerum recogniti.
Basileæ 1615. Lud. Rex. 1 vol. in-fol.

1676.—Histoire de Bavière. Par le S.ʳ Blanc.
Paris 1680. Osmont. 4 vol. in-12.

i. — *Souabe.*

1677.—Annales Suevici, sive chronica rerum gestarum antiquissimæ et inclytæ Suevicæ gentis quibus quicquid fere de ea haberi potuit, ex latinis et græcis, aliarumque linguarum auctoribus, scriptisque plurimis non editis, comprehenditur, adjunctis interim cæteræ quoque Germaniæ, Orientis et Occidentis ac vicinarum provinciarum ad nostra usque tempora, memorabilibus rebus ac scitu dignis. Auctore *Martino* Crusio.
Francoforti 1595-1596. Bassæus. 2 vol. in-fol.

1678.—La pure vérité. Lettres et mémoires sur le duc et le duché de Virtemberg. Pour servir à fixer l'opinion publique sur le procès entre le prince et ses sujets. Par M.ᵉ la Bar.ⁿᵉ Douairière de W (Maubert de Gouvest).
Ausbourg 1765. 1 vol. in-12.

j. — *Cercles du Rhin.*

1679.—Mémoire sur les établissements romains du Rhin et du Danube, principalement dans le sud-ouest de l'Allemagne, par *Maximilien* DE RING.
Paris 1852-1853. Leleux. 2 vol. in-8⁰. Carte.

1680.—Fuldensium antiquitatum libri IIII. Auctore R. P. *Christophoro* BROWERO.
Antuerpiæ 1612. Moretus. 1 vol. in-fol.

1681.—Moguntiacarum rerum ab initio usque ad reverendissimum et illustrissimum hodiernum archiepiscopum, ac Electorem, dominum D. Joannem Schwichardum, libri quinque. Auctore *Nicolao* SERARIO.
Moguntiæ 1604. Lippius. 1 vol. in-4⁰.

1682.—Notices sur les anciens Trévirois ; suivies de recherches sur les chemins romains qui ont traversé le pays des Trévirois. Par J. B. M. HETZRODT.
Trèves 1809. Hetzrodt. 1 vol. in-8⁰.

1683.—Annales sive commentarii de origine et statu antiquissimæ civitatis Augustæ Treverorum. Authore *Wilhelmo* KYRIANDRO.
Biponti 1603. G. Wittelius. 1 vol. in-fol.

1684.—Antiquitatum et annalium Trevirensium libri XXV duobus tomis comprehensi, auctoribus RR. PP. *Christophoro* BROWERO et P. *Jacobo* MASENIO.
Leodii 1671. Hovius. 2 vol. in-fol.

1685.—Defensio abbatiæ imperialis S. Maximini per *Nicolaum* ZYLLESIUM ejusdem abbatiæ præfectum qua respondetur libello contra præfatam abbatiam ab authore Anonymo, anno MDCXXXIII Treviris edito.
(Treveris) 1638. 1 vol. in-fol.

1686.—Belli Coloniensis libri quinque. Hoc est, rerum inter Gebhardum Truchsesium, quondam Archiepiscopum Coloniensem, et illustriss. Bavariæ Ducem Ernestum, illius successorem, usque ad obsessam ab illustrissimo principe

Parmensi Berkam, gestarum, narratio. Primùm fideliter à *Michaele* AB ISSELT quatuor libris conscripta: nunc aucta, et quinto libro ex aliis eiusdem auctoris scriptis locupletata.
Coloniæ 1586. G. Kempensis. 1 vol. in-8°.

1687.—*Petri* à BEECK Aquisgranum sive historica narratio, de regiæ S. R. I. et coronationis Regum Rom. sedis Aquensis civitatis origine ac progressu.
Aquisgrani 1620. Kulting. 1 vol. in-4°.

1688.—Histoire de la succession aux duchez de Clèves, Berg et Juliers, au comtez de La Mark et de Ravensberg, et des seigneuries de Ravestein et de Winnendal. Tirée des preuves authentiques produites par les hauts concur-rens. Par M. ROUSSET.
Amsterdam 1738. Wetstein et Smith. 2 vol. in-12.

1689.—La vie et les actions memorables de Christofle Bernard, Van Galen, evéque de Munster. Nouv. édit. Par M. LE LORRAIN (DE VALLEMONT), prétre.
Rouen-Paris 1681. De Laulne. 1 vol. in-12.

k. — *Saxe.*

1690.—Primi et antiquissimi historiæ Saxonicæ scriptoris WITI-CHINDI *Monachi Corbeiensis* annalium libri tres, emenda-tius et auctius quàm antea editi. Opera et studio *Henrici* MEIBOMII *Lemgoviensis.*
Francofurti 1621. D. et D. Aubrii. 1 v. in-fol. N.° 1644.

1691.—*Alberti* KRANTZII rerum Germanicarum historici claris. Saxonia. De Saxonicæ gentis vetusta origine, longinquis expeditionibus susceptis, et bellis domi pro libertate diu fortiterque gestis. Cum præfatione D. *Nic.* CISNERI.
Francofurti 1621. D. et D. Aubrii. 1 vol. in-fol.
A la suite :
A. KRANTZII Wandalia. De Wandalorum vera origine, variis gentibus, crebris è patria migrationibus, regnis item, quorum vel autores vel eversores fuerunt.
Hanoviæ 1619. D. et D. Aubrii. 1 vol. in-fol.

1692.—Chronica Slavorum, seu annales HELMOLDI; hisque subjectum derelictorum supplementum ARNOLDI abbatis Lubecensis : opera et studio *Reineri* REINECCII. Accessit item historia de vita Henrici IIII et Hiltebrandi Pont. Rom. cognomento Gregorii VII.

> **Francofurti 1581. And. Wechelus. 1 vol. in-fol.**

1693.—Il regno de gli Slavi hoggi corrottamente detti Schiavoni. Historia di Don *Mauro* ORBINI *Ravseo* abbate Melitense. Nella quale si vede l'origine quasi di tutti popoli, che furono della lingua Slava, etc.

> **Pesaro 1681. Girolamo Concordia. 1 vol. in-fol.**

I. — *Bohême.*

** — Respublica Bohemiæ à *Paulo* STRANSKII descripta.
> **Lugd.-Batav. 1634. Off. Elzeviriana. 1 vol. in-24. — N.º 651-5.**

1694.—Rerum Bohemicarum antiqui scriptores aliquot insignes, partim hactenus incogniti, qui gentis originem et progressum, variasque regni vices, et regum aliquorum vitam resque gestas peculiariter, Hussitarum denique sectæ historiam et professionem litteris tradiderunt. Ex bibliotheca *Maquardi* FREHERI. Accedunt seorsim *Joh.* DUBRAVII historiæ Bohemicæ commentarii.

> **Hanoviæ. 1602. Cl. Marnius. 1 vol. in-fol.**

1695.—De rebus Bohemicis liber singularis, in quo series regum Bohemiæ, archiepiscoporum Pragensium, episcoporum Olomucensium et Vratislaviensium, aliaque eò facientia continentur: belli insuper Bohemici origo, successus et finis breviter describitur. *Aubertus* MIRÆUS publicabat.

> **Lugduni 1621. Landry. 1 vol. in-12.**

1696.—De bello Bohemico Ferdinandi II Cæsaris auspiciis feliciter gesto commentarius, ex quo seditiosissimum Calvinianæ sectæ genium, et præsentem Europæ statum licet agnoscere. *Auberto* MIRÆO *Brux.* auctore.

> **Coloniæ 1622. Krafft. 1 vol. in-8°.**

1697.—Histoire de la dernière guerre de Bohême. (Par Mauvillon).
Amsterdam 1750. La Compagnie. 4 vol. in-12.

m. — *Hongrie et Transylvanie.*

** — Respublica et status regni Hungariæ.
Lugd.-Batav. 1634. Off. Elzeviriana. 1 vol. in-24. — N.° 651-19.

1698.—Rerum Hungaricarum scriptores varii, historici, geogra-
phici. Ex veteribus plerique, sed iam fugientibus editionibus revocati : quidam nunc primùm editi.
Francofurti 1600. Hered. And. Wecheli. 1 vol. in-fol.

1699.—*Antonii* Bonfinii rerum Ungaricarum decades quatuor,
cum dimidia. Quarum tres priores, ante annos xx, *Martini* Brenneri *Bistriciensis* industria editæ, jamque diversorum aliquot codicum mss. collatione emendatiores.
Quarta vero decas, cum quinta dimidia, nunquam antea
excusæ, *Joan.* Sambuci opera ac studio proferuntur.
Basileæ 1568. Oporinus. 1 vol. in-fol.

1700.—*Antonii* Bonfinii rerum Ungaricarum decades quatuor
cum dimidià. His accessere *Joan.* Sambuci aliquot appendices, et alia : una cum priscorum regum Ungariæ decretis, seu constitutionibus. Tertium omnia recognita,
emendata et aucta per *Joan.* Sambucum.
Hanoviæ 1606. Typis Wechelianis. 1 vol. in-fol.

1701.—*Nicolai* Isthuanfi *Pannoni* historiarum de rebus Unga-
garicis libri XXXIV. Nunc primùm in lucem editi.
Coloniæ-Agrip. 1622. Ant. Hieratus. 1 vol. in-fol.

1702.—Histoire des troubles de Hongrie (par Vanel).
Paris 1685-1688. V. Blageart et Guerout. 6 vol. in-12.

1703.—Histoire du ministère du cardinal Martinusius, archevêque de Strigonie, primat et régent du royaume de
Hongrie ; où l'on voit l'origine des guerres de ce royaume,
et de celles de Transilvanie. (Par A. Bechet).
Paris 1715. Nyon. 1 vol. in-12.

1704.—Histoire d'Emeric, comte de Tekeli, ou mémoires pour

servir à sa vie. Où l'on voit ce qui s'est passé de plus considérable en Hongrie depuis sa naissance jusques à présent. (Par *Jean* Le Clerc).

Cologne 1693. Jaques de la Verité. 1 vol. in-12.

1705.—Histoire des révolutions de Hongrie, où l'on donne une idée juste de son légitime gouvernement. (Par l'*Abbé* Brenner. Publiée par P. Marchand). Avec les mémoires du prince François Rakoczy sur la guerre de Hongrie, depuis 1703, jusqu'à sa fin. Et ceux du comte Betlem Niklos sur les affaires de Transilvanie. (Rédigés par l'*Abbé* Reverend, terminés et publiés par P. F. Coq de Villeray).

La Haye 1739. Neaulme. 2 vol. in-4°. Port.

1706.—Même ouvrage.

La Haye 1739. Neaulme. 6 vol. in-12. Pl.

1707.—Manifeste du prince Rakoczy, avec sa lettre à l'Empereur, la publication de l'interrègne, et le manifeste du comte Tekely.

Basle 1708. 1 vol. in-8°.

1708.—Testament politique et moral du prince Rakoczi.

La Haye 1751. Scheurleer. 2 en 1 vol. in-12.

1709.—Origines et occasus Transsylvanorum; seu erutæ nationes Transsylvaniæ, earumque ultimi temporis revolutiones, historicâ narratione breviter comprehensæ. Authore *Laurentio* Toppeltino de Medgyes.

Lugduni 1667. Boissat. 1 vol. in-12.

n. — *Villes Anséatiques.*

** — *Joh. Angelii* Verdenhagen de rebuspublicis Hanseaticis tractatus generalis.

Lugd.-Batav. 1631. Joh. Maire. 4 vol. in-24. — N.° 651-19.

** — Villes Anséatiques par M. Roux de Rochelle.

Paris 1844. Didot fr. 1 vol. in-8°. Pl. — Voyez *Univers pitt.* 652-11.

o. — *Prusse.*

1710.—Origines illustriss. stirpis Brandeburgicæ, seu historiæ expositiones geminæ de nobiliss. et antiquiss. Welforum prosopia : e germanica lingua in latinam conversæ. — Item commentarius de Marchionum et Electorum Brandeburg. et Burggrafiorum Noribergensium etc. familia, certa et evidenti generis enucleatione per conditores comites Zollerenses è Welforum progenie deducta. Auctore *Reinero* REINECCIO *Steinhemio.*

Francofurti 1581. A. Wechelus. 1 vol. in-fol.

1711.—Abregé de l'histoire de la maison serenissime et électorale de Brandebourg. Ecrite par *Grégoire* LETI en italien, et traduit en françois suivant l'extrait, et par les soins de l'Auteur. Avec les portraits des princes, et princesses, ministres d'état, officiers, dames, et cours serenissimes de Brandebourg, Brunsvic, Hesse, Meckelbourg et Nassau.

Amsterdam 1687. Roger. 1 vol. in-12.

1712.—Mémoires pour servir à l'histoire de Brandebourg, avec quelques autres pièces intéressantes. (Par FRÉDÉRIC II).

(La Haye) 1751. (Neaulme). 2 vol. in-8°.

1713.—Beautés de l'histoire de Prusse, ou précis des annales de ce peuple, et des diverses contrées qui forment la monarchie prussienne; rédigé par P. I. B. NOUGARET.

Paris 1821. Brunot-Labbe. 1 vol. in-12. Fig.

1714.—Histoire de la vie et du règne de Fréderic-Guillaume, roi de Prusse, électeur de Brandebourg, etc. (Par BRUZEN DE LA MARTINIÈRE).

La Haye 1741. Ad. Moetjens. 2 vol. in-12. Port.

1715.—Histoire de Frédéric-le-Grand, par M. *Camille* PAGANEL.

Paris 1847. Hachette. 2 vol. in-8°. Port.

1716.—Mémoires pour servir à l'histoire de Frédéric le Grand; avec les pièces justificatives des faits qui y sont rapportés. Enrichis du portrait du roi; et des plans de batailles etc. (Par SEIGNEUX DE CORREVON).

Amsterdam-Lausanne 1740. F. Grasset. 2 vol. in-8°.

1717.—Instruction secrette dérobée à Sa Majesté le roi de Prusse, contenant les ordres secrets expédiés aux officiers de son armée, particulièrement à ceux de la cavallerie, pour se

conduire dans la circonstance présente. Traduite de l'o-
riginal allemand (de Frédéric II) par le Prince de Ligne.
Westphalie, l'an de la guerre 1779. 1 vol. in-8°.

1718.— De la monarchie prussienne, sous Frédéric le Grand ;
avec un Appendice contenant des recherches sur la situation actuelle des principales contrées de l'Allemagne.
Par le Comte de Mirabeau.
Londres 1788. 4 vol. in-4.° et Atlas in-fol.

** — Histoire secrète de la cour de Berlin, ou Correspondance d'un voyageur français. Par le C.te de Mirabeau.   Voyez OEuvres. viii.

1719.—Fréderic le Grand.
S. l. n. n. n. d. 1 vol. in-8°.

1720.— Sur Frédéric le Grand, et mes entretiens avec lui peu
de jours avant sa mort. Traduit de l'allemand de M. le
chevalier Zimmermann (par J.B. Mercier ou Hollerbach).
Lausanne 1790. La Combe. 1 vol. in-8°.

1721.—Mes souvenirs de vingt ans de séjour à Berlin ; ou Frédéric le Grand, sa famille, sa cour, son gouvernement,
son académie, ses écoles, et ses amis littérateurs et phi-
losophes ; par *Dieudonné* Thiébault. 5.° édit. revue par
A. H. Dampmartin.
Paris 1813. Ar. Bertrand. 4 vol. in-8°. Port.

1722.—Histoire politique, administrative, civile et militaire de
de la Prusse, depuis la fin du règne de Frédéric-le-
Grand jusqu'au traité de Paris de 1815. (Traduit de l'allemand du prof. Manso par M. Bulos).
Paris 1828. Bossange. 3 vol. in-8°.

Pays - Bas.

a. — *Géographie et Voyages.*

1723.—Description de tout le Païs-Bas, autrement dict la Germanie inferieure, ou Basse-Allemagne. Par Messire *Lo-*
dovico Guicciardini. Avec diverses cartes geographiques

20.

dudit païs. Aussi le pourtraict d'aucunes villes principales selon leur vray naturel, etc.

Anvers 1567. G. Sylvius. 1 vol. in-fol. Pl.

1724.—Description de touts les Pays-Bas, autrement appellez
la Germanie inferieure, ou Basse Allemagne; par Messire
Loys GUICCIARDIN. (Traduite par F. DE BELLEFOREST).

Amsterdam 1609. Cornille Nicolas. 1 vol. in-fol. Pl.

1725.—Belgicæ, sive inferioris Germaniæ descriptio: auctore
Ludovico GUICCIARDINO.—Editio postrema, additamentis
novis et statu politico regionum et urbium aucta. (*Reg.*
VITELLIO interprete).

Amstelædami 1660. Meursius. 4 en 2 vol. in-16.

1726.—*Petri* KÆRII Germania inferior id est, XVII provinciarum ejus novæ et exactæ tabulæ geographicæ, cum lu-
culentis singularum descriptionibus additis à P. MONTANO.

Amstelodami 1617. Pet. Kærius. 1 vol. in-fol.

1727.—Germaniæ inferioris variæ tabulæ.

1 vol. in-fol. Contenant :

1.º Belgii veteris typus ex conatibus A. ORTELII. — 2.º Inferior
Germania. — 3.º Brabantia ducatus. Machliniæ urbis dominium. —
4.º Limburgensis ducatus nova descriptio auctore *Ægidio* MARTINI.
1616. — 5.º Lutzenburgensis ducatus veriss. descript. *Jac.* SURHONIO
auct. 1617.— 6.º Geldria et Transysulana. — 7.º Comitatus Zut-
phania.— 8.º Celeberrimi Flandriæ comitatus typus. — 9.º Flandria.
— 10.º Artesiæ descriptio *Joh.* SURHONIO auct. — 11.º Nobilis Hannoniæ comitatus descriptio auct. *Jac.* SURHONIO. — 12.º Hollandiæ
comitatus. — 13.º Agri Zypani nova descriptio à P. KÆRIO. — 14.º
Agri Biemstrani descriptio à P. KÆRIO. — 15.º Zelandia comitatus
per *Ger.* MERCATOREM.—16.º Namurcum comitatus. J. SURHON descript. — 17.º Marchionatus sacri romani imperii. (Antuerpia).—
18.º Mechlinia.— 19.º Frisia occidentalis. Per *Ger.* MERCATOREM.—
20.º Ditio Transisulana.— 21.º Groninga dominium. — 22.º Emden
et Olden borch comit. Per *Ger.* MERCATOREM. — 23.º Murs comitatus. Per *Ger.* MERCATOREM. — 24.º Westfalia cum diœcesi Bre-
mensi. Per *Ger.* MERCATOREM.—25.º Berghe ducatus, Marck comitatus et Coloniensis diœcesis. Per *Ger.* MERCATOREM.—26.º Leodiensis
diœcesis typus. — 27.º Palatinatus Rheni. Per *Ger.* MERCATOREM.

Cet Atlas est en partie formé des cartes de l'ouvrage de KÆRIUS.

1728.—Description generalle de tous les Pays-Bas. Assavoir : Artois, Brabant, Flandre, Haynaut, Luxembourg, Liege, Gueldres, Over-Issel, Frise, Hollande, Utrecht, Zelande. Extraitte de GUICHARDIN et autres autheurs. Par ROHAULT.

    Rouen 1647. Besongne. 1 vol. in-12.

1729.—Nouvelle description des Pays-Bas, et de toutes les villes des dix-sept provinces, leurs scituations, fortifications, rivieres, escluses, et autres choses rares et curieuses. Avec l'estat present de chaque place de Flandre.

    Paris 1667. J. Cochart. 1 vol. in-12.

    C'est l'ouvrage précédent revu et avec un titre différent.

1730.—La guide universelle de tous les Pays-Bas, ou les dix-sept provinces. Où il est traité de tout ce qu'il y a de plus beau, de plus rare et de curieux, des fortifications, mœurs, et coûtumes, avec une description de la ville de Paris. Par le R. P. BOUSSINGAULT. 3.ᵉ édit.

    Paris 1672. Clouzier. 1 vol. in-12.

1731.—Histoire générale des Païs-Bas, contenant la description des XVII provinces. Edition nouvelle, divisée en IV vo-volumes, augmentée de plusieurs remarques curieuses, de nouvelles figures, et des évènements les plus remar-quables jusqu'à l'an MDCCXX. (Par J. B. CHRISTYN).

    Bruxelles 1720. Foppens. 4 vol. in-12.

    Cet ouvrage porte pour titre, dans les éditions suivantes: les dé-lices des Pays-Bas. — Toutes les cartes ont été enlevées.

1732.—Quatre mois dans les Pays-Bas, voyage épisodique et critique de deux littérateurs dans la Belgique et la Hol-lande ; publié par M. LEPEINTRE.

    Paris 1830. Leroux. 1 vol. in-8º.

b. — *Collections d'Historiens. — Documents.*

1733.—Annales, sive historiæ rerum Belgicarum, à diversis auc-toribus ad hæc nostra usque tempora conscriptæ deductæ que, et in duos tomos distinctæ. (Editore FEYRABENDIO).

    Francof. ad Mœnum 1580. G. Corvinus. 1 vol. in-fol.

    Les écrivains compris dans ce recueil sont : J. MEYERUS, II. BAR-

                                      20.*

LANDUS, *Gerhardus* GELDENHAURIUS, J. MARCHANTIUS, L. GUICCIAR-
DINUS, *Ph.* GALLÆUS et *Ger.* CANDIDUS.

1734.—Rerum Belgicarum annales chronici et historici de bellis,
urbibus, situ et moribus gentis antiqui recentioresque
scriptores : quorum pars magna hactenus non edita ; pars
longè auctior nunc evulgatur. Opera et studio *Francisci*
SWERTII *Antuerpiani.*

Francofurti 1620. D. et D. Aubrii. 1 vol. in-fol.

Ces auteurs sont : *Joh.* GERBRANDUS, REYNERUS SNOYUS, GOU-
DANUS, *Ægidius* DE ROYA, et Anonymus de Belgicis rebus.

1735.—Rerum familiarumque Belgicarum chronicon magnum.
Authore, ordinis S. Augustini canonicorum regularium
prope Nussiam Religioso. Cui accessit WIPPO, de Conradi
Salici, imperatoris vita, unà, cum tribus Antiquitatum
Fuldensium libris, jamdiu desideratis. Collectore et edi-
tore R. N. Cl. Dn. *Johanne* PISTORIO.

Francofurti ad Mœnum 1654. Wæchtler. 1 vol. in-fol.

1736.—Collection de chroniques belges inédites, publiée par
ordre du gouvernement et par les soins de la commission
royale d'histoire.

Bruxelles 1838-1854. Hayez. 15 vol. in-4°. Pl.

Cette collection comprend :

1. — Chronique en vers de *Jean* VAN HEELU, ou relation de la bataille de
Woeringen, publiée par J. F. WILLEMS. 1 vol.

2. — Chronique rimée de *Philippe* MOUSKES, publiée par le Baron DE
REIFFENBERG. 2 vol.

3. — Recueil de chroniques de Flandre, publiée sous la direction de la
commission royale d'histoire, par J. J. DE SMET. 2 vol.

[Genealogiæ forestariorum et comitum Flandriæ. — Chronicon
Flandriæ scriptum ab *Ad.* DE BUDT. — Annales Sancti Bavonis. —
Chronicon S. Bavonis. — Chronicon Trunchiniense. — Chronicon
Elnonense. — Ancienne chronique de Flandre. — Chronicon majus
et minus LI MUISIS. — Chronicon *Jacobi* MUEVINI.— Chronica Tor-
nacensis. — Chronicon BALDUINI *Ninoviensis*].

4. — Les gestes des ducs de Brabant, par *Jean* DE KLERK, d'Anvers,
publiés par J. F. WILLEMS. 2 vol.

5. — Monuments pour servir à l'histoire des provinces de Namur, de

Hainaut et de Luxembourg, recueillis et publiés pour la première fois par le Baron DE REIFFENBERG. 6 vol. (Tom. 1, 4, 5, 6, 7, 8.)

PREMIÈRE DIVISION.— *Partie diplomatique.* Tom. I.— Cartulaires de Namur. — Chartrier de Namur. — Cartulaires de Hainaut.

DEUXIÈME DIVISION. — *Légendes historico-poétiques.* T. IV, V, VI. Le Chevalier au Cygne et Godefroid de Bouillon, poëme historique publié pour la première fois avec de nouvelles recherches sur les légendes qui ont rapport à la Belgique, un travail et des documents sur les croisades; par le Baron DE REIFFENBERG. (Publication achevée par M. A. BORGNET). 3 vol. — Tom. VII. Roman en vers de *Gilles* DE CHIN, Seigneur de Berlaymont.

TROISIÈME DIVISION.— *Annales et chroniques.* Tom. VII.— I. Petites annales (annales de Stavelot, de Saint-Maximin et d'Epternach). — II. Annales d'Anchin. — III. Histoire de l'abbaye de Saint-Hubert. — IV. Chronique de l'abbaye de Liessies par *Jacques* LESPÉE. — V. Chronique de l'abbaye de Saint-Denis en Broqueroie, par *Gaspar* VINCQ. — VI. Autre chronique de la même abbaye. Tom. VIII.— VII. Antiquitas ecclesiæ Andaginensis Sancti Petri.— VIII. Chronique de l'abbaye de Floreffe, dans l'ancien comté de Namur, par *Henri* D'OPPREBAIS.— IX. Fundatio et abbates abbatiæ Floreffiensis, auctore B. H. M. DE VARICK.— X. Annales de l'abbaye de Saint-Ghislain, par D. *Pierre* BAUDRY.

6. — Documents relatifs aux troubles du pays de Liège, sous les princes-évêques Louis de Bourbon et Jean de Horne, 1455-1505, publiés par P. F. X. DE RAM. 1 vol.

[*Johannis* DE LOS, abbatis S. Laurentii prope Leodium, chronicum rerum gestarum ab anno MCCCCLV ad annum MDXIV. — Accedunt Henri de Merica et Theodorici Pauli historiæ de cladibus Leodiensium an. MCCCCLXV-VII, cum collectione documentorum ad res Ludovici Borbonii et Johannis Hornaei temporibus gestas.]

7. — Relation des troubles de Gand sous Charles-Quint, par un Anonyme; suivie de cent trente documents inédits sur cet évènement; par M. GACHARD.

1737.—Diplomatum Belgicorum libri duo, in quibus litteræ fundationum ac donationum piarum, testamenta, codicilli, contractus antenuptiales, fœdera principum, et alia tùm sacræ tum politicæ antiquitatis monumenta, ad Germaniam inferiorem, vicinasque provincias spectantia, continentur. *Aubertus* MIRÆUS eruebat et notis illustrabat. Bruxellis 1627. Pepermanus. 1 vol. in-4°.

1738.—Inventaire analytique des chartes des comtes de Flandre, autrefois déposées au château de Rupelmonde, et conservées aujourd'hui aux archives de la Flandre-Orientale; publié par ordre du Conseil provincial de la Flandre-Orientale, et précédé d'une notice historique sur l'ancienne trésorerie des chartes de Rupelmonde. (Par M. DE ST.-GENOIS).

Gand 1843. Vanryckegem-Hovaere. 1 v. in-4°. 1er cahier.

c. — Histoire générale.

1739.—Tableau historique et chronologique du royaume des Pays-Bas, depuis la plus haute antiquité jusqu'à nos jours (1800). Rédigé d'après l'Art de vérifier les dates, les Commentaires de César, l'histoire générale de Desroches, et d'après les chroniques les plus estimées. par D. FOURNIER DE ST.-MARTIN.

Bruxelles. s. d. L'Auteur. 1 feuille in-fol.

** — Belgique et Hollande par M. VAN HASSELT.
Paris 1844. Didot fr. 1 vol. in-8°. Pl. — Voyez Univers pitt. 652.

1740.— FERREOLI LOCRII *Paulinatis* chronicon Belgicum. Ab anno CCLVIII ad annum usque MDC continuò perductum.
Atrebati 1616. Guil. Riverius. 1 vol. in-4°.

1741.—Fasti Belgici et Burgundici. *Aub.* MIRÆUS publicabat.
Bruxellæ 1622. Pepermannus. 1 vol. in-8°.

1742.—Rerum Belgicarum annales in quibus Christianæ religionis, et variorum apud Belgas principatuum origines, ex vetustis tabulis principumque diplomatibus haustè explicantur. *Aubertus* MIRÆUS publici juris faciebat.
Bruxellæ 1624. Pepermannus. 1 vol. in-8°.

1743.—Stemmata principum Belgii, ex diplomatibus ac tabulis publicis potissimum concinnata, studio *Auberti* MIRÆI.
Bruxellæ 1626. Joan. Meerbecius. 1 vol. in-8°.

1744.—*Joannis* MEURSII rerum Belgicarum libri quatuor. In quibus Ferdinandi Albani sexennium, belli Belgici prin-

cipium. Additur quintus, seorsim anteà excusus, in quo
induciarum historia ; et ejus belli finis.

Lugd.-Batav. 1614. L. Elzevirius. 1 vol. in-4º.

1745. — Belgarum, aliarumque gentium annales ; auctore *Eve-
rardo* REIDANO ; *Dionysio* VOSSIO interprete.

Lugd.-Batav. 1633. Maire. 1 vol. in-fol.

1746. — PONTI HEUTERI *Delfii* rerum Belgicarum libri quindecim,
quibus describuntur pace belloque gesta à principibus
Austriacis in Belgio, nempe Maxæmiliano primo cæsare,
Philippo primo Castellæ rege, Carolo quinto cæsare, Philippo secundo Hispaniarum rege. Præmissus est operi
libellus singularis de vetustate et nobilitate familiæ Habspurgicæ ac Austriacæ.

Antuerpiæ 1598. Mart. Nutius. 1 vol. in-4º.

1747. — PONTI HEUTERI, *Delfii*, opera historica omnia ; Burgundica, Austriaca, Belgica ; de rebus à principibus Bur-
gundis atque Austriacis, qui Belgiis imperarunt, pace
belloque preclarè gestis. — Insertus est ejusdem de vetustate et nobilitate familiæ Habspurgicæ et Austriacæ
liber singularis. Accessereque de veterum ac sui sæculi
Belgio libri duo ; aliaque.

Lovanii 1651. Jud. Coppenius. 1 vol. in-fol.

1748. — Les mémoires de Messire OLIVIER DE LA MARCHE, 3.e édit.,
rev. et augm. d'un estat particulier de la maison du duc
Charles le Hardy, composé du mesme auteur, et non imprimé cy-devant.

Bruxelles 1616. H. Antoine. 1 vol. in-4º.

Voyez aussi la collection de mémoires de Petitot, et celle de Buchon, dans le Panthéon littéraire.

1749. — Histoire des choses les plus memorables, advenues en
l'Europe depuis l'an onze cens xxx jusques à nostre siecle.
Digerées selon le temps et ordre qu'ont dominé les seigneurs d'Enghien, terminez és familles de Luxembourg
et de Bourbon. Par *Pierre* COLINS, Seigneur d'Heetfelde.

Mons 1634. De Waudré. 1 vol. in-4º.

1750.— Même ouvrage... depuis Messire Hughes d'Enghien jusques au trespas funeste de Henri IV, Roy de France et de Navarre, cinquiesme et dernier seigneur dudit Enghien. 2.ᵉ édit.

      Tournay 1643. Ad. Quinqué. 1 vol. in-4°.

1751.— L'histoire des Pays-Bas d'*Emanuel* DE METEREN, ou recueil des guerres, et choses memorables advenues tant és dits pays, qu'és pays voysins, depuis l'an 1315 jusques à l'an 1612. Traduit de flamend en françoys par I. D. L. HAYE (*Jean* DE LA HAYE). Avec la vie de l'Auteur (par *Simon* RUYTINCK).

      La Haye 1618. H. J. Wou. 1 vol. in-fol. Cart. et Port.

1752.— *Florentii* VANDER HAER, de initiis tumultuum Belgicorum libri duo. Quibus eorum temporum historia continetur, quæ à Caroli Quinti Cæsaris morte, usque ad Ducis Albani adventum, imperante Margareta Austria, Parmæ et Placentiæ Duce, per annos novem in Belgio extiterunt.

      Duaci 1587. Bogardus. 1 vol. in-8°.

1753.— Origo et historia Belgicorum tumultuum, continens præter Hispanorum regum sanguinaria diplomata et s. inquisitionis arcana consilia; tyrannides ipsorum cædesque ac crudelitates per universam Belgicam ipsamque Cliviam et Westphaliam immaniter patratas, ad usque inducias duodecennales. Accedit prætereà historia tragica de furoribus Gallicis et cæde Admiralii; necnon formula abjurationis et confess. fidei cui debebant subscribere in Gallia quicunque vitam redimere volebant. Auctore *Ernesto* EREMUNDO.

      Amstelodami 1641. Janssonius. 1 vol. in-16.

      Cet ouvrage attribué à *Théodore* DE BÈZE, à *Hubert* LANGUET et à *Fr.* HOTMAN, n'est, suivant M. Voisin (*Bibl. Hulthemiana* IV. 301-303), qu'une traduction libre et abrégée de l'ouvrage hollandais de *Jean* GIJSIUS publié en 1616.

1754.— Introduction à la révolution des Pays-Bas, et à l'histoire des Provinces-Unies. (Par LE JEAN).

      S. n. n. l. 1754. 3 en 1 vol. in-12.

1755. — Commentaires du Seigneur *Alphonse* D'ULLOË, contenant le voyage du duc d'Albe en Flandres, avec l'armée espaignole : et la punition faite du comte d'Aiguemont, et autres : et la guerre comme elle s'est passée contre le prince d'Orange, et autres rebelles, jusques à ce que ledict Seigneur duc eust chassé des Pays-Bas le susdict prince, et s'en fut retourné à Bruxelles, l'an de grace 1568. (Traduit de l'italien par *Fr.* DE BELLEFOREST).

Paris 1570. Dalier. 1 vol. in-8°.

1756. — Histoire des troubles et guerre civile du pays de Flandres. Contenant l'origine et progres d'icelle : les stratagemes des guerres : assiegemens et expugnations des villes et forteresses : l'estat de la religion, depuis l'an 1559 jusques à present. 2.ᵉ édit.

Lyon 1584. Stratius. 1 vol. in-8°.

1757. — *Richardi* DINOTHI de bello civili Belgico libri VI. Quod ab anno LV in annum XXCVI vario eventu gestum est.

Basileæ 1586. Conr. Waldkirch. 1 vol. in-4°.

On pourrait placer ici les n.ᵒˢ 1167, 1168, 1170, 1171 qui traitent d'une manière particulière des évènements de cette époque.

1758. — De leone Belgico eiusque topographica atque historica descriptione liber quinque partibus gubernatorum Philippi regis Hispaniarum ordine, distinctus, insuper et elegantissimi illius artificis *Francisci* HOGENBERGII bis centum et VIII figuris ornatus; rerumque in Belgio maxime gestarum, inde ab anno Christi MDLIX usque ad annum MDLXXXVII perpetua narratione continuatus. *Michaele* AITSINGERO auctore.

Coloniæ 1585 ? Gerardus Campensis. 1 vol. in-fol. Pl.

1759. — Histoire memorable des guerres de Flandres et Païs-Bas depuis l'an 1567 jusques à l'an 1597. Par Dom *Bernardin* DE MENDOCE. (Traduite de l'espagnol par *Pierre* CRESPET).

Paris 1611. Buon. 1 vol. in-8°.

1760. — Histoire generale de la guerre de Flandre. Divisée en deux tomes. Contenant toutes les choses memorables ad-

venuës en icelle depuis l'an 1559 jusques à la trefve concluë en la ville d'Anvers, le 9 avril 1609. Par *Gabriel*
Chappuis *Tourangeau.*

Paris 1611. Robert Fouet. 2 en 1 vol. in-4º.

1761.—Histoire generale de la guerre de Flandre. Divisée en
deux parties. Contenant toutes les choses memorables
advenües en icelles depuis l'an MDLIX jusques à present.
Par *Gabriel* Chappuys. Nouv. édit.

Paris 1633. Rob. Fouet. 2 vol. in-fol. Pl.

1762.—Les guerres de Nassau, ou pourtraicts en taille douce
et descriptions des sieges, batailles, rencontres et autres
choses advenues durant les guerres des Païs-Bas, sous le
commandement des hauts et puissants Seigneurs les Estats
generaulx des Provinces-Unies, et la conduite des tres-
illustres princes Guillaume prince d'Orange, et Maurice
de Nassau son fils. Descriptes par *Guillaume* Baudart.

Amsterdam 1616. Colin. 1 vol. in-4.º oblong. Pl.

1763.—Afbeeldinghe, ende Beschriivinghe van alle de Veld-
flagen Belegeringen en and're notable geschiedenissen
ghevallen in de Nederlanden Geduerende d'oorloghe te-
ghens den Coningh van Spaengien: Onder het beleydt
van den Prince Van Oraengien, ende Prince Maurits de
Nassau etc. (Traduction de l'ouvrage précédent).

Amsterdam 1615. Coliin. 1 vol. in-4º. oblong.

1764.—R. P. *Famiani* Stradæ *Romani* de bello Belgico.

Antuerpiæ 1648-1649. Cnobbar. 2 vol. in-8º. Pl.

1765.—*Famiani* Stradæ *Romani* de bello Belgico.

Antuerpiæ 1649. Cnobbar. 2 vol. in-12.

1766.—Idem opus.

Romæ 1653. Scheus, 1658. Corbelletti. 2 vol. in-12.

1767.—Histoire de la guerre de Flandre, escrite en latin par
Famianus Strada. Mise en françois par P. Du Rier.

Paris 1659-1661. Courbé. 2 vol. in-fol.

1768.—Même ouvrage.

Paris 1675. Libr. assoc. 4 vol. in-12.

— *Gaspari* Scioppi infamia Famiani.

Voyez *Belles Lettres* n.ᵒˢ 3217 et 3218.

1769.—Opere del Cardinal Bentivoglio , cioè , le Relationi di Fiandra, et di Francia, l'Historia della guerra di Fiandra, e le Lettere scritte nel tempo delle sue nuntiature.

Parigi 1645. Redelichuysen. 1 vol. in-fol.

1770.— Della guerra di Fiandra, descritta dal Card. Bentivoglio.

Colonia 1632. 1 vol. in-4°.

Cette édition ne comprend que les huit premiers livres.

1771.—Dell' historia di Fiandra , descritta dal Cardinal Bentivoglio , parte secunda.

Colonia 1636. 1 vol. in-4°.

1772.—Histoire des guerres de Flandre, par le Cardinal Bentivoglio , traduite de l'italien par M. Loiseau l'aîné.

Paris 1769. Desaint. 4 vol. in-12.

1773.—Relationi del Cardinale Bentivoglio.

Venetia 1633. Ginammi. 1 vol. in-4°.

1774.—Les relations du cardinal Bentivoglio , traduites et dediées à Mgr De Noyers. (Par F. P. Gaffardy).

Paris 1642. Rouillard. 1 vol. in-4°.

1775.—Raccolta di lettere scritte dal cardinal Bentivoglio in tempo delle sue nuntiature di Fiandra , e di Francia.

Roma 1647. Mascardi. 1 vol. in-8°.

1776.—Histoire des guerres de Flandre, depuis le commencement jusques à la fin , brievement recitée par Don *Francesco* Lanario. Traduicte d'italien en françois, et augmentée en divers endroitz. Avec une brieve narration de l'ancienne histoire de Flandre, depuis 1700 ans jusques à nostre temps. Emsemble des remarques sur les causes de la guerre. Par le S.ʳ *Michel* Baudier.

Paris 1618. Chappelet. 1 vol. in-4°.

1777.—*Hugonis* Grotii annales et historiæ de rebus Belgicis.

Amstelædami 1657. Blaeu. 1 vol. in-fol.

1778.—Idem opus.

Amstelædami 1658. Blaeu. 1 vol. in-8°.

1779.—Idem opus.

Amsteledami 1658. Blaeu. 1 vol. in-18.

1780. — Annales et histoires des troubles du Pays-Bas, par *Hugo* Grotius. (Traduits par *Nic.* L'Héritier).
  Amsterdam 1662. Blaeu. 1 vol. in-fol.

1781. — Histoire des révolutions des Pays-Bas. Par F. Schiller. Traduit de l'allem. par M. A.D...Y. (M. L.F. L'Héritier).
  Paris 1833. Barba. 1 vol. in-8º.

1782. — *Nicolai* Burgundi J. C. historia Belgica, ab anno MDLVIII.
  Ingolstadii 1633. Joa. Bayr. 1 vol. in-8º.

1783. — Discours veritable des choses passées és Païs Bas de Flandres, depuis la venue du Seigneur Don Jehan d'Austrice, lieutenant gouverneur et capitaine general pour le roi catolicque en iceulx. Avec responce des obiects contenus au discours non veritable, mis en lumiere par les Estats desdictz Pays, touchant la rupture par eulx faicte de la derniere Pacification.
  Lyon 1578. N. Guerin. 1 vol. in-8º.

1784. — L'histoire d'Alexandre Farneze, duc de Parme et de Plaizance, gouverneur de la Belgique. (Par Bruslé de Montpleinchamp).
  Amsterdam 1692. Ant. Michils. 1 vol. in-12.

1785. — Brief recueil de l'assassinat commis en la personne du tres-illustre prince Monseigneur le Prince d'Orange, conte de Nassau, marquis de la Vere, etc., par *Iean* Iauregui *Espaignol.*
  Anvers 1582. 1 vol. in-8º.

1786. — Les Heraults des trois estats du Pays-Bas. Au roy leur prince souverain.
  1578. 1 vol. in-8º.

1787. — Conference tenue entre le Pape et le Roy d'Espagne, sur le traité de la paix des Pays-Bas. — Item dialogue du Roy d'Espagne avec Iean de Neye moine, sur le pourparler de ladite paix. Traduit de flamand en françois.
  1608. Imprimé nouvellement. 1 vol. in-8.º

1788. — Articles de la trefve conclüe et arrestée pour douze ans, entre la Majesté du Roy d'Espaigne, etc. et les serenissimes Archiducqz, nos princes souverains d'une part, et les estats des provinces unies du Pays-Bas d'autre.

Amyens 1609. Hubault. 1 vol. in-8°.

1789.—Pompa funebris optimi potentissimique principis Alberti Pii, archiducis Austriæ, ducis Burg. Bra. etc. veris imaginibus expressa à *Jacobo* FRANCQUART. Ejusdem principis morientis vita, scriptore E. PUTEANO.

Bruxellis 1777. Joan. Mommartius. 1 vol. in-fol.

1790.—Anti-Puteanus, sive politico-catholicus, stateram Puteani inducias expendentis, aliâ staterâ expendens. (Auctore *Gasparo* BARLÆO).

Cosmopoli 1633. Apud Belgum fidelem. 1 vol. in-4°.

1791.—Remonstrance aux peuples de Flandre. Avec les droicts du Roy sur leurs provinces. (Par *Charles* SOREL).

Paris 1642. De Sercy. 1 vol. in-8°.

1792.—Le voyage du prince Don Fernande Infant d'Espagne, Cardinal, depuis le douzième d'avril de l'an 1652 qu'il partit de Madrit pour Barçelone avec le roi Philippe IV son frère, jusques au jour de son entrée en la ville de Bruxelles le quatrième du mois de novembre de l'an 1634. Traduict de l'espagnol de Don *Diego* DE AEDO et GALLARD. Par le S.ʳ *Jule* CHIFFLET.

Anvers 1635. Jean Cnobbaert. 1 vol. in-4°.

1793.—Récit du voyage de Sa Majesté l'Empereur Joseph II dans les Pays-Bas l'année MDCCLXXXI, avec plusieurs anecdotes. 2.ᵉ édit. corr. et augm. de son séjour en Hollande, et jusqu'à son départ hors les Pays-Bas : à laquelle on a ajouté plusieurs vers qui ont été dédiés à Sa Maj. l'Empereur dans differents endroits.

Malines 1781. Hanicq. 1 vol. in-12.

1794.—Mémoires historiques et politiques des Pays-bas Autrichiens. Dédiés à l'Empereur. (Par le C.ᵗᵉ DE NENY).

Neuchatel 1784. Fauche. 1 vol. in-8.°

1795.—Les masques arrachés, histoire secrète des révolutions et contre-révolutions du Brabant et de Liège, contenant

les vies privées de *Vander-Noot*, *Van Eupen*, le Cardinal
de *Malines*, la *Pineau*, l'Evêque d'*Anvers*, Madame *Co-
gneau*, et autres personnages fameux. Par *Jacques* LE
SUEUR (A. L. B. ROBINEAU dit DE BEAUNOIR), espion ho-
noraire de la police de Paris, et ci-devant employé au
ministère de France en qualité de *clairvoyant* dans les
Pays-Bas autrichiens. Nouv. édit.
Anvers 1791. 2 vol. in-18.

d. — *Belgique.* — *Histoire particulière des Provinces.*

1796.—Respublica Namurcensis, Hannoniæ et Lutsenburgensis.
(Auctoribus J.B. GRAMAYE, L. GUICCIARDINO, J. BERTELIO).
Amstelodami 1634. Janssonius. 1 vol. in-24.

1797.—Respublica Lutzenburgensis, Hannoniæ et Namurcensis.
(Auctor. J. BERTELIO, L. GUICCIARDINO et J. B. GRAMAYE).
Amsterdami 1635. Blaeu. 1 vol. in-24.

1798.—Calendrier général de la Flandre, du Brabant et des
conquêtes du Roi. Contenant l'état militaire,.civil et ecclésiastique de ces provinces, la description des villes et
endroits remarquables, etc.
Paris 1748. Savoye. 1 vol. in-12.

1799.—La Belgique pittoresque. Histoire. Géographie. Topogra-
phie. Histoire naturelle. Mœurs. Coutumes. Antiquités.
Biographie.Statistique.Industrie.Commerce.Beaux-Arts.
Bruxelles 1837. 1 vol. in-8°.

e. — *Flandre.*

1800.—La legendes des Flamens, cronique abregée, en laquelle
est faict succinct recueil de l'origine des peuples et estatz
de Flandres, Arthois, Haynault et Bourgogne, et des
guerres par eulx faictes à leurs Princes et à leurs voisins ;
avec plaisante commemoration de plusieurs choses faictes

et avenuës en France, Angleterre et Alemaigne, depuis
sept ou huict cens ans.

Paris 1558. Galliot du Pré. 1 vol. in-8º.

1801.—Commentarii sive annales rerum Flandricarum libri sep-
tendecim. Autore *Jacobo* Meyero *Baliolano.*

Antuerpiæ 1561. Joan. Steelsius. 1 vol. in-fol.

1802.—Les chroniques et annales de Flandres : contenantes les
heroicques et tres victorieux exploits des Forestiers, et
Comtes de Flandres, et les singularitez et choses memorables advenuës audict Flandres, depuis l'an de N. S.
J. C. vi^e et xx jusques à l'an mcccclxxvi. Nouvellement
composées et mises en lumiere par *Pierre* d'Oudegherst.

Anvers 1571. Plantin. 1 vol. in-4º.

1803.—*Jac.* Marchantii Flandria commentariorum lib. IIII descripta. In quibus de Flandriæ origine, commoditatibus,
oppidis, castellaniis, ordinibus, magistratibus, indige-
nisque; tam à doctrina quàm nobilitate claris ; tum etiam
de principum Flandriæ stemmatibus, civili armataque
vita, aliisque memorabilibus tractatur.

Antuerpiæ 1596. Off. Plantiniana. 1 vol. in-8º.

1804.—Gallo-Flandria sacra et profana : in qua urbes, oppida,
regiunculæ, municipia, et pagi præcipui Gallo-Flan-
drici tractus describuntur; etc. Dein annales Gallo-Flan-
driæ. Auctore *Joanne* Buzelino.

Duaci 1624-1625. Wyon. 2 en 1 vol, in-fol.

1805.—Genealogies des forestiers et contes de Flandres, avec
brieve histoire de leurs vies: recueillies des plus veritables et ancienes chroniques par *Cornille* Martin : or-
nées des vrais pourtraicts et habits à la façon de leurs
temps, tirés des anciens tableaux par *Piere* Balthasar.

Anvers 1612. R. Bruneau. 1 vol. in-fol. Fig.

1806.—Historiæ comitum Flandriæ libri prodromi duo. Quid Co-
mes? Quid Flandria? Autore *Olivario* Vredio J. C.

Brugis 1650. Lud. Kerchovius. 1 vol. in-fol.

1807.—Historiæ Flandriæ christianæ ab anno christi 500 Clodo-
væi I Francorum regis XVI usque ad annum 767 Pepini
regis Franc. XVI. Auctore *Oliverio* Vredio J. C.
Brugis s. d. Van Pee. 1 vol. in-fol.

1808.—Genealogia comitum Flandriæ a Balduino ferreo usque
ad Philippum IV Hisp. regem variis sigillorum figuris
repræsentata, atque in vigenti duas tabulas divisa. Auctore *Olivario* Vredio J. C.
Brugis 1642-1643. J. B. et L. Kerchovii. 2 vol. in-fol.

1809.—Sigilla comitum Flandriæ et inscriptiones diplomatum
ab iis editorum cum expositione historica *OlivarI* Vredi
Ex quibus apparet, quid comitibus Flandriæ accesse-
rit, decesseritve, et quà ratione Hispaniarum, aliaque
regna, necnon septemdecim Belgii, cæteræque provinciæ, ad Philippum Magnum IV Hispaniarum regem,
sint devolutæ.
Brugis 1639. J. B. Kerchovius. 1 vol. in-fol.

1810.—La genealogie des comtes de Flandre, depuis Baudouin
bras de fer jusques à Philippe IV roy d'Espagne, repre-
sentée par plusieurs figures des seaux, et divisée en vingt-
deux tables, verifiées tant par chartes qu'escripts anciens
ou contemporains par *Olivier* de Wree.
Bruge 1642-1644. J. B. et L. Kerchove. 2 en 1 v. in-fol.

1811.—Les seaux des comtes de Flandre et inscriptions des chartres par eux publiées, avec un eclaircissement historique
par *Olivier* de Wree. Traduit du latin, par L. V. R.
Bruges 1641. J. B. et L. Kerchove. 1 vol. in-fol.

1812.—Histoire des Comtes de Flandre, depuis l'établissement
de ses souverains, jusques à la paix générale de Ryswick, en 1697.
La Haye 1698. Vytwerf et Van Dole 1 vol. in-12.

1813.—*Antonii* Sanderi Gandavum sive Gandavensium rerum
libri sex.
Bruxellis 1627. Joan. Pepermanus. 1 vol. in-4°.

f. — *Haynaut.*

1814.—Les illustrations de la Gaulle Belgique, antiquitez du pays de Haynnau et de la grand cite de Belges : a present dicte Bavay, dont procedent les chaussées de Brunehault. Et de plusieurs princes qui ont regne et fonde plusieurs villes et citez audit pays, et aultres choses singulieres et dignes de memoire, advenues durant leurs regnes, jusques au duc Philippes de Bourgongne dernier decede. (Extraict des livres de Maistre *Jacques* DE GUYSE, par *Jean* LESSABÉE).

> **Paris 1531-1532. Galliot Du Pré. 1 vol. in-fol. Fig.**

1815.—Annales de la province et comté d'Haynau. Où l'on voit la suitte des Comtes depuis leur commencement. Les antiquitez de la religion, et de l'estat depuis l'entrée de Jules Cesar dans le Pays. Ensemble les Evesques de Cambray, qui y ont commandé. Les fondations pieuses des eglises et monasteres, et les descentes de la noblesse. Recueillies par feu *François* VINCHANT. Augmentées et achevées par le R. P. *Antoine* RUTEAU.

> **Mons 1648. Jean Havart. 1 vol. in-fol.**

g. — *Brabant.*

1816.—J. B. GRAMAYE antiquitates illustrissimi ducatus Brabantiæ. In quibus singularum urbium initia, incrementa, respublicæ, privilegia, opera, laudes: cœnobiorum fundationes, propagationes, sacri thesauri, etc.

> **Bruxellæ 1610. Joan. Momartius. 1 vol. in-4°.**

1817.—Le grand théâtre sacré du duché de Brabant par *Jacques* LE ROY.

> **La Haye 1729. Van Lom. 2 vol. in-fol.**

1818.—Le grand théâtre profane du duché de Brabant, composé par M. *Jacques* LE ROY.

> **La Haye 1730. Van Lom. 1 vol. in-fol.**
>
> A la suite :

Le grand théâtre profane du Brabant Wallon écrit en latin par M. *Jacques* LE ROY. Traduit en françois.

La Haye 1730. Van Lom. in-fol.

1819.—Militia sacra ducum et principum Brabantiæ, auctore *Joanne* MOLANO. Adjectæ sunt ad hujus historiæ illustrationem annotationes M. *Petri* LOUWII *Sylvæducensis*.

Antuerpiæ 1592. Off. Plantiniana. 1 vol. in-8°.

1820.—Trophées tant sacrés que profanes de la duché de Brabant, contenant l'origine, succession et descendence des ducs et princes de ceste maison. Par F. *Crist.* BUTKENS.

Anvers 1637. Lejer. 1 vol. in-fol.

1821.—Chroniques des ducs de Brabant, composées par *Adrian* BARLANDE, de Louvain.

Anvers 1603. J. B. Vrints. 1 vol. in-fol. fig.

1822.—Rerum Brabanticarum libri XIX. Auctore *Petro* DIVÆO *Lovaniensi*; studio *Auberti* MIRÆI editi, et illustrati.

Antuerpiæ 1610. Verdussius. 1 vol. in-4°.

1823.—Lettre d'un gentilhomme Liegeois, envoyée à l'Autheur des Remarques, qui servent de réponse à deux escrits imprimez à Bruxelles, contre les droits de la Reyne sur le Brabant.

Liege 1663. Touss. Clément. 1 vol. in-12.

1824.—Traitté des droits de la Reyne tres chrestienne sur divers estats de la monarchie d'Espagne. (Par *Ant.* BILAIN et l'*Abbé* DE BOURZEIS).

Paris 1667. Imp. Royale. 1 vol. in-4°.

1825.—Reginæ christianissimæ jura in ducatum Brabantiæ, et alios ditionis Hispanicæ principatus. (Ex gallico *Ant.* BILAIN et DE BOURZEIS in latinum vertit J. B. DUHAMEL).

1667. 1 vol. in-4°. r. d. s. t.

1826.—Remarques pour servir de réponce à deux ecrits (de *Stochmans*) imprimez à Bruxelles contre les droits de la Reine sur le Brabant, et sur divers lieux des Païs - Bas. (Par *Guy* JOLY).

Paris 1667. S. Cramoisy. 1 vol. in-12.

1827.—Bruxella cum suo comitatu, J. B. GRAMAYE.
Bruxellæ 1606. Momartius. 1 vol. in-4°.

1828.—*Eryci* PUTEANI Bruxella, incomparabili exemplo septe-
naria, Gripho Palladio descripta: Luminibus historicis,
politicis, miscellaneis distincta et explicata. Plenum
item urbis elogium, velut loquens imago.
Bruxellæ 1646. Joan. Mommartius. 1 vol. in-fol. Pl.

1829.—*Joan. Goropii* BECANI origines Antwerpianæ, sive Cim-
meriorum Becceselana novem libros complexa.
Antuerpiæ 1569. Plantinus. 1 vol. in-fol.

1830.—*Caroli* SCRIBANI Antverpia.
Antverpiæ 1610. Off. Plantiniana. 1 vol. in-4°.

A la suite :

Caroli SCRIBANI origines Antverpiensium.
Antverpiæ 1610. Off. Plantiniana. in-4°.

1831.—Annales Antuerpienses ab urbe condita ad annum MDCC.
Collecti ex ipsius civitatis monumentis publicis privatis-
que latinae ac patriae linguae, iisque fere manu exaratis
auctore *Daniele* PAPEBROCHIO S. 1. Ad cod. Ms. ex bibl.
regia quae vulgo Burgundica vocatur ediderunt F. H.
MERTENS et *Ern.* BUSCHMANN.
Antuerpiæ 1845-48. J. E. Buschmann. 5 vol. in-8°.

1832.—Discours véritable de l'entreprise d'Anvers pour justification de feu Monseigneur le duc d'Anjou, frère du Roy
Henry III et de la Noblesse françoise qui l'avoit assisté
és guerres de Flandres. Par *Julles* DE RICHY.
Paris s. d. Vitré. 1 vol. in-8°.

1833.—*Justi* LIPSI Lovanium : sive opidi et academiæ ejus descriptio. Libri tres.
Antuerpiæ 1605. Off. Plantiniana. 1 vol. in-4°. Pl.

1834.—Louvain tres ancienne et capitalle ville du Brabant, representé par *J. Nicolas* DE PARIVAL.
Louvain 1667. George Lips. 1 vol. in-8°.

1835.—*Davidis* LINDANI de Teneraemonda libri tres.
Antuerpiæ 1612. Hier. Verdussius. 1 vol. in-4".

21.*

1836.—Obsidio Bredana armis Philippi IIII, auspiciis Isabellæ, ductu Ambr. Spinolæ perfecta. Scribebat *Herm.* Hugo.

Antuerpiæ **1626. Off. Plantiniana.** 1 vol. in-fol. Pl.

1837.—Le siege de la ville de Breda conquise par les armes du Roy Philippe IV, par la direction de l'infante Isabelle Cl. Eug., par la valeur du marquis de Spinola. Traduict du latin du Pere *Hermannus* Hugo, par *Philippe* Chifflet.

Antuerpiæ **1631. Off. Plantiniana.** 1 vol. in-fol. Pl.

---

h. — *Namur.*

1838.—Relation de ce qui s'est passé au siege de Namur. Avec le plan des attaques, de la disposition des lignes, et des mouvemens des armées. (Par J. Racine).

Paris **1692. Denys Thierry.** 1 vol. in-fol.

Cet ouvrage est aussi attribué à Louis XIV et à D. De Vizé. Les figures manquent.

1839.—Journal de ce qui s'est passé au siege de la ville et du chasteau de Namur. Par le secretaire d'un officier general qui estoit dans la place, lequel a pris soin de n'y rien obmettre de la verité.

Paris **1695. Mich. Brunet.** 1 vol. in-12.

---

i. — *Luxembourg.*

1840.—Histoire de la maison de Luxembourg, par *Nicolas* Vigner. Nouvellement mise en lumiere, avec autres pièces sur le mesme sujet. Par *André* Du Chesne.

Paris **1617. Thiboust.** 1 vol. in-8°.

1841.—Histoire des comtes et ducs de Luxembourg, princes, empereurs, rois, ducs, marquis, comtes et seigneurs qui en sont issus, et de leurs alliances. Par M. *N.* Vigner.

Paris **1619. Blaise.** 1 vol. in-4°.

---

j. — *Liège.*

1842.—Le portrait racourci des factions, partialitez, injustices, persécutions et barbaries, qui se sont passées depuis dix ans dans l'Estat et la Ville de Liège, au mespris du respect qu'ils doivent à la couronne de France, et contre les droicts de la neutralité.

Paris 1665. 1 vol. in-4°.

k. — *Provinces-Unies.* — *Hollande.* = *Géographie,* *Topographie et Statistique.*

1843.—Inferioris Germaniæ provinciarum unitarum antiquitates. Scilicet; de Rheni tribus alveis ostiisque, et de Toxandris, Batavis, Caninefatibus, Frisiis, Marsacis, aliisque populis. Adjectæ tabulæ geographicæ. — Item picturæ operum ac monumentorum veterum, necnon comitum Hollandiæ, Zelandiæ, et Frisiæ eicones, eorumdemque historia. Ex Musæo *Petri* Scriverii.

Lugd.-Batav. 1611. Lud. Elzevirius. 1 vol. in-4°.

1844.—Les délices de la Hollande, contenant une description exacte du païs, des mœurs et des coutumes des habitans : avec un Abrégé historique depuis l'établissement de la République jusques à l'an 1710.(Par N. de Parival).

La Haye 1710. Les frères Van Dole. 2 vol. in-12. Fig.

1845.—Nova Belgii fœderati tabula ex optimis annotationibus composita et ad usum commodum in XII sectionibus exhibita. — La Hollande en 12 feuilles. Par Le Rouge.

Paris 1748. Le Rouge. in-fol.

1846.—Nieuwe Caert van Frieslant vemeerdert en verbetert op ordre der Ed. Mo. Heeren Gedeputeerde Staeten uitgegeven by T. Van Dessel. (Nouvelle carte de la Frise).

Amsterdam s. d. R. et I. Ottens. 3 feuilles in-fol.

1847.—Plan de villes d'Hollande.

Amsterdam 1741-49. Covens Mortier. I vol. in-fol.

Cet Atlas contient :

1.º Dordracum vulgo Dortt. — 2.º Plan de la ville de Geertruy-denberg. — 3.º Goesa. — 4.º Gorchum. — 5.º Haga Comitis vulgo S'Graven-Hage. — 6.º Platte grond van de stadt Middelburgh, door den Ingenieur *Abraham* ZEHENDER. 1739. — 7.º Aenwysinge der straten en stege der stadt Rotterdam. — 8.º Tolen. — 9.º Veere. — 10.º Ulyssingen. — 11.º Zirizea vulgo Zierickzee.

Ces cartes, à l'exception du n.º 6, sont gravées par F. DE WIT.

** — Belgii confœderati respublica: seu Gelriæ, Holland. Zelland. Traject. Fris. Transisal. Groning. chorographica politicaque descriptio. (Auctore J. DE LAET).

Lugd.-Batav. 1630. Off. Elzeviriana. 1 vol. in-24. — N.º 651-4.

1848.—Respublica Hollandiæ, et urbes. (Auctoribus A. GROTIO, P. MERULA, L. GUICCIARDINO, P. SCRIVERIO).

Lugd.-Batav. 1630. Maire. 1 vol. in-24.

1. — *Histoire générale.*

1849.—*Reneri* SNOI, de rebus Batavicis libri XIII, nunquam antehac luce donati, emendati nunc demum et recogniti opera et studio *Jacobi* BRASSICÆ *Roterodami.*

Francofurti 1620. Dan. et Dav. Aubrii. 1 vol. in-fol.

A la suite :

Annales Belgici ÆGIDII DE ROYA.

Ce volume est un fragment du n.º 1734.

1850.—La grande chronique ancienne et moderne, de Hollande, Zélande, West-Frise, Utrecht, Frise, Overyssel et Groeningen, jusques à la fin de l'an 1600. Receüillee par *Jean-François* LE PETIT.

Dordrecht 1601. J. Canin. 1 vol. in-fol. Tom. 1.er

1851.—Histoire de la république des Provinces-unies des Païs-Bas, depuis son établissement jusques à la mort de Guillaume III, roi de la Grande Bretagne. (Par JENNET).

La Haye 1704. Husson. 4 vol. in-12.

1852.—Résumé de l'histoire de la Hollande, par *Arn*. SCHEFFER.
>Paris 1824. Lecointe et Durey. 1 vol. in-18.

1853.—Histoire des provinces unies des Pays Bas, par M. LE
CLERC. Avec les principales medailles et leur explication,
depuis le commencement jusqu'au traité de Barriere conclu en 1716.
>Amsterdam 1723. L'Honoré et Chatelain. 1 vol. in-fol.

1854.—Histoire du Stadhouderat depuis son origine jusqu'à présent. Par M. l'*Abbé* RAYNAL. 5.ᵉ édit.
>1750. 2 en 1 vol. in-8º.

1855.—Même ouvrage. 6.ᵉ édit.
>1750. 2 vol. in-8º.

1856.—Même ouvrage. Nouv. édit.
>La Haye 1750. 1 vol. in-8º.

1857.—Mémoires pour servir à l'histoire de Hollande et des
autres Provinces unies. Où l'on verra les véritables causes
des divisions qui sont depuis soixante ans dans cette République, et qui la menacent de ruine. Par M.ᵉ *Louis*
AUBERY, Chevalier, Seigneur du MAURIER.
>Paris 1680. Villette. 1 vol. in-12.

1858.—Apologeticus eorum qui Hollandiæ Westfrisiæque et vicinis quibusdam nationibus ex legibus præfuerunt ante
mutationem quæ evenit anno MDCXVIII. Scriptus ab *Hugone* GROTIO.
>Parisiis 1640. Pelé. 1 vol. in-12.

1859.—Histoire de Hollande, depuis la treve de 1609 où finit
Grotius jusqu'à nôtre temps (1679). Par M. DE LA NEU-
VILLE. (*Adrien* BAILLET).
>Paris 1698. Les libraires associés. 4 vol. in-12.

1860.—Histoire de la guerre de Hollande. Où l'on voit ce qui
est arrivé de plus remarquable depuis l'année 1672 jusques en 1677. (Par SANDRAS DE COURTILZ).
>La Haye 1689. H. Van Bulderen. 2 en 1 vol. in-12.

1861.—La genealogie des illustres Comtes de Nassau novelle-
ment imprimée: avec la description de toutes les vic-

toires lesquelles Dieu a octroiées aux nobles, haults et puissants Seigneurs, Mess. les Estats des Provinces Vnies du Païs-Bas, sous la conduite et gouvernement de Son Excellence, le Prince Maurice de Nassau. 2.e édit. (Par *Jean* ORLERS et *Henri* DE HAESTENS).

> Leyden 1615. Orlers. 1 vol. in-fol. Fig.

1862.—Même ouvrage.

> Amsterdam 1624. Janssz. 1 vol. in-fol. Fig.

1863.—Pierre de touche des veritables interests des Provinces unies du Païs-Bas : et des intentions des deux couronnes, sur les traittez de paix. 2.e edition en laquelle est adjousté un escrit contenant XIX articles, presenté le 22 de may 1647 par M. Servient, à Messieurs les Estats Generaux des Provinces unies des Païs-Bas : avec les remarques sur chacun article, faites le 1 juin de la mesme année.

> Dordrecht 1660. 1 vol. in-8°.

1864.—Sommaire de la forme du gouvernement des Provinces-Unies du Pays-Bas, lors du gouvernement des princes d'Orange, depuis lequel il n'y a rien eu de changé, sinon en ce qui concernoit la fonction de leurs personnes, etc. Extrait de l'original hollandois, traduit en 1667.

> Rouen 1673. Viret. 1 vol. in-12.

1865.—Observations upon the United Provinces of the Netherlands. By Sir *William* TEMPLE. 7.th edit.

> London 1705. Tanson. 1 vol. in-8°.

1866.—Mémoires de Jean de Wit, grand pensionnaire de Hollande. Traduits de l'original (hollandois de VAN DEN HOEF) en françois par M. de... (Mme DE ZOUTELANDT).

> La Haye 1709. Van Bulderen. 1 vol. in-12.

1867.—Memoires de M. le comte DE MONTBAS, sur les affaires de Hollande. Ou réponses aux calomnies de ses ennemis.

> Utrecht 1673. 1 vol. in-12.

1868.—La vie et les actions mémorables du Sr Michel de Ruyter, duc, chevalier et lieutenant-amiral général des Provinces Unies. (Par *Barthélemy* PIELAT).

> Amsterdam 1678. Boom. 2 en 1 vol. in-12. Port.

1869.—Mémoires de la famille et de la vie de Madame *** con--
tenant plusieurs particularitez du gouvernement de la
République de Hollande ; et plusieurs intrigues de cette
province, et de la cour du prince d'Orange, et de quelques
Princes d'Allemagne (par M.ᵉ DE ZOUTELANDT).
La Haye 1710. H. Van Bulderen. 1 vol. in-12.

1870.—Histoire du prince d'Orange et de Nassau, etc. Divisée
en deux parties. Enrichie des plans des villes, et de
leurs fortifications. (Par LAMIGUE).
Lewarde 1715. F. Halma. 2 vol. in-8°.

1871.—Mémoires pour servir à l'histoire de la révolution des
Provinces-Unies, en 1787. Par M. *Jh.* MANDRILLON.
Paris 1791. Barrois l'aîné. 1 vol. in-8°.

1872.—Documens historiques et réflexions sur le gouvernement
de la Hollande. Par *Louis* BONAPARTE, ex roi de Hollande.
Paris 1820. Aillaud. 3 vol. in-8°.

1873.—Mémoires sur la cour de Louis Napoléon et sur la Hollande.
Paris 1828. Ladvocat. 1 vol. in-8°.

m. — *Histoire particulière des Provinces.*

1874.—Principes Hollandiæ et Zelandiæ. Auctore *Constantio*
PEREGRINO.
Antuerpiæ 1632. Joan. Meursius. 1 vol. in-8°.

1875.—*Matthæi* VOSSII Annalium Hollandiæ Zelandiæque libri
quinque.
Amsterdami 1645. Blaeu. 1 vol. in-4°.

n. — *Amsterdam.*

1876.—Le guide ou nouvelle description d'Amsterdam, ensei-
gnant aux voyageurs, et aux négocians sa splendeur, son
commerce, et la description de ses édifices, rues, ports,
canaux, ponts, écluses etc. Nouv. édit.
Amsterdam 1720. De la Feuille. 1 vol. in-12.
A la suite :
Tarif général des Provinces unies pour les droits d'en-

trée et de sortie que payent les marchandises tant en ce Païs qu'à la mer Baltique, au passage du Sond.
Amsterdam 1718. P. de la Feuille. in-12.

** — Description de la ville d'Amsterdam en vers burlesques par Le Jolle. Amsterdam 1666. J. Le Curieux. 1 vol. in-12.
Voyez *Belles-Lettres*. n.º 1920.

o. — *Leyde.*

1877.—De Leodiensi Republica auctores præcipui, partim nunc primùm editi, in quibus descriptæ antiquitates, antistium historia, et alia habentur. Edidit *Marc. Zver.* Boxhornius.
Leydæ 1633. Commelinus. 1 vol. in-24.

1878.—Les délices de Leide, une des célèbres villes de l'Europe, qui contiennent une description exacte de son antiquité, de ses divers aggrandissemens, de son académie, de ses manufactures, de ses curiosités, etc.
Leide 1712. Vander Aa. 1 vol. in-8º.

p. — *Zélande.*

1879.— Chronici Zelandiæ libri duo. Auctore *Jacobo* Eyndio.
Middelburgi 1634. Moulert. 1 vol. in-4º.

1880.—Promenade à Tervueren, par M. le Baron de Stassart.
Bruxelles 1816. Stapleaux. pièce in-4º. Pl.

q. — *Utrecht.*

1881.—*Lamberti* Hortensii *Monfortii* secessionum civilium Ultrajectinarum, et bellorum, ab anno xxiiii supra mccccc usque ad translationem episcopatus ad Burgundos, libri septem.
Basileæ 1546. Oporinus. 1 vol. in-fol.

1882.—Chronicon *Johannis* de Beka continens res gestas episcoporum sedis Ultrajectinæ et comitum Hollandiæ à Christo nato usque ad annum 1345. Expletum porro appendice,

deducta ad annum 1574. Auctore *Suffrido* Petri *Leovar-
diensi. Bernardus* Furmerius recensuit et notis illustravit.

Franequeræ 1611. Rombertus Doyema. 1 vol. in-4°.

1883.—Histoire abrégée de la ville et province d'Utrecht. Avec
une connaissance ébauchée de la noblesse de cette province, et une liste de touts les grands *Schouts*, ou chefs de
justices connus autrefois sous le nom de Vicontes ou Bur-
graves d'Utrecht. (Par *Casimir* Freschot).

Utrecht 1713. Meester. 1 vol. in-12.

r. — *Gueldre.*

1884.— *Joh. IsacI* Pontani historiæ Gelricæ libri XIV. Deducta
omnia ad ea usque tempora nostra, quibus firmata sub
ordinibus respublica. Præcedit qui est liber primus,
ducatus Gelriæ et comitatus Zutphaniæ chorographica
descriptio.

Hardervici Gelrorum 1639. N. Wieringen. 1 vol. in-fol.

s. — *Frise.*

1885.—Rerum Frisicarum historiæ libri X. Autore *Ubb.* Emmio.

Franekeræ 1596. Ægid. Radæus. 1 vol. in-8°.

1886.—De origine atque antiquitatibus Frisiorum, contra *Suffri-
dum Petri* et *Bernardum Furmerium*, hujus gentis historicos perspicua et solida veritatis assertio, ab *Ubbone*
Emmio, *Fris.* scripta.

Groningæ 1603. Ketelius. 1 vol. in-8°.

1887.—Rerum Frisicarum historia, ab *Ubbone* Emmio; distincta
in decades sex. Quarum postrema nunc primùm prodit,
prioribus ita recognitis et locupletatis, ut novæ prorsus
videri possint. Accedunt præterea de Frisia, et republ.
Frisiorum inter Flevum et Visurgim flumina, libri aliquot, ab eodem autore conscripti.

Lugd.-Batav. 1616. Off. Elzeviriana. 1 vol. in-fol. Fig.

1888.—Annalium Phrisicorum trias altera, continens eorum lib. quartum, quintum, et sextum. Auctore *Bernardo* Furmerio *Leowardiensi*.

> **Leovardiæ 1612. Abrah. Radæus. 1 vol. in-4°.**

t. — *Mélanges*.

1889.—*Antonii* Thysii historia navalis, sive celeberrimorum præliorum, quæ mari ab antiquissimis temporibus usque ad pacem Hispanicam Batavi, Fœderatique Belgæ, ut plurimum victores gesserunt, luculenta descriptio.

> **Lugd.-Batav. 1657. Maire. 1 vol. in-4.°**

1890.—Mémoires sur le commerce des Hollandois, dans tous les Etats et Empires du monde. Où l'on montre quelle est leur manière de le faire, son origine, leurs grands progrès, leurs possessions et gouvernement dans les Indes.

> **Amsterdam 1718. Du Villard. 1 vol. in-8°.**

1891.—Relation historique et théologique d'un voyage en Hollande, et autres provinces des Pays-Bas. Dans laquelle on verra le détail des conversations de l'Auteur avec M. le Marquis de Langallerie, sur les principaux points de la religion. Par M. Guillot de Marcilly.

> **Paris 1719. Estienne. 1 vol. in-12.**

Géographie et Histoire des Pays septentrionaux de l'Europe.

1892.—*Caroli* Ogerii ephemerides, sive iter Danicum, Suecicum, Polonicum. Cum esset in comitatu illustriss. Claudii Memmii comitis Avauxii, ad Septentrionis Reges extraordinarii legati. Accedunt *Nicolai* Borbonii ad eumdem legatum epistolæ hactenus ineditæ.

> **Lutetiæ 1656. Le Petit. 1 vol. in-8°.**

1893.—Journal d'un voyage au Nord, en 1736 et 1737. Par M. Outhier.

> **Paris 1744. Durand. 1 vol. in-4°. Pl.**

1894.—Voyage au Cap-Nord, par la Suède, la Finlande et la Laponie, par *Joseph* ACERBI. Traduction d'après l'original anglais (par PETIT-RADEL), revue sous les yeux de l'auteur, par *Joseph* LAVALLÉE.

Paris 1804. Levrault. 3 vol. in-8°. Atlas in-4°.

** — JORNANDES de Getarum sive Gothorum origine.

Voyez n.os 1100, 1101 et 1102.

** — Scriptores rerum germanicarum septentrionalium.—Voyez n.° 1625.

** — La relation des trois ambassades de Mgr. le comte de Carlisle.

Voyez *Histoire d'Angleterre* n.° 2098.

1895.—Historia de gentibus septentrionalibus, earumque diversis statibus, conditionibus, moribus, ritibus, superstitionibus, disciplinis, exercitiis, regimine, victu, bellis, structuris, instrumentis, ac mineris metallicis, et rebus mirabilibus, necnon et universis penè animalibus in Septentrione degentibus, eorumque natura. Autore *Olao* MAGNO *Gotho* archiepiscopo Upsalensi.

Romæ 1555. Maria de Viottis. 1 vol. in-fol. Fig.

1896.—Historia *Olai* MAGNI de gentium septentrionalium variis conditionibus statibusve, et de morum, rituum, superstitionum, exercitiorum, regiminis, disciplinæ, victusque mirabili diversitate, etc.

Basileæ 1567. Off. Henricpetrina. 1 vol. in-fol. Cart.

1897.—Historia de gentibus septentrionalibus, authore *Olao* MAGNO. Sic in epitomen redacta, ut non minus clarè quam breviter quicquid apud Septentrionales scitu dignum est, complectatur.

Antuerpiæ 1558. Plantinus. 1 vol. in-8°. Pl.

1898.—*Olai* MAGNI gentium septentrional. historiæ breviarium.

Lugd.-Batav. 1652. Wijngaerden. 1 vol. in-12.

1899.—Mémoires de Hambourg, de Lubeck et de Holstein, de Dannemarck, de Suède et de Pologne; par feu Messire AUBERY DU MAURIER.

Blois 1735. Masson. 1 vol. in-12.

Pologne.

a. — *Géographie, Statistique et Voyages.*

1900.—Polonia, sive de situ, populis, moribus, magistratibus, et republica, regni Polonici libri duo. Authore *Martino* Cromero. Adjuncta est sacerdotis cujusdam Polonici ad lectorem admonitio, de Silesiorum novis annalibus.

    Coloniæ 1577. Maternus Cholinus. 1 vol. in-8°.

1901.—La description du royaume de Poloigne et pays adjacens : avec les statuts, constitutions, mœurs, et façons de faire d'icèux. Par *Blaise* DE Vigenere.

    Paris 1573. Richer. 1 vol. in-4°. Fig.

    A la suite :

Les chroniques et annales de Poloigne. Par B. DE Vigenere.

    Paris 1573. Richer. 1 vol. in-4°.

  ** — Respublica, sive status regni Poloniæ, Lituaniæ, Prussiæ, Livoniæ, etc. diversorum autorum. (Collegit J. De Laet).

    Lugd.-Batav. 1642. Off. Elzeviriana. 1 vol. in-24. — N.° 651-25.

1902.—Regni Poloniæ, magnique ducatus Lituaniæ, omniumque regionum juri Polonico subjectorum, novissima descriptio, urbium potissimarum icones elegantissimas et delineationem huius regni geographicam oculis subjiciens studio *Andreæ* Cellarii.

    Amstelodami 1659. Valckenier. 1 vol. in-18. Pl.

1903.—Relation du voyage de la Royne de Pologne, et du retour de Madame la Mareschalle de Guébriant. Par la Hongric l'Austriche, Styrie, Carinthie, le Frioul et l'Italie. Avec un discours historique de toutes les villes et estats, par où elle a passé. Et un traitté particulier du royaume de Pologne, de son gouvernement, ancien et moderne, de ses provinces et de ses princes, et plusieurs tables généalogiques de souverains. Par *Jean* le Laboureur S.ᵣ DE Bleranval.

    Paris 1647. Camusat. 1 vol. in-4°.

1904.—Description d'Ukranie, qui sont plusieurs provinces du royaume de Pologne, contenuës depuis les confins de la Moscovie, jusques aux limites de la Transilvanie. Ensemble leurs mœurs, façon de vivre, et de faire la guerre. Par le Sieur DE BEAUPLAN. (*Guillaume* LE VASSEUR).

Rouen 1660. Cailloué. 1 vol. in-4°. Pl.

** — Voyage de Pologne, par REGNARD.

Voyez *OEuvres. Belles-Lettres* 2102. i.

1905.— Tableau de la Pologne ancienne et moderne, sous les rapports géographiques, statistiques, géologiques, politiques, moraux, historiques, législatifs, scientifiques et littéraires; publié par MALTE-BRUN. Nouv. édit. refondue, augm. et ornée de cartes; par *Léonard* CHODZKO.

Paris 1830. Aimé-André. 2 vol. in-8°. Pl.

L'essai historique sur la législation polonaise est de M. *Joachim* LELEWEL; les fragments sur la litttérature ancienne de la Pologne sont de M. PODCZASZYRSKI.

1906.—La Pologne historique, littéraire, monumentale et pittoresque. Rédigée par une société de littérateurs, sous la direction de *Léonard* CHODZKO. Publiée par *Ign.-St.* GRABOWSKI.

Paris 1835-1836. Decourchant. 2 vol. in-8.° Pl.

1907.—La Pologne historique, littéraire, monumentale et illustrée. Rédigée par une société de littérateurs, sous la direction de *Léonard* CHODZKO.

Paris 1839-1841. Fain et Thunot. 1 vol. in-8°. Pl.

** — La Pologne, par M. *Charles* FORSTER.

Paris 1840. Didot fr. 1 vol. in-8°. Pl.— Voyez *Univers pit.* n.° 652.

---

b. — *Histoire.*

1908.—*Martini* CROMERI de origine et rebus gestis Polonorum libri XXX. Adjecta est in fine, ejusdem autoris funebris oratio, Sigismundi regis vitam compendiosè complexa.

Basileæ 1555. J. Oporinus. 1 vol. in-fol.

1909.—Chronica, sive historiæ Polonicæ compendiosa, ac per certa librorum capita ad facilem memoriam recens facta descriptio. Authore *Joanne* HERBURTO DE FULSTIN.

Basileæ 1571. Oporinus. 1 vol. in-4°.

1910.—Historia rerum Polonicarum concinnata et ad Sigismundum tertium Poloniæ Sueciæque regem usque deducta libris decem à *Salomone* NEUGEBAVERO à Cadano.

Hanoviæ 1618. D. et D. Aubrii. 1 vol. in-4°.

1911.—Histoire des rois et du royaume de Pologne, et du grand duché de Lituanie. Depuis la fondation de la monarchie jusques à present. Où l'on voit une relation fidele de ce qui s'est passé à la derniere élection. (Par J. G. JOLLI).

Amsterdam 1699. Pain. 2 en 1 vol. in-12.

1912.—Résumé de l'histoire de Pologne, par *Léon* THIESSÉ.

Paris 1824. Lecointe et Durey. 1 vol. in-18.

1913.—*Andreæ Maximiliani* FREDRO gestorum populi Poloni sub Henrico Valesio, Polonorum postea vero Galliæ rege.

Dantisci 1659. Forsterus. 1 vol. in-4°.

1914.—Histoire de la guerre des Cosaques contre la Pologne, avec un discours de leur origine, païs, mœurs, gouvernement et religion. Et un autre des Tartares Précocopites. Par P. C. (*Pierre* CHEVALIER).

Paris 1668. Jolly. 1 vol. in-12.

1915.—L'origine veritable du soulevement des Cosaques contre la Pologne. Par P. LINAGE DE VAUCIENNES.

Paris 1674. Clousier. 1 vol. in-12.

** — Casimir roy de Pologne. (Par ROUSSEAU DE LA VALLETTE).
    Paris 1680. Barbin. 2 vol. in-12. — Voyez *Belles-Lettres* n.° 2609.

** — Les anecdotes de Pologne, ou mémoires secrets du règne de Jean Sobieski III du nom. (Par DALÉRAC).
    Paris 1700. Aubouyn. 2 vol. in-12.— Voyez *Belles-Lettres* n.° 2610.

1916.—Histoire des révolutions de Pologne, depuis la mort d'Auguste III, jusqu'à l'année 1775. (Par l'*Abbé* JOUBERT).

Warsovie 1775. 2 vol. in-8°.

1917.—Histoire de l'anarchie de Pologne, et du démembrement de cette république, par *Cl.* Rulhière. Suivie des anecdotes sur la révolution de Russie, en 1762, par le même Auteur.

Paris 1807. Desenne. 4 vol. in-8º.

1918.—Histoire de Stanislas I, roi de Pologne, duc de Lorraine et de Bar. Par l'*Abbé* Proyart.

Lyon 1784. Bruyset. 2 vol. in-12.

1919.—Même ouvrage.

Paris 1828. Méquignon Havard. 1 vol. in-12.

1920.—La Lithuanie et sa dernière insurrection, par *Michel* Pietkiewicz.

Bruxelles 1832. Dumont. 1 vol. in-12.

1921.—Relation historique de la Pologne. Contenant le pouvoir de ses rois, leur élection, et leur couronnement, les privileges de la noblesse, la religion, la justice, les mœurs et les inclinations des Polonois; avec plusieurs actions remarquables. Par le Sieur de Hauteville.

Paris 1686. J. Villery. 1 vol. in-12.

1922.—A. O. Censure, ou discours politique touchant les pretendans à la couronne de Pologne. (Traduit du latin d'*André* Olszowski).

Cologne 1670. P. Du Marteau. 1 vol. in-12.

1923.—Mémoires pour servir à l'histoire et au droit public de Pologne, contenant particulièrement les *Pacta Conventa* d'Auguste III. Avec un commentaire historique et politique, tiré d'actes autentiques jusqu'à présent inconnus hors de ce Roïaume; traduits du latin de M. Lengnisch, par M. Formey.

La Haye 1741. Gosse. 1 vol. in-8º.

1924.—La voix libre du citoyen, ou observations sur le gouvernement de Pologne. (Par le roi Stanislas Leczinski).

1749. 2 en 1 vol. in-8º.

1925.—Lettres sur la constitution actuelle de la Pologne, et la tenue des ses diètes.

Warsovie. Paris 1771. Delalain. 1 vol. in-12.

1926.—Réflexions politiques sur la Pologne, ou lettre d'un patriote modéré, à son ami, avec plusieurs autres lettres, et un coup d'œil sur les vues secrètes que peuvent avoir les puissances de l'Europe, par rapport à la situation actuelle de la Pologne, le 10 juin 1770.

Londres 1772. 1 vol. in-8°.

** — Du gouvernement et des lois de Pologne. — De la situation de la Pologne en 1776. Par l'*Abbé* DE MABLY.—Voyez *OEuvres.* VIII-XIII.

1927.—Recueil de pièces relatives à l'histoire de la Pologne.

1 vol. in-8.° Contenant :

1. — Les Polonais, les Lithuaniens et les Russiens célébrant en France les premiers anniversaires de leur révolution nationale du 29 novembre 1830 et du 25 mars 1831.
   Paris 1832. H. Bossange.

2. — Statuts de la Société lithuanienne et des terres russiennes.
   Paris 1832. Pinard.

3. — Powstanie na Wolyniu, czyli pamietnik Polku iazdy Wolynskiey, uformowanego w czasie woyny narodowey polskiey przeciw dyspotyzmowi tronu rossyiskiego, 1831 roku; pisany przez dowodzce tegoz polku. *Karola* ROZYCKIEGO p. — (Notions sur la Volhynie, ou souvenir du régiment de cavalerie volhynienne formé dans le temps de la guerre nationale polonaise contre le despotisme du trone russe, en 1831. Ecrit par le commandant du régiment *Ch.* ROGITSKI).
   Bourges 1832. Souchois.

4. — Spotkanie sie Wygnancow w podrozy przez Lotaryngija odbytej w czasie ogloszenia bulli papiezkiej. — (Rencontre d'exilés voyageant en Lorraine, faite pendant la publication d'une bulle du Pape).
   Besançon 1833. Outhenin Chalandre.

5. — La Pologne et l'Angleterre, ou adresse des réfugiés Polonais en France à la chambre des communes de la Grande-Bretagne et d'Irlande.
   Paris 1832. Pinard.

6. — Protestation du Comité national polonais contre le statut organique et les oukases de Nicolas.
   Paris 14 avril 1832. Fournier.

7. — Le Comité national polonais au peuple Russe.
   Paris 1842. Fournier.

8. — Adresse des réfugiés Polonais en France, à la chambre des communes de la Grande-Bretagne et d'Irlande. (29 mai 1832).
   Paris 1832. Pinard.

   C'est la même que le n.° 5 ; elle est seulement en français, tandis que le n.° 5 est en français et en polonais.

9. — Adresse des Polonais réfugiés en France à la chambre des députés.
Paris 1832. Fournier.

10. — Adresse aux Israélites. (3 novembre 1832).
Paris 1832. Pinard.

11. — Lettre adressée d'Angleterre à Georges W. Lafayette, à l'occasion de la mort de son père le général Lafayette, président du comité central Franco-Polonais à Paris, premier grenadier de la garde nationale de Warsovie. (Par *Léon* Cʜᴏᴅᴢᴋᴏ. 23 nov. 1834).
Paris 1834. Duverger.

12. — Compte général des recettes et dépenses du comité national polonais. (Par J. Lᴇʟᴇᴡᴇʟ).
Bruxelles, 1 avril 1834.

13. — Bard Nadwislanski, nad brzegami Duransy i Rodanu. Numer 1, 2, 3, 4, 5, 6. (1832). 1, 2, 3. (1833). W Awenijonie, departamencie Wokluzy, w czasie patryotycznego entactwa Polakow. 1832-1833 roku. — (Le Troubadour de la Vistule sur les bords de la Durance et du Rhone. N.º 1, 2, 3, 4, 5, 6, (1832). 1, 2, 3. (1833). A Avignon, département de Vaucluse, pendant le temps du patriotique voyage des Polonais. 1832-1833.
Avignon 1832-1833. — A classer parmi les poésies.

14. — Dodatek do pierwszego kwartalu Barda nadwislanskiego nad brzegami Duransy i Rodanu. — (Annexe pour le premier quart du Troubadour de la Vistule sur les bords de la Durance et du Rhone).

15. — Ogol Polakow zakladu Awenionskiego. — (Dénombrement des Polonais du dépôt d'Avignon).

16. — Zmartwychwstanie wiersz na czesc 29 listopada czytany na uczcie patryotycznej Polakow w Francyi w Miescie Awenijonie, 29 listopada 1832 Roku, przez *Rajmunda* Sᴜᴍɪɴsᴋɪᴇɢᴏ.—(Résurrection, vers en mémoire du 29 nov. lus au banquet patriotique des Polonais, en France, dans la ville d'Avignon, le 29 nov. 1832, par *Raymond* Sᴜᴍɪɴsᴋɪ).
Avignon 1832. Guichard.

17. — Polacy w Bruxelli, do rodakow. — (Les Polonais demeurant à Bruxelles à leurs compatriotes).
Bruxelles 29 nov. 1835.

Russie.

a. — *Géographie et Voyages.*

1928.—*Antonii* Pᴏssᴇᴠɪɴɪ Moscovia, et, alia opera, de statu hujus seculi, adversus catholicæ ecclesiæ hostes. Nunc primò in unum volumen collecta.
Antuerpiæ 1587. Birckmann. 1 vol. in-fol.

1929.—Respublica Moscoviæ et urbes. Accedunt quædam latinè nunquam antehac edita. (Collegit M. Z. Boxhorn).

Lugd.-Batav. 1630. Joan. Maire. 1 vol. in-24.

** — Russia, seu Moscovia, itemque Tartaria, commentario topographico, atque policico illustratæ.

Lugd.-Batav. 1630. Off. Elzeviriana. 1 vol. in-24.—N.º 651-23.

1930.—Voyage à Saint-Pétersbourg, en 1799-1800, fait avec l'ambassade des Chevaliers de l'ordre de St.-Jean de Jérusalem, allant offrir à l'Empereur Paul premier la grande maitrise de l'ordre. Pour servir à l'histoire des des évènemens de la fin du XVIII.ᵉ siècle. Par feu M. l'*Abbé* Georgel; publié par M. Georgel, son neveu.

Paris 1818. Eymery. 1 vol. in-8º.

1931.—Voyage en Turcomanie et à Khiva, en 1819 et 1820; par M. N. Mouraviev. Contenant le journal de son voyage, le récit de la mission dont il était chargé, la relation de sa captivité dans la Khivie, la description géographique et historique du pays; traduit du russe par M. G. Lecointe de Laveau; revu par MM. J. B. Eyriès et J. Klaproth.

Paris 1823. Tenré. 1 vol. in-8º.

1932.—Voyage dans la Russie méridonale et la Crimée, par la Hongrie, la Valachie et la Moldavie, exécuté en 1837 par M. *Anatole* de Demidoff.

Paris 1840. Bourdin et C.ᵉ 1 vol. in-8º. Pl.

b. — *Histoire.*

1933.—Rerum Moscoviticarum commentarii, *Sigismundo* Libero authore. Russiæ brevissima descriptio, et de religione eorum varia inserta sunt. Chorographia totius imperii Moscici, et vicinorum quorundam mentio.

Antuerpiæ 1557. Steelsius. 1 vol. in-8º.

1934.—Histoire de l'empire de Russie, par M. Karamsin; traduite par MM. St.-Thomas, Jauffret et de Divoff.

Paris 1819-1826. Belin et Bossange. 11 vol. in-8º.

** — Russie, par M. Chopin, y compris la Crimée et les provinces russes
en Asie, par M. *César* Famin.

Paris 1838. Didot. fr. 2 vol. in-8.° Pl. — Voyez *Univers pitt.* 652.

1935.—Résumé de l'histoire de Russie, depuis l'établissement
de Rourik et des Scandinaves, jusqu'à nos jours. Par
Alphonse Rabbe.

Paris 1825. Lecointe et Durey. 1 vol. in-18.

1936.—Histoire de Russie et de Pierre-le-Grand, par M. le général comte de Ségur.

Paris 1829. Baudouin. fr. 1 vol. in-8°.

1937.—Histoire de l'empire de Russie sous Pierre le Grand, par
l'Auteur de l'histoire de Charles XII. (Voltaire).

(Genève). 1759. 2 vol. in-8°.

1938.—Même ouvrage.

(Paris). 1761. 2 vol. in-12.

1939.—Histoire de Pierre I surnommé le Grand, Empereur de
toutes les Russies, roi de Sibérie, de Casan, d'Astracan,
grand duc de Moscovie, etc. Enrichie de plans de batailles
et de médailles. (Par *Eléazar* Mauvillon).

Amsterdam 1742. Arkstée et Merkus. 3 vol. in-12. Fig.

1940.—Mémoires du règne de Pierre le Grand, empereur de
Russie, père de la Patrie etc. Par le B. *Iwan* Nestesu-
ranoi. (*Jean* Rousset).

La Haye 1725-1726. Alberts. 4 vol. in-12. Fig.

1941.—Même ouvrage. Nouv. édit. (augmentée des mémoires du
règne de Catherine).

Amsterdam 1740. Wetsteins. 5 vol. in-12.

1942.—Anecdotes du règne de Pierre premier, dit le Grand,
czar de Moscovie. (Par l'*Abbé* d'Allainval).

1745. 2 en 1 vol. in-12.

1943.—Mémoires d'Azéma, contenant diverses anecdotes des
règnes de Pierre le Grand, Empereur de Russie, et de
l'impératrice Catherine son épouse: traduits du russe.
Par M. C. D. (Contant d'Orville).

Amsterdam 1764. 2 vol. in-12.

1944.—Le faux Pierre III, ou la vie et les avantures du rebelle Jemel Jan Pugatschew, d'après l'original russe de M.ʳ F. S. G. W. D. B. Avec le portrait de l'imposteur, et des notes historiques et politiques.

Londres 1775. Seyffert. 1 vol. in-8°.

1945.—Histoire, ou anecdotes sur la révolution de Russie; en l'année 1762. (Par RULHIÈRE).

Paris 1797. Desenne. 1 vol. in-8°.

1946.—Mémoires du règne de Catherine, impératrice de toutes les Russies. (Par *Jean* ROUSSET).

Amsterdam 1742. Arsktée et Merkus. 1 vol. in-12. Port.

Cet ouvrage n'est autre que le 5.ᵉ volume du n.° 1941.

1947.—Catherine II, par Madame la duchesse d'ABRANTÈS.

Paris 1834. Dumont. 1 vol. in-8°.

1948.—Mémoires historiques sur l'empereur Alexandre et la cour de Russie, publiés par M.ᵐᵉ la C.ᵉˢᵉ DE CHOISEUL-GOUFFIER.

Paris 1829. Leroux. 1 vol. in-8°.

1949.—Description de la Livonie, avec une relation de l'origine, du progrès et de la décadence de l'ordre teutonique. Des révolutions, qui sont arrivées en ce pays jusqu'à nôtre temps, etc. (Par le Baron DE BLOMBERG).

Utrecht 1705. Poolsum. 1 vol. in-12. Fig.

1950.—Essai critique sur l'histoire de la Livonie, suivi d'un tableau de l'état actuel de cette province. Par L. C. D. B. (le Comte DE BRAY).

Dorpat 1817. Schünmann. 3 vol. in-8°.

1951.—Relation curieuse de l'estat présent de la Russie. Traduite d'un auteur anglois qui a esté neuf ans à la cour du grand Czar. Avec l'histoire des révolutions arrivées sous l'usurpation de Boris, et l'imposture de Demetrius, derniers empereurs de Moscovie.

Paris 1679. Billaine. 1 vol. in-12.

1952.—Relation curieuse et nouvelle de Moscovie. Contenant, l'état présent de cet empire. Les expéditions des Moscovites en Crimée, en 1689. Les causes des dernières révolutions. Leurs mœurs, et leur religion. Le récit d'un voyage de *Spatarus*, par terre à la Chine. (Par FOY DE LA NEUVILLE.

Paris 1698. Aubouyn. 1 vol. in-12.

1953.—Nouveaux mémoires sur l'état présent de la grande Russie ou Moscovie. Par un Allemand résident en cette cour (WEBER). Avec la description de Petersbourg et de Cronstot. Le journal du voyage de *Laurent* LANGE à la Chine. La description des mœurs et usages des Ostiackes (par J. B. MULLER). Et le manifeste du procès criminel du Czarewitz Alexis Petrowitz. (Publiés en français par le P. MALASSIS).

Paris 1725. Pissot. 2 vol. in-12. Cart.

Danemarck.

1954.—Relation en forme de journal, d'un voyage fait en Danemarc, à la suite de Monsieur l'Envoyé d'Angleterre. (Par DE LACOMBE DE VRIGNY). Avec plusieurs extraits des loix de Danemarc, accompagnez de quelques remarques.

Rotterdam 1706. Acher. 1 vol. in-12.

** — De regno Daniæ et Norvegiæ, insulisque adjacentibus : juxta ac de Holsatia, ducatu Sleswicensi, et finitimis provinciis, tractatus varii. (Collegit *Stephanus Johannis* STEPHANIUS).

Lugd.-Batav. 1629. Off. Elzeviriana. 1 vol. in-24. — N.° 651-9.

1955.—Danorum regum heroumque historiæ stilo eleganti a SAXONE *Grammatico* natione Sialandico necnon Roskildensis ecclesiæ præposito. Abhinc supra trecentos annos conscriptæ et nunc primum literaria serie illustratæ tersissimeque impressæ.

Parrhisiis 1513. J. B. Ascensius. 1 vol. in-fol.

1956.—SAXONIS *Grammatici* Danorum historiæ libri XVI, trecentis abhinc annis conscripti, tanta dictionis elegantia, rerumque gestarum varietate, ut cum omni vetustate contendere optimo jure videri possint.

Basileæ 1534. Bebelius. 1 vol. in-fol.

1957.—Historia compendiosa ac succincta serenissimorum Daniæ regum: ab incerto auctore conscripta; nunc vero usque ad Christianum IIII deducta, primùmque in lucem edita, opera et studio *Erpoldi* LINDENBRUGH.

Lugd.-Batav. 1595. Off. Plautiniana. 1 vol. in-4°.

1958.—Rerum Danicarum historia, libris X unoque tomo ad domum usque Oldenburgicam deducta, authore *Joh. Isacio* PONTANO. Accedit chorographica regni Daniæ tractusque ejus universi borealis urbiumq. descriptio eodem authore.

Amstelodami 1631. Janssonius. 1 vol. in-fol. Cart.

1959.—Histoire de Dannemarc, avant et depuis l'établissement de la monarchie. Par M. J. DES ROCHES. Nouv. édit., rev. et corr. sur l'édition d'Hollande; à laquelle on a joint la suite de la même histoire, jusques à l'an 1732.

Paris 1732. Rollin. 9 vol. in-12.

1960.—Histoire de Dannemarc, par M.r P. H. MALLET. 3.e édit.

Genève 1787-88. Barde, Manget et C.e 9 vol. in-12.

1961.—Résumé de l'histoire de Danemark, par P. LAMY. 2.e éd.

Paris 1825. Lecointe et Durey. 1 vol. in-18.

1962.—Factum pour son Altesse serenissime Mons.r le Duc de Slezwick et de Holstein, contre le traité de Rensbourg du 10 juillet 1675, et toutes les autres violences que les Danois luy ont faittes. Traduit du latin.

1677. 1 vol. in-12.

1963.—Etat du royaume de Danemark, tel qu'il étoit en 1692. Traduit de l'anglois (de *Robert* MOLESWORTH).

Amsterdam 1695. Braakman. 1 vol. in-12. Cart.

1964.—Etat present du royaume de Danemarc par lequel on voit le fort, et le foible de cette couronne, avec des remarques très utiles, sur son gouvernement despotique, et la conduite qu'elle tient aujourd'hui. (Traduit de l'anglois de *Robert* MOLESWORTH).

Paris 1714. Mab. Cramoisy. 1 vol. in-8°.

C'est une traduction différente de l'ouvrage précédent.

1965.—Même ouvrage.

Amsterdam 1732. Jansons a Waesberge. 1 vol. in-12.

1966.—Specimen Islandiæ historicum, et magna ex parte cho-
rographicum; anno J. C. 874 primum habitari cæptæ :
quo simul sententia contraria, *Joh. Isaci* Pontani, in pla-
cidam considerationem venit, per *Arngrimum* Jonam W.
> **Amstelodami 1643. 1 vol. in-4°.**

1967.—Relation de l'Islande. (Par *Isaac* La Peyrère).
> **Paris 1663. Th. Jolly. 1 vol. in-8°..**

1968.—Nouvelle description physique, historique, civile et politique de l'Islande, avec des observations critiques sur
l'histoire naturelle de cette isle, donnée par M. Anderson.
Ouvrage traduit de l'allemand, de M. Horrebows. (Par
Rousselot de Surgy et Meslin).
> **Paris 1764. Charpentier. 2 vol. in-12. Pl.**

Suède.

** — Suecia, sive de Suecorum regis dominiis et opibus. Commentarius
politicus. (Autore *Henrico* Sotero).
> **Lugd.-Batav. 1631. Off. Elzeviriana. 1 vol. in-24.—N.° 651-28.**

1969.—Gothorum Sueonumque historia, autore *Jo.* Magno.
> **Romæ 1554. M. De Viottis. 1 vol. in-fol. Fig.**

1970.—Eschaugette de laquelle on peut voir clairement l'estat
illustre des Suedois et des Goths. Composée en latin par
M. *Jean* Messenius. Et traduite en françois par M. *Jonas*
Hambræus.
> **Paris 1655. P. Des Hayes. 1 vol. in-18.**

1971.—Histoire de Suède, avant et depuis la fondation de la
monarchie. Par M. le Baron de Pufendorff. (Traduit par
Cl. Rouxel). Nouvelle édition plus correcte que les précédentes, et continuée jusqu'à l'année 1750. (Par Desroches
de Parthenay).
> **Amsterdam 1732. Chatelain. 3 vol. in-12. Port.**

1972.—Histoire de Suède, par *Erik-Gustave* Geyer, traduite
par J. F. de Lundblad.
> **Paris 1839. Parent Desbarres. 1 vol. in-8°.**

1973.—Résumé de l'histoire de Suède, par *Ch.* Coquerel.

Paris 1824. Lecointe et Durey. 1 vol. in-18.

On trouve en tête une défense des Résumés historiques.

** — Suède et Norwège, par M. *Ph.* Le Bas.

Paris 1838. F. Didot fr. 1 vol. in-8°. Pl.—Voyez *Univers pitt.* 652.

1974.—Histoire des révolutions de Suède. Où l'on voit les changemens qui sont arrivez dans ce royaume au sujet de la religion et du gouvernement. (Par l'*Abbé* de Vertot).

Paris 1695. M. Brunet. 2 vol. in-12.

1975.—Même ouvrage.

Paris 1812. Belin. 1 vol. in-12.

1976.—L'histoire de Gustave-Adolphe dit le Grand, et de Charles-Gustave, comte Palatin, roys de Suède, et de tout ce qui s'est passé en Allemagne pendant leur vie. Par le Sieur R. de Prade.

Paris 1693. V.ᵉ Cramoisy. 1 vol. in 12.

1977.—*Petri Baptistæ* Burgi *Genuensis* Mars Sueco-Germanicus, sive rerum à Ferdinando imp. et Gustavo Adolpho Sueciæ rege gestarum libri tres.

Coloniæ-Agripp. 1644. Binghius. 1 vol. in-16.

1978.—Histoire de la vie de la reyne Christine de Suède. Avec un veritable recit du séjour de la reyne à Rome, et la defense du Marquis Monadeschi contre la reyne de Suède. (Par *Ch. G.* Franckeinsten).

Stocholm. 1677. Jean pleyn de courage. 1 vol. in-12.

1979.—Mémoires de Christine, reine de Suède. (Par S. Marin).

Paris 1830. Dehay. 2 vol. in-8°.

1980.—Harangue panegyrique à la vertu et l'honneur de Madame Christine, reyne de Suede, des Goths et des Vandales, etc., faite en latin par M. *Jean* Freinshemius. Et traduite en françois par M. *Jonas* Hambræus.

Paris 1655. P. Des Hayes. 1 v. in-12. A la suite du n.° 1970.

1981.—Mémoires de ce qui s'est passé en Suède, et aux provinces voisines, depuis l'année 1645 jusques en l'année 1655. Ensemble le demêlé de la Suede avec la Pologne.

Tirez des depesches de M. Chanut, ambassadeur pour le Roy en Suede. Par P. Linage de Vauciennes.
Paris 1675. Billaine. 3 vol. in-12.

1982.—Histoire de Suède sous le règne de Charles XII. Où l'on voit aussi les révolutions arrivées en différens tems dans ce royaume; toute la guerre du Nord, et l'avènement de la Reine et du Roi régnant à la couronne, jusqu'à présent. Par M. de Limiers.
Amsterdam 1721. J. à Waesberge. 12 en 6 v. in-12. Fig.

1983.—Histoire de Charles XII, roi de Suède. Par M. de V. (Voltaire). Nouv. édit.
Basle 1732. Chris. Revis. 1 vol. in-8°.

1984.—Les campagnes de Charles XII, roy de Suède. (Par le Sieur de Grimarest).
Paris 1711. Delaulne. 4 vol. in-12.

1985.—Histoire militaire de Charles XII, roy de Suède, depuis l'an 1700 jusqu'à la bataille de Pultowa en 1709, écrite par ordre exprès de Sa Majesté, par M. *Gustave* Adlerfeld. (Traduite par *Ch. Max.* Adlerfeld son fils).
Paris 1741. Ganeau. 3 vol. in-12. Port. et Cart.

1986.—Histoire abrégée de l'état présent de la Suède.
Londres 1748. Jean Nours. 2 en 1 vol. in-8°.

1987.—Histoire de la Laponie, sa description, l'origine, les mœurs, la maniere de vivre de ses habitans, leur religion, leur magie, et les choses rares du païs. Traduite du latin de M. Scheffer. Par L. P. A. L. (Le P. *Aug.* Lubin).
Paris 1678. Olivier de Varennes. 1 vol. in-4°. Pl.

** — Voyage de Laponie, par Régnard.
Voyez *OEuvres.* — *Belles-Lettres.* 2102. i.

Angleterre.

a. — *Géographie, Statistique et Voyages.*

1988.—Descriptio Britanniæ, Scotiæ, Hyberniæ, et Orchadum, ex libro Pauli Jovii, Episcopi Nucer. De imperiis, et gentibus cogniti orbis, cum ejus operis prohoemio.
Venetiis 1548. M. Tramezinus. 1 vol. in-4°.

1989.—Theatrum imperii Magnæ Britanniæ, exactam regnorum
Angliæ, Scotiæ, Hiberniæ et Insularum adiacentium
geographiam ob oculos ponens : una cum comitatibus,
centuriis, urbibus et primariis comitatuum oppidis, intra
regnum Angliæ, divisis et descriptis. Opus nuper quidem
a *Johanne* Spedo anglicè conscriptum : nunc verò a *Phi-
lemone* Hollando latinitate donatum.
London 1616. J. Sudbury. 1 vol. in-fol.

1990.—*Guili.* Camdeni Britannia, sive florentiss. regnorum Angliæ, Scotiæ, Hiberniæ, Insularumque adjacentium ex
intima antiquitate descriptio. In epitomen contracta à
Regnero Vitellio *Zirizæo.*
Amsterdami 1639. Blaeu. 1 vol. in-16. Cart.

1991.—Mémoires et observations faites par un voyageur en Angleterre, sur ce qu'il y a trouvé de plus remarquable,
tant à l'égard de la religion, que de la politique, des
mœurs, des curiositez naturelles, et quantité de faits
historiques. (Par *Maximilien* Misson).
La Haye 1698. H. Van Bulderen. 1 vol. in-12. Pl.

1992.—Le guide des étrangers : ou le compagnon nécessaire et
instructif à l'étranger et au naturel du pays, en faisant
le tour des villes de Londres et de Westminstre. (Français et anglais en regard). 2.ᵉ édit.
Londres 1740. J. Pote. 1 vol. in-8°.

1993.—Nouvelles observations sur l'Angleterre, par un Voyageur.
(l'*Abbé Gab. Fr.* Coyer).
Paris 1779. V.ᵉ Duchesne. 1 vol. in-12.

1994.—L'Angleterre, ou description historique et topographique
du royaume uni de la Grande-Bretagne; par M. G. B.
Depping.
Paris 1824. Ledoux. 6 vol. in-18. Pl.

1995.—A guide to the lakes, in Cumberland, Westmorland,
and Lancashire. By the author of the antiquities of Fur-
ness. 3.ᵈ edit.
London 1784. B. Law. 1 vol. in-8°. Pl.

1996.—Itinéraire pittoresque, au Nord de l'Angleterre; contenant 73 vues des lacs, des montagnes, des châteaux, etc. des comtés de Westmorland, Cumberland, Durham et Northumberland; accompagné de notices historiques et topographiques en français, en anglais, et en allemand. Le texte français rédigé par J. F. Gérard.

    Londres 1835. Fisher. 1 vol. in-4°. Pl.

1997.—Londres et l'Angleterre, ouvrage élémentaire à l'usage de la jeunesse.

    Paris 1826. Bossange. 1 vol. in-12. Pl.

1998.—Londres, ou tableau civil, moral, politique, philosophique, commercial et religieux de cette capitale. Par Grosley. Nouv. édit.

    Paris an VI. Desray. 4 vol. in-12. Pl.

1999.—A concise description of the royal hospital for seamen at Greenwich. Extracted from the historical account published by the Chaplains.

    Greenwich, at the Hospital. 1 vol. in-8°.

2000.—Description abrégée de l'hôpital royal de la marine à Greenwich, extraite de la relation historique publiée par MM. les Chapelains, et traduite par M.me W.Charron.

    Greenwich, à l'Hôpital. 1 vol. in-8°.

2001.—Stowe: a description of the magnificent house and gardens of the right honourable Richard, earl Temple, viscount and baron Cobham. (By B. Seeley). New edit.

    London 1766. Rivington. 1 vol. in-8°. Fig.

2002.—Guide d'Oxford: avec un catalogue de tout ce qu'il y a de plus remarquable dans toute la province d'Oxford: Avec la route de Douvres à Londres, les deux routes de Londres à Oxford, et les objets remarquables, que l'on y apperçoit. Par *Philippe* Jung.

    Oxford 1789. 1 vol. in-12.

** — *Thomæ* Smithi *Angli* de republica Anglorum libri tres. Quibus accesserunt chorographica illius descriptio aliique politici tractatus.

    Lugd.-Batav. 1641. Off. Elzeviriana, 1 vol. in-24. — N.° 651-3.

** — Respublica, sive status regni Scotiæ et Hiberniæ diversorum auto-
rum. (Buchanani, Boethii, Camdeni).

Lugd.-Batav. 1627. Off. Elzeviriana. 1 vol. in-24. — N.° 651-27.

2003.—L'estat present de l'Angleterre, avec plusieurs reflexions
sur son ancien estat; traduit de l'anglois d'*Edüard* Chamberlayne. (Par M. de Neuville).

Amsterdam 1669. Blaeu. 1 vol. in-12.

2004.—Méme ouvrage.

Paris 1671. La Comp. des Libraires. 1 vol. in-12.

2005.—Même ouvrage. 3.ᵉ édit.

Amsterdam 1671. Blaeu. 2 vol. in-12.

2006.—Même ouvrage.

Amsterdam 1688. P. Marret. 2 vol. in-12.

2007.—L'état présent de la Grande-Bretagne sous le règne de
Georges I. Ouvrage le plus exact et le plus ample qui ait
encore été publié sur cette matière; où l'on trouve un
état de l'Irlande nouvellement traduit de l'anglois; une
description des états que la Grande-Bretagne possède en
Amérique, en Afrique et dans la Méditerranée, etc.

Amsterdam 1723. Wetsteins. 3 vol. in-8º.

C'est l'ouvrage de Chamberlayne revu et augmenté par G. Miège.

2008.—Official documents presented to both houses of parliament.

London 1820-1840. W. Clowes. 20 vol. in-fol.

Cette collection comprend :

1. — Tables of the revenue, population, commerce etc. of the United
Kingdom and its dependencies. Compiled from official returns.

2. — The finance accounts of the United Kingdom I-VIII, for the year
ended fifth january 1822. — I-VIII, for the year 1838 ended fifth january 1839. — I-VIII, for the year 1839, ended fifth january 1840.

3. — Report from the select committee on municipal corporations ; with
the minutes of evidence taken before them. (4 june 1833).

1, 2, 3 reports of the commissioners appointed to inquire into
the municipal corporations in England and Wales. — Appendix 1,
2, 3, 4, 5. — Analytical index. 1835-1839.

Municipal corporations. (Scotland). Local report of the commissioners. 1835-1836.

Municipal corporations. (Ireland). Appendix to the report of
the commissioners. 1835-1836.

4. — Civil offices in the United Kingdom. 1816-1821. Reductions in civil offices. 1-9. — Account and papers presented to the house of commons, relating to the increase and diminution of salaries, etc. in the public offices of Great Britain, for the year ended the fifth of january 1822.

5· — 1, 2, 3, 4, 5 reports of the select committee on the act for the regulation of mills and factoteries. — Returns relating mills and factoteries. 1839-40.

6. — 1, 2, 3, 4, 5 reports from assistant hand-loom weavers' commissioners. 1839-40.

7. — Accounts of slave compensation claims for the colonies.

8. — Fifth annual report of the poor law commissioners: with appendices. 1839. — Report of the poor law commissioners on the continuance of the poor law commission. 1840.—Appendix to the report of poor law commissioners on the continuance of the poor law commission.

9. — Report from the select committee on weights and measures. 1821.

10. — Report from the select committee on the usury laws. 16 april 1821.

11. — Minutes of evidence taken before the select committee on receivers general of land and assessed taxes. 15 janvier 1821.

12. — 1, 2, 3, 4, 5, 6, 7, 8, 9, 10, 11, 12 reports of the commissioners appointed to inquire into the departments of the customs and excise; and proceedings of the lords commissioners of the treasury thereupon. 1820.

13. — 1, 2 reports from the select committee on railway communication. 1840.

14. — Report from the select committee on mail coach exemption. 1811.

15. — Nineteenth report of the commissioners for making and maintening the Caledonian canal. 1822.

16. — Local taxation. Poor rates. County rates. Highway rates. Church rates. 1839.

17. — Report from the select committee on poor rate returns. 1821.

18. — Accounts: pensions, allowances and compensations. 1821.

19. — Report from the committee upon expired and expiring laws. 1822.

20. — Reports (in 1801) from the committee on the laws relating to the salt duties. 1818.

21. — Report from the select committee on shipwrecks of timber ships; appendix and index. 1839.

22. — Accounts relating to imports and exports: the East Indies, China, the British colonies, and Great Britain; together with correspondence concerning the duties of customs, and the cultivation of cotton, in India. 1840. — Indian papers. — Report from the select com-

mittee of the house of lords appointed to consider of the petition of the East India company for relief; and to report thereon to the house. 1840.

23. — Tea cultivation, India. 1839.

24. — Correspondence relating to China. — Papers relating to China. — Report from the select committee on the trade with China.

25. — Correspondence relating to Persia and Affghanistan. 1839.

26. — Correspondence relative to the affairs of Canada. 1840.

27. — Papers relative to the West India. Jamaica. 1 vol.

28. — Report on the affairs of British North America. — Correspondence respective the Indians in the British North American provinces. 1839.

29. — Correspondence relative to the condition of the hill coolies, and of other labourers who have been introduced into British Guiana. 1839.

30. — Mauritius. (Correspondence and papers relative to the introduction of Indian labourers into the Mauritius). 1840.

31. — Correspondence with the secretary of state relating to New Zealand. 1840.

32. — Reports of the colonization commissioners for South Australia. 1838.

b. — Collections d'Historiens.

2009.—Anglica, Normannica, Hibernica, Cambrica, a veteribus scripta: ex quibus Asser *Menevensis*, Anonymus de vita Gulielmi Conquestoris, *Thomas* Walsingham, *Thomas* de la More, Gulielmus *Gemiticensis*, Giraldus *Cambrensis*: Plerique nunc primùm in lucem editi. ex bibliotheca G. Camdeni.
Francofurti 1603. Marnius. 1 vol. in-fol.

2010.—Flores historiarum per Matthæum *Westmonasteriensem* collecti: præcipue de rebus Britannicis: ab exordio mundi usque ad annum Domini mcccvii. Et chronicon ex chronicis, ab initio mundi usque ad annum Domini mcxviii deductum: auctore Florentio *Wigorniensi* monacho. Cui accessit continuatio usque ad annum Christi mcxli per quendam eiusdem cœnobii eruditum.
Francofurti 1601. Typis Wechelianis. 1 vol. in-fol.
A la suite:

De antiquitate Britanniæ ecclesiæ, et nominatim de privilegiis ecclesiæ Cantuariensis, atque de archiepiscopis eiusdem LXX historia.

Hanoviæ 1605. Typis Wechelianis. in-fol.

2011.—Rerum Anglicarum scriptores post Bedam præcipui, ex vetustissimis codicibus manuscriptis nunc primùm in lucem editi. WILLIELMI monachi *Malmesburiensis* de gestis regum Anglorum lib. V. Ejusdem historiæ novellæ lib. II. Ejusdem de gestis pontificum Angl. lib. IIII. — HENRICI Archidiaconi *Huntindoniensis* historiarum lib. VIII. — *Rogeri* HOVEDENI annalium pars prior et posterior.—Chronicorum ETHELWERDI lib. IIII. — INGOLPHI abbatis *Croylandensis* historiarum lib. I. Adjecta ad finem chronologia. (Collegit H. SAVILE).

Londini 1596. G. Bishop. 1 vol. in-fol.

2012.—Idem opus.

Francofurti 1601. Typis Wechelianis. 1 vol. in-fol.

2013.—Historiæ Anglicanæ scriptores X. Ex vetustis manuscriptis, nunc primùm in lucem editi. (à *Rog.* TWISDEN). Adjectis variis lectionibus, glossario (à *Guilielmo* SOMNERO), indiceque copioso (ab A. SELDENO digesto).

Londini 1652. C. Bee. 1 vol. in-fol.

Hi scriptores sunt : SIMEON Monachus Dunelmensis. — JOHANNES Prior Hagustaldensis.— RICARDUS Prior Hagustaldensis.— AILREDUS Abbas Rievallensis. — *Radulphus* DE DICETO Londoniensis. — *Johannes* BROMPTON Jornallensis. — GERVASIUS Monachus Doroborncnsis. — *Thomas* STUBBS Dominicanus.— *Guilielmus* THORN Cantuariensis. — *Henricus* KNIGHTON Leicestrensis.

c. — *Histoire générale.*

2014.—*Polydori* VERGILII *Urbinatis* anglicæ historiæ lib. XXVI.
Basileæ 1534. Bebelius. 1 vol. in-fol.

2015.—Ejusdem Anglicæ historiæ libri vigentiseptem.
Basileæ 1556. M. Isingrinius. 1 vol. in-fol.

2016.—*Polydori* VERGILII *Urbinatis* Anglicæ historiæ libri vi-

23.

genti sex. Ab ipso autore postremùm recogniti. Accessit Anglorum Regum chronices epitome, per *Georg.* Lilium.

Gandavi s. d. C. Manilius. 2 vol. petit in-8°.

2017.—Anglorum regum chronices epitome, *Georg.*Lilio auctore.

Gandavi s. d. C. Manilius. 1 vol. in-8°.

Ce volume est un fragment de l'ouvrage précédent. T. i p. 817-944.

2018.—Chronicon sive brevis enumeratio regum et principum, in quos variante fortuna, Britanniæ imperium diversis temporibus translatum est. *Georgio* Lilio *Brit.* autore.

Francofurti 1565. 1 vol. in-8°.

2019.—*Matthæi* Paris *Angli*, historia major, à Guilielmo Conquæstore, ad ultimum annum Henrici tertii.

Tiguri 1589. Off. Froschoviana. 1 vol. in-fol.

2020.—*Matthaei* Paris historia major. Juxta exemplar Londinense 1571, verbatim recusa. Et cum *Rogeri* Wendoveri, *Willielmi* Rishangeri, authorisque majori minorique historiis chronicisque mss. fidelitèr collata.— Huic primùm editioni accesserunt, duorum offarum Merciorum regum; et vigenti trium abbatum S. Albani vitæ : unà cum libro additamentorum. Per eundem authorem. Editore *Willielmo* Wats.

Parisiis 1644. G. Pelé. 1 vol. in-fol.

2021.—Grande chronique de *Matthieu* Paris, traduite en français par A. Huillard-Bréholles, accompagnée de notes, et précédée d'une introduction par M. le duc de Luynes.

Paris 1840-1841. Paulin. 9 vol. in-8°.

** — *Ven.* Bedæ gentis Anglorum historiæ ecclesiasticæ libri V.

Vide *Bedæ* opera.

2022.—Guillelmi *Neubrigensis* de rebus Anglicis sui temporis, libri quinque, nunc primum auctiores XI capitulis hactenus desideratis, et notis *Joannis* Picardi *Bellovaci.*

Parisiis 1610. Petit-Pas. 1 vol. in-8°.

2023.—Histoire d'Angleterre, d'Escosse, et d'Irlande. Par *André* Du Chesne. Nouv. édit., rev., corrig. et continuée depuis 1641 jusques à present, par le S.r du Verdier.

Paris 1666. Billaine. 2 vol. in-fol.

2024.—Abbregé de l'histoire d'Angleterre, d'Escosse et d'Irlande. Recueilly tres-exactement par le S.^r Du Verdier.
Lyon 1679. Est. Baritel. 3 vol. in-12. Port.

2025.—Abregé nouveau de l'histoire generale d'Angleterre, d'Ecosse, et d'Irlande, et des autres Païs qui composent le royaume de la Grande Bretagne. Par M. Vanel.
Paris 1689. Osmont. 4 vol. in-12.

2026.—Abregé de l'histoire d'Angleterre, écrite sur les memoires des plus fidelles autheurs anglois. Contenant les vies des Rois et Reines qui ont régné depuis le commencement de la monarchie jusqu'à present.
La Haye 1695. Foulque. 1 vol. in-12. Pl.

2027.—Histoire d'Angleterre, par M.^r DE Rapin Thoyras. 2.e édit. (Continuée jusqu'à l'avenement de Georges II à la couronne. Par D. Durand et Dupard).
La Haye 1727-36. A. Rogissart et Van Duren. 13 v. in-4°.

2028.—Remarques historiques et critiques sur l'histoire d'Angleterre de Mr *de Rapin Thoyras*, par Mr N. Tindal. Et Abrégé historique du Recueil des Actes publics d'Angleterre, de *Thomas* Rymer; par M.^r DE Rapin Thoyras. Avec les notes de Mr *Etienne* Whatley.
La Haye 1733. Neaulme. 2 vol. in-4°.

2029.—Extraits des actes de Rymer, par Mr Rapin Thoyras, tirez de la Bibliothèque choisie, et de la Bibliothèque ancienne et moderne de M.^r *Le Clerc*.
Amsterdam 1728. D. Mortier. 1 vol. in-4°.

2030.—Histoire des revolutions d'Angleterre, depuis le commencement de la monarchie jusqu'au règne de Guillaume III. Par le Père d'Orléans.
La Haye 1723. R. Alberts. 3 vol. in-12. Pl.

2031.—Histoire des révolutions d'Angleterre, depuis le commencement de la monarchie: par le Père d'Orléans.
Paris 1787. Comp. des Libr. 4 vol. in-12.

2032.—Histoire des révolutions d'Angleterre, pour servir de suite à celles du Père d'*Orléans*. Par M. Turpin.
Paris 1786. Leclerc. 2 vol. in-12.

2033.—Histoire véritable et secrette des vies et des règnes de tous les Rois et Reines d'Angleterre, depuis Guillaume I surnommé le Conquérant, jusqu'à la fin du règne de la Reine Anne, où l'on a joint un Abrégé de l'histoire générale de chaque règne tirée des Manuscrits originaux, des meilleurs mémoires anecdotes, et historiens authentiques. Traduite de l'anglois. (Par R. WETSTEIN).
Amsterdam 1729. Wetsteins et Smith. 3 vol. in-12.

2034.—Histoire de la maison de Stuart, sur le trône d'Angleterre : par M. HUME. (Traduction de l'*Abbé* PRÉVOST).
Londres (Paris) 1760. 3 vol. in-4º.

2035.—Même ouvrage.
Paris 1822. A. Bertrand. 8 vol. in-12.

2036.—Histoire d'Angleterre, depuis l'invasion de Jules César, jusqu'à l'avènement de Georges IV, par *David* HUME, et ses continuateurs GOLDSMITH et W. JONES ; traduction nouvelle ou revue par M. LANGLOIS.
Paris 1829.-1830. Rouzé-Bourgeois et Jubin. 7 v. in-8º.

2037.—Elémens de l'histoire d'Angleterre, depuis la conquête des Romains, jusqu'au règne de Georges II. Par M. l'*Abbé* MILLOT. Nouv. édit.
Paris 1773. Durand. 3 vol. in-12.

2038.—Histoire d'Angleterre, depuis la première invasion des Romains, jusqu'à la paix de 1763 ; avec des tables généalogiques et politiques, par A. F. DE BERTRAND MOLEVILLE.
Paris 1815. Michaud. 6 vol. in-8º.

2039.—Histoire d'Angleterre par *Olivier* GOLDSMITH, continuée jusqu'en 1815 par *Ch.* COOTE, et jusqu'à nos jours par le traducteur, M.ᵉ *Alexandrine* ARAGON, avec des notes de MM. THIERRY, DE BARANTE, DE NORVINS et THIERS.
Paris 1839. Houdaille. 4 vol. in-8º. Pl.

2040.—Histoire d'Angleterre, depuis la première invasion des Romains, par le docteur *John* LINGARD, traduite de l'anglais sur la 2.ᵉ édit., par M. le Chevalier DE ROUJOUX et M. *Amédée* PICHOT.
Paris 1825-37. Parent-Desbarres. 17 vol. in-8º.

2041.—Même histoire. 2.ᵉ édit. Continuée depuis la révolution de 1688 jusqu'à nos jours (1837) par M. DE MARLÈS. Rev. approuvée et annotée par le docteur J. LINGARD.
Paris 1833-1838. Parent-Desbarres. 21 vol. in-8°.

2042.—Preuves de l'histoire d'Angleterre, par le docteur *John* LINGARD; traduite de l'anglais par M. le B.ᵒⁿ DE ROUJOUX.
Paris 1833. Parent Desbarres. 1 vol. in-8°.
Ce volume comprend les Antiquités de l'église anglo-saxonne.

2043.—Justification de l'histoire d'Angleterre, par le docteur *John* LINGARD; traduite de l'anglais par M. DE ROUJOUX.
Paris 1833. Parent Desbarres. 1 vol. in-8°.
Ces justifications sont relatives à quelques passages des tomes ɪᴠ et ᴠ de l'histoire d'Angleterre de cet auteur.

A la suite, on trouve :

Mélanges de controverses religieuses avec l'évêque de Durham et quelques ministres anglicans; traduit de l'anglais (de *John* LINGARD) par A. CUMBERWORTH fils.
Paris 1838. Parent Desbarres. 1 vol. in-8°.

2044.—Abrégé de l'histoire d'Angleterre, depuis la première invasion des Romains, d'après la grande histoire du d.ʳ *John* LINGARD, par M. le Chevalier de ROUJOUX, et M. J. L. VINCENT.
Paris 1827. Carié de la Charie. 4 vol. in-12.

2045.—OEuvres littéraires de M. le Vicomte DE CHATEAUBRIAND. Les quatre Stuart.
Paris 1828. Ladvocat. 1 vol. in-12.
** — Angleterre, Ecosse et Irlande, par MM. *Léon* GALIBERT et *Cl.* PELLÉ.
Paris 1842-1844. F. Didot fr. 4 vol. in-8°. Pl.—*Univers pitt.* 652.

2046.—Instruction sur l'histoire d'Angleterre depuis la fondation de la monarchie jusqu'à ce jour; par M.ᵉ de G.... revue et corrigée par C. C. LETELLIER.
Paris 1811. Le Prieur. 1 vol. in-12.

2047.—Epoques et faits mémorables de l'histoire d'Angleterre, depuis Alfred-le-Grand jusqu'à ce jour. Par R. J. DURDENT.
Paris 1815. Eymery. 1 vol. in-12. Pl.

2048. — Résumé de l'histoire d'Angleterre, par *Félix* Bodin.
 Paris 1827. Lecointe et Durey. 1 vol. in-18.

---

e. — *Histoire particulière de certaines époques.*

** — The reign of Lockrin; a poem. Remarks upon modern poetry. —
 2.ᵈ edit. with additions. — The history of Lockrin; and an outline
 of the history of Britain during the primeval period. By A. J. Dunkin.
 London s. d. R. Smith. 1 vol. in-8°. Port. — Voyez *Belles-Lettres.*

2049. — Opus novum. — Gildas *Britannus* monachus cui Sapientis
 cognomentum est inditum, de calamitate, excidio, et con-
 questu Britanniæ, quam Angliam nunc vocant, author
 vetustus a multis diu desyderatus, et nuper in gratiam. D.
 Cutheberti Tonstalli, Londin. Episcopi formulis excusus.
 Londini 1525. 1 vol. in-8°.

2050. — Histoire de la conquête d'Angleterre par les Normands,
 de ses causes et de ses suites jusqu'à nos jours, en Angleterre, en Ecosse, en Irlande et sur le continent; par
 Augustin Thierry. 3.ᵉ édit.
 Paris 1830. Mesnier. 4 vol. in-8°. Cart.

2051. — Même ouvrage. 4.ᵉ édit.
 Paris 1836. J. Tessier. 4 vol. in-8°.

2052. — Histoire excellente et heroïque du roy Willaume le Bas-
 tard, jadis roy d'Angleterre et duc de Normandie. Par
 Fr. d'Eudemare.
 Rouen 1626. Ango. 1 vol. in-8..

** — Histoire de Guillaume le Conquérant, duc de Normandie et roi
 d'Angleterre, par M. l'*Abbé* Prévost.
 Voyez *Belles-Lettres* n.° 2641-XVI.

2053. — Histoire du démêlé de Henri II, roi d'Angleterre, avec
 Thomas Becket, archevêque de Cantorbery, précédée
 d'un discours sur la jurisdiction des princes et des magistrats séculiers sur les personnes ecclésiastiques. (Par
 l'*Abbé Etienne* Mignot).
 Amsterdam 1756. Arkstée et Merkus. 1 vol. in-12.

2054. — L'heritiere de Guienne, ou histoire d'Eleonor, fille de

Guillaume, dernier duc de Guyenne, femme de Louis VII
Roy de France, et ensuite de Henry II Roy d'Angleterre.
(Par *Isaac* DE LARREY).
Rotterdam 1691. R. Leers. 1 vol. in-12.

2055.—Histoire tragique et memorable, de Pierre de Gaverston
gentilhomme Gascon, jadis le Mignon d'Edoüard 2 Roy
d'Angleterre, tirée des Croniques de *Thomas* VALSINGHAN,
et tournée de latin en françois (par PAVILLON).
1588. S. l. n. n. 1 vol. in-8°.

Cet ouvrage, dit le catalogue de La Valliére, a été fait par le ligueur *Jean* BOUCUER, contre le duc d'Epernon, favori de Henri III.

2056.— Mémoires d'Angleterre, contenant l'histoire des deux
Roses, ou les différends des deux maisons royales d'Yorck
et de Lencastre.
Amsterdam 1726. 1 vol. in-12.

2057.—Histoire de Caterine de France, reine d'Angleterre. (Par
BAUDOT DE JUILLY).
Amsterdam 1697. A. de Hoogen Huysen. 1 vol. in-16.

** — Histoire de Marguerite d'Anjou, reine d'Angleterre, épouse de
Henri VI, par l'*Abbé* PRÉVOST. — Voyez *Belles-Lettres* n.° 2638.

** — *Francisci* BACONIS historia regni Henrici VII, Angliæ regis.
Vide *Fr. Baconis* opera.

2058.—Histoire du règne de Henry VII, Roy d'Angleterre. Corrigé et augmenté d'un Abregé ou table fort nécessaire
audit histoire. (Traduit de F. BACON par LA TOUR HOTMAN).
Bruxelles s. d. P. de Dobbeleer. 1 vol. in-12.

2059.—Histoire de Henry VII, Roy d'Angleterre, surnommé le
Sage et le *Salomon* d'Angleterre. Par M. DE MARSOLIER.
Paris 1700. Du Puis. 2 vol. in-12.

2060.—Rerum Anglicarum Henrico VIII, Edwardo VI, et Maria
regnantibus, annales. (Authore *Fr.* GODWINO).
Haghæ-Comitis 1653. Sam. Broun. 1 vol. in-16.

2061.—Annales des choses plus memorables arrivées tant en
Angleterre qu'ailleurs, sous les regnes de Henry VIII,
Edouard VI et Marie. Traduites d'un autheur anonyme
(*Fr.* GODWIN) par le sieur DE LOIGNY.
Paris 1647. P. Rocolet. 1 vol. in-4°. Port.

2062.—Histoire du divorce de Henry VIII, roy d'Angleterre, et de Catherine d'Arragon. Avec la Défense de Sanderus: la Réfutation des deux premiers livres de l'Histoire de la réformation de M. Burnet: et les preuves. (Par *Joachim* Le Grand).
Paris 1688. V.ᵉ E. Martin. 3 vol. in-12.

2063.—Lettre de M. Burnet à M. Thevenot, contenant une courte critique de l'Histoire du divorce de Henry VIII, écrite par M. Le Grand. Nouvelle édition augmentée d'un avertissement et des remarques de M. L. G. (M. Le Grand) qui servent de reponse à cette lettre.
Paris 1688. V.ᵉ E. Martin. 1 vol. in-12.

2064.—Annales rerum Anglicarum, et Hibernicarum, regnante Elizabetha, ad annum salutis MDLXXXIX. *Guilielmo* Camdeno authore.
Londini 1615-1627. Guil. Stansbius. 2 en 1 vol. in-fol.

2065.—Rerum Anglicarum et Hibernicarum annales, regnante Elisabetha. Auctore *Guilielmo* Camdeno.
Lugd.-Batav. 1639. Elsevirii. 1 vol. in-8°.

2066.—Histoire d'Elizabeth Royne d'Angleterre comprenant ce qui s'est passé de plus memorable és royaumes d'Angleterre, Escosse, et Irlande, depuis le commencement de son regne, qui fut l'an 1558 jusques à sa mort, en l'année 1603. Traduit du latin de *Guillaume* Camden par M. *Paul* de Bellegent.
Paris 1627. Thiboust. 1 vol. in-4°.

2067.—La vie d'Elisabeth Reine d'Angleterre. Traduit de l'italien de M. *Gregoire* Leti. 2.ᵉ édition.
Amsterdam 1704. Desbordes. 2 vol. in-12.

2068.—Même ouvrage. 3.ᵉ édit.
Amsterdam 1734. Desbordes. 2 vol. in-12.

2069.—Fragmenta regalia, ou le caractere veritable d'Elisabeth Reyne d'Angleterre, et de ses favoris. Traduit de l'anglois de *Robert* Naunton. Par *Jean* Le Pelletier.
Rouen 1683. Lucas. 1 vol. in-12.

2070. — Mémoires de *Jaques* MELVIL, contenant une exacte relation de quelques évenemens du dernier siécle trés-importans, qui ne se trouvent point dans les autres historiens. Principalement par raport à l'Angleterre et à l'Ecosse, sous le régne de la Reine Elizabeth, de Marie Stuard, et de Jaques 1. Publiez sur le manuscrit de l'auteur, par *George* SCOR, et traduits de l'anglois par G. D. S.

La Haye 1694. Moetjens. 2 vol. in-12.

2071. — Mémoires et instructions pour les ambassadeurs, ou lettres et négotiations de WALSINGHAM, ministre et secretaire d'etat, sous Elisabeth Reine d'Angleterre. Traduit de l'anglois. (Par *Louis* BOULESTEIS DE LA CONTIE).

Amsterdam 1700. Gallet. 1 vol. in-4°.

2072. — Historia rerum Britannicarum, ut et multarum Gallicarum, Belgicarum, et Germanicarum, tàm politicarum, quàm ecclesiasticarum, ab anno 1572, ad annum 1628 : Auctore *Roberto* JONHSTONO.

Amstelædami 1655. Ravesteyn. 1 vol. in-fol.

2073. — I. G. De rebus auspiciis serenissimi et potentissimi Caroli Dei gratia magnæ Britanniæ regis, etc. sub imperio illustrissimi Jacobi Montisrosarum marchionis, supremi Scotiæ Gubernatoris anno MDCXLIV, et duobus sequentibus præclarè gestis, commentarius. Interprete A. S.

Parisiis 1648. J. Bessin. 1 vol. in-8°.

A. S. suivant Lenglet Du Fresnoy signifie *Andreas* SYLVIUS ; suivant Barbier, d'après Pinkerton, on doit lire A. SOPHOCARDIUS, en anglais WISHART, Montis rosarum capellanus.

2074. — Elenchus motuum nuperorum in Anglia. Simul ac juris regii et parlamentarii breuis enarratio. Editio secunda. (Autore *Georgio* BATEO).

Rothomagi 1650. Cailloué. 1 vol. in-16.

2075. — Abrégé des derniers mouvemens d'Angleterre. Avec un raisonnement succinct des droits tant du Roy, que du Parlement. (Traduit de *George* BATS).

Anvers 1651. J. Moens. 1 vol. in-16.

2076.—Tragicum theatrum actorum, et casuum tragicorum Londini publice celebratorum, quibus Hiberniæ Proregi, Episcopo Cantuariensi, ac tamdem Regi ipsi, aliisque vita adempta, et ad Anglicanam metamorphosin via est aperta.
Amstelodami 1649. Jansonius. 1 vol. in-8°.

2077.—Εἰκὼν Βασιλική. The pourtraicture of his sacred Majestie in his solitudes and sufferings. (By *John* GAUDEN).
Paris 1649. 1 vol. in-8°.

2078.—Εἰκὼν Βασιλική. Le portrait du Roy de la Grand'Bretagne. Fait de sa propre main durant sa solitude et ses souffrances. 5.ᵉ édit. (Traduit de *Jean* GAUDEN, par *Denis* CAILLOUE, revu par *Jonas* PORRÉE).
Rouen 1649. Berthelin. 1 vol. in-4°.

2079.—Les memoires du feu roy de la Grand'Bretagne Charles Premier, escrits de sa propre main dans sa prison. Où il est monstré que le livre intitulé *Portrait du Roy de la Grand'Bretagne*, est un livre aposté et diffamatoire. Traduits de l'anglois en nostre langue, par le s.ʳ DE MARSYS.
Paris 1649. Preuveray. 1 vol. in-4.° Port.

A la suite:

Relation generale et veritable de tout ce qui s'est fait au procez du Roy de la Grand'Bretagne. Son arrest, et la maniere de son execution. Avec la harangue faite par sa dite Majesté sur l'eschaffaut. Traduit d'anglois en françois par I. ANGO, sur l'imprimé à Londres, par *Fr. Coles*.
Paris 1649. Preuveray. in-4°.

Le procez, l'adjournement personel, l'interrogatoire, et l'arrest de mort du Roy d'Angleterre. Avec ce qu'il dit et fit deux jours avant sa mort: et la harangue qu'il prononça sur l'échaffaut. Fidelement traduit de l'anglois, par le sieur DE MARCYS.
Paris 1649. Preuveray. in-4°.

Les interests et motifs qui doivent obliger les princes chrestiens et autres estats de l'Europe, à restablir le Roy

de la Grand'Bretagne. Par un gentilhomme françois, af-
fectionné à la couronne d'Angleterre.

Paris 1649. Preuveray. in-4°.

2080.—Relation véritable de la mort cruelle et barbare de Charles
I, Roi d'Angleterre; arrivée à Londres le 8 février 1649.
Avec la harangue faite par Sa Majesté sur l'échafaud.
Traduite de l'anglais en français par J. Ango, sur l'im-
primé à Londres chez F. Coles. 3.° édit.

Paris 1792. Lepetit. 1 vol. in-8°. Port.

2081.—*Joannis* Miltoni *Angli* pro populo Anglicano defensio contra *Claudii Anonymi*, aliàs *Salmasii*, defensionem regiam.

Londini 1651. Typis Du Gardianis. 1 vol. in-4°.

2082.—Idem opus.

Londini 1651. Typis Du Gardianis. 1 vol. in-16.

2083.—Εἰκονοκλάστης, ou réponse au livre intitulé Εἰκὼν Βασιλική:
ou le pourtrait de sa sacrée Majesté durant sa solitude
et ses souffrances. Par le S.ʳ *Jean* Milton. Traduite de
l'anglois sur la 2.ᵉ édit. A laquelle sont ajoûtées diverses
pieces mentionnées en ladite reponse.

Londres 1652. Du Gard. 1 vol. in-8°.

2084.—Pro rege et populo Anglicano apologia, contra Johannis
Polypragmatici, (alias Miltoni Angli) defensionem des-
tructivam, regis et populi Anglicani. (Auctore *Johanne*
Bramhall).

Antuerpiæ 1651. Verdussen. 1 vol. in-16.

2085.—La vie de tres haute et tres puissante princesse Henriette-
Marie de France, Reyne de la Grand'Bretagne. (Par *Charles*
Cotolendi).

Paris 1690. Mich. Guerout. 1 vol. in-8°.

2086.—La vie d'Olivier Cromwel. Par *Grégoire* Leti.

Amsterdam 1706. Desbordes. 2 vol. in-12.

2087.—Même ouvrage.

Amsterdam 1744. Desbordes. 2 vol. in-12. Port.

2088.—Politicus sine exemplo, oder kurtzer Begriff der Kriegs

und Staats handlungen Seiner Hoheit Olivier Cromwels,
lord Protectors in Engell-Schott- und Irrland.

Nurnberg 1663. Taubers. 1 vol. in-16.

2089.—La tyrannie heureuse ou Cromwel politique, avec ses
artifices et intrigues dans tout le cours de sa conduite.
Par le Sieur DE GALARDI.

Leyde 1671. J. Pauvvels. 1 vol. in-12.

2090.—Révolutions d'Angleterre, depuis la mort du protecteur
Olivier, jusques au rétablissement du Roy. (Par M. DE
BORDEAUX).

Paris 1689. Pepie. 1 vol. in-12.

2091.—Histoire de la révolution d'Angleterre, depuis l'avènement de Charles I.ᵉʳ jusqu'à la restauration de Charles
II ; par M. GUIZOT.

Paris 1826-1827. Pichon-Béchet. 2 vol. in-8º.

2092.—Histoire de la république d'Angleterre et de Cromwell
(1649-1658). Par M. GUIZOT.

Paris 1854. Didier. 2 vol. in-8º.

2093.—Collection de mémoires relatifs à la révolution d'Angleterre, publiée par M. GUIZOT.

Paris 1827. Pichon-Béchet. 25 vol. in-8º.

Cette collection comprend :

Tom. I. Mémoires de Sir *Philippe* WARWICK, sur le règne de
Charles I.ᵉʳ—Tom. II-III. Histoire du Long-Parlement, convoqué par
Charles I.ᵉʳ en 1640; par *Th.* MAY.—Tom. IV. Mémoires de *John*
PRICE, sur la restauration des Stuart. — Mémoires de sir *Thomas*
HERBERT, sur les deux dernières années du règne de Charles I.ᵉʳ—
Mémoires de sir *John* BERKLEY, sur les négociatious de Charles I.ᵉʳ
avec Cromwell et l'armée parlementaire. — Tom. V. Mémoires de
HOLLIS; de HUNTINGTON ; de FAIRFAX. — Tom. VI-VII-VIII. Mémoires
de LUDLOW.— Tom. IX. Procès de Charles I.—Eikon Basilikè, apo-
logie attribuée à Charles I. — Mémoires de Charles II, sur sa fuite
après la bataille de Worcester. —Tom. X-XI. Mémoires de Mistriss
HUTCHINSON.— Tom. XII-XIII-XIV-XV. Mémoires de Lord CLARENDON,
grand chancelier sous Charles II. — Tom. XVI. Journal de Lord
Henri CLARENDON, sur les années 1687, 1688, 1689 et 1690. — Tom.
XVII-XVIII-XIX-XX. Histoire de mon temps, par BURNET. —Tom. XXI.
Mémoires de *John* RERESBY.—Mémoires du duc de BUCKINGHAM. —
Tom. XXII-XXIII-XXIV-XXV. Mémoires de JACQUES II.

2094.—Histoire de la rébellion, et des guerres civiles d'Angle-
terre, depuis 1641 jusqu'au rétablissement du roi Charles
II. Par Edward comte de Clarendon.
La Haye 1704-1709. Meyndert Uytwerf. 6 vol. in-12.

2095.— La vie du general Monk duc d'Albemarle, etc. le restaura-
teur de Sa Majesté Britannique, Charles second. Traduit
de l'anglois de *Thomas* Gumble. (Par *Guy* Miege).
Londres 1672. Rob. Scot. 1 vol. in-12.

2096.—Mémoires pour servir à l'histoire de la Grande-Bretagne,
sous les règnes de Charles II et de Jacques II ; et sous les
règnes de Guillaume et Marie, de Guillaume III, et
d'Anne I ; avec une introduction depuis le commencement
du règne de Jacques I, jusqu'au rétablissement de la famille royale. Traduits de l'anglois de *Gilbert* Burnet (par
de la Pillonnière).
La Haye 1725-1735. Vaillant et Neaulme. 6 vol. in-12.

2097.—Le proces du S.ʳ Edouard Coleman, gentilhomme, pour
avoir conspiré la mort du Roy de la Grand'Bretagne, et
la ruine de la religion protestante, et celle du gouvernement d'Angleterre ; lequel fut convaincu du crime de
leze Majesté, reçut sa sentence de mort, le jeudy 28 de
novembre 1678.
Hambourg 1679. 1 vol. in-12.

2098.—La relation de trois ambassades de Monseigneur le Comte
de Carlisle, de la part du sérénissime tres-puissant
prince Charles II, Roy de la Grande Bretagne, vers leurs
sérénissimes Majestés Alexey Michailovitz, czar et grand
Duc de Moscovie, Charles Roy de Suede, et Frederic III
Roy de Dannemarc et de Norvege. (Par *Guy* Miège).
Commencées en l'an 1663 et finies sur la fin de l'an 1664.
Rouen 1670. Maurry. 1 vol. in-12.

** — Lettres de G. Temple. — Voyez n.ᵒˢ 1223 et 1224.

2099.—Histoire de Jacques II, Roi de la Grande Bretagne. (Par
Dom *Toussaint* Duplessis).
Bruxelles 1740. Léonard. 1 vol. in 8°. Port.

2100.—Abrégé de la vie de Jacques II, Roy de la Grande Bretagne. Tiré d'un écrit anglois du R. P. *François* SANDERS. Par le P. *François* BRETONNEAU.

Paris 1703. Pepie. 1 vol. in-12.

2101.—Parlamentum pacificum, ou le parlement pacifique. Imprimé par la permission du comte de Sunderland, président du Conseil. Traduit de l'anglois.

Sur la copie de Londres. 1688. Turner. 1 vol. in-16.

2102.—Mémoires de la vie de Mylord Duc d'ORMOND, ci-devant capitaine-général et commandant en chef des troupes de la Grande-Bretagne, et depuis dans la même qualité au service de S. M. C. Traduit de l'anglois (de *Th.* CARTE).

La Haye 1738. La Compagnie. 2 vol. in-12.

2103.—Histoire de Guillaume III, Roi de la Grand'Bretagne. Contenant ce qui s'est passé depuis la naissance de ce Prince jusqu'à sa mort.

Amsterdam 1703. P. Brunel. 2 vol. in-12. Port.

2104.—Essais sur la vie de la feuë reine d'Angleterre. Par Mylord BURNET. Traduit de l'anglois par *David* MAZEL.

La Haye 1695. Moetjens. 1 vol. in-12. Port.

2105.—La vie d'Anne Stuart, reine de la Grand'Bretagne, de France et d'Irlande. Traduite de l'anglois.

Amsterdam 1734. Desbordes. 1 vol. in-12.

2106.—Histoire du règne de la reine Anne d'Angleterre, contenant les négociations de la paix d'Utrecht, et les démêlés qu'elle occasionna en Angleterre. Ouvrage posthume du docteur *Jonathan* SWIFT; publié sur un manuscrit corrigé de la propre main de l'auteur, et traduit de l'anglois par M. (M. A. EIDOUS).

Amsterdam 1765. Mich. Rey. 1 vol. in-12.

2107.—Histoire secrette de la reine Zarah, ou la Duchesse de Malborough démasquée. Traduite de l'original anglois (de SACHEVERELL, par ***).

Oxford 1712. Alex. le Vertueux. 1 vol. in-12.

2108.—Histoire du prince Charles-Edouard Stuart , contenant un récit très-circonstancié de tout ce qui lui est arrivé de plus secret et de plus remarquable dans le Nord de l'Ecosse, depuis la bataille de Culloden, donnée le $\frac{16}{27}$ avril 1746 , jusqu'à son embarquement arrivé le $\frac{19}{30}$ septembre de la même année. Traduite de l'anglois , et augmentée d'un grand nombre de remarques historiques.

  Basle 1748. La Comp. 1 vol. in-8°. Voir n.° 1856.

2109.—Histoire de Charles-Edouard, dernier prince de la maison de Stuart ; précédée d'une histoire de la rivalité de l'Angleterre et de l'Ecosse. Par *Amédée* Pichot.

  Paris 1830. Ladvocat. 2 vol. in-8°.

2110.—Histoire anecdotique de Victoria reine d'Angleterre, depuis sa naissance jusqu'à son couronnement, avec un récit circonstancié de cette imposante cérémonie. Ouvrage traduit de l'anglais sur la 5.e édit , avec le texte accentué en regard , par J. Peyrot.

  Paris 1838. L'Auteur. 1 vol. in-12. Port.

—

f. — *Ecosse.*

—

2111.—*Hectoris* Boethii *Deidonani* Scotorum historiæ a prima gentis origine , cum aliarum et rerum et gentium illustratione libri XVIII. Accessit ejusdem Scotorum historiæ continuatio per *Joannem* Ferrerium.

  Parisiis 15... 1 vol. in-fol. Sans titre.

2112.—Rerum Scoticarum historia, auctore *Georgio* Buchanano.

  Edimburgi 1582. Alex. Arbuthnetus. 1 vol. in-fol.

2113.—Rerum Scoticarum historia , auctore *Georgio* Buchanano *Scoto.* Accessit de jure regni apud Scotos dialogus, eodem *Georgio* Buchanano auctore.

  1643. Ad exemplar A. Arbuthneti. 1 vol. in-8.°

  Cette édition est aussi due à P. Elzevier.

2114.—Idem opus.

  Ultrajecti 1668. P. Elzevirius. 1 vol. in-8.

2115.—Histoire d'Ecosse, sous les règnes de Marie Stuart, et de Jacques VI, jusqu'à l'avènement de ce prince à la couronne d'Angleterre; avec un abrégé de l'histoire d'Ecosse, dans les temps qui ont précédé ces époques. Nouv. édit. Par M. *Guillaume* ROBERTSON. Traduite de l'anglois (par BESSET DE LA CHAPELLE).

Londres 1772. 4 vol. in-12.

** — Histoire d'Ecosse racontée par un grand père à son petit fils, par *Walter* SCOTT.

Voyez *Belles-Lettres*. 2428. XXVIII-XXIX-XXX.

2116.—Résumé de l'histoire d'Ecosse, par *Armand* CARREL ; avec une introduction par *Augustin* THIERRY.

Paris 1825. Lecointe et Durey. 1 vol. in-18.

2117.—Corona tragica. Vida y muerte de la serenissima Reyna de Escocia Maria Estuarda. Por *Lope Felix* DE VEGA CARPIO.

Madrid 1627. Luis Sanchez. 1 vol. in-4.°

2118.—Maria Stuarta, regina Scotiæ, dotaria Franciæ, hæres Angliæ et Hyberniæ; martyr Ecclesiæ, innocens à cæde Darleana: vindice *Oberto* BARNESTAPOLIO. (*Roberto* TURNER). Continet hæc epistola historiam pene totam vitæ, quam Regina Scotiæ egit miserè, sed exegit gloriosè.

Coloniæ 1627. Petr. Henningius. 1 vol. in-8°.

2119.—Summarium rationum, quibus cancellarius Angliæ et prolocutor Puckeringius Elizabethæ Angliæ reginæ persuaserunt occidendam esse serenissimam principem Mariam Stuartam Scotiæ reginam et Jacobi sexti Scotorum regis matrem : unà cum responsionibus Reginæ Angliæ et sententià mortis. Quæ omnia anglice primum edita sunt, et Londini à typographo regio impressa; ac deinde varias in linguas translata : his additum est supplicium et mors Reginæ Scotiæ, unà cum succinctis quibusdam animadversionibus, et confutationibus eorum, quæ ei objecta sunt. Opera ROMOALDI *Scoti*.

Coloniæ 1627. Petrus Henningius. 1 vol. in-8°.

2120. — The historie of the life and death of Mary Stuart queene of Scotland. (By *William* UDALL).
>London 1636. Haviland. 1 vol. in-12.

** — Lettres inédites de *Marie* STUART. — *Voyez Belles-Lettres.* 3030.

---

g. — *Irlande.*

2121. — *Richardi* STANIHURSTI *Dubliniensis* de rebus in Hibernia gestis, libri quattuor. Accessit his Hibernicarum rerum appendix, ex *Silvestro* GIRALDO *Cambrensi* pervetusto scriptore collecta; cum ejusdem STANIHURSTI adnotationibus.
>Antuerpiæ 1584. Christ. Plantinus. 1 vol. in-4°.

2122. — Cambrensis eversus, seu potius historica fides, in rebus Hibernicis, Giraldo Cambrensi abrogata. In quo, plerasque justi historici dotes desiderari, plerosque nævos inesse ostendit *Gratianus* LUCIUS *Hibernus.*
>1662. 1 vol. in-fol.

** — Voyage en Irlande, par *Arthur* YOUNG.
>Voyez le *Cultivateur anglois.*

2123. — L'Irlande, par J. G. C. DE FEUILLIDE.
>Paris 1839. Dufey. 2 vol. in-8°.

---

h. — *Mélanges historiques.*

2124. — Histoire navale d'Angleterre, depuis la conquête des Normands en 1066, jusqu'à la fin de l'annéc 1734. Traduite de l'anglois de *Thomas* LEDIARD (par DE PUISIEUX).
>Lyon 1751. Duplain. 3 vol. in-4°.

2125. — Histoire du parlement d'Angleterre. Par M. l'*Ab.* RAYNAL.
>Londres 1748. 1 vol. in-12.

2126. — Dissertation sur les Whigs et les Torys. Par M. THOYRAS RAPIN.
>La Haye 1717. Ch. Le Vier. 1 vol. in-8°.

2127. — Histoire du Whigisme et du Torisme. Par M. DE CIZE.
>La Haye 1718. Moetjens. 1 vol. in-8°.

2128. — Essais historiques sur l'Angleterre. (Par *Edme* GENET).
>Paris 1761. Estienne frères. 2 vol. in-12.

2129.—Mémoires touchant le gouvernement d'Angleterre, divisés en deux parties : et dédiés au Roi.

Amsterdam 1664. Chatelain et fils. 2 en 1 vol. in-12.

2130.—Mémoire sur l'administration des finances de l'Angleterre, depuis la paix ; ouvrage attribué à M. GRENVILLE, ministre d'etat chargé de ce département dans les années 1763, 1764 et 1765. Traduit de l'anglois. (Par MAUDUIT).

Londres 1768. 2 vol. in-12.

2131.—Lettres historiques, pour servir de suite à l'histoire des révolutions de la Grande-Bretagne, et à l'histoire militaire et civile des Ecossois au service de France.

Edimbourg-Paris 1769. Ganeau. 1 vol. in-8.°

2132.—Séjour de Londres ou solitude de cour, avec des reflexions politiques sur l'Angleterre et l'Espagne, avec leurs interests, demeslez, fautes de quelques Princes, maux et remedes de la Monarchie. Par le Sieur DE GALARDI.

Cologne 1671. J. Fontaine. 1 vol. in-12. Voyez n.° 2089.

2133.—Les intérêts de l'Angleterre, mal-entendus dans la guerre présente. Traduits du livre anglois, intitulé : *Englands interest mistaken in the present war*. Nouv. édit. (Composée par M. l'*Abbé* DUBOS.)

Amsterdam 1704. Gallet 1 vol. in-12.

2134.—Fautes des deux cotez, par rapport à ce qui s'est passé depuis peu en Angleterre. Traduit de l'anglois.

Rotterdam 1711. Fritsch et Bohm. 1 vol. in-8°.

2135.—Les avocats pour et contre le d.ᵣ Sacheverell. Avec plusieurs pièces importantes concernant le procès de ce docteur. Traduit de l'anglois.

Amsterdam 1711. P. Humbert. 1 vol. in-8ᶜ. Port.

2136.—La conduite des alliez, et du dernier ministère, en commençant et en continuant la guerre. Traduit d'un imprimé anglois, intitulé : *The conduct of the allies, and of the late ministry, in beginning and carrying on the present war. Second edition corrected*.

Liège 1712. G. H. Streel. 1 vol. in-8ⁿ.

2137.—Lettres sur l'esprit de patriotisme, sur l'idée d'un Roy patriote, et sur l'état des Partis, qui divisoient l'Angleterre, lors de l'avénement de Georges I.er. Ouvrage traduit de l'anglois (de BOLINGBROCKE, par DE BISSY).
Londres 1750. 1 vol. in-8°.

2138.— Testament politique de l'amiral BYNG, trad. de l'anglois.
Portsmouth 1759. 1 vol. in-12.

2139.—Bilan général et raisonné de l'Angleterre, depuis 1600 jusqu'à la fin de 1761 ; ou lettres à M. L. C. D. sur le produit des terres et du commerce de l'Angleterre. Par M. V. D. M. (VIVANT DE MEZAGUES).
(Paris) 1762. s. l. n. n. 1 vol. in-8°.

2140.—Lettre au comte de Bute, à l'occasion de la retraite de M. Pitt, et sur ce qui peut en résulter par rapport à la paix. Traduit de l'anglois sur la 3.e éd. (Par E. J. GENET).
Londres 1761. 1 vol. in-8°.

2141.—Correspondance familière et politique, entre milord R.*** et le général C.***, sur la situation présente de l'Angleterre.
Paris 1769. Prault. 1 vol. in-12.

France.

a. — Traités généraux sur la France.

** — Gallia, sive de Francorum regis dominiis et opibus commentarius. (Auctore J. DE LAET).
Lugd.-Batav. 1629. Off. Elzeviriana. 1 vol. in-24.—Voyez R.° 051.

2142.— *Johannis* LIMNÆI notitiæ regni Franciæ tomi duo.
Argentorati 1655. P. Spoor. 2 vol. in-4°.

2143.—Etat de la France, dans lequel on voit tout ce qui regarde le gouvernement ecclésiastique, le militaire, la justice, les finances, le commerce, les manufactures, le nombre des habitans, et en général tout ce qui peut faire connoître à fond cette monarchie : Extrait des mémoires

24.*

dressez par les Intendans du royaume, par ordre du Roy, Louis XIV. à la sollicitation de Mgr. le duc de Bourgogne, père de Louis XV. Avec des mémoires historiques sur l'ancien gouvernement de cette monarchie jusqu'à *Hugues Capet*. Par M. le Cte DE BOULAINVILLIERS. On y a joint une nouvelle carte de la France divisée en ses généralitez.

Londres 1727-28. Wood et Palmer. 3 vol. in-fol.

2144.—Même ouvrage.

Londres 1737. Wood et Palmer. 6 vol. in-12. Port.

** — France. Par M. LE BAS. — 1.re partie. Annales historiques. — 2.e partie. Dictionnaire encyclopédique de la France.

Paris 1841-1847. F. Didot fr. 14 vol. in-8°. — *Univers pitt.* 652.

b. — *Géographie de la Gaule.*

2145.—Pharus Galliæ antiquæ. Ex Cæsare, Hirtio, Strabone, Plinio, Ptolemæo, itinerariis, notitiis, etc. quadripertito indice geographico comprehensa. Cum interpretatione vernaculâ. Auctore P. *Philip.* LABBE.

Molinis 1644. Pet. Vernoy. 1 vol. in-12.

2146.— In Pharum Galliæ antiquæ Philippi Labbe disquisitiones geographicæ, in quibus ad singula omnium locorum nomina aut furti sive plagii, aut falsi sive erroris, arguitur Ph. Labbe. Autore *Nicolao* SANSON *Abbavillæo.*

Lutetiæ-Paris. 1647. Sumptibus autoris. 1 vol. in-12.

2147.—Remarques sur la carte de l'ancienne Gaule tirée des commentaires de Cesar. Par le Sr SANSON d'Abbeville.

Paris 1649. Ve Camusat. 1 vol. in-4°.

2148.—*Hadriani* VALESII notitia Galliarum ordine litterarum digesta.

Parisiis 1675. Fred. Leonard. 1 vol. in-fol.

2149.—Notice de l'ancienne Gaule, tirée des monumens romains, par M. d'ANVILLE.

Paris 1760. Desaint et Saillant. 1 vol. in-4°. Cart.

2150.—Géographie ancienne historique et comparée des Gaules cisalpine et transalpine, suivie de l'analyse géographique

des itinéraires anciens, et accompagnée d'un atlas de
neuf cartes; par M. le Baron WALCKENAER.

Paris 1839. Dufart. 3 vol. in-8°. et Atlas in-4°.

** — Recherches historiques et géographiques sur les grandes forêts de
la Gaule et de l'ancienne France, par *L. F. Alf.* MAURY.

Mém. de la Soc. des Antiq. de France. XIX.

** La Gaule grecque. Par le Sieur CATHERINOT.

Voyez *OEuvres meslées.*

2151.—Dissertation sur l'emplacement du champ de bataille où
César défit l'armée des Nervii et de leurs alliées, par
M. DE C. (DE CAYROL).

Amiens 1832. Machart. 1 vol. in-8°.

2152.—Recherches sur les peuples *Cambiovicenses* de la carte
théodosienne, dite de Peutinger ; sur l'ancienne ville
romaine de Néris ; sur les ruines de plusieurs autres villes
romaines de l'ancien Berry ; sur les monumens celtiques
des cantons d'Huriel et de Montluçon, départ. de l'Allier;
sur les ruines et les monuments de la ville celtique de
Toull , départ. de la Creuze ; sur les premiers ouvrages
de tuilerie et de briqueterie, pendant le séjour des Romains dans les Gaules. Par J. F. BARAILLON.

Paris 1806. Dentu. 1 vol. in-8°.

2153.—Histoire critique de la Gaule Narbonnoise. Qui compre-
noit la Savoye, le Dauphiné, la Provence, le Languedoc,
le Roussillon, et le comté de Foix. Avec des dissertations.
(Par P. J. DESOURS DE MANDAJORS).

Paris 1733. Dupuis. 1 vol. in-12.

c. — *Géographie moderne de la France.*

2154.—Dissertation dans laquelle on recherche depuis quel tems
le nom de France a été en usage pour désigner une portion
des Gaules; l'étenduë de cette portion ainsi dénommée,
ses accroissemens et ses plus anciennes divisions depuis
l'établissement de la monarchie françoise; qui a rem-

porté le Prix dans l'Académie françoise de Soissons, en l'année 1740. Par M. Le Beuf.

Paris 1740. Delespine. 1 vol. in-12.

2155.—Theatre geographique du royaume de France. Contenant les cartes et descriptions particulières des provinces d'iceluy.

Paris 1626. Jean Le Clerc. 1 vol. in-fol.

Chaque carte porte le nom de son auteur.

2156.—Theatre géographique du royaume de France. Les descriptions par escrit ont esté recueillies et dressées par *Gabriel* Michel de la Roche-Maillet.

Paris 1632. V.e J. Le Clerc. 1 vol. in-fol.

2157.—Theatre geographique du royaume de France. Contenant les cartes particulières des provinces d'iceluy. Avec les circonvoisines, et celles des frontières.

Paris 1634. M. Tavernier. 1 vol. in-fol.

2158.—Carte de la France, publiée sous la direction de l'Académie des Sciences par F. C. Cassini de Thury, le C.te J. Dom. Cassini, Camus et Montigny.

1 paquet in-8o. de 7 feuilles collées sur toile.

Ces feuilles sont : feuille 10. Dieppe. — 11. Amiens. — 12. Abbeville.— 13. Noyon.— 19. St.-Omer.— 20. Cambray. — 43. Sedan.

2159.—Carte de France divisée en 110 départements et en préfectures et sous-préfectures. Par J. B. Poirson.

Paris 1807. Jean. 1 feuille pliée in-8o.

2160.—Carte itinéraire de la France donnant toutes les routes de postes, les lieux de relais, les routes de messageries et autres. Divisée en 110 départemens, dressée sur les dernières observations astronomiques, par J.B. Poirson.

Paris 1808. Jean. 1 feuille pliée in-8o.

2161.—Nouvelle carte topographique de la France, rédigée et gravée au dépôt de la guerre, à l'échelle de 1/80000 sous la direction de M. le lieutenant général Pelet.

Paris 1831. Picquet. ... feuilles in-fol. En publication.

2162.—Atlas des quatre-vingt-huit départemens de la République française, destiné aux administrateurs, négocians, gens d'affaires, et à ceux qui étudient la géographie de la France. Par une société de géographes, sous l'inspection du C. MENTELLE.

Paris. Bureau des Révolutions de Paris. 1 vol. in-8°. obl.

2163.—La France et ses colonies. Atlas départemental publié par MICHEL fils, dressé par LORRAIN et gravé par DANDELEUX.

Paris (1836). Michel fils. 1 v. in-4.° obl. Le titre manque.

2164.—Description de la France et de ses provinces, où il est traitté de leurs noms anciens, et nouveaux, degrés, estendue, figure, voisinage, division, etc. Par P. DUVAL.

Paris 1658. Langlois. 1 vol. in-12.

2165.—Nouvelle description de la France : dans laquelle on voit le gouvernement général de ce royaume, celui de chaque province en particulier ; et la description des villes, maisons royales, châteaux, et monumens les plus remarquables. Par M. PIGANIOL DE LA FORCE.

Paris 1718. F. Delaulne. 6 vol. in-12. Tom. 3, 5 et 6.

2166.—Description historique et géographique de la France ancienne et moderne, enrichie de plusieurs cartes géographiques. Par l'*Abbé* DE LONGUERUE.

Paris 1722. Pralard. 2 en 1 vol. in-fol. Cart.

2167.—Dénombrement du royaume par généralitez, élections, paroisses et feux. Où l'on trouvera sur chaque lieu, les archevêchez, évêchez, universitez, parlements, chambres des comptes, cours des aydes, cours et hôtels des monnoyes, etc. Par M... employé dans les finances.

Paris 1709. Saugrain. 2 vol. in-12.

2168.—Géographie physique et politique de l'Europe.—Première partie. — France. — Par *Fél.* BRAYER.

Amiens 1852. Alf. Caron. 1 vol. in-8°. Cart.

Il n'a paru que cette partie.

2169.—Merveilles et beautés de la nature en France. Par G. B. DEPPING. 5.e édit.

Paris 1822. Eymery. 2 vol. 12. Pl.

2170.—Voyages pittoresques et romantiques dans l'ancienne France, par MM. *Ch.* Nodier, J. Taylor et A. de Cailleux.
Paris 1820-18... Gide. 17 vol. in-fol. En publication.

Ce grand ouvrage comprend jusqu'ici :

Normandie. 1820-1825. 2 vol. — Franche-Comté. 1825-1829. 1 vol. — Auvergne. 1829-1833. 2 vol. — Languedoc. 1831-1837. 4 vol. — Picardie. 1835-1845. 3 vol. — Bretagne. 1845-1846. 2 vol. — Dauphiné. 1 vol. en publication. — Champagne. 2 vol. aussi en publication.

2171.—France pittoresque ou description pittoresque, topographique et statistique des départements et colonies de la France, etc. Par A. Hugo.
Paris 1835. Delloye. 3 vol. in-8°. Pl.

---

d. — *Dictionnaires géographiques.*

2172.—Le royaume de France, et les états de Lorraine disposés en forme de dictionnaire, contenant le nom de toutes les provinces, villes, bourgs du royaume et des rivières qui y passent, etc. Par M. Doisy.
Paris 1753. Tilliard. 1 vol. in-4°.

2173.—Dictionnaire géographique, historique et politique des Gaules et de la France. Par M. l'*Abbé* Expilly.
Paris 1763-1770. Desaint et Saillant. 6 vol. in-fol.

2174.—Dictionnaire universel de la France, contenant la description géographique et historique des provinces, villes, bourgs, et lieux remarquables du royaume, etc. Par M. *Robert* de Hesseln.
Paris 1771. Desaint. 6 vol. in-8°.

2175.—La République française en LXXXVIII départemens; dictionnaire géographique et méthodique. Par une Société de Géographes. (Par *Louis* Prudhomme).
Paris an II.e L. Prudhomme. 1 vol. in-8°. Cart.

2176.—Dictionnaire général des villes, bourgs, villages et hameaux de la France, et des principales villes des pays étrangers et des colonies, etc. Par Duclos. 3.e édit.
Paris 1840. M. Ardant. 1 vol. in-8°.

e. — *Fleuves et rivières.*

2177.—*Papirii* Massoni descriptio fluminum Galliæ, qua Francia est.

Parisiis 1678. L. Billaine. 1 vol. in-12.

2178.—Les rivieres de France, ou description geographique et historique du cours et debordement des fleuves, rivieres, fontaines etc. qui arrousent les provinces de la France. Par le Sieur Coulon.

Paris 1644. Clousier. 2 vol. in-8°.

f. — *Villes et châteaux.*

2179.—Le cathalogue des villes et cites assises es trois Gaulles, avec ung traicte des fleuves et fontaines, illustre de nouvelles figures. (Par *Gilles* Corrozet).

Paris 1540. A. Bonnemere. 1 vol. in-16. Fig.

2180.—Description contenant toutes les singularitez des plus celebres villes et places remarquables du royaume de France. Avec les choses plus memorables aduenues en iceluy. (Par *François* Des Rues).

Rouen 1611. Geuffroy. 1 vol. in-8°. Fig.

2181.—Les antiquitez et recherches des villes, chasteaux, et places plus remarquables de toute la France. Divisées en huict livres. Selon l'ordre et ressort des huict Parlemens. Par *André* Du Chesne.

Paris 1609. J. Petit-Pas. 2 vol. in-8°.

2182.—Même ouvrage. Dernière édition.

Paris 1637. Guygnard. 1 vol. in-8°.

2183.—Même ouvrage. Rev. corrig. et augm. par *François* Du Chesne son fils.

Paris 1668. Robin. 2 vol. in-8°.

2184.—Histoire des villes de France, avec une introduction générale pour chaque province, par M. *Aristide* Guilbert et une société de membres de l'Institut, de savants, de magistrats, d'administrateurs et d'officiers-généraux des armées de terre et de mer.

Paris 1844-1848. Furne et C.ᵉ 6 vol. in-8º. Pl.

2185.—Les plans et profils de toutes les principales villes et lieux considerables de France. Ensemble les cartes generales de chacune province: et les particulières de chaque gouvernement d'icelles. Par le Sieur TASSIN.

Paris 1638. M. Tavernier. 2 vol. in-4.º obl.

2186.—Plans des principales places de guerre et villes maritimes frontières du royaume de France, distinguez par départemens, gouvernemens généraux et particuliers des provinces, au 1.ᵉʳ juillet 1736. Par LEMAU DE LA JAISSE.

Paris 1736. Didot. 1 vol. in-8º.

2187.—Description des nouveaux jardins de la France et de ses anciens chateaux, mêlée d'observation sur la vie de la campagne et la composition des jardins, par *Alexandre* DE LA BORDE; les dessins par *C.ᵗ* BOURGEOIS.

Paris 1808. Delance. 1 vol. in-fol.

2188.—Souvenirs historiques des résidences royales de France, par J. VATOUT.

Paris 1837-1848. F. Didot fr. 7 vol. in-8º. Fig.

Tom. ɪ. Palais de Versailles.— Tom. ɪɪ. Palais Royal.— Tom. ɪɪɪ. Château d'Eu. — Tom. ɪv. Palais de Fontainebleau. — Tom. v. Palais de Saint-Cloud. — Tom. vɪ. Château d'Amboise. — Tom. vɪɪ. Château de Compiègne.

Les Tomes ɪɪɪ, ɪv, vɪ, vɪɪ portent, avec un nouveau titre: Paris 1852. Didier. Suivant M. Quérard (Superch. litt. ɪv. 581), ces ouvrages ne seraient point de M. Vatout, mais les 4 premiers de SAINT-ESTEBEN, le 5.ᵉ et le 6.ᵉ de M. *Victor* HERBIC, le 7.ᵉ de M. A. ROUSSEAU.

g. — *Routes, Postes, Chemins de fer.*

2189.—Liste générale des postes de France. 1771.

Paris 1771. Jaillot. 1 vol. in-12.

2190.—Même ouvrage, corrigé le 1 juillet 1771.

Paris 1771. Jaillot. 1 vol. in-12.

2191. — Même ouvrage, pour l'année 1786.
Paris 1786. D. Pierres. 1 vol. in-12.

2192. — Postes impériales. Etat général des routes de postes de l'Empire français, du royaume d'Italie et de la Confédération du Rhin, dressé par ordre du Conseil d'administration : pour l'an 1811.
Paris 1811. Imp. Impér. 1 vol. in-8°.

2193. — Compagnie du chemin de fer d'Amiens à Boulogne. — Carte du chemin de fer de Paris à Londres par Boulogne, dressée par ordre de MM. les membres du conseil d'administration et sous la direction de M. Bazaine, ingénieur en chef du chemin de fer, par A. LETELLIER.
Paris 1847. Gratia. Carte collée sur toile.

h. — *Voyages généraux en France.*

2194. — Le voyage de France, dressé pour la commodité des François et estrangers. Avec une description des chemins, pour aller et venir par tout le monde. Tres-necessaire aux voyageurs. (Par le P. *Cl.* DE VARENNES). Corrigé et augmenté par le sieur DU VERDIER.
Paris 1665. Bobin. 1 vol. in-8°.

2195. — Nouveau voyage de France. Avec un itinéraire, et des cartes faites exprès, qui marquent exactement les routes qu'il faut suivre pour voyager dans toutes les provinces de ce royaume. (Par PIGANIOL DE LA FORCE).
Paris 1724. F. Delaulne. 2 vol. in-12. Cart.

2196. — Voyages en France et pays circonvoisins, depuis 1775 jusqu'en 1807. (Par F. MARTIN).
Paris 1817. Guillaume. 4 vol. in-8°. Pl.

** — Voyages en France, par *Arthur* YOUNG. — Voyez *Agriculture.*

2197. — Les jeunes voyageurs en France, ou lettres sur les départemens ; ouvrage rédigé par L. N. A. et C. T... entièrement revu et en partie refondu par M. G. B. DEPPING.
Paris 1824. Ledoux. 6 vol. in-12. Pl.

2198.— L'Anacharsis français ou description historique et géographique de toute la France dédié à Louise Jenny par un jeune voyageur.

Paris 1822-1823. Janet. 4 vol. in-18. Pl.

2199.— Nouvel itinéraire portatif de France; orné d'une carte et de cinq jolis panoramas des villes principales, dessinés par A. M. PERROT.

Lille 1826. Vanackère. 1 vol. in-12. Gr.

2200.— Guide pittoresque du voyageur en France, par une société de gens de lettres, de géographes et d'artistes. (Par GIRAULT DE SAINT-FARGEAU).

Paris 1834-1836. Didot fr. 5 vol. in-8°. Pl.

A la suite :

Aperçu statistique de la France, par GIRAULT DE SAINT-FARGEAU. 2.ᵉ édit.

Paris 1836. F. Didot fr. in-8°.

2201.— Voyages en France et autres pays, en prose et en vers, par RACINE, LA FONTAINE, REGNARD, CHAPELLE et BACHAUMONT, HAMILTON, VOLTAIRE, PIRON, GRESSET, FLÉCHIER, LEFRANC DE POMPIGNAN, BERTIN, DESMAHIS, BRET, BERNARDIN DE ST.-PIERRE, PARNY, BOUFFLERS, etc. 4.ᵉ éd.

Paris 1824. Lelong. 5 vol. in-18. Pl.

i. — *Voyages dans diverses régions de la France.*

2202.— Voyage dans le Finistère, ou état de ce département en 1794 et 1795. (Par CAMBRY).

Paris an VII. Impr. du Cercle social. 3 vol. in-8°. Fig.

2203.— Voyage dans la Vendée et dans le midi de la France ; suivi d'un voyage pittoresque dans quelques cantons de la Suisse. Par *Eug.* GENOUDE. 2.ᵉ édit.

Paris 1821. Méquignon fils. 1 vol. in-8°.

2204.— Voyages dans les départemens du midi de la France ; par *Aubin-Louis* MILLIN.

Paris 1807. Imp. Impériale. 5 vol. in-8°. et Atlas in-4°.

2205.—Voyage dans le midi de la France, par M. Pigault-Le-Brun, et M. *Victor* Augier.

Paris 1827. Barba. 1 vol. in-8º.

2206.—Extrait des tablettes d'un jeune voyageur, ou précis d'un voyage à Barèges-les-Bains, et dans les montagnes voisines ; par M. C. D.

Paris an XI (1803). Le Normant. 1 vol. in-8º.

2207.—Voyage dans les Hautes Pyrénées, par le Comte de Marcellus.

Paris 1826. Firmin Didot. 1 vol. in-18.

2208.—Voyages aux Alpes maritimes, ou histoire naturelle, agraire, civile et médicale, du comté de Nice et pays limitrophes ; enrichi de notes de comparaison avec d'autres contrées. Par *Fr. Em.* Fodéré.

Paris 1821. F. G. Levrault. 2 vol. in-8º.

2209.—Voyage au Mont-Pilat dans la province du Lyonnois, contenant des observatious sur l'histoire naturelle de cette montagne, et des lieux circonvoisins ; suivies du catalogue raisonné de plantes qui y croissent. (Par Claret de la Tourette).

Avignon 1770. Regnault. 1 vol. in-8º.

2210.—Promenades en Alsace d'un père avec ses enfans, par Chasserot.

Paris 1835. Tenon. 1 vol. in-12.

j. — *Statistique de la France.*

2211.—Statistique des préfets, publiée par ordre du Ministre de l'intérieur.

Paris an X-XI. Imp. des Sourds-muets. 4 vol. in-8.º

Cette collection incomplète comprend :

1. — Tableau de situation du département de l'Allier ; par le cit. Huguet.
2. — Tableau statistique du département de l'Aube ; par le cit. Bruslé.
3. — Observations sur les états de situation du département de l'Aude, envoyés au Ministre de l'intérieur, pendant le cours d'une année ; du 1.er prairial an 8, jusqu'au 30 floréal an 9. Par le cit. Barante.

4. — Statistique de la Batavie. Par *Emiland* Estienne.

5. — Statistique du département de la Charente; par le cit. Delaistre.

6. — Description du département du Cher ; par le cit. Luçay.

7. — Tableau statistique du département du Gers; par le cit. Balguerie.

8. — Statistique du département du Golo; par le cit. Piétry.

9. — Statistique du département d'Ile et Vilaine. Par le cit. Borie.

10. — Statistique du département de la Loire-Inférieure ; par J. B. Huet.

11. — Statistique du département de Lot-et-Garonne; par le cit. Pieyre fils.

12. — Statistique du département de la Lozère; par le cit. Jerphanion.

13. — Description topographique du département de la Marne; rédigée par la Société d'agricult., comm., sc. et arts du département; approuvée par le cit. Bourgeois-Jessaint.

14. — Statistique du departement de la Meuse-inférieure , par le cit. Cavenne, ingén. des ponts et chaussées, approuvée par le cit. Loysel.

15. — Description abrégée du département de l'Orne ; rédigée par le Lycée d'Alençon, sur la demande du cit. Lamagdelaine.

16. — Tableau statistique du département de l'Ourthe. Par le cit. Desmousseaux.

17. — Statistique du département du Bas-Rhin. Par le cit. Laumond.

18. — Description physique et politique du département du Rhône ; par le citoyen Verninac.

19. — Statistique du département de Sambre-et-Meuse ; rédigée sous les yeux du cit. *Pérès* , préfet, par le cit. Jardrinet, de Namur.

20. — Statistique du département de la Sarthe ; par le cit. L. M. Auvray.

21. — Description géographique , physique et politique du département de Seine-et-Oise ; par le cit. Garnier.

22. — Description abrégée du département du Var; par le cit. Fauchet.

23. — Tableau statistique du départ. des Vosges ; par le cit. Descouttes.

2212.—Statistique générale de la France , publiée par ordre du Gouvernement.

Paris an XI-XIII. Imp. de la République. 2 vol. in-fol.

Cette collection comprend :

1. — Mémoire statistique du département du Doubs , par *Jean* Debry.

2. — Mémoire statistique du département de l'Indre, par le cit. Dalphonse.

3. — Mémoire statistique du département de la Lys, par M. C. Viry.

4. — Mémoire statistique du département de la Meurthe, par M. Marquis.

5. — Mémoire statistique du départ. de la Moselle, par le cit. Colchen.

6. — Mémoire statistique du département du Rhin-et-Moselle , par le citoyen Boucqueau.

7. — Mémoire statistique du départ. des Deux-Sèvres, par le cit. Dupin.

2213.—Statistique de la France, publiée par le Ministre des Travaux publics, de l'Agriculture et du Commerce.

Paris 1837-1852. Imp. roy. et impér. 13 vol. gr. in-4°.

1.° Territoire, population. 1837-1855. 2 vol.— 2.° Agriculture. 1840-1841. 4 vol.— 3.° Industrie. 1847-1852. 4 vol.— 4.° Commerce extérieur. 1838. 1 v.—5.° Administration publique. 1843-1844. 2 v.

2214.—Archives statistiques du ministère des Travaux publics, de l'Agriculture et du Commerce, publiées par le Ministre Secrétaire d'état de ce département.

Paris 1837. Imp. royale. 1 vol. gr. in-4°.

k. — *Chronologie et Tableaux chronologiques.*

2215.—Abregé chronologique de l'histoire de France, depuis Pharamond jusques à present. Par M. S. D. R. C. C. (*Simon* DE RIENCOURT).

Paris 1665. La société des libraires. 2 vol. in-12.

2216.—Journal de la France, contenant par chaque jour des mois ce qui s'est passé de plus mémorable depuis l'origine de la monarchie jusqu'à présent, avec une Histoire abrégée de la vie des Rois de France, leurs généalogies, et des remarques sur les différents établissemens qui se sont faits sous leurs règnes. Par M. l'*Abbé* VALEROT.

Paris 1722. Delatour. 1 vol. in-8°.

2217.—Abrégé chronologique de l'histoire de France. Par M. le Comte DE BOULAINVILLIERS.

La Haye 1753. Gosse. 3 vol. in-12.

2218.—Nouvel abrégé chronologique de l'histoire de France. Contenant les événemens de notre histoire depuis Clovis jusqu'à la mort de Louis XIV. (Par le Présid. HÉNAULT).

Paris 1749. Prault. 1 vol. in-4°.

2219.—Abrégé chronologique de l'histoire de France, par le Président HÉNAULT; depuis Clovis jusqu'à la mort de Louis XIV; nouv. édit. corrigée d'après le manuscrit de l'auteur; augmentée de notes supplémentaires et d'une notice biographique; par C. A. WALCKENAER; suivie d'une nouvelle continuation depuis Louis XIV jusqu'à l'année 1821.

Paris 1821-1822. A. Costes. 6 vol. in-8°.

2220.—Tableaux synoptiques de l'histoire de France, depuis l'invasion des Franks dans les Gaules jusqu'en 1834. Par M. LOMBARD.

Paris 1834. P. Dupont. 1 vol. in-fol. Sans titre.

1. — *Philosophie de l'histoire de France.*

** — Observations sur l'histoire de France, par l'*Abbé* MABLY.
Voyez OEuvres. Tom. I-II-III.

2221.—Abrégé des révolutions de l'ancien gouvernement françois. Ouvrage élémentaire, extrait de l'abbé Dubos et de l'abbé Mably. Par THOURET.

Paris an IX (1800). P. Didot 1 vol. in-18.

2222.—Lettres sur l'histoire de France, pour servir d'introduction à l'étude de cette histoire; par *Augustin* THIERRY.

Paris 1829. Sautelet et C.ᵉ 1 vol. in-8°.

** — Analyse raisonnée de l'histoire de France, par M. DE CHATEAUBRIANT.
Voyez OEuvres. Tom. V.ᵃ

2223.—Essais sur l'histoire de France, par M. GUIZOT; pour servir de complément aux Observations sur l'histoire de France de l'abbé Mably. 4.ᵉ édit.

Paris 1836. Ladrange.1 vol. in-8°.

2224.—Cours d'histoire moderne, par M. GUIZOT. — Histoire de la civilisation en France, depuis la chute de l'Empire romain jusqu'en 1789.

Paris 1828-1832. Pichon et Didier. 5 vol. in-8°.

m. — *Histoires générales.*

2225.—ANNONII monachi Benedictini diserti et veridici, quorumdamque aliorum venerabilium ejusdem professionis patrum, de Regum procerumque Francorum origine ges-

'tisque clarissimis usque ad Philippum Augustum libri quinque nunc primum impressi.

Parisiis 1514. Badius Ascensius. 1 vol. in-fol.

2226.—Aimoini monachi, qui antea Annonii nomine editus est, historiæ Francorum libri V. Ex veterib. exemplaribus multò emendatiores.

Parisiis 1567. And. Wechelus. 1 vol. in-8°.

2227.—Compendium *Roberti* Gaguini super Francorum gestis: ab ipso recognitum et auctum.

Parisiis 1500. Thielman Kerver. 1 vol. in-fol.

2228.—Idem opus.

Parisiis 1514. Anth. Bonnemere. 1 vol. in-8°.

2229.—Habes candide lector R. Patris *Roberti* Gaguini, quas de Francorum regum gestis scripsit annales, necnon *Huberti* Velleii senatorii advocati consertum aggerem: quo ea quæ ille fato præventus minime expleverat, ad tempora nostra nectuntur. Adjecta sunt nuperrime aliquot carmina *Ludovici* Bolognigni *Bononiensis* de laude Gallorum.

Lugduni 1524. Joannes Osmont. 1 vol. in-fol.

2230.—*Roberti* Gaguini rerum Gallicarum annales, cum *Huberti* Velleii supplemento. In quibus Francorum origo vetustissima et res gestæ. Cum præfatione *Jo.* Wolfii.

Francofurti 1577. And. Wechelus. 1 vol. in-fol.

2231.—Les grans croniques de France. Nouvellement impri- mees à Paris. Avecques plusieurs incidences survenues durant les regnes des tres chrestiens roys de France tant es royaulmes Dytallie, Dalmaigne, Dangleterre, Des- paigne, Hongrie, Jherusalem, Escoce, Turquie, Flandres et autres lieux circonvoisins. Avecques la Cronique frere *Robert* Gaguin contenue a la cronique Martinienne.

Paris 1514. Guillaume Eustace. 3 en 1 vol. in-fol.

2232.—*Pauli Æmilii Veronensis* de rebus gestis Francorum, ad christianissimum Galliarum regem Franciscum Valesium eius nominis primum, libri decem. — Additum est de

regibus item Francorum Chronicon, ad hæc usque tempora deductum (à *Johanne* TILIO).

Parisiis 1539. Mich. Vascosanus. 1 vol. in-fol.

2233.—*Pauli* ÆMYLII *Veronensis* de rebus gestis Francorum libri
X.—*Arnoldi* FERRONI *Burdigalensis* de rebus item gestis
Gallorum libri novem.—Historia perducta à Pharamundo
primo Francorum Rege, usque ad Henricum secundum,
Galliarum regem.

Lutetiæ 1550-1566. Vascosanus. 1 vol. in-fol.

2234.—Historiæ jam denuo emendatæ PAULI ÆMYLII, de rebus
gestis Francorum, à Pharamundo primo rege usque ad
Carolum octavum, libri X. — *Arnoldi* FERRONI *Burdig.*
de rebus gestis Gallorum libri IX ad historiam Pauli
Æmylii additi, à Carolo octavo usque ad Henricum II.—
Joannis Thomæ FREIGII Paralipomena, ad Æmylium et
Ferronum adiecta, usque ad annum Christi MDLXIX.—Ad
hujus historiæ lucem, in fine adjectum est: chronicon
Joan. TILII de Regibus Francorum à Pharamundo usque
ad Henricum II. à D. *Thoma* FREIGIO auctum usque ad
Carolum IX.

Basileæ 1569. Henricus Petrus. 1 vol. in-fol.

2235.—*Arnoldi* FERRONI *Burdigalensis* de rebus gestis Gallorum
libri IX. Ad historiam Pauli Emylii additi, perducta
historia usque ad tempora Henrici II. Francorum Regis.

Lutetiæ 1555. M. Vascosanus. 1 vol. in-8°.

2236.—Les tres elegantes: tres veridiques et copieuses Annalles
des trespreux: tresnotables: treschrestiens et tresexcel-
lens moderateurs des bellicqueuses Gaules. Depuis la
triste desolation de la tresinclyte et tresfameuse cite de
Troye, jusques au regne du tresvertueux roy Francois
a present regnant. Compillees par feu treseloquent et
noble hystoriographe en son vivant Indiciaire et Secra-
taire du roy et contreroleur de son tresor maistre *Nicole*
GILLES jusques au temps du tresprudent et victorieux

roy Loys unziesme. Et depuis additionnes selon les modernes hystoriens iusques en l'an mil cinq cens vingt huyt veues et corrigees iouxte les premieres imprimées.

Paris 1528. G. Bossorel pour J. Petit. 1 vol. in-fol.

2237.—Les tres elegantes et copieuses annalles des trespreux, tresnobles, treschrestiens et excellens moderateurs des belliqueuses Gaulles. Depuis la triste desolation de la tresinclyte et fameuse cite de Troye, jusques au regne du tres vertueux roy Francois a present regnant: compilees par feu treseloquent et noble hystoriographe en son vivant Indiciaire et Secretaire du roy maistre... *Nicole* GILLES, jusques au temps du tresprudent et victorieux roy Loys XIᵉ. Et depuis additionnees selon les modernes hystoriens jusques en l'an mil cinq cens xxxiiii.

Paris 1534. Gilles Gormont. 1 vol. in-fol.

2238.—Les chroniques et annales de France dez l'origine des Françoys, et leur venues ez Gaules. Faictes jadis briefvement par *Nicole* GILLES, jusqu'au Roy Charles huictiesme, et depuis additionnées par *Denis* SAUVAGE, jusqu'au Roy Francoys second du nom. Rev. corrig. et aug. selon la verité des registres, et pancartes anciennes, et suyvant la foy des vieux exemplaires, contenantes l'Histoire universelle de France, dez Pharamond, jusqu'au Roy Charles IX. Par F. DE BELLEFOREST. Augm. et continuées en ceste edition, depuis le Roy Charles IX jusques au Roy tres chrestien de France et de Polongne, Henry III, à present regnant. Par G. CHAPPUYS.

Paris 1585. L. Cavellat. 1 vol. in-fol.

2239.—Même ouvrage. Avec la suite et continuation depuis le Roy Charles neufiesme, jusques au Roy Louys XIII à present regnant. Par G. CHAPPUYS.

Paris 1617. M. Sonnius. 1 vol. in-fol.

2240.—Histoire abbregée de tous les Roys de France, Angleterre et Escosse, mise en ordre par forme d'Harmonie: con-

25.

tenant aussi un brief discours de l'ancienne alliance, et mutuel secours entre la France et l'Escosse. Plus, l'Epitome de l'histoire romaine des Papes et Empereurs y est adjousté, et celle d'iceux roys augmentée selon la mesme methode. Le tout recueilli avec la recerche tant des singularitez plus remarquables concernant l'estat d'Escosse : que de la succession des femmes aux biens, et gouvernement des Empires et Royaumes. Par *David* Chambre.
Paris 1579. Feurier. 1 vol. in-8º.

2241.—Chronicon de regibus Francorum, a Pharamundo usque ad Henricum II. (A *Joanne* Tilio).
Parisiis 1548. Vascosanus. 1 vol. in-8º.
A la suite, une traduction, sous le titre :
La Chronique des Roys de France, puis Pharamond iusques au Roy Henry, second du nom, selon la computation des ans, iusques en l'an mil cinq cens quarante et neuf. Le catalogue des Papes, puis St.-Pierre iusques à Paul, tiers du nom. Catalogue des Empereurs, puis Octavian Cesar iusques à Charles, V du nom.
Paris 1549. Galiot du Pré. in-8º.

2242.—*Jo.* Tilii chronicon de regibus Francorum, a Faramundo usque ad Franciscum primum. Cui deinceps adiunximus quæ à Francisco Primo usque ad Henricum II gesta sunt.
Lutetiæ 1551. Vascosanus. 1 vol. in-8º.

2243.—Les memoires et recerches de *Jean* du Tillet. Contenans plusieurs choses memorables pour l'intelligence de l'estat des affaires de France. 2.ᵉ édit.
Troyes 1578. Philippe des Chams. 1 vol. in-8º.

2244.—Recueil des Roys de France, leurs couronne et maison, ensemble, le rengs des grands de France, par *Jean* du Tillet, Sieur de la Bussiere. Plus, une Chronique abbregée contenant tout ce qui est advenu, tant en fait de guerre, qu'autrement, entre les Roys et Princes, Republiques et Potentats estrangers : par M. I. du Tillet.
Paris 1580. J. Du Puys. 1 vol. in-fol.
A la suite :

Recueil des guerres et traictez d'entre les Roys de France et d'Angleterre. Par Maistre *Jehan* DU TILLET.

Paris 1588. J. Du Puys. in-fol.

2245.—Mêmes ouvrages. En outre les memoires dudit Sieur sur les privileges de l'Eglise Gallicane.

Paris 1607. Houzé. 1 vol. in-4°.

2246.—De l'Estat et succes des affaires de France. Ensemble une sommaire histoire des seigneurs, contes et ducs d'Anjou. Par *Bernard* DE GIRARD, Seigneur DU HAILLAN.

Paris 1572. P. L'Huillier. 1 vol. in-4°.

2247.—De l'estat et succez des affaires de France. Œuvre contenant les choses plus singulieres et plus remarquables, advenuës durant les regnes des Rois de France, depuis Pharamond premier Roy des Francs, Francons ou Francoys, jusques au Roy Loys unziesme. Ensemble une sommaire histoire des seigneurs, comtes, et ducs d'Anjou. Par *Bernard* DE GIRARD Seigneur DU HAILLAN.

Paris 1571. L'Huillier. 1 vol. in-8°.

A la suite :

De la fortune et vertu de la France, ensemble un sommaire discours sur le desseing de l'Histoire de France. Par *Bernard* DE GIRARD, Seigneur DU HAILLAN.

Paris 1570. L'Huillier. in-8°.

2248.—Même ouvrage.

Paris 1580. P. L'Huillier. 1 vol. in-8°.

2249.—Même ouvrage.

Paris 1580. P. L'Huillier. 1 vol. in-8°.

Edition différant par les notes marginales; pages encadrées d'un filet rouge.

De la fortune et vertu de la France, est de l'édition de 1570.

2250.—L'histoire de France. Par *Bernard* DE GIRARD, Seigneur DU HAILLAN.

Paris 1576. P. L'Huillier. 1 vol. in-fol.

2251.—Histoire generale des Roys de France, contenant les choses memorables, advenues tant au Royaume de France qu'és Provinces estrangeres sous la domination des Francois, durant douze cens ans. Escrite par *Bernard* DE GIRARD, Seigneur DU HAILLAN, iusques à Charles septiesme. Et continuée de la chronique de Louis XI des escrits d'*Arnaud le Ferron*, et de quelques autres Autheurs iusques à Louis XIII aujourd'huy regnant.

Paris 1615. Petit-Pas. 2 en 1 vol. in-fol.

2252.—Histoire generale des Roys de France. Escrite par *Bernard* DE GIRARD Seigneur DU HAILLAN. Et depuis continuée des escripts de plusieurs autheurs, tant de *Paul Emyle*, *Philippe de Commines*, *Arnaud le Ferron*, le Sieur *du Bellay* qu'autres, iusques à present.

Paris 1627. Petit-Pas. 2 vol. in-fol.

2253.—PAPIRII MASSONI annalium libri quatuor: quibus res gestæ Francorum explicantur. Ad Henricum tertium regem Franciæ et Poloniæ.

Lutetiæ 1578. N. Chesneau. 1 vol. in-4.º

2254.—Les grandes annales, et histoire generale de France, des la venue des Francs en Gaule, jusques au regne du roy tres-chrestien Henri III. Par *François* DE BELLE-FOREST.

Paris 1579. G. Buon. 2 vol. in-fol.

2255.—Sommaire de l'histoire des François recueilly des plus certains aucteurs de l'ancienneté, et digeré selon le vray ordre des temps en quatre livres extraits de la Bibliotheque historiale de *Nicolas* VIGNIER. Avec un traicté de l'origine, estat et demeure des François.

Paris 1579. Seb. Nivelle. 1 vol. in-fol.

2256.—Inventaire general de l'histoire de France. Depuis Pharamond jusques à present. Illustré par la conference de l'Eglise et de l'Empire. Par *Jean* DE SERRES. Augm. en cette derniere edition, de ce qui s'est passé durant ces dernieres années iusques à present.

Paris 1643. A. Alazert. 1 vol. in-fol. Fig.

2257.—Même ouvrage. Augmenté de ce qui s'est passé tant en France qu'aux Païs estrangers, jusques à la conclusion de la paix d'entre la France et l'Espagne, et du mariage du Roy.

> **Rouen 1660. Cailloué. 2 vol. in-fol. Fig.**

2258. — Inventaire des erreurs, fables et desguisemens remarquables en l'inventaire general de l'histoire de France de *Jean de Serres*. Par *Scipion* DUPLEIX.

> **Paris 1625. L. Sonnius. 1 vol. in-8°.**

2259. — Le thresor des histoires de France. Reduit par tiltres, partie en forme d'annotations, partie par lieux communs. Par *Gilles* CORROZET.

> **Paris 1617. Jean Corrozet. 1 vol. in-8°.**

2260. — De gestis regum Galliæ, compendiosa descriptio. Per *Nicolaum* P. DES CARNEAUX.

> **Parisiis 1617. R. Dallin. 1 vol. in-8°.**

2261. — Abbregé de l'histoire Françoyse, avec les effigies des Roys, tirées des plus rares et excellentz cabinetz de la France. Par H. C.

> **Paris 1585. Jehan le Clerc. 1 vol. in-fol. Fig.**

> On trouve à la fin du volume une suite de portraits gravés des rois de France.

2262. — Histoire de France avec les effigies des Roys, depuis Pharamond jusques au Roy Henry IIII à present regnant, avec ce qui s'est passé entre les deux maisons de France et d'Austriche, guerre de Savoie et dernière coniuration contre l'Estat.

> **Rouen 1603. Jean Petit. 1 vol. in-8°.**

2263. — Florus Gallicus. Sive rerum à veteribus Gallis bello gestarum epitome, in IV libellos distincta. Auth. P. BERTHAUT.

> **Parisiis 1632. Joann. Libert. 1 vol. in-16.**

2264. — Histoire generale de France, avec l'Estat de l'Eglise et de l'Empire. Par M. *Scipion* DUPLEIX. 6.ᵉ édit.

> **Paris 1642-1663. Bechet et Billaine. 6 vol. in-fol.**

> Le tom. IV a pour titre: *Histoire de Henri III, Roy de France et de Pologne.* — Les tom. V et VI, *Histoire de Louis-le-Juste, XIII du nom, Roi de France et de Navarre.*

2265.—Lumieres pour l'histoire de France et pour faire voir les calomnies, flatteries, et autres defauts de *Scipion Dupleix*. (Par *Matthieu* DE MORGUES, sieur DE ST-GERMAIN). **1636. 1 vol, in-4°.**

2266.—Epitome de l'histoire de France. Tiré de l'histoire generale de M. *Scipion* DUPLEIX. (Par G. REMOND). **Paris 1647. Denys Bechet. 2 vol. in-8°.**

2267.—Histoire, ou recueil des gestes, meurs, aages et regnes des Roys de France, leur couronnement, et sepultures, le nom des Reynes leurs espouses, et de leurs enfans. Avec un inventaire des Papes, historiens, illustres personnages, etc. Par M. *Pierre* AUBERT. **Paris 1622. Chastellain. 1 vol. in-4°.**

2268.—Recherche curieuse des annales de France. Où par une methode historique sont descrites les actions plus signalées de nos Roys. Par P. DU VAL. **Paris 1646. G. Clousier. 1 vol. in-8°.**

2269.—Annales de France, avec les alliances, généalogies, conquestes, fondations ecclésiastiques et civiles, en l'un et l'autre Empire, et dans les Royaumes estrangers. Depuis Pharamond jusques au Roy Louis treisiesme. Par le R. P. *Jean Estienne* TARAUT. **Paris 1635. P. Billaine. 1 vol. in-fol. Tom. 1.er** C'est le seul qui ait paru.

2270.—Histoire de France, depuis Faramond, jusqu'à maintenant. OEuvre enrichie de plusieurs belles et rares antiquitez; et d'un Abregé de la vie de châque Reyne, dont il ne s'estoit presque point parlé cy-devant. Avec les portraits au naturel des Roys, des Reynes, et des Dauphins, etc. Le tout embelly d'un recueil necessaire des medailles qui ont esté fabriquées sous châque regne, etc. Par F. E. DE MEZERAY. **Paris 1643-1651. M. Guillemot. 3 vol. in-fol. Fig.**

2271.—Histoire de France, par MÉZERAY. **Paris 1830. Imp. aux frais du Gouvernement. 18 v. in 8°.**

2272.—Observations critiques sur l'histoire de France écrite par Mézeray. (Par Lesconvel).
Paris 1700. Jean Musier. 1 vol. in-12.

2273.—Abregé chronologique de l'histoire de France. Par le S.ʳ de Mezeray.
Amsterdam 1673-1674. Ab. Wolfgang. 6 vol. in-12.

2274.—Abbregé chronologique, ou extrait de l'histoire de France. Par le S.ʳ de Mezeray.
Paris 1690. Thierry. 3 vol. in-4°.

2275.—Même ouvrage. Nouv. édit. rev. corr.; et augmentée outre cela de quelques pièces originales, et de l'abrégé de la vie des Reines par l'Auteur.
Amsterdam 1712. Schelte. 6 vol. in-12. Port.

2276.—Abregé chronologique de l'histoire de France, sous les règnes de Louis XIII et Louis XIV. Pour servir de suite à celui de *Franç. de Mézeray.* (Par le S.ʳ de Limiers).
Amsterdam 1727. Mortier. 3 vol. in-12.

2277.—Abrégé chronologique de l'histoire de France, par le Sieur de Mezeray. Nouv. édit. (continuée par de Limiers).
Amsterdam 1755. Mortier. 14 vol. in-12.

2278.—Les memorables journées des François, où sont descrites leurs grandes batailles, et leurs signalées victoires. Par le R. P. *Antoine* Girard.
Paris 1647. J. Henault. 1 vol. in-4°. Fig.

2279 —Le Tacite françois avec les reflexions chrestiennes et politiques sur la vie des Rois de France. Du S.ʳ de Ceriziers.
Paris 1648. Camusat. 1 vol. in-4°.

2280.—Le Tacite françois, ou le sommaire de l'histoire de France. Avec les réflexions chrestiennes et politiques, sur la vie des rois de France. Du Sieur de Ceriziers.
Paris 1659. Angot. 2 vol. in-12.

2281.—Abbregé de l'histoire de France. Contenant ce qui s'est passé de plus remarquable sous le regne de chaque Roy, depuis Pharamond jusques à Louis XIV à present regnant. Par le Sieur du Verdier. 3.ᵉ édit.
Paris 1655. P. David. 2 vol. in-12. Port.

2282. — Historiæ Francorum, seu chronici ADEMARI *Engolismensis*, epitome. Continens breviter eventus notatu digniores, qui in diversis mundi partibus contigerunt, et præcipuè in Aquitania à Pharamundo primo rege Francorum, usque ad Henricum primum. Id que cum notis, à Domno *Petro* à S. ROMUALDO *Fuliensi*. — Chronicon, seu continuatio chronici ADEMARI monachi Engolismensis, quæ complectitur præcipuè res Aquitanicas, tam sacras, quam prophanas, ab anno primo Henrici I. Francorum regis, ad annum 9 Ludovici XIV. id est ab anno Domini 1052 ad annum 1652. Authore D. *Petro* à S. ROMUALDO *Engolism*.
Parisiis 1652. Chamhoudry. 2 vol. in-12.

2283. — Abregé de l'histoire de France, contenant les actions plus signalées de nos Roys, depuis Pharamond jusques à Louis XIV à present regnant. Par le Sieur CHAULMER.
Paris 1655. J. B. Loyson. 2 vol. in-12.

2284. — *Joannis* BUSSIERES historia Francica : ab Pharamundo continua serie ad Ludovicum XIV deducta.
Lugduni 1661. Barbier. 4 vol. in-12.

2285. — Abbregé methodique de l'histoire de France. Par la chronologie, la genealogie, les faits memorables et le caractere moral et politique de tous nos Rois. (Par *Oronce* DE BRIANVILLE).
Paris 1664. De Sercy. 1 vol. in-12.

2286. — Histoire des roys de France, et des choses plus mémorables qui se sont passées sous leur regne, depuis l'origine de cette monarchie jusques à présent. Par *Michel* DE MAROLES.
Paris 1678. De Luyne. 1 vol. in-12.

2287. — Sommaire roial de l'histoire de France, continuée depuis Pharamond jusques au règne d'apresent. Par le S.^r DE BONAIR. Avec les portraits, armes et devises de tous les Rois.
Paris 1678. Besoigne. 1 vol. in-12. Fig.

2288.—Histoire de France, et l'origine de la maison royale. Par le P. *Adrien* JOURDAN.
   Paris 1679. Seb. Cramoisy. 3 vol. in-4°.

2289.—Histoire de France composée par M.ᵍʳ le DAUPHIN fils de Louis XIV, d'après les leçons de BOSSUET, et rev. par lui.
   Versailles 1821. Lebel. 3 vol. in-8°.

2290.—Histoire de France, par M. DE CORDEMOY.
   Paris 1685. J. B. Coignard. 2 vol. in-fol.

2291.—Histoire de l'origine et des progrez de la monarchie françoise, suivant l'ordre des temps ; où tous les faits historiques sont prouvez par des titres autentiques, et par les Auteurs contemporains. Par *Guillaume* MARCEL.
   Paris 1786. D. Thierry. 4 vol. in-12.

2292.—Méthode facile pour aprendre l'histoire de France, par laquelle toutes sortes de personnes peuvent être suffisamment instruites des faits les plus curieux arrivez sous chaque Roy. Par M. D... (*Simon* GUEULLETTE). 4.ᵉ édit.
   Paris 1691. M. Jouvenel. 3 vol. in-12.

2293.—Deux dissertations préliminaires pour la nouvelle histoire de France. Depuis l'établissement de la monarchie dans les Gaules. (Par le P. *Gabriel* DANIEL).
   Paris 1696. Sim. Benard. 1 vol. in-12.

2294.—Histoire de France, depuis l'établissement de la monarchie françoise dans les Gaules. Par le P. G. DANIEL.
   Paris 1713. J. B. Delespine. 3 vol. in-fol.

2295.—Même ouvrage. Nouv. édit. Augmentée de notes et de dissertations critiques et historiques (par le P. GRIFFET).
   Paris 1755-1757. Libr. assoc. 17 vol. in-4°.

2296.—Histoire de France, contenant le règne des rois des deux premières races. Par M. *Louis* LE GENDRE.
   Paris 1700. Guignard. 3 vol. in-12.

2297.—Mémoires de M. DE SAINT-REMY, contenant ce qui s'est passé de plus mémorable en France, depuis l'établissement de la monarchie, tant par rapport au gouvernement qu'à la religion.
   La Haye 1716. Swart. 2 vol. in-12.

2298.—Histoire de France. (Par *Claude* CHALONS).
Paris 1720. J. Mariette. 3 vol. in-12.

2299.—Annales de la monarchie françoise, depuis son établissement jusques à présent. Par M. DE LIMIERS.
Amsterdam 1724. L'Honoré et Chatelain. 2 vol. in-fol.

2300.—Instruction sur l'histoire de France et Romaine. Par M. LE RAGOIS.
Paris 1784. Barbou. 1 vol. in-12.

2301.—Histoire de France depuis l'établissement de la monarchie jusqu'au règne de Louis XIV. Par M. l'*Abbé* VELLY (I à VII), M. VILLARET (VIII à XVII), et M. GARNIER (XVII à XXX). Nouv. édit.
Paris 1763 à 1786. Desaint. 30 vol. in-12.

2302.—Histoire de France, commencée par *Velly*, *Villaret* et *Garnier*. Seconde partie, depuis la naissance de Henri IV jusqu'à la mort de Louis XVI, par *Ant*. FANTIN DES-ODOARDS.
Paris 1808-1810. Mame. 26 vol. in-12.

2303.—Nouvel abrégé de l'histoire de France, à l'usage des jeunes gens. Par Mademoiselle D'ESPINASSY.
Paris 1765-1771. Saillant. 7 vol. in-18.

2304.—Tableau de l'histoire de France, depuis le commencement de la monarchie jusqu'à la fin du règne de Louis XIV, inclusivement. (Par ALLETZ).
Paris 1766. Lottin le jeune. 2 vol. in-12.

2305.—Anecdotes françoises, depuis l'établissement de la monarchie jusqu'au règne de Louis XV. (Par l'*Abbé* BERTOUX).
Paris 1767. Vincent. 1 vol. in-8°.

2306.—Anecdotes françoises, depuis l'établissement de la monarchie jusqu'au règne de Louis XVI. (Par l'*Abbé* BERTOUX). 3.e édit.
Paris 1774. Vincent. 1 vol. in-12.

2307.—Epoques les plus intéressantes de l'histoire de France, servant d'explication au tableau chronologique de cette histoire, extrait des meilleurs historiens. Par M. VIARD.
Paris 1778. Durand. 1 vol. in-12.

2308.—Histoire de France, depuis les Gaulois jusqu'à la fin de la monarchie, par M. Anquetil.
Paris 1805. Garnery. 14 vol. in-12.

2309.—Histoire de France, depuis les Gaulois jusqu'à la mort de Louis XVI; par M. Anquetil. 5.ᵉ édit.
Paris 1825. Ledentu. 12 vol. in-12.

2310.—Beautés de l'histoire de France, ou époques intéressantes, traits remarquables, belles actions, origines, usages et mœurs, depuis la fondation jusqu'à la fin de la monarchie; ouvrage rédigé par P. Blanchard. 2.ᵉ édit.
Paris 1810. Blanchard. 1 vol. in-12.

2311.—Même ouvrage. 4.ᵉ édit.
Paris 1812. Blanchard. 1 vol. in-12.

2312.—Histoire de France, à l'usage de la jeunesse. Par A. M. D. G. (le P. J. N. Loriquet). 8.ᵉ édit.
Lyon 1824. Rusand. 2 vol. in-18. Cart.

2313.—Leçons de chronologie et d'histoire, de l'*Abbé* Gaultier, entièrement refondues et considérablement augmentées par de Blignières, Demoyencourt, Ducros (de Sixt) et Le Clerc aîné, ses élèves. Tom. iv. Histoire de France. Revue par Demoyencourt.
Paris 1830. J. Renouard. 1 vol. in-18.

2314.—Historia Franciæ, à Pharamundo, vel ab ævo fundatæ monarchiæ Francorum, ad ortum usque Ducis Burdigalensis, seu ab anno 420 ad diem vigesimam nonam sept. anno 1820. (Auctore *Gerardo* Gley). 2.ᵃ edit.
Tours 1820. Mame. 1 vol. in-12.

2315.—Résumé de l'histoire de France jusqu'à nos jours, suivi de principes et moralités politiques applicables à l'histoire. Par *Félix* Bodin. 6.ᵉ édit.
Paris 1824. Lecointe et Durey. 1 vol. in-18.

2316.—Histoire anecdote de la monarchie française. Par Moustalon et C. de Méry.
Paris 1830. Boulland. 6 vol. in-12. Fig.

2317.—Histoire des Français, par J. C. L. Simonde de Sismondi.
Paris 1821-1844. Treuttel et Würtz. 31 vol. in-8º.

2318.—Nouveau cours d'histoire de France, depuis les temps les plus reculés de la Gaule, jusqu'au règne de Henry IV; par *Alexandre* MAZAS.

> **Paris 1834. Hyvert. 2 vol. in-4°.**

2319.—Histoire de France, par M. MICHELET.

> **Paris 1835-1855. L. Hachette et Chamerot. 8 vol. in-8°.**

2320.—Cours d'histoire de France. Lectures tirées des chroniques et des mémoires, avec un précis de l'histoire de France depuis les Gaulois jusqu'à nos jours; par M.ᵉ *Am.* TASTU.

> **Paris 1836.-1837. Lavigne. 2 vol. in-8°.**

2321.—France historique et monumentale. Histoire générale de France, depuis les temps les plus reculés jusqu'à nos jours, illustrée et expliquée par les monuments de toutes les époques, édifiés, sculptés, peints, dessinés, coloriés, etc. Par A. HUGO.

> **Paris 1836-1841. Delloye. 4 vol. in-8°. Pl.**

2322.—Histoire des Français, depuis le temps des Gaulois jusqu'en 1830, par *Théophile* LAVALLÉE. 5.ᵉ édit.

> **Paris 1845. Hetzel. 2 vol. gr. in-8°. Pl.**

2323.—Histoire de France, depuis l'établissement des Francs dans la Gaule jusqu'en 1830, par *Théodose* BURETTE.

> **Paris 1840. Ducrocq. 2 vol. gr. in-8°. Fig.**

2324.—Manuel de l'histoire de France, par *Achmet* D'HÉRICOURT.

> **Paris 1844-46. Roret. 2 vol. in-8°.**

2325.—Histoire de France depuis les temps les plus reculés jusqu'en 1789 par M. *Henri* MARTIN. Nouv. édit. entièrement revue et augmentée d'un nouveau travail sur les origines nationales.

> **Paris 1838-54. Furne et C.° 19 vol. in-8.° Pl.**

———

n. — *Histoires en vers.*

———

** — La Franciade, ou histoire générale des rois de France. Par GEUFFRIN. Voyez *Belles-Lettres.* 1664.

2326.—Méthode nouvelle et tres facile pour apprendre l'histoire de France et l'histoire romaine, depuis Romulus jusques aux Empereurs. Par le Sieur DE COURSONS.

Paris 1700. Jacques Josse. 1 vol. in-8°.

** — Chroniques de France, par M.me *Amable* TASTU.

Voyez *Belles-Lettres.* 1870.

o. — *Biographies et Iconographies.*

2327.—Les vrais portraits des Rois de France, tirez de ce qui nous reste de leurs monumens, sceaux, medailles, ou autres effigies, conservées dans les plus rares et plus curieux cabinets du Royaume. Par *Jacques* DE BIE. 2.e édit. augm. de nouveaux portraits, et enrichie des Vies des Rois, par le R. P. H. DE COSTE.

Paris 1636. J. Camusat. 1 vol. in-fol. Pl.

2328.—Les éloges de nos rois, et des enfans de France, qui ont esté Daufins de Viennois, comtes de Valentinois et de Diois. Par F. *Hilarion* DE COSTE.

Paris 1643. Seb. Cramoisy. 1 vol. in-4°.

2329.—Les crimes des rois de France, depuis Clovis jusqu'à Louis seize. Par *Louis* LAVICOMTERIE. Nouv. édit. augm. des derniers crimes de Louis XVI.

Paris 1792. Bureau des révolutions. 1 vol. in-8°. Fig.

2330.—Recherches historiques sur les derniers jours des rois de France, leurs funérailles, leurs tombeaux ; suivies d'une notice sur Saint-Denis, le sacre des rois et leur couronnement. Par BERTHEVIN.

Paris 1825. François Louis. 1 vol. in-8°.

2331.—Mémoires historiques, critiques, et anecdotes des reines et régentes de France. (Par DREUX DE RADIER). N.e édit.

Amsterdam 1776. M. Rey. 6 vol. in-12.

2332.—Même ouvrage; avec la continuation jusqu'à nos jours, par un Professeur de l'Académie de Paris.

Paris 1827. P. Renouard. 6 vol. in-8°. Fig.

2333.—Les crimes des reines de France, depuis le commencement de la monarchie jusqu'à Marie-Antoinette. Publiés par L. Prudhomme.

Paris 1791. Au Bureau des révolutions. 1 v. in-8°. Fig.

p. — *Collections.* — *Inventaires d'archives.* — *Recueils de chartes.*

2334.—Plan des travaux littéraires ordonnés par Sa Majesté, pour la recherche, la collection et l'emploi des monumens de l'histoire et du droit public de la monarchie françoise. (Par *Jacob-Nicolas* Moreau).
Paris 1782. Imp. royale. 1 vol. in-8°.

2335.—Catalogue général des cartulaires des archives départementales, publié par la Commission des archives départementales et communales.
Paris 1847. Imp. royale. 1 vol. in-4°.

2336.—Tableau général numérique par fonds des archives départementales et communales antérieures à 1790, publié par la Commission des archives.
Paris 1848. Imp. nationale. 1 vol. in-4°.

2337.—Notice des diplômes, des chartes et des actes relatifs à l'histoire de France, qui se trouvent imprimés et indiqués dans les ouvrages de diplomatique, dans les jurisconsultes et dans les historiens, rangés dans l'ordre chronologique depuis l'année 25 de l'ère vulgaire jusqu'en 841. Par M. l'*Abbé* De Foy.
Paris 1765. Imp. royale. 1 vol. in-fol. Tom. 1.er

2338.—Table chronologique des diplomes, chartes, titres et actes imprimés, concernant l'histoire de France. Par MM. de Brequigny, Mouchet et Pardessus.
Paris 1769-1850. Imp. royale et nationale. 6 vol. in-fol.

2339.—Diplomata, chartæ, epistolæ, leges aliaque instrumenta ad res Gallo-Francicas spectantia prius collecta à VV. CC. de Brequigny et la Porte du Theil, nunc vero nova ratione ordinata, plurimumque aucta jubente ac mode-

rante Academia inscriptionum et humaniorum litterarum edidit J. M. PARDESSUS.

Lut.-Paris. 1843-1849. Ex typog. reg. et reip. 2 v. in-fol.

---

q. — *Collections de Chroniques et de Mémoires.*

2340. — Corpus Francicæ historiæ veteris et sinceræ. In quo prisci
ejus scriptores, hactenus miris modis in omnibus editionibus depravati et confusi , nunc tandem serio emendati ,
et pro ordine temporum dispositi , pseudepigrapha veris
auctoribus suis restituta, omnia denique notis marginali-
bus perpetuis illustrata , sic ut singula nova videri possint, uno volumine exhibentur (a MARQUARDO FREHERO).

Hanoviæ 1613. Typis Wechelianis. 1 vol. in-fol.

2341. — Historiæ Francorum ab anno Christi DCCCC ad annum
MCCLXXXV scriptores veteres XI; in quibus GLABER ,
HELGAUDUS, SUGERIUS abbas , M. RIGORDUS, GUILLERMUS
BRITO, GUILLERMUS DE NANGIS et anonymi alii. Extrema
stirpis Carolinæ et Capetiorum regum res gestas usque
ad Philippum , D. Ludovici filium regem , explicantes.
Ex bibliotheca P. PITHŒI nunc primum in lucem dati.

Francofurti 1596. And. Wecheli heredes. 1 vol. in-fol.

2342. — Historiæ Francorum scriptores coætanei , ab ipsius gentis
origine ad Philippi IV dicti Pulchri tempora. Quorum
plurimi nunc primùm ex variis codicibus Mss. in lucem
prodeunt : alii verò auctiores et emendatiores. Cum epis-
tolis regum, reginarum, pontificum, etc. Opera et studio
Andreæ et filii post patrem *Francisci* DUCHESNE.

Parisiis 1636-1649. Seb. Cramoisy. 5 vol. in-fol.

2343. — Rerum Gallicarum et Francicarum scriptores. — Recueil
des historiens des Gaules et de la France.

Paris 1738-1855. Lib. assoc. et impr. imp. 21 vol. in-fol.

Tom. I à VIII publiés par Dom *Martin* BOUQUET. — IX à XI, par
Dom J. B. et C. HAUDIQUIER. — XI, par Dom E. HOUSSEAU, PRÉCIEUX

26.

— 402 —

et G. Poirier. — xii-xiii, par D. F. Clément et J. J. Brial. — xiv
à xix, par Dom M. J. J. Brial. — xix-xx, par P. C. R. Daunou et
Jos. Naudet. — xxi, par J. Guigniaut et N. De Wailly.

2344.—Essais historiques sur les mœurs des François, ou traduction abrégée des chroniques et autres ouvrages des
auteurs contemporains, depuis Clovis jusqu'à Saint-
Louis. Par M. de Sauvigny.
  Paris 1785. Clousier. 6 vol. in-8⁰.

  Ce recueil comprend :

  Vie et ouvrages de Grégoire de Tours. 3 vol. (Incomplet).— Epitomes de l'histoire des Francs. 1 vol. — Recueil de lettres écrites
sous la première race de nos rois par des personnes considérables,
rois, reines, grands de l'Etat, papes, évêques, etc. 2 vol.

2345.—Collection des mémoires relatifs à l'histoire de France,
depuis la fondation de la monarchie française jusqu'au
15.ᵉ siècle; avec une introduction, des supplémens, des
notices et des notes; par M. Guizot.
  Paris 1823-1835. Brière. 31 vol. in-8⁰.

  Introduction. (Non tomée). B. de Sigrais. Considérations sur les
Gaulois, les Francs et les Français.—A. Trognon. Fragment sur l'his-
toire de France.=Tom. i-ii. Grégoire de Tours. Histoire des Francs.
—ii. Frédegaire. Chronique.—Vie de Dagobert I.—Vie de St-Léger.
—Vie de Pépin le Vieux.=iii. Eginhard. Annales.—Faits et gestes de
Charlemagne.—Thegan. Vie de Louis le Débonnaire.—L'Astronome.
Vie de Louis le Débonnaire.—Nithard. Dissensions des fils de Louis
le Débonnaire. = iv. Ermold le Noir. Faits et gestes de Louis-le-
Pieux.—Annales de S. Bertin.—Annales de Metz. = v. Frodoard.
Hist. de l'église de Rheims.=vi. Abbon. Siége de Paris.—Frodoard.
Chronique.—Raoul Glaber. Chronique.—Helgaud. Vie de Robert.—
Adalbéron. Poëme sur le règne de Robert. = vii. Odon. Vie de
Bouchard, comte de Melun.— Fragm. de l'hist. des Fr. de Hugues-
Capet à Philippe I.—Hugues de Fleury. Chronique.—Sacre de Phi-
lippe I. — Hugues de Poitiers. Hist. du monastère de Vézelay.=
viii. Suger. Vie de Louis-le-Gros.—Guillaume. Vie de Suger.—Vie
de Louis-le-Jeune. — Galbert. Vie de Charles-le-Bon. = ix-x.
Guibert de Nogent. Hist. des Croisades. Sa vie. — x. Guillaume de
St.-Thierri; Arnauld de Bonneval; Geoffroi de Clairvaux; vies
de St.-Bernard. = xi. Rigord. Vie de Philippe-Auguste. — Guil-

LAUME *le Breton.* Vie de Philippe-Auguste.—Vie de Louis VIII.—
NICOLAS *de Bray.* Faits et gestes de Louis VIII. = XII. GUILLAUME
le Breton. La Philippide.=XIII. GUILLAUME *de Nangis.* Chronique.=
XIV. PIERRE *de Vaulx-Cernay.* Guerre des Albigeois.=XV. GUILLAUME
de Puy-Laurens. Chronique. — Guerre des Albigeois. — Des gestes
glorieux des Français de 1202 à 1311.=XVI à XIX. GUILLAUME *de Tyr.*
Histoire des Croisades.=XIX. BERNARD *le Trésorier.* Continuation de
l'histoire des Croisades.=XX-XXI. ALBERT *d'Aix.* Histoire des Croisades.—XXI. RAYMOND *d'Agiles.* Histoire des Francs qui ont pris Jérusalem. XXII. = JACQUES *de Vitry.* Histoire des Croisades. — XXIII.
RAOUL *de Caen.* Histoire de Tancrède.—ROBERT *le Moine.* Hist. de
la première Croisade. = XXIV. FOULCHER *de Chartres.* Histoire des
Croisades.—ODON *de Deuil.* Croisade de Louis VII.=   XXVIII.
ORDERIC VITAL. Histoire de Normandie. = XXIX. GUILLAUME *de Ju-
miège.* Histoire des ducs de Normandie. — GUILLAUME *de Poitiers.*
Vie de Guillaume-le-Conquérant. = XXX. Table.

2346.—Collection complète des mémoires relatifs à l'histoire de
France, depuis le règne de Philippe Auguste, jusqu'au
commencement du dix-septième siècle ; avec des notices
sur chaque auteur, et des observations sur chaque ouvrage, par M. PETITOT.

Paris 1824-1827. Foucault. 53 vol. in-8°.

TOM. I. VILLEHARDOUIN. = II-III. JOINVILLE, avec les dissertations
de DU CANGE. = IV-V. Mémoires sur Duguesclin, traduits par J. LE
FEBVRE.=V-VI. *Christine* DE PISAN.=VI-VII. BOUCICAUT = VII. Mémoires de *Pierre* DE FÉNIN. = VIII. Mémoires concernant la Pucelle
d'Orléans. — Histoire de Richemont par G. GRUEL. — Mémoires de
Florent d'Illiers publiés par D. GODEFROY. = IX-X. *Olivier* DE LA
MARCHE.=XI J. DU CLERCQ.=XI-XII-XIII. *Ph.* DE COMINES.=XIII-XIV.
Jean DE TROYES.= XIV. DE VILLENEUVE. — Mém. de La Trémouille
par *Jean* BOUCHET. = XV-XVI. Histoire de Bayard par le *loyal Ser-
viteur.* = XVI. Mém. de FLEURANGE. — *Louise* DE SAVOYE. = XVII-
XVIII-XIX. G. et M. DU BELLAY. = XX-XXI-XXII. *Bl.* DE MONTLUC. =
XXIII-XXIV-XXV. *Gasp.* DE SAULX-TAVANNES. = XXVI-XXVII-XXVIII.
Mém. de Scepeaux de Vieilleville, par V. CARLOIX.=XXVIII-XXIX-XXX.
DU VILLARS.=XXXI-XXXII. F. DE RABUTIN.=XXXII. B. DE SALIGNAC.—
G. DE COLIGNY. — LA CHASTRE. — G. DE ROCHECHOUART. = XXXIII.
M. DE CASTELNAU. = XXXIV. J. DE MERGEY. — F. DE LA NOUE. — A.
GAMON.—J. PHILIPPI. = XXXV. H. DE LA TOUR D'AUVERGNE. — *Guill.*

26.*

DE SAULX-TAVANNES. ═ XXXVI. P. DE CHEVERNY. — *Ph.* HURAULT. ═ XXXVII. *Marg.* DE VALOIS.—J. A. DE THOU. ═ XXXVIII. J. CHOISNIN.— M. DE MERLE. ═ XXXVIII-XXXIX-XL-XLI-XLII. PALMA-CAYET.═XLIII. J. PAPE DE SAINT-AUBAN. ═ XLIV. VILLEROY. — Le duc D'ANGOULÈME. ═ XLV à XLIX. Journal de P. DE L'ESTOILE. ═ XLIX. *Louise* BOURGEOIS.—J. GILLOT. — *Cl.* GROULARD.— *Mich.* DE MARILLAC.═ L-LI. FONTENAY-MAREUIL.═ LII. Table générale par M. DELBARE.

2347.—Collection des mémoires relatifs à l'histoire de France, depuis l'avénement de Henri IV, jusqu'à la paix de Paris, conclue en 1763; avec des notices sur chaque auteur, et des observations sur chaque ouvrage, par MM. PETITOT et A. MONMERQUÉ.

Paris 1824-29. Foucault. 79 vol. in-8°.

Tom. I à IX. Mémoires de SULLY.— X-XI. RICHELIEU.—XI à XVI. Le Président JEANNIN. Avec une introduction par M. LAURENT. — XVI. Mar. D'ESTRÉES. — XVI-XVII. *Ph.* DE PONTCHARTRAIN.— XVIII-XIX. DE ROHAN.— XIX-XXI. BASSOMPIERRE.—XXI bis à XXX. Cardin. de RICHELIEU. (Le tom. XXI bis est une réimpression plus complète et plus correcte des tom. X et XI).— XXXI. *Gaston* D'ORLÉANS. — XXXI-XXXII Mém. de PONTIS rédigés par DU FOSSÉ. — XXXIII-XXXIV. R. ARNAULD-D'ANDILLY. — XXXIV. L'*Abbé* ARNAULD. — Duchesse de NEMOURS. — XXXV-XXXVI. BRIENNE.—XXXVI à XL. Mme DE MOTTEVILLE.—XL-XLIII. Mlle de MONTPENSIER.— XLIV-XLVI. Card. DE RETZ. — XLVII. *Guy* et *Claude* JOLY. — XLVIII. CONRART. — BERTHOD.— XLIX-LI. MONTGLAT. — LI. LA CHATRE. — H. DE CAMPION.— LI-LII. LA ROCHEFOUCAULD.— LII. DE GOURVILLE. — LIII-LIV. P. LENET. — LIV. MONTRÉSOR.—FONTRAILLES. —LV-LVI. Duc de GUISE. — LVI-LVII. GRAMONT. — LVII. DU PLESSIS.—CHOUPPES. — PUYSÉGUR.— LVIII-LIX. Mémoires de .... pour servir à l'histoire du XVIIe siècle. — LIX. P. DE LA PORTE.—LX-LXIII. *Omer* et *Denys* TALON.— LXIII. l'*Abbé* CHOISY.— LXIV. G. TEMPLE.— LXIV-LXV. M.^e DE LA FAYETTE.—LXV. LA FARE.—LXV-LXVI. BERWICK. — LXVI. M.^e DE CAYLUS. — LXVII-LXVIII. DE TORCY. — LXVIII-LXXI. Mémoires du maréchal de VILLARS, rédigés par ANQUETIL. — LXXI-LXXIV. Mém. du duc de NOAILLES, rédigés par l'*Abbé* MILLOT.—LXXIV-LXXV. DE FORBIN.— LXXV. DUGUAY- TROUIN. — LXXVI-LXXVII. DUCLOS. — LXXVII. M.^e DE STAAL.— LXXVIII. Table par M. DELBARE.

2348.—Nouvelle collection des mémoires pour servir à l'histoire de France, depuis le XIIIe siècle jusqu'à la fin du XVIIIe; précédés de notices pour caractériser chaque auteur des mémoires et son époque; suivis de l'analyse des documents historiques qui s'y rapportent; par MM. Michaud et Poujoulat.

Paris 1836-1839. Proux. 32 vol. gr. in-8°.

1.re SÉRIE.

Tom. i. G. de Ville-Hardouin—H. de Valenciennes.—Joinville —*Pierre* Sarrasin.—Vie de Duguesclin.— *Christine* de Pisan.— ii. *Christine* de Pisan.—Boucicaut.—*Juvenal* des Ursins.—P. de Fenin. Journal d'un bourgeois de Paris.— iii. Mémoires sur la Pucelle d'Orléans.—Mém. sur Richemond.—Sur Florent d'Iliers.—Journal d'un bourgeois de Paris.—*Ol.* de la Marche.—J. du Clercq.— iv. P. de Comines.— *Jean* de Troyes.— *Guill.* de Villeneuve.— La Trémouille.—Bayard.— v. Fleurange.— *Louise* de Savoye.— G. et M. du Bellay.—vi. *François* de Lorraine.—Le Prince de Condé.— *Ant.* du Pujet.—vii. B. de Montluc.—*Fr.* de Rabutin.—viii. *Gasp.* et *Guill.* de Saulx-Tavannes.—B. de Salignac.—G. de Colligny.— La Chastre.—G. de Rochechouart.—A. Gamon.— J. Philippi.— ix. Mémoires sur Vieilleville par V. Carloix.—M. de Castelnau.— J. de Mergey.— *Fr.* de Lanoue.— x. Du Villars.— *Marguerite* de Valois.—Cheverny.—*Ph.* Hurault.—xi. Le duc de Bouillon.— Le duc d'Angoulème.— Villeroy.— J. A. de Thou.— J. Choisnin. — J. Gillot.— M. Merle.—Saint-Auban.— *Louise* Bourgeois.— Dubois.—M. de Marillac.—Groulard.— xii. P. V. Palma-Cayet.

2.me SÉRIE.

Tom. i. Journal de P. de Lestoile.— ii-iii. Sully.— iv. Jeannin. — v. Fontenay-Mareuil.— Pontchartrain.— Relation de la mort du maréchal d'Ancre.—Rohan.— vi. Bassompierre.—d'Estrées.— Mémoires de Pontis.— vii-viii-ix. Richelieu.— ix. Arnauld d'Andilly.— L'*Abbé* Arnauld.— Gaston, duc d'Orléans.— Duchesse de Nemours.— x. M.me de Motteville.— le P. Berthod.

3.me SÉRIE.

Tom. i. Mémoires du Cardinal de Retz.— ii. *Guy* et *Claude* Joly—P. Lenet.— iii. Brienne.— Montrésor.—Fontrailles.— La Chatre.—Campion.—Turenne.—duc d'Yorck.—iv. M.lle de Montpensier.—Conrart.— v. Monglat (*Fr.* de Paul de Clermont).— La Rochefoucauld.—Gourville.—vi. Omer Talon.—l'*Abbé* Choisy. — vii. H. de Guise.— de Gramont.— de Guiche.— Du Plessis.— Mémoires pour servir à l'histoire du xvii.e siécle.— viii. P. De Laporte.—G. Temple.—M.me de La Fayette.—La Fare—Berwick.—

— M.ᵐᵉ ᴅᴇ Cᴀʏʟᴜs.—ᴅᴇ Tᴏʀᴄʏ.— ɪx. Vɪʟʟᴀʀs.—Fᴏʀʙɪɴ.— Dᴜɢᴜᴀʏ-
Tʀᴏᴜɪɴ. — x. Mémoires du duc ᴅᴇ Nᴏᴀɪʟʟᴇs, publiés par l'*Abbé*
Mɪʟʟᴏᴛ — Dᴜᴄʟᴏs— M.ᵉ ᴅᴇ Sᴛᴀᴀʟ.

2349.—Recherches et matériaux pour servir à une histoire de la
domination française aux xɪɪɪ.ᵉ, xɪᴠ.ᵉ et xᴠ.ᵉ siècles dans
les provinces démembrées de l'empire grec, à la suite de
la quatrième croisades. Par J. A. L. Bᴜᴄʜᴏɴ.
Paris 1840. A. Desrez. 2 en 1 vol. in-8ᵒ. Pl.

I. Eclaircissements historiques, généalogiques et numismatiques
sur la principauté française de Morée et ses douze pairies.—II. Chronique des empereurs Baudoin et Henri de Constantinople, par
Gᴇᴏғғʀᴏʏ ᴅᴇ Vɪʟʟᴇ-Hᴀʀᴅᴏᴜɪɴ et *Henri* ᴅᴇ Vᴀʟᴇɴᴄɪᴇɴɴᴇs.

** — Choix de chroniques et mémoires sur l'histoire de France, avec des
notices littéraires par J. A. C. Bᴜᴄʜᴏɴ.
Paris 1800. Desrez. 19 vol. in-8ᵒ. Voyez *Panthéon littéraire.*

Cette collection se compose des ouvrages suivants :

1. — Chroniques étrangères relatives aux expéditions françaises pendant
le xɪɪɪ.ᵉ siècle: — *Anonyme grec.* Chronique de la principauté française d'Achaie. — Rᴀᴍᴏɴ-Mᴜɴᴛᴀɴᴇʀ. Chronique d'Aragon, de Sicile
et de Grèce. — Bᴇʀɴᴀᴛ ᴅ'Esᴄʟᴏᴛ. Chronique de Pierre III et expédition française de 1285. — *Anonyme Sicilien.* Chronique de la
conspiration de J. Prochyta. 1 vol.
2. — Chroniques de *J.* Fʀᴏɪssᴀʀᴛ.—Chroniques de *J.* Bᴏᴜᴄɪᴏᴜᴀᴜᴛ. 3 vol.
3. — OEuvres historiques inédites de *Georges* Cʜᴀsᴛᴇʟʟᴀɪɴ. 1 vol.
4. — Chroniques de *Mathieu* ᴅᴇ Cᴏᴜssʏ. 1444-1461. — De Louis XI par
Jean ᴅᴇ Tʀᴏʏᴇs. — Du comte de Richemont par *Guill.* Gʀᴜᴇʟ. —
Anonyme. Chronique de la Pucelle. — *Pierre* ᴅᴇ Fᴇɴɪɴ. Mémoires
de 1407 à 1427. — Journal d'un Bourgeois de Paris de 1409 à 1449.
—Poëme anglais sur la bataille d'Azincourt. 1 vol.
5. — Chroniques d'*Enguerrand* ᴅᴇ Mᴏɴsᴛʀᴇʟᴇᴛ. 1 vol.
6. — *Philippe* ᴅᴇ Cᴏᴍᴍɪɴᴇs. Mémoires sur les règnes de Louis XI et
Charles VIII. — *Guillaume* ᴅᴇ Vɪʟʟᴇɴᴇᴜᴠᴇ. Mémoires sur l'expédition de Naples. — *Olivier* ᴅᴇ ʟᴀ Mᴀʀᴄʜᴇ. Mémoires sur la maison
de Bourgogne.— *Georges* Cʜᴀsᴛᴇʟᴀɪɴ. Chronique de J. De la Lain.—
Jean Bᴏᴜᴄʜᴇᴛ. Chronique de La Trémouille. 1 vol.
7. — *Jacques* Dᴜ Cʟᴇʀᴏ. Mémoires de 1448 à 1467. — Relation de la
prise de Constantinople en 1453. — Lᴇғᴇʙᴠʀᴇ ᴅᴇ Sᴀɪɴᴛ-Rᴇᴍʏ. Mémoires de 1407 à 1435.—Mémoires sur Jacques Cœur (par Bᴏɴᴀᴍʏ)
et actes de son procès. 1 vol.

8. — *Bertrand* DE SALIGNAC-FÉNÉLON. Siège de Metz par Charles V. — DE COLIGNY. Siège de Saint-Quentin. — LA CHASTRE. Prise de Calais et de Thionville. — DE ROCHECHOUART. Mémoires du sacre de Henri II. — M. DE CASTELNAU. Mémoire sur le règne de François II, duc de Guise, Catherine de Médicis, Marie Stuart, le siège de Rouen et du Hâvre. — DE MERGEY. Journée de la Saint-Barthélemy. — *François* DE LA NOUE. — *Achille* DE GAMON. — PHILIPPI. Guerres de religion de 1540 à 1590. — TURENNE, duc DE BOUILLON. Mémoires de 1555 à 1586. — *Guillaume* DE SAULX-TAVANNES. Mort de Henri II; — François II; — Guerre de Flandre; — Mort de Charles IX; — Assassinat du duc de Guise; — Henri IV roi. — *Marguerite* DE VALOIS. Mémoires. 1561-1582. — J. A. DE THOU. Mémoires de 1553 à 1601. — J. CHOISNIN. Mémoires de 1571 à 1573. — *Mathieu* MERLE. Mémoires de 1568 à 1580. 1 vol.

9. — *Blaise* DE MONTLUC. Commentaires. — *Vincent* CARLOIX. Mémoires du maréchal de Vieilleville. 1 vol.

10. — *Le loyal Serviteur.* Chronique de Bayard. — *Guillaume* DE MARILLAC. Vie du connétable de Bourbon. — *Antoine* DE LAVAL. Continuation de Marillac. — *Jacques* BUONAPARTE. Sac de Rome en 1527. — R. DE LA MARCK, seigneur *de Fleurange*. Mémoires du jeune advantureux sur le règne de Louis XII et François I. — *Louise* DE SAVOYE. Journal de la duchesse d'Angoulême. — *Martin* et *Guillaume* DU BELLAY. Mémoires. 1513-1545. 1 vol.

11. — *Pierre* DE LA PLACE. Estat de la religion et république. — REGNIER DE LA PLANCHE. De l'estat de la France sous François II. — Livre des marchands. — *Agrippa* D'AUBIGNÉ. Mémoires. — *Fr.* DE RABUTIN. Commentaires des dernières guerres en la Gaule Belgique. 1 vol.

12. — PALMA-CAYET. Chronologie novenaire et chronologie septenaire. — *Michel* DE MARILLAC. Mémoire sur la Ligue. — VILLEROY. Mémoires d'estat. 1564-1604. — Duc d'ANGOULESME. Mémoires sur la mort de Henri III et les combats d'Arques. 2 vol.

13. — *Robert* MACQUÉREAU. Chronicque de Bourgoigne de 1500 à 1527. — CHEVERNY. Mémoires de 1528 à 1599. — *Ph.* HURAULT. Mémoires de 1599 à 1601. — J. PAPE, seigneur de *Saint-Auban*. Mémoires de 1572 à 1637. — Satyre Ménippée. 1 vol.

14. — *Gaspard* DE SAULX-TAVANNES. Mémoires. — BOYVIN DU VILLARS. Mémoires de M. de Brissac. 1 vol.

15. — Négociations du président JEANNIN. 1 vol.

16. — OEuvres complètes de *P.* DE BOURDEILLE, abbé de Brantome et d'*André* DE BOURDEILLE son frère. 2 vol.

2350. — Collection des meilleurs dissertations, notices et traités particuliers relatifs à l'histoire de France, composée en grande partie de pièces rares, ou qui n'ont jamais été publiées séparément; pour servir à compléter toutes les collections de mémoires sur cette matière. Par MM. C. Leber, J. B. Salgues et J. Cohen.

Paris 1826-1842. Dentu. 20 vol. in-8°.

2351. — Archives curieuses de l'histoire de France depuis Louis XI jusqu'à Louis XVIII, ou collection de pièces rares et intéressantes, telles que chroniques, mémoires, pamphlets, lettres, vies, procès, testamens, exécutions, siéges, batailles, massacres, entrevues, fêtes, cérémonies funèbres, etc., etc., publiées d'après les textes conservés à la bibliothèque royale et aux archives du royaume, et accompagnées de notes et d'éclaircissements; par M. L. Cimber (Lafaist) et F. Danjou.

Paris 1834-1840. Beauvais. 27 vol. in-8°.

2352. — Collection de documents inédits sur l'histoire de France, publiés par ordre du roi et par les soins du ministre de l'instruction publique.

Paris 1835-1855. Imp. div. in-4°.

Cette collection comprend jusqu'ici les publications suivantes :

1.re Série. — Histoire politique.

1. — Archives administratives et législatives de la ville de Reims. Collection de pièces inédites pouvant servir à l'histoire des institutions dans l'intérieur de la cité, par *Pierre* Varin. Tables par M. L. Amiel. 1839-1853. 9 vol.

2. — Captivité du roi François I, par M. *Aimé* Champollion-Figeac. 1847. 1 vol.

3. — Chronique de Bertrand Du Guesclin par Cuvelier, trouvère du xiv.e siècle, publiée pour la première fois par E. Charrière. — A la suite : C'est le libvre du bon Jehan, duc de Bretaigne. 1839. 2 vol.

4. — Chronique des ducs de Normandie, par Benoit, trouvère anglo-normand du xii.e siècle; publiée d'après un manuscrit du musée britannique par *Francisque* Michel. 1837-1844. 3 vol.

5. — Chronique du religieux de St.-Denys, contenant le règne de Charles VI, de 1380 à 1422, publiée en latin pour la première fois et traduite par M. L. Bellaguet ; précédée d'une introduction par M. de Barante. 1839-1852. 6 vol.

6. — Collection des cartulaires de France. — Cartulaire de l'abbaye de Saint-Père de Chartres. 1840. 2 vol. — Cartulaire de l'abbaye de St.-Bertin. — Cartularium monasterii Sanctæ Trinitatis de monte Rothomagi. 1840. 1 vol. — Cartulaire de l'église de Notre-Dame de Paris. 1850. 2 vol. Publiés par M. Guerard.—Cartulaire de l'abbaye de Savigny, suivi du petit cartulaire de l'abbaye d'Ainay, publié par Aug. Bernard. 1853. 1 vol.

7. — Correspondance administrative sous le règne de Louis XIV, entre le cabinet du roi, les secrétaires d'Etat, le chancelier de France et les intendants et gouverneurs des provinces, etc,; recueillie et mise en ordre par M. G. Depping. 1850-1852. 3 vol.

8. — Correspondance de Henri d'Escoubleau de Sourdis, augmentée des ordres, instructions et lettres de Louis XIII et du cardinal de Richelieu à M. de Sourdis concernant les opérations des flottes françaises de 1636 à 1642, et accompagnée d'un texte historique, de notes et d'une introduction sur l'état de la marine en France sous le ministère du cardinal de Richelieu, par Eugène Sue. 1839. 3 vol.

9. — Histoire de la croisade contre les hérétiques albigeois, écrite en vers provençaux par un poëte contemporain; traduite et publiée par M. C. Fauriel. 1837. 1 vol.

10. — Journal des Etats-généraux de France tenus à Tours en 1484 sous le règne de Charles VIII; rédigés en latin par Jehan Masselin; publié et traduit par A. Bernier, 1835. 1 vol.

11. — Lettres des rois, reines et autres personnages des cours de France et d'Angleterre depuis Louis VII jusqu'à Henri IV; tirées des archives de Londres par Bréquigny, et publiées par M. Champollion-Figeac. 1839-1842. 2 vol.

12. — Li livres de jostice et de plet publié par Rapetti; avec un glossaire des mots hors d'usage par P. Chabaille. 1850. 1 vol.

13. — Lettres, instructions diplomatiques et papiers d'Etat du cardinal de Richelieu, recueillis et publiés par M. Avenel. 1853. Tom I.er

14. — Mémoires militaires relatifs à la succession d'Espagne sous Louis XIV; extraits de la correspondance de la cour et des généraux par le lieutenant-général De Vault; revus, publiés et précédés d'une introduction par le lieut.-génér. Pelet. 1835-1850. 8 vol. et Atlas.

15. — Négociations de la France dans le Levant, publiées pour la première fois par E. Charrière. 1848-1853. 3 vol.

16. — Négociations relatives à la succession d'Espagne sous Louis XIV, ou correspondances, mémoires, et actes diplomatiques concernant les prétentions et l'avénement de la maison de Bourbon au trone d'Espagne, accompagnés d'un texte historique et précédés d'une introduction par M. MIGNET. 1835-1842. 4 vol.

17. — Négociations, lettres et pièces diverses relatives au règne de François II, tirées du portefeuille de *Sébastien* DE L'AUBESPINE par *Louis* PARIS. 1841. 1 vol.

18. — Négociations diplomatiques entre la France et l'Autriche durant les trente premières années du xvi.ᵉ siècle, publiées par M. LE GLAY. 1845. 2 vol.

19. — Les olim ou registres des arrêts rendus par la cour du roi sous les règnes de Saint Louis, de Philippe le Hardi, de Philippe le Bel, de Louis le Hutin et de Philippe le Long; publiés par M. le comte BEUGNOT. 1839-1848. 4 vol.

20. — Papiers d'Etat du cardinal de GRANVELLE, d'après les manuscrits de la bibliothèque de Besançon, publiés sous la direction de M. C. WEISS. 1841-1852. 9 vol.

21. — Paris sous Philippe-le-Bel; d'après les documents originaux, et notamment d'après un manuscrit contenant le rôle de la taille imposée sur les habitants de Paris en 1292; publié pour la première fois par H. GÉRAUD. 1837. 1 vol.

22. — Procès des Templiers, publié par M. MICHELET. 1841-1851. 2 vol.

23. — Procès-verbaux des séances du conseil de régence du roi Charles VIII pendant les mois d'août 1484 à janvier 1485, publiés d'après les manuscrits de la bibliothèque royale par A. BERNIER. 1836. 1 vol.

24. — Procès-verbaux des Etats généraux de 1593, recueillis et publiés par M. *Aug.* BERNARD. 1842. 1 vol.

25. — Recueil des monuments inédits de l'histoire du tiers état. Par *Augustin* THIERRY. 1850-1853. 2 vol.

26. — Recueil des lettres-missives de Henri IV, publié par M. BERGER DE XIVREY. 1843-1854. 6 vol.

27. — Réglemens sur les arts et métiers de Paris, rédigés au xiii.ᵉ siècle, et connus sous le nom du livre des métiers d'*Etienne* BOILEAU; publiés par G. B. DEPPING. 1837. 1 vol.

28. — Relations des ambassadeurs vénitiens sur les affaires de France au xvi.ᵉ siècle, recueillies et traduites par M. N. TOMMASEO. 1838. 2 vol.

2.ᵉ Série. — Histoire des Lettres et des Sciences.

1. — Ouvrages inédits d'ABÉLARD, pour servir à l'histoire de la philosophie scolastique en France; publiés par M. V. COUSIN. 1836. 1 vol.

2. — Les quatre livres des rois traduits en français du XIIe siècle ; suivis d'un fragment de moralité sur Job et d'un choix de sermons de Saint Bernard ; publiés par M. Leroux de Lincy. 1841. 1 vol.

3. — L'esclaircissement de la langue française par *Jean* Palsgrave, suivi de la grammaire de *Gîles* du Guez ; publiés pour la première fois en France par F. Génin. 1852. 1 vol.

3.e Série. — Archéologie.

1. — Statistique monumentale. — Spécimen. — Rapport à M. le Ministre de l'instruction publique sur les monuments historiques des arrondissements de Nancy et de Toul, accompagné de cartes, plans et dessins ; par E. Grille de Beuzelin. 1 vol. in-4.° et Atlas in-fol.

2. — Statistique monumentale de Paris. Cartes, plans et dessins par *Albert* Lenoir. Pl. in-fol. En publication.

3. — Monographie de la cathédrale de Chartres. Architecture par J. A. B. Lassus. Pl. in-fol. En publication.

4. — Monographie de l'église Notre-Dame de Noyon par M. L. Vitet. Plans, coupes, élévations et détails par *Daniel* Ramée. 1845. 1 vol. et atlas in-fol.

5. — Peintures de l'église de St.-Savin. Texte par P. Mérimée. Dessins par Gérard-Seguin, lithographiés par Engelman. 1 vol. in-fol.

6. — Comptes de dépenses de la construction du château de Gaillon, publiés d'après les registres manuscrits des trésoriers du cardinal d'Amboise par A. Deville. 1 vol. et atlas.

7. — Iconographie chrétienne. Histoire de Dieu par M. Didron. 1843. 1 vol.

8. — Architecture monastique, par *Albert* Lenoir. 1852. Ire partie.

4.e Série. — Mélanges historiques.

1. — Documents historiques inédits, tirés des collections manuscrites de la bibliothèque royale et des archives ou des bibliothèques des départements, publiés par M. Champollion-Figeac. 1844-1848. 4 vol.

5.e Série. — Pièces officielles et instructions.

1. — Rapport au Roi et pièces. 1835. 1 vol.

2. — Rapport au Ministre. 1839. 1 vol.

3. — Instructions du comité historique des arts et monuments.

a. Monuments gaulois, grecs, romains et chrétiens. Style latin et byzantin. 1 cahier. — *b*. Style romain et gothique. (Par MM. Lenoir, Mérimée et Lenormant). 1 cahier. — *c*. Architecture militaire au moyen-âge. (Par MM. Mérimée et Lenoir). 1 cahier. — *d*. Musique. 1 cahier.

2353.—Bulletin archéologique publié par le comité historique des arts et monumens.

    Paris 1843-1848. Paul Dupont. 4 vol. in-8°.

2354.—Extraits des procès-verbaux des séances du comité historique des monuments écrits depuis son origine jusqu'à la réorganisation du 5 septembre 1848.

    Paris 1850. Imprimerie nationale. 1 vol. in-8°.

2355.—Bulletin du comité historique des monuments écrits de l'histoire de France. — Histoire. — Sciences.—Lettres.

    Paris 1849-1852. Imp. nationale et impér. 3 vol. in-8°.

2356.—Bulletin du comité historique des arts et monuments. — Archéologie.— Beaux-arts.

    Paris 1849-1852. Imp. nat. et impér. 3 vol. in-8°. Pl.

2357.—Bulletin du comité de la langue, de l'histoire et des arts de la France.

    Paris 1854. Imp. impériale. in-8°. Tom. 1. Se continue.

2358.—Annuaire historique publié par la société de l'histoire de France. (Pour les années 1837-1853).

    Paris 1836-1852. J. Renouard. 17 vol. in-18.

2359.—Musée de la caricature ou recueil des caricatures les plus remarquables publiées en France depuis le quatorzième siècle jusqu'à nos jours, pour servir de complément à toutes les collections de mémoires, calquées et gravées à l'eau forte sur les épreuves originales du temps,... par E. JAIME, avec un texte historique et descriptif par MM. BRAZIER, BRUCKER, CAPOT DE FEUILLIDE, *Charles* NODIER, E. JAIME, *Jules* JANIN, *Léon* GOZLAN, *Léon* HALÉVY, *Louis* REYBAUD, *Michel* MASSON, *Michel* RAYMOND, OURRY, PAULIN-PARIS, *Philarète* CHASLES, ROLLE.

    Paris 1838. Delloye. 2 vol. in-4°. Fig.

2360.—Voyage littéraire de deux religieux bénédictins de la congrégation de Saint Maur (D. *Ed.* MARTENE et D. *Ur.* DURAND). Où l'on trouvera I. Quantité de pièces, d'inscriptions et d'épitaphes, servantes à éclaircir l'histoire, et les généalogies des anciennes familles. II. Plusieurs usages des églises cathédrales et des monastères touchant la discipline et l'histoire des églises des Gaules. III. Les fondations des monastères, etc.

Paris 1717. Delaulne. 2 en 1 vol. in-4°. Fig.

2361.—Voyage littéraire de deux religieux bénédictins (DD. Martene et Durand).—Le voyage de *Nicolas* de Bosc, pour négocier la paix entre les couronnes de France et d'Angleterre en 1381.—Iter Indicum *Balthasaris* Spinger.—Descriptio apparatus bellici regis Franciæ Caroli intrantis civitates Italiæ, Florentiam ac deinde Romam pro recuperando regno Siciliæ sive Neapolitano.

Paris 1724. Montalant. 1 vol. in-4.°

2362.—Traité de matériaux manuscrits de divers genres d'histoire, par *Amans-Alexis* Monteil. Nouv. édit. augm. de la manière de considérer ce traité et de s'en servir.

Paris 1836. Duverger. 2 vol. in-8°.

r. — *Recueils de Dissertations et Mélanges.*

2363.—Les recherches de la France, reveuës et augmentées de quatre livres. Par *Estienne* Pasquier.

Paris 1596. Mettayer. 1 vol. in-fol.

2364.—Les recherches de la France d'*Estienne* Pasquier. Augmentées en cette dernière édition de trois livres entiers, outre plusieurs chapitres entrelassez en chacun des autres livres, tirez de la bibliotheque de l'autheur.

Paris 1643. P. Ménard. 1 vol. in-fol.

2365.—Les recherches des Recherches et autres œuvres de M.ᵉ Estienne Pasquier, pour la defense de nos Roys, contre les outrages, calomnies, et autres impertinences dudit autheur. (Par *François* Garasse).

Paris 1622. Chappelet. 1 vol. in-8°.

2366.—Mémoires historiques et critiques sur divers points de

l'histoire de France, et plusieurs autres sujets curieux.
Par *François* EUDES DE MEZERAY.

Amsterdam 1732. Fred. Bernard. 2 en 1 vol. in-8°.

2367.—Traittez concernant l'histoire de France : sçavoir la condamnation des Templiers, avec quelques actes : l'histoire
du Schisme, les Papes tenans le siege en Avignon : et
quelques procez criminels. Composez par M. DUPUY.

Paris 1654. V.ᵉ M. Du Puis. 1 vol. in-4°.

2368.—Curiosités historiques, ou recueil de pièces utiles à l'histoire de France, et qui n'ont jamais paru.

Amsterdam 1759. 1 vol. in-8°. Tom. 2.°

2369.— Recueil de piéces intéressantes pour servir à l'histoire de
France, et autres morceaux de littérature trouvés dans
les papiers de M. l'*Abbé* DE LONGUERUE.

Genève 1769. 1 vol. in-12.

s. — *Histoires par époques.*

I. HISTOIRE CELTIQUE ET GAULOISE.

2370.—Le premier, le second et le tiers livre des Illustrations
de Gaule et Singularitéz de Troye. Avec les deux epistres
de Lamant verd composez par *Jehan* LE MAIRE DE BELGES.

Paris 1533. Amb. Girault. 1 vol. in-4°.

2371.—*Roberti* CŒNALIS Gallica historia, in duos dissecta tomos :
quorum prior ad anthropologiam Gallici principatus, posterior ad soli chorographiam pertinet.

Parisiis 1557. Galeotus à Prato. 1 vol. in-fol.

2372.—P. RAMI liber de moribus veterum Gallorum.

Parisiis 1559. And. Wechelus. 1 vol. in-8°.

2373.—Alliances genealogiques des Rois et princes de Gaule.
Par *Claude* PARADIN.

Lyon 1561. De Tournes. 1 vol. in-fol.

2374.—Recueil des antiquitez gauloises et françoises. (Par *Claude*
FAUCHET).

Paris 1579. J. Du Puys. 1 vol. in-4°.

2375.—Les antiquitez gauloises et françoises. Augmentées de trois livres : contenans les choses advenuës en Gaule et en France, iusques en l'an sept cens cinquante et un , de Iesus Christ. Recueillies par M. le *Président* FAUCHET.

Paris 1599. Ier. Perier. 1 vol. in-8°.

2376.—Les antiquitez et histoires gauloises et françoises. Contenant l'origine des choses advenues en Gaule et es Annales de France, depuis l'an du monde MMMCCCL iusques à l'an IXCLXXXVII de Iesus Christ. Tant pour le fait ecclesiasticq que politicq. Recueillies par M. le *President* FAUCHET.

A la suite :

Origines des dignitez et magistrats de France. Recueillies par *Claude* FAUCHET.

1611. Paul Marceau pour la soc. Caldorienne. 1 v. in-4°.

2377.—Fleur de la maison de Charlemaigne. Qui est la continuation des Antiquitez Françoises : contenant les faits de Pepin et ses successeurs, depuis l'an 751 iusques à l'an 840 de Iesus-Christ. Recueillie par M. le *Prés.* FAUCHET.

Paris 1601. I. Perier. 1 vol. in-8°.

2378.—Declin de la maison de Charlemagne. Faisant la suitte des Antiquitez Françoises : contenant les faicts de Charles le Chauve et ses successeurs, depuis l'an 840 iusques à l'an 987 de Iesus Christ, et entrée du regne de Hugues Capet. Recueillies par *Claude* FAUCHET.

Paris 1602. Ier. Perier. 1 vol. in-8°.

2379.—Histoire de l'estat et republique des Druides, Eubages, Sarronides, Bardes, Vacies, anciens François, Gouverneurs des païs de la Gaule, depuis le deluge universel, iusques à la venüe de Iesus Christ en ce monde. (Par F. *Noel* TAILLEPIED).

Paris 1585. Jean Parant. 1 vol. in-8°.

2380.—Histoire des Gaules, et conquetes des Gaulois en Italie, Grece et Asie. Avec ce qui s'est passé de plus memo-

rable esdites Gaules dés le temps que les Romains commencerent à les assujettir à leur empire, jusques au regne du Roy Iean. Par Messire *Antoine* DE LESTANG.
Bourdeaus 1618. Millanges. 1 vol. in-4º.

2381.—Mémoires des Gaules despuis le deluge jusques à l'establissement de la monarchie françoise, avec l'estat de l'Eglise et de l'Empire despuis la naissance de Iesus Christ. Par *Scipion* DUPLEIX.
Paris 1619. L. Sonnius. 1 vol. in-4º.

2382.—Historia Gallorum veterum. Auctore *Antonio* GOSSELINO.
Cadomi 1636. Pet. Poisson. 1 vol. in-8º.

2383.—Antiquité de la nation, et de la langue des Celtes, autrement appellez Gaulois: par le R. P. Dom P. PEZRON.
Paris 1703. P. Marchand. 1 vol. in-12.

2384.—La religion des Gaulois, tirée des plus pures sources de l'antiquité. Par le R. P. Dom... (MARTIN) relig. Bénéd.
Paris 1727. Saugrain. 2 vol. in-4º. Grav.

2385.—Histoire des Celtes, et particulièrement des Gaulois et des Germains, depuis les tems fabuleux, jusqu'à la prise de Rome par les Gaulois: par *Simon* PELLOUTIER.
La Haye 1740. Beauregard. 2 vol. in-12.

2386.—Même ouvrage. Nouv. édit. rev., corr. et augm. d'un 4.e livre posthume de l'auteur. Par M. DE CHINIAC.
Paris 1771. Quillau. 2 vol. in-4º.

2387.—Eclaircissemens historiques sur les origines celtiques et gauloises. Avec les quatre premiers siécles des Annales des Gaules. Par le R. P. Dom (MARTIN) relig. bénéd.
Paris 1744. Durand. 1 vol. in-12.

2388.—Mémoires pour servir à l'histoire des Gaules et de la France; dédiés à Messieurs de l'Académie royale des Inscriptions et Belles-Lettres. Par M. GIBERT.
Paris 1744. J. de Nully. 1 vol. in-12.

2389.—Histoire des Gaules, et des conquêtes des Gaulois, depuis leur origine jusqu'à la fondation de la monarchie françoise. Ouvrage enrichi de monumens antiques et de cartes géographiques. Par Dom *Jacques* MARTIN ; et continué par Dom *Jean-François* DE BREZILLAC.

Paris 1752. Le Breton. 2 vol. in-4º. Pl.

2390. — Considérations sur l'esprit militaire des Gaulois, pour servir d'éclaircissemens préliminaires aux mêmes recherches sur les François, et d'introductions à l'histoire de France. Par M. (BOURDON DE SIGRAIS) capit. de cavalerie.

Paris 1774. V.ᵉ Desaint. 1 vol. in-12.

2391. — Analyse des Origines gauloises, de Latour d'Auvergne ; suivie d'un tableau comparé de la civilisation ; par M.ʳ M. DE L. (LAVILLEMENEUC). Nouv. édit. rev. et augm.

Paris 1824. Trouvé. 1 vol. in-8º.

2392. — Monumens celtiques, ou recherches sur le culte des pierres, précédées d'une notice sur les Celtes et sur les Druides, et suivies d'étymologies celtiques. Par M. CAMBRY.

Paris an XIII. (1805). M.ᵉ Johanneau. 1 vol. in-8º. Pl.

2393. — Histoire des Gaulois, depuis les temps les plus reculés jusqu'à l'entière soumission de la Gaule à la domination romaine. Par *Amédée* THIERRY.

Paris 1828. Sautelet. 3 vol. in-8º.

2394. — Même ouvrage. 2.ᵉ édit.

Paris 1835. Hachette. 3 vol. in-8º.

2395. — Tableau historique des Gaules, par M. DE PONTAUMONT.

Cherbourg 1852. M. Mouchel. 1 vol. in-18.

On trouve à la suite :

Galliarum historiæ tabula auctore T. L. DE PONTAUMONT.

Réimpression d'un livre publié à Paris en 1713, chez Pralard, par le bisayeul de M. E. L. de PONTAUMONT.

II. HISTOIRE DE LA GAULE SOUS LA DOMINATION ROMAINE.

** — C. J. CÆSARIS commentarii de bello gallico. N.º 904 et seq.

2396. — Histoire de la Gaule sous l'administration romaine, par *Amédée* THIERRY.

Paris 1847. Perrotin. 3 vol. in-8º.

** — Fragment sur l'histoire de France, par A. TROGNON. N.º 2345.

27.

III. Origine et histoire des Francs.

2397. — Compendium sive breviarium primi voluminis annalium sive historiarum, de origine Regum et gentis Francorum, *Johannis* Tritemii *Abbatis.* (Auctore *Fr.* Morin).
Parisiis 1539. Christ. Wechelus. 1 vol. in-fol.

2398. — Originum Francicarum libri VI, in quibus præter Germaniæ ac Rheni chorographiam, Francorum origines ac primæ sedes, aliaque ad gentis in Gallias transitum variasque victorias, instituta ac mores pertinentia, ordine deducuntur, authore *Iohanne Isacio* Pontano.
Hardervici 1616. Th. Henricus. 1 vol. in-4°.

2399. — L'origine des François et de leur empire. Par M. Audigier.
Paris 1676. L. Billaine. 2 vol. in-8°.

2400. — Histoire critique de l'établissement de la monarchie franfrançoise dans les Gaules. Par M. l'*Abbé* Dubos.
Paris 1734. Osmont, 3 vol. in-4°.

2401. — Même ouvrage. Nouv. édit.
Paris 1742. Nyon. 2 vol. in-4°.

2402. — Dissertation sur la véritable époque de l'établissement fixe des Francs dans les Gaules; sur la vérité ou la fausseté de l'expulsion de Childeric, de l'élévation d'Egidius en sa place, et de son rétablissement sur le trône par l'adresse de Guyemans; sur l'espèce et l'étenduë de l'autorité d'Egidius et de Siagrius son fils dans le Soissonnois et pays circonvoisins; et sur le lieu où s'est donnée la fameuse bataille de Soissons, qui a remporté le prix dans l'Académie françoise de Soissons en l'année 1736. Par M. Biet, abbé de St.-Léger de Soissons.
Paris 1736. Delespine. 1 vol. in-12.

On trouve à la suite, pages 253 et 370, deux dissertations sur le même sujet; l'une en français par M. Le Beuf, l'autre en latin par M. Ribauld de Rochefort (Rébauld de la Chapelle).

2403. — Des antiquités de la nation et de la monarchie françoise. Par *Gilbert-Charles* Le Gendre.
Paris 1741. Briasson. 1 vol. in 4°.

2404.—Histoire de France avant Clovis. L'origine des François, et leur establissement dans les Gaules, l'estat de la Religion, et la conduite des Eglises dans les Gaules, jusqu'au regne de Clovis. Par le S.r de Mezeray.

Amsterdam 1692. Wolfgang. 1 vol. in-12.

2405.—Même ouvrage.

Amsterdam 1712. Schelte. 1 vol. in-12.

2406.—Dissertations sur l'origine des Francs; sur l'établissement et les premiers progrés de la monarchie françoise dans les Gaules, etc. Avec une histoire abregée des rois de France en vers. (Par Rébauld de la Chapelle).

Paris 1749. Chaubert. 1 vol. in-8°.

2407.—Histoire ancienne des Francs. (Par *Pierre* Le Roy).

Paris 1753. Chaubert. 1 vol. in-12. Tom. 1.er

IV. Histoire générale de certaines époques.

Première et deuxième race.

2408.—B. Gregorii *Turonēsis* episcopi, Historiarum præcipue gallicarū lib. X. — In vitas patrum fere sui temporis lib. I.—De gloria confessorum præcipue gallorum lib. I. —Adonis *Viēnēsis* episcopi sex ætatū mūdi breves seu cōmentarii : usque ad Carolū simplicem francorum regem.

Parisiis 1522. Jehan Petit. 1 vol. in-fol.

2409.—Gregorii *Turonici* historiæ Francorum libri decem. In quibus non solum Francorum res gestæ, sed etiam Martyrum cum infidelibus bella, et Ecclesiæ cum hæreticis concertationes exponuntur. Adonis *Viennensis* chronica.

Parisiis 1561. G. Morelius. 1 vol. in-8°.

2410.—L'histoire des François de S. Gregoire, evesque de Tours. Avec le supplément de Fredegaire, écrit par les ordres de Childebrand, frere de Charles Martel. La seconde partie des histoires de S. Gregoire; contenant ses livres de la gloire des Martyrs et des Confesseurs, avec les quatre livres de la vie de S. Martin, et celuy de la vie des Peres.

27.*

De la traduction de M. DE MAROLLES, abbé de Villeloin. Avec des remarques, et la vie de S. Gregoire.

Paris 1668. Léonard. 2 vol. in-8°.

** — Histoire des Francs par GRÉGOIRE *de Tours*. N.° 2345-1-2.

2411.—*Symphoriani* CAMPEGII de regno Franciæ liber I.—Galliæ campus tria olim regna continens, Allobrogum, Franciæ, et Vasconiæ, una cum Gallorum pontificum mysteriis et documentis. — De monarchia ac triplici imperio, videlicet, Romano, Gallico, et Germanico campus, imperatorum gesta continens. — Galliæ Celticæ, ac antiquitatis Lugdunensis civitatis, quæ caput est Celtarum, campus.

Lugduni 1537. M. et G. Trechsel. 1 vol. in-4°. Sans titre.

2412.—*Hadriani* VALESII rerum Francicarum, usque ad CHLOTHARII senioris mortem libri VIII.—*Hadriani* VALESII rerum Francicarum a Chlotharii senioris morte ad Chlotharii junioris monarchiam tomus II.—*Hadriani* VALESII rerum Francicarum a Clotharii minoris monarchia ad Childerici destitutionem tomus III.

Lutetiæ 1646-1658. Seb. Cramoisy. 3 en 1 vol. in-fol.

2413.—De tribus Dagobertis Francorum regibus diatriba *Godefridi* HENSCHENII. In quâ horum regum ac successorum genus, tempus, acta indicantur : Dagoberto II, S. Sigeberti filio, regnum Austrasiorum vindicatur, et chronologia ex conciliis et episcoporum gestis illustratur.

Antuerpiæ 1655. Meursius. 1 vol. in-4.°

2414.—Dissertation historique et critique pour servir à l'histoire des premiers tems de la monarchie françoise. (Par DAMIENS DE GOMICOURT) (1).

Colmar 1754. Charles Fontaine. 1 vol. in-12.

2415.— Histoire des Francs, par M. le comte DE PEYRONNET.

Paris 1835. Allardin. 2 vol. in-8°.

2416.— Histoire de la Gaule méridionale sous la domination des conquérants Germains, par M. FAURIEL.

Paris 1836. Paulin. 4 vol. in-8°.

(1) DAMIENS DE GOMICOURT (Auguste-Pierre), naquit à Amiens le 7 mars 1723.

2417.—Récits des temps mérovingiens, précédés de considérations sur l'histoire de France, par *Augustin* THIERRY.
Paris 1840. Tessier. 2 vol. in-8°.

2418.—Les annales de Saint-Bertin. — Une lettre de l'Empereur
Louïs Second, à Basile Empereur de Constantinople.
1 vol. in-12.
C'est une partie détachée de l'histoire de l'empire d'Occident du
Président COUSIN, n.° 1107.
** — Voyez le n.° 1614 et les chroniques de FRÉDEGAIRE, FRODOARD,
GLABER et HUGUES DE FLEURY, n.° 2345-2-5-6-7.

Troisième race.

2419.—Histoire de la véritable origine de la troisiéme race des
rois de France, composée par M. le duc d'ESPERNON et
publiée par M. DE PRADE.
Paris 1680. Seb. Cramoisy. 1 vol. in-12.
** — Chronique de GUILLAUME *de Nangis.* N.° 2345-13.

Croisades.

** — Voyez n.° 1112 à 1128 et 1736-2.

Guerre des Albigeois.

** — Chronique de PIERRE *de Vaulx-Cernay* et de GUILLAUME *de Puy-
Laurens.* N.° 2345-14.

2420.—Histoire des Albigeois, et des Vaudois, ou Barbets. Avec
une carte geographique des Valées. Par le R. P. BENOIST.
Paris 1691. Jacq. Le Febvre. 2 vol. in-12. Fig.

2421.—Histoire des croisades contre les Albigeois. Divisée en
VIII livres. Par le Père *Jean-Baptiste* LANGLOIS.
Paris 1703. Saugrain. 1 vol. in-12.

2422.—Histoire de la guerre contre les Albigeois par M. Q. DE
PARCTELAINE.
Paris 1833. Libr. universelle. 1 vol. in-8°.

Guerre contre les Anglais.

2423.—Histoire de la rivalité de la France et de l'Angleterre,
par M. GAILLARD.
Paris 1818. Blaise. 6 vol. in-8°.

2424.—Le premier, le second, le tiers et le quart volume de Froissart des croniques de france, dangleterre, descoce, despaigne, de bretaigne, de gascongne, de flandres et lieux circonvoisins.

Paris 1513. J. Petit et Fr. Regnault. 3 vol. in-fol.

2425.—Histoire et chronique memorable de Messire *Jehan* Froissart. Reveu et corrigé sus divers exemplaires, et suivant les bons auteurs, par *Denis* Sauvage.

Paris 1574. P. L'Huillier. 2 vol. in-fol.

** — Chroniques de Froissart. — Voyez *Panthéon littéraire*.

2426.— Le Manuscrit de Froissart de la bibliothèque d'Amiens; dissertations et extraits, particulièrement en ce qui concerne les batailles de Crécy et de Maupertuis. Par MM. Rigollot (d'Amiens), de Cayrol (de Compiègne), et de la Fontenelle de Vaudoré (de Poitiers). (Extrait de la 2.ᵉ série de la Revue Anglo-Française).

Poitiers 1841. Saurin. 1 vol. in-8°.

2427.—Nouveaux éclaircissements sur la chronique de Jean Le Bel, par M. L. Polain.

(Extrait du tome xix des Bulletins de l'Acad. royale de Belgique).

Brochure in-8°.

2428.—Tres gallicarum rerum scriptores nobilissimi: *Philippus* Cominæus de rebus gestis à Ludovico XI et Carolo VIII, Francorum regibus: Frossardus in brevem historiarum memorabilium epitomen contractus: *Claudius* Sesellius de Republ. Galliæ, et Regum officiis: a *Joanne* Sleidano e gallico in latinum sermonem conversi, brevique explicatione illustrati.

Francofurti ad Mœnum 1578. A. Wechelus. 1 v. in-fol.

2429.—Histoires de Philippe de Valois et du roi Jean. (Par l'*Abbé* de Choisy).

Paris 1688. Cl. Barbin. 1 vol. in-4.

2430.—Mémoires pour servir à l'histoire de Charles II, roi de Navarre et comte d'Evreux, surnommé le Mauvais. Par feu M. Secousse.
>Paris 1755-1758. Durand. 2 vol. in-4º.

A partir de Charles VI.

2431.—Volume premier, second et troisiesme des chroniques d'Enguerran de Monstrelet. Contenans les cruelles guerres civiles entre les maisons d'Orléans et de Bourgongne, l'occupation de Paris et Normandie par les Anglois, l'expulsion d'iceux, et autres choses memorables advenues de son temps en ce royaume, et pays estranges. Histoire de bel exemple et de grand fruict aux François, commenceant en l'an MCCCC où finist celle de Iean Froissart, et finissant en l'an MCCCCLXVII peu outre le commencement de celle de Mess. Philippes de Commines.
>Paris 1572. Chaudiere. 3 en 1 vol. in-fol.

2432.—Même ouvrage.
>Paris 1603. Orry. 3 en 2 vol. in-fol.

** — Mélanges historiques par N. Camusat. N.º 1210.

2433.—Mémoires de *Pierre* de Fenin, comprenant le récit des événements qui se sont passés en France et en Bourgogne sous les règnes de Charles VI et Charles VII (1407-1427). Nouv. édit. publiée d'après un manuscrit, en partie inédit, de la bibliothèque royale, avec annotations et éclaircissements, par M.ᶫᶫᵉ Dupont.
>Paris 1837. J. Renouard. 1 vol. in-8º.

A partir de Charles VII.

** — Mémoires d'Olivier de la Marche. N.º 1748.
** — Mémoires de *Jacques* du Clercq. N.º 2346-11 et 2348-3.

A partir de Louis XI.

2434.—Les memoires de Messire *Philippe* de Cōmines, chevalier, seigneur d'*Argenton*: sur les principaux faicts, et gestes de Louis onziéme et de Charles huictiéme, son

fils, Roys de France, reveus et corrigez par *Denis* Sauvage, sur un exemplaire pris à l'original de l'Auteur, et
suyvant les bons Historiographes et Croniqueurs.
Paris 1552. J. de Roigny. 1 vol. in-fol.

2435. — Mêmes mémoires, reveus et corrigés, pour la seconde
fois, par *Denis* Sauvage.
Lyon 1559. J. de Tournes. 1 vol. in-fol.

2436. — Mêmes mémoires. Avec distinction de livres.
Paris 1561. Galiot du Pré. 1 vol. in-fol.

2437. — Mêmes mémoires.
Paris 1580. M. Sonnius. 1 vol. in-fol.

2438. — Mêmes mémoires.
Paris 1605. Abel l'Angelier. 1 vol. in-fol.

2439. — Mêmes mémoires. En ceste derniere edition ont esté corrigees plusieurs fautes notables, et quelques obmissions
qui se trouvoient és precedentes impressions.
Paris 1615. Le Mur. 1 vol. in-fol.

2440. — Les mémoires de Messire *Philippe* de Comines, contenans
l'histoire des Roys Louys XI et Charles VIII depuis l'an
1464 iusques en 1498. Reveus et corrigez sur divers manuscrits, et anciennes impressions. Augmentez de plusieurs traictez, contracts, testaments, autres actes, et
de diverses observations. Par *Denys* Godefroy.
Paris 1649. Imp. royale. 1 vol. in-fol.

2441. — Même ouvrage. Dernière édition divisée en III tomes,
enrichie de portraits en taille douce et augmentée de
l'histoire de Louis XI (par Jean de Troyes) connuë sous
le nom de *Chronique scandaleuse.*
Brusselle 1714. F. Foppens. 4 vol. in-8°. Pl.

2442. — Même ouvrage. Edit. nouv. divisée en v tomes.
Brusselle 1723. Fr. Foppens. 5 vol. in-8°. Fig.

2443. — Historien van *Philips* de Commines, over de Voornaemste
Daden en Handelinghen van Lodewijck de XI, en Karel
de VIII. Uyt Francoys vertaelt.
Haerlem 1646. Th. Fonteyn. 1 vol. in-12.

2444.—Rerum Gallicarum commentarii ab anno Christi MCCCCLXI ad annum MDLXXX. Accessit ex occasione, variis locis, Italicæ, Germanicæ, Hispanicæ, Hungaricæ, et Turcicæ historiæ tractatio. Opus posthumum, auctore *Francisco* BELCARIO PEGUILIONE. (Edidit *Ph. Dinet*).

    Lugduni 1625. Landry. 1 vol. in-fol.

2445.—*Francisci* BELCARII PEGUILIONIS historia gallica : hoc est eruditissimi, ac plane liviani, rerum in Gallia, et ex occasione in tota fermè Europa, sub regibus Ludovico XI, Carolo VIII, Ludovico XII, Francisco I, Henrico II, Francisco II et Carolo X subinde gestarum commentarii, in XXX libros divisi. Opus posthumum.

    Lugduni 1642. Du Four. 1 vol. in-fol.

** — *Hugonis* AMBERTANI sylve. *Belles-Lettres* n.º 1350.

Des Valois - Orléans.

2446.—Les fastes des rois de la maison d'Orleans et de celle de Bourbon, depuis 1497 jusqu'à 1697. (Par le P. DU LONDEL).

    Paris 1697. Jean Anisson. 1 vol. in-4º.

2447.—Histoire de France pendant les guerres de religion ; par *Charles* LACRETELLE.

    Paris 1814-1816. Delaunay. 4 vol. in-8".

2448.—Même ouvrage. 2.ᵉ édit.

    Paris 1822. Delaunay. 4 vol. in-8ⁿ.

2449.—Résumé de l'histoire des guerres de religion en France ; par SAINT-MAURICE.

    Paris 1825. Lecointe et Durey. 1 vol. in-18.

2450.—Histoire de la réforme, de la ligue, et du règne de Henry IV. Par M. CAPEFIGUE.

    Paris 1834-1835. Duféy. 8 vol. in-8º.

2451.—Histoire du seizième siècle en France, d'après les originaux, manuscrits et imprimés ; par *Paul L.* JACOB, Bibliophile. (P. LACROIX).

    Paris 1834. Mame. 2 vol. in-8º.

** — Relations des ambassadeurs vénitiens. N.º 2352-28.

** — Mémoires de FLEURANGES. N.° 2346--16 et 2348-5.

** — Mémoires de G. DE ROCHECHOUART. N.° 2346-32 et 2348-8.

** — Histoire de nostre temps par *Guil.* PARADIN. N.° 1166.

** — Histoire universelle de J. DE THOU. N.° 1160 et suiv.

2452.—Commentaires de Messire *Blaise* DE MONTLUC, mareschal de France.

 Bourdeaus 1592. S. Millanges. 1 vol. in-fol.

2453.— Même ouvrage.

 Paris 1661. Dehoury. 2 vol. in-8°.

2454.— Histoire de France soubs les regnes de François I, Henry II, François II, Charles IX, Henry III, Henry IV, Louis XIII. Et des choses plus memorables advenuës aux autres estats de la chrestienté depuis cent ans. Par feu M. *Pierre* MATTHIEU.

 Paris 1631. N. Buon. 2 vol. in-fol.

2455.—Mémoires pour servir à l'histoire de France. Contenant ce qui s'est passé de plus remarquable dans ce Roiaume depuis 1515 jusqu'en 1611. Avec les portraits des Rois, Reines, Princes, Princesses et autres personnes illustres dont il y est fait mention. (Par P. DE L'ESTOILE. Avec les notes de D. GODEFROY).

 Cologne 1719. Les Héritiers H. Demen. 2 vol. in-8°.

2456.—Mémoires de tres-noble, et tres-illustre *Gaspard* DE SAULX, seigneur de *Tavanes*, mareschal de France, admiral des mers de Levant, gouverneur de Provence, etc. —Mémoires de Messire *Guillaume* DE SAULX, seigneur de *Tavanes*, lieutenant-general pour sa Majesté au duché de Bourgongne.

 1 vol. in-fol. Sans frontispice.

** — Mémoires de *Fr.* DE SCEPEAUX DE VIEILLEVILLE. N.° 2346-26.

2457.—Commentaires de l'estat de la Religion et Republique soubs les Rois Henry et François seconds, et Charles neufieme. (Par P. DE LA PLACE).

S. l. 1565. 1 vol. in-8°.

2458.—L'histoire de France enrichie des plus notables occurrances survenues ez provinces de l'Europe et pays voisins, soit en paix soit en guerre: tant pour le fait seculier qu'eclesiastic: depuis l'an 1550 jusques a ces temps. (Par VOESIN DE LA POPELINIERE).

(La Rochelle) 1581. Abraham H. (Haultin). 2 v. in-fol.

** — La vraie et entière histoire des troubles. N.° 1167-1168.
** — L'histoire universelle de D'AUBIGNÉ. N.° 1155.
** — Lettres d'*Et.* PASQUIER. *Belles-Lettres* n.° 2979.
** — Mémoires de *Fr.* DE BOYVIN DU VILLARS. N.° 1401.

2459.—*Richardi* DINOTHI *Normanni* de bello civili Gallico religionis causa suscepto lib. VI.

Basileæ 1582. Pet. Perna. 1 vol. in-4°.

2460.—Les Memoires de Monsieur de BEAUVAIS-NANGIS, ou l'histoire des favoris françois. Ausquels l'on a joint des remarques sur l'histoire de Davila et celle de Bentivoglio, sur l'histoire de Flandres.

Paris 1665. Besongne. 1 vol. in-12.

** — Mémoires de J. DE MERGEY. N.° 2436-34.
** — Mémoires de A. GAMON. N.° 2436-34.

2461.—Les memoires de *Henry* DE LA TOUR D'AUVERGNE, souverain duc DE BOUILLON, adressez à son fils le Prince de Sedan. (Par *Paul* LE FRANC).

Paris 1666. R. Guignard. 1 vol. in-12.

A partir de François II.

2462.—Mémoires de Condé, ou recueil pour servir à l'histoire de France, contenant ce qui s'est passé de plus mémorable dans le royaume, sous le règne de François II et sous une partie de celui de Charles IX, où l'on trouve des preuves de l'histoire de M. de Thou. (Par SECOUSSE).

Paris 1743. Rollin. 5 vol. in-4°. Fig.

2463.—Les memoires de Messire *Michel* DE CASTELNAU , seigneur de *Mauvissiere*. Ausquelles sont traictées les choses plus remarquables qu'il a veuës et negotiées en France, Angleterre, et Escosse, soubs les rois François II et Charles IX, tant en temps de paix qu'en temps de guerre. (Publiés par *Jacq.* DE CASTELNAU).

> Paris 1621. Chappelet. 1 vol. in-4°.

2464.—Les memoires de Messire *Michel* DE CASTELNAU, illustrez et augmentez de plusieurs commentaires et manuscrits, tant lettres, instructions, traittez, qu'autres pieces secrettes et originalles servants à donner la verité de l'histoire des regnes de François II, Charles IX et Henry III et de la regence et du gouvernement de Catherine de Medicis. Avec les eloges des Roys, Reynes, princes et autres personnes illustres de l'une et l'autre religion sous ces trois regnes, et l'histoire genealogique de la maison de Castelnau. Par I. LE LABOUREUR.

> Paris 1659-1660. Pierre Lamy. 2 vol. in-fol.

2465.—Historia delle guerre civili di Francia, di *Henrico Caterino* DAVILA: nella quale si contengono le operationi di quattro Rè, Francesco II, Carolo IX, Henrico III et Henrico IV cognominato il Grande.

> Roano. 1646. Berthelin. 1 vol. in-fol.

2466.—Histoire des guerres civiles de France. Contenant tout ce qui s'est passé de plus memorable soubs le regne de quatre Rois, François II, Charles IX, Henry III et Henry IV, surnommé le Grand. Jusques à la paix de Vervins, inclusivement. Escrite en italien par H. C: DAVILA, et mise en françois par J. BAUDOIN. 2.ᵉ édit.

> Paris 1647. Rocolet. 2 vol. in-fol.

2467.—Même ouvrage.

> Paris 1657. Rocolet. 2 vol. in-4°.

2468.—Même ouvrage. 4.ᵉ édit.

> Paris 1666. Damien Foucault. 4 vol. in-12.

** — Mémoires d'*Agrippa* D'AUBIGNÉ. — Voyez *Panthéon littéraire.*
** — Mémoires de L. DE BOURBON. N.º 2348-6.

A partir de Charles IX.

2469.—Memoires servans à l'histoire de nostre temps. Par Messire *Nicolas* DE NEUFVILLE seigneur de VILLEROY, conseiller d'estat, et secretaire des commandemens des Rois Charles IX, Henry III, Henry IV et Louis XIII à present regnant. (Publiés par DU MESNIL BASIRE).
Paris 1622. Houzé. 1 vol. in-4º.

2470.—Memoires de Messire *Philippe* DE MORNAY, seigneur du *Plessis Marly.* Contenans divers discours, instructions, lettres et depesches par luy dressées, ou escrites aux roys, reines, princes, princesses, seigneurs, et plusieurs grands personnages de la Chrestienté, depuis l'an MDC, jusques à l'an MDCXXIII. Ensemble quelques lettres des dessusdits audit sieur du Plessis.
Amsterdam 1651-1652. L. Elzevier. 2 vol. in-4º.

2471.—Mémoires de la reyne MARGUERITE. Edition nouvelle plus correcte. (Publiée par MAULÉON DE GRANIER).
Paris 1666. J. Ribou. 1 vol. in-12.

2472.—Mémoires de MARGUERITE DE VALOIS, reine de France et de Navarre. Ausquels on a ajouté son éloge, celui de M. de Bussy, et la Fortune de la cour (par M. DE BRANTOME).
Liege 1713. Broncart. 1 vol. in-12. Port.

2473.—Même ouvrage.
La Haye 1715. Moetjens. 2 vol. in-12. Port.

2474.—Mémoires et lettres de MARGUERITE DE VALOIS. Nouv. édit. revue sur les manuscrits des bibliothèques du roi et de l'arsenal, et publiée par M. F. GUESSARD.
Paris 1842. Jul. Renouard. 1 vol. in-8º.

** — Mémoires de J. PHILIPPI. N.º 2346-34.
** — Mémoires d'*Ant.* DU PUJET. N.º 2348-6.
** — Mémoires de *Mathieu* MERLE. N.º 2346-38.

2475.—Les mémoires de M. le duc DE NEVERS, prince de Mantouë, gouverneur et lieutenant general pour les rois Charles IX, Henry III et Henry IV, en diverses provinces de ce royaume. Enrichis de plusieurs pieces du temps. (Publiés par De Gomberville).

Paris 1665. Thom. Jolly. 2 vol. in-fol. Port.

— Mémoire historique de la duchesse de Bar. *Belles-Lettres.* 2540.

2476. — Le recueil des excellens et libres discours sur l'estat present de la France. (Par *Michel* Hurault, Sieur Du Fay, et *Ant.* Arnauld, ou *Pierre* Forget).

1598. 1 vol. in-8°.

2477. — Histoire des derniers troubles de France sous les regnes des rois tres chrestiens Henry III, roy de France et de Pologne; et Henry IV, roy de France et de Navarre. Divisée en plusieurs livres. Contenant tout ce qui s'est passé durant les derniers troubles jusques à la paix faite entre les Rois de France et d'Espagne. Avec un recueil des edicts et articles accordez par le Roy Henri IIII pour la réünion de ses subjects. 2.° édit. rev. et augm. de l'Histoire des guerres entre les maisons de France et d'Espagne. (Par *Pierre* Matthieu).

1600. 1 vol. in-8.°

2478. — Les memoires d'estat, de Messire *Philippe* Hurault, comte de Chiverny, chancelier de France. Avec une instruction à Monsieur son fils. Ensemble la genealogie de la maison des Huraults, dressée sur plusieurs titres, arrrest des cours souveraines, histoires, et autres bonnes preuves.

Paris 1636. Billaine. 1 vol. in-4°.

2479. — Memoires d'estat, sous le regne des Roys Henry troisiesme et Henry IV. Par M. de Cheverny.

Paris 1664. Mauger. 2 vol. in-12.

2480. — Memoires tres particuliers pour servir à l'histoire d'Henry III, Roy de France et de Pologne, et d'Henry IV, Roy de France et de Navarre. (Par M. le Duc d'Angoulème).

Paris 1667. Thierry. 1 vol. in-12.

— Journal de P. de l'Estoile. N.° 2346-49.

2481.—Mémoires de la Ligue , contenant les évenemens les plus remarquables depuis 1576, jusqu'à la paix accordée entre le roi de France et le roi d'Espagne, en 1598. Nouv. édit. (Par *Simon* GOULART; les notes par l'*Abbé* GOUJET).

    Amsterdam 1758. Arkstée et Merkus. 6 vol. in-4⁰.

    Le tom. 1.ᵉʳ manque.

2482.—Histoire de la Ligue. Par M. MAIMBOURG. 2.ᵉ édit.

    Paris 1683. Seb. Mabre-Cramoisy. 2 vol. in-12.

2483.— L'esprit de la Ligue, ou histoire politique des troubles de France , pendant les XVI.ᵉ et XVII.ᵉ siècles. Par M. ANQUETIL. 3.ᵉ édit.

    Paris 1783. Moutard. 3 vol. in-12.

2484.—Même ouvrage. Nouv. édit.

    Paris 1818. Janet et Cotelle. 2 vol. in-8⁰.

2485.—De la démocratie chez les prédicateurs de la Ligue, par M. *Ch.* LABITTE.

    Paris 1841. Joubert. 1 vol. in-8⁰.

A partir de Henri IV.

  ** — R. BOTERII commentarii. N.⁰ 1172.

  ** — Remarques d'histoire. N.⁰ 1178.

2486.—Mémoires pour servir à l'histoire. Tirez du cabinet de M.ᵉ *Leon* DU CHASTELIER-BARLOT. Depuis l'an 1596 jusques en 1636.

    Fontenay 1643. Petit-Jan. 1 vol. in-4⁰.

2487.—Mémoires du mareschal DE BASSOMPIERRE, contenant l'histoire de sa vie , et de ce qui s'est fait de plus remarquable à la cour de France, pendant quelques années.

    Cologne 1703. Sambix. 2 vol. in-12.

2488.—Remarques de Monsieur le mareschal DE BASSOMPIERRE , sur les vies des roys Henry IV et Louis XIII de Dupleix.

    Paris 1665. P. Bienfait. 1 vol. in-12.

2489.—Mémoires du Sieur DE PONTIS, officier des armées du Roy. Contenant plusieurs circonstances des guerres et du Gouvernement, sous les regnes des Roys Henry IV, Louis XIII et Louis XIV. (Rédigés par *Thomas* DU FOSSÉ).

    Amsterdam 1678. A. Wolfgang. 2 vol. in-12.

2490.—Mémoires du Sieur DE PONTIS, qui a servi dans les armées 56 ans, sous les Rois Henry IV, Louis XIII et Louis XIV. Contenant plusieurs circonstances remarquables des guerres, de la cour, et du gouvernement de ces princes. N.ᵉ éd.
Paris 1715. Lib. assoc. 2 vol. in-12.

2491.—Mémoires et la vie de Messire *Claude* DE LETOUF, chevalier baron de SIROT, lieutenant-general des camps et armées du Roy, sous les regnes des rois Henry IV, Louïs XIII et Louis XIV. (Publ. par la Comtesse DE PRADINES).
Paris 1683. Osmont. 2 vol. in-12.

2492.—L'intrigue du cabinet, sous Henry IV et Louis XIII, terminée par la Fronde. Par M. ANQUETIL.
Paris 1780. Moutard. 4 vol. in-12.

2493.—Même ouvrage.
Maestricht 1782. Dufour et Roux. 4 vol. in-12.

2494.—Galerie de l'ancienne cour ou mémoires anecdotes pour servir à l'histoire des regnes de Henry IV et de Louis XIII.
1791. 4 vol. in-12.

2495.—Mémoires anecdotes pour servir à l'histoire des règnes de Henri IV et de Louis XIII, ou galerie des personnages illustres ou célèbres de la cour de France sous ces deux règnes.
Lyon 1806. Bruyset et Buynand. 4 vol. in-12.

A partir de Louis XIII.

2496.—Illustres cardinales Armandus D. de Richelieu et Mazarinus, regum Franciæ Ludd. XIII et XIV consiliarii intimi. Sive secretissima instructio et historia universalis ab anno 1624 usque ad hæc tempora, de ministeriis, consultationibus, negotiationibus, literis, scriptis, confæderationibus, ac demum machinationibus in materia status, contra universam domum Austriacam, per Italiam, Sabaudiam, Rhætiam, Lotharingiam, Flandriam, et alias dynastias peractis. Cum observationibus politicis, ad quælibet capita. Opus gallicum latinitate donatum.
Herbipoli 1662. Hæred. Q. Schonwetteri. 2 vol. in-8°.

2497.—Mémoires de M.ʳ L. C. D. R. (le Comte DE ROCHEFORT). Contenant ce qui s'est passé de plus particulier sous le ministère du cardinal de Richelieu, et du cardinal Mazarin. Avec plusieurs particularitez remarquables du règne de Louis le Grand. (Par G. SANDRAS DE COURTILZ). N.ᵉ éd.
La Haye 1710. H. Van Bulderen. 1 vol. in-12.

2498.—Les Mémoires de Messire *Roger* DE RABUTIN, comte de BUSSY.
Paris 1697. Anisson. 2 vol. in-12.

2499.—Même ouvrage. 5.ᵉ édit.
Paris 1712. Rigaud. 3 vol. in-12.

2500.—Mémoires du Comte DE BRIENNE. Contenant les évenemens les plus remarquables du règne de Louis XIII et et celui de Louis XIV jusqu'à la mort du cardinal Mazarin. Composés pour l'instruction de ses enfans.
Amsterdam 1720. Bernard. 2 vol. in-12.

2501.—Mémoires de *François de Paule* DE CLERMONT, marquis de MONGLAT. Contenant l'histoire de la guerre entre la France et la maison d'Autriche durant l'administration du cardinal de Richelieu et du cardinal Mazarin, sous les règnes de Loüis XIII et de Loüis XIV, depuis la déclaration de la guerre en 1635 jusques à la paix des Pirennées en 1660. (Publiés par le P. BOUGEANT).
Amsterdam 1728. 4 vol. in-12.

2502.—Mémoires de feu M. *Omer* TALON, avocat-général en la cour de Parlement de Paris. (Publiés par JOLY).
La Haye 1732. Gosse. 7 vol. in-12. Tom. 3 manque.

2503.—Mémoires de Messire *Robert* ARNAULD D'ANDILLY, écrits par lui-même.
Hambourg 1734. A. Vanden-Hoeck. 2 en 1 vol. in-8º.

2504.—Histoire des guerres des deux Bourgognes, sous les règnes de Louis XIII et de Louis XIV. (Par *Edme* BEGUILLET).
Dijon 1784. Bidault. 2 vol. in-12.

A partir de Louis XIV.

2505.—Mémoires politiques et militaires, pour servir à l'his-

toire de Louis XIV et de Louis XV, composés sur les pièces originales recueillies par *Adrien Maurice*, duc de Noailles. Par M. l'*Abbé* Millot.
Paris 1777. Moutard. 6 vol. in-12.

2506.—Mémoires du maréchal duc de Richelieu, pour servir à l'histoire des cours de Louis XIV, de la minorité et du règne de Louis XV, etc. Ouvrage composé dans la bibliothèque et sur les papiers du maréchal, et sur ceux de plusieurs courtisans ses contemporains (par Soulavie).2ᵉ éd.
Paris 1793. Buisson. 9 vol. in-8°. Pl.

2507.—Mémoires secrets sur le règne de Louis XIV, la régence et le règne de Louis XV. Par M. Duclos. 5.ᵉ édit.
Paris 1808. Collin. 2 vol. in-8°.

2508.—Mémoires anecdotes pour servir à l'histoire des règnes de Louis XIV et de Louis XV, ou galerie des personnages illustres ou célèbres de la cour de France sous ces deux règnes.
Lyon 1806. Bruyset et Buynand. 4 vol. in-12.

A partir de Louis XV.

2509.—Histoire de France, depuis la mort de Louis XIV jusqu'à la paix de Versailles de 1783. Par *Ant. Et. Nic.* Des Odoards Fantin.
Paris 1789. Moutard. 8 vol. in-12.

2510.—Louis XV et Louis XVI. Par *Ant.* Fantin-Desodoards.
Paris an VI. Buisson. 5 vol. in-8°.

2511.—Histoire de France, pendant le dix-huitième siècle; par M. *Ch.* Lacretelle le jeune.
Paris 1808-1826. Buisson, Treuttel et Wurtz. 14 v. in-8°.

2512.—Même ouvrage. 3.ᵉ édit., rev., corrig. et augm.
Paris 1812-1826. Buisson, Treuttel et Wurtz. 14 v. in-8°.
Les six premiers volumes seulement sont de la 3.ᵉ édition.

** — Mémoires de l'*Abbé* Georgel. N.° 1243.

** — Mémoires ou souvenirs du comte de Ségur. N.° 1244.

A partir de Louis XVI.

2513.—Histoire des salons de Paris, tableaux et portraits du grand monde, sous Louis XVI, le directoire, le consulat et l'empire, la restauration, et le règne de Louis-Philippe Ier. Par Madame la Duchesse d'ABRANTÈS. 3.e édit.

Paris 1837-1838. Ladvocat. 6 vol. in-8º.

2514.—Histoire philosophique de la révolution de France depuis la première assemblée des notables en 1787 jusqu'à l'abdication de Napoléon Bonaparte, par A. F. DESODOARDS.

Paris 1817. Barba. 6 vol. in-8º.

2515.—Esquisses historiques des principaux événemens de la révolution française, depuis la convocation des Etats-généraux jusqu'au rétablissement de la maison de Bourbon. Par DULAURE.

Paris 1825-1826. Baudouin fr. 6 vol. in-8º. Gr.

2516. — Histoire de la révolution française, depuis 1789 jusqu'en 1814; par F. A. MIGNET. 4.e édit.

Paris 1827. Firmin Didot. 2 vol. in-8º.

2517.—Histoire de France, depuis la mort de Louis XVI jusqu'au 1.er août 1821; par M. H. LEMAIRE, pour servir de suite à l'Histoire de France de M. *Anquetil*.

Paris 1821-1822. Ledentu. 3 vol. in-12.

2518.—Histoire de France, depuis la fin du règne de Louis XVI jusqu'à l'année 1825, précédée d'un discours préliminaire, et d'une introduction historique sur la monarchie française et les causes qui ont amené la révolution; par l'*Abbé* DE MONTGAILLARD. 3.e édit.

Paris 1828. Moutardier. 15 vol. in-16.

2519.—Histoire de France d'*Anquetil*, continuée, depuis la révolution de 1789 jusqu'à celle de 1830, par *Léon*. GALLOIS.

Paris 1836-1837. Comp. bibliopéenne. 2 vol. in-8.º

2520.—Mémoires inédits de M.me la comtesse de GENLIS, sur le dix-huitième siècle et la révolution françoise, depuis 1756 jusqu'à nos jours. 2.e édit.

Paris 1825. Ladvocat. 8 vol. in-8º.

2521. - Souvenir d'un sexagénaire, par A. V. ARNAULT.

Paris 1833. Duféy. 4 vol. in-8º.

28.*

2522. — Mémoires de Madame la duchesse d'Abrantès, ou souvenirs historiques sur Napoléon, la révolution, le directoire, le consulat, l'empire et la restauration.
Paris 1831-1835. Ladvocat et Mame. 18 vol. in-8°.

** — Mémoires d'une contemporaine. — Voyez *Belles-Lettres*. n.° 2569.

III. Histoire par règnes.

Mérovée.

2523. — De loco ubi victus Attila fuit olim dissertatio. (Auctore J. Grangier).
Parisiis 1641. Libert. 1 vol. in-8°.

Childéric.

2524. — Anastasis Childerici I Francorum regis, sive thesaurus sepulchralis Tornaci Nerviorum effossus, et commentario illustratus. Auctore *Ioanne Iacobo* Chifletio.
Antuerpiæ 1655. Moretus. 1 vol. in-4°. Pl.

Clovis et ses Successeurs.

** — Clovis ou la France chrétienne, par Desmarets.—*Bell.-Lett.* 1707.
** — Clovis, poëme, par Limojon de Saint-Didier. — *Ibid.* 1763.

2525. — Dissertation sur plusieurs points de l'histoire des enfans de Clovis, premier du nom, roy de France, et sur quelques usages des Francs. (Par l'*Abbé* Le Beuf).
Paris 1742. Durand. 1 vol. in-12. Sans titre.

** — Vie de S.¹ᵉ Radégonde. — Voyez *Hist. ecclés.*
** — Vie de Dagobert I. N.° 2345-2.

2.ᵉ RACE. — Pépin. (752-768.)

** — Vie de Pépin le Vieux. N.° 2345-2.

Charlemagne. (768-814.)

2526. — Œuvres complètes d'Eginhard réunies pour la première fois et traduites en français, avec les notes nécessaires à l'intelligence du texte, les variantes des différents manuscrits, et une table générale des matières; par A. Teulet.
Paris 1840-1843. J. Renouard. 2 vol. in-8°.

** — Annales d'Eginhard. N.° 2345-3.
** — Faits et gestes de Charlemagne, par un Moine de St.-Gall. 2345-3.

2527.—Histoire du règne de Charlemagne. Par M. DE LA BRUERE.
Paris 1745. V.ᶜ Pissot. 2 vol. in-12.

2528.—Histoire de Charlemagne, suivie de l'histoire de Marie
de Bourgogne, par M. GAILLARD.
Paris 1819. Blaise. 2 vol. in-8°.

Louis-le-Débonnaire. (814-840.)

** — Vie de Louis le Débonnaire, par THEGAN. N.° 2345-3.
** — Vie de Louis le Débonnaire, par l'*Astronome*. N.° 2345-3.
** — Faits et gestes de Louis-le-Pieux, par ERMOLD LE NOIR. N.° 2345-4.
** — Dissensions des fils de Louis le Débonnaire, par NITHARD. 2345-3.

Charles-le-Chauve. (840-877.)

2529.—Serments prêtés à Strasbourg en 842 par Charles-le-
Chauve, Louis-le-Germanique, et leurs armées respec-
tives. Extraits de Nithard, manusc. de la Bibl. du roi, n.°
1964; traduits en françois, avec des notes grammaticales
et critiques, des observations sur la langue romane et
francique, et un specimen du manusc.; par M. DE MOURCIN.
Paris 1815. Didot l'aîné. 1 vol. in-8°.

Successeurs de Charles-le-Chauve. (877-987.)

** — Siège de Paris par les Normands, poëme d'ABBON. N.° 2345-6.

3.ᶜ RACE. — Hugues-Capet, Robert, Hugues et Henri. (987-1060.)

** — Vie de Bouchard, comte de Melun, par ODON. N.° 2345-7.
** — Vie de Robert, par HELGAUD. N.° 2345-6.
** — Poëme sur le règne de Robert, par ADALBÉRON. N.° 2345-6.

Philippe I. (1059-1108.)

** — Sacre de Philippe I. N.° 2345-7.
** — Histoire de la première croisade, par ROBERT *le Moine*. 2345-23.
** — H. des Francs qui ont pris Jérusalem, par RAYMOND d'*Agiles*. 2345-21.

Louis VI, le Gros. (1108-1137.)

** — Vie de Louis-le-Gros, par SUGER. N.° 2345-8.

Louis VII, le Jeune. (1137-1180.)

** — Vie de Louis le Jeune. N.° 2345-8.
** — Histoire de la croisade de Louis VII, par ODON *de Deuil*. 2345-24.

2530.—Histoire de Suger, abbé de St.-Denis, ministre d'Etat,

et régent du royaume sous le règne de Louis le Jeune.
(Par Dom *Arm. Fr.* GERVAISE).

Paris 1721. J. Musier. 3 vol. in-12.

2531.—Analyse d'un mémoire contenant l'examen critique d'une
charte de 1174, attribuée à Louis VII, dit le Jeune. Lu
en séance publique de l'Académie d'Amiens le 16 août
1808, par M. LEVRIER.

Amiens 1808. Caron Berquier. Broch. in-8°.

** — L'héritière de Guienne. — Voyez B*elles-Lettres* n.° 2054.

Philippe II, Auguste. (1180-1223.)

** — Vie de Philippe-Auguste, par RIGORD. N.° 2345-11.

** — Vie de Philippe-Auguste, par GUILLAUME *le Breton*. N.° 2345-11.

** — La Philippide, poème, par le *même*. N.° 2345-12.

2532.—Histoire de Philippe Auguste. (PAR BAUDOT DE JUILLY).

Paris 1702. Brunet. 2 vol. in-12.

2533.—Histoire de Philippe-Auguste, par M. CAPEFIGUE. 2.ᵉ édit.

Paris 1829. Dufey. 4 vol. in-8°.

** — Anecdotes de la cour de Philippe-Auguste. *Belles-Lettres* n." 2554.

Louis VIII, Cœur de Lion. (1223-1226.)

** — Des faits et gestes de Louis VIII, par *Nicolas* DE BRAY. 2345-11.

** — Vie de Louis VIII. *Ibid.*

Louis IX, le Saint. (1226-1270.)

2534.—Histoire de S. Loys IX du nom, Roy de France. Par Messire *Iean* Sire DE JONVILLE, Seneschal de Champagne.
Nouvellement mise en lumiere, suivant l'original ancien
de l'Autheur. Avec diverses pieces du mesme temps non
encor imprimées, et quelques observations historiques.
Par M.ᵉ *Claude* MENARD.

Paris 1617. Seb. Cramoisy. in-4°.

Sancti Ludovici Francorum regis, vita, conversatio, et
miracula. Per F. GAUFRIDUM DE BELLO-LOCO confessorem,
et F. GUILLELMUM *Carnotensem* capellanum ejus. Item Bo-
NIFACII Papæ VIII sermones duo in canonizatione, bulla
canonizationis, et indulgentia in translatione corporis

ipsius. Omnia nunc primùm ex Ms. codd. edita, studio et curâ *Claudii* MENARDI.

Lutetiæ-Paris. 1617. Off. Nivelliana. in-4°.

Blanche infante de Castille, mere de S.ᵗ Louis, reyne et regente de France. Par *Ch.* DE COMBAULT baron D'AUTEUIL.

Paris 1644. De Sommaville. in-4.°

2535.—Histoire de S. Louys IX du nom, Roy de France, ecrite par *Jean* sire de JOINVILLE, senéchal de Champagne : enrichie de nouvelles observations et dissertations historiques. Avec les Etablissemens de S. LOUYS, le Conseil de *Pierre* DE FONTAINES, et plusieurs autres pièces concernant ce regne, tirées des Mss. Par *Charles* DU FRESNE, Sieur DU CANGE.

Paris 1668. S. Mabre-Cramoisy. 1 vol. in-fol. Fig.

2536.—Memoires de Messire JEAN, Sire de JOINVILLE, seneschal de Champagne, témoin oculaire de la vie de Saint Loüis XLIV Roy de France.

Paris 1672. Osmont. 1 vol. in-12.

2537.—Histoire de Saint Louis, par JEHAN Sire de JOINVILLE. — Les annales de son regne, par GUILLAUME DE NANGIS. — Sa vie et ses miracles, par le Confesseur de la reine Marguerite. Le tout publié d'après les Mss. de la bibliothèque du Roi, et accompagné d'un glossaire. (Par MELOT, SALLIER et J. CAPPERONNIER). (1).

Paris 1761. Imp. royale. 1 vol. in-fol. Cart.

2538.—Histoire de Saint Louis, roi de France, par Sire DE JOINVILLE. Edition dédiée à la noblesse française. Par M. *Paul* GERVAIS.

Paris 1822. Goetschy. 1 vol. in-8°.

2539.—Histoire de Saint Loys, roi de France ; par JEHAN Sire de JOINVILLE, revue sur tous les manuscrits et les imprimés par M. *Fr.* MICHEL.

Paris 1830. Méquignon-Havard. 1 vol. in-18.

---

(1) CAPPERONNIER (Jean), né à Montdidier le 9 mars 1716, mort à Paris le 30 mai 1775.

2540.—La minorité de Saint Louis, avec l'histoire de Louis XI et de Henri II. Par le Sieur Varillas. 2.ᵉ édit.
La Haye 1687. A. Moetjens. 1 vol. in-8°.

2541.—Histoire de S. Louis, divisée en XV livres. (Par *Jean* Filleau de la Chaise).
Paris 1688. J. B. Coignard. 2 vol. in-4°.

2542.—La vie de Saint Louis. Par M. l'*Abbé* de Choisy.
Paris 1689. Barbin. 1 vol. in-4°.

2543.—Histoire de Saint Louis, roi de France, avec un abrégé de l'histoire des Croisades. Par M. de Bury.
Paris 1775. Desaint. 2 vol. in-12.

＊＊ — Panégyriques de S. Louis. — *Belles-Lettres* n.ᵒˢ 971, 972 et 973.

＊＊ — St. Louis ou la sainte couronne reconquise. *Belles-Lettres* n.° 1698.

＊＊ — *Ch.* Longuolii de laudibus divi Ludovici. *Belles-Lettres* n.° 887.

Philippe III, le Hardi. (1270 - 1285.)

＊＊ — Philippe le Hardi en Catalogne, par Bernat d'Esclot. *Panth. litt.*

Philippe IV, le Bel. (1285 - 1314.)

2544.—Histoire du differend d'entre le **Pape Boniface VIII** et **Philippes le Bel**, Roy de France. Où l'on voit ce qui se passa touchant cette affaire, depuis l'an 1296 jusques en l'an 1311 sous les pontificats de Boniface VIII, Benoist XI et Clement V. (Par *Simon* Vigor). Ensemble le proces criminel fait à Bernard evesque de Pamiez l'an mccxcv (publié par Du Puy). Le tout justifié par les Actes et Memoires pris sur les Originaux qui sont au Tresor des Chartes du Roy.
Paris 1655. Seb. Cramoisy. 1 vol. in-fol.

2545.—Histoire des démêlez du pape Boniface VIII avec Philippe le Bel Roi de France. Par feu *Adrien* Baillet. (Publiée et augm. des preuves par le P. Lelong). 2 ᵉ édit.
Paris 1718. Fr. Barois. 1 vol. in-12.

2546.—Histoire de la condannation des Templiers, celle du Schisme des Papes tenans le siège en Avignon et quelques Procès criminels, par M. *Pierre* Dupuy. Edition nouvelle aug-

mentée de l'Histoire des Templiers de M. Gurtler et de plusieurs autres pièces curieuses sur le même sujet.
Brusselle 1713. Fr. Foppens. 2 vol. in-12. Port.

2547.—Mémoires historiques sur les Templiers, ou éclaircissemens nouveaux sur leur histoire, leur procès, les accusations intentées contr'eux, et les causes secrètes de leur ruine; puisés, en grande partie, dans plusieurs monumens ou écrits publiés en Allemagne; par *Ph. G...* (Grouvelle).
Paris 1805. Buisson. 1 vol. in-8°.

** — Procès des Templiers, publié par M. Michelet. N.° 2352-22.

Louis X. — Jean I. — Philippe V. — Charles IV. (1314-1328.)

Aucun ouvrage.

Philippe VI, de Valois. — Jean II. — Charles V. (1328-1380.)

** — Le siège de Calais, par de Belloy. *Belles-Lettres* n.° 2134.

** — Faits et mœurs de Charles V, par *Christine* de Pisan. 2346-5-6.

2548.—Entreveues de Charles IV Empereur, de son fils Vvenceslaus Roy des Romains, et de Charles V Roy de France, à Paris l'an 1378. Et de Louis XII Roy de France, et de Ferdinand Roy d'Arragon, à Savonne l'an 1507. Discours sur l'origine des Roys de Portugal, yssus en ligne masculine de la maison de France. Memoires concernans la dignité et majesté des Roys de France. Par T. Godefroy.
Paris 1613. Chevalier. 1 vol. in-4°.

2549.—Histoire de Charles Cinquiéme, roi de France. Par M. l'*Abbé* de Choisy.
Paris 1689. Ch. Dezallier. 1 vol. in-4°.

** — Eloge de Charles V, par La Harpe. — Voyez *OEuvres*.

** — Eloge de Charles V, par l'*Abbé* Maury. — *Belles-Lettres*. n." 781.

** — Histoire de Duguesclin. — Voyez *Biographies*.

Charles VI. (1380-1422.)

** — Chronique du religieux de St.-Denys. N.° 2352-5.

2550.—Histoire de Charles VI roy de France, et des choses memorables advenuës de son regne, de l'an mccclxxx, jusques en l'an mccccxxii. Par Messire *Jean* Juvenal des Ursins. Mise en lumiere par *Théodore* Godefroy.
Paris 1614. Pacard. 1 vol. in-4°.

2551. —Histoire de Charles VI Roy de France, et des choses memorables advenuës durant 42 années de son regne, depuis 1380 jusques à 1422 ; par *Jean* Juvenal des Ursins. Augmentée en cette seconde édition de plusieurs mémoires, journaux, etc. Par *Denys* Godefroy.

Paris 1653. Imp. royale. 1 vol. in-fol.

2552. —Histoire de Charles VI, Roy de France, escrite par les ordres et sur les memoires et les avis de Guy de Monceaux, et de Philippes de Villette, abbez de S. Denys, par un Autheur contemporain religieux de leur abbaye. Traduite sur le manuscrit latin tiré de la bibliotheque de M. le president de Thou par M.ᵉ J. Le Laboureur, et par luy mesme illustrée de plusieurs commentaires, tirez de tous les originaux de ce regne. Avec un discours succinct des vies et mœurs, et de la genealogie, et des armes de toutes les personnes illustres du temps, mentionnées en ceste histoire, et en celle de *Jean* Le Fevre, Seigneur de S. *Remy,* pareillement contemporain, qui y est adjoustée, et qui n'avoit point encore esté veuë.

Paris 1663. Louis Billaine. 2 vol. in-fol. Fig.

2553. —Histoire de Charles VI, roi de France. Par M. l'*Abbé* de Choisy.

Paris 1695. J. B. Coignard. 1 vol. in-4°.

** — Histoire de Jean de Boucicaut. — Voyez *Biographies.*

** — Mémoires de *Pierre* de Fenin. N.° 2346-7.

** — Journal d'un bourgeois de Paris. N.° 2348-2.

Charles VII, le Victorieux. (1422 - 1461.)

2554. — L'histoire memorable des grands troubles de ce royaume soubs le roy Charles VII. Contenant la grande desolation en laquelle il le trouva à son advenement à la couronne par l'usurpation des Angloys, ses merveilleux faicts d'armes, et de la plus part de sa Noblesse, ensemble de la Pucelle Ieanne, par le moyen desquels lesdits Anglois furent chassez, et cedit royaume rendu paisible, et autres

choses singulieres et remerquables advenuës pendant ledit temps redigées en icelle par M. *Alain* CHARTIER.

Nevers 1594. P. Roussin. 1 vol. in-4°.

2555.—Histoire de Charles VII, roy de France, par *Jean* CHAR-
TIER, *Jacques* LE BOUVIER, dit BERRY, *Mathieu* DE COUCY,
et autres Autheurs du temps. Qui contient les choses les
plus memorables, advenuës depuis l'an 1422 jusques en
1461. Mise en lumiere, et enrichie de plusieurs titres,
memoires, traittez, et autres pieces historiques, par
Denys GODEFROY.

Paris 1661. Imp. royale. 1 vol. in-fol.

2556.—Histoire de Charles VII. (Par BAUDOT DE JUILLY).

Paris 1697. De Luyne. 2 vol. in-12.

  ** — Mémoires de Florent d'Iliers. N.° 2346-8 et 2348-3.
  ** — Chroniques de *Mathieu* DE COUSSY. *Panthéon litt.*
  ** — Journal d'un bourgeois de Paris. N.° 2348-3.
  ** — Mémoires concernant la Pucelle. N.° 2346-8 et 2348-3.

2557.—Heroinæ nobilissimæ Joannæ Darc Lotharingæ vulgo Au-
relianensis Puellæ historia, ex variis gravissimæ atque
incorruptissimæ fidei scriptoribus excerpta. Ejusdem Ma-
vortiæ virginis innoeentia a calumniis vindicata. Authore *Joanne* HORDAL.

Ponti-Mussi 1612. Melth. Bernard. 1 vol. in-4°.

  ** — *Val.* VARANII de gestis Joanne. *Belles-Lettres* n.° 1454.

2558.—Histoire de Jeanne d'Arc, dite la Pucelle d'Orléans. Par
M. l'*Abbé* LANGLET DU FRESNOY.

Amsterdam 1759. La Compagnie. 1 vol. in-12.

Louis XI. (1461-1483.)

2559.—Histoire de Louis XI Roy de France, et des choses memorables advenües de son regne, depuis 1460 jusques à 1483.
Autrement dicte la *Chronique scandaleuse.* Escrite par un
greffier de l'hostel-de-ville de Paris. (*Jean* DE TROYES).

S. n. n. l. 1620. 1 vol in-4°.

2560.—Histoire de Louis XI roy de France, et des choses memorables advenuës en l'Europe durant vingt et deux années

de son regne. Enrichie de plusieurs observations qui tiennent lieu de Commentaires. (Par *Pierre* MATTHIEU).

Paris 1620. Mettayer. 1 vol. in-4°.

2561.—Histoire de Louys XI roy de France. Divisée en XI livres et illustrée de plusieurs observations. (Par P. MATTHIEU).

Paris 1610. Mettayer. 1 vol. in-fol. Sans titre.

2562.—Histoire de Louis onze. Par M. VARILLAS.

Paris 1689. Barbin. 2 vol. in-4°.

2563.—Même ouvrage.

La Haye 1689. J. van Ellinckhuysen. 2 vol. in-12.

** — Histoire de Louis XI, par DUCLOS. — Voyez *OEuvres*. III.

** — Discours du siège de Beauvais. — Voyez *Hist. loc.*

Charles VIII. (1483 - 1498.)

2564.—Histoire de Charles VIII, Roy de France, et des choses memorables advenuës en son regne, depuis l'an 1483 jusques à 1498. Par *Guillaume* DE JALIGNY, secretaire de Pierre II duc de Bourbon, *André* DE LA VIGNE, secretaire d'Anne Royne de France, et autres.

Paris 1617. Pacard. 1 vol. in-4°.

2565.—Histoire de Charles VIII, Roy de France, par *Guillaume* DE JALIGNY, *André* DE LA VIGNE, et autres historiens de ce temps-là. Où sont décrites les choses les plus memorables arrivées pendant ce règne, depuis 1483 jusques en 1498. Enrichie de plusieurs memoires, observations, contracts de mariage, traitez de paix, et autres titres et pieces historiques non encore imprimées. Le tout recueïlli par feu M. GODEFROY.

Paris 1684. Imp. royale. 1 vol. in-fol.

2566.—Histoire de Charles VIII. Par M. VARILLAS.

Paris 1691. Cl. Barbin. 1 vol. in-4°.

2567.—Même ouvrage.

La Haye 1691. Moetjens. 1 vol. in-12.

2568.—Ordre des estats tenus à Tours, soubs le Roy Charles VIII, durant sa minorité.

Paris 1614. Jean Corrozet. 1 vol. in-8°.

** — Journal des états-généraux tenus à Tours en 1484. N.º 2352-10.

** — Procès-verbaux du conseil de régence du roi Charles VIII. 2352-23.

** — Historie di Messer *Marco* GUAZZO. N.º 1329.

** — Mémoires de *Guill.* DE VILLENEUVE. N.º 2346-14.

** — P. F. ANDRELINI de obitu Caroli VIII deploratio. *Bell.-Lett.* 1351.

Louis XII. (1498-1515.)

2569. — Histoire singuliere du roy Louis xij de ce nom, pere du peuple, faicte au parangon des regnes et gestes des autres Roys de France ses predecesseurs, particularisez selon leurs felicitez ou infelicitez, composée par Mess. *Claude* DE SEISSEL.

Paris 1558. Gilles Corrozet. 1 vol. in-8°.

2570. — Histoire de Louis XII, Roy de France, pere du peuple, et des choses memorables adveniies de son regne, depuis l'an MCCCCXCVIII jusques à l'an MDXV. Par Messire *Claude* DE SEYSSEL, *Jean* D'AUTON, et autres. Mise en lumiere par *Theodore* GODEFROY.

Paris 1615. Abrah. Pacard. 1 vol. in-4°.

2571. — Histoire de Louis XII, Roy de France, pere du peuple, et des choses memorables adveniies de son regne, ès années 1499, 1500, et 1501 tant en France, que au recouvrement du duché de Milan, en la conqueste du royaume de Naples, et autres lieux. Par *Jean* D'AUTON. Tirée de la bibliothecque du Roy, et nouvellement mise en lumiere par *Theodore* GODEFROY.

Paris 1620. Pacard. 1 vol. in-4°.

2572. — Histoire de Louis XII. Par M. VARILLAS.

Paris 1688. Cl. Barbin. 3 vol. in-4°.

2573. — Même ouvrage.

La Haye 1688. Moetjens. 3 vol. in-12.

2574. — Lettres du roy Louis XII, et du cardinal George d'Amboise. Avec plusieurs autres lettres, memoires et instructions écrites depuis 1504 jusques et compris 1514.

Bruxelles 1712. Foppens. 4 vol. in-8°. Port.

** — Tableau du siècle de Louis XII, par VOLTAIRE. — Voyez *OEuvres* 17.

** — Histoire du cardinal d'Amboise. — Voyez *Biographies.*

** — *Val.* Varanii de expugnatione Genuensi.—*Belles-Lettres* n.° 1454.

** — Histoire de la ligue faite à Cambray. N.° 1384.

** — Vie de Jeanne de Valois. — Voyez *Hist. ecclés.*

François I. (1515-1547.)

2575.—Histoire de François Premier. Par M. Varillas.
Paris 1685. Cl. Barbin. 2 vol. in-4°.

2576.—Même ouvrage. 2.e édit.
La Haye 1690. J. van Ellinckbuysen. 3 vol. in-12.

2577.—Histoire de François Premier, roi de France, dit le grand roi et le père des lettres; par Gaillard. Nouv. édit.
Paris 1819. Foucault. 5 vol. in-8°. Port.

2578.—Les memoires de Mess. *Martin* Du Bellay Seigneur de Langey. Contenans le discours de plusieurs choses advenuës au royaume de France, depuis l'an MDXIII, jusques au trespas du Roy François premier, ausquels l'auteur a inseré trois livres, et quelques fragmens des Ogdoades de Mess. *Guillaume* du Bellay Seigneur de Langey son frere. OEuvre mis nouvellement en lumiere par Mess. *René* du Bellay.
Paris 1572. Pierre L'Huillier. 1 vol. in-fol.

2579.—Même ouvrage.
Paris 1588. Félix Lemagnier. 1 vol. in-fol.

A la suite:

Mart. Bellaii Langaei commentariorum de rebus gallicis, libri decem. Quibus Francisci primi, Galliæ regis, res gestas, varios casus, ut bella quæ illi cum potentiss. principibus et populis intercesserunt, complexus est. Ex gallico latini facti ab *Hugone* Suræo.
Francofurti 1575. Apud J. Mareschallum. in-fol.

** — Captivité du Roi François I. N.° 2352-2.

2580.—Pauli Tertii Pont. Max. ad Carolum V imp. Epistola hortatoria ad pacem. Ipsius Caroli tum ad eam, tum ad alias ejusdem, Concilii convocatorias responsio. Francisci Christianiss. Francorum regis adversus ipsius Caroli calumnias, epistola apologetica ad Paulum III Pont. Max. scripta.

1552. 1 vol. in-8°.

** — Mémoires de *Louise* DE SAVOYE, duchesse d'ANGOULÊME. N.° 2348-5.

2581.—Histoire de l'execution de Cabrieres et de Merindol, et d'autres lieux de Provence, particulierement deduite dans le plaidoyé qu'en fit l'an 1551 par le commandement du roy Henri II et comme son advocat general en cette cause, *Jacques* AUBERY, lieutenant civil au Chastelet de Paris, et depuis ambassadeur extraordinaire en Angleterre pour traitter de la paix, l'an 1555.—Ensemble une relation particuliere de ce qui se passa aux cinquante audiances de la cause de Merindol.

Paris 1645. Seb. et Gab. Cramoisy. 1 vol. in-4°.

** — Francisci Valesii fata. Authore S. DOLETO.—*Belles-Lettres*. 1384.

Henri II. (1547-1559.)

2582.—*Thomæ* CORMERII *Alenconii* rerum gestarum Henrici II regis Galliæ. Libri quinque.

Parisiis 1584. Seb. Nivellius. 1 vol. in-4°.

2583.—Histoire de Henry Second. Par M. DE VARILLAS.

Paris 1692. Cl. Barbin. 2 vol. in-4°.

2584.—Commentaires sur le faict des dernieres guerres en la Gaule Belgique, entre Henry Second, treschrestien Roy de France, et Charles cinquiesme, empereur: par *François* DE RABUTIN.

Paris 1555. M. de Vascosan. 1 vol. in-4°.

2585.—Double d'une lettre missive, envoyée par le Seigneur *Nicolas* NICOLAI, geographe du roi, à Monseigneur Du Buys, vicebaillif de Vienne: contenant le discours de la guerre faicte par le Roy nostre Sire, Henry deuxieme de ce nom, pour le recouvrement du païs de Boulongnoys, en l'an 1549.

Lyon 1550. Guill. Roville. 1 vol. in-4°.

** — Mémoires de *François* DE LORRAINE. N.° 2348-6.

** — Discours de M. DE L'HOSPITAL sur le sacre de François II.
Voyez *Belles-Lettres* 1655.

2586.—Histoire de l'estat de France, tant de la Republique que de la Religion : sous le regne de François II. (Par REGNIER S.ʳ DE LA PLANCHE).
1576. 1 vol. in-8°.

** — Négotiations relatives au règne de François II. N.° 2352-17.

2587.—L'histoire des neuf Roys Charles de France : contenant la fortune, vertu, et heur fatal des Roys, qui sous ce nom de Charles ont mis à fin des choses merveilleuses. Le tout comprins en dix-neuf livres. Par *François* DE BELLEFOREST.
Paris 1568. P. L'Huillier. 1 vol. in-fol.

2588.—Histoire de Charles IX. Par le Sieur VARILLAS.
Paris 1683. Cl. Barbin. 2 vol. in-4°.

** — Mémoires de *Fr.* DE LA NOUE. N.° 2346-34.

2589.—Recueil des derniers propos que dit et teint feu tres illustre prince, Messire *Françoys* DE LORRAINE, duc de GUYSE, chevalier de l'ordre, pair de France, et lieutenant general pour le Roy : prononcez par luy peu devant son trespas à Madame la Duchesse sa femme, Monsieur son filz, Messieurs les Cardinaux ses freres, et à plusieurs assistans à l'heure de son trespas.
Paris 1563. Jacq. Kerven. 1 vol. in-8°.

2590.—Consideration sur l'histoire françoise, et l'universelle de ce temps, dont les merveilles sont succinctement recitées. Ensemble trois prefaces : l'une au Roy, l'autre à M. le duc d'Anjou son frere, sur les Politiques de Platon et Aristote, traduittes de grec en francois, et eclaircies d'expositions : la troisiesme à M. le duc d'Alençon autre frère du Roy, sur l'Histoire politique recueillie des plus illustres estats du monde, anciens et modernes. Par *Loys* LE ROY, dict REGIUS.
Paris 1567. F. Morel. 1 vol. in-8°.

2591.— Le tocsain, contre les massacreurs et auteurs des confusions en France. Par lequel, la source et origine de tous les maux, qui de longtemps travaillent la France, est descouverte. Afin d'inciter et esmouvoir tous les Princes fidelles, de s'employer pour le retranchement d'icelle. Adressé à tous les Princes chrestiens.
Reims 1579. Jean Martin. 1 vol. in-8°.

2592.— Recueil de pièces relatives au règne de Charles IX.
1 vol. in-8°. Contenant :

1. — Discours sur les occurrences des guerres intestines de ce royaume, et de la justice de Dieu, contre les rebelles au Roy, et comme de droict divin, est licite à sa majesté punir ses subiets pour la Religion violée. (En vers. Par I. Touchard).
Sans titre.

2. — Copie des lettres du Roy de Navarre, et de Messeigneurs le Cardinal de Bourbon, et Prince de Condé. Envoyées à nostre tressainct Pere le Pape : ensemble les Responses de sa Saincteté latines, et traduictes en françoys (et publiées par I. Touchard),
Paris 1573. L'Huillier.

3. — Le vray discours des rebellions de ceux de la ville de la Rochelle, depuis l'an 1567, continuées jusques à present.
Paris 1573. G. Mallot.

4. — Harangue du Roy Charles neufiesme à Messieurs de la Court de Parlement à Paris, tenant son siege royal, et lict de justice.
Paris 1574. Locqueneulx.

5. — La harangue par la noblesse de toute la France, faite au Roy treschrestien Charles IX, sur l'estat de ce Royaume.
Paris 1574. Tabert.

6. — La prinse du comte de Montgommery, dedans le chasteau de Donfron, par Monsieur de Matignon, lieutenant en la basse Normandie, en l'absence du duc de Bouillon. Le jeudy xxvu de may, 1574.
Paris 1574. N. Du Mont.

7. — Discours de la mort et execution de Gabriel comte de Montgommery, par Arrest de la Court, pour les conspirations et menées par lui commises, contre le Roy, et son estat. Qui fut à Paris, le 26 juing, 1574.
Paris 1574. Buffet.

8. — Discours sommaire, du regne de Charles neufiesme Roy de France tres-chrestien. Ensemble, de sa mort, et d'aucuns de ses derniers propos. Par *Joachim* des Portes.
Paris 1574. J. De Lastre.

9. — Le vray discours des derniers propos memorables, et trespas du feu Roy de tresbonne memoire Charles neufiesme.
Paris 1574. Lienard le Sueur.

** — M. *Ant.* Mureti oratio in funere Caroli IX. — *Bell.-Lett.* 905-16.

** — Oraisons funèbres de Charles IX, par Sorbin. — *Ibid.* 941-7-8.

Henri III. (1574-1589.)

2593. — Journal des choses memorables advenuës durant tout le regne de Henry III, Roy de France et de Pologne. (Par *Pierre* DE L'Estoile).
1621. 1 vol. in-8°.

2594. — Même ouvrage. Edition nouvelle.
Cologne 1720. P. Marteau. 2 vol. in-8°. Fig.

2595. — *Gulielmi* SossI de vita Henrici III Francorum, Polonorumque Regis, et principum Valesiorum ultimi, libri novem inscripti Musæ.
Parisiis 1627. Dyo. Langlæus. 1 vol. in-8°.

2596. — Recueil de diverses pieces, servans à l'histoire de Henry III roy de France et de Pologne.
Cologne 1662. P. du Marteau. 1 vol. in-18.

Ces pièces sont :

1. — Journal du regne de Henry III, composé par M. S. A. G. A. P. D. P. (Extrait par Servin de *Pierre* DE L'Estoile).

2. — L'Alcandre, ou les amours du Roy Henry le Grand, par M. L. P. D. C. (Par *Louise* DE Lorraine, princesse de Conty).

3. — Le divorce satyrique, ou les amours de la reine Marguerite de Valois sous le nom D. R. H. Q. M. (Par P. V. Palma-Cayet).

4. — La confession de Sancy par L. S. D. A. (L. S. d'Aubigné) auteur du Baron de Feneste.

A la suite :

Discours merveilleux de la vie, actions et deportemens de la Royne Catharine de Medicis, mere de François II, Charles IX, Henry III, Rois de France. (Par H. Estienne).
La Haye 1660. Ad. Vlacq.

2597. — Même ouvrage. Nouv. édit.
Cologne 1663. P. du Marteau. 1 vol. in-18.

2598. — Même ouvrage.
Cologne 1663. P. du Marteau. 1 vol. in-4°.

On y trouve : Journal. — Divorce satyrique. — Amours de Henry IV. — Confession de Sancy. — Discours merveilleux.

2599.—Même ouvrage. Nouvelle édition augmentée.
    Cologne 1666. P. du Marteau. 1 vol. in-18.
      Cette édition contient en plus : L'apologie pour le Roy Henry IV,
par Madame la duchesse DE ROHAN.

2600.—Histoire de Henry Trois. Par M. DE VARILLAS.
    Paris 1694. Cl. Barbin. 2 vol. in-4°.
  ** — Mémoires de J. CHOISNIN. N.° 2346-38 et 2347-11.

2601.—La France-Turquie, c'est-a-dire, conseils et moyens tenus
par les ennemis de la Couronne de France, pour reduire
le royaume en tel estat que la tyranie Turquesque.
    Orleans 1676. Thibaut des Murs. 1 vol. in-8°.

2602.—Le miroir des francois, compris en trois livres. Contenant l'estat et maniement des affaires de France, tant
de la justice, que de la police, etc. Le tout mis en dia-
logues par *Nicolas* DE MONTAND (*Nic.* BARNAUD).
    Paris 1582. 1 vol. in-8°.

2603.—Apologie catholique, contre les libelles, declarations,
advis, et consultations faictes, escrites, et publiées par
les Liguez perturbateurs du repos du Royaume de France :
qui se sont eslevez depuis le decez de feu Monseig. frere
unique du Roy. Par E. D. L. I. C. (*Edm.* DE LALOUETTE).
    1585. 1 vol. in-8°.

2604.—Protestation et defense pour le Roy de Navarre Henry III
premier Prince de France, et Henry Prince de Condé,
aussi Prince du mesme sang, contre l'injuste et tyrannique bulle de Sixte V publiée à Romme en 1585 au mespris de la maison de France. Traduit du latin intitulé
Brutum fulmen Sixti V.
    1587. 1 vol. in-8°.

2605.—Panegyrique de l'henoticon ou edict de Henry III Roy
de France et de Poloigne sur la reünion de ses subjets
à l'Eglise catholique, apostolique et romaine, avec une
sommaire exposition d'iceluy : et ample discours des
moyens de purger les royaumes d'heresies, schismes,
troubles et seditions. Par M. *Honoré* DU LAURENS.
    1588. 1 vol. in-8°.

2606.—Discours ample et tres veritable contenant les plus memorables faits advenuz en l'année 1587. Tant en l'armée
commandée par Monsieur le Duc de Guyse, qu'en celle
des Huguenots conduite par le Duc de Boüillon, envoyé
par un Gentil-homme françois à la Royne d'Angleterre.
(Par *Claude* DE LA CHASTRE, depuis mareschal de France).
Paris 1588. Bichon. 1 vol. in-8°.

2607.—Remonstrance au Roy, tenant ses Estats en sa ville de
Blois, par les officiers de sa Majesté.
Blois 1586. Cl. de Montr'œil et J. Richer. 1 vol. in-4°.
La harangue faite par le Roy Henry III de France et de
Pologne, à l'ouverture de l'assemblée des trois Estats ge-
neraux de son royaume, en sa ville de Bloys, le seizieme
jour d'octobre 1588. (Ensemble toutes les harangues et
le serment).
Paris 1588. F. Morel. in-4°.

2608.—Harangue faicte au Roy, en presence de tous les Princes,
et de l'assemblée des Estats, touchant le bien et gouvernement du Royaume.
Paris 1588. Roffet. 1 vol. in-8°.

2609.—Responce des vrays catholiques françois, à l'avertissement des catholiques anglois, pour l'exclusion du roy de
Navarre de la couronne de France. Descouvrant les calomnies, suppositions, et ruses contenues es declarations,
et apologies du Roy de Navarre, et des heretiques, et
autres livrets faits contre le Roy, son edict de la reunion,
ses bons subjets les catholiques, et la religion catholique,
apostolique et romaine. Traduict du latin.
1588. 1 vol. in-8°.

2610.—De justa Henrici Tertii abdicatione e Francorum regno,
libri quatuor. (Authore J. BOUCHER).
Parisiis 1589. N. Nivellius. 1 vol. in-8°.

2611.—La fatalité de St. Cloud près Paris. (Par le P. GUYART).
1672. 1 vol. in-8.°

2612.—Description de l'isle des hermaphrodites, nouvellement decouverte, contenant les mœurs, les coutumes et les ordonnances des habitans de cette isle, comme aussi le discours de Jacophile à Limne, avec quelques autres pieces curieuses. Pour servir de supplement au journal de Henri III. (Par *Arthus* THOMAS Sieur D'AMBRY).

Cologne 1724. Herman Demen. 1 vol. in-8°.

2613.—Recueil de pièces relatives au règne de Henri III.

3 vol. in-8°. — Tom. Ier. Contenant :

1. — La reddition de Carentan faicte le lundi xxvij de juing par Monseig. de Matignon. Avec les articles de la capitulation.
Paris 1574. Buffet.

2. — Epistre au Roy tres-chrestien de France et de Pologne Henri III. Par *Claude* DE SAINCTES Evêque d'Evreux.
Paris 1575. (Sans titre)

3. — Discours veritable touchant plusieurs affaires d'Estat, pour la justification des bons et fideles subiectz de sa Majesté catholique.
Douay 1580. J. Bogard.

4. — Discours sur la comparaison et ellection des deux partis qui sont pour le iourd'hui en ce Royaume.
A Mont-au-Ban 1586.

5. — Coppie d'une lettre écrite au Roi, et extraict d'une autre aux Princes et Seigneurs François, le 17 jour de may dernier. Par Monseigneur le Duc de GUYSE.
Paris 1588. Didier Millot.

6. — La vie et le tombeau de tres-illustre prince et tres reverend pere et pasteur, Charles de Lorraine, cardinal de Vaudemont. Par l'*Abbé de S. Polycarpe.* (En vers).
Paris 1588. P. Ramier.

7. — Discours de l'ordre tenu par les habitans de la ville de Rouen, à l'entrée du Roy nostre Sire. Avec les Harengues y prononcées.
Paris 1588.

8. — Harangue faicte à la Royne d'Angleterre: par M. DE BELLIEVRE.
1588.

9. — Exhortation aux vrays et entiers catholicques. En laquelle est ensemble demontré, que ce qu'est dernierement arrivé à Paris, n'est acte de Rebellion contre la Majesté du Roy.
Paris 1588. G. Bichon.

10. — La suite des remonstrances et articles presentez au Roy depuis la derniere Requeste de Messieurs les Cardinaux et Princes catholiques.
Rouen 1588.

11. — Requeste presentée au Roy , par Messieurs les Cardinaux , Princes ,
Seigneurs , et des Deputez de la ville de Paris , et autres villes catholiques associez et unis ; pour la deffense de la Religion catholique,
apostolique et romaine.
Paris 1588. G. Bichon.

12. — Advertissemens aux trois estats de la France. Sur l'entretenement de
la Paix. Au Roy tres chrestien Henry III du nom Roy de France
et de Poulongne.
Paris 1588. V.ᵉ F. Plumion.

13. — Bulla S. D. N. Sixti Papæ V contra Henricum III.
Parisiis 1588. N. Nivellius et R. Thierry.

14. — Cantique à Dieu pour tost iouir de la paix. (En vers).
Paris 1588.

15. — Coppie de la responce faicte par un polytique de ceste ville de Paris,
aux precedens memoires secrets , qu'un sien Amy luy avoit envoyés
de Bloys, en forme de missive.
Paris 1588. J. Gregoire.

Tom. II. — Contenant :

1. — Le tombeau et éloge du tres-illustre et tres-magnanime Duc de
Ioyeuse , accompagné de plainctes, et regrets de la France , et des
heureux anagrammes, latin et françois, du nom d'iceluy. Par *André*
Derossant. (En vers).
Paris 1587. M. de Roigny.

2. — Coppie de lettre envoyée par un Gentilhomme de l'armée du Roy à
un sien amy, contenant au vray ce qui s'y est passé, depuis le partement de Sa Majesté de la ville de Paris, jusques à la desroutte
des Reistres.
Paris 1587. Veufve N. Roffet.

3. — Mandement du Roy , pour la convocation de toutes ses compagnies
de gens de guerre, à Montereau Faut Yonne.
Paris 1587. Federic Morel.

4. — Louange de la vie contemplative, dressée sur l'entrée miraculeuse, en
la Religion reformée de sainct François, qu'a fait nouvellement le
comte de Bouchage, aux Cappuchains lez Paris.
Paris 1585. Pierre Ménier.

5. — Accort et capitulation faict entre le Roy de Navarre , et le duc de
Cazimir pour la levée de l'armée des Reistres venus en France en 1587.
Strasbourg 1587. Oelboum Heugst.

6. — Advertissement fait au Roy , de la part du Roy de Navarre et de M.
le Prince de Condé , touchant la derniere declaration de la guerre.
La Rochelle (1587). Jehan Portost.

7. — Du passage et routte que tiennent les Reistres, et Allemans, estans repoussez par le duc de Lorraine. Avec le nombre des gens d'ordonnance de leur gendarmerie.

    Paris 1587. Michel Buffet.

8. — La prinse de la ville de Sainct Maixant par M.gr le duc de Ioyeuse, conducteur de l'armée pour le Roy, au pays de Poitou. Avec le nombre des mors et prisonniers qui ont esté pris par ledict Sieur.

    Paris 1587. Pierre Des Hayes.

9. — Declaration du Roy, pour l'execution de son edict du mois de juillet, 1585, touchant la reünion de ses subjects à l'Eglise catholique, apostolique et romaine. Leuë et publiée en la cour de Parlement, le vingttroisiesme d'avril 1587.

    Paris 1587. Federic Morel.

10. — La rendition et protestation de douze mille Suisses au Roy, qui s'estoient acheminez contre Sa Majesté avec un sommaire de tout ce qui s'est passé depuis l'advenue des Reistres en France jusques à present.

    Paris 1587. Linocier.

11. — Nouvelle de la venue de la Royne d'Algier à Rome, et du baptesme d'icelle, et de ses six enfans, et des dames de sa compagnie: avec le moyen de son depart. Le tout prins, et traduict de la copie italienne, imprimée à Milan par Barthelemy Lauinnon, en 1587.

    Paris 1587. Gabriel Buon.

12. — Discours de la deffaicte de trois cornettes de cavallerie du vicomte de Thuraine, et prinse de Saincte Foy en Guyenne, par M. le mareschal de Matignon, le neufiesme jour de ce mois de decembre.

    Paris 1587. Didier Millot.

13. — Copie d'une lettre envoyée de Coutron en Calabre: contenant la prinse de douze galeottes turquesques, par les galeres de Malte, et du Seigneur Bandinello Sauli Genevois. Mise en françois sur celle qui a esté imprimée à Milan ceste année 1587. (Par *Charles* PANDON).

    Paris 1587. Gabriel Buon.

14. — Advertissement des advertissemens, au peuple tres-crestien. Par *Jean* DE CAUMONT *Champenois.* 1587.

15. — La coppie de la harangue, qu'a faict le Roy, à Messieurs de Paris, devant que monter à cheval, pour aller à la guerre.

    Paris 1587. Nicolas Boulet.

16. — Le discours de la deffaicte totale du Conte de Chastillon, avec ses trouppes, par MM. de Mandelot de Tournon, et autres grands Seigneurs. Avec le nombre des morts, demeuré sur la campagne.

    Paris (1587). Hubert Velu.

17. — Sommaire responce à l'examen d'un heretique, sur un discours de la loy salique, faussement pretendu contre la maison de France, et la branche de Bourbon. 1887.

18. — Discours de la charge donnée par M. de Mandelot, sur les trouppes de M. de Chastillon, pres la ville de S. Bonnet en Forests, le treiziesme jour de ce present mois de decembre.
Paris 1587. Didier Millot.

19. — Predictions ou discours de Rizzacasa. Sur les merveilleux effects que les influxions celestes monstrent devoir advenir par l'Europe, les ans, mil cinq cens octante six, octante sept, octante huit, octante neuf, nonante. Esquels on peut lire plusieurs choses, en peu de parolles. Traduictes d'italien en françois.
A Carmagnole 1587. Bellon.

20. — Le discours de la deffaicte des Rochelois par M. le duc de Ioyeuse. Faict le premier jour d'aoust, mil cinq cens quatre vingt et sept, Ensemble le nombre des Rochellois qui y ont esté prins prisonniers, et tués.
Paris 1587. veufve L. du Coudray.

21. — Discours de la deffaicte qu'a faict M. le duc de Ioyeuse, et le S.r de Lauerdin, contre les ennemis du Roy, et perturbateurs du repos public, à la motte sainct Eloy, pres sainct Maixant en Poictou, le vingt uniesme jour de juin, 1587, dont les enseignes ont esté apportées au Roy estant à Meaux, le samedy vingt septiesme de juin.
Paris 1587. Veufve de L. du Coudret.

22. — Mandement du Roy sur la convocation et monstre des compagnies de sa gendarmerie, ès lieux et provinces designez par iceluy.
Paris 1587. Federic Morel.

23. — Lettres patentes du Roy, sur la convocation du ban et arriere ban, de sa gendarmerie.
Paris 1587. Federic Morel.

24. — Mandement du Roy aux deux cens gentils-hommes de sa maison et tous autres estans couchez sur son estat, et aux quatre compagnies de ses gardes, à ce que ils ayent à le venir trouver à Monstreau Fault-Yonne au 8.e d'aoust prochain.
Paris 1587. Federic Morel.

25. — Discours de la defaitte des Suisses en Dauphiné, par tres-valeureux Seigneur Mgr. de la Valette, contenant la vraye histoire de la recente prise et reprise de la ville de Montlimart. Par J. Robelin.
Paris 1587. G. l'Inocier.

26. — Instruction pour l'execution des edits et declarations du Roy, sur la

saisie et vente des biens de ceux de la nouvelle opinion, et leurs adherans.

Paris 1587. Federic Morel.

Tom. III. — Contenant :

1. — Remonstrance faite à M. d'Espernon, entrant en l'église cathédrale de Rouen, le 3 de mai 1588. Par le Penitentier dudit lieu.
Paris 1588. Jean Richer.

2. — Discours veritable sur ce quy est arrivé à Paris le douziesme de mai 1588, par lequel clairement on congnoit les mensonges et impostures des ennemis du repos public allencontre de Mgr. le Duc de Guise, propagateur de l'eglise catholique.
Paris. Didier Millot.

3. — Tom. 1.er, n.º 5.

4. — Coppie de lettre escrite par le Duc d'Espernon au Roy de Navarre touchant les affaires de ce temps. Envoyée par un bourgeois de Poictiers à un sien amy estant en ceste ville de Paris. 1585.

5. — Tom. 1.er, n.º 11.

6. — Propos tenus au Roy à la presentation de la Requeste des Princes Seigneurs et Communautez de l'Union pour la deffence de la Religion catholique, apostolique et romaine.
Paris 1588. Nic. Nivelle.

7. — Responce du Roy, sur la requeste présentée à sa Majesté, par M.rs les Cardinaux, Princes, Seigneurs et des Deputez de la ville de Paris, et autres villes catholiques, associez et unis pour la deffense de la Religion catholique, apostolique et romaine.
Paris 1588. Pierre Chevillot.

8. — Plaintes et remonstrances faictes au Roy et à la Royne mere, par M.rs les Princes et Seigneurs catholiques. 1588.

9. — Edict du Roy, pour l'establissement d'un asseuré repos au faict de la Religion catholicque, apostolique et romaine, et union de ses subjects catholiques avec sa Majesté, pour l'extirpation des scismes et heresies par tout son royaume, pays, et terres de son obeissance : avec les articles. Publié en sa Court de Parlement de Rouen, le dixneufiéme jour de juillet 1588.
Paris 1588. Par le commandement du Roy.

10. — Remonstrance, ou oraison en forme deliberative, prononcée en l'assemblée des estats d'un balliage, par le Lieutenant general d'iceluy, contenant la defense et illustration de la religion catholique, apostolique et romaine, approbation du Concile de Trente, confirmation de l'obeissance qu'on doit au Roy, et les moyens de reformer le desordre qui est en ce royaume, et d'acquicter sa Majesté.
Paris 1588. L'Huillier.

11. — Advertissement sur les lettres octroyées à M. le cardinal de Bourbon. **Paris 1588.**

12. — Advis à Messieurs des Estats sur la reformation et le retranchement des abus et criminelz de l'Estat. 1588.

13. — La balance des Estats. **Paris 1588. Federic Morel.**

14. — Sommaire de toutes les harangues, edits et ordonnances, remerciement et declarations, actes et remonstrances, qui ont esté faictes et accordées, et serment solemnel par le Roy, ses princes et seigneurs, tant des ecclesiastiques que temporels, en ses Estats tenus à Blois, jusques à present. Avec une table, et declaration des livres. **Paris 1588. Jamet Metayer.**

15. — La remonstrance faite par M. le Garde des seaux de France, en l'assemblée des Estats. **Orleans 1588. Jouxte la copie de Jamet Mettayer.**

16. — Harangue faicte au Roy, par un depputé particulier de la ville de Rouen, dans son cabinet à Bloys, le 27 octobre, 1588. **Paris 1588. veufve Dalier.**

17. — Advis au Roy. 1588.

18. — Tom. 1.ᵉʳ. n.º 9.

Henri IV. (1589-1610).

2614.—Explication de la genealogie du tres-invincible, et tres puissant monarque Henry IIII.ᵉ de ce nom, 65.ᵉ Roy de France, (ou selon aucuns) 62.ᵉ et III.ᵉ de ce nom, 39.ᵉ Roy de Navarre. Le tout tiré des histoires tresapprouvées tant latines que françoises, italiennes, espagnoles, et portugaises par l'estude et labeur de R. P. F. *Joseph* TEXERE. Traduit du latin en francois par C. DE HERIS, escuyer, dict COQUERIOMONT. **Paris 1595. Beys. 1 vol. in-4°.**

2615.—Histoire de France et des choses memorables, advenues aux provinces estrangeres durant sept années de paix. Du regne du Roy Henry IIII Roy de France et de Navarre. Divisée en sept livres. (Par *Pierre* MATTHIEU). **Paris 1606. Mettayer. 2 vol. in-8°.**

2616.—Même ouvrage. **Rouen et Paris 1609. Osmont et Mettayer. 2 vol. in-8°.**

2617.—Decade contenant la vie et gestes de Henri le Grand Roy

de France et de Navarre IIII du nom. En laquelle est
representé l'estat de la France depuis le dernier traicté
de Cambray 1559 jusques à la mort dudict Seigneur,
icelle comprise, etc. Par *Baptiste* LEGRAIN.
Paris 1614. Laquehay. 1 vol. in-fol.

** — Chronologie novenaire de PALMA-CAYET. N.° 2346-38.

2618.— Chronologie septenaire des histoires de la paix entre les
Roys de France et d'Espagne. Contenant les choses plus
memorables advenues en France, Espagne, Allemagne,
Italie, Angleterre, Escosse, Flandre, Hongrie, Pologne,
Suece, Transilvanie, et autres endroits de l'Europe : avec
le succez de plusieurs navigations faictes aux Indes orientales, occidentales et septentrionales, depuis le commencement de l'an 1598 jusques à la fin de l'an 1604. Divisée en 7 livres. (Par V. PALMA CAYET).
Paris 1612. Richer. 1 vol. in-8°.

** — Journal du règne de Henri IV, par P. de l'ESTOILE. N.° 2346-45.
** — Recueil des lettres de HENRI IV. N.° 2352-26.

2619.—*Gulielmi* SOSSI de vita Henrici magni libri IV.
Parisiis 1622. Chevalerius. 1 vol. in-8°.

2620.—Histoire du Roy Henry le Grand. Composée par Messire
HARDOUIN DE PEREFIXE.
Paris 1662. Ed. Martin. 1 vol. in-12. Port.

2621.—Même ouvrage.
Paris 1681. Osmont. 1 vol. in-12.

2622.—Recueil d'histoires et choses plus memorables et remarquables, advenuës es dernières annéés. Soubs le regne du
tres chrestien Roy de France et de Navarre Henri IIII.
Paris 1607. Nic. Rousset. 1 vol. in-8°. Incomplet.

** — Lettres de l'illustr. cardinal D'OSSAT. — *Bell.-Lett.* 2980 et 2981.

2623.—Memoires des sages et royalles œconomies d'estat, domestiques, politiques et militaires de Henry le Grand,
l'exemplaire des rois, le prince des vertus, etc. Et des
servitudes utiles, obeissances convenables et administration loyales de *Maximilian* DE BETHUNE.
**Amstelredam 1659. Aletinosgraphe de Clearetimelec, et.
Graphexechon de Pistariste. 2 en 1 vol. in-fol.**

2624.—Memoires ou œconomies royales d'Estat, domestiques, politiques et militaires de Henry le Grand. Par *Maximilien* DE BETHUNE duc de SULLY.

Paris 1662-1664. Joly et Courbé. 4 en 2 vol. in-fol.

2625.—Mémoires de *Maximilien* DE BETHUNE, duc de SULLY, principal ministre de Henry le Grand, mis en ordre: avec des remarques. Par M. L. D. L. D. L. (l'*Abbé* DE L'ECLUSE DES LOGES).

Londres 1745. 8 vol. in-12.

2626.—Mémoires du duc de SULLY. Nouv. édit.

Paris 1827. Ledoux. 6 vol. in-8°. Port.

** — Mémoires de *Ph.* HURAULT, de MARILLAC, de GOULARD. 2346-36-39.

2627.—Le masque de la Ligue et de l'Hespagnol decouvert : Où 1.° La Ligue est depainte de toutes ses couleurs. 2.° Est monstré n'estre licite au subject s'armer contre son Roy, pour quelque pretexte que ce soit. 3.° Est le peu de Noblesse tenant le party des ennemis, advertie de son devoir.

Tours 1590. Mettayer. 1 vol. in-8°.

2628.—De justa Reipub. Christianæ in reges impios et hereticos authoritate: justissimaque catholicorum ad Henricum Navarræum et quemcunque hæreticum a regno Galliæ repellendum confœderatione, liber. (*Guil.* Rossæo authore).

Parisiis 1590. Guil. Bichonius. 1 vol. in-8°.

2629.—Idem opus.

Antuerpiæ 1592. Keerbergius. 1 vol. in-8°.

2630.—Philippiques contre les bulles, et autres pratiques de la faction d'Espagne. Pour tres-chrestien, tres-puissant, tres-victorieux et tres-clement prince Henry le Grand, Roy de France et de Navarre. (Par *François* DE CLABI).

Tours 1592. Mettayer. 1 vol. in-8°.

2631.—Même ouvrage.

Tours 1611. 1 vol. in-8°.

2632.—Satyre Menippée de la vertu du Catholicon d'Espagne, et de la tenue des Estats de Paris durant la Ligue en l'an 1595. Augmentée outre les precedentes impressions, tant

de l'interpretation du mot *Higuiero d'Inferno*, et qui en
est l'Autheur, que du Supplément ou suite du Catholicon.
Avec les pourtraicts de deux Charlatans, du seigneur
Agnoste, et la procession Martialle, et singerie de la
Ligue. Plus le regret funebre d'une demoiselle de Paris
sur la mort de son asne ligueur. (Par P. Le Roy, Gillot,
Passerat, Rapin, F. Chrestien et P. Pithou).
    1593. 1 vol. in-16. Fig.

2633.—Satyre Menippée de la vertu du Catholicon d'Espagne, et
de la tenue des Estats de Paris. Nouv. édit.
    1595. 1 vol. in-8°. Fig.

2634.—Satyre Ménippée. Dernière édit. (Publiée par Le Duchat).
    Ratisbonne 1709. Les hér. Mat. Kerner. 3 v. in-12. Fig.

2635.—Satyre Ménippée, de la vertu du Catholicon d'Espagne, et
de la tenue des estats de Paris. Augmentée de notes tirées
des éditions de *Du Puy*, et de *Le Duchat*, par V. Verger;
et d'un commentaire historique, littéraire et philologi-
que, par *Ch.* Nodier.
    Paris 1824. Delangle. 2 vol. in-8°. Pl.

2636.—Discours et rapport veritable de la conference tenue entre
les deputez de la part du Roy, et Messieurs les Princes,
Prelats, Seigneurs, et autres catholiques tenans le party,
avec les Deputez de M. le Duc de Mayenne, Princes, Pré-
lats et Estats generaux assemblez à Paris. (Par H. Du
Laurens).
    Rouen 1593. Courant. 1 vol. in-8°.

2637.—Sermons de la simulée conversion, et nullité de la pretendue absolution de Henry de Bourbon, prince de Bearn,
à St.-Denys en France, le dimanche 25 juillet, 1593. Sur
le sujet de l'Evangile du mesme jour, *Attendite a falsis
prophetis, etc. Mat.* 7. Prononcez en l'eglise S. Merry à
Paris, depuis le premier jour d'aoust prochainement suyvant, jusques au neufiesme dudit mois. Par M.ᵉ *Jean*
Boucher.
    Paris 1594. Chaudiere. 1 vol. in-8°.

2638.—*Ludovici* Dorleans unius ex confœderatis pro catholica fide Parisiensibus, ad A. S. unum ex sociis pro hæretica perfidia Turonensibus, expostulatio.

Lutetiæ 1593. Fred. Morellus. 1 vol. in-8°.

2639.—Ceremonies observées au sacre et coronement du tres chrestien et tres valeureux Henry IIII Roy de France et de Navarre. Ensemble en la reception de l'ordre du S. Esprit en l'église de Chartres, ès XVII et XVIII.ᵉ jours du mois de fevrier, MDXCIIII.

Paris 1594. Mettayer. 1 vol. in-8°.

2640.—Traicté du mariage de Henry IIII roy de France et de Navarre, avec la serenissime princesse de Florence. Des ambassades de part et d'autre de son heureuse arrivée en France, à Marseille, et ses entrées en Avignon et Lyon. Plus la conspiration, prison, jugement et mort du duc de Biron, avec un sommaire de sa vie, et pareillement le procez de Jean l'Hoste. Avec la genealogie de la maison de Medicis.

Honnefleur 1506 (1606). Jean Petit. 1 vol. in-8°.

2641.—L'histoire de la conqueste des pays de Bresse et de Savoye, pour le Roy tres chrestien. Par le S.ʳ DE LA POPELLINIÈRE.

Paris 1601. De Monstr'oeil. 1 vol. in-8°.

2642.—Remerciement au Roy (Henry IV). Par *Louys* D'ORLÉANS.

Paris 1604. R. Chaudiere. 1 vol. in-8°.

2643.—Edict, et declaration du Roy Henry IV, de France et 5 de Navarre, sur l'union et l'incorporation de son ancien patrimoine mouvant de la couronne de France, au domaine d'icelle : avec l'arrest de la Court de Parlement de Tolose, sur la veriffication, publication, et registre dudit Edict : Ensemble l'interpretation des causes d'iceluy. Par Maistre *Pierre* DE BELOY.

Tolose 1608. Colomies. 1 vol. in-8°.

2644.—L'avant-victorieux. (Par *Pierre* DE L'HOSTAL, Sieur DE ROQUEBONNE, vice-chevalier de Navarre).

Bordeaux 1610. 1 vol. in-8°.

2645.—Histoire de la mort deplorable de Henry IIII roy de France et de Navarre : Ensemble un poeme, un panegyrique et un discours funebre. (Par *Pierre* MATTHIEU).

> **Paris 1611. Guillemot et Thiboust. 1 v. in-fol.** N.º 2617.

2646.—La plante humaine, sur le trespas du Roy Henry le Grand. Où il se traite du rapport des hommes avec les plantes qui vivent et meurent de mesme façon : et où se refute ce qu'a escrit Turquet contre la Regence de la Royne et le Parlement, en son livre de la Monarchie aristodemocratique. Par *Louys* DORLEANS.

> **Paris 1612. Huby. 1 vol. in-8º.**

** — Oraisons funèbres de Henri IV.—*Bell.-Lett.* 929, 945, 946, 947, 948.

** — Consolations envoyées à la reine mère, par RICHEOME. — *Ibid.* 944.

** — Les parallèles de César et de Henri IV. N.º 910.

2647.—Recueil de pieces historiques et curieuses, contenant 1.º le Manifeste de *Pierre* DU JARDIN, S.ʳ DE LA GARDE, sur la mort d'Henry IV ; 2.º le Manifeste de la demoiselle d'Escoman, sur le même sujet ; 3.º l'Apologie pour M. le Président *de Thou* sur son histoire (par P. DUPUY); 4.º Epist. *Jac. Aug.* THUANI P. Janino ; 5.º le Catechisme des Jésuites, par *Estienne* PASQUIER.

> **Delft 1717. Vorburger. 2 vol. in-12.**

2648.—Recueil de pièces relatives au règne de Henri IV.

> **7 vol. in-8º. — Tom. I.ᵉʳ Contenant :**

1. — La reprinse de la ville de Ponthoise, par Monsieur le duc de Mayenne. Ensemble les enseignes qui ont esté apportées en l'église de Nostre-Dame, à Paris.

> **Paris 1589. V.ᵉ Hubert Velu.**

2. — La harangue prononcée à Henry de Vallois par un Marchant de la ville de Tours, le 12 d'avril, 1589.

> **1589. Anthoine du Brueil.**

3. — Discours veritable des victoires obtenues en Gascogne, tant en deffaicte, que prise de ville et chasteaux sur les herctiques. Par M. le Marquis DE Villars.

> **Paris 1589. Nic. Nivelle.**

4. — Justification des actions des catholiques unis contre leurs calomniateurs.

> **Paris 1589. Guillaume Bichon.**

5. — Le theatre de France, auquel est contenu la resolution sur chacun doubte, qui a retenu la Noblesse de se joindre à l'Union catholique. A Messieurs de la Noblesse. (Par *Ch.* DE Boss... Bar. D'Esc...
Paris 1589. Guillaume Bichon.

6. — Advertissement des cattotoliques (*sic*) de Bearn, aux catholiques François unis à la Saincte Union : touchant la déclaration ; faicte au Pont Sainct Clou, par Henry deuxiesme Roy de Navarre, le quatriesme jour d'aoust 1589.
Paris 1589. V.ᵉ François Plumion.

7. — Les cruautez commises contre les catholiques de la ville de Vandosme, par le Roy de Navarre. Avec les derniers propos de M. IESSÉ, provincial de l'ordre des Cordeliers, miserablement mis à mort.
Paris 1589. Rolin Thierry.

8. — La deffaicte de M. de Sourdy, en la Brye. Par la gendarmerie de Mgr. le Marquis du Pont, petit filz de France. Le vendredy premier, jour de septembre.
Paris 1589. Jacques Gregoire.

9. — Arrest de la cour de Parlement, portant defenses à toutes personnes de quelque qualité ou condition qu'ils soient, de n'emprisonner, ny condamner les catholiques demourans ès villes du parti contraire à la Saincte Union desdits catholiques.
Paris. Au Soleil d'Or, rue St.-Jacques.

10. — Arrest de la Cour de Parlement, pour la conservation du repos public de la ville et fauxbourgs de Paris, et seureté des habitans d'icelle.
Paris 1589. Leger Delas.

11. — La coppie d'une lettre envoyée par un Gentilhomme, de l'armée de Mgr. le duc de Mayenne, aux bourgeois et habitans de la ville et fauxbourgs de Paris. En laquelle est contenu la seule cause pourquoy le duc de Longueville et la Nouë avec leur armée font approche de la dite ville.
Paris 1589. Anthoine du Brueil.

12. — Arrest de la Court de Parlement donné à Rouen, contre ceux qui ont par cydevant assermenté viure et maintenir la Religion catholique apostolique et romaine, avec ordonnance et mandement à tous gentils-hommes de se trouver ès trouppes de l'armée de l'Union catholique, la part ou elle sera.
Paris 1589. Jean Parant.

13. — Discours de la prinse de deux grandes navires envoyées de la part de la Royne d'Angleterre au Roy de Navarre. Et du combat naval, faict sur la mer, par M. le chevalier d'Aumalle. Avec la surcharge faicte sur les trouppes du Roy de Navarre, par M. le duc de Nemours le samedy, et dimanche ensuyvant de la premiere deffaicte.
Paris 1589. Veufve F. Plumion.

14. — Arrest du Conseil general de l'Union des catholiques, par lequel est enjoinct à toutes personnes, qui sont retournez en leurs maisons depuis la declaration de Monsieur du Maine, de prester le serment de l'Union. Et deffences à tous officiers d'exercer leurs estats iusques à ce qu'ils ayent presté ledict serment.
     Paris 1589. Nivelle.

15. — Plainte et requeste presentée à nostre tressainct, tresconstant, et tresvigilant Pere le Pape Sixte V, pour et au nom de l'église gallicane, miserablement tourmentée et affligée. Traduicte du latin de M. *René* BENOIST.|
     Paris 1590. Pierre Le Roy.

16. — La prinse de la ville et chasteau du Ponte-Audemer, au pays de Normandie, le 22.e jour du mois de novembre 1589. Par Monseigneur le duc d'Aumale.
     Paris 1589. Didier Milot.

17. — Arrest de la cour de Parlement, pour la convocation et assemblée generale des trois Estats de ce royaume assignée en la ville de Melun.
     Paris 1589. Charles du Souchet.

18. — L'heureuse victoire obtenue par Mgr. le Duc de Lorraine, sur les Reistres et Lansquenets ennemis, qui estoient ja advancez en la plaine de Strasbourg, pour venir joindre les trouppes du prince de Bearn.
     Paris 1594. Nivelle et Thierry.

Tom. II. — Contenant :

1. — La desconfiture des Huguenots en l'entreprinse qu'ils avaient dressé contre le chasteau de Dampmartin, le 6 janvier 1590.
    Paris 1590. Nic. Nivelle et Rolin Thierry.

2. — Le Pouvoir et Commission de Mgr. l'illustrissime et reverendissime cardinal Caietan, legat deputé par le S. Siege apostolique au royaume de France. En latin, et en françois.
    Paris 1590. Nic. Nivelle et Rolin Thierry.

3. — Les articles de la puissance donnée par nostre S. Pere à Mgr. l'illustrissime et reverendissime cardinal Caietan, legat de sa Saincteté au royaume de France. En latin, et en françois.
    Paris 1590. Nic. Nivelle et Rolin Thierry.

4. — Arrest de la cour de Parlement, par lequel est enjoint à toutes personnes de recognoistre le S. Siege et Legat apostolique, contre les pretendus arrests du soy disant Parlement de Tours.
    Paris 1590. Nic. Nivelle et R. Thierry.

5. — Discours veritable de la victoire obtenue par le Roy en la bataille donnée pres le village d'Eury, le mercredy quatorziesme jour de mars, mil cinq cens nonante.
    Tours 1590. Jamet Mettayer.

6. — Discours de ce qui s'est passé en l'armée du Roy, depuis la bataille donnée près d'Eury, le quatorziesme de mars, jusques au deuxiesme du mois de may, mil cinq cens nonante.

Tours 1590. Jamet Mettayer.

7. — Discours de ce qui s'est passé en l'armée du Roy, depuis son arrivée à Paris, jusques au neufiesme de juillet, 1590. Avec une lettre escripte par le Roy aux habitans de Paris.

Tours 1590. Jamet Mettayer.

8. — Discours de ce qui s'est passé en l'armée du Roy, depuis le vingt-troisiesme juillet, jusques au septiesme aoust, mil cinq cens nonante. Ensemble la coppie d'une lettre des Parisiens au Duc de Mayenne, et une de Madame de Mayenne à son Mary.

Tours 1590. Jamet Mettayer.

9. — Discours de ce qui s'est passé en la conference des deputez de Paris, avec le Roy, en l'abbaye S. Anthoine des Champs, le septiesme jour d'aoust, mil cinq cens nonante.

Tours 1590. Jamet Mettayer.

10. — Sommaire discours de ce qui est advenu en l'armée du Roy, depuis que le duc de Parme s'est joinct à celle des ennemis, jusques au xv de ce mois de septembre, pour servir d'instruction aux Gouverneurs et Lieutenans generaux des provinces : et en informer les bons et affectionnez serviteurs et subjets de sa Majesté.

Tours 1590. Jamet Mettayer.

11. — Memoire de ce qui est advenu en l'armée du Roy, depuis le quin-ziesme septembre jusques au quatriesme novembre, 1590.

Tours 1590. Jamet Mettayer.

12. — Discours sur la venue en France, progrez, et retraicte du duc de Parme, et des grands, haults, et genereux exploits d'armes par luy faits, pour le secours des Ligueurs rebelles du Roy.

Tours 1590. Jamet Mettayer.

13. — Memoire de ce qui est advenu en la retraitte et deslogement du Duc de Parme et de ses forces hors de France.

Tours 1590. Jamet Mettayer.

14. — Traitte duquel on peut apprendre en quel cas il est permis à l'homme chrestien de porter les armes, et par lequel il est respondu à *Pierre Charpentier*, tendant à fin d'empescher la paix, et nous laisser la guerre : par *Pierre* Fabre. Traduit du latin. 1576.

Tom III. — Contenant :

1. — La dispute d'un catholique de Paris, contre un politique de Tours.

Paris 1591. Rob. Nivelle et R. Thierry.

2. — Propos et devis en forme de dialogue, tenuz entre le Sire Claude

bourgeois de Paris, et le S.ᵣ d'O, servans d'instructions à ceux qui sortent de la ville de Paris, pour aller demeurer és ville du party contraire.

Paris 1591. Rolin Thierry.

3. — Des croix miraculeuses apparües en la ville de Bourges, le jour et l'endemain de la feste de l'Ascension, 1591.

Paris 1591. Guillaume Bichon.

4. — Discours veritables des traysons descouvertes de la ville de Lyon et de Montbrison en Forest, ensemble la prinse et execution qui en a esté faicte par le commandement de Mgr. le Marquis de Sainct-Sorlin, et M. le Marquis Dorfé, faict ce présent mois de fevrier, 1591.

Lyon 1591. Jehan Pilotthe.

5. — Lettre du S.ᵣ DE LAMET, gouverneur de Concy, contenant sa réunion au party catholique, escrite à un gentilhomme de la suitte du Roy de Navarre

Paris 1591. Rolin Thierry.

6. — La trahison descouverte en la ville de Ponthoise. Avec l'execution qu'on a fait des traistres, et la conversion de l'un d'iceux lequel estoit heretique.

Paris 1591. Rob. Nivelle et R. Thierry.

7. — Chant de l'estat de la France. (Par M.ᵉ BOUCHER, curé de St.-Benoist).
1591.

8. — Discours veritable de la delivrance miraculeuse de Mgr. le Duc de Guyse, nagueres captif au chasteau de Tours. Avec les particularitez faites en la reception dudit Seigneur en ladite ville de Bourges.

Paris 1591. R. Nivelle et R. Thierry.

9. — Congratulation et rejouyssance de la France et principalement de la catholique ville de Paris, sur la grande et miraculeuse delivrance de M. le Duc de Guyse, qui fut le jeudy quinziesme jour d'aoust jour et feste de l'Assumption de la glorieuse Vierge Marie.

Paris 1591. Jean Le Blanc.

10. — Le tumbeau de Messeigneurs les Cardinal et Duc de Guyse, avec plusieurs sonnets en forme de regrets et autres poesies sur le mesme subject. Plus une hymne de la Saincte Ligue des catholiques unis.

Paris 1591. G. Bichon.

11. — Troisiesme advertissement à la France, et principalement à la Cour, et à la grande ville de Paris, justement et divinement punies. Par M. *René* BENOIST, curé de S. Eustache de Paris.

Paris 1591. Guillaume de la Noüe.

12. — L'aveuglement et grande inconsideration des politiques, dicts Maheutres, lesquels veulent introduire Henry de Bourbon, jadis Roy

30.'

de Navarre, à la couronne de France , à cause de sa prétenduë suc
cession. Le tout divisé en deux parties. Par Fr. J. P. (*Jean* PIGENAT).
Paris 1592. R. Thierry.

13. — Discours veritable de la mort du S.ʳ de la Valette , tué au siege de
Roquebrunette en Provence. 1592. Avec une lettre du S.ʳ de RAME-
FORT au Roy de Navarre, où sont contenuz les particularitez de la-
dicte mort.
Paris 1592. J. Le Blanc.

14. — Defaite des Huguenots du pays de Champagne , par les trouppes du
Duc de Lorraine, conduites par le S.ʳ Affrican d'Amblize, lieutenant
de son Altesse. Avec le nombre des morts et prisonniers.
Paris 1592. Chaudiere et R. Thierry.

15. — Discours veritable de ce qui s'est fait et passé durant le siege de
Rouën: par T. G. R. (En vers).
Paris 1592. Bichon et R. Thierry.

16. — Defaite des Huguenots Albigeois devant la ville de Lautrech , par
Mgr. le Duc de Joyeuse. Avec le nom des chefs et principaux de
l'armée huguenotte , qui apres le combat ont esté trouvez morts ou
prins prisonniers.
Paris 1592. R. Thierry.

17. — Discours veritable de la defaite de l'armée des Princes de Conty et
de Dombes, le 25 may 1592. Par Mgr. le Duc de Mercueur devant
la ville de Craon, en Anjou.
Paris 1592. Guill. Bichon et R. Thierry.

18. — Lettre d'un gentil-homme de l'armée de Mgr. le Duc de Mercœur,
et de Peinthievre, pair de France, envoyée à un sien Amy. Laquelle
a esté apportée le 15 jour d'aoust par le S.ʳ du Vivier , gentilhomme
de Mgr. le Duc de Mercœur, lequel a assisté à la bataille.
Paris 1592. G. Chaudiere et R. Thierry.

19. — Antiphilologie ou contre-faconde du S.ʳ DE LA VALLETTRIE. Pour
responce à ung certain et plus eloquent que docte libelle à luy envoyé
par ung sien amy du party des heretiques, contenant tous les poincts
plus spirituels dont les catholiques leurs associez font triumphe d'ac-
cuser d'infidelité les catholiques unis et qui ne veullent pas recon-
gnoistre le Roy de Navarre pour leur Roy comme eux.
Paris 1592.

20. — Response à une lettre envoyée à Paris apres la prise des armes par
Monsieur Du Bouchaige.
Paris 1592. R. Nivelle et R. Thierry.

21. — Advis d'une notable assemblée de catholiques faicte en une capitale
ville de la France sur l'estat present des affaires , dont le discours et
délibération s'adressent soubs la parole d'un seul, à Mgr. le Duc de

Mayenne, et aux Princes, et autres bons catholiques du party de la Saincte Union de l'Eglise en cest Estat. Faict au partement dernier de Mgr. le Duc de Parme, et de present mis en lumiere. — 1593.

22. — Le doux et gracieux traictement des partisans du Roy de Navarre, à l'endroit des catholiques ; c'est-à-dire : le cruel assassinat, ou plus-tost, si j'ose dire : glorieux martyre de deux Jesuistes, commis par iceux en la ville d'Aubenas le 8 jour de fevrier de ceste année 1593. D'où l'on peut veoir aisément le dessein qu'ils ont d'exterminer la religion catholique.

Paris 1593. R. Nivelle et R. Thierry.

23. — La defaite des Turcs en Allemagne devant la ville de Sissik, le 22 de juin dernier, 1593. Avec le nombre des morts et prisonniers.

Paris 1593. R. Nivelle et R. Thierry.

24. — Songe, contenant une remonstrance de la France à tous les François des deux partiz. (En vers).

25. — Stances sur l'Union. Priere au S. Esprit faite le jour de la Pente-coste : pour les assemblées des Estats, de la conference. — Ode sur la trefve.

Tom. IV. — Contenant :

1. — Declaration faicte par Monseigneur le duc de Mayenne lieutenant general de l'Estat et Couronne de France, pour la reünion de tous les Catholiques de ce Royaume.

Paris 1593. F. Morel.

2. — Declaration du Roy contre la convocation faicte en la ville de Paris, par le Duc de Mayenne. (19 janvier).

Chartres 1593. Cottereau.

3. — Replique à la response envoyée sous le nom de M. le Duc de Mayenne, et autres Princes, Prelats, Sieurs, et autres personnes assemblez à Paris : sur la proposition à eux faicte de la part des Princes, Prelats, Officiers de la Courone, et principaux seigneurs catholiques, suivans le party du Roy de Navarre : à fin de parvenir au repos tant neces-saire à ce Royaume, pour la conservation de la Religion catholique et de l'Estat. Avec la response à la sudite Replique. (29 mars).

Paris 1593. Federic Morel.

4. — Proposition de MM. les Princes, Prelats, Officiers de la Courone, Seigneurs, Gentils-hommes et autres catholiques estans du party du Roy de Navarre : avec la response de Mgr. le Duc de Mayenne lieute-nant general de l'Estat royal et Courone de France, à MM. les Princes, Prelats, Seigneurs et Deputez des provinces, assemblez à Paris.

Paris 1593. Fed. Morel.

5. — Exortation et advis aux Princes, Seigneurs, Gentils-hommes catholicques de ce Royaume, de se reunir à l'Eglise catholique. Suivant la declaration de Mgr. le Duc de Mayenne.
Paris 1593. Guillaume Bichon.

6. — Acta in publicis trium Galliæ ordinum comitijs, Lutetiæ habitis, die sec. apr. an. sal. 1593.
Lutetiæ 1593. Apud Fed. Morellum.

7. — Advertissement à Messieurs les Deputez des Estats, assemblez en la ville de Paris, au mois de janvier, 1593.

8. — Lettre envoyée par Messieurs de la ville de Reims, à Nosseigneurs les Deputez des Estats de France assemblez en la ville de Paris pour l'eslection d'un Roy catholique. (26 mai).
Paris 1593. Rolin Thierry.

9. — Syllogismes en quatrains sur l'eslection d'un Roy.
Paris 1593. R. Nivelle.

10. — Resolution de MM. de la Faculté de theologie de Paris. Sur les articles à eux proposez par les catholiques habitans de la ville de Paris, touchant la paix ou capitulation avec l'heretique, et admission de Henry de Bourbon à la Couronne de France. Avec une lettre aux habitans catholiques des villes de France qui ont juré la saincte union.
Paris 1593. Rolin Thierry.

11. — Declaration de MM. les Princes, Pairs, Officiers de la Coronne, et Deputez aux Estats assemblez à Paris, sur la publication et observation du S. sacré Concile de Trente. Avec le serment desdits Seigneurs pour la defense de la Religion catholique, apostolique et romaine, et la continuation desdits Estats generaux.
Paris 1593. Federic Morel.

12. — Literæ illustr. et reverend. D. Cardinalis Placentini S. D. N. et sanctæ sedis apostol. in regno Franciæ de latere legati: ad universos ejusdem regni catholicos. Super conventu quorundam ecclesiasticorum ab Henrico Borbonio ad oppidum sancti Dionysij indicto.
Parisiis 1593. Apud Rolinum Thierry.

13. — Exhortation de Monseig. l'illustr. cardinal de Plaisance Legat de N. S. P. le Pape Clement VIII et du S. Siege apostolique, au Royaume de France. Aux catholiques du mesme Royaume qui suivent le party de l'Heretique.
Paris 1593. Nivelle.

14. — Illustr. ac reverend. D. Cardinalis Placentini, S. D. N. Papæ Clementis VIII et sanctæ sedis apost. in regno Franciæ de latere Legati, ad cath. qui in eodem regno ab Hæretici partibus stant, exhortatio.
Parisiis 1593. Rob. Nivelle et Rol. Thierry.

15. — Theologorum Parisiensium ad illustr. legati Placentini postulata, super propositione in libello quodam factionis Navarrenæ contenta, responsum. Quo dictæ propositionis censura continetur. Cum ejusdem censuræ assertione ac probatione.
Parisiis 1593. Rob. Nivelle et Rol. Thierry.

16. — Lettres-patentes de Mgr. le Duc de Mayenne lieutenant general de l'Estat et Couronne de France, portans defenses à tous gouverneurs, capitaines de villes, chasteaux, places, forteresses, maires, eschevins, et autres, de prendre et exiger les deniers des tailles, aides et gabelles, et autres destinez au payement des rentes duës à l'Hostel de Ville de Paris et gaiges d'Officiers. 18 mai 1593.

17. — Articles accordez pour la Tréve generale.
Paris 1593. Fed. Morel.

18. — Declaration de Mgr. le Duc de Mayenne, sur la surseance d'armes, et de toute hostilité, pour toutes personnes, és lieux y contenuz.
Paris 1593. Fed. Morel.

19. — Reglement que Mgr. le duc de Mayenne, lieutenant general de l'Estat et Couronne de France a ordonné estre observé en ceste ville de Paris, pendant la Tréve generale.
Paris 1593. Fed. Morel.

20. — Tableau des marchandises et denrées, desquelles le Roy de Navarre permet le commerce libre, pour estre conduites à Paris, et autres villes de l'Union, tant par eaüe que par terre: à la charge de payer les taxes et impositions, declarées en iceluy, selon la reduction de la moitié, faite sur le pied du precedent tableau, suyvant le traité de la Tréve generale resoluë à la Villette, le dernier jour de juillet 1593.
Paris 1593. F. Morel.

21. — Arrest donné au Palais de Paris, pour la loy salique, et le legitime heritier de la couronne. Contre les Espagnols, leur Infante et partisans.
Paris 1593.

22. — Discours de ce qui s'est passé le mecredy dernier de juin, 1593. Entre Mgr. le Duc de Mayenne, et M. le President le Maistre, mandé par ledict sieur Duc, sur l'arrest du Parlement de Paris.
Melun 1593.

23. — Discours de la dignité et precellence des fleurs de lys: et des armes des Roys de France. (Par GOSSELIN). Au Roy de France, et de Navarre Henry IIII de ce nom.
Melun 1593.

24. — Ceremonies observees en la conversion du Roy. Qui fut le dimanche xxv juillet, jour de Sainct Iaques et Sainct Christophle, en la grande eglese de Sainct Denys.
Melun 1593.

25. — Advis aux François, sur la declaration faicte par le Roy, en l'eglise S. Denys en France, le xxv.ᵉ jour de juillet 1593.

26. — Advertissement en forme d'epistre consolatoire et exhortatoire, envoyée à l'Eglise et parroisse insigne et sincerement catholicque de S. Eustache de Paris. Par R. Benoist leur pasteur curé.
S. Denys 1593. P. L'Huillier.

27. — Epistre envoyée par M. *Claude* de Morenne, curé de S. Mederic : aux catholiques de la ville de Paris.
S. Denys 1593. P. L'Huillier.

28. — *Cl.* de Morenne ecclesiæ D. Mederici parochus Jac. Juliano ecclesiæ S. Lupi et Egidii parocho. (1593).

29. — La dæmonologie de Sorbonne la nouvelle. 1593.

30. — Extraict du procez criminel fait à Pierre Barriere dit la Barre, natif d'Orleans. Accusé de l'horrible et execrable parricide et assassinat par luy entrepris et attenté contre la personne du Roy.
Tours 1593. Mettayer.

31. — Articles traictez et accordez en la conference des Deputez de l'un et l'autre party, tenuë à Milly, sur l'interprétation et execution d'aucuns articles de la Tréve.
Paris 1593. F. Morel.

32. — Traicté particulier, pour les vendanges des environs de Paris.
Paris 1593. F. Morel.

Tom. V. — Contenant :

1. — Discours de ce qui s'est passé à la prise de la ville de Paris.
Tours 1594. Mettayer.

2. — Acte public en forme de procez verbal, de la part de M. le Recteur de l'Université de Paris, et de Messieurs les doyen et docteurs de la Faculté de theologie, de .. decret et .. de medecine etc. Touchant l'obeissance par eux rendue, jurée et soubsignée et que tous cy après doivent garder au Roy de France et de Navarre Henry IIII, etc.
Paris 1594. Denis Du Pré.

3. — Ode au Roy, sur la réduction de sa ville de Paris, par *Nic.* Richelet
Paris 1594. Morel.

4. — Panegyric de Henry IIII, roy de France et de Navarre. Traduit en françois du latin prononcé le 17 may 1594, par H. de Monanthuril.
Paris 1594. F. Morel.

5. — Panegyrique. Au Roy Henry IIII. Par M. G. Joly.
Paris 1594. Mamert Patisson.

6. — Proposition de M. le Comte d'Apchier, aux Estats tenuz à Sainct Flour, l'onziesme may, 1594.
Paris 1594. Jean Le Blanc.

7. — Declaration de la ville de Riom, chef du duché d'Auvergne, et des habitans d'icelle en l'obeissance du Roy.
Paris 1594. Jamet Mettayer.

8. — Remonstrance sur la reduction de la ville de Mascon à l'obeyssance du Roy.
Paris 1594. Morel.

9. — Response par les Estats generaux des Pays Bas. Aux lettres de l'Archiduc Ernest d'Austriche et deputez de son Altesse. Sur l'ouverture et proposition de la paix.
Paris 1594. P. Hury.

10. — Responce d'un bourgeois de Paris un à escrit envoyé d'Amiens, par laquelle les calomnieuses predications de M. I. Boucher sont refutées, et les habitans d'Amiens admonestez de recognoistre leur souverain, et se ranger souz son obeissance.
Paris 1594. J. Mettayer.

11. — Resiouyssance sur la reduction de la vile d'Amiens fete au Roy Henri iiij de ce nom à present regnant.
Paris 1594. Est. Prevosteau.

12. — Panegyrique au Roy tres chrestien Henry IIII Roy de France et de Navarre; sur la reünion de ses villes et le rappatriement de ses peuples en son obeyssance. (Par I. D. C. d'Amiens).
Paris 1594. Le Roy,

13. — Remontrance faicte en la grand'Chambre à la publication des edict et declarations du Roy sur la reduction de la ville, et restablissement de son Parlement de Paris. (Par *Ant.* l'Oisel).
Paris 1596. L'Angelier.

14. — Apologie contre les jugemens temeraires de ceux qui ont pensé conserver la religion catholique, faisant assassiner les tres-chrestiens Roys de France. Par le R. P. *Seraphin* Banquy.
Paris 1596. Mettayer.

15. — Discours au Roy, pour le reiglement de l'infanterie françoise.
Paris 1596. V.e N. Roffet.

16. — Declaration des causes qui ont meu la Royne d'Angleterre à declarer la guerre au Roy d'Espagne. (Signée R. Essex, C. Howard),
Paris 1596. Monstr'œil.

17. — Remonstrance aux gentils-hommes casaniers. Pour les induire de de se rendre à l'armée au service du Roy.
Paris 1597. Mettayer.

18. — La juste plaincte et remonstrance faicte au Roy, et à Nosseigneurs de son conseil d'Estat, par le pauvre peuple de Daulphiné, touchant le departement, ou perequation des tailles, contre les pretendues

franchises, ou exemptions des nobles , et autres exempts , et privilegiez de ladicte province. Avecq' les deffenses desdicts Nobles. Et la responce du Tiers estat, et pauvre peuple, à icelles.(Par DE LA GRANGE)' Lyon 1597.

19. — Les requestes presentées au Roy, et à Nosseigneurs de son Conseil, et de l'assemblée, pour l'establissement des manufactures en ce Royaume, et ce qui en a esté ordonné. Et autre Requecte à tous les corps des communautez , et advertissement à un chacun d'y apporter tout le bien qu'ils verront y manquer pour le bien general, attendu que c'est le moyen de faire vivre les pauvres, et les empecher de mandier. (Par B. DE LAFFEMAS dit BEAU-SEMBLANT).
Paris 1597.

20. — Reiglement general pour dresser les manufactures en ce royaume , et couper le cours des draps de soye, et autres marchandises qui perdent et ruynent l'Estat. Avec l'extraict de l'advis que Messieurs de l'Assemblée tenue à Rouen ont baillé à sa Majesté , que l'entrée de toutes sortes de fil d'or et d'argent, et marchandises de soye et laines manufacturées hors ce royaume, soient deffendues en iceluy : et d'oster les imposts sur les laines et soyes escrues. Ensemble le moyen de faire les soyes par toute la France. (Par B. DE LAFFEMAS).
Paris 1597. Cl. de Monstr'œil.

21. — Vœu pour la prosperité du Roy, et du royaume. L'an mil cinq cens nonante sept. (Par *Ian* DE SERRES).
Paris 1597. Mettayer.

22. — Vœu et exhortation touchant la necessaire conservation de la personne du Roy tres chrestien Henri quatriesme. A la genereuse et belliqueuse Noblesse françoise estant à present au siege de la ville d'Amiens. Par M. R. BENOIST.
Paris 1597. Mettayer.

23. — Remonstrance à MM. de l'Assemblée tenue à Rouen , par le commandement du Roy au mois de novembre 1596. Par M. R. BENOIST.
Rouen (1596). Du Petit Val.

24. — Remonstrance et exhortation au Roy tres chrestien Henry IIII de faire chrestiennement , vertueusement , et constamment la guerre aux heretiques, et schismatiques, lesquels sont dangereusement divisez de l'eglise catholique, apostolique et romaine. Par R. BENOIST.
Paris 1596. Moreau.

25. — Remonstrance faicte aux habitans de Marseille , par G. D. V.
Paris 1597. Salis.

26. — Jubilæum SS.[mi] in Christo patris, et Domini nostri Domini Clementis, divina providentia Papæ octavi.
Parisiis 1596. J. Le Blanc.

27. — Jubilé et pardon general de pleniere indulgence de nostre S. Pere
le Pape Clement VIII de ce nom, pour impetrer l'aide de Dieu,
pour la paix entre les Roys et Princes chrestiens, et impetrer son
secours aux presentes necessitez de ce royaume de France, et de
toute l'Eglise catholique.
Paris 1597. J. Le Blanc,

28. — Jubilé ou indulgence de pleniere remission donné et octroié par
nostre S. Pere le Pape Clement huictiesme à present seant, à tous
les habitans du royaume de France.
Paris 1597. D. Binet.

29. — Bulla facultatis absolvendi hæreticos etiam relapsos. Litteræ in forma
brevis absolvendi presbyteros ad omnos sacros etiam presbyteratus
ordines malè promotos, nulla aut cum suspensione arbitrio ill. **D.**
Legati imponenda. Litteræ in forma brevis absolvendi symoniacos,
ac dispensandi eisdem etiam ad beneficia symoniacè obtenta.
Parisiis 1597. C. Monstr'œil.

30. — Declaration des justes causes qui ont meu la Royne d'Angleterre de
mettre sus une armée navalle pour envoyer vers l'Espagne.
Paris 1597. Jean Le Blanc.

31. — Discours sur la declaration de la guerre contre l'Espagnol.

32. — Advis à Messieurs tenans les Estatz à Morlaiz ceste année. 1597.

33. — Remonstrance au Roy contenant un bref discours des miseres de la
province de Bretagne, de la cause d'icelles, et du remede que sa
Majesté y a apporté par le moyen de la paix. Par P. B. A.
Paris 1598. Fr. Huby.

34. — Libre discours sur la delivrance de la Bretagne. 1598.

Tom. VI. — Contenant :

1. — N.° 18, tom. 4.

2. — Bref discours de la guerre esmeuë entre le Roy de France et le Duc
de Savoye, la source et cause d'icelle, avec un bref recueil de ce
qui s'y est passé de plus memorable iusques à present tant deçà que
delà les monts.
Grenoble 1593.

3. — L'Estat d'Espagne. Avec le proces verbal de l'hommage faict par
l'ayeul du Roy Philippes à present regnant, au tres chrestien Roy
de France Loys XII de ce nom, l'an 1499. — 1594.

4. — Edict et declaration du Roy, sur la reduction de la ville de Troyes,
soubs son obeyssance.
Troyes 1594. Jean Oudot.

5. — Harangue faitte au Roy, par M. DE FEDEAU au nom des Eglises reformées de France, avec la response de sa Majesté du 12 déc. 1593.
Imprimé nouvellement. 1594.

6. — Extraict des articles proposez et demandez à Rome, l'an 1595, à Jacques Davy, Sieur du Perron, et Arnauld d'Ossat, depuis Cardinaux, procureurs du Roy Henry IV lorsqu'ils demandèrent absolution au Pape Clement VIII pour ledit Roy Henry; mais non accordez par lesdicts procureurs.

7. — Facultates reverendissimo D. Alexandro Medices titulo sanctæ Praxedis, presbytero, Cardinali florentino nuncupato, ad Henricum IIII christianissimum Francorum et Navarrorum Regem, et ad Regnum Franciæ, apostolicæ sedis Legato a latere, per sanctissimum D. D. Clementem Papam VIII concessæ.
Lutetiæ 1596. Mamertus Patissonius.

8. — La deffaite des compagnies de cavalerie Espagnole suyvant la lettre du Roy: escrite à Mgr. le Duc d'Elbeuf.
Poictiers 1596. Aymé Mesnier.

9. — Discours veritable de la desfaite des Bourguignons, à Villefranche, ville frontiere de la province de Champagne, sur la riviere de Meuze: la nuict du dimanche au lundy 4 jour d'aoust, 1597. Avec le nombre des morts et prisonniers.
Paris 1597. Claude de Monstr'œil.

10. — La cause des guerres civiles de France. Au Roy tres-chrestien Roy de France et de Navarre, Henry IIII. (Par P. Constant).
Paris 1597. Federic Morel.

11. — L'Oracle de Sayoye. Contenant les predictions veritables faictes au Duc de Savoye, sur l'Estat de la France, au mois d'aoust de l'an mil six cens. Avec un discours notable sur ce subjet.
Paris 1600. Pierre Chevallier.

Tom. VII. — Contenant :

1. — N.° 4, tom. 4.

2. — Edict et declaration du Roy, sur la reduction de la ville de Paris, sous son obeissance.
Paris 1594. Mamert Patisson.

3. — Arrest de la Cour de Parlement, portant reglement dentre les jurez vendeurs et contrerolleurs de vins vendus en ceste ville de Paris d'une part, et les marchans de vin de ceste ditte ville, et consorts, d'autre. Avec defenses d'aller audevant desdits vins, et aux gens de mestier d'en faire trafic. (7 septembre 1599).
Paris 1599. F. Morel.

4. — Edict du Roy, sur la reduction des rentes qui se constitueront d'oresnavant à prix d'argent, au denier seize.
Paris 1602. J. Mettayer.

5. — L'umbre du mignon de fortune avec l'enfer des ombitieux mondains.

Sur les dernières conspirations, ou est traicté de la cheute de l'Hoste. Dédié au Roy. Par J. D. LAFFEMAS Sieur DE HUMONT.

Paris 1604. Pautonnier.

6. — Les plaintes de la captive Caliston, à l'invincible Aristarque. (Par DE COULLOMBY , de Caen). 1605.

7. — L'Harpocrate françois. Au Roy. 1605.

8. — La response de Maistre Guillaume au soldat françois. Faicte en la presence du Roy , à Fontainebleau. 1605.

9. — Trois discours extraicts des memoires de feu M. le Président BRISSON. Le premier , de l'ordre qui se gardoit entre les Romains és deliberations. Le second , des compilations de droict faictes depuis les loix des XII tables jusques à huy. Le troisiesme, du commencement de l'an entre les anciens peuples mieux policez.

Paris 1609. Jean Millot.

10. — Arrest de la Cour de Parlement contre le tres-meschant parricide François Ravaillac.

Paris 1610. Morel.

11. — Procez , examen, confessions et negations du meschant et execrable parricide Francois Ravaillac sur la mort de Henry le Grand , et ce qui l'a faict entreprendre ce malheureux acte.

Paris 1611. J. Richer.

12. — La mort de Henry le Grand descouverte à Naples en l'année 1608 par Pierre du Jardin , Sieur et capitaine de la Garde , natif de Rouen province de Normandie ; detenu és prisons de la conciergerie du Palais.

Paris 1619.

13. — Discours funebre sur la mort de Henry le Grand , Roy de France et de Navarre. Par Messire *Pierre* FENOLLIET.

Paris 1610. Rolin Thierry,

Louis XIII, le Juste, (1610-1643).

2649.—Historiarum Galliæ ab excessu Henrici IV libri XVIII. Quibus rerum per Gallos totâ Europâ gestarum accurata narratio continetur. Auctore *Gab. Barth.* GRAMONDO.

Amstelodami 1653. L. Elzevirius. 1 vol. in-8°.

2650.—Recueil de diverses pieces pour servir à l'histoire. (Par *Paul* HAY , Sieur DU CHASTELET).

1635. 1 vol. in-fol. Sans titre.

2651.—Diverses pieces pour la defense de la Royne mere du Roy tres chrestien Louis XIII. Faites et revues par Messire MATTHIEU DE MORGUES.
S. l. n. n. n. d. 1 vol. in-fol.

2652.—Même ouvrage. Autre édition, moins complète.
S. l. n. n. n. d. 1 vol. in-fol.

2653.—Même ouvrage. Dernière édition.
Anvers 1643. 1 vol. in-4°.

2654.—Histoire de la mère et du fils: c'est-à-dire de Marie de Médicis, femme du Grand Henry, et mère de Louis XIII. Contenant l'état des affaires politiques et ecclesiastiques arrivées en France depuis et compris l'an 1600 jusques à la fin de 1619. Par *François* EUDES DE MEZERAY.
Amsterdam 1731. Le Cène. 2 vol. in-12.
** — Mémoires de *Ph.* DE PONTCHARTRAIN. N.° 2347-16-17.
** — Consultez aussi les n.°ˢ 1175 à 1180.

2655.—Histoire du roy Louis XIII, composée par Messire *Charles* BERNARD.
Paris 1646. V.ᵉ Nic. de Sercy 1 vol. in-fol.

2656.—Histoire du règne de Louis XIII, roy de France, et des principaux évenemens arrivez pendant ce règne, dans tous les païs du monde. (Par *Jacques* LE COINTE).
Paris 1716. Montalant. 5 vol. in-12. Le tome 3 manque.

2657.—Recueil de pièces concernant l'histoire de Louis XIII, depuis l'an 1610 jusqu'en l'année 1643. (Par J. LE COINTE).
Paris 1716-1717. Montalant. 4 vol. in-12.

2658.—Histoire de Louis XIII, roi de France et de Navarre, contenant les choses les plus remarquables arrivées en France et en Europe, durant la minorité de ce Prince, jusqu'à la mort du Roi. Par M. *Michel* LE VASSOR.
Amsterdam 1757. Lib. associés. 7 vol. in-4°.

2659.—Même ouvrage.
Amsterdam 1750-51. Z. Chatelain. 18 vol. in-12.

2660.—Histoire de la vie de Louis XIII, roi de France et de Navarre. Par M. DE BURY.
Paris 1768. Saillant. 4 vol. in-12.

2661.—Les triomphes de Louis le Juste XIII du nom, contenant les plus grandes actions où sa Majesté s'est trouvée en personne, représentées en figures ænigmatiques exposées par un poëme heroïque de *Charles* BEYS, et accompagnées de vers françois soubs chaque figure, composez par P. DE CORNEILLE. Avec les portraits des rois, princes et generaux d'armées qui ont assisté ou servy ce belliqueux Louis le Juste combattant; et leurs devises et expositions en forme d'éloges par *Henri* ESTIENNE. — Ensemble le plan des villes, sieges et batailles avec un abregé de la vie de ce grand monarque, par *René* BARRY. Le tout traduit en latin par le R. P. NICOLAI. Ouvrage entrepris et fini par *Jean* VALDOR, Liegeois.

Paris 1649. Ant. Estienne. 1 vol. in-fol.

2662.—Histoire de France sous Louis XIII par M. A. BAZIN.

Paris 1838. Chamerot. 4 en 2 vol. in-8º.

** — Mémoires de *Gaston* D'ORLÉANS. N.º 2347-31.
** — Mémoires de *Henri* DE CAMPION. N.º 2347-51.
** — Mémoires de FONTENAY-MAREUIL. N.º 2346-50-51.
** — Correspondance de H. DE SOURDIS. N.º 2352-8.

2663.—Mémoires du Duc de ROHAN, sur les choses advenuës en France depuis la mort de Henry le Grand jusques à la Paix faite avec les Reformez au mois de juin 1629. Augmentés d'un 4.e livre, et de divers discours politiques du mesme auteur cy-devant non imprimez. Ensemble le Voyage du mesme auteur, fait en Italie, en Allemagne, Païs-bas-Uni, Angleterre, et Escosse. Fait en l'an 1600. (Publiés par *Samuel* SORBIÈRE).

Veritable discours de ce qui s'est passé en l'assemblée politique des eglises reformées de France, tenuë à Saumur par la permission du Roy. L'an 1611. Servans de supplément aux Memoires du Duc de Rohan.

Paris sur l'imp. à Leyde 1661. L. Elzevier. 2 en 1 v. in-12.

2664.—Mémoires et lettres de *Henri* duc de ROHAN, sur la guerre

de la Valteline. Publiés pour la première fois, et accompagnées de notes géographiques, historiques et généalogiques. Par M. le Baron de ZUR-LAUBEN.
Paris-Genève 1758. Vincent. 3 vol. in-12. Port.

2665.—Les historiettes de TALLEMANT DES RÉAUX. Mémoires pour servir à l'histoire du XVII.e siècle, publiés sur le manuscrit inédit et autographe; avec des éclaircissements et des notes, par MM. MONMERQUÉ, DE CHATEAUGIRON et TASCHEREAU.
Paris 1834-1835. Levavasseur. 6 vol. in-8°.

2666.—Notice sur Tallemant des Réaux, sur sa famille et sur ses mémoires, par M. MONMERQUÉ; et table analytique des matières renfermées dans ses historiettes.
Paris 1836. Levavasseur. 1 vol. in-8°.

2667.—Mémoires de M. DEAGEANT, envoyez à Monsieur le Cardinal de Richelieu. Contenans plusieurs choses particulieres et remarquables arrivées depuis les dernieres années du Roy Henry IV jusques au commencement du ministere de M. le Cardinal de Richelieu. (Publ. par *Ad.* ROUX DE MORGES).
Grenoble 1668. Charvys. 1 vol. in-12.

2668.—Journal de M. le Cardinal duc de RICHELIEU, qu'il a fait durant le grand orage de la Cour, ès années 1650 et 1631. Tiré des mémoires écrits de sa main. Avec diverses autres pieces remarquables, concernant les affaires arrivées de son temps.
Paris 1652. 2 vol. in-12.

2669.—Même ouvrage.
Amsterdam 1664. Wolfgank. 2 vol. in-12.

2670.—Memoires du Cardinal de RICHELIEU. Contenant tout ce qui s'est passé à la Cour, pendant son administration. Ensemble les proces de M. le mareschal de Marillac, de Montmorency, de Sainct Preüil, de Cinq-Mars et de Thou. Avec plusieurs autres pieces que l'on a trouvées apres sa mort, ecrites de sa main.
Goude 1650. 1 vol. in-12.

** — Lettres et papiers d'Etat du Cardinal de RICHELIEU. N.° 2352-13.

2671.—Histoire du ministère d'Armand Jean du Plessis cardinal duc de Richelieu, sous le régne de Louis le Juste, XIII du nom. Avec des réflexions politiques, et diverses lettres, contenant les négociations des affaires de Piedmont et du Montferrat. (Par *Ch.* VIALART, dit DE SAINT-PAUL).
Paris 1650. G. Alliot. 1 vol. in-fol. Port.

2672.—Même ouvrage.
Paris 1658. G. Alliot. 1 vol. in-fol. Port.

2673.—Même ouvrage.
Paris 1650. 2 vol. in-12.

2674.—Même ouvrage.
Amsterdam 1664. Wolfganck. 2 vol. in-12.

2675.—Mémoires pour l'histoire du Cardinal duc de Richelieu. Recueillis par le Sieur AUBERY.
Cologne 1667. Marteau. 7 vol. in-12.

2676.—Paralléle du Cardinal Ximenès premier ministre d'Espagne, et du Cardinal de Richelieu premier ministre de France. Par M. l'*Abbé* RICHARD.
Trevoux. Paris 1704. J. Boudot. 1 vol. in-12.

2677.—Mémoires de Monsieur de MONTRESOR. Diverses pièces durant le ministère du Cardinal de Richelieu. Relation de Monsieur de FONTRAILLES. Affaires de Messieurs le Comte de Soissons, Ducs de Guise et de Boüillon, etc.
Cologne 1663-65. Sambix. 2 vol. in-12.

＊＊ — Mémoires de *Louise* BOURGEOIS. N.º 2346-49.

＊＊ — Mémoires de J. GILLOT. N.º 2346-49.

＊＊ — Ludovico XIII sacra Rhemensia *Fr.* GARASSI. *Bell.-Lett.* 1391.

＊＊ — La Nymphe remoise au Roy. *Belles-Lettres.* 1611-2.

2678.—Prosopopée historique, et Alitographie du bon-heur de la France: ou tableau sacré des incomparables vertus de la Royne regente. Dedans lequel est traitté de son depart de Florence, et de ce qui s'est passé en nostre Royaume jusques à present. Par *Fr.* DE MENANTEL, sieur de S. DENIS.
Paris 1612. Bourriquant. 1 vol. in-8º.

2679.—Ælius Sejanus. Histoire romaine, recueillie de divers autheurs. (Par *Pierre* MATTHIEU). 4.ᵉ édit.
Rouen 1620. Jacq. Besongne. 1 vol. in-12.

31.

Histoire des prosperitez malheureuses, d'une femme ca-
thenoise, grande Seneschalle de Naples. En suite de Ælius
Seianus. Par P. Matthieu.

Rouen 1620. C. Pitresson. in-12.

Remarques d'estat et d'histoires, sur la vie et les services,
de M. de Villeroy. Par P. Matthieu.

Rouen 1620. C. Pitresson. in-12.

** — Les aventures du Baron de Fœneste, par d'Aubigné. *Bel.-Lett.* 2586.

** — Tableau votif offert à Dieu pour le Roi Louis XIII sur ses guerres
et victoires gagnées. Par L. Richeome. — *Belles-Lettres.* 975.

2680.—Recueil des pieces les plus curieuses qui ont esté faites
pendant le regne du connestable M. de Luyne. 2.e édit.

1624. 1 vol. in-8°.

2681.— Le soleil au signe du Lyon. D'ou quelques paralleles sont
tirez, avec le tres-chrestien, tres-juste et tres-victorieux
monarque Louis XIII, Roy de France et de Navarre, en
son entrée triomphante dans sa ville de Lyon. Ensemble
un sommaire recit de ce qui s'est passé de remarquable
en ladite entrée de sa Majesté, et de la plus illustre Princesse de la terre, Anne d'Autriche, Royne de France et
de Navarre, dans ladite ville de Lyon le 11 dec. 1622.

Lyon 1623. Jullieron. 1 vol. in-fol. Pl.

Reception de tres-chrestien, tres-juste, et tres-victorieux
monarque Louys XIII, roy de France et de Navarre,
premier comte et chanoine de l'eglise de Lyon : et de tres
chrestienne, tres auguste, et tres vertueuse Royne Anne
d'Austriche : par Messieurs les doyen, chanoines et comtes
de Lyon, en leur cloistre et eglise, le 11 decembre 1622.

Lyon 1623. Roussin. in-fol. Pl.

2682.—Historia prostratæ à Ludovico XIII sectariorum in Gallia
rebellionis. Authore *Gabr. Bartholomœo* Gramoundo.

Tolosæ 1623. Bosc. 1 vol. in-4°.

** — *Abrahami* Remmii Borbonias, et Heroica.— *Bell. -Lett.* 1433-1434.

2683.—Ambassade du mareschal de Bassompierre en Suisse l'an
1625. — Ambassade en Espagne, l'an 1621.

Cologne 1668. P. du Marteau. 2 vol. in-12.

Negociation du mareschal de Bassompierre envoyé ambassadeur extraordinaire, en Angleterre de la part du Roy tres-chrestien, l'an 1626.
Cologne 1668. P. du Marteau. in-12.

2684.—Relation de la descente des Anglois en l'isle de Ré : du siege mis par eux au fort ou citadelle de sainct Martin : et de tout ce qui s'est passé de jour en jour, tant dedans que dehors, pour l'attaque, defense, et secours de ladite place. (Par *Michel* DE MARILLAC).
Paris 1628. Edme Martin. 1 vol. in-8°.

2685.—Arcis Sam-martinianæ obsidio et fuga Anglorum à Rea insula. Scriptore *Jacobo* ISNARD.
Parisiis 1629. Ed. Martinus. 1 vol. in-4.° Pl.

2686.—Capta Rupecula, Cracina servata, auspiciis, ac ductu christianissimi regis, et herois invictissimi, Ludovici XIII: descripta utraque, ab P. *Philiberto* MONETO.
Lugduni 1630. Pillehotte. 1 vol. in-8°.

** — Expeditio Rupellana. Authore *Ab.* SAMMARTUANO. *Bell.-Lett.* 895.
** — Panegyricus Ludovico XIII, pro triumphata Rupella. *Ibid.* 906-5.
** — Ludovico XIII triumphus de Rupella capta. *Ibid.* 1343.
** — La chasse aux Anglois en l'ile de Rez, par M. LESCARBOT. *Ib.* 1611-4.
** — Les triomphes de Louis le Juste, par LE MOINE. *Ibid.* 1699.
** — Panegyrici Flexienses Ludovico XIII. *Ibid.* 897.

2687.—Journal des choses plus memorables, qui ce sont passées au dernier siege de la Rochelle. Par *Pierre* MERVAULT.
S. n. n. l. n. d. (La Rochelle 1644). 1 vol. in-8°.

2688.—Recueil de pièces relatives au siège de La Rochelle.
1 vol. in-8°. Contenant :

1. — La publication de la paix envoyée par le Roy en la ville de la Rochelle, le 11 novembre 1622. Avec la reduction et submission du corps de la ville, et habitans d'icelle. Ensemble la publication d'icelle en l'armée de Mgr. le Comte de Soissons et armée navalle.
Paris 1622. Mondiere.

2. — L'arrivée de la grande et puissante armée navalle du Roy, pour le bloquement de la Rochelle. Ensemble la teneur de l'édit du Roy donné à Niort contre ceux qui ont suivy les trouppes du Sieur de Soubize.
Paris 1622. Alexandre.

31.

3. — Lettre des Maires et Eschevins de la Rochelle à Mgr. le Duc de Montmorency, admiral de France. Avec la responce dudit Seigneur.
   Paris 1625. Adrian Bacot.

4. — La defaite entiere des Anglois et leur honteuse fuite et retraicte de l'isle de Ré, par l'armée du Roy, commandée par Monsieur le Mareschal de Schomberg, de laquelle M. de Marillac estoit mareschal de camp, où il a été tué quinze cens anglois, quatre cens prisonniers, outre lesquels le Milor Mont-Joye a esté pris, et plusieurs autres prisonniers de qualité. Ensemble le bruslement de 3 vaisseaux, et la prise de 20 drapeaux et quatre pieces de canon. — Ces nouvelles apportées aux Roynes, par le Sieur de Bellingant.
   Paris 1627. Brunet.

5. — Menipée de Francion, ou response au manifeste anglois.
   Paris 1627. Jean Bessin.

6. — La descente du regiment des gardes du Roy, et celuy du Sieur de Beaumont, en l'isle de Ré.
   Paris 1627. Jean Martin.

7. — Le vray journal de tout ce qui s'est passé dans l'isle de Ré, depuis la descente des Anglois, jusques à leur rembarquement. 1627.

8. — Lettre du Duc de BOUQUINCAN envoyée à M. de Toyras. Avec la response dudit Sieur DE TOYRAS.
   Paris 1627. Jean Fusy.

9. — La descente de la flotte d'Espagne, joincte à l'armée navalle du Roy, commandée par M. le Duc de Guise. Ensemble les nouveaux retranchemens, faits au camp royal. Avec le destournement des eaux douces, qui allaient dans la Rochelle.
   Paris 1627. Jean Barbote.

10. — La generale et fidelle relation de tout ce qui s'est passé en l'isle de Ré. Envoyée par le Roy à la Royne sa mere.
    Paris 1627. Toussainct du Bray.

11. — La retraite generale de l'armée angloise. Avec les submissions du Duc de Bouquingan faictes à sa Majesté et la délivrance des prisonniers de part et d'autre.
    Paris 1627. Jean Brunet.

12. — La honteuse fuite de l'armée navalle du Duc de Bouquingham, par M. DE THORAX. Avec les furieux combats, escarmouches et rencontres faites par ledit S.ʳ de Thorax, et l'armée navalle des Anglois.
    Paris 1627. Suivant la copie imprim. à Sainctes par J. Bichon.

13 — Recit veritable touchant l'estat present de l'isle de Ré, et arrivée des flottes d'Espagne et de Dunquerque. Ensemble une lettre faisant recit de la défaite et honteuse mort du frere de Bouquingan, de cinq Capitaines anglois, et grand nombre de soldats.
   Paris 1627. Jean Brunet.

14. — Relation veritable de tout ce qui s'est passé dans la Rochelle, tant devant qu'apres que le Roy y a fait son entrée, le jour de la Toussaincts. La harangue et la submission des Maire et habitans de ladite ville, avec la response que leur fit le Roy. L'ordre qui fut gardé pour les conduire à sa Majesté, et autres particularitez.
Paris 1628. Antoine Vitray.

15. — Le chariot triomphant du Roy, à son retour de la Rochelle dans sa ville de Paris. (Par DE MALLEVAUD?)
Paris 1628. Guillemot.

16. — Articles accordez par le Roy à ses subjets de la ville de la Rochelle.
Paris 1628. Mettayer.

17. — Declaration du Roy, sur la reduction de la ville de la Rochelle en son obeyssance. Contenant l'ordre et police que sa Majesté veut y estre establie.
Paris 1629. Nic. Callemont.

18. — Bref de N. S. Pere le Pape au Roy. Sur la prise de la Rochelle. Avec la traduction en françois.
Paris 1629. Edme Martin.

19. — Recit tres veritable des actions, de graces et rejouissances publiques faites à Rome pour la reduction de la Rochelle.
Paris 1629. N. Touzart.

2689.—Le triomphe de la piété. A la gloire des armes du Roy, et l'amiable reduction des ames errantes. Par le R. P. *Nicolas* CAUSSIN.
Paris 1629. Seb. Chappelet. 1 vol. in-8°.

2690.—Recueil de diverses relations des guerres d'Italie, ès années 1629, 1630 et 1631.
Bourg en Bresse 1632. Jean Bristot. 1 vol. in-4°.

** — Casallum bis liberatum. Authore P. BERTAULT. *Bell.-Lett.* 1355.

2691.—La defense du Roy et de ses ministres. Contre le manifeste, que sous le nom de Monsieur on fait courre parmy le peuple. Par le Sieur DES MONTAGNES. (*Jean* SIRMOND).
Paris 1631. Est. Richer. 1 vol. in-8°.

2692.—Response au libelle intitulé tres-humble, tres-veritable, et tres-importante Remonstrance au Roy. (Par *Achille* DE HARLAY, Sieur DE SANCY).
S. n. n. l. 1632. 1 vol. in-4°.

2693.— Les entretiens des Champs Elizées. (Par *Paul* HAY, sieur DU CHASTELET).

S. n. n. l. **1631. 1 vol. in-8°.**

2694.— La recherche des droicts du Roy, et de la Couronne de France : sur les royaumes, duchez, comtez, villes et païs occupez par les Princes estrangers : appartenans aux rois tres-chrestiens par conquestes, successions, achapts, donations et autres titres legitimes. Ensemble leurs droicts sur l'Empire, et des devoirs et homages deubs à leur couronne, etc. Par M. *Jacques* DE CASSAN.

Paris **1632. Pommeray. 2 vol. en l in-4°.**

2695.— Considerations politiques pour entreprendre la guerre contre l'Espagne ; traduites de l'anglois de Messire *François* BACON. Par le sieur MAUGARS.

Paris **1634. Seb. Cramoisy. 1 vol. in-4°.**

2696.— L'homme du Pape et du Roy, ou reparties veritables, sur les imputations calomnieuses d'un libelle diffamatoire, semé contre sa Saincteté, et contre sa Majesté tres-chrestienne, par les ennemis couverts du sainct Siege, et de la France. (Par *Romule* COURTEGUERRE).

Bruxelles **1635. 1 vol. in-8°.**

** — Palmæ regiæ invictissimo Ludovico XIII à præcipuis nostri ævi poetis in trophæum erectæ. *Belles-Lettres.* 1340.

2697.— ALEXANDRI PATRICII *Armacani*, theologi, (*Cornelii* JANSENII) Mars gallicus, seu de justitia armorum, et fœderum regis Galliæ, libri duo. 2.ª edit.

S. n. n. l. **1636. 1 vol. in-4°.**

2698.— Le Mars françois ou la guerre de France, en laquelle sont examinées les raisons de la justice pretendue des armes, et des alliances du roi de France. Mises au jour par ALEXANDRE PATRICIUS *Armacanus*, theologien ; et traduites de la 3.ᵉ édit. par C. H. D. P. D. E. T. B. (*Charles* HERSENT).

S. n. n. l. **1637. 1 vol. in-8°.**

** — Obsidio Corbeiensis, ab *Ant.* DE VILLE. — Voyez *Hist. locale.*

** — *Julii* CHIFFLETII Audomarum obsessum. *Ibid.*

2699.— Les veritez françoises opposées aux calomnies espagnoles, ou refutation des impostures contenuës en la declaration imprimée à Bruxelles sous le nom du Cardinal Infant. Par un gentil-homme de Picardie. (DE BINVILLE).
Paris 1643. 1 vol. in-4°.

2700.— Vindiciæ Gallicæ, adversus Alexandrum Patricium Armacanum, theologum. (Auctore *Daniele* DE PRIEZAC).
Parisiis 1638. 1 vol. in-16.

2701.— Hiatus Jacobi Cassani obstructus. Ubi immensa illius totam Europam scriptione devorantis ambitio nullo jure niti demonstratur : ditiones Belgicæ juri regis catholici asseruntur : fœderum regiorum vis atque virtus comprobatur : hodierni denique belli Hispano-Gallo-Belgici justitia ostenditur. Quibus illapsa est disceptatio de pace Pragensi MDCXXXV adversus Deplorationem Justi Asterii : accessitque caput posthumum super Vindiciis Gallicis. Auctore *Francisco* ZYPAEO J. C. (Fr. VAN DEN ZIIPE).
Antuerpiæ 1639. Verdussius. 1 vol. in-12.

2702.— Le soldat piemontois, racontant du camp devant Turin, ce qui s'est passé en la campagne d'Italie de l'année mille six cens quarante. (Par *Michel* BAUDIER).
Paris 1641. P. Rocolet. 1 vol. in-8°.

2703.— Testament politique d'*Armand* DU PLESSIS Cardinal, duc de RICHELIEU, premier ministre de Louis XIII. Dern. éd.
Amsterdam 1688. H. Desbordes. 1 vol. in-12.

2704— Testament politique d'*Armand* DU PLESSIS Cardinal duc de RICHELIEU. 3.ᵉ partie.
Amsterdam 1689. H. Desbordes. 1 vol. in-12.

** — Oraisons funèbres de Louis XIII. — *Belles-Lettres.* 940-952.

2705.— Recueil de pièces relatives au règne de Louis XIII.
6 vol. in-8°. — Tom. I.ᵉʳ contenant :

1. — Le carousel des pompes et magnificences faites en faveur du mariage du tres-chrestien Roy Louis XIII. Avec Anne infante d'Espagne, le jeudy, vendredy, samedy, 5, 6, 7 d'avril, 1612, en la place royalle à Paris. Par tous les Princes et Seigneurs de France, avec leurs noms.
Paris 1612. L. Mignot.

4. — Lettre du bon Francios. A Monsieur le Prince. — 1615.

5. — Lettre justificative d'un Deputé de Grenoble à M. le Prince. (Signée *Jacques* surveillant de Grenoble). — 1615.

6. — La deffaicte des troupes de M. le Prince de Condé, faicte entre Melle et S. Maixent, par les Sieurs de la Salle, du Bourg, et de Fourilles, capitaines des gardes de S. M. Le lundy dernier de novembre.
   Paris 1615. Anthoine Du Brueil.

7. — Lettre de M. DE LORRAINE envoyée au Duc de Mayenne.
   Paris 1615. Pierre des Hayes.

8. — Discours sur l'expres commandement que sa Majesté a faict à tous les Gouverneurs des villes et provinces de son royaume, pendant son voyage en Guyenne.
   Paris 1615. Antboine Du Brueil.

9. — De l'authorité royale. — 1615

10. — La protestation du Mareschal de BOUILLON, faicte en presence de M. le Prince de Condé, et de tous les chefs de son armée.
    Paris 1615. Anth. Du Brueil.

11. — Lettre du Roy, envoyée à M. le premier President (de Verdun), sur l'accomplissement et consommation des mariages de la sœur du Roy avec le prince d'Espagne : ensemble les feux de joye faits en suitte d'iceux en la ville de Bordeaux.
    Paris 1615. Moreau.

12. — Discours veritable, de ce qui s'est passé à Bordeaux, sur les fiançailles et espousailles de Madame sœur du Roy avec le Prince juré d'Espagne.
    Paris 1615. Bourriquant.

13. — La sortie du Roy de sa ville de Bordeaux, pour retourner à Paris. Ensemble le nombre des Seigneurs, Chefs, Capitaines et gens de guerre, qui l'assistent au retour de son voyage de Guyenne.
    Paris 1615. Du Brueil.

14. — Declaration du Roy, sur la prise des armes par aucuns de ses sujects, de la Religion pretendue reformée : portant nouvelle confirmation des edicts et declarations cy-devant faictes en faveur de ceux de la-dicte Religion. Avec l'arrest de la Cour de Parlement.
    Paris 1615. Morel.

15. — La proposition faicte à la noblesse françoise du party de M. le Prince de Condé estant dans Chasteau-thierry. Par un fidelle serviteur du Roy, par eux pris à rançon.
    Paris 1615. Du Brueil.

16. — Le sire Benoist ferreur d'Esguillettes. — 1615.

17. — Lettre envoyée au Roy, par les quatre principaux ministres de la religion pretenduë reformée du pays de Languedoc.

Paris 1615. Bourriquant.

18. — Advis aux gens de bien. — 1615.

19. — Sesanus françois , au Roy. — 1615.

20. — Extraict de l'inventaire qui c'est trouvé dans les coffres de M. le Chevallier de Guise par madamoiselle d'Antraige et mis en lumiere par M. de Bassompierre. Avec un brief cattalogue de toutes les choses passées par plusieurs seigneurs et dames de la court, le tout recherché et escript de la main dudict deffunct et presenté aux amateurs de la vertu. — 1615.

21. — Lettre envoyée par M. le Mareschal de Bois-Daupuin , à M. de Liancourt gouverneur de Paris. Sur la deffaite de l'advangarde de M. le Prince, faicte par M. de Praslin.

Paris 1615. Moreau.

22. — Coppie de la lettre de nostre Sainct Pere le Pape, envoyée à Mgr. le Prince de Condé, en responce de celle que ledit sieur Prince avoit escripte à sa sainctelé pour luy faire trouver bonnes ses armes.

Paris 1615. Milot.

23. — Les privileges donnez par le Roy aux Bourgeois de Paris, en faveur des bons services par eux faicts à sa Majesté.

Paris 1615. Ant. Du Brueil.

24. — Lettre de M. le Comte de Sainct Paul, à M. le Prince de Condé.

Paris 1615. Bourriquant.

25. — La deffaicte des Reistres, et autres troupes de Monsieur le Prince de Condé. Faicte par Mgr. le Duc de Guise , devant la ville de Saincte Foy , assiegée par les troupes dudict sieur Prince.

Paris 1615. Du Brueil.

26. — La révolte du pays de Gascogne, contre le duc de Rohan et ses alliez. Extraict d'une lettre escrite le sixiesme de decembre, par un gentilhomme de Pamiers, à un sien amy dans Paris.

Paris 1615. Du Brueil.

27. — Conclusion de la derniere assembleé faicte par ceux de la religion prétenduë reformée dans la ville de Montauban, au pays de Quercy. Par M. C. D. Tullois, advocat au Parlement.

Paris 1615. Bourriquant.

28. — Lettre de M. le Marquis de Bonnivet escrite au Roy. — 1615.

29. — Exhortation aux soldats françois, pour la paix. Par P. Prevost.

Paris 1615. Bourriquant

30. — Le Catholique christianizé. — 1615.

31. — Les souspirs du bon François. Sur les miseres de ce temps.

Paris 1615. Buray.

d'Or, l'année 1598. Pour remarque notable, sur la naissance, baptesme, voyage, et arrestement de Mgr. le Prince de Condé. — 1616.

8. — Discours de la réception faicte par sa Majesté à la bien-venuë de Messieurs les Ducs, de Mayenne, et de Boüillon. Arrivez à Paris le vendredy vingtiesme de mai 1616.
Paris 1616. Du Brueil.

9. — La response du Roy aux trois articles, sur l'article du Tiers Estat. — 1616.

10. — L'ordre, tenu en la déclaration du Roy, sur la detention de la personne de Monsieur le Prince.
Paris 1616. Ab. Saugrain.

11. — Articles arrestez entre Monsieur le Prince, et l'Assemblée generale de Nisme, 1615. — 1616.

12. — Lettre de l'Evesque de Riez, au Roy, contenant les actions et propos de Mgr. de Guyse, depuis sa blessure jusqu'à son trespas.
Paris 1616. Alexandre.

13. — Articles presentez au Roy par Messieurs les Princes et Seigneurs estans assemblez à Loudun. — 1616.

14. — Declaration du Roy, sur l'arrest fait de la personne de Mgr. le Prince de Condé, et sur l'eslongnement des autres Princes, Seigneurs et Gentils-hommes. Publié en Parlement le Roy y seant le 7 sept. 1616.
Paris 1616. Morel et Mettayer.

15. — Arrest de la Cour de Parlement contre les capitaines, soldats et autres gens de guerre, qui commettent extortions, voyes de faict et violences, leur faisant deffences d'approcher plus près de la ville de Paris que de six lieuës.
Paris 1616. Morel et Mettayer.

16. — Ordonnance du Roy pour la pacification des troubles de son royaume. Leu et publié par les carrefours de la ville de Paris le 6 may 1616.
Paris 1616. Morel et Mettayer.

17. — Declaration du Roy, sur ce qui s'est passé en sa ville de Peronne. Publiée en Parlement le 25 octobre mil six cens seize.
Paris 1616. Morel et Mettayer.

18. — Le Courier general de la paix. Arrivé à Paris le 22 de decembre 1615.
Paris 1616. Bourriquant.

19. — Veritable discours de Mgr. le Duc DESPERNON, des raisons qui l'ont émeu à prendre les armes, pour faire recognoistre l'authorité du Roy, en son gouvernement de Xaintonge, et Aulnix.
Paris 1616. Mesnier.

20. — Responces de Messieurs les Deputez de Grenoble. Adressees à M. le Mareschal d'Esdigueres, et autres de ladite Assemblees. — 1616.

21. — Lettres patentes du Roy sur sa declaration du 6 septembre 1616. Verifiée en Parlement le 25 octobre 1616.
Paris 1616. Morel et Mettayer.

22. — Lettre envoyée au Roy par M. le duc DE NEVERS. Sur l'arrest faict de la personne de M. le Prince.
Paris 1616. Mettayer.

23. — Edict du Roy pour la pacification des troubles de son Royaume. Verifié en parlement le 13 juin, 1616.
Paris 1616. Morel et Mettayer.

24. — Ordonnance du Roy portant suspension d'armes et de toutes actions militaires par tout son Royaume, pays et terres de son obeyssance, durant le temps de la trefve.
Paris 1616. Morel et Mettayer.

25. — Discours veritable des particularitez qui se sont passées en la reduction de la ville de Marseille, en l'obeïssance du Roy.
Avignon 1616.

26. — Ordonnance portant commandement à touts vagabonds et gens sans adveu, de vuider la ville de Paris, sur peine des galleres.
Paris 1616. Mettayer.

Tom. IV. — Contenant :

1. — Declaration du Roy en faveur des Princes, Ducs, Pairs, Officiers de la Couronne, Seigneurs, Gentils-hommes et autres qui s'estoient eloignez de S. M. Publiée en Parlement le 12 may, 1617.
Paris 1617. Fed. Morel et P. Mettayer.

2. — Arrest de la Cour de Parlement, contre le Mareschal d'Ancre et sa femme. Prononcé et exécuté à Paris le 8 juillet 1617.
Paris 1617. Fed. Morel et P. Mettayer.

3. — Lettre de M. le DUC DE MAYENNE, au Roy. Avec la response à icelle par sa Majesté.
Paris 1617. Morel et Mettayer.

4. — Arrest de la Cour de Parlement pour la reünion au domaine du Roy, confiscation et vente des biens des Ducs de Nevers, de Vendosme, de Mayenne, Mareschal de Buillon, Marquis de Cœuvre, President Le Jay, et leurs adherans.
Paris 1617. Morel et Mettayer.

5. — Recit veritable de ce qui s'est passé au Louvre depuis le 24 avril, jusques au depart de la Royne mere du Roy. Avec les Harangues faictes au Roy, et les Responses de sa Majesté, et l'Adieu du Roy et de la Royne sa mère.
Paris 1617. Saugrain.

6. — Harangue faicte au Roy par les Deputez du Synode national des eglises pretenduës reformées de France, avec la Response de sa Majesté, le 27 may 1617.
Paris 1617. Saugrain.

7. — Remon:trances faictes à Messieurs les Princes pour leur reduction au service du Roy, contre les pretextes de leur desobeïssance.
Paris 1617. Regnoul.

8. — Complaintes du sang du grand Henry de tres-heureuse memoire et de tous les bons François exaucées.

9. — L'Echo des Thuilleries. — 1617.

10. — Le Diogene françois.

11. — Les prieres de la France presentée au Roy, pour la delivrance de Monsieur le Prince.
Paris 1617. Durand.

12. — Discours touchant la prise des villes et chasteaux de Chasteau Porcien, et Pierre-fons. Par Messieurs le Duc de Guyse, et comte d'Auvergne. Par P. D. C. S. D. N.
Paris 1617. Regnoul.

13. — Reception de M. le Baron de Vitry, en la dignité de Mareschal de France, faicte en Parlement le mardy 23 may 1617.
Paris 1617. Alexandre.

14. — L'enterrement obseques et funerailles de Conchine, Mareschal d'Ancre. Dédié aux Conchinistes.
Paris 1617. Hameau.

15. — La divine vengeance sur la mort du Marquis d'Ancre. Pour servir d'exemple à tous ceux qui entreprennent contre l'authorité des Roys.
Paris 1617. Menard.

16. — Les souspirs et regrets du fils du Marquis d'Anchre. Sur la mort de son pere, et execution de sa mere.
Paris 1617 Saugrain.

17. — Discours de la resiouissance de Messieurs les Princes. Sur la mort et punition du Marquis d'Ancre. Envoyé au Roy.
Paris 1617. Ant. Champenois.

18. — Le voyage de Maistre Guillaume, touchant le Marquis d'Ancre.
Paris 1617. Sara.

19. — La Magicienne estrangere, tragedie. En laquelle on voit les tirannicques comportemens, origine, entreprises, desseins, sortileges, arrest, mort et supplice, tant du Marquis d'Ancre que de Leonor Galligay sa femme, avec l'adventureuse rencontre de leurs funestes ombres. Par un bon François nepveu de Rotomagus. (En vers).
Rouen 1617. Geuffroy et Besongne.

20. — Les articles du testament de la Marquise d'Ancre avant sa mort en la Conciergerie.
   Paris 1617. Guerreau.

21. — Le tombeau du Marquis d'Ancre.
   Paris 1617. Fleury Bourriquant.

22. — La Medée de la France.

23. — Confession generalle du Seigneur Conchine, Marquis d'Ancre, trouvée apres sa mort en son cabinet.
   Paris 1617. Menard.

24. — Propos dorez sur l'authorité tyrannique de Cocino Florentin, Marquis d'Ancre, Mareschal de France, et pretendant la royauté, par l'aneantissement de tous les Princes, grands Seigneurs et Officiers du Royaume, et de la maison de Bourbon. Pery miserablement par la juste fureur de Dieu, et la sagesse admirable du Roy, et par la main fidele du Sieur de Vitry, capitaine des gardes de sa Majesté, le lundy 24 avril 1617, etc. Avec la vie et comportement dudit Mareschal.
   Paris 1617. Berjon.

25. — La satire Menippée du bon ange de la France. — 1617.

26. — L'hermaphrodite de ce temps.

27. — N.º 3. Autre édition.

28. — Le Roy hors de page, à la Royne mere. — 1617.

29. — Extraict des propheties et revelations des Sainctz Peres. Ensemble la noble fleur de lys de Louys treiziesme Roy de France et de Navarre. Par *Claude* VILLETTE.
   Paris 1617. Percheron.

30. — Déclaration du Roy, contre M. le Duc de Nevers, et tous ceux qui l'assistent. Verifiée en Parlement le 17 janvier 1617.
   Paris 1617. Morel et Mettayer.

31. — Declaration de *Marc Antoine* DE DOMINIS archevesque de Spalate, par laquelle il deduit les raisons de son departement. Traduite de latin en françois par S. G. G.
   Amsterdam 1617.

32. — Declaration du Sieur BOURGUIGNON cydevant ministre de la religion pretendue reformée, sur le suject de sa conversion à la Foy catholique, apostolique et romaine : Et sa reception en la saincte Eglise, par Mgr. le Rev. Evesque de Paris, le jour et solemnité de la conversion de Sainct Augustin.
   Paris 1617 Giffart.

33. — La conversion du Sieur Mestayer, cy-devant ministre de Lusignan, faicte en la ville de Poitiers le 23 de mars 1617.
   Paris 1617. Mesnier.

34. — La conversion et heureuse mort de Jean Guillebert, de l'ordre de Sainct Dominique.

Paris 1617. S. Chappelet.

35. — Jubilé universel de nostre très sainct Pere Paul Pape V, pour implorer l'ayde divin aux presentes necessitez de l'Eglise.

Paris 1617. Julliot.

36. — Histoire miraculeuse des eaux rouges comme sang, tombées dans la ville de Sens et és environs, le jour de la grande feste Dieu derniere, 1617. Extraicte d'une lettre de Maistre *Thomas* Mont-Sainct.

Paris 1617. S. Moreau.

Tom. V. — Contenant :

1. — L'enfer des Chiquaneurs. Par Maistre *Louis* Vrbvin.

Paris 1618. Moreau.

2. — Lettre de Cleophon à Polemandre, sur les affaires de ce temps. Avec un advertissement aux lecteurs.

Paris 1619.

3. — Responce de la main du Roy à la lettre de la Royne sa mere du 10 mars 1619.

Paris 1619, Froment.

4. — Protestation des Eglises pretendues reformées du bas Languedoc. Sur les presents mouvements. — 1619.

5. — Lettre de la Royne mere. Envoyée au Roy depuis la paix : sur son indisposition. (D'Angoulesme 4 juin 1619). — 1619.

6. — Coppie de la lettre de Messieurs les Estats de Hollande. Envoyée au Roy tres chrestien, le 18 may 1619, apres l'execution de mort du Sieur d'Oldenbarneveld. — 1619.

7. — La Sibille françoise parlant au Roy. — 1620.

8. — Les Pseaumes des courtisans. Dédiés aux braves esprits qui entendent le jars de la Cour. — 1620.

9. — Les Antipodes pour et contre, en l'assemblée tenue par permission du Roy à Loudun es années 1619 et 1620. — 1620.

10. — Les visions admirables de Guillaume le Solitaire, hermite du mont Bassine, qui vivoit durant le grand Schisme de l'Eglise. Contenant un bref discours des grandes et espouvantables revelations de ce qui doit arriver de nostre temps, et surtout en la France. Trouvées en un vieil manuscrit dans la bibliotheque de l'abbaye de Tricole en Gemodam. — 1620.

11. — Meditations de l'Hermite Valerian. Traduites de bon normand en vieux gaulois, par un Pelerin du mont S. Michel en faveur de tous les bons françois. — 1621.

12. — Manifeste anglois, adressé aux reformez de France : Sur les troubles et divisions de ce temps.

Paris 1621. M. Le Blanc.

13. — Histoire journaliere de tout ce qui s'est faict et passé en France : depuis le depart du Roy de Fontaine-bleau, le 28 avril 1621, iusques à son retour à Paris.

Paris 1622. J. Bouillerot.

14. — L'ombre de M. le Connestable, apparue à Messieurs ses frères. 1622.

15. — Ordonnance du Roy. Pour la paix. Publié à Paris le 31 d'oct. 1622.

Amiens 1622. J. Hubault.

16. — La reduction de la ville de Mont-pellier à l'obeyssance du Roi. Ensemble celles de Nismes, Castres, Uzez, Puylaurent, et de tout le Languedoc. Avec la lettre du Roy escrite à Messieurs les Prevost des Marchands, et Eschevins de la ville de Paris pour l'asseurance de la paix.

Amiens 1622. Jacq. Hubault

17. — Lettre de N. S. P. le Pape Urbain VIII au tres-noble prince Charles de Galles, fils unique du Roy de-la grande Bretagne.

1623. Jouxte la copie imprimée à Madrid.

18. — Le mot à l'oreille de M. le Marquis de la Vieville. — 1624.

19. — Lettre de M. le Marquis de la Vieuville au Roy.

20. — Lettre de M. le Marquis de la Vieuville à un sien Amy.

21. — Suplications du Sieur DE SOUBIZE, faicte au tres magnanime et tres vertueux Prince Charles I, Roy d'Angleterre, Irlande, Escosse, etc. Avec la response ausdites supplications.

Paris 1625. V.e Du Carroy.

22. — Le triomphe glorieux et l'ordre des ceremonies observées au mariage du Roy de la Grand'Bretagne, et de Madame sœur du Roy. Ensemble l'ordre tenuë aux fiançailles faites au Chasteau du Louvre, en la chambre de Sieur M. Par le Sieur D. B.

Paris 1625. Jean Martin.

23. — Discours sur l'affaire de la Valteline et des Grisons. Dédié au tres puissant et catholique Roy d'Espagne. Traduit de l'italien.

Paris 1625. Bouillerot.

24. — Response au libelle intitulé : Admonition à Louis XIII. — 1625.

25. — Résolution du Roy en son Conseil, sur le departement du Legat. 1625.

26. — L'ordre veritable tenu et observé à l'arrivée de Mgr. le Legat, depuis l'Eglise Sainct Magloire jusques à Nostre Dame de Paris. Tant par le corps des Ecclesiastiques que celuy de la Justice et des Marchands, le mercredy vingt et uniesme jour du present mois de may 1625.

Paris 1625. Nic. Alexandre.

32.

27. — Relation journaliere du siege de la ville et chasteau de Chavene, size en la Valtoline. Avec la prise et reduction de ladite ville et chasteau, en l'obeïssance du Roy. Par le S.ʳ d'Haraucourt, gouverneur de la ville et comté de Clermont, etc. sur le S.ʳ Hannibal Margarucy, gouverneur de ladite ville et chasteau de Chavene. Ensemble les articles accordez audit Margarucy.
   Paris 1625. Jean Barbote.

28. — La prise et reduction de la ville de Gavi, par Mgr. le Connestable de l'Esdiguieres. Avec l'estrange fatalité de la guerre qui se fait ceste presente année, contre la republique de Genes.
   Paris 1625. Adrian Bacot.

29. — La sommation faite par le Marquis de Spinola au gouvernement de la ville de Breda. Avec la responce dudit Gouverneur à icelle sommation. Ensemble plusieurs particularitez de tout ce qui s'est passé, tant en Amérique, qu'en plusieurs endroits de l'Europe.
   Paris 1625. Jean Martin.

30. — Discours sur plusieurs points importans, de l'Estat present des affaires de France. Au Roy.

31. — Considérations d'Estat, sur le livre publié depuis quelques mois, soubs le tiltre d'advertissement au Roy. — 1626.

32. — Lettre de Madame de Chalais la mere, au Roy. — 1626.

33. — Vindiciæ theologiæ Iberopoliticæ ad Catholicum Regem Hispaniarum, etc. Philippum IV, contra pseudotheologi admonitoris calumnias. (Auctore *Johanne* GOULU). 1626.

Tom. VI. — Contenant :

1. — Arrest de la Cour de Parlement, sur ce qui s'est passé en Sorbonne le samedi deuxiesme de ce mois (2 janvier 1627).
   Paris 1627. A. Estienne.

2. — Le fidelle François au Roy d'Angleterre. Touchant la justice de ses armes contre la France.
   Paris 1627. J. Brisson.

3. — La deffaite des trouppes du Duc de Rohan. Par Monsieur le Duc de Montmorancy.
   Paris 1627. Jean Brunet.

4. — La prise des villes de la Caune et Sainct-Sever en la comté de Castres. Par Monseigneur le Prince.
   Paris 1627. Cl. Morlot.

5. — La prise par force de la ville de Brissac et Chastelnau, dans la montaigne du Castrois. Par Monseigneur le Prince. Ensemble le nombre des morts, des prisonniers, de ceux qui ont esté pendus, et le desespoir ausquels ils se sont mis.
   Paris 1627. Cl. Morlot.

6. — La prise des places de Soyon, Beau-Chastel, et autres lieux sur la riviere du Rosne, avec le chastiment des rebelles du Vivarets. Par l'armée du Roy, commandée par Mgr. le Prince de Condé.
Paris 1627. Claude Morlot.

7. — Recit veritable de la trahison descouverte conspirée, tant sur la basse Normandie, que sur la ville de Calais contre le service du Roy. Ensemble les noms des principaux chefs et autheurs de ladicte trahison.
Paris 1628. Fr. Jacquin.

8. — Histoire de ce qui s'est passé en Piedmont ès années 1627 et 28, sous la conduitte de M. le Marquis d'Uxelles, sous la remonstrance faite à la lettre du Gentilhomme volontaire, par le Sieur DE GINESTONS, avec la coppie de la lettre du susdit Gentilhomme volontaire, touchant les obmissions et les mauvaises allegations qu'il y a faites. — 1628.

9. — Response au manifeste de Monsieur le Duc de Savoye. Traduit de l'italien imprimé à Francfort. — 1628.

10. — Lettre de N. S. Pere le Pape, au Duc de Savoye. Pour la reconciliation de S. A. avec le Duc de Mantoüe. Traduite d'italien en françois. — 1629.

11. — Les articles de la paix, accordées entre le Roy de France et le Roy de la grand'Bretagne. Ensemble la publication faite à Paris, le dimanche 20 de ce present mois (avril). Par le commandement du Roy, et de la Royne sa mere.
Paris 1629. Du Petit Val.

12. — Lettre à la Reyne mere du Roy, sur le passage de Sa Majesté en Piedmont.
Paris 1629. A. Vitray.

13. — La sedition arrivée en la ville de Dijon le 26 fev. 1630. Et le jugement rendu par le Roy sur icelle. (Par *Charles* FEVRET).
Paris 1630. E. Martin.

14. — Le Comtadin provençal.

15. — Histoire journaliere de ce qui s'est passé dans le Montferrat pour la protection de M. le Duc de Mantoüe, depuis que le Roy en donna la garde à M. de Toyras, jusques à la paix generale et levement du second siege de Cazal. — 1630.

16. — Lettre du Roy à Mgr. le Duc de Montbazon. Sur l'heureux succez des armes de sa Majesté en la conqueste entiere du duché de Savoye.
Paris 1630. A. Vitray.

17. — Recit veritable de touce qui set faict (*sic*) et passé en Itbalie à l'armée du Roy sous la conduite de M. le Cardinal, et la prise et reduction de Chambery ville cappitalle de Savoye et plusieurs autres.

32.'

Ensemble la furieuse et senglante des faites des Espagnols par M. de Thoiras et le nombre de charios prins et menés à Cazal.

Paris 1630. P. La Fosse.

18. — Lettres, declarations, et manifestes de son Altesse de Savoye examinez : intentions de sa Majesté, et actions de M. le Cardinal de Richelieu justifiées, dans la response d'un Bressan, à la lettre d'un Savoyard.

Paris 1630. E. Martin.

19. — L'Estat general de l'armée du Roy en Italie.

Lyon 1630. V.ᵉ P. Rigaud.

20. — Relation du combat arrivé le 10 juillet 1630 entre partie des troupes que le Roy faisoit passer pour aller joindre son armée en Piedmont, et les trouppes du duc de Savoye joinctes à celles que le Marquis de Spignola avait envoyées audit Duc.

Paris 1630. E. Martin.

21. — Relation de ce qui s'est passé en Savoye depuis le xi jour de may que le Roy arriva à Grenoble, jusques au xxix du mesme moy.

Paris 1630. E. Martin.

22. — La levée du siege de Cazal, et la delivrance de toutes les places du Mont-Ferrat, occupées par les armées impériales et espagnolles. Avec la retraitte desdites armées, par l'armée du Roy, conduite par Mgr. le Mareschal de Schomberg et Mgr. le Mareschal de la Force.

Paris 1630. E. Martin.

23. — Catalogus commentariorum quibus in modum illustratur § *cum eo qui pannum rubrum ostendit fugavitq; armentum* etc. 1. 50 ff. de *furtis, et hoc veteres scripserunt de eo qui panno rubro fugaverit armentum*, etc. Institut. de obligationibus quæ ex delicto nascuntur. Ad Eminentissimum et omnium cervicibus imminentissimum Cardinalem Richelliensem. — 1631.

24. — Lettre du Roy, escrite à Mgr. le duc de Mont-bazon. Contenant les justes causes que sa Majesté a euës de declarer la guerre au Roy d'Espagne.

Paris 1635. Ribot.

25. — Declaration du Roy sur l'ouverture de la guerre, contre le Roy d'Espagne. Verifiée en Parlement le 18 juin 1635.

Paris 1635. A. Estienne.

26. — Relation veritable de ce qui s'est passé en Piedmont, et la defaite de quatre cens Espagnols devant le fort d'Aillan, avec autres affaires d'Italie. Et le razement des forts de Catillon et de Basüau par l'ordre du Cardinal de la Valette ; avec la defaite de six compagnies de cavalerie espagnolle, par la garnison françoise de Corbie.

Paris 1637. En l'isle du Palais.

27. — Discours sur le vœu du Roy à la saincte Vierge, prononcé en l'eglise cathedr. de Bayeux. Avec un autre sur la naissance de Mgr. le Dauphin, aussi prononcé audit lieu. Par M. G. B. (*Gilles* Buhot).
Paris 1638.

28. — La guerre recommencée en Italie : et ce qui s'est passé à Turin, avec l'entreprise des Espagnols faillie sur Roussignan.
Paris 1639. En l'isle du Palais.

29. — Manifeste du Duc Charles. Touchant la nullité du mariage, d'entre le Duc Charles, et Madame la Duchesse de Lorraine. Avec la Responce de Madame la Duchesse de Lorraine.
Paris 1640. Pierre Targa.

30. — Journal de ce qui s'est passé depuis peu au siege de Turin. A l'arrivée des regimens de Provence et la noblesse du Dauphiné au camp devant Turin.
Paris 1642. En l'isle du Palais.

31. — Les articles accordez entre Madame et les Princes de Savoye.
Orléans 1642. V.ᵉ Gilles Hotot.

32. — La paix faicte entre sa Majesté, Madame sa sœur et les Princes de Savoye. Et ce qui s'est passé devant Perpignan. Aussi près la ville de Calais.
Orleans 1642. R. Fremont.

33. — Discours veritable de ce qui s'est passé à Lion à la mort de Messieurs Le Grand et de Thou.

34. — Les causes de l'emprisonnement du Duc de Bouillon et du Sieur de Cinq-Marcs grand escuyer de France, et autres. Contenu en une lettre escrite par le Roy aux principales villes de ses provinces, et aux ambassadeurs.

2706.—Pièces relatives au règne de Louis XIII.

1 vol. in-4º. — Contenant :

1. — Noms et qualités de MM. les Cardinaux, Archevesques, Evesques, et autres Sieurs ecclesiastiques, Deputez par le Clergé des Seneschauçées et Bailliages du Royaume de France, comprins en douze gouvernements d'iceluy; qui ont esté reçeus, et assisté en la Chambre ecclesiastique des Estats generaux du Royaume de France, en la presente année MDCXIIII.
Paris 1614. J. Richer.

2. — Apologie royale. A Paris, durant les Estats. — 1615.

3. — Harangue faicte de la part de la Chambre ecclesiastique, en celle du Tiers Estat, sur l'article du serment. Par Mgr. le Card. DU PERRON.
Paris 1615. A. Estienne.

4. — Les resolutions et arrestez de la Chambre du Tiers Estat , touchant le premier article de leur cahier, presenté au Roy.

       Paris 1615. P. Mettayer.

5. — Lettre escrite au Roy par Monsieur, et envoyée par luy au Parlement pour la presenter à sa Majesté. — 1631.

6. — Lettre des Religieux, à Mgr. l'Em. Card. duc de Richelieu.—1632.

7. — La Place Royale, ou la statue dressée à Louis le Juste, par l'ordre et la magnificence de Mgr. le Cardinal duc de Richelieu. Par le Sieur DE GRENAILLE.

       Paris 1639. J. Paslé.

8. — Reglement du feu Roy Louis XIII sur la convocation du ban et arriere-ban , ordonnez estre faits es années 1635 et 1639.

       Amiens 1639. V.ᶜ Rob. Hubault.

9. — Contract faict et passé entre le Roy et le Clergé de France , assemblé par permission de sa Majesté en la ville de Mante, le 14 jour d'aoust 1641.

       Paris 1641. A. Vitray.

10. — Articles accordez à MM. les Ecclesiastiques , Nobles , Magistrats , Corps et Communautez des villes , banlieües et bailliages de la ville d'Aire, par nous Seigneur de la Mesleray. . et promis d'estre ratifiez dans un mois par sa Majesté.

       Paris 1641. Bureau d'Adresse.

11. — La capitulation de Perpignan.

       Paris 1642. Bureau d'Adresse.

12. — Factum pour M. le duc d'Elbœuf. Contre M. le duc de Vendosme.

13. — Factum pour M. le duc de Vendosme. Contre les pretentions de M. et Madame d'Elbeuf.— 1641.

Les pièces suivantes , relatives au règne de Louis XIII, se trouvent dans le recueil n.º 2718; le chiffre qui les précède indique le volume.

4. — Le Confiteor aux Rochelois. (1628).

3. — Ordonnance du Roy portant deffenses aux officiers des troupes d'admettre dans leurs compagnies des passe-volants. Du 12 sept. 1638.

3. — La prise d'Arras par l'armée du Roy sur les Espagnols.

       Paris 1640. Suivant la copie imp. au Bureau d'Adresse.

3. — Articles accordez à MM. les Deputez des ecclesiastiques, nobles, magistrats, corps et communautez des ville et cité d'Arras par les generaux de l'armée du Roy, suivant le pouvoir qu'ils en ont et qu'ils promettent faire ratiffier par Sa Majesté. — 1640. Ms.

3. — Lettres patentes du Roy en forme d'edict. Publiées en Parlement, sa Majesté y estant presente , le 21 fevrier 1641.

       Paris 1641. A. Estienne.

18. — Abregé de la vie du Cardinal de Richelieu pour luy servir d'epitaphe. (Par Matthieu de Morgues, Sieur de Saint-Germain).

12. — Testament de Monsieur le Cardinal duc de Richelieu.

12. — Le thresor des epitaphes, pour et contre le Cardinal Duc.
   Anvers 1650.

4. — Requeste du petit Scaron (sic), au grand Cardinal de Richelieu.

12. — L'ombre du grand Armand. (Par G. de Scudery).
   Paris 1645. P. Champenois.

12. — Nouvelles de l'autre monde, touchant M. le Cardinal de Richelieu. Avec un recueil des epitaphes latines et franç. faites en sa mémoire.
   Paris 1644.

4. — Le Cardinal tasche d'entrer en paradis. Tragi-comedie. Acte premier. M. de Marillac.
   Imprimé à Envers (sic). S. n. n. d.

12. — Dialogue du Cardinal de Richelieu, voulant entrer en paradis, et sa descente aux enfers. Tragi-comédie.
   Paris 1645.

27. — Le dernier triomphe de Louis le Juste, ou le discours de son ange touchant sa mort. Stances.

Louis XIV, le Grand. (1643-1715).

2707. — *Benjamini* Prioli ab excessu Ludovici XIII de rebus Gallicis, historiarum libri XII.
   Parisiis 1665. Fred. Leonard. 1 vol. in-4°.

2708. — *Joannis* Labardæi Matrolarum ad Sequanam marchionis de rebus gallicis historiarum libri decem, ab anno 1643 ad annum 1652.
   Parisiis 1671. Thierry. 1 vol. in-4°.

2709. — Journal contenant tout ce qui s'est fait et passé en la Cour de Parlement de Paris, toutes les chambres assemblées, sur le sujet des affaires du temps present.
   Paris 1648. Alliot. 1 vol. in-4°.

2710. — L'histoire du temps, ou le veritable recit de ce qui s'est passé dans le Parlement de Paris, depuis le mois d'aoust 1647 jusques au mois de novembre 1648. Augmentée de la seconde partie qui vient jusques à la Paix. Avec les harangues et les advis differends qui ont esté proposez dans les affaires qu'on y a solemnellement traittées. (Par N. Johannès, Sieur du Portail).
   S. n. n. l. 1649. 1 vol. in-8°.

** — Recueil de diverses pieces curieuses de ce temps.
> S. n. n. l. 1649. in-4°.

** — Second recueil des pièces curieuses de ce temps.
> Rouen 1649. Par les Imprimeurs de la Cour. in-4°.

** — Troisième recueil des pièces curieuses de ce temps.
> Rouen 1649. J. Berthelin. in-4°.

** — Quatrième recueil des pièces curieuses de ce temps.
> Rouen 1649. J. Berthelin. in-4°.

** — Recueil des pièces secrètes de ce temps. — Second recueil des pièces secrètes de ce temps.
> S. n. n. l. 6149. in-4°.

Ces recueils font partie de celui des Mazarinades, tom. xiv, n.° 2718.

2711. —Histoire du ministere du Cardinal Jules Mazarin, premier ministre de la Couronne de France. Descrite par le Comte Galeazzo Gualdo Priorato. Dans laquelle on voit les succés et les principaux évenemens qui luy sont arrivés, depuis le commencement de son gouvernement jusques à sa mort.
> Amsterdam 1671. H. et Th. Boom. 3 vol. in-12.

2712. —Parallèle du Cardinal de Richelieu et du Cardinal Mazarin, contenant les anecdotes de leurs vies et de leur ministère. Par M. l'*Abbé* Richard.
> Paris 1716. Cavelier. 1 vol. in-12.

2713. —Histoire abregée du Parlement, durant les troubles du commencement du regne de Louis XIV. (Attribuée à l'*Abbé* J. B. Gaultier et à L. A. Le Paige).
> S. n. n. l. n. d. (1754). 1 vol. in-12.

2714. — L'esprit de la Fronde, ou histoire politique et militaire des troubles de France pendant la minorité de Louis XIV. (Par J. B. Mailly).
> Paris et La Haye 1772-1773. Moutard. 5 vol. in-12.

2715. —Registres de l'hôtel-de-ville de Paris pendant la Fronde, suivis d'une relation de ce qui s'est passé dans la ville et l'abbaye de Saint-Denis à la même époque, publiés pour la Société de l'histoire de France par MM. Leroux de Lincy et Douët d'Arcq.
> Paris 1846-1848. Jules Renouard. 3 vol. in-8°.

2716 —Histoire de la Fronde, par M. le Cte DE SAINT-AULAIRE. Nouv. édit. précédée de son discours de réception à l'Académie française.

Paris 1843. E. Ducrocq. 2 vol. in-8°.

2717.—Recherches curieuses des actions de Monsieur le Cardinal Mazarin. Par T. B. P. (*Thomas* BONNET).

Paris 1651. G. S. 1 vol. in-8°.

2718.—Recueil de Mazarinades.

29 vol. in-4°.

Tous ceux qui auront à s'occuper de ces écrits, ne pourront le faire sans avoir recours à la *Bibliographie des Mazarinades de M. Moreau ;* j'ai donc pensé qu'il était inutile de surcharger ce catalogue des titres de plus de 500 pièces contenues dans ces 29 volumes, et qu'il suffirait d'indiquer les numéros de la *Bibliographie* que renferme la collection de la Bibliothèque d'Amiens. Je renverrai aussi au catalogue critique manuscrit que nous possédons, et qu'avait rédigé, avant la publication de M. Moreau, notre respectable ami M. de Cayrol, de Compiègne, l'un de nos plus habiles bibliographes.

17	73	142	277	324	416	488
18	74	144	281	326	418	489
21	76	148	282	327	423	490
25	85	160	287	331	430	492
28	87	168	288	337	432	495
30	91	171	289	342	438	497
39	93	184	290	356	441	498
43	94	199	291	358	442	501
44	99	207	293	371	444	505
46	112	216	297	372	446	506
54	113	217	302	375	449	508
55	115	218	303	378	453	510.
56	117	219	304	384	466	514
59	118	221	305	391	467	517
61	120	222	308	394	469	522
62	126	224	310	396	470	523
67	127	225	311	408	474	524
68	128	251	314	409	477	525
69	130	253	320	411	480	526
70	133	258	322	412	486	527
72	136	263	323	413	487	528

530	632	743	837	928	1036	1129
531	636	744	838	929	1038	1131
532	639	749	839	930	1040	1135
536	644	756	840	931	1041	1136
539	646	757	841	941	1042	1137
543	647	759	843	942	1044	1139
545	649	763	845	944	1049	1142
547	650	766	849	946	1055	1147
549	652	769	850	947	1059	1148
551	653	771	854	951	1060	1149
554	655	778	860	954	1061	1153
555	657	781	863	956	1063	1154
556	658	782	867	967	1065	1157
571	659	783	868	972	1068	1160
572	660	785	871	976	1073	1161
574	663	786	875	977	1074	1165
575	665	787	879	979	1077	1170
577	667	789	880	984	1081	1178
581	674	790	881	986	1082	1179
585	675	795	882	988	1083	1180
586	680	796	884	997	1084	1182
588	690	797	885	1003	1087	1183
589	694	800	890	1004	1090	1185
590	698	802	891	1006	1091	1204
592	702	803	896	1008	1095	1208
593	703	804	897	1010	1097	1215
595	705	806	900	1011	1098	1218
599	708	810	903	1012	1100	1220
603	710	811	905	1014	1103	1227
604	713	814	906	1016	1105	1238
605	718	819	907	1019	1106	1241
611	723	823	909	1021	1109	1242
612	724	825	912	1022	1110	1244
616	725	828	915	1027	1113	1252
618	730	829	916	1029	1118	1254
626	740	830	921	1031	1120	1256
631	742	831	925	1032	1123	1258

1260	1387	1510	1642	1763	1852	1968
1264	1388	1512	1644	1770	1853	1969
1265	1395	1514	1653	1775	1854	1970
1273	1400	1519	1665	1776	1862	1974
1279	1401	1522	1666	1778	1865	1988
1281	1402	1524	1667	1779	1866	1990
1282	1407	1526	1675	1781	1870	2003
1285	1408	1527	1676	1782	1871	2005
1286	1409	1533	1680	1784	1874	2006
1287	1410	1534	1685	1786	1877	2008
1289	1413	1537	1687	1787	1878	2009
1293	1422	1538	1688	1794	1879	2011
1294	1423	1539	1690	1796	1882	2013
1295	1435	1541	1696	1797	1884	2017
1299	1442	1542	1698	1799	1885	2019
1311	1447	1544	1703	1803	1891	2021
1312	1451	1548	1705	1806	1893	2023
1313	1456	1553	1708	1808	1895	2024
1324	1460	1555	1712	1810	1896	2026
1326	1462	1557	1714	1812	1898	2028
1329	1464	1558	1718	1813	1901	2029
1331	1465	1562	1725	1814	1905	2030
1332	1466	1565	1729	1816	1912	2033
1336	1470	1570	1731	1817	1922	2034
1340	1476	1576	1736	1823	1923	2037
1341	1478	1581	1740	1824	1929	2039
1349	1479	1591	1742	1825	1931	2041
1351	1482	1593	1743	1827	1934	2043
1353	1483	1596	1745	1828	1935	2045
1354	1484	1605	1747	1836	1936	2046
1362	1485	1611	1748	1837	1940	2047
1365	1488	1614	1749	1839	1942	2051
1367	1490	1615	1751	1840	1949	2052
1368	1499	1625	1753	1844	1950	2053
1371	1501	1627	1754	1846	1960	2054
1374	1506	1630	1759	1848	1961	2055
1383	1508	1638	1761	1849	1965	2057

2060	2163	2260	2371	2494	2624	2721
2066	2165	2263	2372	2498	2627	2722
2067	2166	2264	2373	2499	2630	2726
2069	2170	2265	2374	2500	2633	2730
2071	2172	2270	2375	2501	2634	2735
2072	2173	2271	2379	2504	2635	2750
2076	2178	2272	2388	2505	2636	2752
2080	2180	2274	2392	2509	2637	2755
2082	2183	2277	2395	2510	2640	2758
2085	2188	2278	2398	2527	2641	2760
2092	2189	2282	2399	2528	2643	2761
2093	2191	2287	2400	2529	2649	2765
2095	2197	2289	2404	2530	2650	2766
2097	2203	2290	2406	2531	2652	2772
2099	2205	2297	2407	2534	2658	2777
2101	2207	2299	2419	2535	2661	2779
2103	2208	2301	2420	2540	2662	2785
2105	2212	2309	2421	2551	2668	2788
2106	2215	2316	2426	2558	2669	2791
2107	2216	2318	2430	2561	2671	2792
2111	2218	2320	2431	2567	2672	2794
2118	2219	2325	2434	2572	2674	2796
2119	2225	2330	2437	2573	2676	2799
2124	2226	2336	2446	2580	2679	2800
2126	2228	2337	2452	2582	2680	2805
2128	2231	2340	2453	2585	2687	2806
2131	2233	2344	2456	2588	2693	2811
2133	2235	2351	2457	2593	2699	2812
2136	2236	2352	2459	2597	2701	2814
2138	2237	2355	2462	2599	2703	2823
2140	2240	2359	2463	2603	2705	2824
2146	2243	2361	2464	2612	2711	2825
2151	2246	2362	2467	2613	2713	2829
2156	2250	2363	2471	2615	2714	2832
2159	2256	2366	2482	2617	2717	2833
2160	2258	2368	2484	2620	2718	2836
2161	2259	2369	2486	2623	2720	2838

2839	2964	3108	3227	3330	3424	3527
2842	2967	3113	3229	3331	3428	3530
2846	2970	3114	3230	3334	3431	3535
2848	2971	3116	3232	3338	3432	3537
2849	2972	3127	3233	3346	3433	3539
2850	2974	3128	3235	3347	3435	3549
2855	2979	3130	3238	3348	3437	3551
2856	2982	3136	3242	3351	3445	3552
2858	2984	3137	3246	3354	3446	3554
2861	2989	3144	3249	3359	3449	3555
2866	2995	3145	3250	3361	3450	3557
2867	2998	3149	3255	3362	3453	3559
2868	3000	3159	3257	3363	3455	3561
2876	3004	3160	3258	3368	3460	3571
2880	3007	3163	3259	3371	3463	3573
2882	3008	3164	3260	3373	3469	3575
2887	3009	3165	3264	3374	3470	3578
2888	3010	3172	3274	3378	3471	3580
2891	3017	3177	3277	3381	3477	3581
2892	3021	3179	3279	3383	3480	3583
2899	3022	3181	3280	3385	3488	3590
2900	3023	3183	3281	3386	3489	3591
2903	3027	3185	3282	3387	3491	3592
2909	3029	3191	3287	3389	3492	3597
2917	3030	3196	3288	3391	3493	3600
2918	3040	3197	3294	3392	3494	3603
2933	3041	3200	3298	3394	3497	3606
2934	3055	3201	3299	3396	3499	3610
2936	3063	3202	3308	3398	3507	3617
2939	3064	3207	3312	3399	3508	3624
2946	3080	3208	3321	3400	3509	3625
2950	3085	3211	3322	3406	3510	3629
2953	3088	3213	3324	3409	3515	3634
2954	3094	3217	3325	3413	3518	3647
2960	3102	3219	3327	3416	3521	3648
2962	3103	3223	3328	3420	3523	3651
2963	3104	3224	3329	3421	3524	3656

3657	3713	3772	3834	3902	3953	4005
3658	3718	3774	3835	3904	3954	4007
3659	3720	3775	3841	3907	3956	4015
3663	3721	3781	3842	3908	3957	4021
3665	3723	3783	3852	3913	3958	4029
3667	3724	3788	3853	3917	3964	4031
3669	3726	3789	3859	3918	3967	4037
3674	3727	3792	3860	3919	3969	4038
3675	3729	3793	3861	3920	3970	4041
3690	3737	3798	3866	3922	3972	4043
3691	3738	3799	3867	3923	3976	4047
3692	3742	3804	3870	3932	3977	4051
3693	3743	3808	3873	3934	3978	4057
3697	3747	3810	3877	3937	3985	4058
3700	3748	3812	3879	3938	3986	4059
3701	3749	3813	3882	3939	3988	4063
3702	3752	3814	3883	3940	3989	4067
3703	3755	3816	3888	3941	3993	4068
3709	3756	3822	3890	3942	3998	4073
3710	3765	3824	3892	3947	4003	4077
3712	3769	3825	3899	3951	4004	4082

Dans les additions, on trouve les numéros : 2, 30, 39, 50, 65, 119, 133, 136, 171, 214 et 221.

A ces pièces nous ajouterons les suivantes que M. Moreau n'a point données ; le chiffre qui les précède, indique le volume.

6. — La confirmation de l'entiere defaite des trouppes du Cardinal Mazarin, apportée par le dernier courier de M. le Prince à son A. R. le 10 avril. Avec la suite des prisonniers, morts et blessés.

      Paris 1652. J. Brunet.

1. — La continuation du voyage du Roy à Bordeaux jusques à l'unzieme de ce mois : la demission volontaire du general Fairfax.

      Paris 1650. Bureau d'adresse.

10. — Le Courier de la Court, raportant toutes nouvelles de ce qui c'est fait et passé de plus memorable et secret, depuis le 8.ᵉ du present mois.

      Paris 1652. J. Brunet.

14. — Discours d'Estat et de Religion, à Messieurs du Parlement.

      Rouen 1649.

1. — L'entretien du Roy avec Mgr. le Duc de Beaufort, avant le depart de sa dite Majesté en Champagne et Bourgongne.
   Paris 1650.

6. — Le grand combat donné entre deux diables, pres la ville d'Estampes, pour avoir la teste de Mazarin. 1652.

5. — Le journal contenant les nouvelles de ce qui se passe de plus remarquable dans le royaume pendant cette guerre civile. A Paris le vendredy 23 aoust 1632. (1652).... le vendredy 30 aoust 1652.
   Paris 1652.

21. — Lettre à la Reyne pour la cause publique, comme elle doit chasser Mazarin.

9. — Lettre de Mgr. le Prince de Condé escrite au Roy, sur le sujet du retour du C. Mazarin. Contenant ses intentions.
   1652. Jouxte la copie imprimée à Bordeaux.

14. — Lettre de son Altesse Royale aux Prevost des Marchands et Eschevins de la ville de Paris, du 5 janvier 1649.

5. — Lettre d'un gentilhomme, à un provençal; sur les affaires du temps.

5. — Lettre du Roy à Messieurs de la Cour de Parlement de Paris; sur le sujet du plein pouvoir donné par sa Majesté à Mgr. le Duc d'Orléans, pour traitter avec M. le Prince. Leue en Parlement le 14 oct. 1651.
   Paris 1651. Imp. et lib. ord. du Roy.

7. — Lettres du Roy escrites à MM. les Prevost des Marchands et Eschevins de sa bonne ville de Paris. Sur les affaires presentes. De Saumur des 10 et 11 fevrier 1652.
   Paris 1652. P. Rocolet.

9. — Lettres du Roy envoyées à MM. les Gouverneur, Prevost des Marchands et Eschevins de sa bonne ville de Paris. Sur les affaires presentes. De Saumur les 22 et 23 fevrier 1652.
   Paris 1652. P. Rocolet.

14. — Lettre envoyée à quelques villes de Champagne et de Picardie pour les insister de se résoudre à prendre le bon party du Roy et du Parlement.
   Rouen, Jouxte la copie de Paris.

4. — La muse de la Cour à Son Eminence. Epitre.
   Paris 1656. A. Lesselin.

29. — Ordonnance des Tresoriers de France à Lyon du 7 février 1649.

16. — Panegyrique de Mgr. le Mareschal de l'Hospital, gouverneur de Paris, sur la paix generale de Bordeaux.
   Paris 1650. G. Sassier.

16. — Les particularitez de la detention des princes de Condé et de Conty et du Duc de Longueville: avec les protestations de fidelité faites au Roy sur ce sujet, par les Deputez du Parlement de Rouen.
   Paris 1650. Bureau d'adresse.

7. — Suitte veritable des conferences de Piairot de S. Ouyn, et Jannin de Montmorency. — 1652.

20. — Le triomphe de Son Eminence dans la conclusion de la paix.
Paris 1660. Seb. Cramoisy.

19. — L'union de MM. les Princes et du Parlement avec la ville de Paris.
Paris 1652. F. Poussin.

2719. — Jugement de tout ce qui a esté imprimé contre le Cardinal Mazarin, depuis le sixième janvier, jusques à la déclaration du premier avril 1649. (Par *Gabriel* NAUDÉ).
S. l. n. d. (1650). 1 vol. in-4°.

2720. — Recueil de maximes veritables et importantes pour l'institution du Roy. Contre la fausse et pernicieuse politique du Cardinal Mazarin, pretendu sur-intendant de l'éducation de Sa Majesté. Avec deux lettres apologetiques pour ledit Recueil contre l'Extrait du S. N. avocat du Roy au Chastelet. (Par *Claude* JOLY).
Paris 1663. 1 vol. in-12.

2721. — Histoire de la monarchie françoise, sous le regne de Louis le Grand; contenant ce qui s'y est passé de plus remarquable depuis 1643 jusqu'en 1671. Par M. DE RIENCOURT.
Paris 1692. Du Castin. 2 vol. in-12.

2722. — Essai de l'histoire du regne de Louis le Grand, jusques à la Paix générale 1697. Par M. LE GENDRE. 3.ᵉ édit.
Paris 1698. Guignard. 1 vol. in-12. Port.

2723. — Histoire du regne de Louis XIV, roi de France et de Navarre, où l'on trouve une recherche exacte des intrigues de cette Cour dans les principaux Etats de l'Europe. Par H. P. D. L. D. E. D. (H. P. DE LIMIERS).
Amsterdam 1717. La Compagnie. 7 vol. in-12. Fig.

2724. — Histoire de France, sous le règne de Louis XIV. Par M. DE LARREY.
Rotterdam 1738. Bohm. 9 vol. in-12.

2725. — Histoire du règne de Louis XIV, surnommé le Grand, Roi de France. Par M. REBOULET.
Avignon 1744. F. Girard. 3 vol. in-4.°

2726. — Même ouvrage.
Amsterdam 1756. Chastelain. 9 vol. in-12.

2727.—Le siècle de Louis XIV. (Par VOLTAIRE). Publié par M. DE FRANCHEVILLE. 2.ᵉ édit.
Leypsick 1752. 4 vol. in-12.

2728.—Même ouvrage. 3.ᵉ édit.
Leypsic 1754. 4 vol. in-12.

2729—Siècle de Louis XIV. Par VOLTAIRE). Edit. stéréot.
Paris 1816. Egron. 2 vol. in-12.

** — Le siècle politique de Louis XIV. N.° 1237.

2730.—Louis XIV, sa Cour, et le Régent. Par M. ANQUETIL.
Paris 1789. Moutard. 4 vol. in-12.

2731.— Les Anténors modernes, ou voyages de CHRISTINE et de CASIMIR en France, pendant le règne de Louis XIV : esquisse des mœurs générales et particulières du dix-septième siècle, d'après les mémoires secrets des deux ex-souverains; continués par HUET, évêque d'Avranches. (Par P. J. B. P. CHAUSSARD).
Paris 1806. Buisson. 3 vol. in-8°. Pl.

2732.— Essai sur l'établissement monarchique de Louis XIV, et sur les altérations qu'il éprouva pendant la vie de ce prince. Morceau servant d'introduction à une Histoire critique de la France, depuis la mort de Louis XIV; précédé de nouveaux mémoires de DANGEAU, contenant environ 1000 articles inédits, sur les événements, les personnes, les usages et les mœurs de son temps; avec des notes autographes, curieuses et anecdotiques ajoutées à ces Mémoires par un courtisan de la même époque (SAINT-SIMON). Par *Pierre Edouard* LÉMONTEY.
Paris 1818. Déterville. 1 vol. in-8°.

** — Correspondance administrative sous le règne de Louis XIV. 2352-7.

2733.—Mémoires de M.ʳ D'ARTAGNAN, contenant quantité de choses particulières et secrettes qui sont passées sous le règne de Louis le Grand. (Par SANDRAS DE COURTILZ).
Amsterdam 1715. P. De Coup. 3 vol. in-12.

** — Mémoires du P. BERTHOD. N.° 2347-48.

2734. — Mémoires du Maréchal de Berwick, généralissime des armées de Sa Majesté. (Par l'*Abbé* de Margon).
Londres 1738. Nours. 2 vol. in-12.

2735. — Mémoires et correspondance du Maréchal de Catinat. Mis en ordre et publiés d'après les manuscrits autographes et inédits conservés jusqu'à ce jour dans sa famille. Par M. *Bernard* le Bouyer de St. Gervais.
Paris 1819. Crémière. 3 vol. in-8°. Pl.

** — Mémoires de M.ᵉ de Caylus. N.° 2347-66.

2736. — Mémoires pour servir à l'histoire de Louis XIV, par feu M. l'*Abbé* de Choisy. (Publiés par Camusat).
Utrecht 1727. Van de Water. 2 part. en 1 vol. in-12.

2737. — Même ouvrage.
Utrecht 1747. Van de Water. 1 vol. in-12.

2738. — Mémoires de M. le Marquis de Chouppes, lieutenant-général des armées du Roy. (Publ. par Duport du Tertre).
Paris 1753. Duchesne. 1 vol. in-12.

** — Mémoires de *Valentin* Conrart. N.° 2347-48.

2739. — Mémoires et journal du Marquis de Dangeau, publiés pour la première fois sur les manuscrits originaux, avec les notes du duc de Saint-Simon. (Publiés par P. Lacroix).
Paris 1830. Mame et Delaunay. 4 vol. in-8°.

2740. — Mémoires de M. Du Guay-Trouin, lieutenant-général des armées navales. (Publiés par P. Villepontoux).
Amsterdam 1741. P. Mortier. 1 vol. in-12. Port.

2741. — Mémoires de M.ᵐᵉ Dunoyer (depuis 1695 jusqu'en 1720).
Amsterdam 1772. La Compagnie. 1 vol. in-12.

2742. — Mémoires de M. le Cardinal Reynaud d'Este, protecteur et directeur des affaires de France en Cour de Rome. Depuis l'an 1657 jusques au dernier de septembre 1673 jour et an de sa mort.
Cologne 1677. H. Demen. 2 vol. in-12.

2743. — Mémoires de Fléchier sur les grands-jours tenus à Clermont en 1665-1666. Publiés par B. Gonod.
Paris 1844. Porquet. 1 vol. in-8°.

33.*

2744.—Mémoires du Comte DE FORBIN, chef d'escadre. (Rédigés par REBOULET et le P. LE COMTE).

> Amsterdam 1730. Girardi. 2 vol. in-12. Port.

** — Mémoires de M. DE GOURVILLE. N.° 2347-52.

** — Mémoires du duc de GUISE. N.° 1341 à 1344.

2745.—Mémoires du Mareschal de GRAMONT, gouverneur de Navarre et de Bearn. Donnez au public par le Duc de GRAMONT, son fils.

> Paris 1716. David. 2 en 1 vol. in-12.

2746.—Mémoires de M. JOLY, pour servir d'éclaircissement et de suite aux mémoires de M. le C. de Retz.

> Rotterdam 1718. Héritiers de Leers. 2 en 1 vol. in-12.

2747.—Mémoires de *Guy* JOLY. Nouv. édit.

> Genève 1751. Fabry et Barillot. 3 vol. in-12.

Le tom. 3 a pour titre : Mémoires de *Claude* JOLI, chanoine de Notre-Dame, et de Madame la duchesse de NEMOURS.

2748. — Mémoires de la minorité de Louis XIV ; corrigez sur trois copies différentes, et augmentées de plusieurs choses fort considérables, qui manquent dans les autres éditions. (Par MM. DE LA CHASTRE et DE LA ROCHEFOUCAULD).

> Amsterdam 1723. La Compagnie. 2 vol. in-12.

2749.—Mémoires et réflexions sur les principaux évènemens du règne de Louis XIV, et sur le caractère de ceux qui y ont eu la principale part. Par M. L. M. D. L. F. (le Marquis DE LA FARE).

> Amsterdam 1740. Bernard. 1 vol. in-12.

2750.—Même ouvrage. Nouv. édit.

> Amsterdam 1755. Bernard. 1 vol. in-18.

** — Mémoires de M.° DE LA FAYETTE. N.° 2347-64-65.

2751. — Mémoires de Messire *Jean-Baptiste* DE LA FONTAINE. (Par SANDRAS DE COURTILZ).

> Cologne 1699. Marteau. 1 vol. in-12.

2752.—Mémoires de M. DE LA PORTE, premier valet de chambre de Louis XIV. Contenant plusieurs particularités des règnes de Louis XIII et de Louis XIV.

> Genève 1755. 1 vol. in-12.

2753.—Mémoires de M. D. L. R. (DE LA ROCHEFOUCAULD) sur les brigues à la mort de Loüys XIII, les guerres de Paris et de Guyenne,et la prison des Princes.—Articles dont sont convenus S. A. R. et M. le Prince pour l'expulsion du Cardinal Mazarin. — Apologie pour M. de Beaufort. — Mémoires de M. DE LA CHASTRE. — Lettre du Cardinal à M. de Brienne.

Cologne 1662. Van Dyck. 1 vol. in-12.

2754. —Même ouvrage.

Cologne 1669. Van Dyck. 1 vol. in-12.

2755.—Mémoires de Mme DE LA VALLIÈRE. (Par M. A. BRIZEUX).

Paris 1829. Mame et Delaunay. 2 vol. in-8º.

** — Mémoires de P. LENET. N.º 2347-53-54.

2756.—Mémoires D. M. L. D. M. (*Hortense* MANCINI, duchesse de MAZARIN).

Cologne 1675. P. Du Marteau. 1 vol. in-12.

2757.—Mémoires de M. L. D. M. (Même ouvrage).

Cologne 1676. Marteau. 1 vol. in-12.

A la suite :

Apologie ou les véritables mémoires de Madame *Marie* MANCINI, connestable de COLONNA, écrits par elle-même. (Par le sieur DE BREMOND).

Leide 1678. J. Van Gelder. in-12.

2758. — Les memoires de M. L. P. M. M. (*Marie* MANCINI) COLONNE g. connetable du Royaume de Naples.

Cologne (Paris) 1676. P. Marteau. 1 vol. in-12.

** — Lettres du Cardinal MAZARIN à la Reine. — *Bell.-Lett.* 2982.

2759.—Mémoires de Mademoiselle de MONTPENSIER, fille de M. Gaston d'Orléans frère de Louis XIII Roi de France.

Amsterdam 1729. Bernard. 6 en 3 vol. in 12.

** — Mémoires de M.^e DE MOTTEVILLE. N.º 2347-36 à 40.

2760.—Mémoires de M. L. D. D. N. (Madame la Duchesse de NEMOURS). Contenant ce qui s'est passé de plus particulier en France pendant la guerre de Paris, jusqu'à la prison du Cardinal de Retz, arrivée en 1652. Avec les différens caractères des personnes qui ont eu part à cette guerre. (Publiés par Mlle L'Héritier).

Cologne 1709. 1 vol. in-12.

2761.—Lettres historiques de Monsieur Pellisson.

Paris 1729. Nyon. 3 vol. in-12.

2762.—Mémoires de *Charles* Perrault. Contenant beaucoup de particularités et d'anecdotes intéressantes du ministère de M. Colbert.

Avignon 1759. 1 vol. in-12.

2763.—Mémoires de Monsieur le Cardinal de Retz.

Amsterdam 1717. F. Bernard. 4 vol. in-12.

2764.—Mémoires du Cardinal de Retz, contenant ce qui s'est passé de remarquable en France pendant les premières années du règne de Louis XIV. Nouv. édit.

Genève 1751. Fabry et Barillot. 4 vol. in-12.

2765.—Mémoires complets et authentiques du duc de Saint-Simon sur le siècle de Louis XIV et la régence, publiés pour la première fois sur le manuscrit original entièrement écrit de la main de l'auteur, par M. le Marquis de Saint-Simon. (Avec la table par *Th.* Delbare).

Paris 1829-30. Sautelet. 21 vol. in-8°. Port.

2766.—Mémoires de Messire *Jacques* de Saulx, Comte de Tavannes, lieutenant-général des armées du Roy. Contenant ce qui s'est passé de plus remarquable depuis 1649 jusqu'en 1653. (Publiés par N. J. Bindo).

Paris 1691. Langlois. 1 vol. in-12. Port.

** — Mémoires du Maréchal de Turenne. N.° 2348-3.

2767.—Mémoires du duc de Villars, pair et maréchal-général des armées de Sa Majesté. (Par l'*Abbé* de Margon).

La Haye 1736. Gosse. 3 vol. in-12.

** — Mémoires du duc d'Yorck. N.° 2348-3.

2768.—Relation des campagnes de Rocroi, et de Fribourg, en l'année 1643 et 1644. Dédiée à Son Altesse Monseigneur le duc d'Enguien. (Par *Henri* Besse).

Paris 1673. Clousier. 1 vol. in-12.

2769.—Eloge historique de Monseigneur le Prince duc d'Anguien. Contenant tout ce qui s'est passé de plus memorable en ses campagnes depuis la bataille de Rocroy, jusques à present. (Par Puget de la Serre).

Paris 1647. Besongne. 1 vol. in-4.

2770.—Histoire du siege de Dunkerque. (Par *J. Fr.* Sarrazin).

Paris 1649. T. Quinet. 1 vol. in 4°.

On trouve à la suite:

La bataille de Lents, et l'ode de Calliope sur la bataille de Lens, à M. Arnaud.

2771.—Mémoires pour l'histoire de Navarre et de Flandre, contenans le droit du Roi au royaume de Navarre, et aux duchez de Pegnafiel, de Gandie et de Montblanc, à la comté de Ribagorce, et à la vicomté de Castelbon, à la ville de Balaguier, et à la seigneurie de Castillon de Farfagna, en Castille, Arragon et Catalogne, usurpées et detenuës par les Roys d'Espagne, avec le royaume de Navarre, depuis l'an 1512. Le droit particulier du Roy comme seigneur des villes et chastellenies de Dunkerque, de Bourbourg et de Gravelincs en Flandre; et comme seigneur chastelain de Lille. Avec l'histoire des 150 années de guerre d'entre la France et la Flandre, depuis l'an 1180 jusques en 1331 qui justifient le droit de la couronne de France sur les villes et chastellenies de Lille, Doüay et Orchies: et sur la comté de Flandre et le pays de Waes. Avec les preuves autentiques. Le tout dressé sur les titres et mémoires du cabinet de feu Messire *Auguste* Galland.

Paris 1648. M. Guillemot. 1 vol. in-fol.

2772.—Journal des signalées actions de M. de la Mothe-Houdancourt, duc de Cardonne et mareschal de France.

Paris 1649. F. Noel. 1 vol. in-4°. Port.

Le herault françois, ou le paranymphe de Monsieur le mareschal de la Mothe-Houdancour, publiant les batailles qu'il a données en Italie et Catalogne, avec les memorables actions de sa vie.

Paris 1649. Hénault. in-4°. Port.

1.ᵉʳ, 2.ᵉ, 3.ᵉ, 4.ᵉ, 5.ᵉ factum ou defense de Messire Philippes de la Mothe-Houdancourt. Avec plusieurs Requestes, Arrests, et autres Actes sur ce intervenus, tant
en Conseil, qu'ailleurs.
Paris 1649. Louis Sevestre. in-4°. Port.

2773.—Le triomphe de la ville de Guise sous le regne de Louis
. le Grand; ou l'histoire héroïque du siege de Guise en
l'année 1650. Par le R P. *Jean-Baptiste* DE VERDUN.
Paris 1687. P. De Launay. 1 vol. in-12.

2774.—Histoire de la prison et de la liberté de M. le Prince.
(Par *Claude* JOLY).
1 vol. in-4°. Sans titre.

2775.— Histoire des mouvemens de Bourdeaux. (Par FONTENEIL).
Bourdeaux 1651. Millanges. 1 vol. in-4°.

2776.—Le ministere victorieux de l'envie. Par M. DU FAUR.
Paris 1653. Sebas. Cramoisy. 1 vol. in-4°.

2777.—Discours politique à Agathon sur les mouvemens derniers.
—Le caractere du Royaliste, à Agathon.
— Les sentimens divers sur l'arrest du Parlement du 20
juillet. Et sur le discours pretendu de M. Bignon le 26,
sur la lieutenance du royaume.
S. l. n. d. (1653). 1 vol. in-4°.

2778.—Galliæ dignitas adversus præposterum Catalaniæ asser-
torem vendicata, sive disquisitio libelli, quo *Lud.* MES-
PLEDUS, rejectis Catalaniæ vendicandæ veris legitimisque
momentis, eam ementito tantùm ac falso titulo, contra
Regiarum tabularum et historiarum omnium fidem, ven-
dicare Galliæ satagit. etc. Per F. *Joannem* NICOLAI.
Parisiis 1644. G. Sassier. 1 vol. in-4°.
— Voyez les n.ᵒˢ 1467, 1468, 1469.

2779.—Genealogiæ Francicæ plenior assertio, vindiciarum His-
panicarum, novorum luminum, et lampadum historicarum, à *Jo. Jac. Chiffletio* male concinnatarum, omni-
moda eversio. Carolini sanguinis in Capetinam familiam
per annos 800 continuus influxus. Auctore *D.* BLONDELLO.
Amstelodami 1654. Blaeu. 2 vol. in-fol.

2780—Traitez touchant les droits du Roy sur plusieurs Estats et Seigneuries possédées par divers Princes voisins; et pour prouver qu'il tient à juste titre plusieurs provinces contestées par les Princes estrangers.— Recherches pour monstrer que plusieurs provinces et villes du royaume sont du domaine du Roy.—Usurpations faites sur les trois eveschez Mets, Toulon et Verdun. Le tout composé et recueilli du tresor des Chartes du Roy et autres memoires, par M. Dupuy.
Paris 1655. Augustin Courbé. 1 vol. in-fol.

2781.—Même ouvrage. Nouv. édit.
Rouen 1670. Laurens Maurry. 1 vol. in-fol.

2782.—Lettres du Cardinal Mazarin, où l'on voit le secret de la négociation de la paix des Pirenées: et la relation des conferences qu'il a eües pour ce sujet avec D. Loüis de Haro, ministre d'Espagne. Nouv. édit.
Amsterdam 1694. Vetstein. 2 en 1 vol. in-12.

2783.—Lettre à Monseigneur le Cardinal duc Mazarini sur la paix generale: avec le Panegyrique du Cardinal de Richelieu. Par le R. P. Du Bosc. 2.e édit.
Paris 1662. Fr. Muguet. 1 vol. in-4.

٭٭ — Recueil des défenses de M. Fouquet. — Voyez *Jurisprudence.*

٭٭ — Oraisons funèbres d'Anne d'Autriche. — *Bell.-Lett.* 938, 965, 968.

2784.—De la presseance des Rois de France, sur les Rois d'Espagne. (Par *Ch.* Bulteau).
Paris 1674. L. Billaine. 1 vol. in-4.

2785.—Discours de Dunkerque, contenant plusieurs réflexions touchant sa derniere reddition faite par les Anglois, pour servir de reponse à divers arguments objectez et imprimez en Angleterre et ailleurs, au prejudice de ce royaume.
Villefranche 1668. N. de la Spine. 1 vol. in-12.

2786.—Memoires et instructions pour servir dans les negociations et affaires concernant les droits du Roy de France. (Par *Denys* Godefroy).
Amsterdam 1665. Ant. Michel. 1 vol. in-16.

2787.— Des justes pretentions du Roy sur l'Empire. Par le S.ʳ
AUBERY.
Paris 1667. Ant. Bertier. 1 vol. in-4°.

2788.— La verité defendue des Sofismes de la France et response
à l'Autheur des pretensions du Roy tres-chrestien sur les
Estats du Roy catholique. Traduit de l'italien (de l'*Abbé
Dominico* FEDERICI).
1668. 2 en 1 vol. in-12.
✻✻ —. Voyez aussi les n.ᵒˢ 1823, 1824, 1825, 1826.

2789.—Suite du dialogue sur les droits de la Reyne tres-chrestienne. Nouv. édit. (Par le Baron DE LISOLA).
1668. 1 vol. in-12.

2790.—Bouclier d'Estat et de Justice, contre le dessein mani-
festement découvert de la monarchie universelle, sous
le vain prétexte des prétentions de la Reyne de France.
(Par le Baron DE LISOLA).
1667. 1 vol. in-12.

2791.—La Méduse bouclier de Pallas ou deffence pour la France.
Contre un libelle intitulé, le Bouclier d'Etat, pour ce qui
concerne le Portugal. Traduction du portugais en français. (Par le Chevalier *Jacques* DE JANT).
Jouxte la copie imp. à Lisbonne. (1668). 1 vol. in-12.

2792.—Journal de la guerre de Hollande, depuis le départ du
Roy jusqu'à son retour. Par H. ETIENNE, S.ʳ DU BELLE.
Paris 1673. Cl. Barbin. 2 vol. in-12.

2793.—La déclaration juste, ou discours sur la guerre déclarée
à la France par M. le Comte de Monte-Rey l'an 1673.
Villefranche 1678. Bonard. 1 vol. in-12.
✻✻ — Mémoires relatifs à la succession d'Espagne. N.ᵒ 2352-14-16.

2794.—Journal veritable du siege de Philipsbourg. Dédié à Monseigneur de Louvois. (Par LE FRANÇOIS DE RIGAUVILLE).
Fribourg 1679. Wehrlin. 1 vol. in-8°.

2795.—La mémoire de Louis XIV éternisée. (Par J. B. DE SAINT-
YRIEY DES MARENES).
Paris 1682. J. Leblois. 1 vol. in-12.
✻✻ — Oraisons funèbres de Marie-Thérèse d'Autriche. *Bel.-Let.*905 et 938.

2796.—Testament politique de Messire *Jean-Baptiste* COLBERT, ministre et secrétaire d'Etat. Où l'on voit tout ce qui s'est passé sous le règne de Louis le Grand, jusqu'en l'année 1684. (Par SANDRAS DE COURTILZ).

La Haye 1693. Van Bulderen. 1 vol. in-12.

2797.—Dialogue de Genes et d'Algers, villes foudroyées par les armes invincibles de Louis le Grand, en l'année 1684. Avec plusieurs particularitez historiques touchant le juste ressentiment de ce monarque, et ses prétentions sur la ville de Genes, avec les réponces des Genois. Traduit de l'italien (de J. P. MARANA).

Amsterdam 1685. Desbordes. 1 vol. in 12.

2798.—Affaire de Rome.

1 vol. in·4°. — Contenant :

1. — Protestation de M. le Marquis de Lavardin, ambassadeur extraordinaire de France à Rome. — 1687.

2. — Réfutation d'un libelle italien en forme de Réponse à la Protestation du Marquis de Lavardin ambassadeur extraordinaire de France à Rome. — 1688.

3. — Acte d'appel interjetté au futur Concile, par Monsieur le Procureur général du Roy, et arrest rendu en conséquence par la Chambre des vacations. Le 27 septembre 1688.

Paris 1688. Fr. Muguet.

4. — Lettre du Roy, à Monsieur le Cardinal d'Estrées. Ecrite à Versailles le 6 septembre 1688.

Paris 1688. J. B. Coignard.

5. — Mémoire des raisons qui ont obligé le Roy à reprendre les armes, et qui doivent persuader toute la chrétienté des sincères intentions de Sa Majesté, pour l'affermissement de la tranquillité publique.

Paris 1688. Coignard.

6. — Procès-verbal de l'assemblée de Messeigneurs les Archevesques et Evesques qui se sont trouvez à Paris pour les affaires de leurs dioceses, tenüe par ordre du Roy dans l'archevêché, le jeudy trentième du mois de septembre mil six cens quatre-vingt-huit.

Paris 1688. Leonard.

7. — Acte des assemblées du clergé de la ville et fauxbourgs de Paris, tenüs dans l'archevesché par ordre de Mgr. l'Archevesque, les 5 et 7 octobre 1688. A l'occasion de la lettre du Roy écrite à M. le Car-

dinal d'Estrées le 6 septembre dernier, et de l'Appel au futur Concile, interjetté par M. le Procureur général du Parlement, le 29.

Paris 1688. Muguet.

8. — Extrait des registres de l'Université de Paris, contenant ce qui s'y est passé, lorsque Monsieur le Procureur général du Roy y a esté par ordre de Sa Majesté, le huitième du mois d'octobre 1688.

Paris 1688. Fr. Muguet.

9. — Arrest rendu en la Cour de Parlement, les grande Chambre et Tournelle assemblées, sur la bulle du Pape, concernant les franchises dans la ville de Rome, et l'ordonnance rendue en conséquence le 26 du mois de décembre dernier.

Paris 1688. Muguet

10. — Exacta facti species, cum solida remonstratione non existentis prætensæ electionis S. Principis Josephi Clementis Bavariæ Ducis. 1688.

2799. —Voyage des Ambassadeurs de Siam en France. (Par Donneau de Visé).

Paris 1686.-1687. G. de Luyne. 4 vol. in-12.

2800. —Relation du siège de Grave, en 1674, et de celui de Mayence, en 1689. Avec le plan de ces deux villes.

Paris 1756. Jombert. 1 vol. in-12.

2801. —La monarchie universelle de Louis XIV, traduite de l'italien de M. Leti.

Amsterdam 1701. Wolfgang. 2 vol. in-12.

** — Siège de Namur. N.° 1838, 1839.

** — Epitres sur la prise de Namur. — Voyez *Belles Lettres.* 1610 1.

2802. —L'esprit de Luxembourg, ou conférence qu'il a eu avec Louis XIV sur les moyens de parvenir à la paix.

Cologne 1693. P. Marteau. 1 vol. in-12.

2803. —Testament politique du Marquis de Louvois, premier ministre d'Etat, sous le regne de Louis XIV, roy de France. Où l'on voit ce qui s'est passé de plus remarquable en France, jusqu'à sa mort. (Par Sandras de Courtilz).

(Cologne, à la Sphère). 1695. 1 vol. in-12.

2804. —Le détail de la France, sous le règne de Louis XIV. (Par Le Pesant de Bois-Guilbert).

S. n. n. l. 1699. 1 vol. in-12.

2805. —Le détail de la France, sous le règne présent. Augmenté en cette nouvelle édition, de plusieurs Mémoires et Traitez sur la même matière. (Par LE PESANT DE BOIS-GUILBERT).

S. n. n. l. (Rouen) 1707. 2 en 1 vol. in-12.

2806. — Relation fidèle de l'expédition de Cartagène. Par DU CASSE.

S. n. n. l. 1699. 1 vol. in-8°.

2807. — Annales de la Cour et de Paris, pour les années 1697 et 1698. (Par SANDRAS DE COURTILZ). Nouv. édit.

Amsterdam 1706. P. Brunel. 1 vol. in-12.

2808. — Journal du siège de Brisac, reduit sous l'obéissance du Roy, par M. le duc de Bourgogne. (Par DONNEAU DE VISÉ).

Paris 1603. (1703). M. Brunet. 1 vol. in-12.

** — Vie du Dauphin, père de Louis XV, par l'*Abbé* PROYART. *OEuv.* 7-8.

2809. — Histoire nouvelle et abregée de la révolte des Sevennes. (Par Fr. DUVAL).

Paris 1712. N. Pepie. 1 vol. in-12.

2810. — Histoire du soulèvement des fanatiques dans les Sevennes, lequel a commencé en 1702, et a été entièrement terminé en 1705. Par M. D. (*Fr.* DUVAL).

Paris 1713. Luc Nion. 1 vol. in-12.

2811. — Le siècle des beaux-arts et de la gloire, ou la mémoire de Louis XIV justifiée des reproches odieux de ses détracteurs. Par M. OSSUDE.

Paris 1838. Aug. Vaton. 1 vol. in-8.°

** — Oraisons funèbres de Louis XIV. — *Belles-Lettres.* 905, 938, 943.

2812. — Recueil de pièces concernant le règne de Louis XIV.

1 vol. in-8°. — Contenant :

1. — Declaration du Roy, sur la regence de la Reyne. Verifiée en Parlement le 21 avril 1643.

Paris 1643. A. Estienne et P. Rocolet.

2. — Seance du Roy Louis XIV tenant son lit de justice en son Parlement le 18 may 1643.

Paris 1643. S. Cramoisy.

3. — La bienvenue de Mgr. le Dauphin, à la Reine mere. Par le R. P. C. M. (*Charles* MAGNIEN).

Paris 1662. G. Sassier.

4. — Reflexions chretiennes sur la prosperité des armes du Roy dans les mouvements de l'Europe.

Paris 1692. J. Boudot.

5. — Projet de paix délivré par les Ambassadeurs plénipotentiaires de France au Baron de Lilienroot, ambassadeur plénipotentiaire et médiateur de Suède, à La Haye le 20 juillet 1697.

   Amiens 1697. G. Le Bel.

6. — Quelques articles tirez du testament de Madame la duchesse de Boüillon, escrits pour la plus part de sa propre main.

   Paris 1657. F. Lambert.

7. — Testament et codicille de Charles II, Roy d'Espagne, fait le 2 d'octobre 1700. Avec plusieurs pièces curieuses concernant ledit testament.

   Bruxelles 1701. Chez *.**

8. — Laudatio funebris Ludovici Delphini, nepotis Ludovici Magni, dicta a *Nat. Steph.* SANADON. Non. mai an. MDCCXII.

   Lut.·Paris 1712. J. Barbou.

2813.— Recueil de pièces relatives au régne de Louis XIV.

   1 vol in-4°. — Contenant :

1. — Defence des droits du Roy. Pour la mouvance du comté de S. Paul.

   Paris 1645.

2. — Manifeste pour Madame la Duchesse douairiere de Rohan.

   Paris 1646. Pepingué.

3. — Les devoirs funèbres rendus à la mémoire du defunt Prince de de Condé, dans le collége des Jesuites, à Paris.

   Paris 1647. Bureau d'adresse.

4. — Recit de ce qui s'est passé en l'assemblée des Cours souveraines, assemblées en la Cour de S. Louis. — 1648.

5. — Mémoires et plaintes des rentiers de l'hostel de ville de Paris, sur les contraventions aux arrests, réglemens et déclaration du mois d'octobre 1648, presentez à N. S. du Parlement.

   Paris 1649. Pepingué.

6. — Lettre du Roy, à sa Cour de Parlement de Paris, tant sur ce qui s'est passé à Paris le samedy unzième decembre dernier, que sur les entieres satisfactions que S. M. témoigne avoir receu de la fidelité des peuple et bourgeois de sadite bonne ville de Paris.

   Paris 1649. A. Estienne.

7. — Remontrances et advis des Conseillers Secretaires du Roy, pour le payement de leurs gages; et de ceux des autres officiers. Et des rentes assignées sur les gabelles de l'Etat.

   Paris 1649. J. Remy.

8. — Liste des Officiers de ce royaume qui sont dechargez ou moderez du prest et advance, pour estre receus à payer le droict annuel en la prochaine année 1650.

   Paris 1649. A. Estienne.

9. — Histoire veritable de l'embrasement d'un vaisseau, arrivé à la rade de Dieppe, chargé de 300 personnes et de quantité de richesses.
Paris 1649. M. et J. Henault.

10. — Remarques des signalez biens-faits rendus à l'Estat par S. M. Anne d'Austriche, Reyne de France et de Navarre, depuis le commencement de sa regence jusques à present. Par *Paul* BOYER.
Paris 1649. F. Noel.

11. — Remonstrance faitte au Roy, sur le pouvoir et authorité que sa Majesté a sur le temporel de l'Estat ecclesiastique. Pour le soulagement de tous ses autres subjets tant Nobles que du Tiers Estat. (Par *Fr.* PAUMIER).
Paris 1651. A. Estienne.

12. — Lettres du Roy, envoyées à M. le Marechal de l'Hospital, gouverneur de Paris, et à MM. les Prevost des Marchands et Eschevins de ladite ville. Ensemble l'ordonnance de Sa Majesté, contre le Cardinal de Retz.
Paris 1654. Rocolet.

13. — Lettre du Roy, envoyée à MM. les Prevost des Marchands et Eschevins, de sa bonne ville de Paris. Du 11 septembre 1654.
Paris 1654. P. Rocolet.

14. — Description de l'arc de la place Dauphine, présentée à Son Eminence. (Par FELIBIEN).
Paris 1660. P. Le Petit. Pl.

15. — Sommaire des Roys representez sur le pont Nostre-Dame, avec leurs devises, leurs regnes et actions memorables, depuis Dagobert Roy des François, jusqu'à Louis XIV à present regnant, sur l'heureuse entrée de leurs Majestez.
Paris 1660. Brunet.

16. — Les devises du Pont Nostre Dame mises en vers françois. Avec les plus belles actions de nos Rois et le temps de leur regne.
Paris 1660. Cardin Besongne.

17. — L'Explication generale de toutes les peintures, statues et tableaux des portiques et arcs de triomphe, dressés pour l'entrée du Roy et de la Reine...
Paris 1660. Cardin Besongne.

18. — Relation de toutes les particularitez qui se sont faites et passées dans la célèbre entrée du Roy et de la Reyne, avec l'ordre de la marche du Clergé et des Cours souveraines.
Paris 1670. Loyson.

19. — Ordre general et particulier de la marche qui doit estre observée dans les trois jours consecutifs pour l'entrée de leurs Majestez dans leur bonne ville de Paris...
Paris 1660. J. B. Loyson.

20. — Le feu royal et magnifique qui s'est tiré sur la riviere de Seine vis à vis du Louvre, en présence de leurs Majestez, par ordre de MM. de Ville, pour la resiouyssance de l'entrée du Roy et de la Reine, le 29 aoust 1660.
Paris 1660. J. B. Loyson.

21. — Le portrait de Marie-Therese, Infante d'Espagne, Reyne de France.
Paris 1660. J. B. Loyson.

22. — La magnifique et superbe entrée du Roy et de la Reyne en la ville de Paris.
Paris 1660. Bureau d'adresse.

23. — Le feu de joye fait en la place Royale devant l'hostel de ville de Reims, pour l'heureuse conclusion de la paix, le 22 fev. 1660.

24. — Le triomphe d'hymenée eslevé devant l'hostel de ville de Reims, pour le feu de joye du mariage du Roy.
Reims 1660. V. Bernard.

25. — Relation contenant tout ce qui s'est fait et passé à l'attentat commis à la personne du duc de Crequy, ambassadeur de France dans la ville de Rome.

26. — Lettre du Roy envoyée à M. le Mareschal d'Aumont, sur l'attentat commis en la personne du duc de Crequy. Avec la relation de tout ce qui s'est passé en cette action.
Paris 1662. V.e P. Rocolet et Damiens Foucault.

27. — Lettre de M. le duc de Crequy au Roy, contenant les raisons qui l'ont obligé de sortir de la ville de Rome avec toute sa famille.
Paris 1662. V.e P. Rocolet et Damien Foucault.

28. — Tres humble priere au Roy en faveur de l'avancement de l'église et du portail des Minimes de la place Royale. — 1662.

29. — Relation veritable des ceremonies qui s'observent à la reception des ambassadeurs des cantons Suisses et de leurs alliez dans Paris.
Paris 1663. J. B. Loyson et J. Ribou.

30. — Avis désintéressé aux habitans des Païs-Bas, qui sont sous la domination du Roy d'Espagne. Par une personne neutre. — 1668.

31. — Relation de la sortie d'Espagne du Pere Everard Nitard, jésuite. Sur un imprimé espagnol envoyé de Madrid.
Paris 1669. S. Mabre-Cramoisy.

32. — Les vertus chretiennes et les vertus militaires en deüil. Dessin de l'appareil funebre dressé par ordre du Roy, dans l'eglise N. D. de Paris, le 9 sept. 1675 pour la ceremonie des obseques de Mgr. Henri de la Tour d'Auvergne, vicomte de Turenne.
Paris 1675. Michallet.

33. — Le magnifique mausolée dressé dans l'eglise N. D. de Paris à la memoire de Mgr. le Vicomte de Turenne.
Paris 1675. J. B. Loyson.

34. — Articles proposez par les Preteurs, Consuls et Magistrats de la ville de Strasbourg, le 30 sept. 1681.

Paris 1681. Bureau d'adresse.

35. — Le temple du Mont-Claros, ou les oracles rendus en forme d'horoscope sur la naissance de Mgr. le duc de Bourgogne.

Paris 1681. Aux trois Cailles.

36. — La feste des Dieux sur la naissance de Mgr. le duc de Bourgogne.

Paris 1682. Acad. des nouv. découvertes de médecine.

37. — La pompe et solennitez observées au convoy de Marie-Therese, Reyne de France et de Navarre, en l'eglise S. Denys, etc.

38. — Mausolée dressé dans l'eglise N. D. de Paris au service solennel celebré pour le repos de l'ame de Marie-Therese.

Paris 1683. P. Le Petit.

39. — Les funerailles de la Reine, faites au collége de Louis le Grand, le 16 àoust 1683.

Paris 1683. Aux trois Cailles.

40. — Explication de l'appareil pour la harangue qui se fait en l'honneur du Parlement de Paris, au collége de Louis le Grand.

Paris 1684. G. Martin.

41. — Description du monument érigé à la gloire du Roy par M. le Mareschal duc de la Feuillade. (Par l'*Abbé* REGNIER DES MARAIS).

Par.s 1686. S. Mabre-Cramoisy.

42. — La source glorieuse du sang de l'auguste maison de Bourbon, dans le cœur de Saint Louis. Sujet de l'appareil funebre pour l'inhumation du cœur de Louis de Bourbon, prince de Condé.

Paris 1687. E. Michallet.

43. — Relation veritable de la feste que M. le Cardinal d'Estrées a fait célébrer à Rome, pour rendre graces à Dieu du rétablissement de la santé du Roy.

Paris 1687. A. Fournot.

44. — Legatorum Siamensium ad Regem oratio. (Interp. *Lud*. BERNARD).

45. — Décoration de la colonne de l'hostel de ville de Paris.

46. — Lettre à M. sur la description du feu d'artifice de l'hostel de ville, sous le titre du temple de l'honneur.

Paris 1689. J. B. de la Caille.

47. — La statue de Loüis le Grand placée dans le temple de l'honneur. Dessein du feu d'artifice dressé devant l'hôtel de ville de Paris, pour la statue du Roy, qui doit y estre posée. (Par BEAUSIRE).

Paris 1689. N. et C. Caillou.

48. — Considerations sur le dessein de la place et du quay, proposez à faire vers la tour de Nesle, en ce qui concerne le service du Roy, la gloire de feu M. le Cardinal Mazarin, l'utilité et la décoration publique.

34.

49. — Triomphe de son Eminence dans la conclusion de la paix. Lat. franç.

50. — Relation de ce qui s'est passé de plus considérable pendant la maladie du Roy et depuis sa mort.
Paris 1715. Lamesle.

✷✷ — Voyez aussi quelques pièces du recueil n.° 1247.

✷✷ — Les pièces suivantes font partie du recueil des Mazarinades n.° 2718. Le numéro qui les précède, indique le volume.

3. — Arrest donné par le Roy seant en son lit de justice en sa Cour de Parlement, sur la regence de la Reyne sa mere. Du 18 may 1643
Paris 1643. A. Estienne.

26. — Ballet du Roy des festes de Bacchus. Dansé au Palais Royal, le 2 et le 4 jour de may 1651.
Paris 1651. B. Ballard.

12. — Censure du livre intitulé, Remontrances faites au Roy sur le pouvoir et l'authorité que Sa Majesté a sur le temporel de l'estat ecclesiastique. Du 23 janvier 1651.

12. — Les ceremonies faites et observées au sacre et couronnement du Roy Louis XIV, en la ville de Rheims, le dimanche 7 juin 1654.
Paris 1654. P. David.

3. — Declaration de guerre contre les Anglois. Publiée à St. Germain en Laye le 26 janvier 1666. (Feuille in-plano).

3. — Declaration de guerre contre les Hollandois. Du 6 avril 1672. Ms.

12. — Declaration du Roy, en faveur de Mgr. le Prince de Conty, et de ceux qui l'ont suivy, servy, assisté et exécuté ses ordres, dedans et dehors le royaume. Vérifiée en Parlement le 2 octobre 1653.

3. — Declaration du Roy sur la regence de la Reyne. Vérifiée en Parlement le 21 avril 1643.
Paris 1643. A. Estienne et P. Rocolet.

18. — Deux lettres de M. le duc de Lorraine escrites à Madame la duchesse d'Orléans, sur le sujet de sa retraite. L'une du 24 de juin, l'autre du 25 dudit mois.
Paris 1652. J. Chevalier.

18. — Entrevue et conference de Son Eminence le Cardinal Mazarin, et Dom Louis d'Aro, le 13 aoust 1659. Avec le recit veritable de tout ce qui s'est fait et passé entre les François et les Espagnols.
Paris 1659. S. Martin.

19. — L'expiation solennelle du sacrilege nagueres commis en l'église de St.-Jean en Greve.
Paris 1648. Bureau d'Adresse.

11. — Extraordinaire du xx aoust 1649, contenant l'arrivée de Leurs Majestés et la cordiale reception qui leur a été faite en cette ville de Paris.

18. — Journal contenant ce qui s'est fait et passé au siege du chasteau de Mouront, depuis le 15 aoust 1652 jour de la capitul.ᵒⁿ jusqu'à présent.
Ponthoise 1652. J. Courant.

18. — Journal contenant la relation veritable et fidele du voyage du Roy, et de Son Eminence, pour le traitté du mariage de Sa Majesté, et de la paix generale. — Suite du journal. — Journal troisieme. — Quatrieme journal. (Par COLLETET).
Paris 1659-1660. J. B. Loyson.

1. — Journal de tout ce qui s'est passé dans les derniers mouvemens de la Rochelle, et qui avoit esté obmis dans les precedentes relations. Avec la lettre du Comte d'Harcourt au sieur d'Estissac sur le dernier combat d'entre luy et le Prince de Condé.
Paris 1651. Bureau d'Adresse.

3. — Ludovico Magno de Valentianis, Cameraco, et Audomaropoli expugnatis, Picardiæ Eucharisticum. (*Emardo* LE CARON autore).
Parisiis 1677. S. Mabre-Cramoisy.

3 — La premiere navigation sur le canal de Languedoc, fait par ordre du Roy, pour la jonction des deux mers.
Paris 1681. Bureau d'Adresse.

10. — La prise de la ville de Dole, par l'armée du Roy. — 1668.

10. — La prise de possession de la souveraineté de Newfchastel, en Suisse, par le Comte de S. Paul. — 1667.

7. — Lettre de la Princesse ELISABETH, envoyée au Roy d'Angleterre son frere. Sur les entreprises faites avec le duc Charles.
Paris 1651. S. Le Porteur.

12. — Recueil des inscriptions en vers mis sur les frontispices des portes de la ville, de l'archevesché et hostel de ville de Rheims, le jour de l'entrée du Roy pour son sainct sacre, le 7 jour de juin 1654.
Paris 1654. Th. Charpentier.

10. — Les rejouissances faites à Constantinople par le S.ʳ de la Haye Ventelet, ambassadeur de Sa Majesté, pour les glorieux progrez de ses armes en Flandres. Et les divertissemens donnés à Turin au Duc, et à la Duchesse de Savoye.
Paris 1667. Bureau d'Adresse.

22. — Relation veritable, contenant les particularitez de ce qui s'est fait et passé à la publication de la paix dans la ville de Paris.
Paris 1660. Marin Léché.

25. — Le premier et le second Mercure de Compiegne depuis l'arrivée du Roy en ceste ville, le sixieme de juin jusques au dix-neuf. En vers burlesques. — 1649.

13. — Les sentimens de l'Université de Salerne, touchant les incommoditez qui agitent présentement les nations de l'Europe, avec les ordonnances pour chacune d'icelles en particulier.

34. ˙

20. — Le siege mis devant la ville d'Ipre : par le Prince de Condé, commandant l'armée du Roy en Flandres : avec le journal de ce qui s'est passé en sa marche. — 1648.

4. — Stances, lettre et double anagramme à la louange de la Reyne Christine de Suède.

4. — Le Te Deum contre les atheistes libertins.
Paris 1623. D. Guillemot.

12. — Testament de feu Mgr. l'Evesque de Bellay touchant sa sepulture.
Paris 1652. P. Le Petit.

3. — Testament olographe de Mademoiselle de Guyse. Du 6 fev. 1686.

22. — Traitté de paix, entre les couronnes de France et d'Espagne, conclu et signé par Mgr. le Cardinal Mazarin, et le Seigneur Dom Louis Mendez de Haro, en l'isle dite des Faisans, en la riviere de Bidassoa, aux confins des Pyrénées, le 7 novembre 1659.

5. — Le veritable advis presenté au Roy et à la Reine regente, et à Nosseigneurs de son Conseil, et habitans de Paris, le 17 juillet 1651. Touchant le canal qui est à faire pour empescher la creue des eaux, et commencera au dessus de Creteil, viendra rendre à la porte du Temple, d'où il enverra de l'eau de tous costés ou il en sera besoin, etc. (Par le Sieur DE MARSAY).

28. — Le veritable journal de ce qui s'est passé au sacre du Roy Louis XIV, pendant son sejour dans la ville de Rheims, depuis le 3.e de juin jusques au 9 ; avec les noms et qualités de ceux qui y ont assisté.
Paris 1654. Est. Pepingué.

Louis XV. (1715-1774.)

2814. — Mémoires de la régence de S. A. R. M. le Duc d'Orléans, durant la minorité de Louis XV, roi de France. (Par le Chevalier DE PIOSSENS).
La Haye 1737. J. Van Duren. 3 vol. in-12. Fig.

2815. — La vie de Philippe d'Orléans, petit-fils de France, régent du royaume, pendant la minorité de Louis XV. Par L. M. D. M. (DE LA MOTHE, dit DE LA HODDE, ex-jésuite).
Londres 1736. La Compagnie. 2 vol. in-12. Port.

2816. — Même ouvrage. 2.e édition.
Londres 1737. La Compagnie. 2 vol. in-12. Port.

** — Régence du duc d'Orléans, par MARMONTEL. — OEuvres. 18.

2817. — Précis du siècle de Louis XV, par M. DE VOLTAIRE. Servant de suite au siècle de Louis XIV, du même Auteur.
Genève 1770. 2 vol. in-12.

2818.—Précis du siècle de Louis XV. (Par VOLTAIRE). Ed. stér.
Paris 1816. Egron. 1 vol. in-12.

2819.—Les fastes de Louis XV, de ses ministres, maîtresses, généraux, et autres notables personnages de son règne ; pour servir de suite à la Vie privée. (Par BOUFFONIDOR).
Villefranche 1783. Chez la V.e Liberté. 2 en 1 vol. in-12.

2820.—Mémoires de M. le Duc de CHOISEUL, ancien ministre ; écrits par lui-même, et imprimés sous ses yeux, dans son cabinet, à Chanteloup, en 1778.
Chanteloup-Paris 1750. Buisson. 2 vol. in-8°.

2821.—Mémoires secrets et correspondance inédite du Cardinal DUBOIS, premier ministre sous la régence du duc d'Orléans ; recueillis, mis en ordre (composés) et augmentés d'un précis de la paix d'Utrecht, et de diverses notices historiques, par M. L. DE SEVELINGES.
Paris 1815. Pillot. 2 vol. in-8°. Port.

2822.—Mémoires du Cardinal DUBOIS. (Composés par *Paul* LA-CROIX, *Bibliophile* JACOB).
Paris 1829. Mame et Delaunay. 4 vol. in-8°.

** — Mémoires de M.e DU HAUSSET. — Voyez *Mém. sur la Révol.* 4.

2823.—Souvenirs d'un homme de Cour, ou mémoires d'un ancien page ; contenant des anecdotes secrètes sur Louis XV et ses ministres ; des observations sur les femmes, les mœurs, etc. Suivis de Notes historiques, critiques et littéraires. Ecrits en 1788 ; par *** (M. DE LA GORSE).
Paris 1805. Dentu. 2 vol. in-8°.

2824.—Mémoires du Comte de MAUREPAS, ministre de la marine. (Rédigés par SALLÉ, et publiés par SOULAVIE). 3.e éd.
Paris 1792. Buisson. 4 vol. in-8°. Fig.

2825.—Mémoires secrets pour servir à l'histoire de Perse. (Par PECQUET et CRÉBILLON fils, ou M.e DE VIEUX-MAISONS).
Amsterdam 1749. La Compagnie. 1 vol. in-18.

2826.—Mémoires historiques et anecdotiques du duc de RICHE-LIEU. (Par le Baron de LAMOTHE-LANGON).
Paris 1829. Mame et Delaunay. 6 vol. in-8°.

2827.—Commentaires des mémoires de Monsieur le Comte de St.-Germain. (Par M. le Baron DE WIMPFEN).
Londres 1780. 1 vol. in-8°.

2828.— Mémoires de l'*Abbé* TERRAI ; avec une relation de l'émeute arrivée à Paris en 1775, et suivis de quatorze lettres d'un actionnaire de la compagnie des Indes. (Par COQUEREAU).
Londres 1776. 1 vol. in-12.

2829.—Journal historique de la révolution opérée dans la constitution de la monarchie françoise, par M. de Maupeou. (Par PIDANSAT DE MAIROBERT et D'ANGERVILLE).
Londres 1775. 3 vol. in-8°.

2830.—Médailles sur la Régence; avec les Tableaux symboliques du S.ʳ Paul Poisson de Bourvalais, premier maltotier du royaume, et le Songe funeste de sa femme.
Sipar 1716. Pierre le Musca. 1 vol. in-8°.

*˟ — Mémoires pour servir à l'histoire de la Calotte. — *Bell.-Lett.* 2777.

˟˟ — Lettres de FILTZ-MORITZ. N.° 1229.

2831.—Histoire du système des finances, sous la minorité de Louis XV, pendant les années 1719 et 1720. Précédée d'un abrégé de la vie du Duc Régent, et du S.ʳ Law. (Par M. Du HAUTCHAMP).
La Haye 1739. De Hondt. 6 vol. in-12.

˟˟ — Pièces relatives à la bataille de Fontenoy. — *Bell.-Lett.* 1610-1611.

2832.— Lettre d'un patriote, où l'on rapporte les faits qui prouvent que l'auteur de l'attentat commis sur la vie du Roi a des complices, et la manière dont on instruit son procès. (11 mars 1757).

Réflexions sur l'attentat commis le 5 janvier contre la vie du Roi. (5 mars 1757).

Déclaration de guerre contre les auteurs du parricide tenté sur la personne du Roi. (Par GROSLEY).
S. n. n. l. n. d. 1 vol. in-12.

2833.—Pièces originales et procédures du procès, fait à Robert-François Damiens, tant en la Prévôté de l'hôtel, qu'en la Cour de Parlement. (Publiées par LE BRETON).
Paris 1757. Simon. 4 vol. in-12.

2834.—Mémoire justificatif de M. le Comte de MAILLEBOIS.

Eclaircissements présentés au Roy, par le Maréchal d'ESTRÉES.

Paris 1758. Simon. 1 v. in-4°. (La 1re pièce est manuscrite).

2835.—Lettres de M. le Maréchal de BELLE ISLE, à M. le Maréchal de Contades. Avec des Extraits de quelques-unes de celles du Maréchal de CONTADES au Maréchal duc de Belle Isle en 1758. Trouvées dans les papiers de M. de Contades après la bataille de Minden.

Amsterdam 1759. La Compagnie. 1 vol. in-12.

2836.—Lettres du Chevalier *Robert* TALBOT, de la suite du duc de Bedfort à Paris en 1762, sur la France. Comme elle est dans ses divers départements : avec nombre de particularités intéressantes touchant ses hommes en place ; mises en françois par M. MAUBERT DE G. (GOUVEST).

Amsterdam 1768. Changuion. 2 vol. in-12.

2837.—Mémoires pour servir à l'histoire de Louis, Dauphin de France, mort à Fontainebleau le 20 décembre 1765. Avec un traité de la connoissance des hommes, fait par ses ordres en 1758. (Composés par le P. GRIFFET et publiés par l'*Abbé* QUERBEUF).

Paris 1777. Simon. 2 vol. in-12.

** — Vie du Dauphin, père de Louis XVI, par l'*Abbé* PROYART. *OEuv.* 9.

** — Oraisons funèbres du Dauphin.— *Bell.-Lett.* 905-12, 938-18, 994-5.

** — Vie de Marie Leckzinska, par l'*Abbé* PROYART. — *OEuvres*, 12.

** — Oraisons funèbres de Marie Leckzinska. — *Bell.-Lett.* 938-7.

2838.—Testament politique de M. DE SILHOUETTE.

S. n. n. l. 1772. 1 vol. in-12.

** — Oraisons funèbres de Louis XV. — *Bell.-Lett.* 938-7-12 et 943.

** — Monuments érigés à la gloire de Louis XV, par PATTE.—*Beaux-Arts.*

2839.—Recueil de pièces.

1 vol. in-8°. — Contenant :

1. — Le de profundis de la Cour des Aydes.

2. — Pensez y bien, ou avis à MM. les Avocats de Paris.

3. — Discours d'un Pair de France à l'Assemblée des Pairs sur l'édit de réglement de décembre 1760.

4. — Lettre d'un Jurisconsulte français à un publiciste allemand sur une question de droit public, (la Pairie). — 1771.

5. — Lettre de Saint Louis aux Princes du sang.

6. — Sentimens des six conseils établis par le Roi et de tous les bons citoyens. (Par VOLTAIRE).

7. — Lettre du public à Messieurs les ci-devant Officiers du Parlement de Paris.

8. — Très-humbles et très-respectueuses remontrances de la communauté des Clercs du Palais, dite la Bazoche, au Roi.

9. — L'Equivoque. (Par VOLTAIRE).

10. — Observations d'un ancien Magistrat.

Louis XVI. (1774-1793.)

** — Louis XVI détrôné avant d'être roi, par l'*Abbé* PROYART. — *OEuv.* i.

** — Louis XVI et ses vertus.   *Ibid.* ii-iii-iv-v-vi.

2840. — Histoire de Louis XVI, avec les anecdotes de son règne; par P. V. J. DE BOURNISEAUX.

Paris 1829. Rosier et Mame. 4 vol. in-8°.

2841. — Compte rendu au Roi par M. NECKER, directeur général des finances. Au mois de janvier 1781. Imprimé par ordre de Sa Majesté.

Paris 1781. Imp. royale. 1 vol. in-4°. Port.

2842. — Dialogue sur les opérations de M. Necker.

1781. Brochure in-12.

2843. — Sur le compte rendu au Roi en 1781. Nouveaux éclaircissemens, par M. NECKER.

Paris 1788. Hotel de Thou. 1 vol. in-4°.

2844. — Collection de comptes-rendus, pièces authentiques, états et tableaux, concernant les finances de France, depuis 1758 jusqu'en 1787.

Lausanne-Paris 1788. Cuchet. 1 vol. in-4°.

2845. — Compte-rendu au Roi, au mois de mars 1788, et publié par ses ordres.

Paris 1788. Imp. royale. 1 vol. in-4°.

2846. — Requête au Roi. Adressée à Sa Majesté par M. DE CALONNE.

Londres 1787. Spilsbury. 1 vol. in-4°.

2847. — Lettres surprises à M. de Calonne.

S. l. n. n. 1787. 1 vol. in-8°.

Requête au Roi. Adressée à Sa Majesté par M. DE CALONNE.
S. l. n. n. 1787. in-8°.

Correspondance de M. NECKER avec M. de Calonne, ou plutôt mémoire en réponse à M. de Calonne par M. NECKER.
S. n. n. l. n. d. et sans titre.

Réponse à la Requête au Roi. Adressée à Sa Majesté par M. de Calonne.
S. n. n. l. 1787. in-8°.

Un petit mot de réponse à M. de Calonne, sur sa Requête au Roi, par M. CARRA.
Amsterdam-Paris 1787. Hôtel de Mesgrigny. in-8°.

Observations sur le discours prononcé par M. de Calonne dans l'Assemblée des notables le 27 février 1787.
Paris 1787. in-8°.

2848.—Réponse de M. DE CALONNE à l'écrit de M. Necker, publié en avril 1787; contenant l'examen des comptes de la situation des finances rendus en 1774, 1776, 1781, 1783 et 1787 : avec des observations sur les résultats de l'Assemblée des notables.
Londres 1788. Spilsbury. 1 vol. in-8°.

2849 —Observations présentées au Roi par les bureaux de l'Assemblée de notables, sur les mémoires remis à l'assemblée ouverte par le Roi, à Versailles, le 23 février 1787.
Versailles 1787. Pierres. 1 vol. in-4°.

2850.—Procès-verbal de l'Assemblée des notables, tenue à Versailles, en l'année MDCCLXXXVII.
Paris 1788. Imp. royale. 1 vol. in-8°.

2851.—Résultat des Assemblées provinciales à l'usages des Etats d'une province.
Bruxelles 1788. 1 vol. in-8°.

2852.—Lit de justice, tenu à Versailles, le 8 mai 1788.
Versailles 1788. Pierres. 1 vol. in-8°.

2853. — Avis au François sur le salut de la patrie. (Par PÉTHION).
S. n. n. l. 1788. 1 vol. in-8°.

2854. — De l'état de la France, présent et à venir. Par M. DE CALONNE. Nouv. édit.

Londres 1790. (Paris. Laurent). 1 vol. in-8°.

2855. — Sur l'administration de M. NECKER. Par lui-même.

Paris 1791. Hotel de Thou. 1 vol. in-8°.

2856. — Recueil de pièces.

1 vol. in-8°. — Contenant :

1. — Lettre d'un Anglois à Paris.
   A Londres 1787.

2. — Conférence entre un Ministre d'Etat et un Conseiller au Parlement. — Suite de la conférence. 17 oct.

3. — Histoire du siège du Palais, par le capitaine d'Agout, à la tête de six compagnies des gardes-françoises et deux compagnies des gardes-suisses, sous les ordres du Maréchal de Biron, ou Récit de ce qui s'est passé au Palais, lors de l'enlèvement de Messieurs Duval Desprémesnil et Goeslard de Monsabert, conseillers au Parlement, siégeans aux Chambres assemblées, les Pairs séans.

4. — Remontrances du Parlement de Rouen, arrêtées le 8 août 1787. Sur les concessions des terres prétendues vaines et vagues, illégalement ordonnées et exécutées en vertu d'arrêts du Conseil, des 25 juin 1785 et 10 septembre 1786, et de nouveau confirmées, avec évocation par deux autres arrêts du Conseil, du 7 juin 1787. — 1787.

5. — Arrêtés de la Chambre des Comptes et de la Cour des Aides, des 17 et 18 août 1787.

6. — Réquisitoire sur la déclaration du timbre, apportée en la Cour des Aides par M. Comte d'Artois, le 17 août 1787.

7. — Réquisitoire sur l'édit de subvention, apporté en la Cour des Aides, par M. Comte d'Artois, le 17 août 1787.

8. — Monsieur, frère du Roi, étant venu, le 17 août 1787, présenter à enregistrer à la Chambre des Comptes l'édit pour la subvention territoriale, et la déclaration sur le timbre, M. le premier President (Ch. L. H. BARENTIN) lui a dit : Monseigneur, j'obéis à l'ordre exprès du Roi, etc.

9. — Arrêté de la Cour des Aides, du 18 août 1787, passé à l'unanimité.

10. — Discours prononcé par M. DE NICOLAI à la Chambre des Comptes, dans la séance du 17 août 1787.

11. — Arrêt du Conseil du 23 août 1787, qui casse et annule l'arrêté de la Chambre des Comptes du 17 août 1787.

12. — Réponse du Roi à la Cour des Aides.

13. — Edit du Roi, de révocation tant de celui du mois d'août dernier, portant suppression des deux vingtièmes et établissement d'une subvention territoriale, que de la déclaration du 4 du même mois, concernant le timbre; etc. Du mois de sept. 1787.

14. — Arrêté du Parlement séant à Troyes, du 19 sept. 1787.

15. — Discours de M. Huès, maire de Troyes, au Parlement toutes les Chambres assemblées, après l'enregistrement des lettres-patentes de translation du Parlement en la ville de Troyes. Du 22 août 1787.

16. — Extrait des registres du Parlement, séant à Troyes, du 27 août 1787.

17. — Arrêté de la Cour des Monnoyes, du mercredi 23 août 1787.

18. — Arrêté du Chatelet, du 22 août 1787.

19. — Arrêté des Officiers des eaux et forêts de France. Du 30 août.

20. — Arrêté du Parlement de Rennes en Bretagne, du 18 août 1787.

21. — Arrêté du Parlement de Grenoble. (21 août 1787).

22. — Arrêté du Parlement de Rouen. 22 août et 23 août.

23. — Arrêté du Parlement de Normandie. 22 août et 23 août.

24. — Arrêté du Parlement de Toulouse. 27 août.

25. — Extrait des registres du Parlement de Franche-Comté. 30 août.

26. — Arrêté du Conseil soùverain de Roussillon, séant à Perpignan. 3 sept.

27. — Arrêté du Parlement de Dijon du lundi 10 septembre.

28. — Extrait des registres du Parlement de Bordeaux, du 8 août.

29. — Idem. du 3 sept. 1787. — Du 4 sept.

30. — Très-humbles et très-respectueuses remontrances qu'adressent au Roi, les gens tenans sa Cour de Parlement de Bordeaux, à Libourne.

31. — Parlement de Bordeaux. Lettres de jussion.

32. — Très-humbles et très-respectueuses remontrances que présentent au Roi, les gens tenans sa Cour de Parlement de Dauphiné, au sujet de l'exil de M. le duc d'Orléans; de l'enlèvement de MM. Freteau et Sabatier, conseillers au Parlement de Paris; de l'exil du Parlement de Bordeaux à Libourne; et de la lettre écrite à M. de Bérulle, premier Président du Parlement, par M. le Garde des Sceaux, le 12 novembre 1787.

33. — Lettre d'un correcteur des comptes, à M. le Marquis de L. F. (La Fayette).

34. — Remontrances et itératives remontrances, du Parlement de Normandie au Roi, au sujet de l'édit d'octobre concernant les vingtièmes. 1788.

35. — Très-humbles et très-respectueuses remontrances que présentent au Roi, les gens tenant la Cour du Parlement de Bretagne, sur les ordres du 21 décembre 1787, adressés au premier Président et aux présidents de la Houssaye et de Talhouet, sur la séance royale du 19 novembre 1787, et sur les suites qu'elle a eues. 16 février 1787.

Méry-sur-Seine , par M. C. T. GUERRAPAIN. — Des Officiers du bailliage du Palais à Paris , par M. J. B. LE BRUIN. — Du 6 sept. Des
Officiers de l'amirauté de Paris , par M. MANTEL.— Des Officiers du
bailliage de Langres , par M. GUYARDIN.— Du 11 sept. Discours des
Officiers du bailliage de Provins, par M. M. L. ROUSSELET

2857. — Recueil de pièces.

1 vol. in-4°. — Contenant :

1. — Traité de paix entre le Roi et le Roi de la Grande-Bretagne, conclu à
Versailles le 3 septembre 1783.
Paris 1783. Imp. royale.

2. — Emprunt de 80 millions , établi par édit du mois de décembre 1785.
Liste générale des numéros des quittances de finance sortis au 4.ᵉ
tirage des remboursemens des capitaux de rentes résultantes dudit
emprunt , dont les bulletins participeront au tirage des primes , qui
aura lieu au mois de mars 1790.
Paris 1790. Imp. royale.

3. — Réglement fait par le Roi , sur les fonctions des Assemblées provinciales , et de celles qui leur sont subordonnées. ainsi que sur les
relations de ces Assemblées, avec les Intendans des provinces. Du
5 août 1787.
Amiens 1787. J. B. Caron.

4. — Discours du Roi, prononcé à l'Assemblée des notables. 23 avril 1787.
Amiens 1787. J. B. Caron.

5. — Lit de justice tenu à Versailles le 8 mai 1788.
Versailles 1788. Pierres.

6. — Discours du Roi, de M. le Garde des Sceaux , et de M. le Directeur
général des finances , à l'ouverture de l'Assemblée des notables,
tenue à Versailles le 6 novembre 1788.
Versailles 1788. Imp. royale.

7. — Ouverture des Etats-généraux , faite à Versailles le 5 mai 1789.
Discours du Roi ; discours de M. le Garde des Sceaux ; rapport de
M. le Directeur général des finances, fait par ordre du Roi.
Paris 1789. Imp. royale.

8. — Séance tenue par le Roi, aux Etats-généraux , le 23 juin 1789.

9. — Extrait des délibérations du district des Petits-Augustins, du 7 août
1789. Discours prononcé par le R. P. ESNAULT.
Paris 1789. Quillau.

10. — Relation de ce qui s'est passé à Caen la nuit du 11 au 12 août 1789.
Lisieux 1789. Mistral.

11. — A l'Assemblée nationale. (Les officiers du régiment d'infanterie de
Conti, à Amiens le 6 septembre 1789).
Amiens 1789. J. B. Caron.

12. — District de Sainte-Marguerite. (Rappel de Réveillon).
   Paris 1789. Knapen.

13. — Lettre du Roi à l'Assemblée nationale. Versailles 18 sept.
   Amiens 1789. J. B. Caron.

14. — Tarif pour l'évaluation des vaisselles et bijoux d'or, portés aux hôtels des monnaies, et rédigé d'après les prix fixés par le décret de l'Assemblée nationale du 6 octobre 1789, et la promulgation du Roi.
   Paris 1789. Imp. royale.

15. — Instruction publiée par ordre du Roi, relativement à la contribution patriotique.
   Paris 1789. Imp. royale.

16. — Circulaire relative aux brevets pour l'approvisionnement de Paris, du 26 novembre 1789.

2858.—Recueil de pièces.

   1 vol. in-8°. — Contenant :

1. — Le Tribun du peuple au peuple. — Les Gracches français, suite du Tribun du peuple au peuple.
   Paris 1788.

2. — Le Moniteur. — 1788.

3. — Appel au Roi, par M.ᵉ MARTIN DE MARIVEAUX. — 1788.

4. — Ode au Roi, avec des notes et pieces justificatives par M. R... de S...

5. — Arrêté du chapitre général des Capucins tenu extraordinairement en juin 1788.

6. — Entretien de M.ᵉ Linguet et de M.ᵉ Bergasse. — 1788.

7. — Voyage philosophique au Japon, ou conférences anglo-franco-bataves.
   1788. A Pressure, dans les jardins de M. l'Ebahi.

8. — Le pour et le contre, entretien patriotique de deux gentilshommes bretons.

2859.—Mémoires secrets pour servir à l'histoire de la dernière année du règne de Louis XVI, roi de France. Par *Ant.* BERTRAND DE MOLLEVILLE.
   Londres 1797. Strahan et Cadelle. 3 vol. in-8°.

2860.—Histoire impartiale du procès de Louis XVI, ci-devant Roi des Français; ou recueil complet et authentique de tous les Rapports faits à la Convention nationale, concernant le procès du ci-devant Roi, des différentes Opinions des Représentans du Peuple ou des Particuliers, prononcées à la Tribune nationale, ou publiées par la voie

de l'impression ; enfin, de toutes les Pièces qui entre-
ront dans l'instruction de ce grand Procès, jusqu'au jugement définitif inclusivement. Par L. P. JAUFFRET.

Paris 1792-1793. Perlet. 8 vol. in-8°.

2861.—Le pour et le contre : recueil complet des opinions prononcées à l'assemblée conventionnelle, dans le procès
de Louis XVI ; on y a joint toutes les pièces authentiques de la procédure.

Paris an I de la République. Buisson. 7 vol. in-8°.

2862.—Pièces relatives au procès de Louis XVI.

1 vol. in-8°. — Contenant :

1. — Défense de Louis (XVI), prononcé à la barre de la Convention nationale, le mercredi 26 décembre 1792, l'an I de la République, par
le citoyen DESEZE, l'un de ses défenseurs officieux.
Paris 1792. Imp. nat.

2. — Même ouvrage.
Paris 1793.

3. — Observations des défenseurs de Louis sur une imputation particulière
qui lui a été faite dans la Convention ; précédées de leur lettre d'en-
voi au Citoyen-Président.

4. — Observations rapides sur la nullité du procès commencé contre Louis
XVI, et l'incompétence des hommes qui ont cru pouvoir se cons-
tituer ses juges Pour servir de suite au plaidoyer de M. Deseze.
Paris 1792. Froullé.

5. — Lettres de M. CAZALÉS au Roi, au Président de la Convention nationale, à M. Péthion, et suivies d'une lettre de M. BUDAUT, sur le
procès de Louis XVI.
Paris 1792. Les Marchands de nouveautés.

6. — Dénonciation de prévarications commises dans le procès de Louis
XVI, adressée à la Convention nationale, par M. BERTRAND DE
MOLEVILLE, ministre d'Etat de France.
A Londres et réimprimé à Paris. 1792.

7. — Déclaration de M. *Louis* DE NARBONNE, ancien ministre de la guerre
en France, dans le procès du Roi.
Londres 1793.

8. — Opinion d'*Etienne* NEVEU, sur le jugement de Louis XVI.

9. — Un mot sur l'affaire de Louis XVI, par MAURE aîné.

10. — Mon opinion sur l'affaire de Louis Capet. (Par BODIN).

11. — Adresse des hommes du faubourg St.-Antoine à la Convention nat.le

12. — Rapprochement et parallèle des souffrances de Jésus-Christ, lors de sa grande mission sur la terre, avec celles de Louis XVI, surnommé le Bienfaisant, dans sa prison royale. Dediés à sa Sainteté Pie VI, vicaire de J.-C., à tous les ordres hiérarchiques de l'Eglise universelle; etc. Par M. l'*Abbé* de Lubersac.
> Paris 1792. Les Marchands de nouveautés.

13. — Adresse de cent cinquante communes de Normandie, à la Convention nationale, sur le jugement de Louis XVI, roi de France. N.º éd.
> Rouen et Paris 1793.

14. — Appel à l'honneur français, sur le jugement de Louis XVI et la fête du 21 janvier. Par M. E.
> Paris 1796. Bureau général des nouveautés.

15. — Testament de Louis XVI. — Lettre de la Reine à M.me Elisabeth.

2863. — Eloge historique et funèbre de Louis XVI du nom, roi de France et de Navarre. (Par C. F. L. de Montjoie).
> Neuchatel 1796. Imp. royale. 1 vol. in-8º.

2864. — Essais historiques sur la vie de Marie-Antoinette d'Autriche, reine de France. Pour servir à l'histoire de cette Princesse.
> Londres 1789. 1 vol. in-8º.

2865. — Eloge funèbre d'Elisabeth-Philippine-Marie-Hélène, sœur de Louis XVI, ci-devant Roi des Français.
> Paris. s. d. 1 vol. in-8º.

2866. — Mémoires historiques sur Louis XVII, roi de France et de Navarre, ornés du portrait du jeune Prince et de celui de son auguste sœur; suivis de fragmens historiques recueillis au Temple par M. de Turgy, et de notes et pièces justificatives. Par M. Eckard. 3.e édit.
> Paris 1818. Nicolle. 1 vol. in-8º.

2867. — Remarques sur un écrit posthume de Peuchet, intitulé: Recherches pour l'exhumation du corps de Louis XVII. On y a joint, comme preuve historique, un portrait de ce Prince. (Par Eckard).
> Paris 1835. Delaunay. 1 vol. in-8º. Port.

2868. — Histoire de Louis-Philippe-Joseph Duc d'Orléans et du parti d'Orléans dans ses rapports avec la Révolution française. Par M. Tournois.
> Paris 1842. Charpentier. 2 vol. in-8º.

2869.—Histoire générale et impartiale des erreurs, des fautes et des crimes commis pendant la Révolution française, à dater du 24 août 1787 ; contenant le nombre des individus qui ont péri par la Révolution, de ceux qui ont émigré, et les intrigues des factions qui pendant ce tems ont désolé la France. (Par L. Prudhomme).

Paris an V (1797). Rue des Marais. 6 en 5 vol. in-8.°

Les 2 premiers volumes ont pour titre :

Dictionnaire des individus envoyés à la mort judiciairement, révolutionnairement et contre-révolutionnairement pendant la Révolution, particulièrement sous le règne de la Convention nationale. Par L. Prudhomme.

Paris an V de la Répub. (1796). 2 vol. in-8°. Fig.

2870.—Du fanatisme dans la langue révolutionnaire, ou de la persécution suscitée par les barbares du 18.e siècle, contre la religion chrétienne et ses ministres. Par J. F. Laharpe.

Paris 1797. Migneret. 1 vol. in-8°.

2871.—Même ouvrage. 2.e édit.

Paris 1797. Migneret. 1 vol. in-8°.

2872.—Histoire philosophique de la Révolution de France ; par *Antoine* Fantin Desodoards. Nouv. édit.

Paris 1797 à 1800. Maradan et Mame. 7 vol. in-8°.

Le 5.e et le 6.e volumes ont pour titre : Histoire de la République française, depuis la séparation de la Convention nationale, jusqu'à la conclusion de la paix entre la France et l'Empereur. Tom. 1 et 2. Le tome 7.e : Histoire de la République française, depuis le traité de Campo-Formio, jusqu'à l'acceptation de la constitution de l'an viii.

** — Tableaux historiques de la Révolution française, par Chamfort.

Voyez *OEuvres*. ii.

2873.—Le spectateur français pendant le gouvernement républicain. Nouv. édit. suivie de discours sur les causes des dernières révolutions, et sur les moyens d'asseoir le gouvernement sur une base inébranlable ; par M. Delacroix.

Versailles 1815. Lebel. 1 vol. in-8°.

2874.—Essai historique et critique sur la Révolution française; ses causes, ses résultats, avec les portraits des hommes les plus célèbres. 2.ᵉ édit., rev. et augm. du gouvernement consulaire et du règne de Napoléon ; par M. P. P. (*Pierre* PAGANEL).

Paris 1815. Panckoucke. 3 vol. in-8°.

2875.—Considérations sur les principaux évènemens de la Révolution françoise, ouvrage posthume de M.ᵉ la Baronne DE STAËL, publié par M. le duc de BROGLIE et M. le Baron de STAËL. 3.ᵉ édit.

Paris 1820. Delaunay. 3 vol. in-12.

2876. — Abrégé chronologique de la Révolution françoise, contenant les causes et les détails principaux de ce grand évènement. Par feu RICHER ; continué par BRUMENT.

Paris an IV. Rochette. 3 en 1 vol. in-16. Fig.

2877.—Histoire de la révolution de France, depuis l'ouverture des Etats généraux (mai 1789) jusqu'au 18 brumaire (novembre 1799) ; ouvrage posthume de l'*Abbé* PAPON, publié par M. *Papon* le jeune.

Paris 1815. Poulet. 6 vol. in-8°.

2878.—Histoire de l'Assemblée constituante; par M. *Ch.* LACRETELLE.

Paris 1821. Treuttel et Würtz. 2 vol. in-8°.

2879.—Histoire de la Révolution française, par M. A. THIERS.

Paris 1828-1829. Lecointe. 10 vol. in-8°.

2880.—Résumé de l'histoire de la Révolution française, par M. *Léon* THIESSÉ.

Paris 1826. Lecointe et Durey. 1 vol. in-18.

2881.—Histoire de la Révolution française, d'après les mémoires du temps et les historiens modernes les plus estimés ; par M. CHARRELOIS.

Paris 1836. Lebigre. 1 vol. in-12. Fig.

2882. — Histoire des Girondins, par M. A. DE LAMARTINE.

Paris 1848. Furne et C.ᵉ 8 vol. in-8°. Port.

2883.—Introduction au procès-verbal de l'Assemblée nationale.
    1 vol. in-8°. — Contenant :

1. — Résultat du Conseil d'Etat du Roi, tenu à Versailles le 27 déc. 1788.
    Paris 1788. Imp. royale.

2. — Lettre du Roi pour la convocation des Etats-généraux à Versailles, le 27 avril 1789, et règlement y annexé.
    Paris 1789. Imp. Royale.

3. — Etat par ordre alphabétique des Bailliages royaux et des Sénéchaussées royales des pays d'élections, qui députeront directement ou indirectement aux Etats-généraux, avec le nombre de leurs députations ; chaque députation composé d'un député du Clergé, d'un de la Noblesse, et de deux du Tiers-Etat.
    Paris 1789. Imp. royale.

4. — Ouverture des Etats-généraux faite à Versailles, le 5 mai 1789. Discours du Roi ; discours de M. le Garde des sceaux ; rapport de M. le Directeur général des finances, fait par ordre du Roi.
    Paris 1789. Imp. royale.

5. — Liste, par ordre alphabétique de Bailliages et Sénéchaussées, de MM. les Députés à l'Assemblée nationale. 1789.
    Paris 1789. Baudouin.

6. — Récit des séances des Députés des communes, depuis le 5 mai 1789, jusqu'au 12 juin suivant, époque à laquelle la rédaction des procès-verbaux a commencé.

7. — Procès-verbal des conférences sur la vérification des pouvoirs, tenues par MM. les Commissaires du Clergé, de la Noblesse et des Communes, tant en la salle du Comité des Etats-généraux, qu'en présence de MM. les Commissaires du Roi, conformément au désir de Sa Majesté.
    Paris 1789. Baudouin.

2884.—Procès-verbal des séances de la Chambre de l'ordre de la Noblesse aux Etats-généraux, tenues à Versailles en 1789.
    Paris 1792. Imp. nationale. 1 vol. in-8°.

2885.—Récit des principaux faits qui se sont passés dans la salle de l'ordre du clergé, depuis le commencement des Etats-généraux, le 4 mai 1789, jusqu'à la réunion des trois ordres dans la salle commune de l'Assemblée nationale. Par M. VALLET. Pour servir d'introduction aux procès-verbaux de l'Assemblée nationale.
    Paris 1790. Imp. nat. 1 vol. in-8°.

35.

2886.— Procès-verbal de l'Assemblée des communes et de l'Assemblée nationale, imprimé par son ordre.

Paris 1789-1791. Baudouin. 76 vol. in-8.° et 1 de tables.

2887.—Journal des débats et décrets. (Du 29 août 1789 au 1.er pluviôse an 8).

Paris 1789-1800. Baudouin. 116 vol. in 8.° 2 de tables.

2888.—Procès-verbal des séances de l'Assemblée nationale de France, tenues en l'année 1789 et suivantes ; précédé du *Récit* des séances des Députés des Communes, depuis le 5 mai jusqu'au 12 juin suivant ; du Procès-verbal des *Conférences* pour la vérification des pouvoirs; et du *Procès-verbal* des séances des Députés des Communes, depuis le 12 jusqu'au 17 juin 1789.

Paris 1791. Imp. nat. 1 vol. in-4°. Tom. I.er

2889.—Le Point du Jour, ou résultat de ce qui s'est passé la veille à l'Assemblée nationale. (Journal rédigé par BARRÈRE).

Paris 1791. Cussac. 15 vol. in-8°.

Ce journal, commencé le 19 juin 1789, a fini le 2 octobre 1791; il forme 815 n.os et 27 volumes. La collection ci-dessus comprend les numéros 181 (10 janvier 1790) à 630 (2 avril 1791).

** — Consultez aussi la *Gazette nationale* ou *Moniteur Universel*, et surtout l'introduction par M. THUAU-GRANDVILLE.

2890.— Collection de mémoires relatifs à la Révolution française, avec des notes et des éclaircissements historiques par BERVILLE et BARRIÈRE.

Paris 1821-1825. Baudouin frères. 35 vol. in-8°.

Cette collection comprend les ouvrages suivants:

Tom. I-II. Mémoires de BAILLY. — III. Mém. de LOUVET DE COUVRAY. — IV. Mém. de Madame DU HAUSSET. — V-VI. Mémoires pour servir à l'histoire de la ville de Lyon pendant la Révolution, par M. l'*Abbé Aimé* GUILLON DE MONTLÉON. — VII. Mém. historique sur la réaction royale et sur les massacres du Midi ; par le cit. FRÉRON. — VIII. Relation du départ de Louis XVI, le 20 juin 1791, écrite en août 1791, dans la prison de la haute-cour nationale d'Orléans, par M. le duc de CHOISEUL, et extraite de ses mémoires inedits. — IX-X-XI-XII. La vie et les mémoires du général DUMOURIEZ.—XIII-XIV. Mémoires sur la Convention et le Directoire, par A. L. THIBBEAU-

DEAU. — XV. Mémoires de S. A. S. *Louis-Antoine-Philippe* D'OR-
LÉANS, duc de MONTPENSIER. — XVI. Mémoires inédits de *Charles*
BARBAROUX. 2.ᵉ partie. — Mémoires de Madame la Marquise DE
BONCHAMPS, rédigés par Madame la Comtesse DE GENLIS. — XVII-
XVIII. Mém. de M. le Baron DE BESENVAL.—XIX. Mém. du Marquis
DE BOUILLÉ. — XX. Mémoires sur l'affaire de Varennes, compre-
nant le mémoire inédit de M. le Marquis DE BOUILLÉ ; deux relations également inédites de MM. les Comtes de RAIGECOURT et DE
DAMAS ; celle de M. le capitaine DELSON, et le précis historique de
de M. le Comte DE VALORY.— XXI-XXII-XXIII. Mémoires du Marquis
DE FERRIÈRES. 2.ᵉ édit.— XXIV Mémoires sur la Vendée, comprenant
les mémoires inédits d'un ancien administrateur militaire des armées républicaines, et ceux de Madame DE SAPINAUD. — XXV. Mémoires de M.ᵉ la Marquise de la ROCHEJAQUELEIN, écrits par elle-
même, et rédigés par M. DE BARANTE.— XXVI. Mém. de RIVAROL.—
XXVII. Mémoires sur les journées de septembre 1792, par M. JOUR-
GNIAC DE SAINT-MÉARD, M.ᵉ la Marquise DE FAUSSE-LENDRY, l'*Abbé*
SICARD, et M. *Gabriel-Aimé* JOURDAN ; suivis des délibérations
prises par la commune de Paris, et des procès-verbaux de la Mairie
de Versailles. — XXVIII. Histoire de la Convention nationale, par
DURAND DE MAILLANE ; suivie d'un fragment historique sur le 31 mai,
par le Comte LANJUINAIS. — XXIX-XXX. Mémoires sur les prisons. —
XXXI. Mémoires politiques et militaires du général DOPPET.—XXXII.
Mémoires de LINGUET sur la Bastille, et de DUSAULX sur le 14 juillet.
2.ᵉ édit. — XXXIII-XXXIV. Mémoires (inédits) de l'*Abbé* MORELLET,
suivis de sa correspondance avec M. le Comte R. ministre des finances
à Naples. Précédés d'un éloge historique de l'Abbé Morellet, par
M. LÉMONTEY.— XXXV. Journal de CLÉRY, suivi des dernières heures
de Louis seize par M. EDGEWORTH DE FIRMONT ; du récit des évènemens arrivés au Temple, par Madame Royale, fille du Roy ; et
d'éclaircissemens historiques tirés de divers mémoires du temps.

2891.—Mémoires historiques et militaires sur Carnot, rédigés
d'après ses manuscrits, sa correspondance inédite et ses
écrits. Précédés d'une notice par P. F. TISSOT.
Paris 1824. Baudouin. 1 vol. in-8". Port.

2892.—Compte-rendu par *André* DUMONT, député par le département de la Somme à la Convention nationale, membre
du Conseil des cinq cents, à ses commettans.
Paris an V. Bridel. 1 vol. in-8º.

2893.—Mémoires du général Dumouriez, écrits par lui-même.
Londres 1794. 2 en 1 vol. in-12.

2894.—Mémoires sur la Révolution, ou exposé de ma conduite dans les affaires et dans les fonctions publiques. (Par) D. J. Garat.
Paris an III. Smits. 1 vol. in-8º.

2895.—Mémoires de Grégoire, ancien évêque de Blois; précédés d'une notice historique sur l'Auteur, par M. H. Carnot.
Paris 1820. Yonet. 2 vol. in-8º. Port.

2896.— Quelques notices pour l'histoire, et le récit de mes périls depuis le 31 mai 1793. Par J. B. Louvet, l'un des Représentans proscrits en 1793.
Paris an III. Louvet. 1 vol. in-8º.

2897.—Même ouvrage. 3.ᵉ édit.
Paris an III. Louvet. 3 vol. in-18.

2898.—Mémoires d'un prêtre régicide (Monnel). (Par A. Martin).
Paris 1729. Ch. Mary. 2 vol. in-8º.

2899.—Journal de l'adjudant-général Ramel, commandant de la garde du Corps législatif de la République française, l'un des déportés à la Guiane après le 18 fructidor; sur les faits relatifs à cette journée etc. 3.ᵉ édit.
Londres 1799. 1 vol. in-8º.

Anecdotes secrètes sur le 18 fructidor, et nouveaux mémoires des déportés à la Guiane, écrits par eux-mêmes, et faisant suite au journal de *Ramel*.
Paris. Les Marchands de nouveautés. in-8º.

2900.—OEuvres de *J. M. Ph.* Roland, femme de l'ex-ministre de l'intérieur; contenant les mémoires et notices historiques qu'elle a composés dans sa prison en 1793, sur sa vie privée, sur son arrestation; sur les deux ministères de son mari et sur la Révolution.—Son procès et sa condamnation à mort par le tribunal révolutionnaire.—Ses ouvrages philosophiques et littéraires faits avant son mariage.—Sa correspondance et ses voyages; précédées d'un

discours préliminaire par L. A. CHAMPAGNEUX, éditeur, et accompagnées de notes, etc.
Paris an VIII. Bidault. 3 vol. in-8°.

2901. — Mémoires de Madame ROLAND, écrits par elle-même, suivis d'éclaircissemens historiques, par MM. *Berville* et *Barrière*. 5.ᵉ édit.
Paris 1835. Houdaille. 2 vol. in-8°.

2902. — Mémoires historiques et pièces authentiques sur M. de La Fayette, pour servir à l'histoire des Révolutions.
Paris an II. Le Tellier. 1 vol. in-8ⁿ.

2903. — Le réveil de M. SULEAU, suivi du prospectus du journal politique que le public lui demande.
Paris 1791. L'Homme sans peur. 1 vol. in-8".
Journal de M. SULEAU. N.° I, VII, XI.
Neuwied 1791. Paris 1792. in-8°.

2904. — Le vieux Cordelier de *Camille* DESMOULINS, député à la Convention, et doyen des Jacobins. Seule édition complète, précédée d'un essai sur la vie et les écrits de l'auteur, par M. MATTON aîné.
Paris 1834. Ebrard. 1 vol. in-8°.

2905. — L'Accusateur public. Par ROUCHER-SERISY. N.° 1 à 12.
Paris (1795). Migneret. 1 vol. in-8°.

2906. — Correspondance politique pour servir à l'histoire du républicanisme français, par M. MALLET DU PAN.
Hambourg 1796. Fauche. 1 vol. in-8°.
⁕⁕ — Consultez les œuvres de M. J. CHENIER. III. — CONDORCET. VII à XII. — J. DE MAISTRE. I. — MIRABEAU. I-II-III-VII-VIII.

2907. — Procédure criminelle instruite au Chatelet de Paris, sur la dénonciation des faits arrivés à Versailles dans la journée du 6 octobre 1789. (En 5 parties).
Paris 1790. Baudouin. 1 vol. in-8°.

2908. — Les forfaits du 6 octobre, ou examen approfondi du rapport de la procédure du Châtelet sur les faits des 5 et 6 octobre 1789, fait à l'Assemblée nationale par M. *Charles* CHABROUD; suivi d'un précis historique de la conduite des gardes-du-corps.
S. n. n. l. 1790. 2 en 1 vol. in-8°.

2909.—Appel au tribunal de l'opinion publique, du rapport de
M. Chabroud, et du décret rendu par l'Assemblée nationale le 2 octobre 1790. Examen du mémoire du duc
d'Orléans, et du plaidoyer du Comte de Mirabeau, et nouveaux éclaircissemens sur les crimes du 5 et du 6 octobre 1789. Par M. MOUNIER.
Genève 1791. 1 vol. in-8°.

2910.—Confédération nationale, ou récit exact et circonstancié
de tout ce qui s'est passé à Paris, le 14 juillet 1790, à la
Fédération, avec le recueil de toutes les pièces officielles
et authentiques.
Paris an II. Garnery. 1 vol. in-8°. Pl.

2911.—Mémoire de M. le Comte de LALLY-TOLLENDAL, ou seconde lettre à ses commettans. (Avec pièces justificatives).
Paris 1790. Desenne. 1 vol. in-8°.

2912.—Détails particuliers sur la journée du 10 aout 1792, par
un bourgeois de Paris (*Ch.* DURAND), témoin oculaire,
suivis de deux Notices historiques, l'une sur S. A. S.
Mgr. le duc d'Enghien, l'autre sur S. A. S. Mgr. le prince
de Conty, par le même.
Paris 1822. Blaise. 1 vol. in-8°.

2913.—Causes secrètes de la Révolution du 9 au 10 thermidor,
par VILATE.
Paris an III. 1 vol. in-8°.

2914 —Histoire de la conjuration de Maximilien Robespierre.
(Par C. F. L. DE MONTJOIE).
Lausanne. 1795. Strockenster. 1 vol. in-8°.
Rapport fait au nom de la commission chargée de l'exa-
men des papiers trouvés chez Robespierre et ses com-
plices, par E. B. COURTOIS, dans la séance du 16 ni-
vôse an III.
Paris an III. Imp. nat. in-8°.

2915.—Les crimes de Robespierre, et de ses principaux complices; leur supplice; la mort de Marat; son apothéose;
le procès et le supplice de Charlotte Corday.
Paris 1797. Desessarts. 3 en 1 vol. in-8°. Port.

2916.—Almanach des prisons, ou anecdotes sur le régime intérieur de la Conciergerie, du Luxembourg, etc. et sur différens prisonniers qui ont habité ces maisons sous la tyrannie de Robespierre, avec les chansons, couplets qui y ont été faits. (Par Coissin). 5.ᵉ édit.
Paris an III. Michel. 1 vol. in-16.

2917.—1.ᵉʳ, 2.ᵉ et 3.ᵉ tableau des prisons de Paris, sous le règne de Robespierre, pour servir de suite à l'Almanach des prisons, contenant différentes anecdotes sur plusieurs prisonniers, avec les couplets, pièces de vers, lettres et testamens qu'ils ont faits. (Par Coissin).
Paris. s. d. Michel. 3 vol. in-16. Pl.

2918.—Les martyrs de la foi pendant la Révolution française, ou le martyrologe des pontifes, prêtres, religieux, religieuses, laïcs de l'un et de l'autre sexe, qui périrent alors pour la foi; par M. l'*Abbé Aimé* GUILLON.
Paris 1821. Mathiot. 4 vol. in-8º.

2919.—Histoire et procès des naufragés de Calais, extraits des mémoires contemporains du duc de CHOISEUL, pour servir à l'histoire de France et principalement de la République.
Paris 1834. Bossange fr. 1 vol. in-8º.

2920. — Alliance des Jacobins de France avec le ministère ananglais; les premiers représentés par le c.ᵉⁿ Méhée, et le ministère anglais, par MM. Hamond, Yorke, et les lords Pelham et Hawkesbury: suivie des stratagèmes de Fr. Drake, sa correspondance, ses plans de campagne, etc.
Paris an XII. Imp. de la Républ. 1 vol. in-4º.

2921.—Histoire secrète de Coblence, dans la révolution des François. Extraite du cabinet diplomatique électoral et de celui des Princes frères de Louis XVI. Attribuée à M. RIVAROL (et à M. DE MONTGAILLARD).
Londres 1795. 1 vol. in-8º.

2922.—Défense des émigrés Français, adressée au peuple Français; par M. DE LALLY-TOLENDAL. 2 parties.
Paris an V (1797). Cocheris. 2 vol. in-8º.

2923.—Les émigrés justifiés ou réfutation de la réponse de M. Leuliete à M. Lally-Tolendal, sur la défense des émigrés. par F. T. D.

Paris an V. Batilliot, 1 vol. in-8°.

** — La France, l'émigration et les colonies, par DE PRADT. — *OEuvres.*

2924.—Recueil de pièces.

12 vol. in-8°. — Tom. I.er contenant :

1. — Instruction donnée par S. A. S. Mgr. le duc d'ORLÉANS, à ses représentans aux bailliages. Suivie de délibérations à prendre dans les Assemblées. 4.e édit. — 1789.

2. — Adresse de remerciment présentée au Roi par les officiers municipaux de la ville de Rouen, en assemblée générale.
   Rouen 1789. Seyer.

3. — Arrêté du Parlement de Franche-Comté. Du 27 janvier 1789.

4. — Cahier de l'ordre de la noblesse de la sénéchaussée de Guyenne. — Déclaration faite par une partie de la noblesse de Guyenne. — 1789.

5. — Cahier de la noblesse du Comté de Bar-sur-Seine. — 1789.

6. — Adresse au Roi par plusieurs habitans de Tarbes, capitale de la province de Bigorre. — 1789.

7. — Observations pour les Etats-généraux, par les habitans du bord de la Bresle, bailliage de Caux, province de Normandie. — 1789.

8. — Délibération des notables, bourgeois, et autres habitans formant le Tiers-état de la ville de Vesoul. Du 9 février 1789. Suivie d'une lettre adressée au Roi au sujet d'un Arrêté du Parlement de Besançon, du 27 janvier précédent.

9. — Discours prononcés à l'Assemblée générale du bailliage de Troyes, le 28 mars 1789.

10. — Cahier de l'ordre de la noblesse du bailliage de Troyes, remis à M. le Marquis de Mesgrigny et à M. le Marquis de Crillon, députés aux Etats-généraux en l'assemblée du 4 avril 1789.

11. — Recueil d'arrêtés et remontrances au Roi, du parlement de Bretagne, relativement aux délibérations et protestations des ordres de l'Eglise et de la Noblesse de la province de Bretagne, assemblés en la ville de S. Brieuc le 17 avril 1789.

12. — Discours sur la noblesse du Parlement de Bretagne, prononcés aux Chambres assemblées, avec des notes sur le même objet, tirées d'un Manuscrit de M. DESNOS DES FOSSÉS. Nouv. édit. — 1789.

13. — Lettre au Roi des Commissaires du Tiers-état de Bretagne, par laquelle ils dénoncent à Sa Majesté le réquisitoire fait au Parlement

de Paris, les Chambres assemblées, les Pairs y séant, le 6 mars 1789, par M. Séguier, avocat-général. Avril 1789.

14. — Requête présentée au Roi par MM. les Avocats du Parlement de Rennes. Mai 1789.

15. — Observations relatives principalement à la Bretagne, concernant l'administration de la justice gratuite et la suppression des justices seigneuriales, sans indemnité. Par l'ami de toutes les classes de cit.
Rennes 1789. Blouet.

16. — Procès-verbal et résultat des délibérations prises par MM. les étudians en droit, les jeunes citoyens de la ville de Rennes et la Commune des jeunes citoyens. — 1789.

17. — Instructions et cahier du hameau de Madon. (Par M. DE TUÉMINE).
Blois 1789. Masson.

18. — Projet de lettre à un citoyen, sur son discours projeté aux trois ordres de l'assemblée de Berry. — 1789.

Tom. II. — Contenant:

1. — Les Etats généraux convoqués par Louis XVI. (Par TARGET).

2. — Lettre sur les Etats-généraux convoqués par Louis XVI et composés par M. Target. Par le Comte de LAURAGUAIS. — 1788.

3. — Coup-d'œil sur le discours prononcé par M. Necker à l'ouverture des Etats-généraux; avec un Essai sur la liberté des journaux relatifs à ces mêmes Etats; le tout servant de supplément à la régénération de la France. — 1789.

4 — Histoire des Etats-généraux de Versailles. (Par l'*Abbé* S.) Livre 1er.

5. — L'orateur des Etats-généraux, pour 1789. 3.e édit.

6. — Journal politique-national des Etats-généraux et de la Révolution en 1789. Publié par M. l'*Abbé* SABATIER, et tiré des Annales manuscrites de M. le Comte de R. — 1790. (N.o 1 à 20).

Tom. III. — Contenant:

1. — Discours prononcé à l'Assemblée nationale, par M. DUPONT, sur l'état et les ressources des finances.
Versailles 1789. Baudouin.

2. — Exposé de la conduite de M. MOUNIER, dans l'Assemblée nationale, et des motifs de son retour en Dauphiné. Edition exacte.
Paris 1789. Desenne.

3. — Pensez-vous comme moi? Ouvrage dédié aux Etats-généraux, où l'on expose les moyens de concilier les demandes des différens Bailliages avec les besoins de l'Etat.
Londres-Paris 1789. Maradan.

4. — Le disciple de Montesquieu, à MM. les Députés des Etats-généraux.

ou supplément à la pétition des bourgeois de Paris, et au rapport; suivi de quelques réflexions sur des instructions attribuées à S. A. S. Mgr. le duc d'Orléans. Par P. M. L. au R. D. C. (P. Marcon). 1789.

5. — Même ouvrage. Nouvelle édition. — 1789.

Tom. IV. — Contenant :

1. — L'étonnement patriotique, sur le rapport intitulé : Résultat. — 1789.

2. — Adresse des Députés extraordinaires du commerce et des manufactures de France, à l'Assemblée nationale, d'après le vœu formel et l'adhésion de toutes les villes de commerce qu'elles représentent.
Paris 1789. Devaux.

3. — Adresse à l'Assemblée nationale, par les Députés extraordinaires des manufactures et du commerce du royaume. — 1789.

4. — Observations des Députés des manufactures et du commerce, sur l'appel des tribunaux de commerce.
Paris 1789. Devaux.

5. — Le système des Colonies. — 1789.

6. — Réclamation de M. l'Intendant de Saint-Domingue, enregistrée au Conseil supérieur de cette Colonie.

7. — Opinion sur les assignats, et proposition d'un autre mode de libération, prononcée à la Société de 1789, par un de ses membres.
Paris 1790. Potier de Lille.

8. — Les jetons, apologue politico-économique ; traduit de l'arabe ; suivi d'un développement de la partie systématique du texte, adapté à la position actuelle de nos finances. Par P. M. (P. Marcon), auteur du Disciple de Montesquieu. — 1789.

9. — Sur la caisse d'escompte. Récit fait par un de Messieurs aux Chambres assemblées, les Pairs y séant, le 30 janvier 1789.

10. — Adresse des actionnaires de la caisse d'escompte, à Nosseigneurs de l'Assemblée nationale. Du 20 novembre 1789.
Paris 1789. Baudouin.

11. — Rapport des Commissaires nommés par délibération des 20 nov. et 22 déc. dernier, fait à l'assemblée générale des actionnaires de la caisse d'escompte, le 29 déc. 1789, par M. de Lessart l'un des commissaires ; et délibération prise en conséquence dans l'assemblée du même jour.
Paris 1789. Clousier.

12. — Observations sur la position actuelle de la caisse d'escompte. — Addition à l'ouvrage intitulé, observations sur la position actuelle de la caisse d'escompte. — Réponse à quelques observations relatives à la caisse d'escompte.
Paris 1789. Clousier.

13. — Projet d'encouragement de l'agriculture, du commerce et des arts, par la suppression de la milice, ou tiragé au sort; avec la manière économique de suppléer aux troupes provinciales, par la création d'une école martiale, et l'établissement de manufactures et d'attéliers relatifs à leur service. Par M. l'*Abbé* de M... l'aîné. — 1789.

14. — Le fonds des dixmes ecclésiastiques mis en circulation, ou création d'un crédit territorial pour la liquidation de la dette de l'Etat. Par l'auteur du Disciple de Montesquieu. (P. MARCON). — 1789.

15. — Suppression des religieux, extinction de la mendicité.— Lettre à M. Treillard, député aux Etats-généraux, et membre du Comité ecclésiastique. Par le Sieur LE QUINIO DE KBLAY.
    Rennes 1789. Blouet.

16. — Les derniers soupirs d'un centenaire sur les malheurs de sa patrie.

17. — Le prestige détruit, ou la crédulité désabusée.
    Besançon 1789.

18. — Mémoire d'un militaire (en faveur de l'armée et de la pauvre noblesse du royaume).

19. — Les réveries agrestes, ou pétition des Pâtres de la vallée d'Auge à la modération françoise. — 1789.

20. — Réponse au discours de M. de Condorcet, sur la République; par M. DE SÉGUR, l'aîné.
    Paris 1789. La feuille du jour.

21. — Discours prononcé dans l'Assemblée nationale par le C.te d'ANTRAIGUES, le 3 août 1789, au sujet de la déclaration des droits l'homme et du citoyen.
    Paris 1789. Volland.

22. — Discours de M. BOULLANGER à Mesdames du fauxbourg Saint-Antoine. Lettre de M. REVEILLON, et délibération de Mesdames du fauxbourg Saint-Antoine.
    Paris 1789. Knapen.

23. — Lettre à Messieurs les Officiers de la garde bourgeoise de Paris. 1789.

Tom. V. — Contenant:

1. — Chanson poissarde à l'occasion des lettres de convocation pour les Etats-généraux de 1789.

2. — Tempus loquendi. Avec une lettre de l'Auteur. (Mars 1789).

3. — Petit Catéchisme à l'usage du Clergé, de la Noblesse et du Tiers-Etat de France; publié par ordre de Monseigneur *Le Bon-Sens*, premier prince des quatre parties du monde, et rédigé par un citoyen du *Tiers-Etat*.

4. — Réponse des Etats-généraux aux demoiselles du Palais-Royal.

5. — Le véritable ami du peuple.

6. — Domine salvum fac regem. — 21 oct. 1789.

7. — Déclaration des droits du Roi et de la nation française aux Etats-généraux ; précédée de celle des droits de la Chambre des Pairs et des Communes d'Angleterre, etc. et de ceux des Provinces-Unies d'Amériques, à l'époque de la Révolution. Par l'auteur du droit des nations.

8. — Préliminaire de la Constitution. — Reconnoissance et exposition raisonnée des droits de l'homme et du citoyen. Lu les 20 et 21 juillet 1789, au Comité de constitution. Par M. l'*Abbé* Sieyes.
   Paris 1789. Baudouin.

9. — Projet de déclaration des droits de l'homme en société; par M. Target.
   Paris 1789. Baudouin

10. — Le livre des rois du nouveau Testament, ou correspondance du lord ..... avec M. Pitt, ministre de la grande Bretagne, sur l'ouragan politique de la France. — 1789.

11. — La circulaire des districts ; dénonciation forcée des apôtres du despotisme, et de certains agents peu ou point connus, cent fois plus dangereux, la plupart stipendiés, vils suppôts d'aristocratie et fins limiers d'ancienne police, etc. etc.: en attendant l'historique de leur vie, de leurs manœuvres et de leurs conjurations.

12. — Usage patriotique de la liberté de la presse. — 1789.

13. — Principes positifs de M. Necker, extraits de ses ouvrages. — 1789.

14. — Le peintre politique, ou tarif des opérations actuelles. (Par Billaud de Varenne). — 1789.

15. — Supplément à la galerie de l'Assemblée nationale. (Par Dubois de Crancé). — Octobre 1789.

16. — A l'ordre de la noblesse du Bas-Vivarais, par le Comte d'Antraigues, son député aux Etats-généraux.

17. — Lettre de M.e la Marquise de ..... au Comte de Lauraguais sur M. Cerutti. — Réponse du Comte de Lauraguais, à M.e la Marquise de ...

18. — Les trois Poissardes buvant à la santé du Tiers-Etat, au temps du carnaval. — 1789.

19. — Discours en vers aux trois ordres, sur les Etats-généraux de 1789.
   En France. 1789.

20. — Très-humble supplique au Roi, en faveur des trois ordres, par un citoyen honnête, exempt de préjugé. — 1789.

21. — Lettre à M. le Comte de Mirabeau, l'un des représentans de l'Assemblée nationale, sur les dispositions naturelles, nécessaires et indubitables des officiers et des soldats français et étrangers. Par un Officier françois. — 1789.

14. — District de l'Oratoire. Invitation patriotique aux citoyens des 2 sexes.
Paris 1790. Knapen.

15. — Sur l'intérêt des assignats-monnoie.
Paris 1790. Potier de Lille.

16. — Opinion de M. Decrétot, sur la proposition de faire deux milliards d'assignats forcés.
Paris 1790. Imprimerie nationale.

17. — Motion faite au district des Recollets, le 14 janvier 1790, sur la situation allarmante de la capitale, relativement à la rareté extrême du numéraire.
Paris 1790. Didot.

18. — Adresse à l'Assemblée nationale, par les administrateurs du directoire du département de la Seine-Inférieure, le directoire du district de Rouen, le Conseil général de la commune et la Chambre du commerce de la même ville ; sur cette question : Convient-il, pour acquitter la dette exigible de l'Etat, de faire l'émission immédiate de deux milliars d'assignats-monnoie, etc.
Rouen 1790. Dumesnil.

19. — Adresse de la garnison de Metz, au Roi.
Paris 1790. Devaux.

20. — Réponse à une lettre de M. Varlet, commandant de la garde nationale d'Hesdin, adressée à M. Dubois de Crancé, et lue par lui à l'Assemblée nationale, le 20 août. Par M. de Fournés. — Dernier mot de M. de Fournés, à une réplique de M. Dubois de Crancé.
Paris 1790. Imp. nat.

21. — Arrêté du Comité des recherches de l'hôtel de ville contre M. de Maillebois, lieutenant général, M. Bonne-Savardin, officier de cavalerie, et M. de Saint-Priest, ministre, accusés du crime de lèze-nation et de complot de contre-révolution. — Fuite favorisée de M. Bonne-Savardin. — Son signalement. — Arrestation de M. Bruart de Riolle, aussi soupçonné de projet de contre-révolution. 1790.

22. — Discours de M. de Cazales, sur le renvoi des Ministres, prononcé dans la séance de l'Assemblée nationale du 19 octobre 1790.
Paris. l'Ami du Roi.

23. — Discours de M. de La Fayette au corps municipal de Paris ; et arrêté pris en conséquence. (8 novembre 1790).
Paris 1790. Lottin.

24. — Compte-rendu par la Société des gardes nationaux à l'armée parisienne, et aux 83 départemens de France. (12 novembre 1790).
Paris 1790. Champigny.

25. — Exposé des Officiers du régiment du Maine, en garnison à Bastia en Corse, de ce qui s'est passé en cette ville, les 18 et 19 avril 1790.
Paris 1790. Vezard.

26. — Mémoire historique des évènemens arrivés à Aix, le 12 décembre 1790, publié par les Officiers du régiment de Lyonnois.
Paris 1790. Vezard.

27. — Nouveau plan de Maréchaussée, suivi de quelques réflexions sur d'autres objets intéressans pour la nouvelle constitution de la France. Par M. DE ROMAND. (Aux citoyens patriotes et militaires).
Orléans 1790. Jacob.

28. — Précis historique et justificatif de *Charles-Eugène* DE LORRAINE, Prince de LAMBESC. (1 mai 1790).

29. — Détail circonstancié des complots journaliers du Chatelet contre l'Assemblée nationale, suivi des motifs pressans d'organiser toutes les juridictions du royaume.

30. — Supplique du peuple au Roi.

31. — Mémoire présenté au comité militaire le 4 août 1790.(Par PILLERAULT).
Paris 1790. Imp. nat.

Tom. VII. — Contenant:

1. — Projet d'adresse aux François, sur la constitution civile du Clergé; adopté et présenté par le comité ecclésiastique à l'Assemblée nationale dans la séance du 14 janvier 1791; prononcé par M. MIRABEAU.
Paris 1791. Imp. nat.

2. — Sermon sur l'accord de la religion et de la liberté, prononcé dans la Métropole de Paris, le 4 fév. 1791. Par *Claude* FAUCHET.
Paris 1791. Imp. du Cercle social.

3. — Bref du Pape Pie VI, à S. E. M. le Cardinal de La Rochefoucault, Mgr. l'Archevêque d'Aix, et les autres Archevêques et Evêques de de l'Assemblée nationale de France, au sujet de la constitution civile du clergé, décrétée par l'Assemblée nationale. — 1791.

4. — Bref du Pape à tous les Cardinaux, Archevêques, Evêques, au Clergé, et au Peuple de France. — 1791.

5. — Mémoire de M. DE CALONNE, ministre d'Etat, contre le décret rendu le 14 février 1791, par l'Assemblée se disant nationale. . .
Venise 1791. Paris. Laurent fils.

6. — Observations pour les députés extraordinaires du commerce et des manufactures de France, sur les dangers de l'établissement d'un tribunal de cassation dans les Colonies. (Par M. DE SÈZE).
Paris 1791. Régent et Bernard.

7. — DUBOIS DE CRANCÉ à ses concitoyens. (Sur le serment exigé des gardes nationaux). — Seconde lettre de DUBOIS (DE CRANCÉ) à ses commettans, sur l'organisation des gardes nationales.
Paris 1791. Imp. nat.

36.

8. — Observations. — Sur l'émission des petits assignats. — 1791.
Paris 1791. Postillon.

9. — Manifeste présenté au Peuple Français. (Par Poissonnier des Perrières.
Imprimé à Bruxelles le 14 août 1791.

10. — Lettre de Monsieur, et de M. le Comte d'Artois, au Roi leur frère, avec la déclaration signée à Pilnitz le 27 août 1791, par l'Empereur et le Roi de Prusse. — Lettre au Roi, par M. le Prince de Condé, M. le Duc de Bourbon, M. le Duc d'Enghien.
Paris 1791. Laurent.

11. — Réponse de Louis-Stanislas-Xavier et de Charles-Philippe, fils de France, à Louis XVI, roi de France leur frère. — 1791.

12. — Déclaration d'une partie des Députés aux Etats-généraux, touchant l'acte constitutionnel et l'état du Royaume. — 1791.

13. — Présentation faite de l'acte constitutionnel au Roi. Discours de la députation de l'Assemblée nationale, et réponse du Roi à la déput.^{on}
Paris 1791. Caillot.

14. — Réflexions de M. l'*Abbé* Royou, sur le manifeste de M. de Montmorin à tous les Princes de l'Europe, par lequel il appert que Louis XVI est le monarque le plus heureux et le plus puissant de la terre.
Paris 1791. Bureau de l'Ami du Roi.

15. — Conversation entre un maître d'école, un grenadier et un paysan; ou le peuple désabusé.

16. — Mort de M. Voidel, membre de l'Assemblée des Jacobins, en faisant le rapport d'une contre-révolution.
Paris 1791. L'Ami de l'Ordre.

17. — Opinion de M. Bouthillier, sur le projet des comités réunis, relatif au nouveau serment à exiger des troupes.

18. — Opinion de M. de Cazalés, sur le serment exigé des officiers.
Paris 1791. Bureau de l'Ami du Roi.

19. — Observations sur l'état de l'armée, par M. Achard de Bonvouloir.

20. — Observations et moyens d'économie, proposés sur le plan d'organisation de l'administration forestière, présenté, au nom des cinq Comités réunis, par H. B. Delattre.
Paris 1791. Imp. nationale.

21. — La Constitution françoise, décrétée par l'Assemblée nationale constituante, pendant les années 1789, 1790, 1791, et acceptée par le Roi le 14 septembre 1791; suivie du discours prononcé par le Roi à l'Assemblée nationale, et de la réponse du Président.
Paris 1791. Bureau du Patriote françois.

22 — De l'état des finances, au 1.er mai 1789, et au 1.er octobre 1791; avec des observations sur le mémoire de M. de Montesquiou, du 9

septembre de ladite année. Par *Jean-Louis* BERNIGAUD DE GRANGE.
Et comptes , à ses commettans, de ses opinions sur les principaux
décrets de l'Assemblée nationale.
Paris 1791. Le Vigneur.

23. — Réclamation d'une partie des Députés, sur le compte à rendre de
de l'administration des finances de l'Etat.
Paris 1791. Lallemand.

24. — Les pourquoi du Peuple à ses représentans , à leur retour de l'Assemblée nationale. 1791.

25. — Protestation de M. *Emmanuel Louis-Henri-Alexandre* DE LAUNAI
D'ENTRAIGUES. (Contre l'acte constitutionnel).
Milan 1791.

26. — Opinion de M. l'*Abbé* MAURY, député de Picardie, sur l'hôtel des
invalides. (23 mars 1791).
Paris 1791. L'Ami du Roi.

27. — Opinion de *Stanislas* CLERMONT-TONNERRE, sur l'affaire d'Avignon.

28. — Quelques réflexions sur la mémorable assemblée de Carpentras, sur
la position du peuple Avignonnois, et sur l'opinion de Stanislas
Clermont-Tonnerre. Par P. A. ANTONELLE. 3.ᵉ édit.
Paris (1791). Lejay.

29. — Lettre de M. DE FERRIÈRES, à M. de ... ancien fermier général. (Si
un peuple qui existe depuis 14 siècles a une constitution).

30. — Oui ou non. (Sur le rapport des comités qui doivent rédiger la constitution. (Par J. F. DE LAHARPE).
Paris 1791. Migneret.

Tom. VIII. — Contenant :

1. — Le régne du Prince Trop-bon, dans le royaume des Fols, conte oriental, ou plutôt histoire occidentale, publiée par Madame la toujours
Comtesse de..., et dédié à MM. les Rédacteurs du journal intitulé
l'Ami du Roi, sous la direction de M. Montjoye. 3.ᵉ édit.
Paris 1792. Bureau de l'Ami du Roi.

2. — Les trois âges de Louis XVI.

3. — La France déchirée par ses enfans , sa plainte au tribunal du genre
humain, suivies du plaidoyer de la raison; de réflexions sur la constitution qu'il s'agit de donner à l'Empire françois; d'une lettre à
Thomas Peyne, sur l'égalité, la liberté et les droits de l'homme;
d'une autre à Cambon, sur la situation de la chose publique, et
enfin du parallèle de l'esprit républicain et de l'esprit royaliste.
Londres-Paris. Les Marchands de Nouveautés.

4. — Ei Marseillés. Adresse, emé la tradussion a cousta. Aux Marseillois.
Adresse, avec la traduction à côté.
Paris 1792. Les Libraires de la maison de M. Egalité.

36.*

5. — Marche des Marseillois, chantée sur différens théâtres. (Par Rouget de Lisle).
   Paris. Daniel.

6. — Adresse aux puissances de l'Europe.
   Paris 1792. Les Marchands de Nouveautés.

7. — Pièces trouvées dans le secrétaire du Roi, lues à l'Assemblée nationale le 15 août 1792.

8. — Neuvième recueil de pièces trouvées chez M. De la Porte, dont les originaux sont déposés au Comité de surveillance.

9. — Déclaration que S. A. S. le duc régnant de Brunswick-Lunebourg, commandant les armées combinées de LL. MM. l'Empereur et le Roi de Prusse, adresse aux habitans de la France. Donné au quartier général de Coblentz le 25 juillet 1792.

10. — Aux Français, s'il en existe encore.

11. — Exposé succinct des raisons qui ont déterminé S. M. le Roi de Prusse à prendre les armes contre la France. (Berlin 29 juin 1792).

12. — Lettre d'un député de l'Assemblée nationale (Blanc Gilli) au département des Bouches du Rhone, au sujet de l'attentat et des désordres commis au chateau des Thuileries, le 20 juin.
   Paris 1792. Crapart.

13. — Aux Amis de l'ordre. 14 mai 1792.

14. — Complot infernal. — 1792.

15. — A toi même, Laclos. — 1792.

16. — Le Suédois à Paris.
   Paris 1792. Au Palais Royal.

17. — Le Bonnet rebuté. Anecdote. — 1792.

18. — Extrait communiqué confidentiellement de la lettre de M. Delessart à M. de Noailles, du 21 janvier ; copie d'une dépêche du Prince de Kaunitz-Rictberg, à M. de Blumendorf, chargé d'affaires de l'Empereur à Paris ; dépêche du Prince de Kaunitz aux Ambassadeurs de l'Empereur près les cours étrangères ; note adressée à M. l'Ambassadeur de France à Vienne, par le Prince de Kaunitz ; lettre de M. le Comte de Goltz, envoyé extraordinaire du roi de Prusse en France, à M. Delessart, du 28 février.
   Paris 1792. Senneville.

19. — Le tableau de famille, fragment de l'histoire de France.
   L'an de la Liberté 0.

20. — Exposition des motifs d'après lesquels l'Assemblée nationale a proclamé la convocation d'une Convention nationale, et prononcé la suspension du pouvoir exécutif dans les mains du roi.
   Paris 1792. Imp. nat.

21. — Adresses de la ville et ci-devant Comté de Nice, à la Convention nationale, présentées le 4 nov. 1792.

Abbeville 1792. Devérité.

22. — Rapport des commissaires envoyés dans le département de l'Yonne. Par *Claude* FAUCHET. 6 nov. 1792.

Amiens 1792. J. B. Caron.

23. — Adresse à la Convention nationale de France, par les sociétés de Bretons unies dans une cause commune, c'est-à dire pour obtenir une représentation juste, égale et impartiale dans le Parlement.

Amiens 1792. J. B. Caron.

24. — Pièces relatives à la prise de Mons par Dumouriez. 9 nov. 1792.

Amiens 1792. J. B. Caron.

25. — Adresse de la section des Gardes-françaises à la Convention nationale.

26. — Pétition au Roi des François, trouvée dans les papiers du Roi ; lue à la séance du 6 déc. 1792.

Amiens 1793. J. B. Caron.

27. — Adresse du premier bataillon de la Corrèze aux Représentans de la République françoise. 8 déc. 1792.

Amiens 1793. J. B. Caron.

28. — Lettre du cit. LEBRUN, ministre des affaires étrangères, au Président de la Convention nationale. 10 déc. 1792.

Amiens 1793. Caron Berquier.

29. — Discours et projet de décret sur l'éducation nationale, par *Henri* BANCAL. 24 déc. 1792.

Amiens 1792. Caron Berquier.

30. — Adresse de la section des Champs-Elysées, arrêtée dans l'assemblée générale du 30 déc. 1792.

Amiens 1793. J. B. Caron.

31. — Adresse des fédérés réunis à Paris, et des sections de la même ville, à la Convention nationale, le 24 novembre 1792.

Abbeville 1792. Devérité.

32. — Dialogue intéressant et vrai entre le Maire, le Procureur-Syndic d'une province, le Curé, un Bourgeois, une riche Fermière, un Grenadier et deux fédérés. (En 3 parties).

En France, de l'imprimerie des Amis de la Vérité. En Province, aux enseignes du Peuple abusé, des lois renversées, du Roi détrôné, et de la Monarchie détruite. L'an deux du désordre et de l'anarchie.

Tom. IX. — Contenant :

1. — Discours des députés de la Société populaire de Bruxelles, prononcé à la barre de la Convention nationale, dans la séance du 6 fév. 1793.

Paris 1793. Imp. nat.

2. — Plan de Constitution présenté à la Convention nationale, les 15 et 16 fév. 1793, l'an 2.

Paris 1793. Imp. nat.

3. — Réflexions sur les bases d'une Constitution par le citoyen ..., présentées par BRESSON.

Paris 1793. Maret.

4. — Pétition des habitans de Gand, à la Convention nationale, imprimée par ordre de la Conv. nat. et envoyée aux 86 départemens et aux armées, en vertu du décret du 1 mars 1793.

5. — Extrait du procès-verbal de l'Assemblée générale de la section du Panthéon français. 13 mars 1793.

6. — Adresse des 32 sections composant la commune de Marseille, à la Convention nationale.

7. — Rapport et projet de décret sur la compétence des Commissions militaires pour le jugement des émigrés pris les armes à la main, par J. B. *Michel* SALADIN.

8. — Instruction du ministre de l'intérieur, aux municipalités de la République, sur les formalités à remplir pour participer aux secours décrétés les 26 nov. 1792 et 4 mai 1793, en faveur des parens des militaires et marins au service de la République.

9. — Adresse des fédérés des divers départemens reunis à Paris.

10. — Rapport et projet de décret, sur le mode de juger les exceptions particulières, non-prévues par la loi contre les émigrés ; par J. B. *Michel* SALADIN.

Paris 1793. Imp. nat.

11. — Adresse présentée à la Convention nationale, par tous les commissaires des autorités constituées du département et des sections de Paris, réunis en la salle de la société des amis de la liberté et de l'égalité, séante aux ci-devant Jacobins. Du vendredi 31 mai 1793.

Paris 1793. Ballard.

12. — La Société républicaine de Dax, à la Convention nationale.

Dax 1793. Leclercq.

13. — Acte constitutionnel, précédé de la declaration des droits de l'homme et du citoyen, présenté au Peuple français par la Convention nationale, le 24 juin 1793.

Paris 1793. Imp. des 86 départ.

14. — Adresse de la Convention nationale aux Français. 14 août 1793.

15. — Rapport fait au nom du Comité de Salut public, par le cit. BARÈRE, sur la mission civique des envoyés des assemblés primaires du peuple français. 14 août 1793.

16. — Adresse lue au nom des Jacobins de Paris, par *Marc-Antoine* JULIEN,

dans la séance du 27 floréal. — Réponse du Président de la Convention. — Discours prononcé par le cit. COUTHON.

Paris an II. Imp. nat.

17. — Dénonciation aux Comités de salut public et de sureté générale de la Convention nationale (d'un acte de vengeance personnelle commis au nom de la loi par des fonctionnaires publics coupables de délits graves et impunis. Signé HANOCQ).

Amiens 1793. Imp. des Associés.

18. — Opinion de *Michel-Edme* PETIT, contre le projet des écoles primaires, présenté par le Comité d'instruction publique de la Convention nationale.

Abbeville 1793. Devérité.

19. — Dénonciation présentée au Comité de législation de la Convention nationale, contre le représentant du peuple Dupin; par les veuves et enfans des ci-devant fermiers generaux. (Avec les additions).

Paris an III. Du Pont.

20. — Déclaration de Monsieur, frère de feu Louis XVI, qui s'établit régent de la France, durant la minorité de Louis XVII, son neveu, qui nomme M. le Comte d'Artois pour lieutenant-général du Royaume, et qui ratifie les déclarations adressées au feu Roi, le 11 sept. 1791. (28 janv. 1793).

Paris. Imprimerie française.

21. — Rapport et décret sur la réquisition civique des jeunes citoyens pour la défense de la patrie; par B. BARÈRE. 23 août an 2.

22. — Rapport par le cit. ROBESPIERRE, sur la situation politique de la République. 27 brumaire an 2.

23. — Arrêtés et pétitions des sections des Tuileries et des Champs-Elysées relatifs à la rebellion du 11.ᵉ bataillon de la première réquisition. Du 4 frimaire an 2.

24. — Rapport sur les principes du gouvernement révolutionnaire. Par *Maxim.* ROBESPIERRE. 5 niv. an 2.

25. — Recueil des actions héroïques et civiques des républicains français. Présenté à la Convention nationale. N.º 1 à 4 par *Léonard* BOURDON. N.º 5 par A. C. THIBAUDEAU.

26. — Rapport sur les principes de morale publique qui doivent guider la Convention nationale dans l'administration intérieure de la République, par *Maximilien* ROBESPIERRE. 18 pluviôse an 2.

Paris 1793. Imp. des 86 départ.

27. — Rapport de ST.-JUST, relatif aux personnes incarcérées. Des 8 et 13 ventôse an 2.

28. — Rapport sur les factions de l'étranger, et sur la conjuration ourdie

par elles dans la République française, pour détruire le gouvernement républicain, par la corruption, et affamer Paris ; par St. Just. 23 vent.

29. — Rapport sur la conjuration ourdie depuis plusieurs années par les factions criminelles pour absorber la Révolution française dans un changement de dynastie ; et contre Fabre d'Eglantine, Danton, Philippeaux, Lacroix et Camille-Desmoulins, prévenus de complicité dans ces factions, et d'autres délits personnels contre la liberté : par St.-Just. 11 germinal an 2.
   Paris an 2. Imp. des 86 départ. et imp. nat.

30. — Rapport sur la bibliographie. Par Grégoire. 22 germinal an 2.
   Paris an 2. Quiber-Pallissaux.

31. — Rapport par St.-Just sur la police générale, sur la justice, le commerce, la législation et les crimes des factions. Du 26 germ. an 2.

32. — Rapport par Billaud-Varenne, sur la théorie du gouvernement démocratique, et sa vigueur utile pour contenir l'ambition, et pour tempérer l'essor de l'esprit militaire ; sur le but politique de la guerre actuelle ; et sur la nécessité d'inspirer l'amour des vertus civiles par des fêtes publiques et des institutions morales. 2 floréal an 2.

33. — La Commission de l'instruction publique aux Artistes.

34. — Premier rapport sur les moyens d'extirper la mendicité dans les campagnes, et sur les secours que doit accorder la République aux citoyens indigens ; par Barère. 22 floréal an 2.

35. — Rapport sur l'assassinat de Collot-d'Herbois, par Barère. — Réflexions des citoyens Couthon et Collot-d'Herbois sur le même objet. 4 prairial an 2.

36. — Rapport sur les crimes de l'Angleterre envers le Peuple français, et sur ses attentats contre la liberté des nations, par Barère. An 2.

37. — Discours de *Maximilien* Robespierre, prononcé dans la séance du septidi 7 prairial an 2.

Tom. X. — Contenant :

1. — Adresse de la Convention nationale au peuple du 16 prairial an 2.

2. — Rapport sur la nécessité et les moyens d'anéantir le patois, et d'universaliser l'usage de la langue française, par Grégoire. 16 pr. an 2.

3. — Commission d'instruction publique. Spectacles. — 18 prairial an 2.

4. — Rapport et projet de décret présentés par Vadier. 27 prair. an 2.

5. — Rapport sur l'état de la fabrication révolutionnaire du salpêtre et de la poudre, et sur la nécessité de supprimer l'agence nationale, ci-devant régie des poudres et salpêtres ; par Barère. 17 mess. an 2.

6. — Rapport par Barère, sur la conspiration ourdie contre la représentation nationale, par Robespierre, Couthon, St.-Just, Lebas et leurs complices. 9 therm. an 2.

7. — Rapport fait et remis sur le bureau par Delcloy (1); renvoyé au Comité d'instruction publique ; sur la conduite et les actions héroïques de Pierre-Alexandre Godart, natif d'Amiens, sergent-major de la 5.e compagnie du 2.e bataillon du département de la Somme.

       Paris an 2. Rougyff.

8. — Rapport de Barère sur la prise de Charleroi. 9 mess. an 2. — Sur l'héroïsme des républicains montant le vaisseau le Vengeur. 21 mess. — Sur la prise de Bruxelles. 24 mess. — Sur les succès de l'armée du Rhin. 28 mess. — Sur la prise de Tripstat et de Landrecie. 29 mess. — Sur la prise de Nieuport. 5 thermid. — Sur les évènemens de Paris. 9 therm.—Sur la prise de l'isle de Catzan et de l'artillerie des Hollandois. 15 therm.

9. — Rapports (1.er et 3.e) sur les destructions opérées par le Vandalisme, et sur les moyens de le reprimer. Par Grégoire. 14 fruct. an 2.

10, — Rapport fait dans la séance du 4.e des Sans-culottides de l'an 2, sur la situation intérieure de la République ; par *Robert* Lindet.

11. — Décret du 14 frim. précédé du rapport sur un mode de gouvernement provisoire et révolutionnaire, par Billaud-Varenne. 28 brum. an 2.

12. — Le vérificateur des assignats (Deperey), à ses concit. 15 germ. an 2.

13. — Texte et nouvelle traduction de lettre et notes anglaises trouvées dans un porte-feuille anglais, déposé au comité de Salut public, et depuis aux Archives nationales, par décret du 4 aout (1793).

14. — Rapport sur l'établissement d'un Conservatoire des arts et métiers, par Grégoire. 8 vend. an 3.

15. — Rapport sur les encouragemens, récompenses et pensions à accorder aux savans, aux gens de lettres et aux artistes. 17 vend. an 3.

16. — Discours sur la liberté des cultes, par Grégoire.

17. — Discours de Durand Maillane sur les fêtes décadaires et la liberté des cultes.

       Paris an 3. Maret.

18. — Rapport et projet de décret sur la nécessité d'encourager la culture du chanvre et du lin, par Poultier. Nivôse an 3.

19. — Rapport sur le dessèchement des marais de la Somme, et sur le projet de Sallengros, relatif à la jonction de l'Oise à la Sambre, par Poultier. Pluv. an 3.

20. — Discours prononcé par Louvet pour célébrer la mémoire du représentant du peuple Féraud, assassiné dans ses fonctions. 14 pr. an 3.

---

(1) Delcloye (Jean-Baptiste-Joseph), dont le nom se trouve aussi écrit Deleclov, né à Lucheux, le 9 avril 1747, est mort à Amiens le 1.er janvier 1808.

21. — Projet de constitution pour la République française, et discours préliminaire prononcé par Boissy d'Anglas, au nom de la Commission des Onze, dans la séance du 5 messidor, an III.
    Amiens an III. Lib. assoc.

22. — Même pièce.
    Paris an III. Imp. nat.

23. — Motion sur la nécessité de laisser au peuple l'élection libre de la totalité du prochain corps législatif. Par J. B. M. Saladin.

24. — Rapport fait sur le nouveau traité conclu à Bâle le 28 floréal, entre la République française et le Roi de Prusse.
    Amiens 1793. Libr. associés.

25. — Rapport au nom de la Commission des Onze, par Baudin. 1 fr. an 3.
    Amiens 1793. Caron Berquier.

Tom. XI. — Contenant :

1. — Ode républicaine au peuple Français, sur l'Être suprême, composée en brumaire l'an IIe, par le citoyen Le Brun.
    Paris an 2. Imp. de l'instr. publiq.

2. — J. P. Brissot, à ses commettans, sur la situation de la Convention, sur l'influence des anarchistes, et les maux qu'elle a causés, sur la nécessité d'anéantir cette influence, pour sauver la République.
    Paris an 2. Provost.

3. — Bases générales d'un système de contributions, pour un Etat libre ; suivies de l'exposition d'une méthode d'évaluation des revenus nets des territoires des 83 départemens, etc. Par M. Delaunay.
    Paris 1792. Volland.

4. — Chanson des Sans-culottes. (Par *Aristide* Valcour).

5. — Lettre de M. Marat, l'ami du Peuple, contenant quelques réflexions sur l'ordre judiciaire.
    Paris 1792. Caillot.

6. — Le maximum démontré nécessaire sur les bleds, avoines et fourrages. (Par François, laboureur et directeur de la poste aux chevaux d'Arras).
    Arras an 2. Imp. des assoc.

7. — La longue conspiration des Jacobins pour dissoudre la Convention nationale, prouvée par Bergoeing, député de la Gironde.
    1793. Imp. de la Vérité, rue du Puits qui parle.

8. — Compte rendu, et déclaration par J. B. M. Saladin, sur les journées des 27 et 31 mai, 1.er et 2 juin 1793.
    Paris 1793. Robert.

9. — Appel aux assemblées primaires.
    Amiens. (an III). Imp. des assoc.

10. — Lettre de J. J. Dussault, au cit. Rœderer, sur la religion. 29 flor.
Paris an III. Marchands de nouveautés.

11. — Lettre de J. J. Dussault à J. B. Louvet, au sujet de son journal.
Paris an III (1795). Maret.

12. — Pétition des chiens de Paris à la Convention nationale, relativement
aux subsistances.
Paris 1795. Journal des Chiens.

13. — Des gouvernemens qui ne conviennent pas à la France; par *J. Th.*
Langloys. 2.ᵉ édit.
Paris 1795. Debarle.

14. — Qu'est-ce que la constitution de 93? Constitution de Massachusett.
Par *Adrien* Lezay.
Paris au III. Migneret.

15. — Qu'est-ce que la constitution de 95 ? Par *Adrien* Lezay.
Paris an III. Migneret.

16. — Le salut public, ou la vérité dite à la Convention par un homme
libre. (Laharpe).
Paris an III. Migneret.

17. — Relation de M. de Chaumereix, échappé des prisons d'Aurai et de
Vannes, avec quelques observations sur l'esprit public en Bretagne. — 1795.

18. — Les ruines, ou voyage en France, pour servir de suite à celui de
de la Grèce. Par *Adrien* Lezay. 3.ᵉ édit.
Paris an III. Migneret.

19. — Panégyrique de Marat, prononcé devant une nombreuse assemblée,
le 15 germ. dans l'antre qui lui servait d'asile dans les tems difficiles,
par le docteur Cannibale, vice-président perpétuel des Jacobins.
Paris an III. Forget.

Tom. XII. — Contenant :

1. — Essai sur les journées des 13 et 14 vendémiaire ; par P. F. Réal.
Paris an IV. Guyot.

2. — *Louis-Sauveur* Chénier, à André Dumont, membre du Conseil des
Cinq-Cents.

3. — Discours d'*André* Dumont (1), contre la loi du 9 floréal et le projet
de résolution relatifs aux pères, mères, aïeuls et aïeules d'émigrés ;
prononcé dans la séance du Conseil des Cinq-Cents ; le 20 niv. an 4.
Paris. Imp. du Journal des Débats.

4. — Lomont (tyranniquement et injustement dans les fers), à ses collègues.
Paris an IV. Gueffier.

---

(1) Dumont (André), né à Oisemont le 14 mai 1764, mourut à Abbeville le 21 octobre 1838.

5. — Rapports des représentans du peuple Camus, Bancal, Quinette, Lamarque, envoyés par la Convention, conjointement avec le général et ministre de la guerre Beurnonville, à l'armée du Nord, par le décret du 30 mars 1793; et du représentant du peuple Drouet, lu au Conseil des Cinq-Cents, les 22, 23 et 27 nivôse an IV.

6. — De la faiblesse d'un gouvernement qui commence, et de la nécessité où il est de se rallier à la majorité nationale. Par *Adrien* Lezay.
Paris an IV. Mathey.

7. — La vérité.
Paris (an 5). Gratiot.

8. — Idées sur la compétence du conseil de guerre de la dix-septième division militaire, concernant les prévenus d'embauchage.
Paris (an 5). Gratiot.

9. — L'administration municipale du canton de Bapaume, au Conseil des Cinq-Cens.
Bapaume an 5. Debeugny.

10. — Proclamation (du Directoire exécutif) pour que les armées françaises soient complétes et prêtes à marcher le 15 vendémiaire prochain.
Paris an VI. Imp. de la Répub.

11. — Loi contenant une instruction sur les Assemblées primaires, communales et électorales. Du 5 ventôse an 5.
Paris an VI. Imp. de la Répub.

12. — Proclamation du Directoire exécutif aux Français. Du 23 fruct. an 5.
Paris an V. Imp. de la Répub.

13. — Observations sur les finances et les factions, considérées comme causes de la chute du crédit public et de la misère du peuple. Par Bailleul.
Paris. Ant. Bailleul.

14. — Robespierre aux frères et amis, et Camille-Jordan aux fils légitimes de la Monarchie et de l'Eglise. (Incomplet).

15. — Description d'une machine curieuse nouvellement montée au Palais ci-devant Bourbon.
Paris an VI. Rue Jean Tison.

16. — Journée du dix-huit fructidor. (Par N. Regnard).
Amiens an VI. Patin.

17. — Testament de Rewbell.
Colmar an VII. Albert.

18. — La conduite de l'ex-directeur Barras dévoilée.

19. — Rapport fait au Conseil des anciens, par Cornet (du Loiret), au nom de la Commission des Inspecteurs. 18 brumaire an 8.
Paris an VIII. Imp. nat.

20. — Discours prononcé dans le Temple de Mars, par *Lucien* Bonaparte,

ministre de l'intérieur, le 25 messidor an 8, pour la fête du 14 juillet et de la Concorde.

Paris an VIII. Imp. de la Répub.

21. — Ministère de la police générale. — Rapport aux Consuls de la République, sur les auteurs de l'attentat du 3 nivôse (an 9),

Paris an IX. Imp. de la Répub.

22. — Exposé de la situation de la République. (Extrait des registres des Consuls de la République. 1 frimaire an X).

Paris an X. Imp. de la Répub.

Guerres civiles de la Vendée.

2925.—Histoire de la guerre de la Vendée, ou tableau des guerres civiles de l'Ouest, depuis 1792 jusqu'en 1815. Comprenant l'histoire secrète du parti royaliste jusqu'au rétablissement des Bourbons. 4.e éd. Par M. *Alph.* DE BEAUCHAMP.

Paris 1820. Michaud. 4 vol. in-8°. Cart. et Port.

2926.—Guerres des Vendéens et des Chouans contre la République française, ou annales des départements de l'Ouest pendant ces guerres, etc.; par un officier supérieur des armées de la République habitant dans la Vendée avant les troubles. (J. J. M. SAVARY).

Paris 1824-1827. Baudouin fr. 6 vol. in-8°. Cart.

2927.—Résumé de l'histoire des guerres de la Vendée, par M. DARMAING.

Paris 1826. Lecointe et Durey. 1 vol. in-18.

** — Mémoires du général AUBERTIN. — Voyez *Hist. milit.*

2928.—Mémoires de Madame la Marquise de LA ROCHEJAQUELEIN, écrits par elle-même. (Rédigés par M. DE BARANTE). 5.e éd.

Paris 1822. Imp. royale. 1 vol. in-8°. Cart. et Port.

2929.—Lettres sur l'origine de la Chouannerie et sur les Chouans du Bas-Maine, par J. DUCHEMIN DESCEPEAUX.

Paris 1825. Imp. royale. 2 vol. in-8°.

** — Mémoires de M.° DE BONCHAMPS. N.° 2890-16.

** — Mémoires sur la Vendée. N.° 2890-24.

** — Mémoires de M.° SAPINAUD. N.° 2890-24.

** — Lettres vendéennes, par M. le V.te WALSH. — *Bell.-Lett.* 3029.

** — Le Vendéen, par DE POTTER. — Voyez *Bell.-Lett.* 2742.

2930.—Des causes qui ont amené l'usurpation du général Bonaparte, et qui préparent sa chute. Par Sir *Francis* D'I-
VERNOIS.
> **Londres 1800. Deboffe. 1 vol. in-8°.**

2931.—Histoire de France, depuis le 18 brumaire (novembre
1799) jusqu'à la paix de Tilsitt (juillet 1807) et depuis la
paix de Tilsitt en 1807 jusqu'en 1812. Par M. BIGNON.
> **Paris 1829-1838. V.ᵉ Béchet et F. Didot. 10 v. in-8°. Pl.**
> La 2.ᵉ partie a pour titre :

Histoire de France, sous Napoléon, deuxième époque,
depuis la paix de Tilsitt en 1807 jusqu'en 1812.
> **Paris 1838. Didot fr. 4 vol. in-8°.**

2932.—Le Consulat et l'Empire, ou histoire de la France et de
Napoléon Bonaparte de 1799 à 1815. Par THIBAUDEAU.
> **Paris 1834-1835. Renouard. 10 vol. in-8°.**

2933.—Histoire du Consulat et de l'Empire, faisant suite à l'histoire de la Révolution française, par M. A. THIERS.
> **Paris 1845-1855. Paulin. 12 vol. in-8°. Port.**

2934.—Mémoires sur l'enfance et la jeunesse de Napoléon jusqu'à l'âge de vingt-trois ans ; précédés d'une notice historique sur son père, par T. NASICA ; dédiés à S. A. I. le
Prince-Président, par l'*Abbé* NASICA.
> **Paris 1852. Ledoyen. 1 vol. in-8°.**

2935.—Histoire de Napoléon, par M. DE NORVINS.
> **Paris 1827-1828. Amb. Dupont. 4 vol. in-8°. Fig.**

2936.—Même ouvrage. 3.ᵉ édit.
> **Paris 1829. Thoisnier-Desplaces. 4 vol. in-8°. Gr.**

2937.—Histoire populaire de Napoléon et de la grande armée,
par M. *Horace* RAISSON.
> **Paris 1830. Lecointe et Durey. 10 en 5 vol. in-18. Gr.**

2938.—Vie civile, politique et militaire de Napoléon Bonaparte,
depuis ses premières campagnes jusqu'à sa mort à l'île
Sainte-Hélène. Par J. L.
> **Paris 1821. Locard et Davi. 2 vol. in-18. Pl.**

2939.—Histoire de Napoléon-le-Grand ; par un ancien militaire.
Paris 1826. H. Langlois. 1 vol. in-32.

2940.—Histoire de l'Empereur racontée dans une grange par un vieux soldat , et recueillie par M. de Balzac.
Paris 1842. Dubochet. 1 vol. in-18. Fig.

2941.—Mémoires pour servir à l'histoire de France, sous Napoléon , écrits à Sainte-Hélène , par les généraux qui ont partagé sa captivité, et publiés sur les manuscrits entièrement corrigés de la main de Napoléon. (Par le général comte de Montholon et le général Gourgaud).
Paris 1823-1825. Didot. 8 vol. in-8°.

2942.—Mémoires pour servir à l'Histoire de France , sous le règne de Napoléon, écrits à S.te-Hélène sous sa dictée, par les généraux qui ont partagé sa captivité. 2.e édit. disposé dans un nouvel ordre et augmentée de chapitres inédits.
Paris 1830. Bossange. 9 vol. in-8°.
          C'est la 2.e édit. de l'ouvrage précédent, dans un nouvel ordre.

2943.—Mémorial de Sainte-Hélène, ou journal où se trouve consigné , jour par jour , ce qu'a dit et fait Napoléon durant dix-huit mois ; par le Comte de Las Cases.
Paris 1823-1824. Bossange. 8 vol. in-8°. Pl.

2944.—Mémoires de M. de Bourienne , ministre d'Etat ; sur Napoléon , le Directoire , le Consulat , l'Empire et la Restauration. (Par *Max*. de Villemarest).
Paris 1829. Ladvocat. 10 vol. in-8°.

2945.— Même ouvrage. 3.e édit.
Paris 1830. Ladvocat. 10 vol. in-8°.

2946.—Bourienne et ses erreurs volontaires et involontaires , ou observations sur ses mémoires ; par MM. le général Belliard, le général Gourgaud, le comte d'Aure, le comte de Survilliers, le baron de Meneval, le comte Bonacossi, le prince d'Eckmulh, le Baron Massias, le comte Boulay de la Meurthe, le ministre de Stein, Cambacérès. Recueillies par A. B. (A. Bulos).
Paris 1830. Heideloff. 2 vol. in-8°.

2947.—Mémoires de Constant, premier valet de chambre de l'Empereur, sur la vie privée de Napoléon, sa famille et sa Cour.

> Paris 1830. Ladvocat. 6 vol. in-8°.
>
> J. B. De Roquefort commença ces mémoires de Constant Wairy; les frères Méliot les continuèrent avec la collaboration de M. Luchet et de MM. Nisard, et M. de Villemarest en composa les deux derniers volumes. Quérard. *Superch. litt.* 1208.

2948.—Souvenirs anecdotiques d'un officier de la grande armée. Par M. L. Montigny.

> Paris 1833. Charles Gosselin. 1 vol. in-8°.

2949.—Souvenirs et campagnes d'un vieux soldat de l'Empire, par un capitaine de la Garde impériale, aujourd'hui détenu politique à la citadelle de Doullens. (Parquin).

> Paris 1843. Dondey-Dupré. 1 vol in-8°. Port.

2950.—Buonaparte, sa famille et sa cour. Anecdotes secrètes sur quelques personnages qui ont marqué au commencement du dix-neuvième siècle. Par un Chambellan forcé à l'être.

> Paris 1816. Ménard et Desenne. 2 vol. in-8°.

2951.—Mémoires du docteur F. Antommarchi, ou les derniers momens de Napoléon.

> Paris 1825. Barrois. 2 vol. in-8°.

** — Amours secrètes de Napoléon Bonaparte. — *Bell.-Lett.* 2741.

2952.—Dernier mot sur Sir Hudson Lowe, sur ses mémoires publiés par William Forsyth, et sur l'analyse qui en a été faite dans la Revue des Deux-Mondes. Par *Barthélemy* Baron de Las Cases (*Sainte-Hélène*). 1855.

> Paris 1855. W. Remquet. 1 vol. in-8°.

2953.—Les adieux à Bonaparte. (Par *Joseph* Michaud).

> Paris 1800. Les Marchands de nouveautés. 1 vol. in-8°.

2954.— Au citoyen Bonaparte, premier Consul de la République. (Le Comte Ferrières-Sauveboeuf).

> S. n. n. l. n. d. (Paris 20 vendémiaire an 10). 1 v. in-8°.

2955.— Voyage fait par le Premier Consul, en l'an XI de la République, dans les départements de l'Eure, de la Seine-Inférieure et de l'Oise. (Par *Ph. J. E. Vincent* Guilbert).

> Rouen (an XI). V. Guilbert. 3 parties en 1 vol. in-8°.

2956. — Mémoires historiques sur la catastrophe du duc d'Enghien. (Extraits des mémoires de M. le duc de ROVIGO).

Paris 1824. Baudouin fr. 1 vol. in-8°. Pl.

2957. — Explications offertes aux hommes impartiaux par M. le Comte HULIN, au sujet de la Commission militaire instituée en l'an XII pour juger le duc d'Enghien.

Paris 1823. Baudouin fr. 1 vol. in-8°.

** — Le duc d'Enghien, hist. drame, par D'ANGLEMONT. *Bel.-Let.* 2739.

2958. — Pichegru et Moreau. (Par M. ROEDERER).

Paris an XII (1804). Les Marchands de nouv. 1 v. in-8°.

Recueil des interrogatoires subis par le général Moreau, des interrogatoires de quelques-uns de ses co-accusés, des procés-verbaux de confrontation, et autres pièces produites au soutien de l'accusation dirigée contre ce général.

Paris an XII. Imp. impér. in-8°.

Observations sur la défense de Moreau.

Paris 1804. Les Marchands de nouveautés. in-8°.

Un mot sur le procès de la conjuration.

Paris. (s. d.) Hayez. in-8°.

Mémoire concernant la trahison de Pichegru, dans les années 3, 4 et 5, rédigé en l'an 6, par M. R. DE MONTGAILLARD, et dont l'original se trouve aux archives du gouvernement.

Paris an XII. Imp. de la Répub. in-8°.

2959. — Procès-verbal de la cérémonie du sacre et du couronnement de LL. MM. l'Empereur Napoléon et l'Impératrice Joséphine.

Paris an XIII-1805. Imp. impér. 1 vol. in-4°.

2960. — Fêtes à l'occasion du mariage de S. M. Napoléon, empereur des Français, roi d'Italie, avec Marie-Louise, archiduchesse d'Autriche. Recueil de gravures au trait, représentant les principales décorations d'architecture et de peinture, et les illuminations les plus remarquables auxquelles ce mariage a donné lieu. Avec une description par M. GOULET.

Paris 1810. Soyer. 1 vol. in-8°. Pl.

2961.—Exposé de la situation de l'Empire, présenté par Son Ex.
le Ministre de l'intérieur (M. le Comte de Montalivet)
au corps législatif, le 29 juin 1811.

> **Paris 1811. Imp. impér. 1 vol. in-8°.**

2962.—Exposé de la situation de l'Empire, présenté au corps
législatif, dans la séance du 25 février 1813, par S. Exc.
le Comte de Montalivet, ministre de l'intérieur.

> **Paris 1813. Imp. impér. 1 vol. in-8°.**

** — Voyez, pour l'histoire des guerres de l'Empire, l'histoire militaire
de la France.

Restauration. (1814 - 1830.)

2963.—Histoire des campagnes de 1814 et de 1815, comprenant
l'histoire politique et militaire des deux invasions de la
France, de l'entreprise de Buonaparte au mois de mars,
de la chute totale de sa puissance, de la double restauration du trône, et de tous les évènemens dont la France
a été le théâtre, jusqu'à la seconde paix de Paris, inclusivement. Rédigée sur des matériaux authentiques ou
inédits, par M. *Alphonse* de Beauchamp.

> **Paris 1816. Le Normand. 4 vol. in-8°.**

2964.—De Buonaparte, des Bourbons, et de la nécessité de se
rallier à nos princes légitimes, pour le bonheur de la
France et celui de l'Europe. Par F. A. de Chateaubriand.

> **Paris 1814. Mame fr. 1 vol. in-8°.**

2965.—Réflexions politiques sur quelques écrits du jour et sur les
intérêts de tous les Français. Par M. de Chateaubriand.

> **Paris 1814. Le Normand. 1 vol. in-8°.**

2966.—Recueil de pièces.

> **1 vol. in-8°. — Contenant :**

1. — Réflexions picardes, ou réponses aux réflexions politiques de M. de
Chateaubriand. Par un Émigré de 91, ami du trône et de la justice ;
décoré de l'ordre de l'Éteignoir par les amis de la lumière (des lan-
ternes) ; dédiées aux consciences de mes acquéreurs, et, en cas d'absence, à tous les Français qui en ont un peu. (Par le Comte de
Boubers.

2. — Lettre à S. E. Mgr. le Cardinal Maury, sur son mandement pour ordonner qu'un Te Deum soit chanté solennellement dans la métropole, ainsi que dans toutes les églises de la ville et du diocèse de Paris, conformément aux pieuses intentions de Sa Majesté l'impératrice reine et régente. Par L. M. D. L. M. F. (le Marquis de la MAISON FORT.

> Paris 1814. Dentu.

3. — Réponse à quelques pamphlets contre la constitution. (Par M. DUNOYER).

> Paris 1814. s. n.

4. — Appel au Roi et à l'estime public. Par M. DE COLLEVILLE.

> Paris 1815. Michaud.

5. — Le nouveau riche et le bourgeois de Paris, ou l'élection d'un remplaçant en 1820, 1830 ou 1840; roman politique à l'usage de Messieurs les électeurs du département de la Seine : par C. MATTHÉUS. (le Vicomte *Emmanuel* D'HARCOURT).

> Paris 1818. Deschamps.

6. — Lettre à M. le Baron Mounier, directeur général de la police du royaume. (Par le général BERTON). 3.e édit.

> Paris 1821. Les Marchands de nouveautés.

7. — Des indépendans, des libéraux et des constitutionnels, ouvrage adressé aux électeurs français, par GAUTIER (du Var).

> Paris 1823. Ponthieu.

8. — De la charte provinciale; par M. le Comte DE TOCQUEVILLE.

> Paris 1829. Blaise.

2967.—Mémoires sur les cent jours, en forme de lettres, avec des notes et documens inédits; par M. *Benj.* CONSTANT.

> Paris 1829. Pichon et Didier. 1 vol. in-8°. Port.

2968.—Seize ans sous les Bourbons. 1814-1830. Par *E.* MENNECHET.

> Paris 1832. V. Canel. 2 vol. in-8°.

2969.—Histoire des deux restaurations jusqu'à l'avènement de Louis-Philippe (de janvier 1813 à octobre 1830), par *Ach.* DE VAULABELLE. 3.e édit.

> Paris 1855-1856. Perrotin. 8 vol. in-8°. Cart.

2970.—Histoire de la Restauration par A. DE LAMARTINE.

> Paris 1853. Pagnerre, Lecou, Furne et C.e 8 v. in-8°. Port.

2971.—Annales historiques des sessions du corps législatif, années 1814 et 1815; et parallèle des opinions des auteurs

avec celles de M. Fiévée, auteur de l'Histoire de la ses-
sion de 1815. Par ... (d'Auréville) et Gautier (du Var).
Paris 1816. Patris. 2 vol. in-8°.

2972. — Annales historiques des sessions du corps législatif, année
1816. Par ... (d'Auréville) et Gautier (du Var).
Paris 1817. l'Auteur. 1 vol. in-8°.

2973. — Annales historiques des sessions du corps législatif, année 1817; par ... (d'Auréville) et Gautier (du Var).
Paris 1818. l'Auteur. 2 vol. in-8°.

2974. — Annales historiques des sessions du corps législatif, année 1818. Par ... (d'Auréville) et Gautier (du Var).
Paris 1821. V.ᵉ Desauges. 1 vol. in-8°.

2975. — Mémoires sur la Restauration, ou souvenirs historiques
sur cette époque, la Révolution de juillet et les premières
années du règne de Louis-Philippe I.ᵉʳ, par Madame la
duchesse d'Abrantès.
Paris 1835-1836. L'Henry. 6 vol. in-8°.

2976 — Mémoires de G. J. Ouvrard, sur sa vie et ses diverses
opérations financières.
Paris 1826. Moutardier. 3 vol. in-8°. Port. et fac simile.
** — Consultez aussi les œuvres de M. de Pradt, *passim*.

2977. — Mémoires de M. le Vicomte de Larochefoucauld, aide-
de-camp du feu roi Charles X. (1814 à 1836).
Paris 1837. Allardin. 5 vol. in-8°.

2978. — La police dévoilée depuis la Restauration, et notamment
sous MM. Franchet et Delavau, et sous Vidocq, chef de
la police de sûreté, contenant des révélations importantes
sur les conspirations, arrestations, troubles, émeutes
populaires, qui ont eu lieu, soit à Paris, soit dans les
départemens. Par M. Froment (M. Guyon). 2.ᵉ édit.
Paris 1830. Chantpie. 3 vol. in-8°.

2979. — Histoire de Sa Majesté Louis XVIII, surnommé *le Désiré*,
depuis sa naissance jusqu'au traité de paix de 1815. Par
A. Antoine.
Paris 1816. Blanchet. 1 vol. in-8°. Port.

2980.—Relation d'un voyage à Bruxelles et à Coblentz. (1791).
(Par Louis-Stanislas-Xavier) [Louis XVIII].
Paris 1823. Baudouin fr. 1 vol. in-8°.

2981.—Eloge de Louis XVIII, roi de France, par L. M. Patris-
Debreuil. 2.ᵉ édit.
Paris 1816. Le Normant. 1 vol. in-8°.

2982.— Relation exacte de la mort de Son Altesse Royale Mgr.
le duc de Berry, rédigée d'après les renseignemens four-
nis par les personnes les plus dignes de foi, qui n'ont
pas quitté le prince depuis le moment de son assassinat
jusqu'à celui de sa mort.
Paris 1820. Le Normant. 1 vol. in-8°.

2983.— Relation historique des événemens funèbres de la nuit
du 13 février 1820, d'après des témoins oculaires. Par
J. B. A. Hapdé. 2.ᵉ édit.
Paris 1820. Dentu. 1 vol. in-8°.
Assassinat de S. A. R. Mgr. le duc Berry.
S. n. n. l. n. d. (Paris 14 fév. 1820). in-8°.
Mémoires, lettres et pièces authentiques touchant la vie
et la mort de S. A. R. Monseigneur Charles-Ferdinand
d'Artois, fils de France, duc de Berry; par M. le V.ᵗᵉ de
Chateaubriand. 3.ᵉ édition.
Paris 1820. Le Normant. in-8°.
Eloge historique de Son Altesse Royale Charles-Ferdi-
nand d'Artois, duc de Berry, fils de France; par M. le
Ch.ᵉʳ Alissan de Chazet.
Paris 1820. Imp. royale. in-8°. Port.

2984.— OEuvres littéraires de M. le Vicomte de Chateaubriand.
—Mémoires sur le duc de Berry.
Paris 1828. Ladvocat. 1 vol. in-12.

2985.— Relation des fêtes données par la ville de Paris, et de
toutes les cérémonies qui ont eu lieu dans la capitale, à
l'occasion de la naissance et du baptême de Son Altesse
Royale Mgr. le duc de Bordeaux.
Paris 1822. Petit. 1 vol. in-12. Fig.

2986.—Voyage du Roi au camp de Saint-Omer et dans les départemens du Nord. Septembre 1827. (Extr. du Moniteur).
Paris 1827. Imp. royale 1 vol. in-8°.

2987.— Voyage du Roi dans les départemens de l'Est, et au camp de manœuvres de Lunéville. Septembre 1828.
Paris 1828. Imp. royale. 1 vol. in-8°.

Révolution de 1830. — Louis-Philippe. (1830-1848).

2988.—Journal de St.-Cloud à Cherbourg, ou récit de ce qui s'est passé à la suite du roi Charles X, du 26 juillet au 16 août 1850. Par M. *Théodore* ANNE.
Paris 1830. Urb. Canel. 1 vol. in-8°.

2989.—La France en 1829 et 1830. Par Lady MORGAN ; traduit de l'anglais par Mlle A. SOBRY.
Paris 1838. Fournier. 2 vol. in-8°. Port.

2990.— 1688-1850, ou parallèle historique des révolutions d'Angleterre et de France, sous Jacques II et Charles X. Par M. le Cte DE CHOISEUL-DAILLECOURT.
Paris 1844. Dentu. 1 vol. in-8°.

** — Régnicide et régicide par M. DE PRADT. — Voyez *OEuvres.*

2991.— L'Exilée d'Holy-Rood.
Paris 1831. Mame-Delaunay. 1 vol. in-8°. Pl.

2992.—Deux ans de règne. 1850-1852. Par *Alph.* PEPIN. 2e éd.
Paris 1833. Alex. Mesnier. 1 vol. in-8°.

2993.—Révolution française. — Histoire de dix ans, 1850-1840, par M. *Louis* BLANC. 6.° édit.
Paris 1846. Pagnerre. 5 vol. in-8°. Fig.

2994.—Révolution française. — Histoire de huit ans, 1840-1848, par M. *Elias* REGNAULT, faisant suite à l'histoire de dix ans, 1850-1840, par M. Louis Blanc et complétant le règne de Louis-Philippe.
Paris 1851-1852. Pagnerre. 3 vol. in-8°. Fig.

2995.—Les vœux de la France, pour l'anniversaire du ix août, exprimés en 80 idiômes et caractères différens ; par J. J. MARCEL.
Paris 1831. Félix Locquin. 1 vol. in-8°. Port.

2996.—Compte-rendu des travaux de la Commission de la souscription nationale en faveur des veuves, orphelins et blessés de juillet 1830, lu et approuvé à la séance générale du 11 juillet 1832.

Paris 1832. Crapelet. 1 vol. in-4°.

2997.—Relation de la fête du Roi, des grandes revues et des deux voyages de sa Majesté dans l'intérieur du royaume, en mai, juin et juillet 1831.

Paris 1831. V.e Agasse. 1 vol. in-8°.

2998—Relation du voyage du Roi à Compiègne, de ses revues à Paris et à Versailles, et du voyage du Prince Royal dans le Midi, précédée des actes relatifs à la lieutenance-générale du royaume et à l'acceptation du trône. Juin 1832.

Paris 1832. V.e Agasse. 1 vol. in-8°. Port.

2999.—Discours, allocutions et réponses de S. M. Louis-Philippe, roi des Français, avec un sommaire des circonstances qui s'y rapportent, extraits du Moniteur. 1830, 1831, 1832 et 1833.

Paris 1833-1834. V.e Agasse. 3 vol. in-8°.

3000. — Le Prince Royal. L'exil. Le retour. Le collège. Les premières armes. La révolution de 1830. Anvers. Les fiançailles. Les fêtes du mariage de Fontainebleau. Les fêtes de Versailles et de Paris. L'Algérie. Le 13 juillet. Neuilly. Les funérailles. Notre-Dame de Paris. Les tombeaux de l'église de Dreux. Par *Jules* Janin.

Paris 1843. Bourdin. 1 vol. in-8°. Fig.

3001.—Annuaire parlementaire. Recueil de documens relatifs aux deux Chambres. Par *Denys* Lagarde et Cerclet.

Paris 1836. Joubert. 1 vol. in-8°.

3002.—Explication du Maréchal Clauzel.

Paris 1837. Dupont. 1 vol. in-8°.

Révolution de 1848.

3003.— Almanach historique de la République française, contenant : Ephémérides de 1848,—Revue de 1849 et de 1850,

—Mélanges historiques,—la République dans les carosses du Roi, etc.,—Louis-Philippe et sa famille,—Huit jours d'une royale infortune , — Mort et funérailles du Roi des Français,—Louis-Philippe et sa liste civile, —la Reine des Belges, sa mort, son éloge, deuil de la Belgique, etc. Publié par un ami de l'ordre. (M. *Julien* TRAVERS).

Paris 1851. Garnier frères. 1 vol. in-12. Port.

3004.— Les conspirateurs par A. CHENU, ex-capitaine des gardes du citoyen Caussidière. — Les sociétés secrètes. — La préfecture de police sous Caussidière.— Les corps-francs.

Paris 1850. Garnier fr. 1 vol. in-18.

3005.—Histoire du deux décembre par P. MAYER. Avec documents inédits et pièces justificatives.

Paris 1852. Ledoyen. 1 vol. in-12.

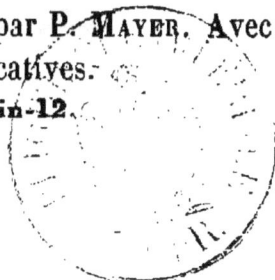

TABLE DES MATIÈRES

DE LA PREMIÈRE PARTIE.

HISTOIRE.

PROLÉGOMÈNES.

PREMIÈRE PARTIE.

GÉOGRAPHIE.

VOYAGES.

SECONDE PARTIE.

HISTOIRE.

INTRODUCTION. — CHRONOLOGIE.

PREMIÈRE DIVISION.

HISTOIRE UNIVERSELLE.

Introduction à l'histoire universelle. 524-528.
Chronologie historique, ou histoire réduite en tables. 529-552.
Chroniques et histoires universelles. 553-652.
Traités particuliers relatifs à l'histoire universelle. 653-655.
Ephémérides. 656-659.

SECONDE DIVISION.

HISTOIRE ANCIENNE.

Origine des nations, de la civilisation, des gouvernements. 660-667.
Histoire ancienne générale ou de divers peuples. 668-715.

HISTOIRES PARTICULIÈRES.

Histoire des Juifs. 716-762.
Histoire des Egyptiens. 763-767.
Histoire des Perses et de quelques peuples anciens de l'Asie.
    768-774.
Histoire des Grecs.

   a. — *Historiens anciens.* 775-799.
   b. — *Historiens modernes.* 800-811.
   c. — *Histoire particulière d'Alexandre et de la Macédoine.* 812-828.

Histoire Romaine.

   a. — *Collections d'Auteurs de l'histoire romaine.* 829-838.
   b. — *Auteurs anciens.* 839-970.
   c. — *Auteurs modernes.* 971-1007.
   d. — *Histoire particulière de certaines époques.* 1008-1021.
   e. — *Mélanges d'histoire romaine.* 1022-1036.

TROISIÈME DIVISION.

HISTOIRE DU MOYEN-AGE,

Histoire générale. 1037-1043.

Histoire byzantine ou de l'empire d'Orient. 1044-1097.

Histoire des peuples d'Occident qui ont disparu ou se sont mêlés à d'autres peuples. 1098-1111.

Histoire des Croisades. 1112-1128.

QUATRIÈME DIVISION.

HISTOIRE MODERNE.

CHAPITRE I.

HISTOIRE MODERNE UNIVERSELLE.

Traités généraux. 1129-1135.

Histoire particulière de certaines époques. 1136-1137.

CHAPITRE II.

HISTOIRE MODERNE DE L'EUROPE.

Géographie et Statistique. 1138-1143.

Histoire générale de l'Europe. 1144-1150.

Histoire particulière de diverses périodes. 1151-1188.

Histoire diplomatique, ou traités de paix et d'alliance. 1189-1207.

Mélanges historiques. 1208-1247.

CHAPITRE III.

HISTOIRE MODERNE DIVISÉE PAR NATIONS.

Italie.

    a. — *Géographie et Statistique.* 1248-1259.

    b. — *Voyages en Italie et dans les Iles italiennes.* 1260-1281.

    c. — *Histoire générale et mélanges.* 1282-1297.

    d. — *Histoires particulières. — Etats de l'Eglise.* 1298-1328.

    e. — *Naples et Sicile.* 1329-1350.

    f. — *Toscane.* 1351-1358.

    g. — *Milanais.* 1359-1364.

    h. — *Venise.* 1365-1388.

    i. — *Savoie et Piémont.* 1389-1401.

    j. — *Gênes.* 1402-1406.

    k. — *Ferrare.* 1407.

    l. — *Bologne.* 1408.

Espagne et Portugal. 1409-1411.

Espagne.

   a. — *Géographie.* 1412-1414.

   b. — *Voyages.* 1415-1422.

   c. — *Histoire générale.* 1423-1436.

   d. — *Histoire d'Espagne sous les Maures.* 1437-1442.

   e. — *Histoire particulière de certaines époques.* 1443-1465.

   f. — *Mélanges.* 1466-1479.

   g. — *Histoire des différents royaumes.* 1480-1491.

Portugal.

   a. — *Histoire générale.* 1492-1497.

   b. — *Mélanges.* 1498-1511.

Grèce moderne.

   a. — *Géographie et Voyages.* 1512-1518.

   b. — *Histoire.* 1519-1526.

Empire Ottoman.

   a. — *Voyages et Géographie.* 1527-1528.

   b. — *Histoire générale.* 1529-1542.

   c. — *Histoire de certaines époques.* 1543-1548.

   d. — *Mélanges.* 1549-1565.

   e. — *Moldavie.* 1566.

   f. — *Iles de l'Archipel.* 1567-1573.

Suisse.

   a. — *Géographie et Voyages.* 1574-1578.

   b. — *Histoire générale.* 1579-1585.

   c. — *Mélanges.* 1586-1587.

   d. — *Histoire des Villes.* 1588-1591.

Allemagne.

   a. — *Géographie.* 1592-1597.

   b. — *Voyages.* 1598-1600.

   c. — *Mœurs et institutions.* 1601-1618.

   d. — *Collections d'historiens.* 1619-1627.

   e. — *Histoire générale.* 1628-1643.

   f. — *Histoire particulière de certaines époques.* 1644-1665.

   g. — *Autriche.* 1666-1673.

   h. — *Bavière.* 1674-1676.

i. — *Souabe.* 1677-1678.

j. — *Cercles du Rhin.* 1679-1689.

k. — *Saxe.* 1690-1693.

l. — *Bohême.* 1694-1697.

m. — *Hongrie et Transylvanie.* 1698-1709.

n. — *Villes Anséatiques.* **

o. — *Prusse.* 1710-1722.

Pays-Bas.

a. — *Géographie et Voyages.* 1723-1732.

b. — *Collections d'historiens.* — *Documents.* 1733-1738.

c. — *Histoire générale.* 1739-1795.

d. — *Histoire particulière des provinces.* — *Belgique.* 1796-1799.

e. — *Flandre.* 1800-1813.

f. — *Haynaut.* 1814-1815.

g. — *Brabant.* 1816-1837.

h. — *Namur.* 1838-1839.

i. — *Luxembourg.* 1840-1841.

j. — *Liège.* 1842.

k. — *Provinces-Unies.* — *Hollande.* — *Géographie, Topographie et Statistique.* 1843-1848.

l. — *Histoire générale.* 1849-1873.

m. — *Histoire particulière des provinces.* 1874-1875.

n. — *Amsterdam.* 1876.

o. — *Leyde.* 1877-1878.

p. — *Zélande.* 1879-1880.

q. — *Utrecht.* 1881-1883.

r. — *Gueldre.* 1884.

s. — *Frise.* 1885-1888.

t. — *Mélanges.* 1889-1891.

Géographie et Histoire des pays septentrionaux de l'Europe. 1892-1899.

Pologne.

a. — *Géographie et Voyages.* 1900-1907.

b. — *Histoire.* 1908-1927.

Russie.

a. — *Géographie et Voyages.* 1928-1932.

b. — *Histoire.* 1933-1953.

Danemarck. 1954-1968.

Suède. 1969-1987.

Angleterre.

    a. — *Géographie, Statistique et Voyages.* 1988-2008.

    b. — *Collections d'historiens.* 2009-2013.

    c. — *Histoire générale.* 2014-2048.

    e. — *Histoire particulière de certaines époques.* 2049-2110.

    f. — *Ecosse.* 2111-2120.

    g. — *Irlande.* 2121-2123.

    h. — *Mélanges historiques.* 2124-2141.

France.

    a. — *Traités généraux de la France.* 2142-2144.

    b. — *Géographie de la Gaule.* 2145-2153.

    c. — *Géographie moderne de la France.* 2154-2171.

    d. — *Dictionnaires géographiques.* 2172-2176.

    e. — *Fleuves et rivières.* 2177-2178.

    f. — *Villes et châteaux.* 2179-2188.

    g. — *Routes, postes, chemins de fer.* 2189-2193.

    h. — *Voyages généraux en France.* 2194-2201.

    i. — *Voyages dans diverses régions de la France.* 2202-2210.

    j. — *Statistique de la France.* 2211-2214.

    k. — *Chronologie et tableaux chronologiques.* 2215-2220.

    l. — *Philosophie de l'histoire de France.* 2221-2224.

    m. — *Histoires générales.* 2225-2325.

    n. — *Histoires en vers.* 2326.

    o. — *Biographies et Iconographies.* 2327-2333.

    p. — *Collections. — Inventaires d'archives. — Recueils de chartes.* 2334-2339.

    q. — *Collections de Chroniques et de Mémoires.* 2340-2362.

    r. — *Recueils de dissertations et mélanges.* 2363-2369.

    s. — *Histoires par époques.*

    I. Histoire celtique et gauloise. 2370-2395.

    II. Histoire de la Gaule sous la domination romaine. 2396.

    III. Origine et histoire des Francs. 2397-2407.

IV HISTOIRE GÉNÉRALE DE CERTAINES ÉPOQUES.

V. HISTOIRE PAR RÈGNES.

Charles **VII**, le Victorieux. (1422-1461). 2554-2558.
Louis **XI**. (1461-1483). 2559-2563.
Charles **VIII**. (1483-1498). 2564-2568.
Louis **XII**. (1498-1515). 2569-2574.
François **I**. (1515-1547). 2575-2581.
Henri **III**. (1547-1559). 2582-2585.
François **II**. (1559-1560). 2586.
Charles **IX**. (1560-1574). 2587-2592.
Henri **III**. (1574-1589). 2593-2613.
Henri **IV**. (1589-1610). 2614-2648.
Louis **XIII**, le Juste. (1610-1643). 2649-2706.
Louis **XIV**, le Grand. (1643-1715). 2707-2813.
Louis **XV**. (1715-1774). 2814-2839.
Louis **XVI**. (1774-1793). 2840-2868.
Révolution. (1789-1799). 2869-2924.
Guerres civiles de la Vendée. 2925-2929.
Consulat et Empire. (1799-1814). 2930-2962.
Restauration. (1814-1830). 2963-2987.
Révolution de 1830. — Louis-Philippe. (1830-1848). 2988-3002.
Révolution de 1848. 3003-3005.

FIN DE LA PREMIÈRE PARTIE.

Amiens. — Imp. de DUVAL et HERMENT, place Périgord, n° 3.

www.ingramcontent.com/pod-product-compliance
Lightning Source LLC
Chambersburg PA
CBHW071143270326
41929CB00012B/1858